# IMPERATOR CAESAR FLAVIUS

# CONSTANTINUS

Herausgegeben von
Alexander Demandt und Josef Engemann

IMPERATOR CAESAR
FLAVIUS
**KONSTANTIN**
CONSTANTINUS
**DER**
**GROSSE**

**AUSSTELLUNGSKATALOG**

**KTS**

KLAUS TSCHIRA STIFTUNG
GEMEINNÜTZIGE GMBH

Der Druck dieses Ausstellungskataloges
wurde ermöglicht durch die Unterstützung
der Klaus Tschira Stiftung

Ein Hauptprojekt der Kulturhauptstadt Europas 2007, Luxemburg und Großregion. Die Ausstellung steht
im Rahmen der Kulturhauptstadt unter der Schirmherrschaft Ihrer Königlichen Hoheiten, dem Großherzog
und der Großherzogin von Luxemburg.

Eine gemeinsame Ausstellung von

Medienpartner

Partner

Gefördert durch

# INHALTSVERZEICHNIS

**DIE AUSSTELLUNG STEHT
UNTER DER SCHIRMHERRSCHAFT
DES BUNDESPRÄSIDENTEN**

PROF.DR. HORST KÖHLER

# GRUSSWORTE

Rheinland-Pfalz ist ein junges Land, das im Jahr 2007 seinen 60. Geburtstag feiert. Gleichzeitig ist unser Land auch ein Kernland deutscher und europäischer Geschichte. Auch aus diesem Grund gedenken das Land Rheinland-Pfalz, das Bistum und die Stadt Trier 1700 Jahre nach der Erhebung Konstantins zum römischen Kaiser in einer internationalen Ausstellung seiner Person und seiner Zeit. Die Ausstellung ist zugleich der offizielle Beitrag des Landes Rheinland-Pfalz zur Europäischen Kulturhauptstadt, Luxemburg und Großregion.

Konstantin der Große ist eine bedeutende Leitfigur des spätantiken Kaisertums. Er hat die religionspolitischen Grundlagen für das christliche Abendland gelegt. Die Kultur Europas ist historisch geprägt durch die griechisch-römische Antike und die christliche Religion. Antike und Christentum standen dabei über Jahrhunderte in einem Spannungsverhältnis. Die Spätantike hat zum ersten Mal den feindlichen Gegensatz vereint. Zu dieser Entwicklung gab Kaiser Konstantin durch seine persönliche Hinwendung zum Christentum den entscheidenden Anstoß. Darin liegt seine herausragende Bedeutung. Seine eindrucksvolle Gestalt steht gleichrangig zwischen Augustus, dem Begründer, und Karl dem Großen, dem Erneuerer des Römischen Reiches. Konstantins Wirken reicht über Mittelalter und Neuzeit in unsere heutige Gesellschaft hinein.

Trier war die einzige Stadt Deutschlands, die als Kaiserresidenz diente. Gleichzeitig war sie ihm „Sprungbrett" für seinen politischen Aufstieg und Machtbasis im Kampf gegen seine Konkurrenten um den kaiserlichen Thron. Von Trier aus sicherte Konstantin die durch die Franken bedrohten westlichen Provinzen des Römischen Reiches. Von Trier aus brach er auf, um seinen Gegner Maxentius 312 an der Milvischen Brücke vor Rom zu besiegen. Nach der Legende soll ihm im Traum das Zeichen Christi am Himmel erschienen sein, ein Kreuz mit der Beischrift „in hoc signo vinces" – in diesem Zeichen wirst zu siegen.

1700 Jahre später erinnert die Ausstellung an die Ereignisse, die am Beginn einer für Europa grundlegenden historischen Entwicklung stehen. Rund 1300 Exponate aus 160 bedeutenden Museen aus 20 Nationen spiegeln Konstantin und seine Zeit wider. Dabei sind auch Funde aus Trier, die teilweise noch nie ausgestellt waren. Sie unterstreichen gleichzeitig den Rang des antiken Augusta Treverorum als kaiserliche Residenz neben Arles, Rom und Konstantinopel. Mein Wunsch ist es, dass dieser Katalog und die Ausstellung die bis heute andauernde historische Bedeutung Konstantins möglichst vielen Menschen anschaulich machen und zugleich ein differenziertes Kulturbewusstsein von und über die konstantinische Zeit vermitteln. Ich hoffe, dass auch vielen Besucherinnen und Besuchern deutlich wird: Das Vergangene ist nicht tot. Man kann es nicht löschen wie ein Tonband; es lebt mit uns. Und der Historiker Golo Mann hat gesagt: „Wer die Vergangenheit nicht kennt, wird die Zukunft nicht in den Griff bekommen." Auch in diesem Sinne wünsche ich der Ausstellung und dem umfangreichen Begleitprogramm einen großen Erfolg.

*Kurt Beck*
Ministerpräsident von Rheinland-Pfalz

Wenn in Trier eine große Sonderausstellung zum Thema „Konstantin der Große" veranstaltet wird, dann weckt dies große Erwartungen, denn dieses Thema ist in besonderer Weise mit der Stadt Trier und unserer Trierischen Kirche verbunden. Gerade hier in Trier lassen sich diese Veränderungsprozesse der damaligen Zeit, die mit dem Stichwort „konstantinische Wende" zu bezeichnen sind, besonders gut verdeutlichen. Die eindrucksvollen, die Gestalt unserer Domkirche prägenden römischen Bauteile bezeugen noch heute dem aufmerksamen Betrachter die von der Antike bis heute ungebrochene christliche Kulttradition an diesem Ort und künden von jenem weltgeschichtlichen Ereignis, dass nämlich Konstantin mit seiner Hinwendung zum Christentum nicht nur die Entwicklung der christlichen Kirche entscheidend gefördert, sondern zugleich das christliche Erbe Europas begründet hat.

Dies sind Gründe, weshalb sich neben der Stadt Trier auch das Bistum Trier als Kooperationspartner aktiv an der Landesausstellung „Konstantin der Große" 2007 beteiligt. Das Engagement des Bistums an diesem Ausstellungsprojekt ist geradezu eine Verpflichtung, zumal dem Bischöflichen Dom- und Diözesanmuseum mit seinen bedeutenden spätantiken Denkmälern im Rahmen des Gesamtkonzeptes die Aufgabe übertragen ist, sich mit dem Thema der Wechselbeziehung zwischen Kaiser und Christentum zu befassen. Dazu wurde als Ausstellungstitel formuliert: „Der Kaiser und die Christen", ein Titel, der auch unter seiner Umkehrung „Die Christen und der Kaiser" zu betrachten ist, denn es ist eine spannende Frage, wie die Christen ihrerseits auf die Vorstellungen und Wünsche des Kaisers reagiert haben. Mit dem Herrschaftsbeginn Konstantins ist das Verhältnis von Kirche und Staat grundsätzlich verändert worden, wobei die Frage schon in der Antike unterschiedlich beantwortet wurde, ob damit alles besser oder alles schlechter geworden sei; einerseits war die freie Religionsausübung möglich geworden, andererseits drohte die Gefahr der allzu starken staatlichen Einflussnahme. Gerade am Beispiel des Trierer Bischofs Paulinus, der, von Kaiser Constantius II. in Verbannung geschickt, im Jahre 358 fernab seines Bischofssitzes starb, zeigt sich früh die Problematik.

Für uns geht es aber nicht nur um eine historische Rückschau auf das Werden unserer Trierischen Ortskirche, sondern es sollte damit auch eine Rückbesinnung verbunden sein, die zur Frage führt, was das Christentum in der multikulturellen Gesellschaft der Spätantike einzubringen hatte. Auf diese Weise gewinnt nämlich die Ausstellung eine besondere Aktualität, denn auch heute stellen sich in unserer Gesellschaft ähnliche Fragen nach dem Profil der christlichen Kirchen in einer weltanschaulich offenen Gesellschaft. Die Entscheidung Konstantins für den christlichen Glauben wirkt weiter. Wie können wir das Verhältnis von Staat und Kirche heute beschreiben? Denn wir wissen um die vorstaatlichen – in unserem Kulturkreis also christlichen – Grundlagen unseres Gemeinwesens, die nicht ersetzbar sind. Deshalb diskutieren wir etwa auch über die so genannte europäische Verfassung und einen Gottesbezug darin. Und so wird es immer wieder Bezugspunkte geben zwischen längst Vergangenem und dem Gegenwärtigen. Wenn sich beispielsweise die frühchristlichen Gemeinden um ein würdiges Begräbnis ihrer Verstorbenen sowie um den Trost der Trauenden sorgten, dann kommt die heute geführte Diskussion um die so genannten anonymen Bestattungen in den Sinn. Das Gefühl der Solidarität, welches die christlichen Gemeinden den Menschen vermittelten, und die gelebte christliche Caritas gegenüber den Bedürftigen, waren etwas Neues und Vorbildhaftes, das ein anderes Zusammenleben ermöglichte. Wie sehr auch die heutige Gesellschaft dieser Tugenden bedarf, muss nicht näher erörtert werden. Und dürfen wir nicht doch – alles zusammengenommen – sehr froh sein, dass der christliche Glaube eine solche Prägekraft für Europa entfaltet hat? Die neuen Debatten über die Regensburger Rede von Papst Benedikt XVI. zeigen, dass diese Wirkung weiter anhält und im Gespräch ist. So möge die Konstantinausstellung vielen Besuchern bei ihrer Spurensuche helfen, ein Nachdenken anregen und neue Einsichten vermitteln.

*Dr. Reinhard Marx*
Bischof von Trier

# GRUSSWORTE

Das innovative Konzept des Kulturhauptstadtjahres 2007 wurde auf dem Gipfel der Großregion in Lüttich im Mai 2000 geboren. Luxemburgs Premierminister Jean-Claude Juncker schlug damals vor, die Veranstaltungen nicht auf die Stadt Luxemburg und das Großherzogtum zu beschränken, sondern die angrenzenden Regionen mit einzubeziehen: Rheinland-Pfalz, das Saarland, Lothringen und die französisch- und deutschsprachigen Gemeinschaften Belgiens; fünf Regionen in vier europäischen Ländern mit drei verschiedenen Landessprachen. Der mit der Einführung des Kulturhauptstadtjahres verbundene Gedanke, die Aufmerksamkeit auf das allen gemeinsame kulturelle Erbe und das darin steckende geistige Kapital Europas zu lenken, wird mit diesem Konzept zukunftsweisend weiterentwickelt und ausgebaut.

Rheinland-Pfalz hat die Einladung, als Partner der Kulturhauptstadt Luxemburg das Programm mitgestalten zu können, begeistert angenommen. Im Mittelpunkt eines umfangreichen Programms steht dabei die Stadt Trier. In Kooperation zwischen dem Land Rheinland-Pfalz, der Stadt Trier und dem Bistum Trier ist ein Vorhaben von europäischem Rang in Angriff genommen worden. Die Ausstellung „Konstantin der Große" steht im Zentrum der rheinland-pfälzischen Beiträge. Dem spätrömischen Kaiser werden an drei Standorten in Trier, dem Rheinischen Landesmuseum, dem Bischöflichen Dom- und Diözesanmuseum und dem Stadtmuseum Simeonstift Ausstellungen gewidmet, die seine Bedeutung als Begründer des christlichen Europa würdigen. Mit dieser Ausstellung wird zugleich dem thematischen Schwerpunkt der rheinland-pfälzischen Aktivitäten Rechnung getragen, große europäische Persönlichkeiten in den Mittelpunkt zu stellen. Nikolaus von Kues, Friedrich Spee, Karl Marx, Robert Schuman und politischen Akteuren des europäischen Einigungsprozesses sind unterschiedlichste Projekte gewidmet.

Das Spektrum der Veranstaltungen ist breit; bewährte Veranstaltungen und Reihen treten neben eigens für 2007 konzipierte. Die „Straße der Römer" führt den Besucher der Großregion über Grenzen hinweg zu den Stätten des gemeinsamen antiken Erbes.

Vieles ist in Bewegung gekommen, vieles bleibt noch zu tun. Die Teilnahme am Kulturhauptstadtjahr hat nicht nur den Dialog über Grenzen hinweg gestärkt, sondern auch an den Veranstaltungsorten selbst die Zusammenarbeit verschiedenster Kulturträger intensiviert, ja zum Teil erstmals angestoßen. Der Wunsch, dass die Großregion auch nach 2007 von diesen neuen Netzwerken profitieren möge, ist ein wichtiger Baustein politischer Entscheidungen in naher Zukunft.

Das Land Rheinland-Pfalz und die Stadt Trier haben mit erheblichen finanziellen Mitteln den Ausbau der „Museumsstadt" Trier vorangetrieben. Investitionen in Millionenhöhe dienen der Stärkung der touristischen Attraktivität und damit auch der Wirtschaftskraft der Region. Nachhaltige Investitionen in die kulturelle Infrastruktur und deren Ausbau als Motor der Stadtentwicklung, auch sie gehören zur positiven Bilanz gemeinsamer Bemühungen.

*Klaus Jensen*
Oberbürgermeister

*Ulrich Holkenbrink*
Kulturdezernent

Sehr geehrte Damen und Herren,

2007 wird als Kulturjahr in die rheinland-pfälzischen Annalen eingehen. Es ist das Jahr, in dem das Land seinen 60. Geburtstag feiert, in dem des 175. Jahrestages des Hambacher Fests gedacht wird und in dem das neu gebaute Arp-Museum in Remagen-Rolandseck seine Pforten öffnet. Vor allem aber ist es das Jahr Konstantins des Großen. Gemeinsam mit dem Bistum Trier und der Stadt Trier widmet ihm das Land Rheinland-Pfalz im Rahmen der Europäischen Kulturhauptstadt Luxemburg und Großregion eine kulturhistorische Ausstellung, die einen umfassenden, differenzierten, teilweise auch neuen Blick auf sein Leben und Wirken erlaubt.

Diese Ausstellung ist in vielfältiger Hinsicht außergewöhnlich. Da ist zum einen der Umstand zu nennen, dass sie an drei Standorten stattfindet – dem Rheinischen Landesmuseum, dem Bischöflichen Dom- und Diözesanmuseum und dem Städtischen Museum Simeonstift. Jedes dieser drei Museen setzt einen anderen thematischen Schwerpunkt und beleuchtet diesen intensiver, als dies unter nur einem Dach möglich wäre. Das Landesmuseum beschäftigt sich mit dem Herrscher des römischen Imperiums, das Bischöfliche Dom- und Diözesanmuseum mit der Wechselbeziehung zwischen dem Kaiser und den Christen und das Städtische Museum Simeonstift mit Tradition und Mythos. Wer möglichst viel über Konstantin den Großen erfahren möchte, sollte selbstverständlich alle drei Ausstellungsstätten besuchen. Doch auch derjenige, der sich für ein abgespeckteres Programm entscheidet, erlebt in sich schlüssige Darbietungen auf höchstem Standard.

Außergewöhnlich ist die Konstantin-Ausstellung aber insbesondere wegen der Vielzahl einzigartiger, teilweise nie zuvor gezeigter Exponate. Einige der bedeutendsten Museen der Welt, unter ihnen der Louvre in Paris, das British Museum in London, die Kapitolinischen Museen in Rom und die Vatikanischen Museen, unterstützen das höchst ambitionierte Trierer Projekt mit Ausstellungsstücken, deren Wert unermesslich ist. Dafür danke ich den Verantwortlichen auf das Herzlichste.

Nicht weniger bedeutsam sind Funde aus dem antiken Trier. Dort hatte Konstantin seit 306 seine Residenz. Die Moselstadt gehörte damals zu den größten und urbansten Städten im Westen des Römischen Reiches. Die Konstantin-Ausstellung lässt diese Epoche lebendig werden. Ich verspreche nicht zu viel, wenn ich jungen und jung gebliebenen Besucherinnen und Besuchern einen ästhetischen Genuss und ein intellektuelles Vergnügen garantiere. Gerade auch an die jüngsten Gäste ist bei dieser Ausstellung intensiv gedacht worden. Mit kind- und jugendgerechten Führungen und anderen Angeboten sollen ihnen Konstantin der Große und sein Zeitalter näher gebracht werden.

Mein Dank gilt allen, die sich nach Kräften dafür eingesetzt haben, dass diese Ausstellung realisiert werden konnte, insbesondere dem Geschäftsführer der Ausstellungsgesellschaft Dr. Eckart Köhne und seinen Mitarbeiterinnen und Mitarbeitern. Vor allem danke ich dem Schirmherrn der Ausstellung, Herrn Bundespräsidenten Professor Dr. Horst Köhler und den Königlichen Hoheiten, dem Großherzog und der Großherzogin von Luxemburg, die die Schirmherrschaft im Rahmen der Kulturhauptstadt übernommen haben. Dies adelt diese Ausstellung.

Den Besucherinnen und Besuchern wünsche ich anregende und informative Stunden im Rheinischen Landesmuseum, dem Bischöflichen Dom- und Diözesanmuseum und dem Stadtmuseum Simeonstift.

Ihr

*Professor Dr. Joachim Hofmann-Göttig*
Kulturstaatssekretär des Landes Rheinland-Pfalz
Vorsitzender des Aufsichtsrates der
Konstantin-Ausstellungsgesellschaft mbH

# VORWORT DER HERAUSGEBER

Wir freuen uns, den Ausstellungsbesuchern diesen reich bebilderten Begleitband mit einführenden Aufsätzen zu den Hauptbereichen des Ausstellungsthemas „Konstantin der Große" anbieten zu können. Die Herausgabe dieses Bandes wäre nicht möglich gewesen, wenn wir einen umfangreichen Katalog mit Texten und Bildern zu den annähernd 1300 ausgestellten Objekten hätten vorlegen müssen. Doch hat sich der Zugang zur Computertechnik in den letzten Jahren – nicht zuletzt wegen deren gestiegener Arbeitsgeschwindigkeiten und vervielfachter Speicherkapazitäten – in der gesamten Bevölkerung so stark verbreitet, dass es unverzeihlich gewesen wäre, die darin liegende Chance nicht wahrzunehmen. Der Ausstellungskatalog befindet sich aufgrund dieser Voraussetzung auf der CD-ROM, die diesem Begleitband beiliegt. Auf die Katalog-Nummern und Abbildungen der CD wird in den Aufsätzen des Bandes mit dem Symbol ⊙ in roter Farbe hingewiesen.

Unser herzlicher Dank gilt Ina Boike, Gabriele Diana Grawe, Ralf Grüßinger, Ute Klatt, Anette Klinge und Stefanie Schips, die für die Text- und Bildredaktion beider Medien gesorgt haben, außerdem den Damen und Herren, die uns die Aufsätze dieses Begleitbandes zur Verfügung gestellt haben. Selbstverständlich steht in diesen Beiträgen Konstantin der Große im Zentrum. Die 1700. Wiederkehr seines Regierungsantritts im Jahre 306 hat in mehreren europäischen Ländern zu einer Rückbesinnung geführt, es gab zahlreiche Ausstellungen, Tagungen und Publikationen. Die Ankunft des Kaisers in Trier 307, seine damalige Erhebung zum Augustus und die Heirat der Kaisertochter Fausta boten den Anlass für unsere Landesausstellung in Trier, der damals bedeutendsten Stadt im Westen des Römischen Reiches.

Kein Kaiser hat die folgende Geschichte so nachhaltig geprägt wie Konstantin. Er hat die bisher dauerhafteste der europäischen Staatsformen geschaffen: die christliche Erbmonarchie, deren Spuren bis in die Gegenwart reichen. Er hat zum anderen die religiöse Grundlage für die europäische Kultur gelegt, indem er sich für den Glauben der römischen Bischöfe entschieden hat. Er hat zum dritten mit seiner neuen Residenz Konstantinopel jene Stadt gegründet, die über tausend Jahre das Zentrum des byzantinischen Imperiums und fast ein halbes Jahrtausend die Hauptstadt der türkischen Osmanen geworden ist.

Obwohl Sohn eines kaiserlichen Vaters, ist Konstantin gleichwohl auf revolutionäre Weise zu dessen Nachfolger aufgestiegen. In einem achtzehnjährigen Bürgerkrieg, der nur von kurzen Friedenszeiten unterbrochen wurde, hat er sich von Britannien aus den Weg zur Alleinherrschaft gebahnt. Seine Mitregenten aus dem diokletianischen Vierkaisersystem hat er einen nach dem anderen ausgeschaltet, um dann allerdings seinen drei jüngeren Söhnen in kaiserähnlicher Funktion den Schutz der bedrohten Grenzen anzuvertrauen. Mit der Trennung von Zivil- und Militärgewalt, dem Ausbau der Hofadministration und der Reform des Münzwesens hat er die Grundlagen für die letzte Blütezeit des römischen Imperiums in der Spätantike gelegt. Langfristig fatal waren indessen die von ihm eröffneten Aufstiegsmöglichkeiten von Germanen im römischen Heer.

Nachdem Konstantin den entscheidenden Sieg über seinen Rivalen Maxentius an der Milvischen Brücke im Jahre 312 dem Christengott zu verdanken glaubte – er soll ihm in einer Vision erschienen sein – hat der Kaiser den neuen Glauben bewusst gefördert. Die von ihm gestiftete Laterankirche wurde zum Muster der christlichen Basilika. Auf dem ersten ökumenischen Konzil von Nicaea 325 wurde ein einheitliches Glaubensbekenntnis festgelegt, doch ist es nicht gelungen, die Aufsplitterung der zahlreichen Sonderkirchen zu überwinden. Das Heidentum wurde zunächst noch geduldet.

Konstantin und seine fromme Mutter Helena wurden später als Heilige verehrt. Dennoch werfen die Familienmorde – darunter sein ältester Sohn Crispus und seine Frau Fausta – einen Schatten auf den Charakter Konstantins. Nicht nur darauf stützen sich Zweifel an der Frömmigkeit des Kaisers, der sich auf dem Totenbett taufen ließ. Vorgeworfen hat man ihm zudem, dass er durch die Verbindung von Politik und Religion die Kirche verweltlicht habe. Die ihm später zugeschriebene „konstantinische Schenkung" wurde die Basis für die umstrittene weltliche Macht des Papstes. Die Kontroversen um Konstantin sind bis heute nicht entschieden.

Die Beiträge dieses Bandes führen nicht nur die Details der soeben skizzierten Biographie des Kaisers weiter aus, sondern beschreiben auch das politische, militärische, soziale, religiöse und künstlerische Umfeld, in dem er aufstieg und herrschte. Hier und bei der Beschreibung der Auswirkungen seiner Politik kommt neben den Bereichen heidnischen und christlichen Kults und Grabkults auch das Alltagsleben nicht zu kurz, so dass für sehr viele in der Ausstellung gezeigte Objekte wichtige Hintergrundinformationen geboten werden. Besonders willkommen dürften auch die Darlegungen zu den Legenden der Kreuzvision Konstantins vor der Schlacht an der Milvischen Brücke, seiner unhistorischen Taufe durch Papst Silvester und der Auffindung des Kreuzes durch Helena sein, denn diese haben zwar das Andenken des Kaisers bis in neuere Zeit stark gefärbt, aber sie sind für Menschen des 21. Jahrhunderts besonders erklärungsbedürftig.

*Alexander Demandt*                    *Josef Engemann*

# LEIHGEBER

**Bulgarien**
Silistra
Regionales Historisches Museum Silistra

**Dänemark**
Kopenhagen
Nationalmuseum, Kopenhagen. Vor- und Frühgeschichte
Ny Carlsberg Glyptotek
Statens Museum for Kunst

**Deutschland**
Augsburg
Römisches Museum Augsburg

Berlin
Berlin, Staatsbibliothek zu Berlin –
Preussischer Kulturbesitz, Orientabteilung
Staatliche Museen zu Berlin,
Ägyptisches Museum und Papyrussammlung
Staatliche Museen zu Berlin, Antikensammlung
Staatliche Museen zu Berlin, Kunstbibliothek
Staatliche Museen zu Berlin, Münzkabinett
Staatliche Museen zu Berlin, Skulpturensammlung
und Museum für Byzantinische Kunst

Bochum
Antikenmuseum der Ruhr-Universität Bochum

Bonn
Franz Joseph Dölger-Institut zur Erforschung
der Spätantike, Bonn
Rheinisches LandesMuseum Bonn /
Landschaftsverband Rheinland

Burg Hohenzollern
SKH Georg Friedrich Prinz von Preussen,
Hausarchiv Burg Hohenzollern

Coburg
Landesbibliothek Coburg

Darmstadt
Hessisches Landesmuseum Darmstadt

Dresden
Münzkabinett, Staatliche Kunstsammlungen Dresden
Skulpturensammlung, Staatliche Kunstsammlungen
Dresden

Düsseldorf
Düsseldorf, museum kunst palast,
Sammlung der Kunstakademie (NRW)
Düsseldorf, museum kunst palast, Graphische Sammlung

Duisburg
Kultur- und Stadthistorisches Museum Duisburg
– Sammlung Köhler-Osbahr -

Eichenzell
Hessische Hausstiftung, Museum Schloss Fasanerie,
Eichenzell bei Fulda

Frankfurt
Städtische Galerie Liebieghaus, Museum alter Plastik,
Frankfurt a. Main

Hamburg
Museum für Kunst und Gewerbe Hamburg
Staats- und Universitätsbibliothek Hamburg
Carl von Ossietzky

Hannover
Kestner-Museum Hannover
Niedersächsisches Landesmuseum Hannover,
Fachbereich Archäologie

Heidelberg
Institut für Papyrologie der Universität Heidelberg

Hildesheim
Hildesheim, Hohe Domkirche

Ichenhausen
Ikonenmuseum Schloss Autenried

Karlsruhe
Badisches Landesmuseum Karlsruhe
Staatliche Kunsthalle Karlsruhe

Kassel
Museumslandschaft Hessen Kassel, Antikensammlung

Köln
Köln, Metropolitankapitel der Hohen Domkirche
Köln, Metropolitankapitel der Hohen Domkirche,
Schatzkammer
Römisch-Germanisches Museum der Stadt Köln
Papyrussammlung, Institut für Altertumskunde,
Universität zu Köln

Krefeld
Stadt Krefeld, Museum Burg Linn

Leipzig
GRASSI Museum für Angewandte Kunst Leipzig
Museum der bildenden Künste Leipzig

Mainz
Landesmuseum Mainz
Mainz, Landesamt für Denkmalpflege Rheinland-Pfalz,
Abteilung Archäologie
Römisch-Germanisches Zentralmuseum

München
Archäologische Staatssammlung,
München mit Dauerleihgabe der HVB Group
Bayerische Staatsbibliothek München
Bayerische Staatsgemäldesammlungen, München
Museum für Abgüsse Klassischer Bildwerke München
Staatliche Antikensammlungen und Glyptothek
Staatliche Münzsammlung München

Münster
LWL – Landesmuseum für Kunst und Kulturgeschichte,
Westfälisches Landesmuseum Münster
LWL – Landesmuseum für Kunst und Kulturge-
schichte (Westfälisches Landesmuseum), Porträtarchiv
Diepenbroick

Nürnberg
Gemälde- und Skulpturensammlung der Stadt Nürnberg
Germanisches Nationalmuseum, Nürnberg

Prutting
Kath. Kirchenstiftung Mariä Himmelfahrt,
Prutting, vertreten durch Erzbischöfliches
Ordinariat München, Kunstreferat

Recklinghausen
Ikonen-Museum Recklinghausen

Regensburg
Museen der Stadt Regensburg – Historisches Museum

Saarbrücken
Saarbrücken, Landesdenkmalamt im Ministerium
für Umwelt des Saarlandes

Speyer
Historisches Museum der Pfalz Speyer
Landesamt für Denkmalpflege Rheinland-Pfalz,
Archäologische Denkmalpflege, Amt Speyer
Landesbibliothekszentrum Rheinland-Pfalz /
Pfälzische Landesbibliothek

Stuttgart
Landesmuseum Württemberg, Stuttgart

Trier
Benediktinerabtei St. Matthias, Trier
Bibliothek des Bischöflichen Priesterseminars Trier
Domschatz Trier
Kath. Kirchengemeinde St. Matthias, Trier
Papyrussammlung der Universität Trier
Stadtbibliothek Trier

Walldürn
Elfenbeinmuseum Walldürn

Wiesbaden
Museum Wiesbaden,
Sammlung Nassauischer Altertümer

Worms
Museum der Stadt Worms im Andreasstift, Worms

**Frankreich**
Arles
Musée de l'Arles et de la Provence antiques, Arles

Chalon-sur-Saône
Musée Vivant Denon, Ville de Chalon-sur-Saône

Metz
Musées de Metz – La Cour d'Or

Nantes
Musée Dobrée, Nantes

Narbonne
Musée Archéologique de Narbonne

Paris
Bibliothèque nationale de France
Mobilier national
Paris, Musée du Louvre, Département des
Antiquités grecques, étrusques et romaines
Paris, Musée du Louvre, Département des Arts Graphiques
Paris, Musée du Louvre, Département des Objets d'art

Straßburg
Musée Archéologique de Strasbourg

Vienne
Musée archéologique Saint-Pierre, Vienne

Griechenland
Athen
Byzantine & Christian Museum, Athen

Großbritannien
Cambridge
The Master and Fellows, Trinity College, Cambridge

London
The British Museum, London

Manchester
The John Rylands University Library, The University of Manchester

York
York Museums Trust (Yorkshire Museum)

Italien
Aquileia
Museo Archeologico Nazionale di Aquileia

Florenz
Florenz, Galleria degli Uffizi
Museo Archeologico Nazionale Firenze

Foligno
Foligno – Museo della città – Palazzo Trinci

Grottaferrata
Museo dell'Abbazia di San Nilo

Mailand
Civiche Raccolte Archeologiche e Numismatiche

Modena
Biblioteca Estense Universitaria

Monza
Museo e Tesoro del Duomo di Monza

Nonantola
Museo Benedettino Nonantolano e Diocesano di Arte Sacra

Rom
Arciconfraternità Santa Maria della Pietà,
Campo Santo Teutonico, Rom
Galleria Nazionale d'Arte Antica, Palazzo Barberini
Istituto Nazionale per la Grafica
Musei Capitolini
Museo della Civiltà Romana
Museo di Roma
Museo Nazionale Romano delle Terme di Diocleziano
Museo Nazionale Romano di Palazzo Massimo

Sedilo
Parrocchia San Giovanni Battista, San Costantino

Spello
Comune di Spello

Venedig
Museo Archeologico Nazionale di Venezia

Vercelli
Fondazione Museo del Tesoro del Duomo e
Archivio Capitolare, Vercelli

Soprintendenza per i Beni Archeologici del Friuli Venezia Giulia
Soprintendenza dei Beni Storici Artistico ed Etnografico di Modena
Soprintendenza per i Beni Archeologici del Lazio
Soprintendenza per i Beni Archeologici di Firenze
Soprintendenza Speciale per il Polo Museale Fiorentino
Soprintendenza per i Beni Archeologici della Lombardia – Milano
Soprintendenza Speciale per il Polo Museale Romano
Sovraintendenza ai Beni Culturali del Comune di Roma
Ministero per i Beni e le Attività Culturali –
Soprintendenza Archeologica di Roma
Soprintendenza Speziale per il Polo Museale Veneziano

Luxemburg
Luxemburg
Musée National d'Histoire et d'Art, Luxembourg

Niederlande
Amsterdam
Rijksmuseum, Amsterdam

Maastricht
Gemeente Maastricht

Nimwegen
Museum Het Valkhof, Nijmegen

Österreich
Salzburg
Salzburger Barockmuseum, Sammlung Rossacher

Wien
Kunsthistorisches Museum Wien, Antikensammlung
Münzkabinett, Kunsthistorisches Museum Wien
Wien, Schatzkammer und Museum des Deutschen Ordens

Russland
Moskau
State historical-cultural museum-preserve „The Moscow Kremlin"

Schweden
Lund
Lund University Historical Museum

Stockholm
Nationalmuseum, Stockholm

Schweiz
Augst
Römerstadt Augusta Raurica, Augst

Avenches
Römermuseum Avenches

Basel
Antikenmuseum Basel und Sammlung Ludwig

Serbien
Belgrad
Nationalmuseum in Belgrad

Negotin
Museum der Krajina Negotin

Niš
National Museum Niš

Novi Sad
Museum of Vojvodina, Novi Sad,
Autonomous Province of Vojvodina

Smederevo
Museum in Smederevo

Zaječar
National Museum Zaječar

Spanien
Madrid
Museo Arqueológico Nacional, Madrid
Museo Nacional del Prado, Madrid

Ungarn
Budapest
Hungarian National Museum, Budapest

Vatikan
Archivio Segreto Vaticano
Città del Vaticano, Biblioteca Apostolica Vaticana
Musei Vaticani, Città del Vaticano
Parrocchia S. Croce a Via Flaminia

USA
New York
The Metropolitan Museum of Art

Washington
Byzantine Collection, Dumbarton Oaks, Washington, DC

Worcester
Worcester Art Museum, Worcester, Massachusetts

Privatsammlungen
Collection of Shelby White and Leon Levy
München, Sammlung C. S.
Peter und Leonore Franke, München
Privatsammlung G., Trier
Reiner Winkler
R. u. J. Mohs

Privatsammlungen aus Basel, Belgrad, Mainz, München, Trier, Saarburg-Beurig, der Schweiz sowie weitere Privatsammlungen, die nicht namentlich genannt werden möchten

The Grand Chancellery of the Sacred Military Constantinian Order of Saint George

# GREMIEN

# BISCHÖFLICHES DOM- UND DIÖZESANMUSEUM TRIER

**Der Kaiser und die Christen**
Windstrasse 6–8
54290 Trier
www.museum.bistum-trier.de
Leiter: Prof. Dr. Winfried Weber

**Wissenschaftlicher Arbeitsausschuss**
Markus Groß-Morgen M.A.
Dr. Hiltrud Merten
Barbara Weber-Dellacroce M.A.
Prof. Dr. Winfried Weber

**Projektsteuerung**
Stefan Schu, Restaurator RGZM
Prof. Dr. Winfried Weber

**Konzeption der Ausstellung**
Barbara Weber-Dellacroce M.A.
Prof. Dr. Winfried Weber

**Begleitprogramm**
Markus Groß-Morgen M.A.
Annette Köhler M.A.

**Sekretariat**
Marlies Loch

**Ausstellungstexte**
Barbara Weber-Dellacroce M.A.
Prof. Dr. Winfried Weber

**Konservatorische Betreuung**
Stefan Schu, Restaurator RGZM
Dipl.-Rest. (FH) Nicole Reifarth M.A.

**Ausstellungstechnik**
Hermann-Josef Laros
Stefan Schu, Restaurator RGZM

**Ausstellungsgestaltung**
Dipl.-Des. Rudolf Schneider
Atelier Lilli Steier, Ayl

**Ausstellungsaufbau**
Hermann-Josef Laros
Hans-Peter Schmitt
Stefan Schu, Restaurator RGZM
Dipl.-Ing. Lilli Steier, Ayl

**Kordination Bauangelegenheiten**
Dipl.-Ing. Walter Hauth

**Ausstellungsgrafik**
Dipl.-Des. Rudolf Schneider

**Fotographie und Zeichnung**
Dipl.-Des. Martina Diederich
Carsten Henschel
Dipl.-Des. Rudolf Schneider

**Produktion Grafik**
Quickprint GmbH

**Modellbau, Planerstellung und Ausführung**
Carsten Henschel
Dipl. Ing. Lilli Steier, Ayl

**Licht- und Klimatechnik**
Rheimotherm GmbH, Schweich
PCE Ingenieurbüro, Greimerath
Elektro Thomas GmbH

**Sicherheitstechnik**
Marbach Sicherheitssysteme GmbH
Trierer Wachdienst

**Audiovisuelle Medien**
ArchimediX GbR, Ober-Ramstadt
Ensch Media

**Audioguide**
Tonwelt, Berlin

# STADTMUSEUM SIMEONSTIFT
# TRIER

**Tradition und Mythos**
Simeonstiftplatz
54290 Trier
www.museum-trier.de
Leiterin: Dr. Elisabeth Dühr

**Wissenschaftlicher Arbeitsausschuss**
Prof. Dr. Lukas Clemens
Dr. Elisabeth Dühr
Dr. Rolf Quednau, Münster

**Projektsteuerung**
Dr. Elisabeth Dühr
Dr. Bärbel Schulte

**Begleitprogramm**
Prof. Dr. Frank Hirschmann
PD Dr. Christina Threuter

Vera Schernus M.A.
Dorothée Weber

**Sekretariat**
Monika Thelen

**Ausstellungstexte**
Daniel Bauerfeld M.A.
Prof. Dr. Lukas Clemens
Ilka Mareen Fischer M.A.
Prof. Dr. Frank Hirschmann
Prof. Dr. Urs Peschlow, Mainz
Dr. Rolf Quednau, Münster
Prof. Dr. Gudrun Schmalzbauer
Silvia Sutorius

**Konservatorische Betreuung**
Dipl.-Rest. Dimitri Bartashevich, Speyer
Dipl.-Rest. Wolfgang Kaiser, Burgbrohl
Buchbinderei Franz Mohr GbR – Dipl.
Rest. Melanie Kubitza
Dipl.-Des. Ralf Schmitt
Steinmetz Henning Wirtz Meisterbetrieb

**Finanzcontrolling**
Elmar Kandels, Stadtverwaltung Trier
Maria Backendorf, Stadtmuseum Simeonstift Trier

**Ausstellungsgestaltung**
zampkelp-neo.studio architekten, Berlin

**Ausstellungsaufbau**
Artex Art Services GmbH, Wien
Dipl.-Rest. Dimitri Bartashevich, Speyer
Dipl.-Rest. Wolfgang Kaiser, Burgbrohl
Jean-Marie Weber, Hosten

**Koordination Bauangelegenheiten**
Klauspeter Quiring, Jürgen Eckstein, Kerstin Ney,
Amt für Gebäudewirtschaft

**Ausstellungsproduktion**
Delafair GmbH, Berlin
Walther Expo Interieur, Coswig

**Ausstellungsgrafik**
zampkelp-neo.studio architekten, Berlin
Wohlhüter Grafikdesign, Berlin

**Produktion Grafik**
Buschmann Werbung GmbH & Co KG

**Klimatechnik**
Michael Lange, Eugen Klassen, Firma Rittgen –
Beratende Ingenieure

**Sicherheitstechnik**
Marbach Sicherheitssysteme GmbH

**Lichtplanung**
Anne Boissel, Licht- und Raumgestaltung, Berlin

**Audiovisuelle Medien**
Visual concepts Medienproduktion Ralf Kotschka

**Audioguide**
Tonwelt, Berlin

CD-ROM-KATALOG

Idee und Konzeption
Ina Boike, Ralf Grüßinger, Eckart Köhne

Redaktion
Ralf Grüßinger
unter Mitarbeit von Elisabeth Adams,
Ina Boike, Stefanie Schips

Technische Entwicklung
webment Internetagentur, Trier und
Mainz
Gert Barwinski, Peter Brückmer GbR

Autoren und Autorinnen
des CD-ROM-Katalogs
Abdy, Richard
Adler, Wolfgang
Althoff, Ralf H.
Arveiller, Véronique
Atanasov, G.
Bakker, Lothar
Bardiès-Fronty, Isabelle
Bauchhenß, Gerhard
Bauerfeld, Daniel
Becks, Leonie
Bendžarevic, Tatjana
Berger, Ludwig
Bergmann, Marianne
Bernhard, Helmut
Beuing, Raphael
Boerner, Carlos O.
Bonnamour, Josef
Boos, Andrea
Borić-Brešković, Bojana
Brehme, Sylvia
Breitner, Georg
Brink, Sonja
Bühl, Gudrun
Burresi, Mariagiulia
Cassanelli, Roberto
Castellano, Angeles
Chi, Jennifer
Ciaravello, Chiara
Cinthio, Hampus
Clauß, Gisela
Clemens, Lukas
Colucci, Isabella
Cunz, Reiner
Cvjetićanin, Tatjana
Dahmen, Karsten
Daniel, Robert
Dautova-Ruševljan, Velika
De Laurenzi, Angelina
Dekiert, Marcus
Dembski, Günther
Dijkman, Wim
Dolata, Jens
Drča, Slobodan
Dreyspring, Brigitte

Drucker, Allyson
Durand, Jannic
Effenberger, Arne
Ehling, Kay
Embach, Michael
Engemann, Josef
Entwistle, Chris
Evans, Helen C.
Faust, Sabine
Feistel, Hartmut-Ortwin
Feldhahn, Ulrich
Fischer, Ilka Mareen
Fortini, Marta
Franz, Günter
Fries, Andrea
Gavinelli, Simona
Gerli, Valeria
Ghetta, Marcello
Gilles, Karl-Josef
Giroire, Cécile
Goethert, Karin
Goethert, Klaus-Peter
Gonzàlez, Kristin
Groß-Morgen, Markus
Grünewald, Mathilde
Grüßinger, Ralf
Gschwantler, Kurt
Guiducci, Sabina
Haustein-Bartsch, Eva
Heid, Stefan
Heide, Birgit
Heijmans, Marc
Heimberg, Ursula
Hellenkemper, Hansgerd
Henning, Michael
Herrmann-Otto, Elisabeth
Hobbs, Richard
Hochuli-Gysel, Anne
Hoffmann, Ingrid-Sibylle
Höhl, Claudia
Holcomb, Melanie
Hollstein, Wilhelm
Hübner, Dorothea
Hupe, Joachim
Hüttl, Richard
Jackson, Ralph
Kader, Ingeborg
Kaltenbrunner, Regina
Kaminski, Gabriele
Kastrinakis, Nikos
Kaufmann-Heinimann, Annemarie
Kirchhainer, Karin
Klee, Margot
Klein, Michael J.
Knauß, Florian S.
Kocsis, László
Köhne, Eckart
Kolb, Matthias
Kondić, Jelena
Kramer, Bärbel

Kruse, Thomas
Kuban, Zeynep
Laubenberger, Manuela
Lauer, Rolf
Leander-Touati, Anne-Marie
Lega, Claudia
Leuschner, Eckhard
Liberati, Anna Maria
Löhr, Hartwig
Loscheider, Robert
Maaß, Michael
Mackensen, Michael
Martin, Max
Martini, Carla
Marx, Petra
Maselli Scotti, Franca
Mathieux, Néguine
McKitterick, David
Méjanès, Jean-François
Merten, Hiltrud
Mietke, Gabriele
Möller, Ch.
Morschakova, Elena A.
Mráv, Zsolt
Naumann-Steckner, Friederike
Neugebauer, Anton
Nikolić, Ljiljana
Nolden, Reiner
Noviello, Claudio
Özkus, Bora
Østergaard, Jan Stubbe
Pankowa, Margarita
Parisi Presicce, Claudio
Patay-Horváth, A.
Pentz, Peter
Peschlow, Urs
Pinsker, Bernhard
Plattner, Georg A.
Platz-Horster, Gertrud
Puckett, Pater Jakobus
Quednau, Rolf
Ratković, Deana
Ristow, Sebastian
Roberts, Paul
Roger, Daniel
Romeo, Ilaria
Romualdi, Antonella
Ronig, Franz
Rütti, Beat
Sainty, Guy Stair
Santrot, Marie-Hélène
Schade, Kathrin
Schmidt, Christian
Schmidt, Theun-Mathias
Schnitzler, Bernadette
Schrenk, Sabine
Schröder, Stephan F.
Schulze, Christina
Schwind, Johannes
Schwinden, Lothar

Sensi, Luigi
Siebert, Anne Viola
Siepen, Margareta
Sinn, Friederike
Spinola, Giandomenico
Splitter, Rüdiger
Springer, Tobias
Stair Sainty, Guy
Steures, Desiré Christiaan
Storck, Hans-Walter
Sutorius, Silvia
Szabó, Ádám
Teegen, Wolf-Rüdiger
Terrer, Danièle
Tozzi, Simonetta
Tschernilowskaja, Margarita M.
Unruh, Frank
Utro, Umberto
Vian, Gian Maria
Vittet, Jean
Vordestemann, Jürgen
Weber, Winfried
Weber-Dellacroce, Barbara
Weidner, Monika
Weisser, Bernhard
Werquet, Jan
Willburger, Nina
Zahlhaas, Gisela
Zhuber-Okrog, Karoline
Živic, Maja
Zorn, Olivia

Übersetzungen
Ralf Grüßinger sowie Lukas Clemens,
Natalie Fatin, Karl-Josef Gilles,
Sabine Faust, Elisabeth Herrmann-Otto,
Ulrika Luka, Aleksandar Medovic,
Kirsten Schneider, Lothar Schwinden,
Barbara Weber-Dellacroce

# EINFÜHRUNG IN DIE AUSSTELLUNGSKONZEPTION

Josef Engemann

Der glückliche Umstand, dass in Trier die Räume dreier bedeutender Museen für die Konstantin-Ausstellung zur Verfügung stehen, bietet die Möglichkeit, die Vielfalt der um Konstantin den Großen und seine Zeit kreisenden Themen durch Aufteilung in drei Hauptgruppen sinnvoll zu gliedern und überschaubar zu machen.

Das Rheinische Landesmuseum zeigt den „Herrscher des römischen Imperiums" und veranschaulicht, wie Konstantin und seine Söhne Traditionen der vorausgehenden Herrscher der ersten Tetrarchie aufnahmen und sich andererseits von ihrer Politik und Religionspolitik entfernten. Neben Zeugnissen für die Repräsentation der Kaiser und ihre Residenzen und Münzstätten steht eine Fülle von Hinweisen auf die Kultur des täglichen Lebens. Die Bedeutung von Ausstellungsobjekten mit christlichen Darstellungen und Inschriften wird im Vergleich zu vorausgehenden und gleichzeitigen heidnischen Beispielen veranschaulicht.

Im Dom- und Diözesanmuseum steht unter dem Titel „Der Kaiser und die Christen" Konstantins Förderung des Christentums im Zentrum. Um die Tragweite der kaiserlichen Initiativen – beispielsweise seiner Kirchenstiftungen – deutlich herauszustellen, wird auch die Weiterentwicklung in der Folgezeit behandelt. Die fortschreitende Christianisierung der Bevölkerung des Imperiums wird in den verschiedenen Bereichen des täglichen Lebens, des Kultes und der Grabkultur dargestellt, unter besonderer Berücksichtigung der Zeugnisse aus Trier.

Das Städtische Museum Simeonstift widmet sich „Tradition und Mythos" konstantinischen Nachlebens und verfolgt das von Legenden geprägte Bild Konstantins als Herrscher und als Heiliger vom Mittelalter bis in die Neuzeit. Die religiöse und politische Macht der Päpste sollte erhöht werden durch die Erzählung von einer Taufe Konstantins durch Papst Silvester und die Erfindung einer Schenkung kaiserlicher Macht an den Papst. Die Zuwendung Konstantins zum Christentum unterstrichen angebliche Visionen des Kaisers vor der Schlacht an der Milvischen Brücke und die legendäre Auffindung des Kreuzes Christi durch seine Mutter Helena.

In allen drei Museen sollen geschichtliche Ereignisse, für die keine materiellen Zeugnisse erhalten blieben, den Besuchern der Ausstellung durch Schrifttafeln in Erinnerung gerufen werden. Auf eine Reihe von ausgewählten Münzen und Kleinfunden, deren historische Aussage als besonders wichtig anzusehen ist, wird zusätzlich in großformatigen Photographien hingewiesen. Im folgenden sollen einige besonders interessante Ausstellungsobjekte genannt werden, an denen sich die Grundlagen der Ausstellungskonzeption erkennen lassen.

Die Erfolge der Tetrarchie Diokletians und der Herrschaft Konstantins für das gesamte römische Imperium lassen sich am besten würdigen, wenn man sie im Gegensatz zu den kritischen Herrschaftsverhältnissen über viele Jahrzehnte des 3. Jahrhunderts sieht, die zu Einbrüchen der Franken, Alamannen, Goten und Sassaniden in das Reichsgebiet geradezu einluden. An diese Situation, in der das Sonderreich des Postumus für Gallien und seine Nachbargebiete als Lichtblick gelten konnte, erinnert der Siegesaltar, den M. Simplicinius Genialis nach einem Sieg über die von einem Beutezug in Italien zurückkehrenden Juthungen im Jahr 260 der Siegesgöttin Victoria weihte ⊙ I.3.2.

Mehrere Skulpturengruppen aus der Zeit der ersten Tetrarchie (s. Kapitel 2, Beitrag von Bergmann) lassen das Bemühen der Augusti Diokletian und Maximian erkennen, die Einheit untereinander und mit den Caesares Galerius und Constantius I. zu bekräftigen und zu verbildlichen. Ihre Altersruhesitze errichteten die Tetrarchen jedoch individuell: Auf die Paläste Diokletians in Split und des Galerius in Felix Romuliana wird in der Ausstellung besonders hingewiesen (s. Kapitel 2, Beitrag von Kuhoff). Nach der Abdankung Diokletians und Maximians im Jahre 305 gab es zwar eine zweite Tetrarchie (vgl. zum Reliefpfeiler aus Felix Romuliana ⊙ I.4.12, doch nach dem Tod Constantius I. im folgenden Jahr geriet das System der nicht auf Familienbande begründeten Herrschaftsnachfolge ins Wanken: Die Truppen des Constantius erhoben Konstantin, den Sohn des Constantius, zum Kaiser und Maxentius, der Sohn Maximians, usurpierte die Herrschaft in Rom. Auf den Versuch einer Neuordnung durch die Konferenz in Carnuntum 308 weist der bei dieser Gelegenheit gewidmete Mithrasaltar hin ⊙ I.4.14. In die Zeit dieser Wirren soll auch der Siegesaltar aus Prutting (311/313) führen ⊙ I.7.1, dessen Inschrift weder den von Konstantin ausgeschalteten Schwiegervater Maximian noch den inzwischen verstorbenen Galerius nennt, sondern Maximinus Daia, Konstantin und Licinius.

Der erste Schritt Konstantins auf dem Wege zur Alleinherrschaft war der Sieg über Maxentius an der Milvischen Brücke vor Rom (312). Späte bildliche Darstellungen zu den von Laktanz und nach dem Tode des Kaisers von Eusebius erzählten Visionen und Träumen vor dem Kampf um Rom werden im Rahmen des „Nachlebens" gezeigt, etwa die Entwurfszeichnung von Cesare Nebbia (1578/81), der Nachstich Francesco Aquilas nach Raffaels Gemälde im Vatikan (1722) und ein Elfenbein des späten 17. Jahrhunderts ⊙ III.9.3 – ⊙ II.9.5. Doch unabhängig von solchen Erzählungen wird die historische Tatsache, dass Konstantin sich Christus als Schlachtenhelfer wählte, durch die Silbermultipla von 315 aus Ticinum belegt, auf denen ein Christusmonogramm den Helm des Kaisers schmückt ⊙ I.13.120.

Auch die Rückseite dieser Prägungen bestätigt mit der Darstellung des von Victoria, der Siegesgöttin, bekränzten Kaisers bei einer Rede vor Soldaten den militärischen Zusammenhang. Christus als Helfergottheit im Kampf von 312 zu wählen lag nahe, da er im Vorjahr im Edikt des Galerius zur Beendigung der Christenverfolgung indirekt als Sieger erschienen war. Auf dem Bogen, den der römische Senat dem Kaiser nach seinem Sieg widmete, ist Konstantins Gottheit allerdings in der Inschrift nicht namentlich genannt und finden sich deutliche Bezüge zu Sol, dem Sonnengott. Erfreulicherweise kann den Ausstellungsbesuchern das Modell des Konstantinsbogens aus dem römischen Museo della Civiltà Romana gezeigt werden, um die hohe historische und ikonographische Bedeutung dieses Bogens herauszustellen ⊙ I.15.32. Trotz seiner beispielsweise durch Kirchenstiftungen, Beteiligung an Konzilien und Förderung des Klerus belegten Zuwendung zum Christentum bezeichnete Konstantin den Sonnengott auf Münzen noch bis 325 als seinen Begleiter ⊙ I.13.103, ⊙ I.9.10. Er trug damit dem Umstand Rechnung, dass die überwiegende Mehrheit der Bevölkerung, vor allem im Westteil des Imperiums, noch heidnisch war. Dieses Verhalten wird auch durch die Inschrift aus Hispellum (Spello) bestätigt ⊙ I.9.6. Es handelt sich um die antike Marmorabschrift eines Reskripts Konstantins, mit dem er auf eine Anfrage der umbrischen Stadt antwortete. In seinem Schreiben, das meist zwischen 333 und 335 datiert wird, erlaubte der Kaiser nicht nur Theaterspiele und Gladiatorenkämpfe, sondern auch den Bau eines Kaisertempels. Allerdings sollte dieser nicht durch abergläubischen Frevel, also wohl heidnische Opfer, verunreinigt werden (vgl. Gascou 1967, Tabata 1997, Amann 2002).

Zuvor hatte Konstantin den endgültigen Sieg über Licinius errungen (324) und war dadurch auch Augustus des Ostteils des Imperiums geworden. Dieses Ereignis ist materiell am Einsetzen konstantinischer Münzen aus östlichen Münzstätten darzustellen z.B. ⊙I.9.27. Es bot dem Kaiser die Möglichkeit zur Gründung der neuen Hauptstadt Konstantinopolis (heute Istanbul), die 330 eingeweiht wurde. Hierauf sollen unter anderem zwei wertvolle Zeichnungen hinweisen, die erfreulicherweise ausgestellt werden können: Im sogenannten Freshfieldcodex von 1574 in Cambridge ist auf einer aufklappbaren Tafel die Porphyrsäule dargestellt, die Konstantin in der Mitte seines neuen Forums aufstellen ließ ⊙I.15.20. Allerdings war im 16. Jahrhundert die aus der Literatur bekannte bekrönende Statue nicht mehr erhalten, die den Kaiser als Apollon-Helios mit der Strahlenkrone des Sonnengottes zeigte. Doch stellt eine Zeichnung des Melchior Lorck in Kopenhagen von 1561 das Sockelrelief dieser Säule dar, und auch hier trägt der Kaiser eine Strahlenkrone ⊙I.15.21. Erfreulicherweise können auch die auf dem römischen Esquilin gefundenen Stadtpersonifikationen von Roma und Konstantinopel gezeigt werden (British Museum, London) ⊙I.15.14. Die Vatikanische Bibliothek stellt ihre Handschrift des „Kalenders von 354" zur Verfügung, in dem die Personifikationen der Städte Rom, Alexandria, Konstantinopel und Trier abgebildet sind ⊙I.15.22.

Selbstverständlich werden den Ausstellungsbesuchern die Personen Konstantins, seines Konkurrenten Licinius, seiner Frau Fausta, seiner Mutter Helena und seiner Söhne durch eine Reihe von Porträts vorgestellt (s. Kapitel 3, Beitrag von Hannestad). Das auffälligste Stück ist der monumentale Kopf der Sitzstatue Konstantins aus der römischen Maxentiusbasilika. Das ausgestellte Objekt kann natürlich nicht das Original sein; es ist das Ergebnis eines erstmaligen elektronischen Scannens des Originals, das anschließend in ein vom Bildhauer geschaffenes Marmorbildnis umgesetzt wurde. Ebenso wie dieser gewaltige Kopf aus einem Porträt Hadrians für Konstantin umgearbeitet wurde, sind noch weitere Marmorporträts konstantinischer Zeit Umarbeitungen. Dies gilt auch für das erst 2005 in Rom gefundene späte Porträt Konstantins ⊙I.8.10. Diese Aktualisierungen von Porträts erinnern an den Konstantinsbogen, an dem in zahlreichen wiederverwendeten Spolienreliefs die früheren Kaiserbilder in Konstantin- und Liciniusporträts verwandelt wurden. Auch interessante Kaiserporträts auf dem Gebiet der Glyptik können gezeigt werden. Die Bestimmung der beiden Tetrarchen auf dem Sardonyx-Kameo der Dumbarton Oaks Collection ist trotz der Namensbeischriften nicht unumstritten ⊙I.4.21. Der dreischichtige Sardonyx-Kameo mit Darstellung der Familie Konstantins ist in Trier „zu Hause", denn er bildet das Zentrum des 1499 erneuerten Deckels des Ada-Evangeliars in der Trierer Stadtbibliothek ⊙III.19.1, ⊙I.9.5. Wohl erstmals sind die drei Siegelsteine (Intagli) aus Amethyst mit Kaiserporträts konstantinischer Zeit aus Berlin, Leipzig und London in einer Ausstellung vereinigt ⊙I.9.29 – ⊙I.9.31. Der reitende Barbarenbezwinger auf dem Sardonyx-Kameo aus Belgrad muss wegen seines Diadems ein Kaiser sein, sicher aus konstantinischer Zeit ⊙I.7.33. Wiederum wegen seines Diadems dürfte der Kaiser, der auf dem Licinius-Kameo aus Paris mit seiner Quadriga über Barbaren hinwegfährt, ein Herrscher des fortgeschrittenen 4. Jahrhunderts sein ⊙I.7.6.

Mit den beiden zuletzt genannten Kameen ist bereits ein Thema berührt, das seit dem 3. Jahrhundert für den Erhalt des römischen Reiches existentielle Bedeutung besaß: die Kämpfe mit den gegen die Grenzen des Imperiums anstürmenden „Barbaren", beispielsweise Franken, Alamannen, Brukterer, Goten und Perser. Konstantin war auf die Verlässlichkeit der Truppen und ihrer Befehlshaber nicht nur für seine Kämpfe zur Erringung der Alleinherrschaft angewiesen, sondern auch für den Schutz der Grenzen. In die Ausstellung ist daher eine Auswahl der verschiedensten Angriffs- und Verteidigungswaffen und Rüstungsbestandteile aufgenommen (s. Kapitel 4, Beitrag von Schmauder). Unter den Helmen findet sich auch das rekonstruierte Beispiel aus Maastrich mit einem Christusmonogramm ☉ I.13.121, hinzu kommen weitere Fragmente mit diesem Zeichen, die an den Helm Konstantins auf dem oben erwähnten Silbermultiplum aus Ticinum erinnern. Unter den Empfängern offizieller Geschenke, wie die goldenen Zwiebelknopffibeln mit Kaisernamen und die Ringe, deren Inschriften an die Treue zum Kaiser erinnern, dürften neben hohen Beamten in erster Linie hochrangige Militärs gewesen sein ☉ I.7.22, ☉ I.10.21. Dasselbe gilt auch für die Schalen mit Vota-Inschriften für die Herrschaftsjubiläen, denn ein Hauptbestandteil der Besoldung für die Truppen und ihre Befehlshaber waren die Sonderzahlungen (*donativa*) zu diesen Anlässen ☉ I.7.14 – ☉ I.7.16. Aus einem nicht lokalisierten Schatzfund stammt eine größere Zahl von Vota-Schalen des Licinius und seines Sohnes, die aus München nach Trier kommen ☉ I.7.18. Solche mit Münzen gefüllten Schalen und die sonstigen Geschenke (*largitiones*) sind bei dem für die Geschenke zuständigen Beamten, dem Comes Sacrarum Largitionum in der Notitia Dignitatum abgebildet; das Pariser Exemplar der Bibliothèque Nationale darf in der Ausstellung gezeigt werden ☉ I.15.23.

Großen Anteil an der Präsentation hat die Entwicklung christlicher Architektur und christlicher Bildmotive seit konstantinischer Zeit. Das Dom- und Diözesanmuseum ließ eigens eine größere Zahl von Modellen im selben Maßstab anfertigen, in denen nicht nur Konstantins Kirchenstiftungen in Rom und in Palästina dargestellt sind, sondern auch die Kirchenbauten im Trierer Dombereich und ein christlicher Coemeterialbau unter der früheren Abteikirche St. Maximin (s. Kapitel 6, Beitrag von Weber-Dellacroce/Weber und ☉ II.2.13). Bereits im 3. Jahrhundert muss es größere Kirchengebäude gegeben haben, wie durch die Berichte über ihre Zerstörung während der Diokletianischen Christenverfolgung gesichert ist. Da sie nicht erhalten blieben, kann für diese Zeit nur das Modell der Hauskirche in Dura Europos (Syrien) gezeigt werden. An den von Konstantin in Auftrag gegebenen Bau der Kirche über dem Grab Christi in Jerusalem knüpfte sich die Legende, nach der Helena, die Mutter des Kaisers, das Kreuz des Herrn (zusammen mit denen der beiden Schächer) gefunden haben soll, eine Legende, die erstmals gegen Ende des 4. Jahrhunderts ausführlich erzählt wurde, auch wenn bereits in der Mitte des Jahrhunderts von Kyrill von Jerusalem Kreuzreliquien erwähnt wurden (s. Kapitel 9, Beitrag von Peschlow/Schmalzbauer, Kreuzlegende). Im Städtischen Museum werden einige hoch- und spätmittelalterliche Objekte mit Illustrationen zur Auffindungsgeschichte ausgestellt ☉ III.7.1. Es folgen Darstellungen Konstantins und Helenas bei der Erhebung des Kreuzes durch Bischof Makarios von Jerusalem ☉ III.7.21, ☉ III.7.22, und schließlich Beispiele für die in der Ostkirche häufige Darstellung der Heiligen Konstantin und Helena neben oder unter dem Kreuz in den verschiedensten Medien bis hin zum Reliquienamulett (Brustkreuz) aus dem Hildesheimer Domschatz ☉ III.7.14, ☉ III.7.5, ☉ III.7.12, ☉ III.7.14.

Um die christliche Architektur des 4. Jahrhunderts in Trier historisch und topographisch richtig einordnen zu können, werden den Ausstellungsbesuchern auch Übersichtspläne, Modelle und bildliche Hinweise auf frühere und gleichzeitige Bauten gegeben, die mit der kaiserlichen Residenz in Zusammenhang stehen, vor allem die ohne ihre Anbauten noch erhaltene große Halle (sog. Basilika, s. Kapitel 7, Beitrag Goethert/Kiessel sowie ⊙ I.15.41, ⊙ I.5.2). Aus den zugehörigen Wohnbauten werden Mosaiken gezeigt (s. Kapitel 8, Beitrag Hupe), und vor allem die konstantinischen Deckenmalereien eines größeren Saals, deren winzige Fragmente unter dem Trierer Dom entdeckt und im Dom- und Diözesanmuseum zusammengesetzt wurden ⊙ II.5.1. Auch auf Villen und Wohnanlagen des Trierer Umfelds und in ihnen gefundene Objekte wird hingewiesen (s. Kapitel 7, Beitrag von Fontaine).

Der Anteil von Christen an der Bevölkerung Triers wuchs das 4. Jahrhundert hindurch erst allmählich an. Dem richtigen Verständnis der Christianisierung von Kult und kultischer Architektur sollen daher Hinweise auf die Ausgrabungen heidnischer Kultbauten und Kultbezirke in Trier und seiner Umgebung dienen, wie auch die Ausstellung in diesen gefundener Objekte (s. Kapitel 6, Beitrag von Ghetta und Kapitel 7, Beitrag von Faust). Darüber hinaus werden weitere Ausstellungsgegenstände zu heidnischen Gottheiten und mythischen Gestalten aus auswärtigen Museen ausgeliehen, um die Vielfalt der Kulte und Mythen zu illustrieren, gegen die das Christentum sich durchsetzte: Apoll, Dionysos, Herakles, Isis, Iuppiter Dolichenus, Merkur, Minerva, Mithras, Orpheus, Sabazios und Sol (s. Kapitel 6, Beitrag von Clauss). – Unter den Ausstellungsstücken, die auf den jüdischen Bevölkerungsanteil des Imperiums außerhalb Palästinas hinweisen sollen, befinden sich zwei Objekte, an denen die Einheit spätantiker Kunst deutlich erkennbar ist: Auf einem Sarkophagfragment aus Rom ist der Siebenarmige Leuchter (Menora) mit Jahreszeitengenien und einer Weinkelterszene verbunden ⊙ I.13.88, ein Goldglasboden einer Trinkschale mit Thoraschrein und Kultgeräten wurde in derselben Werkstatt hergestellt, die auch Exemplare mit christlichen Motiven produzierte ⊙ II.1.128.

Der Darstellung christlicher Bestattungsbräuche in der Ausstellung wurden mehrere Gesichtspunkte zugrundegelegt. Beispielsweise soll der Zusammenhang von Sarkophagen des frühen 4. Jahrhunderts mit der vorausgehenden heidnischen und „neutralen" Tradition anschaulich gemacht werden, zum anderen sollen Beispiele bis zum Ende des Jahrhunderts die Weiterentwicklung christlichen Reliefsschmucks erläutern. Die nur für die Oberschicht mögliche Beisetzung in reliefgeschmückten Sarkophagen, die vorwiegend aus kostspieligem Marmor gefertigt wurden, war seit dem 2. Jahrhundert römischer Standard. Im 3. Jahrhundert waren in den Reliefdarstellungen neben Szenen aus den heidnischen Mythen zwei „neutrale" Themen besonders beliebt: das Hirtenleben und die Jagd. In der Nebeneinanderstellung des Pariser Sarkophags, auf dem Prometheus Menschen bildet, mit dem Arleser zweizonigen Friessarkophag mit biblischen Darstellungen, unter denen auch die Erschaffung Adams und Evas auftritt, wird die Motiv-Verwandtschaft deutlich ⊙ I.14.3, ⊙ I.14.5. Dieser Adam- und Eva-Sarkophag ist jedoch kein Einzelfund, sondern stand gemeinsam mit dem christlichen Sarkophag der Marcia Romania Celsa und einem älteren Jagdsarkophag in der Grabkammer; eine anschauliche Verbildlichung von Vorstellungen der Übergangszeit ⊙ I.14.1, ⊙ I.14.2. Als Beispiel dafür, wie beliebt das als friedlich und glücklich vorgestellte Hirtenleben auch bei Christen war, kann der Berliner Jonas-Sarkophag dienen ⊙ II.3.1. Das auffälligste Merkmal der ausgestellten Sarkophage der zweiten Hälfte des 4. Jahrhunderts ist mit der Darstellung des zwischen den Aposteln thronenden Christus die Übernahme von Motiven der Machtrepräsentation der inzwischen christlichen Kaiser ⊙ I.14.4, ⊙ II.3.21. Unter den Sarkophagen aus lokaler Trierer Produktion ist der Sandstein-Sarkophag mit Darstellung der Noahgeschichte besonders interessant, da seine Wiedergabe der ganzen Familie Noahs in (möglicherweise auferstehungssymbolischer) Achtzahl in der Arche einmalig ist ⊙ II.3.4. Als Ergänzung zu den in Trier gefundenen frühchristlichen Grabinschriften, unter denen sich auch solche für Inhaber höherer Ämter befinden, (s. Kapitel 6, Beitrag von Schwinden) können einige frühere Beispiele aus den römischen Katakomben vorgestellt werden.

Naturgemäß dient die größte Zahl der Ausstellungsobjekte der Aufgabe, den Besuchern das tägliche Leben der noch heidnischen und zunehmend christlichen Bevölkerung des 4. Jahrhunderts im römischen Imperium und speziell in Trier anschaulich zu machen. Zwei Lebensbereiche, die gleichzeitig zum begeisterten Vergnügen der Massen wie zur Repräsentation von Kaisern und hochrangigen Spielgebern beitrugen, behielten auch in der Spätantike trotz der Proteste christlicher Theologen unverminderte Bedeutung: die Wagenrennen im Circus und die Gladiatorenkämpfe, Tierhetzen und Hinrichtungen durch wilde Tiere im Amphitheater. Für beide Themen können neben Objekten aus Trier wertvolle auswärtige Leihgaben gezeigt werden. Für den Circus erwähne ich die Kölner Glasschale mit Darstellung eines Wagenrennens, einen römischen Kindersarkophag aus Mainz mit Eroten als Wagenlenker und eine große Marmor-Intarsienarbeit (*opus sectile*) mit siegreichem Wagenlenker aus dem römischen Museo Nazionale ⊙ **I.17.50, ⊙ I.17.45, ⊙ I.17.43**. Gladiatoren- und Tierkämpfe im Amphitheater sind auf einem ganz singulären Glasbecher in Schliffdekor dargestellt, der aus einem Grab unter der Abtei St. Matthias in Trier stammt ⊙ **I.17.41**, zwei in Rom gefundene Mosaikfelder mit Gladiatorenkämpfen erhalten wir aus Madrid, eine nordafrikanische Tonschale mit Darstellung einer Hinrichtung durch wilde Tiere (*damnatio ad bestias*) kommt aus Karlsruhe ⊙ **I.15.36, ⊙ I.15.37, ⊙ I.17.39**.

Aus den verschiedenen Gattungen des luxuriösen oder bescheidenen Kunsthandwerks, die in der Ausstellungskonzeption einen wichtigen Platz einnehmen, sollen nur wenige Objekte hervorgehoben werden. Im Bereich des Schmucks, in den auch die bereits oben erwähnten Fibeln und Treueringe mit Kaisernamen gehören, ist eine große Zahl von Ringen versammelt, in deren Platten oder eingesetzten Steinen neutrale, magische oder christliche Motive zu sehen sind, unter letzteren vorwiegend das Christusmonogramm. Die großen Goldanhänger in Durchbruchsarbeit (*opus interrasile*) mit eingesetztem Konstantinsmedaillon ⊙ **I.11.8, ⊙ I.11.6, ⊙ I.11.7** gehörten zu ein- und demselben Halsschmuck, von dem fünf Anhänger auf Museen in Europa und den USA verteilt sind.

Glanzstücke des silbernen Tischgeräts sind die 1992 in Trier gefundene Silberkanne des 4. Jahrhunderts mit Aposteldarstellung in Niello und Vergoldung ⊙ **I.11.37** und die großen Silberplatten aus den Ausgrabungen in Kaiseraugst mit Darstellungen der Ariadne, des Achill und einer Stadt am Meer ⊙ **I.11.3, ⊙ I.11.4, ⊙ I.11.2**. Als Kosmetikbehälter dürfte der silberne Proiectakasten gedient haben, der auf dem Esquilin in Rom gefunden wurde (British Museum, London). In seinem Dekor ordnen die Besitzerin und die nackte Venus in gleicher Weise ihr Haar vor dem Spiegel. Mit seiner betont christlichen Inschrift ist das singuläre Stück ein gutes Beispiel dafür, dass auch Christen des 4. Jahrhunderts Gestalten der Mythentradition verwenden konnten: Venus als bloße Personifikation weiblicher Schönheit ⊙ **I.13.101**.

Den reichen Beständen des Rheinischen Landesmuseums an dekorativen Glaserzeugnissen aus Trierer Werkstätten (s. Kapitel 8, Beitrag von Goethert, Glasproduktion) werden in der Ausstellung noch einige Beispiele von zwei Gruppen auswärtiger Produktion zugefügt (s. Kapitel 6, Beitrag von Engemann, Ikonographie). Die erste umfasst Glasschalen mit Ritzdekor aus der sogenannten Wint-Hill-Gruppe, die wahrscheinlich in Kölner Werkstätten hergestellt worden sind, die zweite besteht aus den mit Goldfolienverzierung dekorierten Böden von Trinkschalen vermutlich römischer Produktion. Der Grund für diese Erweiterung der Ausstellung liegt darin, dass wir an den Darstellungen und Trinksprüchen dieser Gefäße deutlich erkennen können, dass dieselben Werkstätten im 4. Jahrhundert Kunden belieferten, die den neutralen Dekor von Jagddarstellungen bevorzugten, Bilder aus der heidnischen Mythologie wünschten oder christliche Darstellungen von biblischen Szenen oder Heiligen verlangten (bei den Goldgläsern kamen noch die oben erwähnten jüdischen Motive hinzu).

Unter den Erzeugnissen der Trierer Töpfereien (s. Kapitel 8, Beitrag Goethert, Keramikproduktion) werden die Ausstellungsbesucher sicher außer durch die Steckkalender und Lampen besonders von den reich geschmückten und mit Inschriften von Trink- und Liebessprüchen versehenen Spruchbechern der „Schwarzfirnis"-Ware beeindruckt werden. Auch dieser lokalen Produktion wurde eine Gruppe auswärtiger Keramikprodukte zugefügt, um deutlich zu machen, wie übergreifend die Themenwahl von Werkstätten sein konnte. Es handelt sich um dünnwandige Tonschalen, die in der zweiten Hälfte des 4. und der ersten des 5. Jahrhunderts in Nordafrika vorwiegend für den Export hergestellt wurden. Ihr Dekor besteht aus formgefertigten, applizierten Figuren und verbildlicht eine Fülle mythologischer und biblischer Themen (s. Kapitel 6, Beitrag von Engemann, Ikonographie). Mit dem siegreichen Wagenlenker wurde auf den Circus angespielt ⊙ **I.17.48**, mit der Hinrichtung durch wilde Tiere auf das Amphitheater.

Die zahlenmäßig größte Objektgruppe der Ausstellung ist die der Münzen und Medaillen (*multipla*), wofür die Erklärung auf der Hand liegt: Trier war über lange Zeit kaiserliche Münzstätte (s. Kapitel 7, Beitrag von Gilles). Neben wichtigen Prägungen aus Trier werden auch Geräte zur Münzproduktion ausgestellt. Daneben werden wichtige Einzelstücke unterschiedlicher Münzstätten gezeigt, die bestimmten historischen oder ikonographischen Themen zugeordnet sind (s. Kapitel 5, Beiträge von Kolb und Engemann). Außerdem konnte eine Reihe signierter Gold- und Silberbarren unterschiedlicher Form zusammengeführt werden, die nicht nur als Rohmaterial zur Münzprägung dienten, sondern auch für Soldzahlungen und Donationes Verwendung finden konnten (s. Kapitel 8, Beitrag von Loscheider).

Ausstellungsobjekte des Städtischen Museums zu den Legenden der Auffindung des Kreuzes Christi in Jerusalem und der Kreuzvision Konstantins vor der Schlacht an der Milvischen Brücke wurden bereits oben erwähnt. Eine weitere Legende, die im 5. Jahrhundert auftauchte und den Rang des Bischofs von Rom bekräftigen sollte, erzählte von einer Erkrankung Konstantins am Aussatz, dem Plan eines Heilbades im Blut unschuldiger Kinder und der Heilung und Taufe des Kaisers durch Papst Silvester. Mehrere Szenen der Legende sind beispielsweise auf der Rückseite eines bronzenen Vortragekreuzes aus Schonen (12. Jh.) ⊙ III.1.8 und auf dem Architrav des Mittelportals der Kirche San Silvestro in Pisa dargestellt (13. Jh.) ⊙ III.1.1. Für die isolierte Darstellung der Silvestertaufe wird eine Grafik Francesco Aquilas von 1722 ausgestellt ⊙ III.1.5, außerdem ein Gemälde Carlo Innocenzo Carlones von 1762 ⊙ III.1.6 und ein anonymes Gemälde vom Ende des 18. Jahrhunderts ⊙ III.1.7.

Abschließend weise ich noch auf einige im Rahmen des „Nachlebens" ausgestellte Schriftwerke zur „Konstantinischen Schenkung" hin, einer Fälschung des 8. Jahrhunderts, der zufolge Konstantin dem Papst Sivester den westlichen Teil des Imperiums übertragen haben soll. Dieses Constitutum Constantini fand im Mittelalter zur Bekräftigung päpstlicher Ansprüche reiche Verwendung. Besondere Verbreitung fand die Fälschung durch Ihre Aufnahme in die um 850 entstandenen Pseudoisidorischen Dekretalen, von denen das Exemplar der Stadtbibliothek Trier ausgestellt wird (11./12. Jh.) ⊙ III.2.5. Eine prachtvolle Pergamenthandschrift des Constitutum Constantini im Vatikan wurde erst am Anfang des 16. Jahrhunderts hergestellt ⊙ III.2.1, obwohl Nikolaus von Kues bereits 1433 und Lorenzo Valla 1440 die Unechtheit des Constitutum nachgewiesen hatten. Das ausgestellte Exemplar des gedruckten Werkes De concordantia catholica des Cusanus von 1433 ist auf 1514 datiert und stammt ebenfalls aus der Stadtbibliothek Trier ⊙ III.3.1. Lorenzo Vallas Kritik wird in der ersten Druckfassung von 1506 in einem Exemplar der Vatikanischen Bibliothek gezeigt ⊙ III.3.2. Noch im 17. Jahrhundert gab es Widerspruch gegen Valla, wie eine Trierer Handschrift mit der Konstantinischen Schenkung zeigt ⊙ III.2.6.

⊙ III.14.4
**Silbermedaille mit reitendem Konstantin**
Bibliothèque nationale de France

ORDO

# DIE IMPERIALE

IMPERII

# IDEE

# DIE IMPERIALE IDEE

Alexander Demandt

„Kaiser" ist das älteste der rund 600 Lehnwörter aus dem Lateinischen in der deutschen Sprache. Es wurde übernommen, als man „Caesar" in Rom noch „Kaesar", noch nicht „Käsar" aussprach. Dies muss um Christi Geburt erfolgt sein. Vielleicht ist die Übernahme schon mit dem Swebenfürsten Ariovist zu verbinden, der 58 v. Chr. im Elsass von Julius Caesar besiegt wurde, aber fliehen konnte und die Kenntnis des Römers über den Rhein mitbrachte. Sicher verbreitete sie sich unter seinem Großneffen und Nachfolger Octavian, der sich in dynastischem Interesse ebenfalls nach seinem Adoptivvater „Caesar" nannte und den Versuch unternahm, das Reich bis zur Elbe auszudehnen. In der Folgezeit gewann der Eigenname „Caesar" die Bedeutung eines Titels für den „Kaiser". Dasselbe geschah mit dem Ehrennamen „Augustus", den Octavian seit 27 v. Chr. trug. Er enthält die charismatische Komponente des Amtes, während „Princeps" die senatorisch-republikanische Legitimation herausstellt.

Die wichtigste Funktion des Kaisers war der Oberbefehl über die Legionen, darum heißt er oft einfach „Imperator", Feldherr. Der Begriff *imperium* bezeichnet ursprünglich die militärische Befehls- und Blutgewalt der Consuln und Praetoren und wurde noch in spätrepublikanischer Zeit übertragen auf den regionalen Bereich, in dem er galt. Seitdem steht „Imperium Romanum" für das Staatsgebiet der „Res Publica Romana", die diesen Namen für den Staat während der gesamten Kaiserzeit beibehielt. Noch Justinian verwendet ihn, und bei Gregor von Tours, dem fränkischen Geschichtsschreiber der Zeit um 600, ist mit *res publica* stets das Römische Reich gemeint.

Das Imperium war im Laufe der republikanischen Zeit durch eine konsequente Politik unbegrenzter Allianzen und militärischer Interventionen zusammengewachsen. Die Römer vertraten die Idee des *bellum iustum*: gerecht ist nur ein „ordnungsgemäßer" Krieg zur eigenen Verteidigung und zum Schutz der Bundesgenossen. Ihre Niederlagen führten die Römer nicht auf militärische Fehler zurück, sondern selbstkritisch auf moralischen Verstoß gegen das Rechtsprinzip und eine höhere Vergeltung. Immer wieder zu Hilfe gerufen, wuchs das Gemeinwesen über alle damals bekannten Dimensionen. Es bestand einerseits aus dem Stadtstaat Rom und seinen verbündeten Nachbarn, den *socii*, überwiegend in Italien, die den Schutz der Legionen genossen, aber Kriegsfolge leisten mussten, und andererseits aus den vom römischen Volk – genauer: S(enatus) P(opulus) q(ue) R(omanus) – annektierten Provinzen, in denen römische Statthalter das Hochgericht ausübten und die Steuern einzogen. Die älteste Provinz war Sizilien, eingerichtet nach dem Ersten Punischen Krieg 241 v. Chr. Das Imperium gliederte sich in Stadtgebiete (*civitates*) unter selbstgewählten Magistraten. Sie behielten innere Autonomie.

> ☉ III.15.7
**Köln, Dom, Konstantin, 1872 – 1880**
Köln, Metropolitankapitel der Hohen Domkirche

>> ☉ III.15.8
**Köln, Dom, Karl der Große,**
**unrestaurierter Zustand, 1872 – 1880**
Köln, Metropolitankapitel der Hohen Domkirche

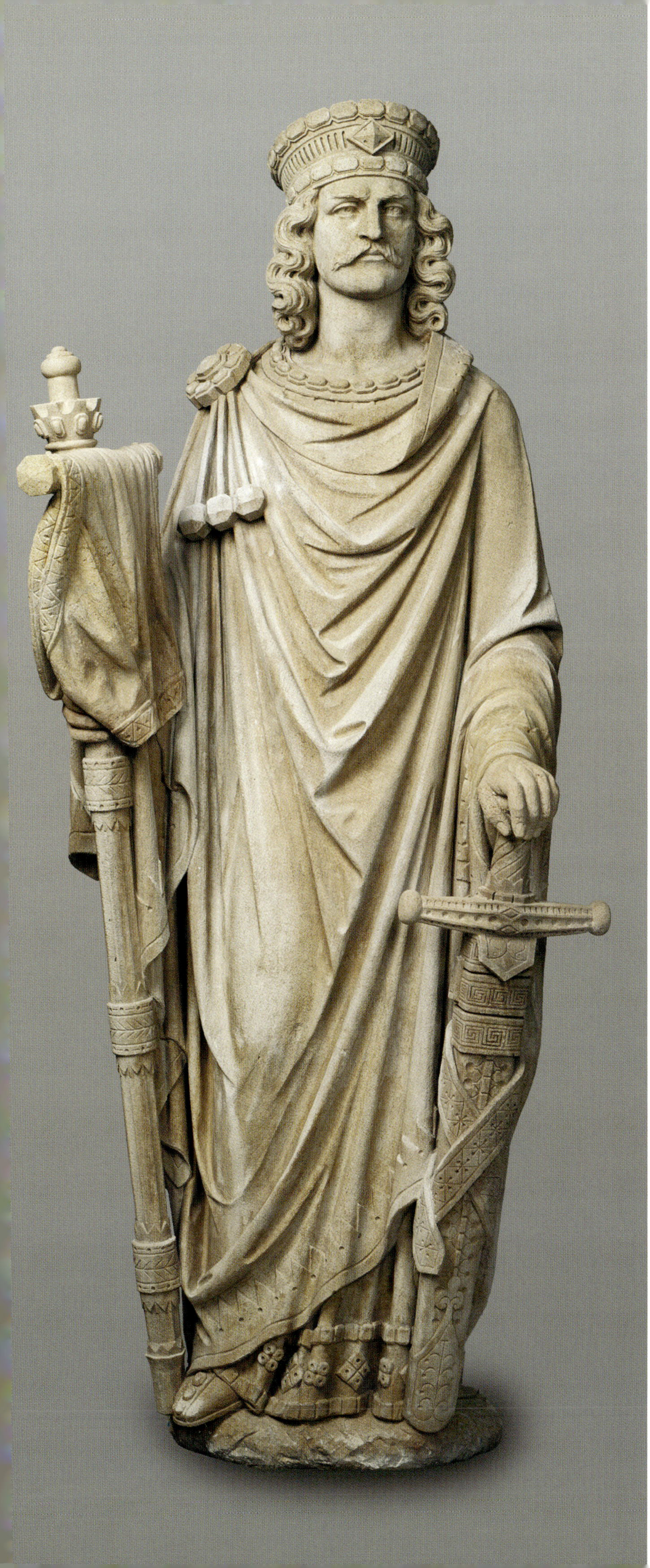

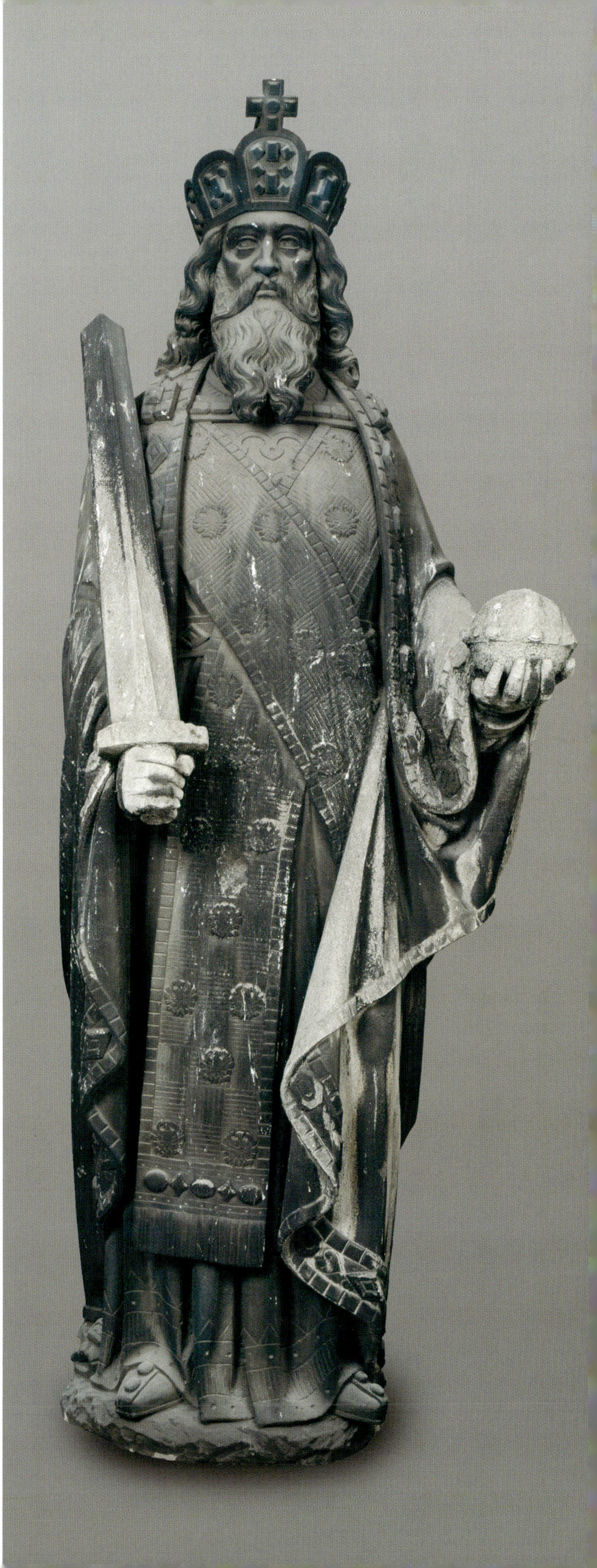

Als nach der Niederwerfung Karthagos im Dritten Punischen Krieg 146 v. Chr. kein ernsthafter Gegner Roms im Mittelmeerraum mehr übrig war, folgte dem äußeren Erfolg die innere Krise. Die dauernden Kriege hatten zu einer Verarmung der in den Legionen dienenden Bauern geführt. Während ihrer Abwesenheit hatten sich senatorische Großgrundbesitzer beträchtliche Teile des Bodens angeeignet, den sie mit kriegsgefangenen Sklaven bewirtschafteten. Dagegen wandten sich 133 und 123 v. Chr. die Brüder Tiberius und Gaius Gracchus als Volkstribune, doch unterlag die von ihnen geführte populare Opposition den Optimaten, der Senatspartei. Der Zwist zwischen diesen beiden Richtungen steigerte sich zum offenen Bürgerkrieg, während dessen sich in den erfolgreichen Heerführern bereits monarchische Gewalten ankündigten. Deren Siege über die inneren und äußeren Gegner – Marius über die Kimbern und Teutonen, Sulla und Pompeius über Mithridates von Pontos und Caesar über Gallien – verschafften ihnen militärischen Anhang und enorme Beutegelder, Machtmittel, die mit der Herrschaft des Senates unvereinbar waren. Die republikanische Verfassung des Stadtstaates war dem Weltreich nicht mehr angemessen. Die stadtrömischen Bürger repräsentierten die Reichsbevölkerung nicht, und das Heer misstraute dem Senat. Das erkannte Caesar als Erster, er versuchte, mit dem erweiterten Amt des *dictator* dem Imperium eine zentrale Verwaltung zu geben und Männer von außerhalb – namentlich Gallien und Spanien – in den Reichsdienst zu übernehmen. Trotz seiner ungeheuren Popularität und seines umfassenden Reformwerks scheiterte er infolge der Senatsverschwörung von Brutus und Cassius an den Iden des März 44 v. Chr.

Wiederum folgte eine Serie von Bürgerkriegen. In ihnen ertrotzte Caesars neunzehnjähriger Adoptivsohn Octavian gegen den Widerstand im Senat den Oberbefehl über die Armee Caesars, mit der er zuerst 42 v. Chr. in der Schlacht bei Philippi dessen Mörder ausschaltete und dann 31 v. Chr. in der Seeschlacht bei Actium seinen Rivalen Antonius besiegte. Im folgenden Jahr gewann er Ägypten. Antonius und Kleopatra begingen Selbstmord.

Augustus hat sodann seine Position scheinbar mit der republikanischen Verfassung in Einklang gebracht. Er ließ sich durch Volk und Senat eine übergeordnete konsulare Gewalt (für die Provinzen) und die dauerhaften Befugnisse eines Volkstribunen (für die Stadt Rom) übertragen, was in der Ämterhäufung, der fehlenden Kollegialität und dem Verzicht auf zeitliche Begrenzung dem Herkommen widersprach. Durch den alleinigen Befehl über das Heer und seine immensen Ressourcen, zumal aus Ägypten, war er faktisch Monarch. Stets hielt er einen, später zwei mögliche Nachfolger aus seiner Familie in Reserve, die er durch Ämter und Ehren dem Volke empfahl. An seiner überragenden Stellung gab es keinen Zweifel. Alle hohen Ehrenrechte konzentrierte er auf sich: Vorsitz im Senat und im Theater, Münzprägung, Oberpontifikat, Triumph und Dankesfeiern zeigten ihn als „Vater des Vaterlandes". Die höheren Posten in der Staatsverwaltung und im Heer wurden von ihm vergeben oder gemäß seiner Empfehlung vom Senat besetzt. Sein Genius erhielt göttliche Ehren, im Osten errichtete man ihm in hellenistischer Manier zusammen mit der Göttin Roma Statuen und Tempel, ja man feierte ihn als *soter*, als Heiland.

Und das mit Grund. Denn seit dem Ende der Bürgerkriege 30 v. Chr. und der Sicherung der Grenzen an Rhein, Donau und Euphrat kam es unter der Pax Romana zu einem wirtschaftlichen Aufschwung, wie ihn Europa noch nie erlebt hatte. Zwischen dem Atlantik und der arabischen Wüste florierten Aberhunderte von Städten mit ihren Tempeln und Theatern, Märkten und Hallen, Wasserleitungen und Badeanlagen. Ein Netz von gepflasterten Fernstraßen verband die Städte, Herbergen unterschiedlicher Ausstattung erwarteten den Reisenden, der Verkehr fluktuierte zu Lande wie zu Wasser. Die eindrucksvollsten Ruinen jener glanzvollen Zeit stammen aus dem 2. Jahrhundert, zumal aus der Ära Hadrians; sie belegen eine Höhe der Zivilisation, die noch heute nicht in allen Gebieten des ehemaligen Römerreiches wieder erreicht ist.

Das Imperium war ein Vielvölkerstaat. Im Westen dominierte das Latein, die Sprache der Verwaltung, des Rechts und des Militärs; im Osten sprach man Griechisch, die Sprache des Handels und der Bildung – auch in den höheren Kreisen des Westens. Dennoch blieben daneben die Volkssprachen lebendig. Rechtsakte auf Punisch, Keltisch oder in einem anderen Idiom waren zulässig. Erst mit der Christianisierung verschwanden die Volkssprachen, soweit die Bibel nicht übersetzt wurde.

Verdiente Provinzialen und Veteranen der Auxiliareinheiten erhielten das vererbliche römische Bürgerrecht – dafür wurde Lateinkenntnis gefordert. Die Eltern des Apostels Paulus, hellenisierte Juden aus Tarsos, besaßen es; der Tribun, der ihn in Caesarea Maritima verhörte, hatte es durch Bestechung erworben. Caracalla erließ 212 die Constitutio Antoniniana, die allen Reichsangehörigen die *civitas Romana* verlieh und ihnen damit den Zugang zu den senatorischen und kaiserlichen Reichsämtern eröffnete. Ausgenommen blieben die zahlreichen jüngst angesiedelten Fremden, die Deditizier, die erst römische Sitten angenommen haben mussten und gewöhnlich in der nächsten Generation eingebürgert wurden. Dabei handelt es sich überwiegend um Germanen aus den übervölkerten Gebieten jenseits des Limes. In den ersten nachchristlichen Jahrhunderten weitete sich der Kreis, aus dem die Senatoren und Beamten, die Offiziere und Kaiser kamen. Sie stammten zuerst aus Rom, dann aus Italien, später aus Gallien und Spanien. Septimius Severus war ein dunkelhäutiger Afrikaner, dessen Muttersprache das Punische war. Seine Nachfolger kamen aus dem Orient und später aus den Donauländern – so noch Konstantin und Justinian.

Die Gesellschaft des Reiches war hierarchisch gegliedert. Im gesamten Imperium gab es nicht zwei Personen gleichen Ranges. *Ceteris paribus* entschied das Dienst- oder Lebensalter. An der Spitze rangierte der erbliche Senatorenstand, dem die höchsten Amtsträger angehörten. Seit etwa 260 war den Senatoren allerdings die Offizierslaufbahn verschlossen; sie wurde Aufsteigern geöffnet. Senatoren unterstanden nicht der allgemeinen Gerichtsbarkeit und entrichteten besondere Abgaben. Sie verfügten über teilweise enorme Grundbesitz (Latifundien). Dies war ebenso die ökonomische Basis der städtischen Oberschicht in Italien und den Provinzen, der Munizipalaristokratie. Die Decurionen oder Curialen hafteten für die staatlichen Steuern. Die Masse der Bevölkerung zählte zur *plebs urbana* und zur *plebs rustica*. Die Lage der Sklaven verbesserte sich durch Rechtsschutzbestimmungen; die immer zahlreicheren Freigelassenen avancierten zu einer tragenden Schicht in allen Zweigen der Wirtschaft und der Verwaltung.

Eine Vielzahl von Religionen bestand nebeneinander, unter denen die altrömisch-capitolinische mit Iuppiter Optimus Maximus, Mars und Hercules das höchste Ansehen beanspruchte, aber zugunsten orientalischer Erlösungslehren an Popularität verlor. Verbreitet waren die Kulte für Mithras, Isis und Kybele-Magna Mater. Der Staatskult für den Genius des Kaisers, eine Art Zivilreligion mit festen Riten ohne Glaubensinhalt, verband die Reichsbewohner, namentlich das Heer und die Beamtenschaft mit dem Herrscher. Allen alten Religionen gemeinsam war ihre Verträglichkeit – man konnte mehreren Kulten angehören. So wie jedes Volk seine eigene Sprache besaß, so hatte es auch seine eigenen Götter. Hinter ihren verschiedenen Namen verbargen sich dieselben höheren Wesen. So hieß der Himmelsgott bei den Römern Iuppiter, bei den Griechen Zeus, bei den Germanen Donar usw. Entsprechendes galt für den Kriegsgott, den Sonnengott, die Liebesgöttin und andere. Religionskriege waren in der polytheistischen Welt unbekannt. Ebenso allgemein verbreitet war die Vorstellung, dass es zur Versöhnung der höheren Mächte auf die (objektiven) Rituale ankomme. Erst das Christentum forderte ein persönliches (subjektives) Glaubensbekenntnis. Christus war als angeblicher Hochverräter, als *rex Judaeorum* gestorben; Nero verfolgte die Christen als Brandstifter; im 2. Jahrhundert warf man ihnen Kannibalismus („Dies ist mein Leib ...") und Inzest (Anrede „Bruder und Schwester") vor. All das war unzutreffend, erklärt sich aber aus der Tatsache, dass die Christen ihren Gottesdienst im Geheimen feierten, sich von öffentlichen Veranstaltungen fernhielten, alle fremden Götter als Trabanten des Teufels betrachteten und das Kaiseropfer als Abgötterei verweigerten. Selbst die Juden opferten bis zu ihrer Erhebung gegen Nero im Jerusalemer Tempel zum Wohle des Kaisers zweimal täglich zwei Schafe und einen Stier. Die Christen aber gliederten sich aus und waren verhasst. In den periodisch auftretenden Christenverfolgungen bewiesen die Standhaften ihren Glauben daran, durch das Martyrium in den Himmel zu kommen.

Geistige Grundlage des römischen Reiches war eine ausgefeilte imperiale Ideologie. Sie tritt uns auf Münzen und Inschriften entgegen, in den Erlassen der Kaiser, in den Lobreden auf sie und den Anreden an sie. Aufschlussreich für das Selbstverständnis des Staates sind die einschlägigen Verse Vergils: sein viertes Hirtengedicht über den Anbruch eines neuen Goldenen Zeitalters unter der Herrschaft eines göttlichen Kindes, sowie seine Hinweise in der Aeneis auf das von Iuppiter den Römern verheißene Weltreich ohne zeitliche und räumliche Begrenzung und auf die gottbegnadete Dynastie des Caesar Augustus. Aeneas, der Stammvater der Kaiserfamilie und der Römer insgesamt, erfährt in der Unterwelt von seinem Vater, der welthistorische Beruf der Römer sei die Sorge für Friede, Recht und Ordnung. Andere Völker mögen sich um Kunst und Wissenschaft verdient machen – gemeint sind die Griechen – den Römern komme die Herrschaft zu: *paci imponere morem, parcere subiectis et debellare superbos* – „dem Frieden einen sittlichen Gehalt verleihen, Unterworfene schonen, Überhebliche niederkämpfen" (Aeneis VI 847 ff.). Auch Horaz, Properz und Ovid ließen es an politischen Respektbezeugungen nicht fehlen. Das Glück des Kaiserfriedens verkündeten die Schriften Senecas an Nero, weiterhin die Lobrede des jüngeren Plinius auf Traian und die von Aelius Aristides aus dem Jahre 143 auf Rom.

Der Kanon an Topoi stand seit Beginn der Kaiserzeit mehr oder weniger fest und wurde unermüdlich abgespielt. Rom, die Ewige Stadt, galt als Tempel der ganzen Welt, als Sitz der Götter, als Hort der Ordnung, des Rechts und der Wohlfahrt. Durch den Willen des Himmels erstrecke sich das von Iuppiter den Römern verheißene *imperium sine fine* auf alle Völker des Erdkreises und dauere in alle Ewigkeit. Wie populär die einschlägigen Texte waren, beleuchtet eine Münze des britannischen Gegenkaisers Carausius um 290 mit den Abkürzungen RSR und INPCDA. Erst kürzlich gelang die Auflösung in *Redeunt Saturnia Regna/Iam Nova Progenies Caelo Demittitur Alto* – die wohlbekannte Stelle aus Vergils vierter Ekloge: „Die (goldene) Herrschaft Saturns kehrt wieder, ein neues Geschlecht wird vom hohen Himmel herabgesandt." Diese ursprünglich auf Augustus gemünzte Passage ist seitdem unzählige Male auf andere Herrscher übertragen worden, zuletzt auf Mussolini.

Die imperiale Idee umfasste stets auch einen Katalog an Herrschertugenden, wie sie seit den ältesten Fürstenspiegeln, in Platons „Politikos", in Xenophons „Kyropädie" und Isokrates' „Nikokles" abgehandelt wurden. Der ideale Kaiser regiert milde und gerecht, er hasst die Schmeichler und Verleumder, er liebt seine Untertanen und wird von ihnen geliebt, denn er sorgt für Frieden, Sicherheit und Wohlergehen. Er schützt die Grenzen, ja vermehrt das Reich, respektiert die Freiheit der Bürger und garantiert durch seine Lebensführung und seine Frömmigkeit das Wohlwollen der Götter und die *aeternitas imperii*.

Eine politische Opposition gegen die Monarchie als Staatsform gab es vorübergehend im 1. Jahrhundert im Senat, der seit Augustus keine wirkliche Entscheidungsbefugnis mehr besaß, und bei einzelnen stoischen und kynischen Philosophen, die nostalgisch über den Verlust der „Freiheit" klagten. Eine konkrete politische Alternative zum System ist jedoch nirgends formuliert worden. Immer stand das Heer hinter dem Kaiser und vermutlich auch die große Mehrzahl der Provinzialen, die früher unter den vom Senat bestallten Statthaltern mehr zu leiden hatten als jetzt unter den Beamten des Kaisers. Sie mussten 50 Tage nach ihrer Amtszeit in der Provinz bleiben, um Beschwerden abzuwarten. Der jüngere Plinius rühmt gegenüber dem Kaiser Trajan, dass man Prozesse gegen den Fiskus führen dürfe und gewinnen könne. Rom war ein Rechtsstaat.

Militärischer Widerstand gegen die römische Herrschaft findet sich in der Frühzeit vorübergehend bei einzelnen Stammeshäuptern in Gallien, Pannonien und Nordafrika. Erfolg hatte nur Arminius in Germanien. Sonst dominierte Akzeptanz, was namentlich bei den Griechen erstaunt. Doch schmeichelte ihrem Selbstbewusstsein, dass die Römer sich stets als ihre dankbaren Schüler betrachteten und der überlegenen griechischen Kultur mit Hochachtung begegneten. Athen und Alexandria blieben die von den Kaisern geförderten Zentren der Bildung und Wissenschaft. Ernste Schwierigkeiten machten nur die auf den Messias vertrauenden Fundamentalisten unter den Juden, deren Aufstand im Jahre 70 zur Zerstörung des Jerusalemer Tempels führte. Auch die zweite Erhebung unter Bar Kochba, dem „Sohn des Sterns", gegen Hadrian misslang. Beide Male blieb die Krise im wesentlichen auf Judäa beschränkt. Die seit dem 3. Jahrhundert v. Chr. im ganzen Mittelmeergebiet, zumal in den Städten verbreiteten Juden beteiligten sich an diesen Revolten nicht. Allerdings gab es mehrfach Anfeindungen, ja blutige Konflikte mit den Griechen – Judaeophobie ist ein ebenso altes wie verbreitetes Phänomen.

Die hohe Zeit des Kaiserfriedens waren die Jahre zwischen dem Tod Domitians und dem von Marc Aurel, 98 bis 180. Edward Gibbon nannte sie 1776 „vielleicht die glücklichste Zeit der Menschheit". Ein Dokument der imperialen Idee ist das philosophische Tagebuch von Marc Aurel, seine „Selbstbetrachtungen". In diesen Aufzeichnungen, entstanden im Feldlager der Donau, ermahnt sich der Kaiser, seine ganze Kraft in den Dienst an der Gemeinschaft zu stellen: „Wir sind zur Zusammenarbeit geschaffen wie die obere und die untere Reihe unserer Zähne." Es komme nicht auf persönliches Wohlbefinden an, nicht einmal auf eigenen Ruhm in dieser wandelbaren Welt, die nichts auf Dauer bewahrt und sich stets erneuert, sondern darauf, seine naturgegebenen Pflichten zu erkennen und zu erfüllen, Ansprüche nicht an die Mitwelt, sondern allein an sich selbst zu stellen. Der Kaiser bemüht sich um Vernunft und Verträglichkeit, er bekämpft seine Neigung zur Bequemlichkeit, zum Eigensinn und zum Unmut über andere: Wer seinem Nächsten auch nur zürnt, der löst sich als Blatt vom Baum der Menschheit. Die göttliche Naturordnung verlange eine universale Solidarität im Sinne einer kosmischen Harmonie. Vergelte Böses mit Gutem, suche Übeltäter eher zu bessern als zu bestrafen und betrachte alle Menschen als Brüder! Im Sinne stoischen Weltbürgertums bekennt sich Marc Aurel zur Idee von einem Staat mit Gleichheit vor dem Gesetz und allgemeiner Redefreiheit, zu einer Monarchie, die nichts über die Freiheit der Bürger stellt. Sein Tagebuch ist ein Katechismus der Humanität.

Die Lage änderte sich im 3. Jahrhundert. In Germanien bildeten sich aus den Kleinstämmen, die Tacitus in seiner „Germania" beschrieb, große Kampfgenossenschaften. Die Alamannen jenseits des Oberrheins bedrohten Südgallien und Italien – gegen sie umwehrte Aurelian die Stadt Rom mit der nach ihm benannten Mauer. Die Franken am Niederrhein plünderten Nord- und Mittelgallien, ja sogar Spanien, und die Sachsen aus dem nördlichen Germanien suchten als Seeräuber die Küstenstädte Galliens und Britanniens heim. Die „Barbaren" waren nicht mehr wie zur Zeit von Marius undisziplinierte, schlecht bewaffnete Gewalthaufen, sondern standen militärisch fast auf römischem Niveau. Germanen hatten seit Caesar den Kaisern zu Tausenden als Söldner gedient und römische Kriegskunst erlernt. Im Jahre 251 kamen die Goten über die untere Donau und besiegten Kaiser Decius, und im Orient griffen die neupersischen Sassaniden an, denen 260 Kaiser Valerian unterlag. Die Folge war die „Reichskrise" des 3. Jahrhunderts.

Für das Kaiseramt war fortan militärische Fähigkeit wichtiger als dynastische Legitimation. Die Reihe der Soldatenkaiser beginnt 235 mit der Ermordung des schwachen Severus Alexander durch den Haudegen Maximinus aus Thrakien, der nach drei Jahren selbst erschlagen wurde. Eine Kette von Pronunciamentos folgte. Gewöhnlich erhob eine der Armeen ihren General nach einem Sieg über die Barbaren, was aber stets den Bürgerkrieg mit dem amtierenden Kaiser auslöste. Kaum einer der kurzlebigen Herrscher starb eines natürlichen Todes. Zählen wir alle Aspiranten mit, so finden wir auf der Kaiserliste zwischen 235 und 284 siebzig Namen. Der Senat, der einst die Erhebung zu bestätigen hatte, verlor seinen Einfluss, seitdem die Kaiser selbst nicht mehr senatorischen Standes waren.

In dieser Notzeit kam es 250 unter Decius und unter Valerian 257 zu Christenverfolgungen, weil fromme Christen das Weihrauchopfer vor dem Kaiserbild verweigerten. Zwar akzeptierten sie die Herrschaft der Imperatoren, nachdem Paulus geboten hatte, „seid untertan der Obrigkeit!", denn alle irdische Gewalt sei von Gott, die gute zum Wohl, die böse zur Strafe und zur Prüfung der Gläubigen (Röm. 13,1 ff.). Auch beteten die Christen für den Kaiser, den „zweiten Mann nach Gott" (Tertullian), und für den Bestand des Reiches. Die Macht, die nach Paulus (2 Thess. 2,6) den Antichrist noch aufhält (*ho katechon*), ist der Kaiser. Gemäß der herrschenden Auslegung der Prophezeiung Daniels, auch durch Jesus selbst (Mt. 24,15), sollte das Imperium Romanum das letzte der vier Weltreiche bleiben, nach dessen Ende man die Schrecken des Weltgerichts erwartete.

Gleichwohl hat Gallienus 260 die Christen vereinsrechtlich als „grundbuchfähig" anerkannt, und Aurelian hat 272 auf ihr Ansuchen eine strittige Bischofswahl entschieden. In diesen Jahrzehnten gewann der neue Glaube beträchtlich an Boden, zumal im griechischen Osten. Die letzte Christenverfolgung durch Diokletian 303 war ein anachronistischer Rückfall, aber gehorchte zum ersten Mal selbst einem religiösen Motiv. Der Kaiser war fromm und hielt fest an den Vätersitten, den *mores maiorum;* er sah im Kult der Staatsgötter ein Erfordernis für den Bestand des Reiches.

Nach der vergleichsweise aufgeklärten Haltung der Antonine hatte im 3. Jahrhundert die Religion wieder Bedeutung für die Staatsideologie gewonnen. Elagabal versetzte die Römer in einen religiösen Taumel, als er 219 den heiligen Stein des Sonnengottes aus dem syrischen Emesa mitbrachte und seinen Helios zum höchsten Staatsgott erhob. Aurelian errichtete dem Sol Invictus 274 einen großen Tempel in Rom und ließ sich den Titel *dominus et deus* gefallen. Diokletian stellte sich unter den Schutz Iuppiters, erwies aber auch dem unbesiegten Sonnengott Mithras seine Verehrung. Dies taten ebenso Constantius Chlorus und Konstantin, auf Münzen erscheint SOL INVICTVS als Schutzgott des Kaisers noch 325.

Mit dem Beginn der Spätantike verband Mommsen den Übergang vom bürgerlichen Principat zum monokratischen Dominat. Der Wandel aber war weniger krass als es scheint. Denn die Regel Ulpians *princeps legibus solutus est* – „der Kaiser ist befreit von den Gesetzen" stammt schon aus der Zeit um 200. Der Kaiser konnte die Gesetze verändern, doch respektierte er das Recht. 315 verordnete Konstantin, *contra ius rescripta non valeant* – „rechtswidrige Kaisererlasse sind ungültig". Immerhin zeigen sich neue Züge im System. Um die wilde Kaisermacherei zu beenden, begründete Diokletian das legale, regional aufgeteilte Mehrkaisertum, die Tetrarchie. Er ernannte einen zweiten, mit ihm gleichberechtigten Augustus und für diesen und sich je einen Caesar, der als „Unterkaiser" und designierter Nachfolger amtierte. Gleichwohl blieb die kaiserliche Gewalt im Prinzip ungeteilt, denn stets gab es nur ein einziges Imperium Romanum. Die Staatsakte, namentlich die Gesetze, erfolgten im Namen aller. Die Ehrungen kamen allen zugute, auch wenn nur einer sie verdient hatte, so die Siegerbeinamen wie *Alamannicus, Sarmaticus, Persicus* etc. In der Folgezeit regierten meist mehrere Kaiser zugleich – einer für den Westen in Mailand, Trier oder Ravenna und einer für den Osten in Thessaloniki, Antiochia oder Konstantinopel. Rom lag zu weit ab von den gefährdeten Grenzen und den Standorten des Heeres, blieb aber immer die Ehrenhauptstadt, Sitz des Senates und Ort der hohen Staatsfeste.

Diokletian ordnete und erweiterte das römische Herrschaftszeremoniell, angeblich nach persischem Vorbild. Es wurde von Konstantin ausgestaltet. Zeichen des Kaisertums waren der purpurne Mantel und ein Diadem aus doppelter Perlenreihe mit einem Mittelmedaillon. Eine Krone gab es noch nicht, sie entstand unter persischem Einfluss erst in Byzanz und bei den Westgoten. Der Kaiser saß auf einem Thron, hielt Zepter und Globus, woraus später der durch ein Kreuz gekrönte Reichsapfel wurde, das Symbol der Weltherrschaft. Der Kaiser wurde auf Münzbildern von der Hand Gottes aus den Wolken bekränzt. Begrüßt wurde er durch *adoratio*, griechisch *proskynesis*, mit einer Verbeugung und dem Kuss seines Purpursaumes. Sein Bild wurde sofort nach Herrschaftsantritt in alle Himmelsrichtungen verschickt und gelangte auf Millionen von Münzen in die entferntesten Provinzen und weit darüber hinaus. Seine Statuen standen in jeder Stadt und boten Flüchtigen Asyl. Alles, was mit dem Kaiser zu tun hatte, wurde auch in christlicher Zeit noch als geheiligt, himmlisch und göttlich, als *sacer* oder *sacratissimus*, als *caelestis* oder *divinus* bezeichnet. Zwei heidnische Herrschaftszeichen hielten sich: die geflügelte Victoria als Symbol der Sieghaftigkeit und der Adler als Zeichen der Herrschaft. Er war das Attribut von Iuppiter (Zeus) als dem Götterkönig, das von den römischen Kaisern deutscher Nation übernommen wurde. Es ziert zur Stauferzeit das schwarz-rot-goldene Wappen Kaiser Heinrichs VI. in der Manessischen Liederhandschrift sowie die „imperialen" Münzen Friedrichs II. und lebt fort im deutschen Reichs- und Bundesadler.

Der eigentliche Kaiserkult, das Opfer vor dem Bild des Kaisers, verschwand unter Konstantin. Dies verbat er sich, als er der Stadt Hispellum gestattete, seiner Familie, der Gens Flavia, einen Tempel zu weihen und ein Kaiserfest zu begehen. Aber das Gottesgnadentum, die schon Agamemnon bei Homer vertraute Auffassung, dass die höchste Herrschaft auf Erden dem Willen des höchsten Gottes im Himmel entspreche, überdauerte den Wechsel der Gottheit. David hatte als der „erstgeborene Sohn Jahwes" regiert, Alexander der Große berief sich auf Zeus, Augustus auf Apollo und noch Elizabeth II. von England ist *dei gratia regina*. Paulus hat das bestätigt und Christus selbst wurde mit den Attributen eines Imperators dargestellt.

Die christliche Romideologie fand ihren reifsten Ausdruck unter Konstantin in den Schriften des Eusebius von Caesarea. In seiner Kirchengeschichte begegnet uns die politische Theologie des Melito von Sardes aus der Zeit Marc Aurels, übernommen von Origenes, wonach die wundersame Gleichzeitigkeit des irdischen Friedens durch Augustus und des himmlischen Friedens durch Christus gemäß göttlicher Providenz Imperium und Ekklesia auf Harmonie gestimmt und den Wohlstand des Reiches ermöglicht hätte. In seiner „Vita Constantini" und seiner Rede zum 30. Regierungsjubiläum von 335 feiert Eusebius Konstantin als den gottgeliebten Kaiser, den neuen Moses, der das Gottesvolk befreit habe. Noch Orosius zu Beginn des 5. Jahrhunderts sah im Christentum die Garantie des Fortschritts.

Die Sorge für die Christenheit und die Verbreitung des Glaubens gehörte seit Konstantin zu den Pflichten des Kaisers, der damit nicht nur für das leibliche Wohl seiner Untertanen verantwortlich war, sondern auch für ihr Seelenheil. Neben die von den altgläubigen Lobrednern propagierten säkularen Herrschertugenden tritt nun die rechtgläubige Frömmigkeit. Der christliche Kaiser herrsche im Auftrag und Namen Gottes über die Menschheit. Ein Gott, ein Reich, ein Kaiser! Aus heidnischem Munde, in einer Kaiserrede des Themistios von 383 vernehmen wir denselben universalen Anspruch mit dem stoischen Zusatz, dass die Philanthropie des Kaisers auch den Barbaren beiderseits der Grenzen zu gelten habe.

In der christlichen Tradition blieb Konstantin als Idealkaiser und Heiliger durch das ganze Mittelalter lebendig, doch trat ihm dann Theodosius zur Seite. Die Kirchenväter haben auch ihm den Beinamen des Großen verliehen, denn er hat die *observatio catholica* am 27. Februar 380 zum Staatsgesetz erhoben. Andersgläubigen wurde die Rache Gottes, vollstreckt durch den Kaiser, angedroht. Theodosius selbst hat sich durch seine Kirchenbuße vor Ambrosius in Mailand 390 öffentlich der geistlichen Gewalt gebeugt, und entsprechend wurde bei Augustinus die Liste der klassischen Herrschertugenden erweitert um die Demut gegenüber den Dienern Gottes. Solange das auf die geistlichen Belange und bloße Respektbezeugung beschränkt blieb, gab es keine Probleme, denn die Kaiser leiteten ihr Amt als höchste Richter im Reich nie aus der Zustimmung des Papstes, sondern unmittelbar aus ihrem höchst eigenen Gottesgnadentum ab. Sie entschieden strittige Bischofswahlen, beriefen die Reichskonzilien, erließen Glaubensbefehle, stifteten Kirchen und verfolgten die „Feinde Gottes".

Einen Schritt weiter ging dann Papst Gelasius 494 mit seiner Lehre von den zwei Gewalten, einer Vorstufe der päpstlichen Zweischwerterlehre, die den Anspruch des Papstes auf weltliche Gewalt neben, und später über dem Kaiser begründete. Dem haben sich die weltlichen Herrscher allerdings nicht gefügt, sondern beim Streit um die Nachfolge auf dem Stuhl Petri immer wieder eingegriffen. Mehrfach kam es in Rom zu Doppelwahlen, die eine Entscheidung des Kaisers erforderten. Das um 760 in der Curie gefälschte „Constitutum Constantini", wonach der Kaiser zum Dank für seine wunderbare Heilung vom Aussatz den Päpsten auf alle Zukunft die weltliche Oberhoheit im Westen übereignet habe, entfaltete seine Sprengkraft im hohen Mittelalter.

Das von Diokletian begründete Doppelkaisertum, seit dem Tode von Theodosius 395 fest installiert, hat die Antike nicht überdauert. Am 4. September 476 versetzte der römische Heerführer und germanische König Odovakar, ein Thüringer, den letzten Knabenkaiser im Westen namens Romulus, genannt Augustulus, das Kaiserlein, in den vorgezogenen Ruhestand. Er erhielt eine Villa des Lucullus bei Neapel und eine Staatspension von 6000 Goldstücken. Das war noch keinem abgesetzten Imperator widerfahren. Fortan gab es nur noch einen einzigen Kaiser, den Basileus in Byzanz. Die Westprovinzen gerieten in die Macht der Germanen, doch haben ihre Könige den Vorrang des Kaisers in Konstantinopel stets anerkannt. Sie wollten das Reich nicht zerstören, sondern nur beerben. Bemerkenswert ist der Ausspruch des Westgotenkönigs Atawulf, der 414 die Kaisertochter Galla Placidia heiratete, er habe ursprünglich das römische Reich durch ein gotisches ersetzen wollen, dann aber erkannt, dass die Goten keine Gesetze achteten, ohne die ein Gemeinwesen nicht bestehen könne. Darum sei es besser, das römische Reich zu erneuern und zu erhalten. Dem gelte sein Bestreben. Die Idee des Imperiums überlebte seinen Bestand.

Eine dauerstarke Stütze der Reichsidee war die katholische Kirche. Vergils Wort vom *imperium sine fine* wurde von Augustinus auf das kommende Reich Gottes übertragen. Es wurde erwartet am Ende des gegenwärtigen letzten Zeitalters unter der Herrschaft Roms. Augustinus sah in der weltlichen Gewalt nur eine Folge menschlicher Sündhaftigkeit, doch war auch für ihn eine politische Alternative zum Imperium Romanum undenkbar. Zwar wäre es schön, wenn die Völker wie die Familien in einer Stadt friedlich zusammenleben könnten, doch leider sei dies ohne eine Zentralgewalt illusorisch. Das Imperium sollte bestehen bleiben, bis gemäß der Danielprophezeiung der Messias auf den Wolken des Himmels erscheine.

Nachdem die Reichseinheit unübersehbar zerbrochen war, versöhnte man die neue Lage mit der alten Idee durch die Formel von der „Translatio Imperii". Das Imperium, heißt es, bestehe fort, nur der Träger habe gewechselt. Im Prolog zur Lex Salica aus der Zeit des Merowingerkönigs Chlodwig um 500 heißt es, Gott habe den Römern als Christenverfolgern die Herrschaft genommen und sie auf die frommen, rechtgläubigen Franken übertragen – und dies, noch ehe der Frankenkönig den Imperatorentitel beanspruchte. Diese Lehre vom theologisch geforderten Fortbestand des Imperiums erleichterte es Karl dem Großen, mit der Übernahme der Kaiserwürde zu Weihnachten 800 in Rom das Erbe Konstantins anzutreten. Die damalige Thronvakanz in Konstantinopel vertagte das daraus entstandene Zweikaiserproblem. Doch schon seit Diokletian galt, dass die ideell ungeteilte Kaisergewalt des einen Imperium Romanum zeitgleich von mehreren ausgeübt werden konnte.

Die imperiale Idee hatte in der Spätantike noch eine dritte Komponente erhalten, die für die Kontinuität ins Mittelalter und darüber hinaus bedeutsam wurde: Augustus hatte das Kaisertum gestiftet, Konstantin nahm die Kirche hinzu, und Justinian lieferte das römische Recht: das Corpus Iuris Civilis. Bereits 528, im ersten Jahr seiner Regierung, begannen die Arbeiten an der umfassenden Kodifikation des geltenden Rechts. Die durch eine Gruppe von Hofjuristen unter der Leitung des Quaestors Tribonian durchgeführte Sammlung und Sichtung der einschlägigen Rechtstexte war 534 abgeschlossen. Das umfangreiche, zur Gänze auf uns gekommene Werk besteht aus drei Teilen: erstens aus einem Rechtslehrbuch, den Institutionen; zweitens aus den Digesten oder Pandekten, d. h. Auszügen aus rund zweitausend Schriften römischer Rechtsgelehrter seit 95 v. Chr., und drittens aus dem Codex Justinianus mit den sachlich und chronologisch geordneten Erlassen der Kaiser seit Hadrian. Später kamen noch die „Novellen" hinzu, griechisch abgefasste Gesetze aus späterer Zeit.

Die Digesten enthalten die Grundgedanken des europäischen Zivilrechts. Getragen von einem feinsinnigen Gespür für Billigkeit und fairen Interessenausgleich zwischen streitenden Privatpersonen, werden hier komplizierte Sachlagen in subtiler Argumentation und präziser Diktion zur überzeugenden Lösung gebracht. Von den Stauferkaisern rezipiert, hat das Corpus Iuris seit dem Mittelalter nicht nur die deutsche Rechtsgeschichte geprägt. Bis ins späte 19. Jahrhundert enthielt es geltendes Recht.

Das römische Recht ist neben dem Christentum das wirkmächtigste Erbe des Römischen Reiches. Beides sind universale Prinzipien. Im Unterschied zu den Nationalstaaten der Neuzeit beruht der Reichsgedanke nicht auf der kulturellen Homogenität eines Volkes, sondern auf der Akzeptanz eines Rechtssystems, seiner ethischen Grundlage und seiner darauf gegründeten zentralen Herrschaft. Dies gilt auch für andere „Reiche", so für das Russische Reich, dessen „Zar" – so seit Iwan dem Schrecklichen – sich ebenfalls von „Caesar" ableitet, während Peter der Große sich „Imperator" nannte. Das letzte Imperium war das British Empire, das mit der Pax Britannica das römische Vorbild zitierte. Churchill übernahm die Devise Vergils: *parcere subjectis* ... (s. o.). Georg VI. nannte sich noch 1944 *rex imperator* und *defensor fidei*, Verteidiger des Glaubens.

Das durch Karl den Großen erneuerte Imperium Romanum Christianum jedoch erlosch staatsrechtlich am 6. August 1806, mithin 1500 Jahre nach der Erhebung Konstantins des Großen. Auf dem Wiener Kongress 1815 forderte der päpstliche Gesandte Kardinal Ercole Consalvi die Erneuerung des Heiligen Römischen Reiches, um die Erwartung des Jüngsten Gerichts sicherzustellen. Aber damit fand er keinen Anklang mehr, denn „alles hat seine Zeit", wie schon Salomon bemerkte.

CALAMITAS
ROMANORUM
**DIE REICHSKRISE**
ET REFORMATIO
**UND DIE TETRARCHIE**
DIOCLETIANI

# DIE REICHSKRISE
# DES 3. JAHRHUNDERTS

**Bruno Bleckmann**

Nachdem in einem Teufelskreis von Barbareninvasionen und Bürgerkriegen immer größere Teile des Reichs der direkten Kontrolle der Kaisermacht entzogen worden waren, fand das römische Kaisertum im Westen 476 sein Ende. Eine Generalprobe des Szenarios der Völkerwanderung bot bereits das halbe Jahrhundert zwischen den Regierungen der Kaiser Maximinus Thrax und Diokletian (235 – 284). Jedenfalls ist dies der Anschein, den einige spätantike Autoren erwecken, die diese Zeit in den düstersten Farben beschreiben. In dieser Epoche regierten die meisten Kaiser nur wenige Jahre, einige wie Aemilianus (253) sogar nur wenige Monate, bevor sie von einem Konkurrenten im Bürgerkrieg oder von den eigenen Soldaten im Militärputsch beseitigt wurden. Die römischen Provinzen Europas und Kleinasiens, die jahrhundertelang friedliche Verhältnisse genossen hatten, wurden von Germanen und anderen nördlichen Barbaren heimgesucht. Die Franken und Alamannen durchbrachen wiederholt die Rheingrenze und gelangten in das Innere Italiens, Galliens und sogar bis nach Spanien. In Reaktion auf diese Bedrohung wurde selbst Rom mit einer stärkeren Stadtmauer ausgestattet, nämlich mit der unter Kaiser Aurelian (270 – 275) errichteten sog. Aurelianischen Mauer. Ostgermanische Stämme fielen über die Donaugrenze in den Balkanraum ein oder durchkreuzten in der Art der Wikinger in Ruderbooten das Schwarze Meer, um Kleinasien heimzusuchen. Syrien und die angrenzenden Provinzen hatten die Einfälle der persischen Sassaniden zu ertragen. Der gegen sie ausziehende Kaiser Valerian wurde 260 besiegt und verbrachte sein Lebensende in schimpflicher Gefangenschaft, was als gewaltiger Schlag für das römische Prestige empfunden wurde. Unter der Alleinherrschaft seines Sohnes Gallienus (260 – 268) hatte sich aufgrund permanent überall ausbrechender Usurpationen das Römische Reich vorübergehend in ein System miteinander konkurrierender Teilherrschaften verwandelt.

Gallien und seine Nachbarprovinzen blieben unter der Herrschaft des Postumus und seiner Nachfolger fünfzehn Jahre von der Reichszentrale getrennt. Um diese Verhältnisse zu charakterisieren, spricht der Historiker Eutrop davon, das römische Reich sei schon beinahe zerstört gewesen.

Die Dramatik der von Katastrophe zu Katastrophe eilenden Ereignisgeschichte erklärt, warum die Epoche zwischen 235 und 284 als die „Reichskrise des 3. Jahrhunderts" bezeichnet wird. Umstritten ist seit jüngerer Zeit, in welchem Umfang sich die Turbulenzen auf die ökonomischen, sozialen und mentalen Strukturen innerhalb des Reiches auswirkten. Einen allgemeinen Niedergang, der die Reichskrise zu einer „Lebenskrise der alten Welt" oder gar zu einer „Weltkrise" machte und an deren Ende eine profunde Verwandlung des Römischen Reichs (vom Principat in den Dominat oder den „spätantiken Zwangsstaat") stand, hat es nicht gegeben. Die wenigen, insbesondere christlichen Zeugnisse lassen generelle Aussagen über ein allgemeines zeitgenössisches Krisenbewusstsein nicht zu. Die Christenverfolgungen unter Decius (250) und Valerian (257 – 259) können kaum als verzweifelte Maßnahmen konservativer Kaiser gedeutet werden, das Heil des Staates von der Götterwelt zu erbitten, zumal bereits Gallienus auf dem Höhepunkt der Reichskrise (260) diese Verfolgungen wieder eingestellt hat und die Christen bis 303 ungestört blieben.

Wo man früher tiefe Brüche gesehen hat, werden jetzt eher die Elemente der Kontinuität betont, die über die Vermittlung des Zeitalters der Reichskrise die Hohe Kaiserzeit mit der Spätantike verbinden. Vor allem hat die archäologische Forschung zu dem Ergebnis geführt, dass in der Epoche der Reichskrise viele Provinzen prosperierten. So hielt in dem von Invasionen verschont gebliebenen römischen Afrika die Blüte des Städtewesens an. Und für einige Gegenden Kleinasien brachte gerade die militärische Bedrohung der Ost-

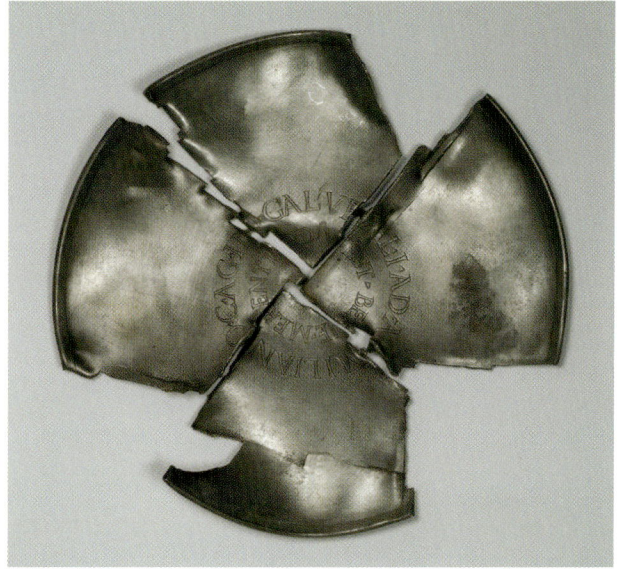

⊙ I.3.3
**1 Hacksilberschale**
Staatliche Antikensammlungen und Glyptothek, München

⊙ I.3.8
**2 Schädel einer Frau**
Museen der Stadt Regensburg – Historisches Museum

grenze, die mit der größeren Präsenz römischer Soldaten verbunden war, letztlich eine Belebung der wirtschaftlichen Entwicklung mit sich.

Allerdings erlauben die Beobachtungen, die man zur Prosperität einzelner Provinzen machen kann, nicht eine generelle Entdramatisierung dieser Epoche. Vielmehr muss man damit rechnen, dass es eine gewisse Zeit dauerte, bis die Instabilität der Reichsspitze ihre Auswirkungen in den trägen Strukturen des Reiches hatte. Auf Dauer musste die Permanenz von sich gegenseitig bedingenden Bürgerkriegen und barbarischen Invasionen das gesamte Reichsgebäude unterminieren und auch in den entlegenen Provinzen Auswirkungen haben. Besonders beispielhaft lässt sich dies in der Geldwirtschaft zeigen. Um die explodierenden Militärausgaben zu finanzieren und ihre schwache Herrschaft zu verteidigen, griffen die rasch wechselnden Kaiser des 3. Jahrhunderts zum Mittel, den Silberanteil im Doppeldenar radikal zu reduzieren, um das Edelmetall für sich einzubehalten.

Zum Schluss (ab den 50er Jahren) war die frühere Silbermünze *de facto* zur Bronzemünze mit schwachem Silberglanz geworden, die in großen Massen ausgeprägt wurde. Die Folge war eine Inflation, die auch die lokalen und regionalen Wirtschaftssysteme betreffen musste. In Kleinasien verschwanden bald die bisher durch den Silberdenar gestützten Lokalwährungen und in Ägypten explodierten ab den 70er Jahren die Preise.

Am Begriff der „Reichskrise" darf also weiterhin festgehalten werden. Diese Reichskrise ist vor allem eine Krise des Kaisertums als Institution gewesen. Während von den Kaisern aus den Dynastien der Antonine und der Severer viele bis an die zwei Jahrzehnte herrschten und die meisten die Herrschaft ohne einschneidende Turbulenzen übernommen hatten, änderten sich die Verhältnisse mit der Usurpation des Maximinus Thrax (235 – 238) grundlegend. Aufgrund innerer und äußerer Wirren gelang es nicht mehr, auch nur für mehr als ein Jahrzehnt dynastische Kontinuität herzustellen. Da der Zusammenhalt des römischen Reiches langfristig nur durch die monarchische Spitze gewährleistet wurde, hat erst die Wiederherstellung der kaiserlichen Autorität durch die langen Regierungen Diokletians und Konstantins den sich anbahnenden Zerfallsprozess des Römischen Reiches aufgehalten.

# DAS GALLISCHE SONDERREICH

**Klaus-Peter Johne**

⊙ I.3.2
**1 Siegesaltar zur Schlacht gegen die Juthungen, 260**
Römisches Museum Augsburg

Das Gallische Sonderreich der Jahre 260 – 274 war eine der sichtbarsten Folgen der militärisch-politischen Krise des 3. Jahrhunderts. Seit den dreißiger Jahren musste das Römische Reich fast ununterbrochen Abwehrkämpfe an drei Fronten seiner langen Außengrenze führen, an Rhein, Donau und Euphrat. Als für einen Krieg gegen Persien Heeresverbände von den Westgrenzen abgezogen wurden, durchbrachen im Jahr 233 Germanen den obergermanisch-rätischen Limes und stießen bis an den Rhein und über die Donau vor. Erstmals wurden Teile der langen Grenzbefestigung zerstört und deren Hinterland zum Kampfgebiet. Wenn es den Römern auch 235/236 noch einmal gelang, die Germanen über den Limes zurückzudrängen, so wiederholte sich doch dieselbe Konstellation in der Folgezeit. Immer, wenn die Rheinarmee durch Abkommandierungen an die Donau, die Ostgrenze oder zu Bürgerkriegen im Innern des Reiches geschwächt war, folgten Germaneneinfälle. Um 260 mussten der Limes und das rechtsrheinische Provinzialgebiet aufgegeben werden. Zur gleichen Zeit erfolgten Einfälle von Franken nach Gallien und Spanien sowie von Alamannen und Juthungen nach Italien. Das Gallische Sonderreich muss als eine Reaktion auf diese territorialen Verluste und die Einbrüche tief in das Römerreich verstanden werden. Die gallischen und germanischen Provinzen sowie Rätien fühlten sich von der Zentralgewalt in Rom nicht mehr geschützt und erhofften sich von einer durch die Rheinlegionen gestützten Partikulargewalt, die sich auf die Verteidigung eines einzigen Grenzabschnitts konzentrieren konnte, eine Verbesserung der Lage.

⊙ I.3.18
**2 Goldmünze des Postumus**
Rheinisches Landesmuseum Trier

⊙ I.3.23
**3 Münze des Marius**
Rheinisches Landesmuseum Trier

⊙ I.3.25
**4 Aureus des Victorinus**
Rheinisches Landesmuseum Trier

⊙ I.3.29
**5 Münze des Tetricus II.**
Rheinisches Landesmuseum Trier

Die seit 253 regierenden Kaiser Valerian und Gallienus hatten die Grenzverteidigung aufgeteilt. Während der Vater den Krieg im Osten führte, bemühte sich Gallienus abwechselnd an Rhein und Donau um eine Stabilisierung der Verhältnisse. Als ihn der Einfall der Alamannen nach Norditalien rief, ließ er seinen Sohn Saloninus in Köln als Stellvertreter zurück. Dieser geriet bald mit dem Militärbefehlshaber Postumus in Konflikt, der Germanen, die über den Rhein gekommen und mit Beute beladen auf dem Rückzug waren, besiegt hatte. Das wiedererlangte Raubgut verteilte Postumus unter seinen Soldaten. Als es von Saloninus zurückverlangt wurde, führte das zur Meuterei und zur Proklamation des Postumus zum Kaiser. Der Vorgang am Niederrhein hat eine interessante Parallele in dem 1992 aufgefundenen Augsburger Siegesaltar [1]. Dessen Inschrift feiert einen am 24. und 25. April 260 errungenen militärischen Erfolg über germanische Juthungen, die von einem Plünderungszug aus Italien zurückkehrten und Tausende von Gefangenen mit sich führten, die befreit wurden, bevor sie über die Donau verschleppt werden konnten. Für die prekäre Situation Rätiens spricht, dass selbst zivile Einwohner zum Kampf herangezogen werden mussten. Als das Siegesdenkmal am 11. September 260 geweiht wurde, war Postumus als Herrscher auch in dieser Provinz anerkannt.

Marcus Cassianius Latinius Postumus war gallischer Herkunft und dürfte die Karriere eines Berufssoldaten durchlaufen haben. Mit seiner relativ langen Regierungszeit bis 269 war er der erfolgreichste Gegenkaiser dieser Jahrzehnte. Seine Herrschaft breitete sich vom Niederrhein schnell über die beiden germanischen Provinzen und Rätien sowie über Gallien, Britannien und Spanien aus. Er betrachtete sich als rechtmäßiger Kaiser mit Residenz in Köln. Das Sonderreich hatte eigene Konsuln, Statthalter und eine Prätorianergarde, das Straßennetz wurde erneuert und ausgebaut. Separatistische Tendenzen einer Lösung von Rom sind nicht zu erkennen.

Mit der erfolgreichen Grenzverteidigung erfüllte die Partikulargewalt für eine bestimmte Zeit durchaus die in sie gesetzten Hoffnungen. Wegen des Grenzschutzes dürfte Postumus auch auf den Bürgerkrieg gegen Gallienus verzichtet haben; ein von diesem 265 unternommener Rückeroberungsversuch scheiterte. Dem gallischen Sonderreich in manchem vergleichbar war das Palmyrenische Teilreich der Jahre 260 – 272 im Osten. Nach der Gefangennahme von Gallienus' Vater Valerian durch die Perser sorgte es in ähnlicher Weise für eine Stabilisierung von Roms Ostgrenze.

Die späteren Gegenkaiser in Gallien agierten nicht mehr so erfolgreich. 269 kam es auch in dem Sonderreich zu den für diese Jahrzehnte so typischen Auseinandersetzungen. Postumus wurde durch einen Soldatenaufstand gestürzt. Sein übernächster Nachfolger Marcus Aurelius Marius war ein Neubürger aus den Rheinprovinzen, vielleicht germanischer Abstammung. Erstmals bei ihm bedurfte es zur Thronkandidatur nicht einmal mehr eines wichtigen militärischen Postens. Daraufhin präsentierte die Aristokratie eigene Kandidaten. Marcus Piavonius Victorinus entstammte einer vornehmen Familie aus Trier. Unter seiner Regierung von 269 – 271 begann der Niedergang, die spanischen Provinzen erkannten wieder den in Rom herrschenden Kaiser an, innere Unruhen nahmen zu. Ihm folgte sein Verwandter Gaius Pius Esuvius Tetricus, der als gallischer Aristokrat dem Senat in Rom bereits vor der Entstehung des Sonderreiches angehörte. Mit der Erhebung seines gleichnamigen Sohnes zum Mitregenten versuchte er die Gründung einer Dynastie. 272 verlegte er die Residenz von Köln nach Trier, um sie aus dem unmittelbaren Gefahrenbereich an der Rheingrenze zu entfernen und wahrscheinlich auch um Distanz zu den Legionslagern zu gewinnen. Mit dieser Entscheidung begann der Aufstieg Triers zur Kaiserresidenz für mehr als ein Jahrhundert.

Tetricus und sein Sohn gerieten bald in große Differenzen mit der Armee. Als eine neue Meuterei den Separatstaat erschütterte, unterwarfen sich beide dem „Soldatenkaiser der Zentrale" Aurelian, der das Sonderreich 274 wieder dem Gesamtimperium eingliederte, wie er es zuvor schon mit dem Palmyrenischen Teilreich getan hatte. Die Gegenkaiser wurden begnadigt, der Vater blieb im Senat, der Sohn wurde in diesen aufgenommen. Von keinem der gallischen Herrscher wurde das Andenken geächtet, allen wurden vielmehr ihre Verdienste um die Reichsverteidigung angerechnet.

Das Gallische Sonderreich ist als ein Vorstadium der diokletianisch-konstantinischen Dezentralisierungspolitik zu verstehen. Ein großer Germaneneinfall in den Jahren 275/276 zeigte, dass mit der Wiederherstellung der Reichseinheit und des Zustandes der Jahre vor 260 die Probleme nicht gelöst waren. Nur ein Mehrkaisertum mit regionaler Zuständigkeit konnte der permanenten Bedrohung der einzelnen Grenzen Roms noch gerecht werden. Die ein halbes Jahrhundert später von Konstantin I. geschaffene Präfektur Gallien umfasste etwa dasselbe Territorium wie das Sonderreich und diente ebenfalls vorrangig dem Schutz der Rheingrenze.

# TETRARCHEN UND RESIDENZEN

Wolfgang Kuhoff

Aus der Vergangenheit zu lernen, war die besondere Eigenschaft Diokletians, der am 20. November 284 vor der Stadt Nicomedia (Izmit) am Bosporus zum Kaiser proklamiert wurde. Offiziere und Soldaten einer Armee, die auf dem Rückmarsch von einem Feldzug gegen die Perser war, riefen ihn als Kommandanten der Leibwache nach dem plötzlichen Tode des Numerianus, des jüngeren Sohnes und Nachfolgers des durch Blitzschlag umgekommenen Kaisers Carus (282 – 283), zum neuen Augustus aus. Die erste Lehre war die Ausschaltung eines Rivalen, den Diokletian in der Person des Prätorianerpräfekten und vorgeblichen Kaisermörders Flavius Aper bei seiner Präsentation vor den Truppen mit eigener Hand tötete. Die Entscheidungsschlacht gegen den im Westen verbliebenen älteren Sohn des Carus, Carinus, gewann Diokletian im Sommer 285 am Flusse Margus (Morava) nahe der Donau nur wegen der Ermordung seines Kontrahenten durch einen Offizier des gegnerischen Heeres. Die zweite Lehre setzte der neue Alleinherrscher Ende 285 in die Tat um, indem er den etwa gleichaltrigen, ebenso im Militärdienst aufgestiegenen Truppenkommandeur Maximianus erst zum Caesar, dem präsumtiven Nachfolger, und nach der Niederschlagung des in Gallien wütenden Aufstandes der Bagauden zum zweiten Augustus ernannte. Damit überantwortete der rund 45 Jahre alte Diokletian, der keinen Sohn besaß, die Herrschaft über das Römische Reich zwei erfahrenen Männern, die fähig schienen, die der zweiten Hälfte des 3. Jahrhunderts abgehende innere Stabilität zurückzugewinnen: Mit offiziellen Herrschernamen nannten sie sich seitdem Caius Aurelius Valerius Diocletianus und Marcus Aurelius Valerius Maximianus.

Die dritte Lehre aus der Vergangenheit bestand in der Aufgliederung des Reiches in zwei Verantwortungsgebiete: Diokletian übernahm den östlichen Teil, Maximian den westlichen. Dieser wählte zuerst Lugdunum (Lyon) als Residenzort, hielt sich aber auch oft in Augusta Treverorum (Trier) auf. Seine Aufgabe war die Sicherung der Rheingrenze gegen Alamannen, Franken und andere Völker, was er durch mehrere Feldzüge ins rechtsrheinische Gebiet erreichte. Als sich jedoch im Jahre 286 der Befehlshaber der in Bononia (Boulogne) stationierten Flotte für den Ärmelkanal, Carausius, empörte und in Britannien sowie an der gallischen Nordküste eine eigene Herrschaft errichtete, kam eine weitere Aufgabe hinzu. Ein erster Versuch zur Niederwerfung des Empörers im Jahre 289 scheiterte allerdings. Die bemerkenswerte, auf Münzen ausgedrückte Selbstproklamation des Carausius zum Kollegen der beiden Augusti mit demselben Titel wurde von diesen natürlich nicht anerkannt. Zur gleichen Zeit sicherte Diokletian im Balkangebiet die Donaugrenze durch Feldzüge gegen Sarmaten und Goten. Einen gemeinsamen Zangenangriff mit Maximian gegen die Alamannen 288 und ein Friedensabkommen mit den Persern, verbunden mit der Einsetzung eines Königs in Armenien schon 287, spricht die Inschrift einer Statuenbasis in Augsburg an [1], welche die Siegerbeinamen *Ger(manicus) max(imus)* und *Pers(icus) max(imus)* innerhalb der knappen Kaisertitulatur enthält, die in der Bezeichnung *fundator pacis aeternae* (Begründer des ewigen Friedens) gipfelt. Diese Ehrung für den ersten Augustus und eine verlorene für Maximian nahm der Statthalter der Provinz Raetia im Jahre 291 vor, weil sich die beiden Kaiser nach dem Alamannenfeldzug vielleicht in Augsburg getroffen hatten. Diokletians hauptsächlicher Residenzort war damals Sirmium, Hauptstadt der Provinz Moesia Superior an der unteren Donau, während er für den Osten die syrische Metropole Antiochia (Antakya) wählte.

2 Galeriusbogen in Thessaloniki

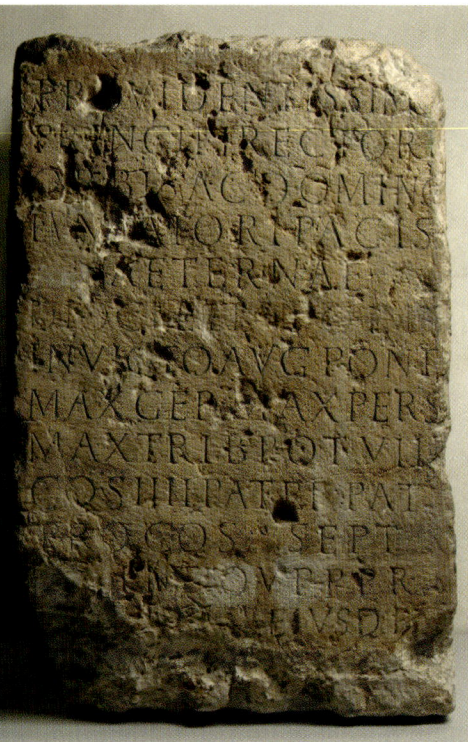

☉ I.4.17
1 Ehreninschrift für Diokletian
Römisches Museum Augsburg

Das Problem des Carausius und die Gefahren, welche von den Sarazenen in Arabien und von den Perserkönigen aus der Sassaniden-Dynastie ausgingen, bewogen die beiden Augusti nach Vorüberlegungen auf einer Konferenz in Maximians weiterer Residenzstadt Mediolanum (Mailand) Anfang 291, das Herrscherkollegium um zwei Mitglieder zu erweitern. Diese sollten als Caesares die Gefahren im Inneren wie an den Grenzen zu bewältigen helfen und mit den Augusti die Stabilität des Reiches gewährleisten. So wurden am 1. März 293 in Mailand von Maximian sein Prätorianerpräfekt Flavius Valerius Constantius und am 21. Mai von Diokletian an unbekanntem Orte Galerius Valerius Maximianus, für den kein früheres Amt bekannt ist, in diesen Rang erhoben. Beide waren bzw. wurden zugleich Schwiegersöhne ihrer jeweiligen Augusti, nachdem sie zuvor ihre bisherigen Frauen entlassen hatten. Damit traten sie in die neue kaiserliche Familie ein, welche mit den göttlichen Beinamen der „Iovii" für die Linie Diokletians und der „Herculii" für diejenige Maximians deutlich auf die Schutzgottheiten hinwies, von denen die Kaiser ihre Herrschaft als irdische Stellvertreter ableiteten: Einige Inschriften, Münztypen und die Aussagen von Lobrednern, welche bei festlichen Ereignissen die Kaiser priesen, die *Panegyrici Latini*, geben darüber Auskunft.

Constantius übernahm von Maximian Trier als Residenzort, während Galerius anfangs mit Feldzügen beschäftigt war und sich daher selten in Antiochia, seinem eigentlichen Sitz, aufhielt. Nach der Niederwerfung eines Aufstandes in Oberägypten im Jahre 294 zeichnete er sich 297 durch einen großen Sieg über den persischen Reichsfeind aus, der die merklichen Verluste früherer Jahrzehnte ausglich. Wegen der Gefangennahme seines gesamten Harems in der Entscheidungsschlacht überließ Großkönig Narseh den Römern im Vertrag von Nisibis 298 den gesamten Norden Mesopotamiens, woraufhin ein rund fünfzigjähriger Friede folgte. Bildlich sind die Geschehnisse des Perser-Krieges auf den Reliefs des Galeriusbogens in Thessalonica (Thessaloniki) dargestellt, von dem allerdings nur eine Hälfte erhalten ist: Die Kaisermacht symbolisiert eine Szene, in der die von Göttern begleiteten, bedeutungsmäßig abgestuften Kaiser als Weltenherrscher dargestellt sind [2]. Der Bogen war das repräsentativste Denkmal des großen Palastkomplexes in der nordgriechischen Stadt, den sich Galerius ab 298 als Residenz errichten ließ. Ein zweiter, kleinerer Bogen besitzt Medaillons mit den Bildnissen des Galerius und seiner Gattin, der Diokletianstochter Galeria Valeria.

Kurz nach Schaffung der Tetrarchie wurde im Jahre 294 eine grundlegende Reform des Währungsystems vorgenommen. Sie ging mit der Gründung neuer Münzstätten einher, die nicht nur in den Residenzstädten, sondern auch in weiteren Orten eingerichtet wurden. Damit konnten alle Regionen angemessen mit Geld versorgt werden, was vorher allein von Rom aus möglich war. In Londinium (London), Trier, Lyon, Ticinum (Pavia), Aquileia, Rom, Siscia (Sisak) in Pannonien, Thessaloniki, Heraclea, Nicomedia und Cyzicus, die drei letztgenannten am Bosporus, Antiochia und Tripolis in Syrien, Alexandria und Carthago in Afrika wurden seitdem Goldstücke (*aurei*), Silbermünzen (*argentei*), versilberte Kupferstücke (*nummi*) und deren Halbwerte (Quinare) als Umlaufmünzen sowie Medaillons aller Metalle zu Geschenkzwecken hergestellt. Sie zeigen neben den Herrscherbildnissen auf den Vorderseiten relativ standardisierte Rückseiten, so etwa die Kaiser beim Opfer, ein Truppenlager, den Schutzgott des römischen Volkes (*genius populi Romani*) und die Göttinnen der Münzstätten (*monetae*). Aurei und Medaillons weisen eine merklich größere Bandbreite an Rückseitenbildern auf, die sich hauptsächlich auf aktuelle Ereignisse von reichsweiter Bedeutung wie die häufigen Kaiserkonsulate und die vielen militärischen Erfolge beziehen, die einen Großteil der Kaisertitulatur in Form von Siegerbeinamen ausmachten. Ein um September 301 ergangenes Edikt über die Währungsreform ist leider nur unvollständig überliefert, weshalb sich die wichtigen Einzelheiten nicht ersehen lassen.

Grundlegend systematisiert wurde seit 287 die Besteuerung, was die Begriffe *capitatio* und *iugatio* definieren. Es handelte sich um den Versuch, eine auf die Fähigkeiten der Steuerzahler ausgerichtete Veranlagung in einem Fünfjahreszyklus einzuführen, der die Chance zu vergleichsweise raschen Änderungen bot. Die auf dem Lande lebenden Menschen wurden mit ihren *capita* (Köpfen) von den *censitores* (Steuerschätzern) entsprechend der Fruchtbarkeit und Größe ihres Landes eingestuft (die *iugatio*), wobei Frauen teilweise nur die Hälfte von Männern galten: Diese Steuer wurde hauptsächlich in Naturalien erhoben und hieß *annona*.

Für die *capita* der Bevölkerung in den Städten wurden dagegen auf jeweils diese bezogene Steuerkontingente in Münzen festgesetzt, die *capitatio urbana*; Landbesitzer unterlagen allerdings der *iugatio*. Steuerbefreiungen für die Provinzen in Italien wurden aufgehoben, doch waren Privilegien ansonsten nicht ausgeschlossen. Haftbar blieben für die städtischen Steuern die *decuriones*, die Mitglieder der Stadträte, denen schon zuvor solche *munera* oblagen. Nutznießer dieser durchorganisierten Steuererhebung waren besonders die Soldaten, welche entsprechend ihrer erhöhten Aufgaben besser bezahlt wurden und Hauptempfänger der *annona* waren, außerdem aber große Geldsummen, die *donativa* (Schenkungen), zu den Festereignissen erhielten. Wie sie bekamen auch die Bürger Roms bei solchen Gelegenheiten vornehmlich Goldmünzen geschenkt, was als *congiaria* (Zuwendungen) bezeichnet wurde.

Die Militärangehörigen werden im zweiten Kaisergesetz von 301, dem Höchstpreisedikt, als Adressaten herrscherlicher Fürsorge hervorgehoben. Um sie in der neuen Zeit der inneren Stabilität, die sich die Kaiser als fundamentale Leistung zuschrieben, dauerhaft vor Wucher zu schützen, ordneten die Herrscher Höchstpreise für alle denkbaren Waren und Dienstleistungen an. Inschriftlich aufgeführt sind in den zu einem Gesamtbild zusammensetzbaren Fragmenten [3] Hunderte von Posten mit Preisangaben in Denaren, die als Rechnungseinheit fungieren. Die Liste reicht von Lebensmitteln, nämlich Getreide, Getränke, Soßen, Fleisch, Fische, Gemüse und Früchte, über Löhne von diversen Arbeitern, von denen ein Kunstmaler am höchsten bewertet wurde, die Herstellung von Kleidungsstücken und die Kosten für Ausbildung von Schülern bis hin zu den unzähligen Waren außerhalb des Lebensmittelbereichs: Hier führt die Spannbreite von Fellen über Hölzer, Wagen und Kleidungsstücke, von denen eine seidene weiße, dalmatische Tunika mit Purpurbesatz bis zu 135 000 Denare pro zwei Pfund Gewicht kosten durfte, zu den Sklaven, Marmorsorten und afrikanischen Wildtieren, wobei ein Löwe mit 150 000 Denaren den absoluten Höchstwert darstellt. Nach den vielfältigen Gewürzen schließt ein Abschnitt über den Warentransport zur See die Liste ab.

Auch anderswo bewährte sich die Verteilung der Regierungsmacht auf vier Herrscher. Constantius konnte 296 Allectus, den Nachfolger des ermordeten Carausius, besiegen und damit das „Britannische Sonderreich" zurückerobern. Maximian durchzog 297/298 das westliche Nordafrika auf einem Feldzug gegen die maurischen Wüstenstämme und betrat die zuvor eigens mit einer Münzstätte ausgestattete Metropole Carthago in einem feierlichen Einzug (*adventus Augusti*); zuvor hatte er in einer wohl für ihn errichteten großen Villenanlage bei Corduba in Südspanien geweilt. Zur gleichen Zeit schlug Diokletian die Usurpation eines Gegenkaisers namens Domitius Domitianus und seines Helfers Achilleus in Ägypten nieder und schirmte außerdem den Perserkrieg des Galerius im Hinterland ab. Nach all diesen Erfolgen, die ein in wenigen Reliefs bewahrtes Siegesdenkmal in Nicaea (Iznik) am Marmarameer anspricht, richtete der rangerste Augustus seine Residenz auf Dauer in Nicomedia ein, während Galerius die Verantwortung für die Provinzen auf der Balkanhalbinsel übernahm. In Izmit sind heute keine Reste von Diokletians Palastanlage mehr erhalten, doch kennt man aus Mitteilungen des christlichen Historikers Lactantius ungefähr die bauliche Gestalt und ein wichtiges Detail: Am 20. November 304 wurde nämlich der Circus für Wagenrennen durch den Kaiser persönlich eingeweiht. Aus Nicomedia stammen wahrscheinlich die zwei porphyrnen Statuengruppen der Tetrarchen, die seit dem hohen Mittelalter im Markus-Dom von Venedig vermauert sind ⊙ **I.4.1**. In Thessaloniki zeigen demgegenüber außer dem großen Bogen ein Oktogon und die Rotunde, das vorgesehene Mausoleum, sowie Spuren eines Circus die Größe des Baukomplexes an, der trotz ruinösen Zustands Prototyp einer tetrarchischen Residenz ist.

In Trier gibt es außer der beträchtlichen Veränderungen unterworfenen Palastaula für die kaiserlichen Audienzen nur spärliche Reste umgebender Bauten, doch geht die Gesamtplanung zweifellos auf Constantius zurück. In Mailand sind von der Residenz Maximians außer einem Turm des mit dem Palast verbundenen Circus die Grundmauern eines vielleicht zugehörigen Gebäudes mit runder Binnenstruktur erhalten; sie lag nahe der zum Teil noch sichtbaren Mauer im Südwesten der römischen Stadt. Die enge Nachbarschaft von Palast und Circus, ein Grundzug tetrarchischer Residenzanlagen, ermöglichte das Auftreten der Kaiser vor der im Circus versammelten Öffentlichkeit; die gleichfalls notwendige Aula diente dagegen der Herrscherpräsentation vor dem kleinen Kreis der wichtigsten Beamten und Offiziere.

Noch vor der endgültigen Verteilung der Aufgabenbereiche begannen die vier Kaiser sich den inneren Reformen zuzuwenden, die das Reich dringend benötigte. Eine besonders wichtige galt dem Militärwesen. Sie festigte bereits von früheren Herrschern, vornehmlich Gallienus (253 – 268), eingeleitete Maßnahmen und betraf die Truppeneinheiten des Heeres und dessen Kommandostruktur. Die traditionell rund 6 000 Mann umfassenden Legionen wurden auf etwa 2 000 verkleinert und einige neue, aber auch zahlreiche kleinere Einheiten, vor allem der Reiterei, geschaffen.

Etliche dieser Truppen wurden im Grenzhinterland zu Kampfverbänden zusammengefügt, die feindliche Einfälle abfangen sollten, das später von Konstantin vervollständigte „Bewegungsheer". Zugleich wurden an den Grenzen neue Truppenlager errichtet oder bestehende umgebaut, deren Merkmal neben der großen Mauerstärke die Hinzufügung von nach außen vorspringenden, meist vieleckigen Türmen war. Die Befehlshaberstellen aller Einheiten wurden ausschließlich mit Angehörigen des Ritterstandes, den *equites*, besetzt, welche die Senatoren ablösten.

Im administrativen Bereich erfolgte eine Aufgliederung der bisherigen Provinzen, was die Gesamtzahl des Verwaltungspersonals vergrößerte. Zum Ausgleich sollten Diözesen als übergeordnete Instanz jeweils etliche neue Provinzen umfassen, doch war diese Maßnahme bei der Abdankung von Diokletian und Maximian noch nicht abgeschlossen. Auch hier ersetzten Ritter fast gänzlich die Senatoren, denen neben wenigen Provinzstatthalterschaften in Italien noch die angesehenen Prokonsulate von Africa, Asia und Achaia sowie die Stadtpräfektur von Rom verblieben. Umgekehrt wurden die in höchste Stellen bis zur Prätorianerpräfektur aufgestiegenen Ritter nun regelmäßig in den Senatorenstand aufgenommen: Auf diese Weise verschmolzen die beiden früheren Stände fast vollständig miteinander, was jedoch erst lange nach der diokletianischen Zeit abgeschlossen wurde.

⊙ I.3.13
**3 Fragment des Preisedikts**
**Kaiser Diokletians**
Rom, Museo della Città Romana

⊙ I.4.5
**4 Decennalienbasis, Rom, Forum**

**5 Tetrarchengruppe im Vatikan**
**(jung und alt)**

Zur Rekonstruktion der wirtschaftlichen Situation des römischen Reiches in der frühen Spätantike ist dieses Zeugnis eine schier unerschöpfliche Quelle. Die Einleitung nennt zudem ausführlich die Kaisertitulatur mit ihren vielen Siegerbeinamen, die hier ihre abschließende Ausformung findet. Die Bemerkung des Lactantius, das von ihm als *edictum de pretiis rerum venalium* bezeichnete Gesetz habe die Wirtschaft abgewürgt und sei deshalb später widerrufen worden, ist eine seiner üblichen Übertreibungen. Währungs- und Höchstpreisedikt aus demselben Jahre müssen zusammen als umfassender Versuch der Kaiser betrachtet werden, Wirtschaft und Handel des Reiches auf eine neue, tragfähige Grundlage zu stellen.

Diokletian hatte die Tetrarchie mit einer entschiedenen Rückbesinnung auf den traditionellen römischen Staatskult verknüpft, wobei er Iuppiter und Hercules als persönlichen Schutzgöttern eine hervorgehobene Rolle zuwies, während er den von Kaiser Aurelian (270 – 275) bevorzugten Sonnengott zurückstufte. Gemäß dieser Leitlinie wurde am 23. Februar 303 die allgemeine Verfolgung der Anhänger des christlichen Glaubens, die sich dem Götterkult radikal versagten, begonnen. Die von den Kirchenhistorikern Lactantius und besonders Eusebius von Caesarea in Palästina angesprochene Zahl an Glaubenszeugen ist zwar mit Zurückhaltung zu betrachten, und die vielen Schilderungen von Märtyrerschicksalen aus dem Westen, die *acta martyrum*, sind ebenfalls vorsichtig zu bewerten, doch scheint die Durchführung der akribischen Einzelmaßnahmen gegen Geistliche und Gläubige einen beträchtlichen Blutzoll bewirkt zu haben.

Dennoch blieb der beabsichtigte Erfolg aufgrund der Standhaftigkeit der meisten Christen aus: Ende April 311 erließ Galerius als rangerster Augustus in seiner letzten Residenz Serdica (Sofia) ein Edikt, das die Verfolgung beendete, die Christen aber zum persönlichen, dauerhaften Einsatz für das Wohl des Staates im Rahmen ihres Glaubens verpflichtete.

Am 20. November 303 begingen Diokletian und Maximian in Rom den Beginn ihres zwanzigsten Regierungsjahres, während die Caesares außerhalb der Reichshauptstadt ihr zehnjähriges Jubiläum feierten. Für dieses gemeinsame Fest wurden auf dem Forum Romanum fünf Säulen mit Inschriftbasen aufgestellt, welche die Statuen der vier Kaiser und des Iuppiter in der Mitte trugen, das „Fünfsäulendenkmal". Nur eine mit vier Reliefs versehene Basis, welche die *decennalia* der Caesares nennt, ist erhalten: Sie zeigt ein kaiserliches Opfer unter Beteiligung von Göttern, Soldaten mit Feldzeichen und Staatsbeamten sowie zwei einen Schild mit der inschriftlichen Nennung des Jubiläums tragende Siegesgöttinnen [4]. Als zweites tetrarchisches Monument in Rom folgte es dem Arcus Novus, der die Decennalien der Augusti 293 auf der Via Flaminia dokumentierte; die Reste seiner aus älteren umgearbeiteten Reliefs zeigen die Kaiser zusammen mit Gottheiten, doch bleibt der Gesamtinhalt unklar. In Rom standen auch zwei heute im Vatikan befindliche Porphyrsäulen mit den oben angebrachten Statuengruppen der Augusti und Caesares, die sich in ihrem Gesichtsausdruck graduell unterscheiden [5] – ansonsten legten die Kaiser Wert darauf, ihre individuellen Gesichtszüge hinter einer allgemeinen Repräsentation des Kaisertums zurücktreten zu lassen.

**7 Modell des Diokletianspalastes in Split**

**8 Diokletianspalast in Split, Peristyl**

**6 Tondo mit Porträt
des Diokletian**
Split, Mausoleum

Ein in der römischen Geschichte einmaliges Ereignis sah der 1. Mai 305: Vor den Toren von Nicomedia legte Diokletian seine Herrschermacht nieder und übergab sie seinem Schwiegersohn Galerius als Augustus für den Osten; zugleich überreichte er dessen Neffen Maximinus Daia den kaiserlichen Purpurmantel als Zeichen der Erhebung zum Caesar. Am selben Tag vollzog Maximian die gleiche Zeremonie in Mailand, wodurch Constantius zum rangersten Augustus und der sonst unbekannte Severus zum neuen Caesar im Westen wurden. Diese „Zweite Tetrarchie" bestand offiziell jedoch aus sechs Kaisern, denn Diokletian und Maximian blieben als *seniores Augusti* Mitglieder des Herrscherkollegiums und konnten bei Bedarf wieder in die Politik eingreifen. Während Maximian sich in eine Villa in Süditalien begab, bezog Diokletian seinen großen, einem regelmäßigen Truppenlager angeglichenen Palast im kroatischen Split, seiner wahrscheinlichen Heimat [6 – 8]. Hier wohnte er im meerseitigen Teil, in dem auch eine *aula* vorhanden war; der vorgelagerte Peristylhof vermittelte westlich zum Iuppiter-Tempel, östlich zum Kaisermausoleum sowie zu den nördlichen Bauten, wo die kaiserliche Garde untergebracht war. Diesen Altersruhesitz ließ Diokletian einige Jahre zuvor beginnen, als das Reich endlich wieder gefestigt war, was seine Entscheidung zum Rücktritt terminiert. Dies legen die Diokletiansthermen in Rom nahe, die gemäß einer unvollständig erhaltenen Inschrift um die Mitte 298 geplant und im Jahr 306 als Geschenk aller sechs Herrscher an die Bürger Roms eingeweiht wurden.

Wie systematisch Diokletian eine Regierungsweitergabe für die fernere Zukunft geplant hatte, ist nicht bekannt. Der Tod des Constantius am 25. Juli 306 im britannischen Eburacum (York), der von Offizieren wie Soldaten gebilligte Eintritt seines Sohnes Konstantin in die Herrschaft sowie die Erhebung des Maximianus-Sohnes Maxentius in Rom am 28. Oktober 306, die den Tod des Severus nach sich zog, brachten das tetrarchische System ins Wanken, zumal auch Maximian wieder eine aktive Rolle spielen wollte. Die Kaiserkonferenz von Carnuntum (Petronell – Deutsch Altenburg in Österreich) mit Galerius, Maximian und Diokletian erbrachte Mitte November 308 unter Vorsitz des Letztgenannten keine Lösung, denn der neu erhobene Augustus Licinius konnte die ihm zugedachte Rolle im Westen nicht ausfüllen. Ein Weihestein an Mithras belegt aber noch heute die Anwesenheit der genannten Herrscher ⊙ **I.4.14.**

9 Peristyl und Aula des Galeriuspalastes

⊙ I.5.11
10 Archivolte aus Felix Romuliana
Gamzigrad, Nationalmuseum of Zaječar

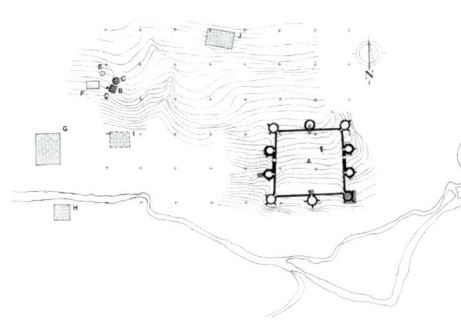

11 Plan des Palastes bei Šarkamen

Galerius starb Ende April 311 in Serdica, ohne seinen Altersruhesitz Romuliana bei Gamzigrad in Serbien beziehen zu können ⊙ I.4.12. Dieser erscheint durch seine 20 mächtigen Vielecktürme von bis zu 28 m Durchmesser und die fast 4 m breite Außenmauer als gigantische Festung; die dahinter stehende innere Mauer mit Rechtecktürmen gehört einem früheren Baustadium an, das nicht mehr beseitigt werden konnte. Innerhalb der Mauer befinden sich im Norden ein zweigeteilter Residenz- und Wohnkomplex mit Fußbodenmosaiken, der eine *aula* mit zwei Säulenhöfen einschließt [9], und eine Reihe locker stehender Gebäude südlich der Mittelstraße, nämlich ein Familienkultbau, ein Getreidespeicher, eine Therme und ein noch undefiniertes weiteres Bauwerk. Im Kultbau fand sich ein Giebelstück mit einer von zwei Pfauen gerahmten Inschrift, die den Ortsnamen *Felix Romuliana* nennt [10]. Vorhanden waren auch zwei Iuppiter und Hercules geweihte Tempel; marmorne Köpfe der beiden Götter und ein porphyrner des Galerius sowie die einen Globus haltende linke Hand wurden nahebei gefunden. Außerhalb des Gesamtkomplexes standen auf einem Hügel die Mausoleen des Kaisers und seiner Mutter Romula, nach der die Anlage benannt war, sowie zwei Erdaufschüttungen mit Steinfassung am Einäscherungsort, wozu auf halbem Wege die Pfeilerreste eines viertorigen Bogens treten.

Im 313 ausbrechenden Kampf um die Herrschaft im Osten schaltete Licinius seinen Konkurrenten Maximinus aus. Dieser konnte daher einen anscheinend für ihn bestimmten befestigten Palast bei Šarkamen nördlich von Gamzigrad [11], der außer Mauer und Türmen in wesentlich kleinerem Umfang unvollständig ist, nicht beziehen; allerdings ist außerhalb das Mausoleum einer kaiserlichen Dame vorhanden, vor dem Fragmente der porphyrnen Sitzstatue eines Kaisers gefunden wurden: Die Dame war am ehesten die ohne Namen bezeugte Schwester des Galerius. Am 28. Oktober 312 hatte schon Konstantin den Rivalen Maxentius in der Schlacht an der Milvischen Brücke vor Rom besiegt und damit die alleinige Macht im Westen errungen. Als schließlich Diokletian, der Schöpfer einer im Grunde innovativen, aber allzu künstlichen Regierungsform, wohl Ende 313 verstarb, wurde die Tetrarchie endgültig zu Grabe getragen – an ihre Stelle trat der traditionelle, dem dynastischen Prinzip verpflichtete Herrschaftsgedanke, den Konstantin entscheidend vorangetrieben hatte.

# BILDNISSE DER TETRARCHENZEIT

**Marianne Bergmann**

I.4.10

**1 Porträt eines Herrschers der Tetrarchie (Maximinus Daia oder Licinius?)**
Antikenmuseum Basel und Sammlung Ludwig

Im Laufe des 3. Jahrhunderts ging in der römischen Welt die Gewohnheit, wichtige öffentliche und private Belange durch die Aufstellung oder den Gebrauch plastischer Monumente aus Bronze oder Stein auszudrücken, zurück. Es entstanden weniger anspruchsvolle Bauten, weniger Steinmonumente zu Ehren der oft kurzlebigen Herrscher, weniger Ehrenstatuen für die Honoratioren der Städte. Die Werkstätten anspruchsvoller Reliefsarkophage im Osten des Reiches gaben ihre Produktion auf. Nur in Rom florierte weiterhin der Gebrauch und die Produktion solcher Sarkophage. Der Rückgang dieser langlebigen Sitte wurde einerseits durch die Krise des 3. Jahrhunderts und deren gravierende wirtschaftliche Folgen verursacht. Aber zugleich hat wahrscheinlich auch ein Wandel in den Formen der Repräsentation stattgefunden. Anstelle der Steinmonumente mag man vergängliche Formen und Gegenstände stärker ausgestaltet und bevorzugt haben, wie etwa zeremonielle Akte oder kleinformatige kostbare Ehrengaben aus Edelmetall.

Außerdem wurde viel altes Material wiederverwendet, das in großer Menge vorhanden war. Für Architekturglieder war dies besonders einfach. Bei den kaiserlichen Ehrenmonumenten mit historischen Szenen sowie bei kaiserlichen und nichtkaiserlichen Ehrenstatuen musste man einfach nur die Köpfe der Protagonisten austauschen oder ihre Züge neu meißeln. Wiederverwendung dieser Art war schon eine alte Gewohnheit und durch die normierten Aussagen römischer Porträtstatuen und der historischen Szenen auf Ehrenmonumenten, die weniger den Einzelfall als die exemplarischen Rollen der Herrscher betonten, naheliegend. Bei den zahlreichen Regierungswechseln im 3. Jahrhundert wurden zudem die Bildnisse gestürzter Kaiser regelmäßig in die der Nachfolger umgearbeitet.

⊙ I.4.8
**2 Bekränztes Männerporträt**
Antikenmuseum Basel und Sammlung Ludwig

⊙ I.4.12
**3 Sandsteinpilaster mit Tetrarchen**
National Museum Zaječar

Beispiele für Wiederverwendungen sind die beiden Porträts aus der Gegend von Side oder Perge in Basel, [1] und [2], von denen zumindest das erstere, überlebensgroße ein Kaiserporträt ist, das aus einem Augustusporträt umgearbeitet wurde, während das bekränzte Bildnis aus einem Porträt des 2. Jahrhunderts umgearbeitet scheint. Umgearbeitet ist vermutlich auch das stark abgeflachte Porträt des Licinius in Wien [26].

Diokletian und seine Mitregenten haben in mühevollem Ringen die Krise eingedämmt und tiefgreifende Reformen durchgeführt. Die Verhältnisse haben sich konsolidiert, aber es kehrten weder die alte Prosperität zurück noch die alten Repräsentationsformen. Deshalb ist die Zahl der im ganzen römischen Reich erhaltenen Skulpturen aus tetrarchischer Zeit überschaubar.

Es sind einerseits öffentlich aufgestellte Porträtstatuen von Kaisern und anderen Würdenträgern. An manchen Orten kann man noch erkennen, wie in tetrarchischer Zeit ganze Serien alter Porträtstatuen umgearbeitet wurden, und dadurch der öffentliche Raum mit aktuellen Porträtehrungen bestückt wurde. Die beiden Porträts aus Side oder Perge in Basel [1 – 2] sind auch dafür Zeugnisse. Aus dem kaiserlichen Bereich haben sich die Reste von reliefierten Ehrenbögen in Rom, Thessaloniki und Kleinasien erhalten, sowie gelegentlicher Reliefschmuck aus den tetrarchischen Residenzen; aus dem nichtkaiserlichen Bereich sind in Rom, seltener anderswo Sarkophage überliefert, gelegentlich Weihreliefs und Altäre. Götterstatuen aus tetrarchischer Zeit sind bisher kaum identifiziert worden.

4 Löwenjagdsarkophag, um 270

5 Löwenjagdsarkophag, um 295

Vieles ging in den alten Bahnen weiter, grundlegende Inhalte der Darstellungen veränderten sich nicht. Dennoch kommt in vielen Bildwerken der Tetrarchie deren Charakter als eine Phase kurzfristigen kühnen Experimentierens oder langwirkender Umbrüche unübersehbar zum Ausdruck. Dafür sind vier Phänomene kennzeichnend. Bei den Kaiserdarstellungen sind die Propagierung der politisch riskanten Viererherrschaft, zugleich aber auch der Übergang zu monarchischen Repräsentationsformen kennzeichnend. Generell experimentierte man mit expressiven Gestaltungsformen, die als inhaltliche Aussagen verstanden werden sollten; schließlich hatte die Entstehung der vielen Residenzen anstelle des einen Zentrums Rom besondere Auswirkungen.

Einige der Phänomene werden schon deutlich, wenn man sich die Zentren der tetrarchischen Welt vergegenwärtigt, in denen die Herrscher wechselnd residierten. Es sind im Westen Mailand, eventuell Cordoba, ferner Trier und York, außer Rom alles Orte, die vorher eher regionale Bedeutung hatten. Von Sirmium, der bedeutendsten Residenz im Balkangebiet/Illyrien, der Heimat aller Tetrarchen, ist wenig erhalten. Doch bauten einige Tetrarchen sich in ihrer Heimat befestigte Ruhestands-Residenzen, die fern von großen Siedlungen lagen: Diokletians Ruhesitz in Spalato/Split, Galerius' Festung Romuliana und die ähnliche Anlage eines anderen Tetrarchen bei Šarkamen, beide im heutigen Serbien. Im Osten residierten sie teils in den alten großen Metropolen wie Antiochia und Alexandria, aber auch Städten von ehemals geringerer Bedeutung wie Thessaloniki und Nikomedia. In Monumenten und Bauten bildeten sich dabei offenbar überregionale Standards aus.

Überall im Reich wurden die Tetrarchen nicht nur durch gemeinsam aufgestellte Bildnisse geehrt, sondern durch große Viersäulen-Monumente (s. u.). Die städtischen Residenzen verfügten über standardisierte Elemente wie die großen apsidalen Empfangsäulen (die in kleinerer Form auch bei Privatpalästen verwendet wurden), die Circusanlagen, in denen die Kaiser mit der Bevölkerung kommunizierten, und die Mausoleen mit den Sarkophagen aus rotem Porphyr. Auch im einzelnen wird man dort Gegenstände verwendet haben, die schon lange zum internationalen Standard gehörten, wie Architekturausstattungen aus den kaiserlichen Marmorbrüchen am Marmarameer. Zugleich aber müssen jetzt Traditionen der lokalen Werkstätten spürbar zur Wirkung gekommen sein und überregionale Bedeutung erlangt haben. Dies ist bei den Skulpturen aus rotem Porphyr deutlich, der nur in Ägypten gebrochen wurde. Die Tetrarchen nutzten die monarchische Symbolik seiner Purpurfarbe und verwendeten ihn in großem Stil. Während bei früheren Nutzungen das Material nach Rom gebracht und dort verarbeitet wurde, wurde nun alles auf Auftrag in Ägypten hergestellt und von dort aus ins ganze Reich geliefert [vgl. 9,12 – 14, 17 – 23, 27]. Der etwas krude, aber ausdrucksvolle Lokalstil störte nicht, er muss sogar gefallen haben.

**6 Thessaloniki, Galerius**
Abguss des Archäologischen Instituts Göttingen

**7 Männlicher Porträtkopf**
Abguss des Archäologischen
Instituts Göttingen

Wegen der größeren Deutlichkeit der Detailformen werden in diesem Beitrag teilweise Aufnahmen nach weißen Gipsabgüssen dieser dunkelroten Skulpturen verwendet. Es änderten sich kurzfristig auch sonst Qualitätsstandards: in den kaiserlichen Bauten von Split und Gamzigrad war neben gewohnt anspruchsvollen Ausstattungselementen der figürliche Reliefschmuck von schlichten Lokalhandwerkern gearbeitet. Man betrachte etwa den Pilaster mit den Feldzeichen aus Romuliana/Gamzigrad, auf denen sich die Büsten der Herrscher der zweiten Tetrarchie sowie der in Ruhestand gegangenen Diokletian und Maximianus befinden [3].

Ob und in welchem Maße die Dezentralisierung auch zu der in tetrarchischer Zeit manifesten Durchsetzung monarchischer Formen der kaiserlichen Selbstdarstellung beigetragen hat, die in Rom lange problematisch, außerhalb davon aber eher akzeptiert wurde, ist eine interessante Frage, die von der Forschung noch diskutiert wird.

Übersteigert expressive Formen sind an den meisten Skulpturen tetrarchischer Zeit zu beobachten, sie sollten entschieden als inhaltliche Aussage verstanden werden. Was damit gemeint ist, lässt der Vergleich zweier Löwenjagdsarkophage in Rom aus den Jahren um 270 und 295 [4–5] erkennen. Trotz des dramatischen Motivs sind bei dem älteren Sarkophag die Proportionen und Haltungen der Figuren harmonisch, schöne nackte Körper zitieren Klassisches. Bei dem Sarkophag der Tetrarchenzeit sind die Figuren disproportioniert, ausdruckstragende Elemente wie Köpfe und Hände sind übergroß, klassische Nacktheit ist aufgegeben, Bewegungen sind bis ins Groteske verzerrt, Einzelformen wie Bohrlinien sind bewusst roh ausgeführt. Die feinpolierten Oberflächen beweisen jedoch, dass all dies gewollt war. Dieser Reliefstil hat seine exakte Parallele in der einzigartigen Expressivität der gleichzeitigen Porträts [7]. Und er findet sich auch bei den sonst eher klassisch arbeitenden Werkstätten des Ostens, z. B. beim Ehrenbogen in Thessaloniki [6]. Da diese Expressivität plötzlich auftrat und nach 305/310 schnell wieder zurückging, muss sie bewusst gewählt und – wie dies im römischen Reich üblich war – an kaiserlichen Monumenten vorgegeben gewesen sein. Entsprechend der besser zu erschließenden Aussage der Porträts interpretiert, sollte dieser überexpressive Stil eine Gestimmtheit höchster Anstrengung in einer krisengeschüttelten Welt vermitteln (s. u.).

☉ I.15.25
**8 Porträtkopf einer unbekannten Frau**
Hessische Hausstiftung, Museum Schloss Fasanerie,
Eichenzell bei Fulda

Zugleich und eigentlich im Widerspruch dazu setzte sich aber eine Kompositionsform szenischer Darstellungen durch, die eher den Gedanken starrer Majestät vermittelte. Typisch ist eine Szene an dem Ehrenbogen, der nach 298 zu Ehren des Caesars Galerius in Thessaloniki errichtet wurde [6]: in der Mitte thronen die beiden Augusti Diokletian und Maximianus Herculeus, begleitet von den rechts und links von ihnen stehenden Caesares und umgeben von zahlreichen Personifikationen der regierten Erde, der Länder und von schützenden Göttern. Alle Figuren sind frontal ausgerichtet und spiegelsymmetrisch zu einer Mittelachse komponiert. Es ist eine Kompositionsform, die die Hauptfiguren heraushebt und den Betrachtenden nicht erlaubt, unbeteiligte Zuschauer eines Geschehens zu sein, sondern sie gleichsam in ihren Bann zwingt. Sogar Schlachtgetümmel wurde am Bogen von Saloniki in Zentralkomposition gebracht. Zentralkomposition und Frontalität wurden für das folgende Jahrtausend die typische Form des Repräsentationsbildes. Über seine Entstehung ist viel diskutiert worden. Als simple und direkte Form von Repräsentation war es in vielen Bereichen der antiken Welt ver-

breitet, hatte sich aber auch in Rom selbst im 3. Jahrhundert allmählich durchgesetzt, offenbar befördert durch neue Bedürfnisse nach der Verdeutlichung von Rang und Macht. Drückte die expressive Form Handlungsbereitschaft und Einsatz aus, hob das Repräsentationsbild eher distanzierte Erhabenheit hervor – die Verbindung von beidem war typisch für die Tetrarchie.

Neben den neuen Monumenten standen besonders in Rom Spolienbauten. An einem nur fragmentiert erhaltenen Ehrenbogen für Diokletian waren beziehungsvoll Kaiserreliefs der frühen Kaiserzeit wiederverwendet, die die Bewahrung alter Traditionen beschworen. Andere Teile des Bogens waren im expressiven Stil der Zeit ausgearbeitet; die Verbindung von Altem und Neuem entsprach der noch heute am Konstantinsbogen sichtbaren.

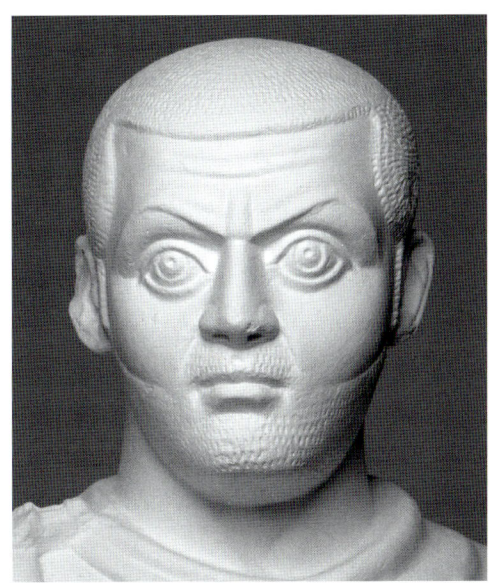

**9 Büste aus Athribis**
Abguss des Archäologischen Instituts
Göttingen

Noch deutlicher trat die übersteigerte Expressivität an den Porträts der Tetrarchen hervor, deren Zeitgenossen wie üblich die kaiserliche Stilisierung übernahmen. Das Porträtideal schloss grundsätzlich an die im 3. Jahrhundert herrschende Form der Selbststilisierung an. Haar und Bart waren kurzgeschoren, eine Mode, die nach antiker Auffassung Nüchternheit und Härte bezeugte und so charakteristisch für die ‚Soldatenkaiser'-Mode des 3. Jahrhunderts geworden war. Dazu gehörten Alterszüge und angespannte Mimik, die traditionell auf Anstrengung und Leistungsbereitschaft hinwiesen. Bezeichnend für die Porträts der Tetrarchie war allerdings ihre unerhörte, alles natürliche Maß überschreitende Expressivität. Den Inbegriff dieser Tendenz verkörpert ein Porträt aus Rom in Kopenhagen [7], bei dem vor innerer Spannung und Schiefe die Knochenstruktur verloren und die Haut eher zerfetzt als faltig erscheint. Dass die rohen Formen beabsichtigt waren und nicht auf nachlassenden Fähigkeiten beruhen, erweisen die zeitgleichen Frauenporträts [8], die weiterhin klassische Ebenmäßigkeit ausstrahlen. Das expressive Ideal der Männerporträts nahm in verschiedenen Werkstätten unterschiedliche Form an. Am wildesten bewegt war es in Rom, während etwa in den Porphyrwerkstätten die Gesichter eher als starre Masken mit übergroßen, intensiv starrenden Augen, wie bei einer Büste aus Athribis [9] gestaltet wurden.

Wie sollten diese extremen Formen verstanden werden? Offenbar als extreme Steigerung von Leistungsbereitschaft und Einsatz. Den Schlüssel zum Verständnis können Äußerungen an prominenter Stelle wie im Einleitungssatz zu dem im ganzen Reich verbreiteten Höchstpreisedikt der Kaiser aus dem Jahr 301 liefern: „Das Glück unseres Staates ... und den beruhigten Zustand der Welt, die im Schoß tiefster Stille ruht und die Güter des Friedens, für den mit enormem Schweiß gerungen wurde ..." – *propter quam sudore largo laboratum est.* Äußerste, alles überschreitende Anstrengung für die Erringung eines beruhigten Zustandes müssen diese Porträts versprochen haben. Ähnliches sollte der expressive Reliefstil der Zeit vermitteln.

⊙ I.7.5
**10 Porträt des Maxentius**
Skulpturensammlung, Staatliche Kunstsammlungen Dresden

⊙ I.7.4
**11 Porträt Maxentius**
Nationalmuseum, Stockholm

War das Image, das die Tetrarchen wählten, auch ungewöhnlich, so war das Experimentieren mit dem Bildnis geradezu typisch für die Umbruchsphase ihrer Zeit. Seit der Mitte des 3. Jahrhunderts lässt sich den Porträts der schnell aufeinanderfolgenden Kaiser die Suche nach neuen überzeugenden Images ablesen. Neuartige Erlöserporträts, Rückgriffe auf Bewährtes und befremdliche Formexperimente folgten in schnellem Wechsel aufeinander – die tetrarchische Stilisierung und das Konstantinsporträt sind danach als weitere Stadien dieser Suche nach einem ‚richtigen' Image zu verstehen. Schon in der späteren Tetrarchie wurden jedoch die hochexpressiven Formen durch ruhigere und ‚klassischere' Selbstinszenierungen abgelöst wie die Porträts des Maxentius **[10 – 11]** zeigen.

13

14

12 Tetrachengruppen im Vatikan

Diese Porträtformen wurden wie immer von den Privatpersonen rezipiert. Deshalb kann der nicht benennbare Kopenhagener Kopf [7] stellvertretend für ein Herrscherporträt eintreten. Allerdings variierten die Porträts der tetrarchischen Caesares dieses Image etwas. Zeugnis dafür sind gemeinsame Darstellungen der vier Herrscher, wie es sie im ganzen Reich gab. Es konnten einfache Statuengruppen sein, aber auch riesige Monumente von vier Säulen mit bekrönenden Statuen auf den Plätzen der Städte oder die besonders symptomatischen Gruppenkompositionen von Augusti und Caesares aus rotem Porphyr. Letztere waren, wie Beispiele im Vatikan zeigen, an Säulen angebracht [12], die Nischen oder Apsiden gerahmt haben mögen.

Die gemeinsame Aufstellung und andere noch zu besprechende Eigenheiten der Tetrarchenporträts waren durch die Notwendigkeit verursacht, die riskante Herrschaft von vier Regenten durch Formen des Zusammenhalts zu binden und dies nach außen zu verdeutlichen.

Eine der Maßnahmen bestand darin, dass das Verhältnis zwischen den Augusti und den jüngeren Mitregenten, die zugleich die designierten Nachfolger waren, als Vater-Sohn-Verhältnis gestaltet war. Es wurde zugleich in Wirklichkeit umgesetzt, indem die Caesares Töchter der Augusti heirateten. Die Porphyrgruppen der Augusti und Caesares im Vatikan zeigen, wie diese unterschieden wurden. Die Figuren stehen im selben Umarmungsgestus wie die Venezianer Tetrarchen [17]. Man erkennt zwei ältere Männer mit energischer Mimik, die Augusti [13] und zwei jünger wirkende mit freundlichem Ausdruck, offenbar die Caesares [14]. Dabei sind die gleichrangigen Augusti und die Caesares untereinander jeweils fast ununterscheidbar ähnlich, eine beabsichtigte Gleichheit, von der ein Panegyriker der Zeit sagte: „Ihr, die im höchsten Amt nicht die Ähnlichkeit der Gesichter gleich werden ließ, sondern die Eures Verhaltens" (Panegyrici latini 2[10]9). Die Porträts stellten diese Gleichheit dar. Individuelles war dabei auf Einzelheiten reduziert, wie z. B. die Hakennase des Constantius Chlorus (vom Betrachter aus links) auf [14].

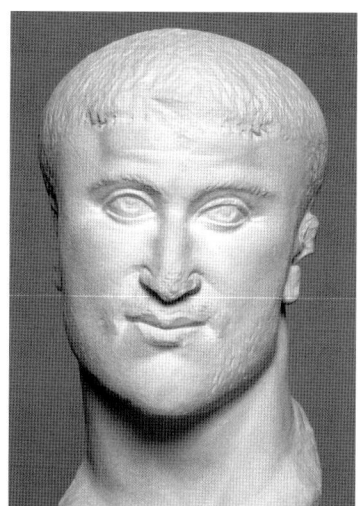

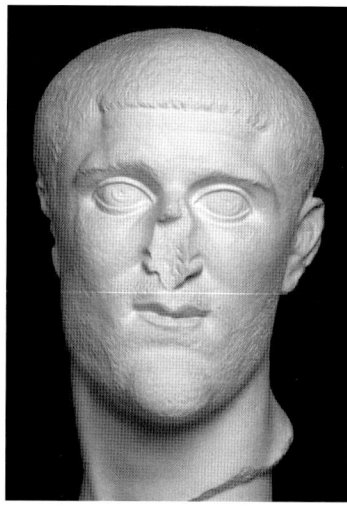

**15 Porträt des Constantius Chlorus**
Ny Carlsberg Glyptothek, Kopenhagen
Abguss des Archäologischen Instituts
Göttingen

**16 Porträt des Constantius Chlorus**
Staatliche Museen zu Berlin, Antiken-
sammlung
Abguss des Archäologischen Instituts
Göttingen

**17 – 19**
**Porphyrgruppen der Tetrarchen in Venedig, San Marco**
Abguss des Archäologischen Instituts Göttingen

Vor dieser Folie werden die beiden Porträts des Constantius Chlorus aus Rom verständlich [15 – 16]. Sie sind unverkennbar Produkte desselben hochexpressiven tetrarchischen Stils wie der Kopf in Kopenhagen [7]. Zugleich haben sie weniger Alterszüge und einen fast lächelnden Mund. Nebeneinandergestellt verdeutlichen der Kopenhagener Kopf und die Porträts des Constantius Chlorus, wie Porträts eines Augustus und eines Caesar in diesem Stil aussehen könnten. Zugleich wird deutlich, dass in tetrarchischen Porträts mehr individuelle Merkmale denkbar waren, als bei den Porphyrskulpturen. Constantius Chlorus hat hier fast übertrieben die Züge der konstantinischen Familie: das vorstehende Kinn, die heraustretenden Backenknochen und die Hakennase. Individualität und die Kennzeichnung tetrarchischen Ranges konnten also je nach Bedarf unterschiedlich gewichtet werden. Nach dem Ende der ersten Tetrarchie verlor sich allerdings die Unterscheidung zwischen Augusti und Caesares weitgehend.

Dies ist auch bei den Porphyrgruppen in Venedig der Fall [17], wenn auch Ältere und Jüngere noch an den mehr und weniger starken Alterszügen erkennbar sind [18 – 19]. Die Gruppen von je zwei sich umarmenden Kaisern sind vor den Schäften gewaltiger Säulen angebracht. Wie fast der gesamte Bauschmuck von San Marco kamen sie als Beute des vierten Kreuzzugs 1204 aus Konstantinopel, wo sich vor einiger Zeit noch der fehlende Fuß eines der Caesares gefunden hat. Dort aber hatten die Gruppen auch bereits in einer Zweitverwendung gestanden, während derer jeweils die rechten Figuren beider Herrscherpaare grob geritzte Bärte erhielten und an den Mützen Löcher zum Einlassen von Juwelen angebracht wurden. Beides gehört nicht zum ursprünglichen Zustand ⊙I.4.1.

18

19

⊙ I.4.7
**20 Porträt eines Tetrarchen**
National Museum Niš

Die Venezianer Porphyrgruppen sind die markantesten Exponenten von Neuerungen in der tetrarchischen Selbstdarstellung. In diesen und anderen Gruppen – hierzu gehört auch das Fragment einer solchen Gruppe aus Naissus/Niš, dem Geburtsort Konstantins [20] – ist die unerschütterbare Eintracht der Herrscher durch den Umarmungsgestus zwischen jeweils den Augusti und den Caesares ausgedrückt. Sie sind als Militärs in Panzertracht dargestellt. Diese hat neue, spätantike Züge. Neu sind die langen engen Ärmel der Tunica und die Form der Schuhe (*campagi*). Galten die Herrscher von Augustus bis zu den Tetrarchen offiziell als höchste Magistrate und wurden auch stets in dieser Form dargestellt, sind die vier Herrscher jetzt durch einen Ornat als Monarchen gekennzeichnet: durch den Purpur der Kleidung, der in der Porphyrskulptur allerdings gleich die ganze Gestalt ‚durchdringt', und durch den Juwelenbesatz an Gürtel, Schwertern und Schuhen [21 – 23], wie er von da an für alle spätantiken und byzantinischen Kaiser üblich wurde. Konstantin hat dem später noch das Herrscherdiadem mit Juwelenbesatz zugefügt.

Zugleich mit dem Purpur und den Juwelen der Monarchie haben die Tetrarchen aber auch ein scheinbar anspruchsloses Trachtelement eingeführt. Die barettartigen Kopfbedeckungen sind die typischen Fellmützen des illyrischen Heeres, die die Militärschriftsteller kannten (Vegetius I 20). Die Tetrarchen stammten alle aus dem Balkangebiet und waren im illyrischen Heer großgeworden, das seit Jahrzehnten als die schlagkräftigste Abteilung der römischen Heere berühmt war. Die VIRTVS (*exercitus*) ILLYRICI wurde auf Münzen Roms schon um 250 gerühmt. Diokletian und seine Kollegen stellten sich also in den Porphyrgruppen zugleich als neue Monarchen und als Mitglieder des illyrischen Heeres dar, dessen Treue sie sich sicherten. Für einige Jahrzehnte waren diese Mützen im Heer ‚salonfähig': auf dem Trierer Grabmonument [24] sehen wir einen Mann – sicher militärischen Ranges – mit dieser Mütze. So enthielten besonders die Venezianer Gruppen komplexe Botschaften: sie beschworen durch die Umarmung und die Ähnlichkeit die Concordia der Herrscher und stellten zugleich ihre Bindung an das illyrische Heer sowie ihre neue Qualität als Monarchen heraus.

**21–23**
**Porphyrgruppen der Tetrarchen in Venedig, San Marco**
Abguss des Archäologischen Instituts Göttingen

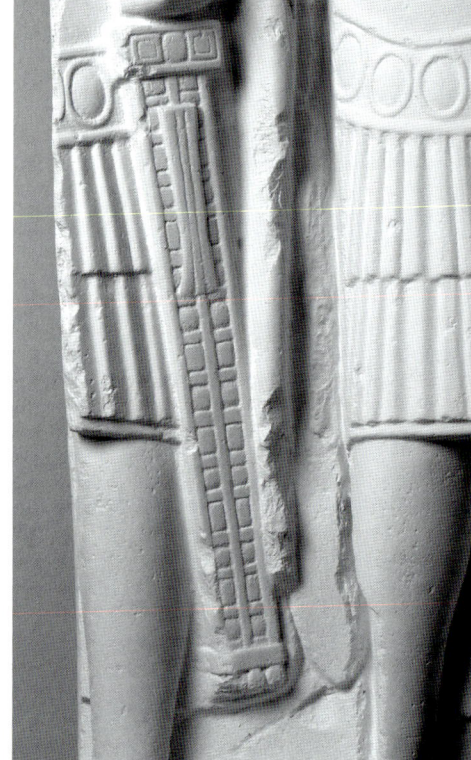

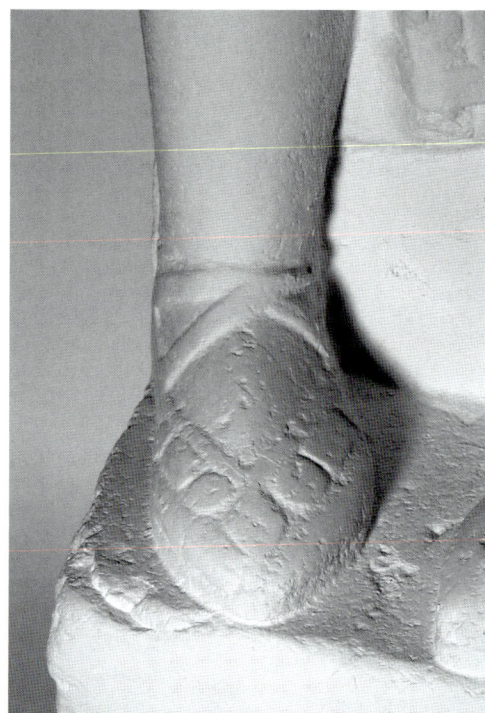

⊙ I.12.76
**24 Sarkophagfragment mit Darstellung**
**eines Soldaten und seiner Frau**
Rheinisches Landesmuseum Trier

22

23

**25 Porträt des Licinius am Konstantinsbogen, Rom**

Abschließend sei ein besonders Phänomen der Tetrarchendarstellungen erwähnt, das viel Verwirrung stiftet, aber seinerseits klar als Folge des Polyzentrismus der Tetrarchie zu verstehen ist. Es besteht darin, dass die Identität eines tetrarchischen Herrscherporträts sich in der Regel nicht bestimmen lässt. Die oft bewusst gestaltete Ähnlichkeit mit den anderen Herrschern und die geringe Individualisierung sind dafür ein wesentlicher Grund. Ein zweiter Grund wird deutlich, wenn man mehrere Porträts nebeneinander hält, die aus äußeren Gründen denselben Herrscher darstellen müssen: so zum Beispiel die stadtrömischen Porträts des Constantius Chlorus [15–16] und das Porträt desselben Kaisers in den vatikanischen Gruppen [14] links vom Betrachter aus gesehen, oder das Porträt des Licinius am Konstantinsbogen [25] und der Kopf aus Ephesos in Wien [26], der mit gewisser Wahrscheinlichkeit auf ihn bezogen wird.

⊙ I.7.12
**> 26 Kolossaler Porträtkopf**
Kunsthistorisches Museum Wien,
Antikensammlung

Bei Constantius Chlorus gibt außer der Nase nichts Anlass, die jeweiligen Köpfe auf die je selbe Person zu beziehen, bei Licinius lediglich die Geheimratsecken im Stirnhaar. Deutlich wird dabei, dass die Unterschiede vor allem in den Grundtypen der Köpfe liegen. Dies aber hängt mit dem Polyzentrismus zusammen. Römische Kaiserporträts wurden 300 Jahre lang so hergestellt, dass eine zentrale Werkstatt einen offiziellen Bildnistypus schuf. Durch Gipsabgüsse wurde dieses Modell verbreitet und im ganzen Reich von lokalen Werkstätten kopiert. Auf diese Weise sind die beiden handwerklich verschiedenen, aber auf dasselbe Urbild zurückgehenden stadtrömischen Köpfe des Constantius Chlorus entstanden. Doch arbeiteten die Porphyrwerkstätten, wie auch das Porträt aus Gamzigrad zeigt [27], mit anderen Proportionen und mit großen runden Augen.

Nun gehörte es zu den Ritualen gegenseitiger Anerkennung der Herrscher, sich Porträts zuzuschicken und diese gemeinsam aufzustellen. Sollte dies an vielen Stellen geschehen, mussten Kopien der zugesandten Bildnisse gemacht werden. Doch wie sollte man die stadtrömischen Porträts des Constantius Chlorus in der Porphyrwerkstatt kopieren? Wie das Beispiel des vatikanischen Constantius Chlorus zeigt, wurde bei jenen in einen Grundtypus lediglich die charakteristische Hakennase eingetragen. Und bei den verschiedenen Porträts des Licinius sind, wie die Vergleiche mit Münzen zeigen, nur die Geheimratsecken in der Frisur spezifisch. Die Stilisierung seines Porträts aus Ephesos [26] hängt dabei offensichtlich mit denselben Grundmodellen zusammen wie die für die Porphyrporträts benutzten. Wie diese Zusammenhänge zu verstehen sind, lässt sich zur Zeit noch nicht recht überblicken. Offenbar entwickelten sich also in den Zentren ganz unterschiedliche Werkstatttraditionen mit spezifischen Kopftypen, in die individuelle Einzelheiten eingetragen werden konnten. Mehrere Kaiser sahen deshalb an einem Ort ähnlich aus, derselbe Kaiser an verschiedenen Orten ganz unterschiedlich. Dieses Phänomen lässt sich systematisch an den Porträtgestaltungen in den sechzehn Münzstätten der Tetrarchen beobachten. Diese lokalen Grundtypen machten es unmöglich, Porträts aus anderen Zentren genau zu kopieren. Natürlich konnten auch sie nur entstehen, weil die ideologisch motivierten Aussagen bei den Tetrarchenporträts das Individuelle überlagerten, dennoch sind sie ein Symptom des Polyzentrismus. Kennt man den Grund für das so entstandene Chaos, enthält auch dieses eine klare historische Aussage.

○ I.5.12
**> 27 Porträt des Kaisers Galerius**
   **(Teil einer Statue)**
   National Museum Zaječar

NOBILISSIMA

# KONSTANTIN UND

DOMUS CONSTANTINI

# SEINE

# DYNASTIE

# KONSTANTIN DER GROSSE IN SEINER ZEIT

**Alexander Demandt**

⊙ I.4.14
**1 Mithras-Altar aus Carnuntum, 2.Jh. mit Inschrift der vier Tetrarchen aus dem Jahr 308** Kunsthistorisches Museum Wien, Antikensammlung

Der Abdankung Diokletians und Maximians 305 folgten zwanzig Jahre Bürgerkrieg. Der Übergang in die zweite Tetrarchie mit Constantius Chlorus und Severus im Westen, Galerius und Maximinus Daia im Osten vollzog sich zwar reibungslos, doch sie endete, als Constantius Chlorus bereits am 25. Juli 306 in Eboracum (York) starb. Noch am selben Tage riefen die Truppen unter der führenden Beteiligung des Alamannenkönigs Crocus den ältesten Sohn des Kaisers, Flavius Valerius Constantinus, zum Augustus aus.

Konstantin war am 27. Februar, wahrscheinlich 272 in Naissus geboren. Seine Mutter Helena war eine Stallmagd (*stabularia*) aus Bithynien und nie mit Constantius vermählt. Wo sie blieb, als dieser um 288 die Stieftochter Maximians, Theodora, heiratete, ist unbekannt. Erst 326 erscheint sie wieder in der Nähe ihres Sohnes, der sie zum Christentum bekehrte und ihr für milde Werke und Kirchenbauten Geld zur Verfügung stellte. 325 ließ er sie zur Augusta ausrufen und Münzen mit ihrem Bilde prägen.

Konstantin hatte bei den Reitern des Galerius gedient und war von diesem nach dem Rücktritt Diokletians zu seinem Vater gesandt worden. Die Erhebung Konstantins entsprach dem römischen Prinzip *exercitus facit imperatorem* und der antiken Auffassung von der dynastischen Erbfolge. Galerius indes sah darin eine Usurpation. Er bot einen Kompromiss an, er ließ Konstantin als Caesar gelten, während der bisherige Caesar, Severus, ordnungsgemäß für Constantius I. zum Augustus für den Westen aufrückte. Dies war die dritte Tetrarchie.

Ihre Lebensdauer war aber noch kürzer als die der zweiten. Denn die dynastische Erbfolge setzte sich wie in Britannien so auch in Italien wieder durch. In Rom riefen die Prätorianer, der Senat und das Volk Ende Oktober 306 Maxentius zum Kaiser aus. Er war der legitime Sohn Maximians, hatte eine Tochter des Galerius und Enkelin Diokletians zur Frau und schien damit nicht weniger berechtigt als Konstantin. Maxentius verschaffte der Stadt Rom die letzten Jahre von einigem Glanz. Noch einmal kam es zu großen architektonischen Leistungen. Es entstanden die gigantische Maxentius-Basilika am Forum Romanum, die sogenannte Romulus-Rotunde, vielleicht ein Penaten-Tempel, und der Neubau des abgebrannten Tempels für Venus und Roma, ein Werk Hadrians. An der Via Appia errichtete sich Maxentius eine Villenanlage mit einem Circus und einem Mausoleum, in dem er 309 seinen Sohn Romulus beisetzen ließ. Auf Maxentius geht möglicherweise auch die durch ihre Mosaiken berühmte Jagdvilla Filosofiana bei Piazza Armerina auf Sizilien zurück.

Galerius versagte Maxentius die Anerkennung und erklärte ihn zum Staatsfeind. Von Mailand aus zog Severus gegen Rom, doch musste er umkehren, da seine maurischen Truppen ihn verließen. Severus floh nach Ravenna, wo ihn Maximian, der inzwischen wieder den Purpur genommen hatte, verhaften konnte. Severus wurde erdrosselt.

Nun war Galerius zu fürchten. Darum ging Maximian nach Trier, der prächtig ausgebauten Hauptstadt Galliens, um Konstantin zu gewinnen. Dieser war nach seiner Erhebung unverzüglich nach Gallien übergesetzt. Er hatte den Christen, denen schon sein Vater zugetan war, wieder den seit Gallienus 260 legitimen, von Diokletian 303 verbotenen Gottesdienst gestattet und sein Kaisertum durch Siege über die räuberischen Franken im Bataverland bestätigt. Er ließ ihre Könige im Zirkus zu Trier von Bären zerreißen und verwüstete das Land der Bructerer rechts des Rheins. Die Gefangenen machte er teils zu Soldaten, teils zu Sklaven und schloss einen durch Geiseln gesicherten Frieden. Die Rheinflotte wurde verstärkt, die Kastellkette am römischen Ufer erneuert und eine Brücke von Köln nach Deutz gebaut.

In Trier gab Maximian – wie längst versprochen – Konstantin Ende 307 seine Tochter Fausta zur Ehe und erhob ihn zum Augustus. Galerius erschien unterdessen selbst mit Heeresmacht vor Rom, musste sich aber gleichfalls unverrichteter Dinge zurückziehen. Damit war die Stellung des Maxentius in Rom so gefestigt, dass der Vater neidisch wurde und wieder allein regieren wollte. Sein Versuch, seinem Sohn den Purpur zu entreißen, misslang. Maximian begab sich abermals zu seinem Schwiegersohn nach Gallien, vermutlich im April 308.

Schon 307 war Diokletian gebeten worden, die Tetrarchie neu zu ordnen. Zwar weigerte er sich, selbst auf den Thron zurückzukehren, doch übernahm er für 308 nochmals das Konsulat – es war sein zehntes – und berief eine Kaiserkonferenz nach Carnuntum. Maximian wurde erneut zur Abdankung bewogen. Seinem Sohn Maxentius blieb jede Anerkennung versagt, und Konstantin sollte sich mit dem Caesarentitel begnügen. Als neuer Augustus des Westens wurde am 18. November 308 anstelle des Severus nun Licinius ausgerufen, ohne Caesar gewesen zu sein. Auch er zählte zu den illyrischen Offizieren von geringer Herkunft. Er erhielt als Reichsteil Rätien und Pannonien, sowie die Anwartschaft auf das einstweilen noch von Maxentius beherrschte Italien mit Afrika. Ein Marcomannenkrieg hinderte Licinius an der Besitzergreifung Italiens.

Die 308 geschaffene vierte Tetrarchie, Galerius mit Maximinus Daia im Osten, Licinius mit Konstantin im Westen, war ebenso brüchig wie die vorangegangenen. Denn auf die Nachricht von der Erhebung des Licinius beanspruchte Daia gleichfalls den Augustus-Rang, den ja auch Konstantin führte. Mit dem neuartigen Titel *filius Augustorum* versuchte Galerius, die Caesaren zufriedenzustellen, allein vergeblich: es blieb bei vier Augusti.

Bedrohlicher als diese Titelfragen waren die Machtansprüche der Kaiser im Westen. Während sich Maxentius in Rom behauptete, kehrte Maximian Ende 308 aus Carnuntum nach Gallien zurück. Er bereute seinen zweiten Verzicht bald ebenso wie den ersten und nahm 310 in Arles ein drittes Mal den Purpur, während Konstantin wieder im Krieg mit den Franken stand. Als er die Nachricht von der Erhebung erhielt, zog er in Eilmärschen die Rhône abwärts und zwang seinen Schwiegervater in Massilia zur Kapitulation. Wenig später fand man ihn erhängt. Konstantin löste sich nun aus der dynastischen Ideologie der Herculier und fingierte seine Abstammung von Claudius Gothicus. Die noble Filiation wurde zuerst 310 verkündet, weil „die meisten dies vielleicht noch nicht wüssten", später haben Inschriften und Münzen diesen Stammbaum propagiert. Dementsprechend erhielt sein 316 geborener Sohn Konstantin II. den Familiennamen „Claudius".

Die Lage im Osten veränderte sich mit dem Tode des Galerius Anfang Mai 311. Dieser hatte noch Ende April in Serdica ein Edikt erlassen, das dem Christentum erneut Duldung gewährte. Damit war die 260 von Gallienus angeordnete Rechtsfähigkeit der Christen auch im Osten wiederhergestellt. Galerius bezeugt, dass Diokletians Versuch, die Christen zum Glauben der Väter zurückzuführen, gescheitert sei. Vielmehr seien sie in einen religionslosen Zustand ausgewichen, und das wäre noch schlimmer. Fortan mögen die Christen ihre Kirchen wieder in Besitz nehmen, sich aber aller Handlungen gegen die öffentliche Ordnung enthalten und für das Wohl des Reiches beten.

Das durch den Tod des Galerius entstandene Vakuum wurde prompt aufgefüllt. Seine kaiserlichen Nachbarn marschierten ein: Daia aus Syrien, Licinius aus Pannonien. Sie begegneten sich am Marmarameer und vereinbarten, dieses als Grenze zu achten. Die Familie des Galerius floh vor Licinius zu Maximinus Daia. Dieser verlobte Candidianus, einen Sohn des Galerius, mit seiner Tochter. Er war jetzt der rangälteste Kaiser. Die gemeinsame Gegnerschaft zu Licinius bewog ihn, Verbindung zu Maxentius in Rom zu suchen.

Dessen Lage hatte sich inzwischen verschlechtert. Den Zwist mit seinem Vater nahmen die afrikanischen Truppen mit Unwillen auf. Maxentius forderte den Sohn des *vicarius Africae* Alexander als Geisel, daraufhin ließ dieser sich 308 ebenfalls zum Augustus erheben. Im Jahre 310 gab es sieben Augusti im Reiche: Daia in Syrien, Galerius in Thrakien, Licinius in Pannonien, Konstantin und Maximian in Gallien, Maxentius in Italien und Alexander in Afrika.

Alexander unterband die Getreidelieferung nach Rom. Dort entstand Aufruhr. Maxentius ließ angeblich Tausende niedermachen und schrieb die Senatoren in die Schiffergilden ein. Eine Versorgung aus Spanien war unmöglich, da Konstantin 309 die Diözese in Besitz genommen hatte. Deshalb musste Maxentius die Rückeroberung Afrikas versuchen, und sie gelang ihm noch 310. Alexander wurde stranguliert. Anschließend feierte Maxentius einen Triumph, den letzten im alten Stil.

Die Religionsfreiheit der Christen hat Maxentius spätestens 308 erneuert. Er gab der römischen Gemeinde ihren Besitz zurück und gestattete ihr nach fast vierjähriger Unterbrechung wieder die Wahl eines Bischofs. Es kam jedoch zum Konflikt, als dieser die in der diokletianischen Verfolgung Abgefallenen nicht wieder zur Kommunion zuließ. Als zwischen den Bekennern und den Schwachgewordenen Kämpfe ausbrachen, bei denen es Tote gab, hat Maxentius den Bischof 309 verbannt. Seinen Nachfolger traf 310 dasselbe Schicksal, doch konnte 311 ein dritter Papst bestellt werden. Maxentius ist zu Unrecht unter die Christenverfolger gerechnet worden.

Die Annäherung von Daia und Maxentius bewog Licinius, sich mit Konstantin zu verbünden. Dieser verlobte ihm Ende 311 oder Anfang 312 seine Schwester Constantia. Maxentius hingegen ließ seinen Vater unter die Götter erheben und erklärte Konstantin für dessen Mörder. Zu Unrecht? Konstantins Statuen in Rom, so heißt es, wurden gestürzt. Aber konnte er an eine Eroberung Galliens denken? Konstantin jedenfalls verleumdete Maxentius als Bastard Maximians, bestritt ihm damit die dynastische Legitimität und ging in die Offensive. Er überschritt mit seinen gallisch-germanischen Truppen die Alpen, besiegte die Streitkräfte des Maxentius und marschierte auf Rom. Angesichts seiner geschwundenen Popularität fühlte sich Maxentius hinter den Mauern nicht mehr sicher. Er zog Konstantin entgegen und verlor mit seinen Prätorianern bei Saxa Rubra, nördlich der Milvischen Brücke am 28. Oktober 312 Schlacht und Leben.

Die Schlacht am Ponte Molle gehört zu den großen Entscheidungen der Weltgeschichte, denn sie bedeutete den Sieg des Christentums. Der Kirchenvater Lactantius berichtet um 315, der Kaiser habe nachts vor der Schlacht den Befehl erhalten, das Monogramm Christi den Soldaten auf die Schilde zu malen. Nach der durch Bischof Eusebius von Caesarea um 339 verfassten Vita des Kaisers sah Konstantin indes mittags über der Sonne das Kreuz mit der Beischrift „Hierdurch siege", das Christus ihm in dem nachfolgenden Traum als Schutzemblem zu verwenden befohlen habe. Konstantin hat das offenbar später selbst so dargestellt. Visionen gehören zur Topik guter Kaiser, auch Konstantin hatte deren mehrere. Glaubwürdig ist, dass er vor dem Kampf das Siegeszeichen einigen Soldaten auf die Schilde hat malen lassen. Dadurch wurde die Schlacht zu einer Theomachie, in der sich Christus zum ersten Mal als Schlachtenhelfer bewährte. Der heidnische Redner Nazarius verkündete 321, die leibhaftig erschienenen Himmlischen Heerscharen unter der Führung des vergöttlichten Constantius hätten dem Sohn den Sieg beschert.

⊙ I.7.22
**2 Zwiebelknopffibel, 308 – 309**
Archäologische Staatssammlung, München

Die „konstantinische Frage" nach der persönlichen Religiosität des Kaisers ist noch immer nicht abgetan. Dass der Kaiser ein lebhaftes Interesse an religiösen Fragen hatte, dass er nach seinem Sieg im Christentum die wahre Religion erblickte und glaubte, dass ihre Ausbreitung dem Reich zum Segen ausschlagen würde, erweisen jedoch die Quellen. Auch die reichsweite Vernetzung der Gemeinden dürfte ihn beeindruckt haben. Dennoch waren Heer und Beamtenschaft, Literaten und gehobenes Bürgertum weiterhin ganz überwiegend heidnisch – im Westen zumal.

Konstantin verehrte den Sonnengott, der gleichsam die Brücke zwischen Heidentum und Christentum darstellt. Schon Constantius war auf dem Sonnenwagen gen Himmel gefahren, das Medaillon von 313 aus Ticinum zeigt Konstantin neben Sol, und noch 325 feiern Münzen den Sonnengott als Schutzherrn des Kaisers. Von einer „Bekehrung" Konstantins à la Damaskus kann keine Rede sein, er wähnte sich schon seit seiner Erhebung mit der Gottheit in Einklang.

Unter den Beratern des Kaisers spielt der Bischof Hosius von Corduba eine wichtige Rolle, den Konstantin wohl auf seinem Zug nach Spanien 309 kennengelernt hatte und bis 326 bei sich behielt. Hosius hatte um 306 an der Synode von Elvira teilgenommen und dort die Vereinbarkeit von Glaube und Staatsdienst vertreten. Jedenfalls ist Konstantin selbst dieser Ansicht gewesen. Sie setzte sich durch.

Konstantin zog in Rom ein und ließ sich – trotz des besseren Rechtes Daias – vom Senat mit dem Titel des rangältesten Augustus und einem Ehrenbogen feiern. Dieser wurde beim zweiten Rombesuch des Kaisers zu seinen Decennalien 315 eingeweiht. Die Inschrift besagt, dass Konstantin seinen Sieg über den „Tyrannen" *instinctu divinitatis* – „auf Eingebung der Gottheit" errungen habe. Mit dieser neutralen Formulierung, die der Kaiser auch sonst schätzte, konnten Heiden wie Christen einverstanden sein.

Außer dem Ehrenbogen wurde dem Kaiser in der Westapsis der wohl unvollendet vorgefundenen Maxentiusbasilika ein monumentales Sitzbild gewidmet, dem Konstantin selbst nachträglich das „siegbringende Heilszeichen" in die Rechte geben ließ. Kopf, Fuß und Knie der Statue wurden 1486 gefunden und haben sich im Hof des Konservatorenpalastes erhalten, ebenso die Hand mit erhobenem Zeigefinger in zweifacher Ausfertigung. Auf dem Quirinal entstand ein letzter Thermenbau.

Vor allem aber hat Konstantin in Rom Kirchen errichten lassen und aus Staatsbesitz dotiert. Seine erste Stiftung war die Lateranbasilika, die Bischofskirche Roms: *omnium urbis et orbis ecclesiarum mater et caput*. Fortan fand der Typ der Markt- und Gerichtsbasilika für den Kirchenbau Verwendung. 324 bis 326 folgten die große Petersbasilika über der Memoria des Apostelfürsten auf dem *ager Vaticanus* und die Umgangsbasilika für Petrus und Marcellinus. Der dort angebaute „Tor Pignattara" war als Mausoleum für Konstantin vorgesehen; in dem für ihn bestimmten Porphyrsarkophag mit dem Reiterrelief heute im Vatikan ließ er um 330 seine Mutter Helena beisetzen, als er selbst seine Residenz bereits nach Konstantinopel verlegt hatte. Konstantin hat Rom nach 315 noch ein drittes Mal besucht, 326 zu seinen Vicennalien.

Im Februar 313 traf sich Konstantin, nun Herr Italiens, mit Licinius in Mailand. Konstantin blieb *senior Augustus*. Licinius vermählte sich mit Constantia. Beide vereinbarten eine weitere Duldung des Christen-Vereins (*corpus Christianorum*) und aller übrigen Religionen im sogenannten Mailänder Edikt. Den unter Daia Verfolgten wurde Entschädigung angeboten. Dadurch wünschten die Kaiser sich die göttliche Gnade zu erhalten.

Wenn Konstantin 312 neben sich selbst Maximinus Daia für 313 zum Konsul hatte ausrufen lassen, so war das eine Geste der Verständigung, die er angesichts der Spannung zwischen Licinius und Daia nicht aufrecht erhalten konnte. Da jetzt Konstantin den ursprünglich Licinius zugedachten Sprengel Italien besaß, sollte der Kollege durch das Territorium Daias entschädigt werden. Dieser hatte nach seiner Besetzung Kleinasiens 311 einen Krieg gegen die Armenier führen müssen, der indessen kaum in deren Christenglauben begründet war, wie Eusebius behauptet. Daia hat aus seiner Abneigung gegen die Christen kein Hehl gemacht. Wir hören von Bittgesandtschaften, der Kaiser möge die Christen aus den Städten ausweisen. Verboten wurden sie nicht. Daia prägte Münzen für Iuppiter und Sarapis und ließ gefälschte Pilatus-Akten mit Vorwürfen gegen Jesus verbreiten. In Anlehnung an die christliche Episkopalverfassung erhielten die Provinzen und Städte Oberpriester. Das greift voraus auf die Religionspolitik Julians.

Unter dem Eindruck von Konstantins Sieg über Maxentius 312 hat Daia Toleranz verkündet. Er nutzte die Gelegenheit, während Licinius 313 in Mailand war, Byzanz zu erobern. Licinius zog ihm entgegen und besiegte ihn am 30. April 313 auf dem Campus Ergenus südöstlich von Adrianopel (Edirne). Lactantius überliefert das damals eingeführte monotheistische Heeresgebet, aber Licinius war kein Christ, seine Münzen zeigen Iuppiter. Dennoch hat er am 13. Juni 313 in Nikomedien das mit Konstantin abgesprochene Toleranzedikt anschlagen lassen.

Daia floh nach Kappadokien und verkündete dort abermals Glaubensfreiheit für die Christen. Licinius verfolgte ihn, und Daia nahm sich im Juli 313 in Tarsos das Leben. Darauf ließ der Sieger nicht nur die hohen Beamten Daias, sondern ebenso dessen Familie und die zu Daia geflohenen Angehörigen der Tetrarchen ausrotten: selbst Valeria, die Tochter Diokletians und Witwe des Galerius, sowie deren Mutter Prisca, die Frau Diokletians, mußten sterben.

In den Jahren 313 bis 324 wurde das Reich im Westen von Konstantin, im Osten von Licinius regiert. Konstantins Entscheidung für den Christengott verwickelte den Kaiser und seine Nachfolger in die inneren Zwiste der Kirche, alle religiösen Streitigkeiten – ein Dauerzustand im Osten – waren hinfort zugleich politische Konflikte. Das begann in Afrika. Hier hatte sich nach der Verfolgung eine strengere Gruppe von den zur Nachsicht geneigten Katholiken abgespalten, die Donatisten. Konstantin hoffte, das Schisma zu beheben, aber weder die von ihm einberufenen Synoden, weder Geld noch Waffen vermochten die Einheit herzustellen. Es gab wieder Märtyrer.

Die Lage an den Grenzen blieb angespannt. Konstantin musste sich nach dem Mailänder Treffen wieder an den Niederrhein begeben, da die Franken die Küsten heimsuchten. Siege des Kaisers über mehrere Germanenstämme rechts des Rheins sicherten die Provinzen. Die inschriftlich bezeugten Siegerbeinamen lassen zudem auf Erfolge an der Ostfront schließen.

⊙ I.7.1
**3 Weihealtar an Victoria, 311–313**
Kath. Kirchenstiftung Mariä Himmelfahrt, Prutting
vertreten durch Erzbischöfliches
Ordinariat München, Kunstreferat

Kritischer war die innere Situation, das schlechte Verhältnis zwischen den beiden Kaisern. Konstantin schlug vor, Italien als Pufferstaat Bassianus, dem Mann seiner Halbschwester Anastasia, als Caesar zu überlassen. Licinius lehnte ab, ermunterte aber angeblich Bassianus, sich gegen Konstantin zu empören. Wie passt das zusammen? Jedenfalls musste auch dieser zweite Schwager beseitigt werden. Licinius ließ daraufhin angeblich, wie zuvor Maxentius, Standbilder Konstantins umstürzen. Aber hatte er Interesse an einem Bürgerkrieg?

Konstantin hatte es. 316 griff er an. Nach zwei Siegen bei Cibalae nahe Sirmium und bei Mardia nahe Adrianopel einigten sich die Kaiser. Licinius behielt in Europa nur Thrakien, Moesien und Scythia minor. Damit hatte Konstantin zu Gallien, Spanien und Italien auch Illyricum gewonnen. Der Absprache gemäß erhob Konstantin am 1. März 317 in Serdica neue Caesaren, für den Osten Licinianus, das zweijährige Söhnchen von Licinius und Constantia, für den Westen Crispus, seinen zwölfjährigen Sohn von der inzwischen verschwundenen Konkubine Minervina, sowie Constantinus II., seinen zweiten, kein Jahr alten Sohn von Fausta. Als Zeichen der Eintracht übernahmen die beiden Kaiser gemeinsam das Konsulat für 319.

Konstantin überließ Crispus und dessen Offizieren die Rheingrenze und bewachte selbst, meist von Sirmium oder Serdica aus, die Donaufront. 322/323 bekämpfte er die Sarmaten in Pannonien und die Goten in Thrakien. Dabei griff er zum dritten Mal auf das Gebiet des Licinius über. Dieser bedrückte nun die in seinem Reichsteil mit Konstantin sympathisierenden Christen. Sie durften sich seit 320 nicht mehr zu Synoden versammeln, keine Bischöfe mehr weihen usw. Die Christen am Hof wurden vertrieben und schließlich aus Heer und Verwaltung entfernt.

324 kam es zur Entscheidung. Konstantin griff wieder an, Licinius wurde bei Adrianopel geschlagen. Crispus, von einem Sturm unterstützt, vernichtete die feindliche Flotte vor den Dardanellen. Konstantin eroberte Byzanz, überschritt den Bosporus und besiegte den Schwager und seine gotischen Hilfstruppen bei Chrysopolis endgültig. Er wurde auf Bitten Constantias feierlich begnadigt, aber in Thessaloniki inhaftiert. Im folgenden Frühjahr ließ Konstantin auch Licinius töten, nachdem die Nachricht, dieser plane seine Rückkehr zur Macht, einen Tumult unter den Soldaten ausgelöst hatte. Auch dieser Kriegsgrund weckt Verdacht. Der nun als „Tyrann" gebrandmarke Kollege verfiel der *damnatio memoriae*, seine „rechtswidrigen" Gesetze wurden aufgehoben. Mit Gütern aus dessen Reichshälfte dotierte Konstantin Sankt Peter in Rom. Am 8. November 324 ernannte Konstantin seinen dritten Sohn Constantius II., damals 7 Jahre alt, zum Caesar für den nun vakanten Orient. Damit war Konstantin endlich Herr über das ganze Reich. Seine Söhne waren versorgt.

Das wichtigste Thema neben der Macht war die Religion. Zwischen Kaiser und Kirche kam es zu einer fortschreitenden Annäherung. Konstantin führte im Kampf gegen Licinius eine christliche Kaiserstandarte ein, das siegbringende Labarum. Es war ein gold- und juwelenbesetztes *vexillum*, trug ein purpurnes Tuch mit den runden Kaiserbildern an einer Querstange und zeigte darüber das Christogramm in dem namengebenden Lorbeerkranz (*lavrum*). Um 327 erscheint es als Münzemblem. Das Labarum im Palast erhielt eine Ehrenwache von 50 Mann.

Die Christen erfuhren Vergünstigungen. Das Bischofsgericht fand seit 318 staatliche Anerkennung in Zivilsachen. Seine Entscheidungen waren unanfechtbar. „Sähe ich einen Bischof sündigen, würfe ich meinen Purpur über ihn", soll Konstantin gesagt haben. 319 wurde der Klerus von allen Steuerpflichten entbunden, denen die heidnischen Priester unterlagen. 321 erhielt die Kirche das Recht, Erbschaften anzunehmen, so wie dies anderen privilegierten Körperschaften gestattet war. Sklaven konnten schon vor 316 von ihren Herren vor der Gemeinde und dem Bischof rechtsgültig freigelassen werden. Das Asylrecht für Verfolgte wurde von den Tempeln auf die Kirchen übertragen. Seit 325 erscheinen Christen im Amt des Stadtpräfekten von Rom.

Am 3. Juli 321 erließ Konstantin das Gesetz über die Sonntagsruhe. Am *dies Solis* sollte aller Streit, alle Arbeit aufhören, nur Gelübde dürften erfüllt werden. Die kaiserliche Kanzlei arbeitete indes weiterhin auch sonn- und feiertags. Ein Bezug auf das Christentum ist im Sonntagsgesetz nicht ausgesprochen. Nach Eusebius feierte der Kaiser sonntags den Gottesdienst. Er verfasste für das Heer ein monotheistisches Sonntagsgebet, das allerdings den Namen Christi vermied.

Am Hofe wurde vermutlich auch die Feier der Geburt Jesu, das Weihnachtsfest, am Geburtstage des Sonnengottes, am 25. Dezember begangen. An diesem Tag gab es 30 statt der sonst üblichen 24 Wagenrennen zu je sieben Umläufen. In der Kirche fand das Weihnachtsfest nur langsam Eingang. Vermutlich von Rom ausgehend wurde es in Konstantinopel 379, in Antiochia 386, in Alexandria 431 gefeiert. Ambrosius und Augustinus hielten am 6. Januar fest. Als staatlicher Feiertag ist Weihnachten zuerst 506 bei den Westgoten bezeugt. Justinian übernahm ihn 534.

⊙ I.9.7
**4 Medaillon mit Darstellung der Familie**
**Konstantins des Großen, um 326 – 330**
Musée Dobrée, Nantes

Wie im Westen, so waren die Christen auch im Osten gespalten. Während es im donatistischen Schisma um die Bischofswürde ging, stand im arianischen Streit die Natur Jesu zur Diskussion. Arius wagte es, Jesus als Geschöpf Gottes diesem unterzuordnen. Im Oktober 324 sandte der Kaiser den Bischof Hosius mit Schreiben an die Streitenden nach Alexandria. Er mahnte sie, ihre Spitzfindigkeiten aufzugeben. Als dies nicht gelang, berief Konstantin für 325 eine allgemeine Kirchenversammlung nach Nicaea. Ein derartiges Reichskonzil hatte noch nie stattgefunden; ohne die kaiserliche Post wäre derartiges auch nicht zu organisieren gewesen. Die Mehrzahl der rund 300 Bischöfe, Diakone, Priester und Mönche kam aus dem Osten, nur sieben erschienen aus dem lateinischen Westen. Auch Bischöfe der Goten, Perser, Armenier und Araber waren anwesend. Der hochbetagte Bischof Silvester von Rom schickte einen Vertreter. Die Geistlichen tagten im kaiserlichen Palast. Mit einer kleinen Beratergruppe leitete Konstantin die Verhandlungen. Er empfand sich als Günstling der *summa divinitas* und damit auch als Richter in Glaubensdingen.

Beschlossen wurde eine einheitliche Regelung des Ostertermins; er durfte nicht mit dem jüdischen Passah zusammenfallen. Hinzu trat eine Bußordnung und ein Regelwerk für die Priesterweihe. Priester sollten nicht mit Frauen zusammenwohnen, nicht umherwandern und keinen Wucher treiben. Frauen im Kirchendienst verblieben im Laienstande. Die Bischofswahl sollte von allen Provinzbischöfen vorgenommen werden, mindestens aber von drei unter Einschluss des Bischofs der Provinzhauptstadt. Jede Stadt dürfe nur einen einzigen Bischof haben; Ortswechsel wurde untersagt. Der Bischof von Alexandria erhielt die Aufsicht über Ägypten, der von Rom die über *Italia suburbicaria* südlich Roms. Die zweimal jährlich tagenden Provinzialkonzilien der Bischöfe wurden Appellationsinstanz für Exkommunizierte.

Hauptstreitpunkt war indessen das von Hosius entworfene Glaubensbekenntnis (*symbolum*). Auf Konstantins Drängen unterschrieb die Mehrheit der Bischöfe am 19. Juni 325 eine von ihm vorgeschlagene Formel, die das Verhältnis zwischen Gottvater und Christus als „wesensgleich" (*homousios*) bestimmte. Beide galten damit als gleichalt. Arius, der das als unbiblisch ablehnte, musste in die Verbannung gehen. Zwei Jahre später jedoch wurde er vom Kaiser begnadigt. Konstantin lavierte.

⊙ I.9.2
**5 Porträtkopf des Claudius Gothicus**
um 203 – 250
Worcester Art Museum, Worcester, Massachusettes

Nachdem 328 der streitbare Athanasios Bischof von Alexandria geworden war, versperrte dieser Arius gleichwohl die Rückkehr. Er konnte sogar den Kaiser dazu bringen, Arius 333 abermals zu verurteilen und die Verbrennung seiner Schriften anzuordnen. Es folgten Zusammenstöße, auch mit den strenggläubigen Meletianern in Ägypten. Athanasios berichtet, man traue ihm zu, die Kornflotte für Konstantinopel in Alexandria zurückzuhalten. Das nahm der Kaiser nicht hin. Der Patriarch wurde 335 nach Trier verbannt, Arius abermals rehabilitiert.

Konstantin verstand sich als geistliches Oberhaupt, er formulierte seine Theologie in der Rede „An die Versammlung der Heiligen" und hat so selbstverständlich in die Kirche hineinregiert, dass wir ihn als den ersten Vertreter des byzantinischen Caesaropapismus ansprechen können. Er wurde von Eusebius als „allgemeiner Bischof" betrachtet und nannte sich selbst „Bischof der Außerkirchlichen" oder „apostelgleicher Kaiser". In seinem „Chefideologen" Eusebius fand er einen Publizisten, der die Idee „Ein Gott. Ein Reich. Ein Kaiser" verkündete und den „gottgleichen Konstantin" als neuen Moses, ja Stellvertreter Christi auf Erden feierte.

Bildlichen Ausdruck fand dies in einem Goldmedaillon. Es zeigt die Hand Gottes aus den Wolken, die dem Kaiser den Kranz aufsetzt, während seine Söhne von Victoria und Virtus gekrönt werden. Aus dem heidnischen „Gottkaiser" wurde ein christlicher „Kaiser von Gottes Gnaden". Freilich handelt es sich auch um einen Gott von Kaisers Gnaden.

Um die Glaubenseinheit herzustellen, ist Konstantin gegen christliche Sonderkirchen mit Versammlungsverboten, Enteignung, Verbannung und Bücherverbrennung vorgegangen. Den Heiden in den Provinzen schrieb der Kaiser, sie sollten sich bekehren. Sodann wandte er sich gegen Kulte, die er als unsittlich betrachtete. Solche Tempel ließ er zerstören. Die Tempelschätze zog der Fiskus ein. Dennoch haben sich heidnische Elemente lange gehalten: Konstantin selbst hat den seit Augustus mit dem Kaiseramt verbundenen Titel eines Pontifex Maximus weitergeführt. Auf seine Münzen hat er bis 326 heidnische Bilder geprägt. Christliche Münzembleme beginnen nach dem Helmzeichen von 315 zögernd 320. Heiden blieben in der Entourage Konstantins gegenwärtig, so die Philosophen Nikagoras, Musonianus, Sopatros und Kanonaris, die beiden letzteren wurden allerdings wegen „Zauberei" hingerichtet. Die Schrift des Porphyrios gegen die Christen ließ Konstantin verbrennen.

Die alten Staatskulte freilich gingen weiter. Rom und Afrika erhielten Kaiserpriester für die *gens Flavia*. Der Stadt Hispellum in Umbrien gestattete Konstantin zur Feier des Provinziallandtags nicht nur die kurz zuvor verbotenen Gladiatorenspiele, sondern sogar den Bau eines Kaisertempels und verbot lediglich Opfer für seinen Genius.

Konstantins Hinwendung zum Christentum ist in der heidnischen Geschichtsschreibung als Reue für das Familiendrama von 326 verstanden worden. Konstantin reuig? Der Kaiser ging über Leichen. Nachdem der Schwiegervater und drei Schwäger hatten sterben müssen, traf es nun die engsten Angehörigen. Konstantin ließ seinen hoffnungsvollen ältesten Sohn Crispus, erfolgreicher Feldherr und junger Familienvater, auf Faustas Anklage hin vergiften. Wenig später wurde auf Intervention Helenas, die Crispus schätzte, Fausta im überheizten Bade erstickt. Gleichzeitig ließ Konstantin seinen Neffen Licinianus, sowie „zahlreiche Freunde" hinrichten. Die Gründe sind dunkel. Fausta scheint Crispus wegen unziemlicher Ansinnen verleumdet zu haben, um ihre eigenen Söhne an die Macht zu bringen. Kam die Intrige ans Licht, so war das ein Grund auch für ihr Ende. Nun wurde ihr Ehebruch mit einem Bedienten vorgeworfen und so der Justizirrtum des Kaisers bemäntelt. Warum aber starben die übrigen Opfer?

Lebhaft war die Reaktion des Stadtvolkes von Rom. Der Kaiser wurde durch Sprüche an seinen Statuen angegriffen. Und dies hat angeblich seinen Entschluss bestärkt, sich fern im Osten eine neue Hauptstadt zu errichten. Zunächst dachte er an Serdica, Thessaloniki, Chalkedon oder Troja, die Mutterstadt Roms. Dann aber entschied er sich aufgrund eines „göttlichen Traums" für Byzanz. Er benannte seine am 11. Mai 330 eingeweihte Hauptstadt in hellenistischer Manier – wahrscheinlich schon am 8. November 324 – nach sich selbst. Seit 326 ist der Name „Neues Rom" bezeugt. In Anlage und Verwaltung kopierte die neue Kapitale die alte, nur dass sie einen überwiegend christlichen Charakter erhielt. Neben Kirchen und einem Mausoleum wurden freilich auch Tempel und eine Säule errichtet, die den Kaiser als Sonnengott trug. Die neue Stadt wurde bevorzugte Residenz.

Wie in Rom, so hat der Kaiser auch im Osten den Kirchenbau gefördert, insbesondere im Heiligen Lande, wo Helena die Geburtskirche in Bethlehem und die Himmelfahrtskirche auf dem Ölberg erbaute. Seit dem Ende des 4. Jahrhunderts schrieb man ihr die im Traum offenbarte Kreuzesauffindung in Jerusalem zu und erhob sie, die nie getauft wurde, zur Heiligen. Die Grabeskirche nahe der Schädelstätte wurde mit besonderem Aufwand errichtet und am 17. September 335 eingeweiht.

Die von Diokletian erweiterte Hofverwaltung gewann unter Konstantin ihre bleibende Gestalt. Er schuf das Amt des *magister officiorum*, den „Staatskanzler". Im Kronrat (*consistorium*) richtete er drei Rangklassen von *comites* („Begleitern") ein, als „Justizminister" bestellte er einen *quaestor sacri palatii*. Schon unter Diokletian gab es Hofeunuchen, seit 326 finden wir einen solchen als Kämmerer. Die bereits unter Diokletian gesteigerte Prachtentfaltung wurde von Konstantin fortgesetzt, er trug seit 325 das edelsteingeschmückte Diadem im doppelten Perlenkranz.

Das diokletianische Mehrkaisertum wandelte sich in ein dynastisches Mitkaisertum, indem Konstantin seine Söhne und Neffen zu Unterkaisern (Caesaren) beförderte. Die Sprengel waren im wesentlichen dieselben wie in der Tetrarchie. In Gallien regierte seit 318 Crispus, ab 328 mit Unterbrechungen Konstantin II.; in Thrakien und Griechenland ab 335 Dalmatius, der Neffe des Kaisers; im Orient seit 335 Constantius II. und in Italien seit 335 der jüngste Caesar, Constans. Die später kanonischen vier Präfekturen (Galliae, Italiae, Illyricum, Oriens) sind noch durch Konstantin eingerichtet worden.

Innerhalb der Zivilverwaltung ist Konstantins wichtigste Maßnahme die Neudefinition der *praefectura praetorii*. Trotz der Auflösung der Prätorianergarde 312 blieb dieses Amt erhalten, seine Inhaber stiegen auf zu den höchsten Zivilbeamten des Reiches mit dem Recht, an Kaisers Stelle zu entscheiden.

Die bereits von Diokletian vorbereitete Trennung von Zivil- und Militärgewalt wurde dadurch vollendet, dass Konstantin auch eine oberste Militärbehörde schuf, die Heermeister, *magistri militum*. Er ernannte einen *magister equitum* für die Reiterei und einen *magister peditum* für das Fußvolk. Beide Waffengattungen wurden zunehmend germanisiert. Die Währung wurde 309 umgestellt. Der neue *aureus solidus* blieb im byzantinischen Reich bis ins 11. Jahrhundert Grundlage der Finanzen. Zudem erhob Konstantin zwei neue Steuern, die *collatio glebalis* der Senatoren und die *collatio lustralis*, alle fünf Jahre von den städtischen Händlern und Handwerkern in Gold und Silber zu zahlen.

„Viele Gesetze erließ er", so lesen wir, „manche waren gut und gerecht, die meisten aber überflüssig, einige allzu streng." Religiös motiviert war die Bestimmung, Gefangenen einmal täglich die Sonne zu zeigen, vielleicht auch das Verbot, zum Kampf mit wilden Tieren oder zur Bergwerksarbeit Verurteilte im Gesicht zu brandmarken, sowie der Erlass gegen die Kreuzesstrafe, doch hat Konstantin 314 und 334 Kreuzigungen verfügt. Er hat zudem die barbarische Todesstrafe des Säckens wiederbelebt. Seine Gesetze werden dem Vulgarrecht zugeordnet.

Größere Kriege hat Konstantin nicht mehr führen müssen. 328 ging er nochmals nach Trier. Damals besiegte sein gleichnamiger Sohn die Alamannen. An der unteren Donau, die Konstantin 328 hatte überbrücken und durch Kastelle befestigen lassen, gab es eine römische Niederlage durch die Tailfalen und einen Hilferuf der iranischen Sarmaten gegen die Goten. Ihnen trat Konstantin II. entgegen. 332 kam es zum Frieden, die Goten stellten angeblich 40 000 Söldner und den Sohn ihres Königs als Geisel. Die zuvor gezahlten Jahrgelder entfielen. Sodann ging es gegen die unzuverlässigen Sarmaten, von denen im Jahr 334, wie es heißt, 300 000 Aufnahme in der Romania fanden. 336 überquerte Konstantin selbst nochmals die Donau und besiegte die Goten. Am 25. Juli 335 feierte er mit großem Gepränge sein dreißigjähriges Regierungsjubiläum in Konstantinopel. Seit Augustus hatte kein Kaiser so lange regiert.

Im folgenden Jahre besetzte der Perserkönig Shapur II. Armenien und bedrohte das römische Mesopotamien. Konstantin erhob seinen Neffen und Schwiegersohn Hannibalianus zum König Armeniens, der den Persern erfolgreich entgegentrat. Als Konstantin selbst gegen sie aufbrach, erkrankte er. Vor seinem Ende ließ er sich durch eine Gruppe von Bischöfen, darunter der „arianische" Ortsbischof Eusebios von Nikomedien, taufen. Am 22. Mai 337 ist Konstantin in der Kaiservilla Ankyron gestorben. Beigesetzt wurde er in der Apostel-Rotunde von Konstantinopel. Sein Sarkophag in der Mitte war umgeben von den leeren Särgen der zwölf Jünger Jesu. Damit erscheint der Kaiser als „christusgleich". Die Konsekrationsmünzen zeigen Konstantin auf einer Quadriga auffahrend gen Himmel, von wo ihm Gott seine Hand entgegenstreckt. Konstantins Leistung ist unbestreitbar. Er begründete mit der christlichen Monarchie die bisher dauerhafteste Staatsform der europäischen Geschichte.

# DER KONSTANTINSBOGEN

Josef Engemann

1 Rom, Konstantinsbogen, Südseite

Nach Konstantins Sieg über seinen innenpolitischen Konkurrenten Maxentius an der Milvischen Brücke vor Rom im Jahre 312 widmete ihm der römische Senat in der Nähe des Kolosseums einen dreitorigen Ehrenbogen. Das noch heute eindrucksvolle Denkmal befindet sich über der Straße, die Konstantin und seine Truppen beim Einzug in Rom am Circus Maximus vorbei zum Ostende des Forums führte, das er dann in westlicher Richtung auf der Heiligen Straße (*via sacra*) betrat. Die in der obersten Reliefzone auf beiden Hauptseiten des Bogens wiederholte Widmungsinschrift lautet: „Dem Imperator Caesar Flavius Constantinus, dem größten, frommen und glückbringenden Augustus, haben Senat und Volk von Rom diesen durch Triumphe (oder: Triumphdarstellungen) ausgezeichneten Bogen geweiht, weil er durch Eingebung einer Gottheit und die Größe seines Geistes (oder: durch Eingebung und Geistesgröße einer Gottheit) mit seinem Heer den Staat gleichzeitig am Tyrannen und an seiner ganzen Anhängerschaft in gerechtem Krieg gerächt hat." Weitere Inschriften VOTIS X – VOTIS XX und SIC X – SIC XX erinnern an die Gelübde (*vota*) für zehn vollendete und zehn erhoffte weitere Regierungsjahre. Sie lassen auf die Fertigstellung des Bogens im Jahre 315 zum zehnjährigen Regierungsjubiläum (Decennalien) schließen. Ähnliche Inschriften tragen außer Münzen die Largitionsschalen des Licinius ⊙ I.7.18; für die gemeinsamen Konstantin- und Licinius-Decennalien vgl. die Fibel aus Niederemmel ⊙ I.7.21. Aus dieser Zeit stammt vor allem ein umlaufender historischer Relieffries mit Darstellungen des Aufbruchs der Truppen Konstantins, der Belagerung Veronas, des Sieges an der Milvischen Brücke, des Einzugs in Rom [4] und von kaiserlicher Ansprache und Geschenkverteilung an die Bürger der Stadt [2].

**2 Rom, Konstantinsbogen**
Nordseite

Gleichzeitig entstanden die Rundbilder von Sonne und Mond auf den Nebenseiten, dynastische Reliefs in den seitlichen Durchgängen, Victorien und Jahreszeiten in den Bogenzwickeln und die Sockelreliefs mit Victorien und besiegten Barbaren. Im konstantinischen Fries sind die einmaligen historischen Ereignisse des Feldzugs Konstantins durchgehend in Richtung nach rechts dargestellt. Dagegen sind die beiden Relieffelder auf der Nordseite zentralsymmetrisch angeordnet. Hier erscheint Konstantin jeweils in der Mitte in frontaler Wiedergabe bei Anlässen, die im Frieden ständig wiederkehren konnten: als Redner auf dem Forum Romanum und bei der Verteilung von Geschenken an die Bevölkerung. Die Rednertribüne ist an den Seiten mit sitzenden Figuren von Kaisern des 2. Jahrhunderts geschmückt; sie wird durch das Fünfsäulendenkmal der Tetrarchen im Hintergrund genau lokalisiert.

Konstantin konnte im Jahre 312 keinen Triumph feiern, da Maxentius und seine Truppen keine äußeren Feinde des Reiches waren. Das Reliefbild des Einzugs in Rom [4] zeigt ihn daher nicht im Triumphwagen stehend, sondern mit einer Buchrolle in der Hand in einem Reisewagen sitzend. Seine Truppen führen auch nicht die für Triumphzüge typischen Details mit: Kriegsbeute, Gefangene und einen Stier für das Iuppiteropfer auf dem Kapitol. Entsprechend vermied der Senat in seiner Widmung den Begriff Triumphbogen und betonte, Konstantin habe einen gerechten Krieg geführt. Für diesen wird die Eingebung einer Gottheit erwähnt, deren Name allerdings nicht genannt wird. Ähnlich unbestimmt äußerte sich ein Lobredner, der im Jahre 313 vermutlich in Trier einen Panegyrikus auf Konstantin vortrug (Panegyrici latini 12,2,4). Als Anspielung auf Christus, der vom Kirchenschriftsteller Lactantius und später vom Bischof Eusebius von Caesarea durch Visionserzählungen mit dem Kampf an der Milvischen Brücke in Verbindung gebracht wurde (s. Kapitel 9, Beitrag von Münch/ Tacke), lässt sich die Formulierung der Inschrift nicht erweisen, zumal der Bogen deutliche Beziehungen zum Sonnengott (Sol) aufweist. Auf seiner Ostseite ist der Friesabschnitt mit dem Einzug Konstantins in Rom unter dem Rundbild mit der Auffahrt Sols im Viergespann angeordnet [3].

**3 Rom, Konstantinsbogen**
Ostseite mit Sonnenwagen

Mit dem Sonnenaufgang beginnt ein neuer Tag, mit Konstantins Einzug beginnt ein neuer Abschnitt der Geschichte Roms. Sol erscheint auch als Feldzeichen beim Aufbruch der Truppen Konstantins auf der Westseite und als Reliefbüste neben Herrscherbildern in den seitlichen Durchgangsreliefs. Außerdem weicht der ganze Bogen in seiner Richtung vom ursprünglichen Straßenverlauf ab und ist mit der Achse seiner mittleren Durchfahrt auf die Kolossalstatue des Sonnengottes ausgerichtet, die von Nero errichtet und von Hadrian vor die Fassade des Venus- und Romatempels versetzt worden war (s. Bergmann 1997 [1998]).

Diese Mittelachse ist durch die symmetrische Anordnung des gesamten figürlichen Dekors betont, einschließlich der Reliefdarstellungen auf den Säulensockeln. Auf deren Vorderseiten ist die Siegesgöttin Victoria mit gefangenen Barbaren dargestellt, auf den Nebenseiten erscheinen römische Soldaten oder Siegeszeichen (Tropaia) mit Barbaren. Da nicht nur germanische Barbaren vorkommen, sondern auch persisch-armenische, gegen die Konstantin keinen Krieg geführt hatte, sollte die allgemeine Siegesgewissheit Konstantins beschworen werden, die auch in Münzlegenden der Zeit verkündet wurde (s. Kapitel 5, Beitrag von Engemann). Doch wurden gleichzeitig auch seine zwischen 306 und 312 errungenen Barbarensiege gefeiert, denn die unterworfenen Germanen sind in den Sockelreliefs weit in der Mehrzahl.

In zwei großen Reliefs, die im Hauptdurchgang des Bogens eingesetzt sind, ist Konstantin auch selbst im Barbarenkampf und bei anschließender, mythisch überhöhter Rückkehr nach Rom dargestellt. Doch stammen diese Reliefs aus dem 2. Jahrhundert und stellten ursprünglich Kaiser Trajan dar (98 – 117), dessen Porträtzüge gegen die Konstantins ausgetauscht wurden. Schon in trajanischer Zeit war keine realistische Schlacht wiedergegeben, denn den reitenden Kaiser begleiten Träger von Feldzeichen zu Fuß, und seinen Helm lässt er unbenutzt präsentieren [5]. Vielmehr wurde ein allegorischer Hinweis auf die ständige Siegesfähigkeit Trajans verbildlicht. Auch in der Wiederverwendung wurde der Barbarenkrieg als Allegorie verwendet, nämlich für den Sieg Konstantins über Maxentius. Dies bezeugen die über die Reliefs gesetzten Widmungen: „Dem Befreier der Stadt" und „Dem Begründer des Friedens".

**4 Rom, Konstantinsbogen**
Ostseite mit Einzug Konstantins in Rom

Wie diese Reliefs mit Barbarenkampf und Einzug Trajans besteht der Hauptteil des Bildschmucks am Konstantinsbogen aus wiederverwendetem Material des 2. Jahrhunderts. Trajan sind zwei weitere Kampfreliefs in der Attika der Nebenseiten zuzuweisen, außerdem die acht überlebensgroßen Dakerfiguren an der Attika beider Hauptseiten. Die acht Rundbilder mit Jagd- und Opferdarstellungen stammen von einem Denkmal Hadrians (117 – 138), die acht hochrechteckigen Reliefs an der Attika zeigten ursprünglich Marc Aurel (161 – 180). Die Kaiserporträts Trajans wurden, wie erwähnt, zu Bildern Konstantins überarbeitet; aus den Hadriansbildern wurden die (auf der Nordseite von einem Nimbus umgebenen) Porträts Konstantins und seines Mitkaisers Licinius (oder seines Vaters Constantius). Die Verteilung der Jagdbilder war programmatisch: Konstantin wurden die traditionell als hervorragende Beispiele herrscherlicher Tapferkeit geltenden Jagden auf den Löwen und den Eber zugewiesen. Ob den neuzeitlichen Konstantinsporträts der Reliefs mit Darstellungen kriegerischer und politischer Handlungen Marc Aurels solche aus der Zeit um 315 vorausgingen, ist nicht mehr festzustellen.

Künstlerisch besteht zwischen den wiederverwendeten Spolien und den neu geschaffenen Reliefs ein erstaunlicher Kontrast, der den Zeitgenossen wegen der anzunehmenden Bemalung vielleicht noch stärker auffiel als dem heutigen Betrachter. In der Neuzeit wiesen hierauf als Erste Künstler des 16. Jahrhunderts hin, wie Raffael und Vasari. Gegenüber den Spolien mit den hochgeschätzten Qualitäten von Tiefenräumlichkeit, natürlichen Proportionen und detailreicher Modellierung und Beweglichkeit der Figuren galten die konstantinischen Reliefs als Zeugnisse künstlerischen Niedergangs der Spätantike. Erst seit dem vorigen Jahrhundert wird versucht, die propagandistisch-expressiven Qualitäten in der kompositionellen und stilistischen Naivität dieser Arbeiten zu würdigen. Erleichtert wird ein solches positives Urteil durch die Erkenntnis, dass ähnliche ästhetische Phänomene sich bereits in tetrarchischer Zeit finden (s. Kapitel 2, Beitrag von Bergmann) und auch in anderen Kunstgattungen auftreten, vor allem in der Sarkophagskulptur.

**5 Rom, Konstantinsbogen**
Allegorisches Kampfrelief trajanischer Zeit
mit Porträt Konstantins und Widmung
LIBERATORI VRBIS – Dem Befreier der Stadt

Die Verwendung umfangreicher Spolienzyklen des 2. Jahrhunderts an einem politischen und militärischen Hauptdenkmal konstantinischer Zeit wirft Fragen auf, die in der internationalen Forschung unterschiedlich oder gegensätzlich beantwortet werden. Wollte der römische Senat auf diese Weise Zeit und Geld sparen, um den Bogen möglichst früh einweihen zu können? Waren die Römer im frühen 4. Jahrhundert nicht in der Lage, für das Monument von zeitgenössischen Künstlern eine eigenständige Gesamtausstattung herstellen zu lassen? Oder vermieden sie dies ganz bewusst, um Konstantin dadurch zu schmeicheln, dass man ihn in die Tradition hochgeschätzter Kaiser des 2. Jahrhunderts stellte? Die Vorstellung, Konstantin sei durch die Inbesitznahme der Spolien wie ein neuer Trajan, Hadrian oder Marc Aurel verbildlicht worden (s. L'Orange 1939; Elsner 2000; Fabricius Hansen 2003), war über Jahrzehnte allgemein akzeptiert. Sie wurde durch die Annahme verstärkt, dass die trajanischen Kampfreliefs ebenso vom römischen Trajansforum stammten, wie die großen Dakerskulpturen, und dass alle Reliefs der Zeit Marc Aurels ursprünglich geschlossen zu einem nicht lokalisierbaren römischen Bogen dieses Kaisers gehörten, so dass nicht nur die Angehörigen des Senats, sondern auch interessierte Römer die hinter der Wiederverwendung stehende Absicht erkennen konnten.

Doch wird gegen diese Vorstellung in den letzten Jahren auf verschiedenen Ebenen Widerspruch erhoben. Durch die Aktualisierung der Porträts dieser Kaiser soll ihr Andenken ganz gelöscht worden sein; Konstantin habe ihnen ihre Identität gestohlen und sich ihre Bilder angeeignet (s. Kinney 1995 und 1997; Pace 2004). In Konstantinischer Zeit wäre es sowohl für den Kaiser wie für den Senat ganz unvorstellbar gewesen, man könne öffentliche Gebäude Roms zerstören oder plündern, um Serien von figürlichen Reliefs zu übernehmen (s. Liverani 2004; Pensabene 1999). Außerdem hätten die Römer die stilistischen Unterschiede zwischen den Reliefs des 2. und des 4. Jahrhunderts überhaupt nicht erkennen können (s. Liverani 2004). Es wird in der Zukunft zu prüfen sein, wie weit diese Einwände der Situation in Rom im Jahre 315 entsprechen. Wir können kaum erahnen, zu wieviel Unvorstellbarem die römischen Senatoren nach Konstantins Sieg im Jahre 312 bereit waren, um nicht selbst von ihrer jüngsten Vergangenheit unter Maxentius eingeholt zu werden. Ein Jahrzehnt später brachte Konstantin etwas nach römischem Recht ebenso Unvorstellbares fertig: Er demolierte und schloss einen aktuell in Benutzung durch Heiden und Christen stehenden Grabbezirk, um eine Basilika über dem Grab des Apostels Petrus errichten zu können (s. Kapitel 6, Beitrag von Weber-Dellacroce/Weber).

# DIE KONSTANTINISCHE DYNASTIE: 337–363

**Hartwin Brandt**

Der Tod Konstantins des Großen am 22. Mai 337 stürzte das römische Reich in eine Krise, denn der von dem Kaiser in langen Jahren der kriegerischen Auseinandersetzungen restituierten Monarchie traditionellen Zuschnitts fehlte eine klare Nachfolgekonzeption und damit eine deutliche Zukunftsperspektive. Bis zum Herbst des Jahres 335 hatte Konstantin vier Caesares als „Juniorkaiser" eingesetzt, und zwar seine drei Söhne Constantinus II., Constantius II., Constans sowie seinen (Stief-) Neffen Delmatius. Welche Lösung Konstantin dabei langfristig vorgeschwebt hat, entzieht sich unserer Kenntnis. Sollte es eine Art dynastischer Tetrarchie sein, mit zwei „Oberkaisern" (Augusti) und zwei „Unterkaisern" (Caesares)? Wir wissen es leider nicht, aber nach dem Tod des Kaisers scheint jeder der vier Caesares eigene Machtansprüche besessen und verfolgt zu haben. Was unweigerlich folgte, waren blutige Auseinandersetzungen, denen unter anderem Delmatius zum Opfer fiel. Während dieser Unruhen amtierte gewissermaßen der tote Kaiser Konstantin weiter: „Die Führer des ganzen Heeres, die *comites* und die gesamte Schar der Beamten, für die es früher Vorschrift gewesen war, vor dem Kaiser niederzufallen, änderten auch jetzt nichts an der gewohnten Sitte; sie traten zu bestimmten Stunden ein, um dem Kaiser auf der Bahre wie bei seinen Lebzeiten so auch nach seinem Tode, auf die Knie gesunken, ihre Huldigung darzubringen" (Eusebius, Vita Constantini IV 67,1).

Erst nach fast einem halben Jahr andauernder Nachfolgekämpfe und Säuberungen wurde die Herrschaftskrise durch die Vorgänge am 9. September 337 vorläufig beendet. Die drei Konstantinsöhne avancierten an diesem Tage allesamt zu Augusti und einigten sich anschließend über den Zuschnitt informeller Zuständigkeitsbezirke: Constantinus II. fiel der Westen zu, Constans Italien, Afrika und Teile des Balkanraumes sowie Griechenlands, und Constantius II. sollte im Osten amtieren und agieren.

Was der christliche Historiker Orosius noch Anfang des 5. Jahrhunderts sogar der Tetrarchie der Christenverfolger unter Diokletian (284–305) bescheinigte, nämlich große Eintracht („*magna concordia*": Orosius VII 26,5 f.), das fehlte den kaiserlichen Brüdern der konstantinischen Dynastie. Schon im Frühjahr 340 unternahm Constantinus II. einen Feldzug gegen den in Rom weilenden Constans, der ihn jedoch das Leben kostete. Damit war eine Situation eingetreten, die an die Jahre 313–324 erinnert, als Konstantin der Große im Westen und Licinius im Osten geherrscht hatten. Denn nun regierten Constans im Westen und Constantius II. im Osten, und dieser Zustand sollte ebenfalls nahezu ein Jahrzehnt lang Bestand haben. Beide Kaiser mussten sich in diesen Jahren sowohl in der von kirchenpolitischen Spannungen geprägten Innenpolitik als auch in der von kriegerischen Auseinandersetzungen bestimmten Außenpolitik stark engagieren.

Im Osten reagierte der Perserkönig Shapur II. (309–379) auf den Tod Konstantins, indem er die vermeintliche Schwächung der römischen Herrschaft ausnutzte und in das seit jeher zwischen Römern und Persern heftig umkämpfte Armenien einmarschierte. Die anschließenden militärischen Auseinandersetzungen sollten dann die gesamte Regierungszeit von Constantius II. (337–361) prägen und auch noch seinen Nachfolger Julian (361–363) beschäftigen.

⊙ I.10.21
**1 Treuering aus Viminacium, 337 – 350**
Kunsthistorisches Museum Wien,
Antikensammlung

⊙ I.10.22
**2 Treuering des Magnentius, 350 – 353**
Archäologische Staatssammlung, München

Im Westen agierte der orthodox-katholische Constans im Sinne des von ihm unterstützten und zurück auf seinen Bischofsstuhl in Alexandria lancierten Athanasios; dieser streitbare und wortgewaltige Kirchenmann war noch 335 von Konstantin dem Großen abgesetzt und ins Exil nach Trier verbracht worden. Constans praktizierte eine offen prochristliche Personalpolitik und setzte in Nordafrika den antidonatistischen Kurs seines Vaters fort. Im Kontext der weiterhin virulenten katholisch-arianischen Konflikte fand das von Athanasios und dem Trierer Bischof Maximinus forcierte Konzil von Serdica (heute Sofia in Bulgarien) im Jahre 343 statt, das jedoch wieder einmal nicht zu der erhofften Befriedung führte. Daneben musste Constans in den Jahren 341 und 342 vor allem Kriegszüge gegen die Franken in Gallien unternehmen, wobei er auch von Trier aus operiert zu haben scheint. 343 setzte er nach Britannien über, wo er die römische Verwaltung reorganisierte und auch den Hadrianswall neu instandsetzen ließ. 345 ist letztmals seine Anwesenheit in Trier nachgewiesen. [1]

Mit dem gewaltsamen Tod des Constans im Jahr 350 endet die (freilich nur formell) gemeinsame Herrschaft der Konstantinsöhne, staatsrechtlich gesehen gab es nun wieder eine Monarchie klassischer Couleur unter Constantius II. als alleinigem Augustus. Tatsächlich jedoch kann das Kaisertum im Westen auch nach 350 nur als prekär bezeichnet werden, denn mit der Usurpation des (halbgermanischen) Offiziers Magnentius am 18. Januar 350 begann eine Reihe von Erhebungen, deren erstes Opfer, wie gesagt, der Kaiser Constans wurde. Denn als Magnentius von seinen Truppen im gallischen Augustodunum (Autun) zum Augustus proklamiert worden war, musste Constans, der sich ebenfalls in dieser

Region aufhielt, die Flucht ergreifen, wurde jedoch kurz darauf ermordet. [2]

Magnentius, Anhänger des herkömmlichen Heidentums, suchte gleichwohl einen Ausgleich mit dem arianischen (also die Wesensgleichheit zwischen Gottvater und Gottessohn bezweifelnden) Christen Constantius II., was etwa in seiner Münzprägung deutlich zum Ausdruck kommt. So lässt sich Magnentius auf Goldmünzen selbst in militärischem Gewand abbilden, in der Linken die christliche Kaiserstandarte mit dem Christogramm (*labarum*) haltend, in der Rechten eine kleine Statuette der Siegesgöttin Victoria. Umgeben wurde das Bildfeld von der Legende RESTITVTOR LIBERTATIS („Wiederhersteller der Freiheit"); kaum zufällig erinnerte diese Parole an die Belobigung Konstantins des Großen auf seinem Ehrenbogen in Rom als *Liberator urbis* („Befreier der Stadt Rom"). Magnentius intendierte also (zumindest gemäß seinen offiziellen Verlautbarungen) keine Alleinherrschaft, sondern bemühte sich um eine Anerkennung seitens Constantius II., mit dem er offensichtlich eine kollegiale Kaiserherrschaft gemäß traditioneller Vorbilder auszuüben gedachte.

Kompliziert wurde die ohnehin nicht einfache Situation durch weitere Usurpationen im Westen, die eine folgerichtige Reaktion auf das Ende des Constans darstellten. Derlei Vorgänge sind uns aus der Soldatenkaiserzeit des 3. Jahrhunderts hinlänglich bekannt. Stets war eine Schwächung der kaiserlichen Zentrale mit einer verstärkten Neigung zu Unruhen und Rebellionen einhergegangen, und stets hatten die Truppenmassierungen in Grenzprovinzen sowie die dynastischen Neigungen der Soldaten dabei eine tragende Rolle gespielt. So auch in diesem Fall, denn im Juni 350 erhob sich Iulius Nepotianus zum Augustus, der Sohn einer (Halb-)Schwester Konstantins des Großen. Zwar endete diese Episode bereits nach vier Wochen durch Nepotians gewaltsamen Tod, aber schon vorher, am 1. März 350, hatte sich im Donauraum der illyrische Heermeister (*magister peditum*) Vetranio als Augustus ausrufen lassen. Auch dieser Rebellion war eine dynastische Komponente eigen, denn offensichtlich steckte hinter Vetranios Unbotmäßigkeit Constantina, die Schwester Constantius' II. und Witwe des 337 in den Nachfolgekämpfen ums Leben gekommenen Hannibalianus, dem Konstantin der Große noch im Jahre 335 eine exponierte Sonderrolle im armenisch-mesopotamischen Raum zuerkannt hatte. Während Vetranio im Dezember 350 zur Abdankung bewogen werden konnte und sich – untypisch für einen Usurpator – sogar noch sechs Jahre lang eines ungestörten Lebens als Privatmann erfreuen durfte, erwies sich im Falle des Magnentius eine militärische Konfrontation mit dem hastig von der Perserfront nach Westen zurückgekehrten Constantius II. als unausweichlich.

Bevor es zur entscheidenden Schlacht zwischen dem Usurpator und dem einzigen verbliebenen rechtmäßigen Kaiser kam, sorgten beide Kontrahenten strategisch und dynastisch vor. Magnentius ernannte seinen Verwandten Decentius zum Caesar, der kinderlose Constantius II. wiederum erhob seinen Vetter Gallus, einen Stiefbruder des späteren Augustus Julian Apostata, zum Caesar im Osten, um dort eine personelle Vakanz der Kaiserherrschaft während der bevorstehenden Auseinandersetzungen mit Magnentius zu vermeiden. Für zusätzliche Stabilität sollte die Hochzeit des Gallus mit der bereits erwähnten Kaiserschwester Constantina sorgen.

Nach Beendigung dieser Präventivmaßnahmen zog Constantius II. gegen Magnentius, und bei Mursa (an der Drau) kam es am 28. September 351 zu einer der vermeintlich blutigsten Schlachten der Spätantike, in welcher weit mehr als 50 000 Mann den Tod gefunden haben sollen. Zwar behielt Constantius II. die Oberhand, doch Magnentius konnte zunächst in Oberitalien (Aquileia) und dann in Gallien seine Herrschaft behaupten. Erst als Constantius II. selbst nach Gallien vorrückte, nahmen sich Magnentius und Decentius in aussichtsloser Lage im August beziehungsweise Oktober 353 das Leben. Damit gab es, sechzehn Jahre nach dem Tode Konstantins des Großen, wieder eine unangefochtene Monarchie alten Stils mit einem einzigen Augustus als „Oberkaiser".

Besonders im gallisch-germanischen Raum hatten sich die Entwicklungen der Jahre 350–353 verheerend ausgewirkt. Der Entblößung der Grenzen durch Magnentius' Zug gegen Constantius II. in den Donauraum waren geradezu folgerichtig germanische Einfälle ins Reich gefolgt. Vor allem die Alamannen unter ihrem König Chnodomar verwüsteten die Gebiete zwischen Mosel und Rhein, was Constantius II. zu weiteren Feldzügen in den Jahren 354 und 355 zwang. Die Situation des Reiches blieb jedoch weiterhin prekär, zumal der im Osten amtierende Caesar Gallus offenbar allzu eigenmächtig und rücksichtslos agiert hatte und daher von Constantius II. Ende 354 nach Westen zitiert wurde, wo der Kaiser ihn umbringen ließ. Signifikanter Ausdruck der politischen Labilität war überdies eine weitere Usurpation, in diesem Fall die Erhebung des fränkischen Heermeisters Silvanus im August 355 in Köln, die allerdings bereits nach wenigen Wochen durch die Ermordung des Aufrührers niedergeschlagen werden konnte. Dennoch konnten im November des Jahres 355 die Franken Köln einnehmen, so dass Constantius II. erneut versuchte, durch die Ernennung eines Caesars die Kaiserherrschaft zu stärken und weiteren Usurpationen vorzubeugen. Mit Julian, dem Vetter des Kaisers und Stiefbruder des Gallus, wurde der letzte noch verbliebene, männliche Angehörige der konstantinischen Dynastie am 6. November 355 in Mailand zum Caesar ernannt. Bereits 356 konnte Julian Köln von den Franken zurückerobern. Auch die Folgejahre brachten weitere bemerkenswerte Erfolge: 357 triumphierte er über die Alamannen bei Straßburg, und 358 gelang ihm ein diplomatischer Ausgleich mit den Franken, der deren Ansiedlung im Niederrheingebiet, also unter römischer Vorherrschaft, nach sich zog.

Trotz dieser Fülle an äußeren und inneren Bedrohungen betrieb Constantius II. durchaus eine aktive Innenpolitik, die sich zu großen Teilen an den Weichenstellungen Konstantins des Großen orientierte. So setzte sich die Ausprägung regionaler Prätorianerpräfekturen fort, und auch die Heermeister agierten nun in fester umrissenen Gebieten. Konstantinopel, das ‚zweite Rom', wurde weiter ausgebaut und aufgewertet, vor allem durch die dort seit 359 nach dem Vorbild Roms eingerichtete Stadtpräfektur.

Rom selbst stand nur noch einmal im Mittelpunkt der kaiserlichen Aufmerksamkeit, und zwar anlässlich des berühmten Rombesuches Constantius' II. im Frühjahr 357. Diese Visite, die uns der spätantike Geschichtsschreiber Ammianus Marcellinus in einem vielzitierten Abschnitt seiner „Römischen Geschichte" (16,10,1 – 17) detailliert schildert, konfrontierte den dezidiert antiheidnischen Kaiser mit der Pracht und Monumentalität der altehrwürdigen Urbs Roma. Laut Ammianus (16,10,13 – 14) „geriet er, nachdem er Rom betreten hatte, das Wohnhaus des Reiches und aller Tugenden, und zur Rednertribüne gelangt war, ins Staunen über das Forum (Romanum), hochberühmt wegen der früheren Macht, und wurde, nach welcher Seite er auch immer die Augen richtete, durch die Fülle der Wunderdinge geblendet … Anschließend besichtigte er die zwischen den Gipfeln der sieben Hügel und Abhängen und Senken gelegenen Teile der Stadt sowie die Umgebung, und sobald er irgend etwas gesehen hatte, glaubte er, gerade dieses rage unter allem anderen hervor: das Heiligtum des Iuppiter Tarpeius, das so weit hervorragt wie alles Göttliche über Menschliches; Bäder, im Ausmaß von Provinzen erbaut; den gewaltigen Bau des Amphitheaters, fest erbaut durch das Gefüge tiburtinischen Steins … ; das Pantheon, wie ein ganzes gerundetes Stadtviertel in prächtiger Erhabenheit gewölbt … ; den Tempel der Stadt, das Friedensforum, das Pompeiustheater, Odeion und Stadion sowie alle möglichen anderen Schmuckstücke der ewigen Stadt."

Doch auch Forum und Kapitol, Thermen und Kolosseum, das Pantheon und weitere pagane Glanzlichter Roms konnten Constantius II., der – anders als sein Vater Konstantin – der arianischen Glaubensrichtung des Christentums anhing, nicht von seinem eindeutig prochristlichen und gegen die herkömmlichen Kulte gerichteten Kurs abbringen. Der prominenteste Leidtragende dieser Politik war zunächst ein Christ, und zwar der seinerzeit berühmteste und entschiedenste Vertreter der katholischen Orthodoxie, der mehrfach von seinem Bischofsstuhl in Alexandria abgesetzte Athanasios. Doch auch den Heiden ging es nun an den Kragen. Tempelzerstörungen häuften sich, und bei der Vergabe höherer Posten wurden arianische Christen eindeutig bevorzugt. Nur noch einmal und nur für kurze Zeit sollten die alten Kulte im Zentrum kaiserlicher Gunst und kaiserlichen Interesses stehen, und zwar ausgerechnet unter dem von Constantius II. selbst zum Caesar berufenen Verwandten, unter Julian Apostata.

Das dominierende und nur zeitweise durch die Ereignisse im Westen in den Hintergrund gedrängte politische und militärische Problem für Constantius II. bildete weiterhin der Osten und dabei vor allem der permanente Konflikt mit den Persern. Seit Mitte der 350er Jahre hatte Shapur II. wieder die militärische Initiative ergriffen und im September 359 die strategisch wichtige Stadt Amida am Tigris erobert. 360 erfolgte ein weiterer persischer Einfall in Mesopotamien, so dass Constantius II. sich genötigt sah, mit einem möglichst schlagkräftigen Heer alsbald gegen Shapur II. vorzugehen. Folgerichtig forderte der Kaiser seinen „Juniorpartner" Julian auf, umgehend größere Truppenkontingente aus dem inzwischen weitgehend stabilisierten gallisch-germanischen Raum in den Osten zu schicken. Diese Vorgänge führten zur Augustusproklamation Julians im Frühjahr 360. Es ist unter den Gelehrten umstritten und wohl nicht mehr definitiv zu klären, ob die Initiative zu dieser Erhebung von den Soldaten ausging, die eine Verlegung in den Osten ablehnten, oder von Julian selbst. Auf jeden Fall suchte Julian bei Constantius II. um Anerkennung und gütlichen Ausgleich nach, was dieser jedoch strikt ablehnte; daraufhin bereiteten sich beide Kontrahenten auf eine militärische Auseinandersetzung vor.

Im Frühjahr 361, nachdem er nochmals die Alamannen besiegt hatte, machte sich Julian auf gen Osten, zog durch den Donauraum und empfing dort die Nachricht vom Tode des Constantius II., der am 3. November 361 in Kilikien, in der heutigen Südtürkei, gestorben war. Es folgten die unmittelbare Anerkennung Julians als alleiniger Augustus und sein feierlicher Einzug in Konstantinopel, wo Constantius II. in der konstantinischen Apostelkirche beigesetzt wurde und – trotz seines Christentums – konsekriert, das heißt unter die Götter erhoben wurde. **[3]**

Julian, dem die Christen den Beinamen Apostata („der Abtrünnige") verliehen, hatte seine – später von ihm selbst in die frühen 350er Jahre verlegte – Abwendung vom Christentum lange Jahre kaschiert. Erst im Jahr 361 tritt er offen als Anhänger der alten Kulte und Götter auf, vor allem der Sonnengott Helios spielt in seinem, aus etlichen erhaltenen Briefen ersichtlichen Denken eine bedeutsame Rolle. Religionspolitisch intendierte der junge Augustus – er war nun ca. 30 Jahre alt – eine groß angelegte Restauration. Zwar gab es keine neuen Christenverfolgungen, wie sie noch Diokletian und seine Kollegen in den Jahren seit 303 ins Werk gesetzt hatten, aber Julian restituierte den alten Tempeln ihre in der Zwischenzeit konfiszierten Güter, untersagte den Neubau christlicher Kirchen und annullierte Vergünstigungen der christlichen Kleriker. Ein besonderes Echo bereits bei seinen Zeitgenossen fand sein berühmtes Rhetoren- und Grammatikergesetz (Codex Theodosianus 13,3,5), mit welchem er die klassischen Texte und Lehrinhalte wieder kanonisieren und christliche Lehrer und Erzieher vom Bildungswesen fernhalten wollte. In einem Brief, der als eine Art Erläuterung dieses

Gesetzes verstanden werden kann, macht Julian deutlich, dass kein Widerspruch zwischen dem, was gelehrt werde, und der persönlichen Haltung der Lehrenden bestehen dürfe (Julian Apostata, epistulae 61c Bidez-Cumont): „Wer also das eine denkt, seine Zöglinge aber anderes lehrt, der scheint mir ebensoweit von Bildung entfernt zu sein wie davon, ein rechtschaffener Mann zu sein ... Für Homer und Hesiod und Demosthenes und Herodot und Thukydides und Isokrates und Lysias führen die Götter zu jeglicher Bildung. Hielten sich nicht die einen für die Geweihten des Hermes, die anderen für solche der Musen? Ich halte es für unsinnig, daß die Interpreten der Werke dieser Autoren den von ebendiesen verehrten Göttern die Achtung verweigern." Julian verstand sich, wie es eine inschriftliche Lobesformel treffend zum Ausdruck bringt, als *restitutor libertatis et Romanae religionis*, also als „Wiederhersteller von Freiheit und römischer Religion." Seine nur kurze Regierungs- und Lebenszeit ließ ihm jedoch keine Möglichkeit, dieses Programm tatsächlich umzusetzen. Denn bereits im Frühjahr 362 brach er in den Perserkrieg auf, den sein Vorgänger Constantius II. ihm als drückende Hypothek hinterlassen hatte. Von Konstantinopel ging es zunächst durch Kleinasien in die syrische Metropole Antiochia, die traditionell den römischen Kaisern bei ihren Perserkriegen als wichtigster Standort und Ausgangspunkt diente.

Hier in Antiochia verbrachte Julian etwa ein halbes Jahr, in welchem er die Wirkung seiner Person und seiner Politik auf die Bevölkerung studieren und buchstäblich am eigenen Leib erfahren konnte – sehr zu seinem Leidwesen. Denn der sich als asketischer Philosoph stilisierende Kaiser erntete in dem längst christianisierten Antiochia vorwiegend Unverständnis und Spott, und eine Versorgungskrise verschärfte die sozialen Spannungen und vergiftete das innerstädtische Klima zusätzlich. Hinzu kam der Brand des berühmten Apollon-Tempels in Daphne bei Antiochia, den Julian mit antichristlichen Maßnahmen ahndete. Als er schließlich am 5. März 363 mit einer gewaltigen Streitmacht gen Persien aufbrach, dürfte ihm kaum ein Antiochener eine Träne nachgeweint haben.

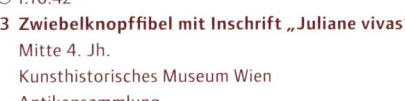

⊙ I.10.42
**3  Zwiebelknopffibel mit Inschrift „Juliane vivas"**
Mitte 4. Jh.
Kunsthistorisches Museum Wien
Antikensammlung

⊙ I.12.53
**Zwiebelknopffibel**
2. Hälfte 4. Jh.
Römisch-Germanisches
Museum Köln

Das Ziel Julians war zunächst ein zweifaches: Ein großer Teil des Heeres sollte eine Art Umfassungsangriff von Norden aus auf Nisibis unternehmen, während Julian selbst mit dem anderen Heeresteil die persische Hauptstadt Ktesiphon im Visier hatte. Mehr als drei Monate lang operierten die römischen Truppen relativ erfolgreich, ohne freilich die erstrebte Eroberung Ktesiphons realisieren zu können. Nach der von Julian gegen Widerstände in seinem eigenen Stab vorgenommenen Überquerung des Tigris kam es bei dem Ort Samarra zu einer erneuten Feldschlacht, deren für die Römer tragisches Ende der heidnische Geschichtsschreiber und Julian-Sympathisant Zosimos in seiner um das Jahr 500 verfaßten „Neuen Geschichte" beschreibt (Zosimos, Historía néa 3,29,1): „Als es zum allgemeinen Handgemenge kam, begab Julian sich zu den Offizieren und Abteilungsführern und mischte sich unter die Menge. Doch er wurde auf dem Höhepunkt des Kampfes von einem Schwerthieb getroffen; auf einem Schild als Trage wurde er in sein Zelt gebracht, lebte noch bis Mitternacht und starb dann, nachdem er das Perserreich an den Rand des Unterganges gebracht hatte."

Mit dem Tod Julians am 26. Juni 363 ging nicht nur der Perserkrieg (zunächst) zu Ende, indem sein Nachfolger Jovian in einen für die Römer wenig schmeichelhaften Frieden einwilligen musste, sondern eine ganze Epoche. Die konstantinische Dynastie war mit diesem antichristlichen und damit zugleich antikonstantinischen Kaiser an ihr Ende gelangt, die von dem heidnischen Apostata intendierte, umfassende heidnische Restauration des römischen Reiches war grandios gescheitert. In gewisser Weise ist der von den zeitgenössischen Christen emphatisch gefeierte frühe Tod Julians auch ein später Triumph seines großen Vorfahren Konstantin. Konstantin der Große, nicht Julian, hat nämlich dem 4. Jahrhundert seinen Stempel aufgeprägt und dem römischen Reich seinen Weg in die christliche Spätantike und in das christliche Mittelalter gewiesen.

# DIE PORTRÄTSKULPTUR ZUR ZEIT KONSTANTINS DES GROSSEN

Niels Hannestad

Wie in den vorausgehenden Perioden bilden die Münzporträts die Grundlage für das Studium des Herrscherporträts des Kaisers, der Kaiserin und der jeweiligen Erbprinzen. Aufgrund der stilistischen und typologischen Züge lässt sich das Privatporträt in die gegebene Periode einordnen. Die konstantinische Periode ist in der Hinsicht zwar nicht einfach, aber doch einfacher als die nachfolgende, abschließende Periode des römischen Herrscherporträts. Obwohl die zentralrömische Münzanstalt jetzt über siebzehn Münzstätten im ganzen Reich gegenüber zwei in der frühen Kaiserzeit verfügt, sind die Münzporträts im Allgemeinen durch eine weitgehende Einheitlichkeit gekennzeichnet.

Die erste Periode ist in politischer Hinsicht chaotisch, insofern als drei Hauptakteure um die Macht kämpften. Nachdem Constantius Chlorus [1] am 25. Juli 306 in York (Eburacum) hingeschieden war, wurde sein 32-jähriger Sohn Konstantin zum Augustus ausgerufen. Zögernd hatte Galerius im Osten Konstantin als Caesar anerkannt, was ihm die nötige Legitimität verlieh. Als Reaktion eines verschmähten Roms wurde Maxentius, Sohn des Tetrarchen Maximian, zum Herrscher eines Reiches ernannt, dessen Hauptbestandteil Italien bildete. In Carnuntum wurde Licinius 308 von Galerius, der 310 starb, zum Mitkaiser mit dem Titel Augustus ausgerufen. Die Aufstellung war bereit, und Bündnisse wurden geschlossen und gebrochen. Im Einverständnis mit Licinius ging Konstantin früh im Jahre 312 über die Alpen und rückte in Italien ein.

⊙ I.9.1
1 **Bildniskopf Constantius' I.**
Staatliche Museen zu Berlin,
Antikensammlung

> 2 **Kopf des Konstantinkolosses**
Musei Capitolini, Rom

**3 Silbermünze (Argenteus) des Konstantin**
306/7 in Trier geschlagen
Rheinisches Landesmuseum
Trier

**4 Goldmedaillon (2½ Solidi) des Konstantin**
326/7 in Siscia geschlagen

**5 Silbermedaillon des Konstantin**
330 in Konstantinopel geschlagen

Nach mehreren erfolgreichen Siegen wurde an der Milvischen Brücke außerhalb Roms die entscheidende Schlacht geschlagen, in der Maxentius fiel. Von da an blieben zwei Herrscher übrig, Konstantin im Westen und Licinius im Osten; ein Regierungssystem, dass als Dyarchie bezeichnet wird. Trotz der politisch motivierten Eheschließungen war die Beziehung immer noch gespannt. Der Krieg brach schließlich 323 mit dem Angriff Konstantins aus. In der Folge wurde der Verlierer Licinius zusammen mit seinem Sohn hingerichtet. Mit der Alleinherrschaft Konstantins wurde die Hauptstadt in den Osten verlegt: Das griechische Byzantion wurde als Konstantinopel neu gegründet und diente von da an als Sitz einer Dynastie, die, trotz wechselseitiger Intrigen und zahlreicher Attentate und politischer Hinrichtungen, bis zu Julian Apostata, dem Abtrünnigen, der 363 in einem Krieg gegen die Perser fiel, fortbestand. Der konstantinische Adakameo (Trier, Stadtbibliothek) führt ein idealisiertes Familienbild vor.

Über Maxentius und Licinius wurde nach ihrem Tod die *damnatio memoriae*, „die Verdammung des Andenkens" verhängt, d. h. ihre Namen wurden aus allen Inschriften gelöscht und alle ihre Porträts wurden vernichtet. Man erwartet dementsprechend, dass die Zahl der Konstantin-Porträts dominierend, die Zahl der Licinius-Porträts begrenzt und die Zahl der Maxentius-Porträts verschwindend gering sein sollte.

Im Studium der Konstantin-Porträts begegnet uns das Problem, dass die meisten der Marmorporträts eigentlich Neubearbeitungen älterer Porträts sind. Es ist in der Spätantike ein ganz vorherrschendes Phänomen, dass ein älteres Porträt als Rohmaterial für ein Marmorporträt verwendet wird. Wir kennen frühere Beispiele dafür im Falle Vespasians, der als der sparsame Mann, der er war, in großem Maße Porträts von Nero, Otho und Vitellius wiederverwendete. In der Spätantike gilt für Umarbeitungen die Regel, dass kaiserliche Statuen von Kaisern wiederverwendet werden, wogegen Privatleute die alten Porträts ihrer Standesgenossen in Anspruch nehmen. Eine Änderung ist jedoch insofern eingetreten, als der spätantike Herrscher nicht nur die Porträts deren, über die die *damnatio memoriae* verhängt worden war, sondern auch die der ‚guten' Kaiser früherer Perioden wiederverwendete. So hatte der Kolossalkopf der in der Konstantins-Basilika aufgestellten Statue eigentlich zu einer früheren Hadrian-Darstellung gehört [2].

Bereits die ersten Münzen, z. B. eine 306/307 in Trier geschlagene Silbermünze (*argenteus*) [3], verwenden ein völlig neues Herrscherbild: Der Kaiser ist – seinem jungen Alter gemäß – glattrasiert und mit Haarfülle und runden, sanften Zügen versehen. Er nimmt somit die Tradition von Augustus wieder auf, womit er einen deutlichen Gegensatz zu den grimmig aussehenden Tetrarchen mit ihrem militärisch kurzen Haar und kurzem Bart zur Schau stellt. Kurze Zeit später, 310 – 313, wurde auch in Trier ein *aureus* mit einem entsprechenden Bildnis geschlagen ⊙ **I.15.101**.

⊙ I.4.20
**6 Marmorporträt Constantius Chlorus**
Ny Carlsberg Glyptothek, Kopenhagen

Der Porträttyp entwickelt sich hin zu größeren Flächen im Gesicht, was ihm ein majestätischeres Gepräge verleiht. Ein 326/327 in Sicia geschlagenes Goldmedaillon (2½ *solidi*) **[4]** verwendet diese Merkmale sehr ausgeprägt: Das Gesicht ist nach oben gedreht, wie auf den Münzen Alexanders des Großen, und die weit offenen Augen schauen in den Himmel. Die Haare sind länger geworden und werden von einem Herrscherdiadem umkränzt, wie es hellenistische Könige trugen. Es bezeichnet einen radikalen Bruch mit dem Principatsgedanken des Augustus, demzufolge der Herrscher als Erster unter Gleichen dargestellt wurde. Jetzt ist der Herrscher ein absoluter Monarch geworden, dessen Bild sich an die Vorbilder Alexander, Augustus und Trajan anlehnt, die die Spätantike als Heldenfiguren betrachtete.

Auf den späten Münzen, wie dem 330 in Konstantinopel geschlagenen Silbermedaillon **[5]**, sind die Gesichtszüge schwerer und die Haare länger geworden. Ein durchgehender Zug, der realistisch sein muss, ist die große Adlernase, die er von seinem Vater, Constantius Chlorus geerbt hatte, was ein in Kopenhagen befindlicher überlebensgroßen Kopf (H. 0,44 m.) **[6]** nahelegt. An einem in Berlin aufbewahrten Kolossalkopf des Constantius musste die Nase ergänzt werden, um die richtige Größe zu erhalten. Im Falle Konstantins scheint diese charakteristische Nase im Laufe der Jahre eher zu wachsen.

7 Konstantin (umgearbeiteter Hadrian)
Tondo des Konstantinsbogens in Rom

8 Kolossalkopf aus Bronze
(Profil- und Frontalansicht)
Musei Capitolini, Rom

Die auf den Münzen wiedergegebenen Haupttypen finden Parallelen in stadtrömischen Abbildungen: Auf dem Konstantinsbogen, der, obwohl er nicht wie die früheren Triumphbögen durch seine Inschrift datiert werden kann, vermutlich um 315 angesetzt werden muss, wird der Kaiser auf dem zentralen Bogen und auf vier der acht Tondi, die die Fassade zieren, dargestellt. Auf den Durchgangsreliefs hat Trajan den Kopf geliefert. Von den ursprünglichen Hadrian-Köpfen auf den runden Reliefs ist die eine Hälfte zu Konstantin-Porträts und die zweite Hälfte zu Licinius-Porträts als ein Symbol der herrschenden Dyarchie umgearbeitet worden. Eines der Konstantin-Porträts, das besonders gut erhalten ist, illustriert den jungen Herrscher [7]. In der Saujagdszene sieht man die Hauptperson, den ehemaligen Hadrian; der Kaiser beugt sich vom Rücken des Pferdes vor, um den Spieß nach dem Wildschwein zu werfen. Der Kopf ist daher vor dem Reliefgrund frei gearbeitet. Die Nase fehlt, und die Stirn und die Stirnhaare sind beschädigt. Das Gesicht ist wegen der Umarbeitung deutlich kleiner als die Haare, die immer noch das Hadrian-Porträt widerspiegeln.

Auf den wiederverwendeten Marcus Aurelius-Reliefs der oberen Sektion des Bogens, der Attika, sind alle Köpfe verloren, vermutlich weil sie eingesetzt waren, weshalb sie eigentlich am interessantesten gewesen wären. Die heutigen Köpfe stammen aus dem Jahre 1732, aber einer der ursprünglichen Köpfe war, wie aus einer alten Zeichnung hervorgeht, hundert Jahre früher noch erhalten. Der kleine Fries, ein Überbleibsel der geschichtlich-erzählenden Tradition, verläuft in Sektionen unterhalb der Tondo-Reliefs. Er berichtet vom siegreichen Feldzug gegen Maxentius. Alle Konstantins-Köpfe waren ergänzt und sind jetzt bis auf einen abgeschlagenen Kopf verschollen, der jedoch das charakteristische Profil Konstantins zeigt [8]. Da die meisten Marmorporträts den hervorspringendsten Punkt, nämlich die Nase, verloren haben, ist dieser abgeschlagene Kopf für unser Verständnis des Herrscherporträts von überragender Bedeutung.

Die markante Nase ist aber auch an dem Stück erhalten, das oft als das ultimative bezeichnet wird und das auf dem Plakat der Ausstellung wiedergegeben ist – nämlich dem Kolossalkopf, der mitsamt Hals 2,60 m in der Höhe misst [2]. Er wird heute zusammen mit einigen Fragmenten in der Cortile des Konservatorenpalastes des Kapitols ausgestellt. Unter den Fragmenten befinden sich unerklärlicherweise zwei rechte Hände. Unter Hinweis auf Eusebius (Kirchengeschichte 9,9,10 – 11) ist die eine Hand als diejenige, die das Kreuz hält, interpretiert worden. Man hat demgemäß die zwei rechten Hände damit zu erklären versucht, dass eine Hand mit einem Szepter nachträglich durch eine Hand mit einem Kreuz ersetzt wurde; dann wäre es aber ein kleinerer Eingriff gewesen, einfach das Zepter durch ein Kreuz auf derselben Hand zu ersetzen. Das Porträt ist ein Beispiel für eine sehr wohl gelungene Umarbeitung: Der Kopf muss in gutem Zustand gewesen sein – möglicherweise abgesehen von den Haaren, an denen große Stücke ergänzt worden sind. Das Gesicht weist aber mehrere der charakteristischen Merkmale einer Umarbeitung auf: Es ist im Verhältnis zum massiven Hals zu klein, und die Augen, die ja nicht verkleinert werden können, sind zu groß, was dem Kopf ein suggestives Gepräge verleiht, das eben zu seiner Berühmtheit beigetragen hat. Die ca. 10 m hohe Statue thronte in der Westapsis der Konstantinsbasilika am Forum Romanum, deren inneren Raum sie ausgefüllt haben muss. Die Statue ist ein sogenannter Akrolith: nur die Teile, die die Haut darstellen, sind in Marmor wiedergegeben, während die Kleidung, vermutlich eine Toga, in Bronze über einem inneren Gerüst ausgefertigt war.

In einem neuen Anbau für die Spitzenstücke des Konservatorenpalastes ist der restaurierte bronzene Kolossalkopf untergebracht [8] (H. 1,85 m). Vermutlich stammt er zusammen mit mehreren Fragmenten aus dem Lateranviertel, in dem Konstantin seine großen Kirchenbauarbeiten begann. Aufgrund des Materials und des Herkunftsortes darf man es für das glaubwürdigste Konstantin-Porträt halten: Es ist ein imposantes Bild eines alternden Herrschers, der, wie auf den Münzen, von den schweren Gesichtszügen, der jetzt fast herunterhängenden Nase und den langen, etwas lockigen, im Nacken herunterfallenden Haaren gekennzeichnet ist. Es ist ein ergreifendes Stück, und für den Eindruck bedeutet es wenig, dass viele Gussfehler vorkommen, und die rohe Tonform in den Locken des Scheitels und des Nackens immer noch sichtbar ist.

Die Frage ist, wie man die vielen rundskulpturellen Porträts, die als Konstantin identifiziert werden, in den Rahmen der zwei Perioden der Dyarchie und der Alleinherrschaft einordnen kann. (Aus der kurzen Periode, in der Konstantin den Caesarentitel trug, sind keine Porträts zu erwarten.) Ein wesentliches Kriterium ist die Größe: eine beträchtliche Überlebensgröße ist ein Indiz dafür, dass es sich um die Darstellung eines Kaisers handelt. In Rom sind drei Panzerstatuen mit *corona civica* bewahrt, einem Eichenkranz, der seit Augustus als ein kaiserliches Würdezeichen galt, der aber in den vergangenen drei Jahrhunderten fast in Vergessenheit geraten war. Die drei ziemlich gleichen Statuen, die mit ihren uncharakteristischen Gesichtern alle von älteren Statuen überarbeitet worden sind, tragen Konstantins Namen auf der Plinthe, der Statuenbasis. Zwei von ihnen stehen jetzt auf der Balustrade des Kapitolsplatzes, die eine mit dem vorausschauenden CONSTANTINVS AVG*(ustus)*, die andere dagegen mit CONSTANTINVS CAES*(ar)*, was angeblich impliziert, dass sie vor dem Sieg über Maxentius aufgestellt wurde. Vielmehr kommen sie aber von einer Gesamtaufstellung, in der eine Person, wie gelegentlich auf den Sarkophagen, in verschiedenen Lebensaltern und -situationen dargestellt wird. Beide Statuen sind sehr verwittert. Die dritte, die in der Lateranbasilika mit dem erwarteten Augustus-Titel aufgestellt ist, ist in einem besseren Zustand erhalten; auf dem Scheitel sind die kurz geschnittenen Haare des Vorläufers immer noch bewahrt.

⊙ I.8.8
**9 Marmorporträt Konstantin**
Ny Carlsberg Glyptotek, Kopenhagen.

⊙ I.8.4
**10 Porträtkopf des Konstantin
oder eines seiner Söhne**
Hessische Hausstiftung, Museum Schloss
Fasanerie, Eichenzell bei Fulda

Von den Porträts der Ausstellung ist der Kolossalkopf der Ny Carlsberg Glyptotek (H. 0,43 m.) **[9]** eines der glaubwürdigsten. Die Nase wurde in Gips ergänzt, was aus den großen Löchern hervorgeht, die die Eisenstäbe trugen, mit denen die Nase befestigt war. Es handelt sich um eine ganz übliche spätantike Restaurierungstechnik, die jedoch oft übersehen wird, weil die Museen aus ästhetischen Gründen die Löcher mit Gips schließen. Der Kopf im Schloss Fasanerie **[10]** weist das gleiche Maß der Glaubwürdigkeit auf. Der einzige Bronzekopf – abgesehen vom Römer Kolossalkopf – wurde in Niš (Naissus) in Serbien entdeckt, wo Konstantin geboren wurde, und woher seine Familie stammte. Die Identifikation, die sich auf ein auch von Münzabbildungen bekanntes Perlendiadem gründet, ist über jeden Zweifel erhaben. Der Kopf ist jedoch eine ziemlich summarische und provinzielle Arbeit, die naturgemäß nicht restauriert wurde.

Das jüngste Kolossalporträt (H. 0,60 m) **[11]** ist jetzt neben dem Bronzekoloss im neuen Anbau des Konservatorenpalastes aufgestellt. Es wurde Juni 2005 in einem Abwasserkanal zwischen dem Forum des Augustus und dem Forum des Trajan gefunden und scheint, trotz erheblichen Beschädigungen, gewisse, das späte Konstantin-Porträt kennzeichnende schwere Züge aufzuweisen. Ursprünglich war es ein Hadrianbildnis, wie die Wiedergabe der Scheitellocken zeigt.

⊙ I.8.10
**> 11 Der im Jahr 2005 auf dem Trajansforum
in Rom entdeckte kolossale Porträtkopf
Konstantins des Großen**
Rom, Musei Capitolini

**12 Licinius (umgearbeiteter Hadrian)**
Tondo des Konstantinsbogens in Rom

**13 Bearbeitungsspuren auf der rechten Halspartie des**
**im Jahr 2005 entdeckten Porträtkopfs Konstantins**

Konstantins Mit- bzw. Gegenkaiser, Licinius, lässt sich schwieriger bewerten. Das überwiegend östliche Münzmaterial ist abstrakter als das westliche, das immer noch auf der alten Porträttradition beruht. Licinius wird auf jedem zweiten der hadrianischen Tondi des Konstantinsbogens als ein Zeichen der Eintracht (concordia) der beiden Augusti wiedergegeben. Eine derartige Zusammenstellung von Porträts war eine etablierte Tradition von großer symbolischer Bedeutung. Zwei der Porträts sind relativ wohl erhalten. In dem Opfer an Apollo [12] sehen wir einen Mann der vergangenen Zeit, einen grimmig-militärischen Tetrarchen mit extrem kurzen Haaren und kurzem Bart. Er ist mit einem sehr fleischigen Gesicht versehen. Die Umarbeitung ist professionell vorgenommen, und Hadrians Schläfenlocken sind nur auf dem unsichtbaren Reliefhintergrund übriggeblieben.

Etwas überraschend wurden auf der Oberfläche grobe Bearbeitungspuren von einem Werkzeug hinterlassen, das ich einen „serrated scraper" (sägeförmigen Schaber) genannt habe. Dieses Instrument, das in der Spätantike oft für die Überarbeitung verwitterter Marmoroberflächen verwendet wird, ist ein Art Schaber, dessen Zähne verhindern, dass sich die lockere, kristalline Oberfläche unkontrolliert in großen Scheiben ablöst, wie es eine Bearbeitung mit einem Meißel zur Folge gehabt hätte. So gut wie alle überarbeiteten und wiederverwendeten Porträts tragen Spuren von diesem Instrument – sie sind beispielsweise auch auf der rechen Seite des neu hinzugekommenen Konstantin-Porträts des Konservatorenpalastes sichtbar [13].

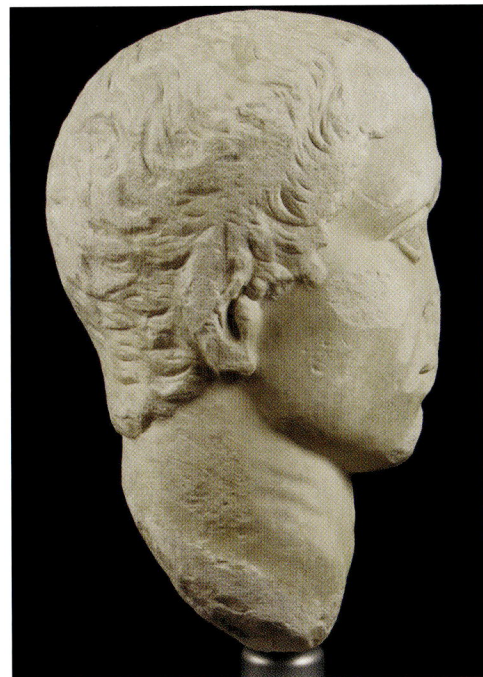

☉ I.8.10
**13  Der im Jahr 2005 entdeckte Porträtkopf Konstantins**

Ein sicheres Licinius-Porträt ist das Exponat ☉ **I.17.12**. Es handelt sich um einen Kolossalkopf (H. 0,86 m), der im Theater von Ephesos entdeckt wurde; eine Aufstellung, die für kaiserliche Porträts typisch ist. Es ist für die Einsetzung in eine Statue berechnet und trägt ein Dübelloch und eine Klammer im Nacken. Die Haare sind kurz geschnitten, werden aber mit Locken auf der Stirn und den Schläfen wiedergegeben, im Gegensatz zu dem etwas jüngeren Mann des Konstantinsbogens. Ein Kolossalkopf (H. 0,51 m) mit derselben Haartracht wurde auf der Agora von Smyrna gefunden, wo er Teil einer Statue gewesen sein muss. Diese Statue stand im rückwärtigen Bereich der Basilika, die eine Langseite der Anlage einnahm. Ideologisch betrachtet entspricht diese Platzierung derjenigen des in der Basilika des Forum Romanum thronenden Konstantin. Das Gesicht ist im Gegensatz zum übrigen Kopf völlig zerschlagen. Eine etwas ungewöhnliche Art von *damnatio memoriae* widerfuhr dem kleinen, sich jetzt in München befindenden Silberkopf mit Büste, der flach zusammengedrückt wurde [14]. Er ist Teil eines Schatzfundes mit neuen Silberschalen in verschiedenen Größen, von denen mehrere in der Mitte silberne Medaillons mit Abbildungen von Licinius und seinem Sohn Licinius II. tragen. Da die meisten der Porträts aus Edelmetall kaiserlich sind, ist mit dieser Behandlung eine *damnatio memoriae* der dargestellten Person vollzogen. Der Kopf ist jetzt samt der zugehörigen Büste in seiner ursprünglichen Form restauratorisch wiederhergestellt worden und misst in der Höhe 18,3 cm. Es gibt mehrere Porträts, die potentiell als Darstellungen des Licinius interpretiert werden mögen. In Wirklichkeit sind es aber relativ wenige, und die von Konstantin vollzogene *damnatio memoriae* muss effektiv gewesen sein. Licinius war trotzdem sein gefährlichster Gegner, und Konstantin hat den Frieden unprovoziert gebrochen. Die Köpfe des Konstantinbogens sind wahrscheinlich deswegen nicht zerstört, weil der Bogen gerade in Rom, der verlassenen Hauptstadt, stand, und die Porträts namenlos waren.

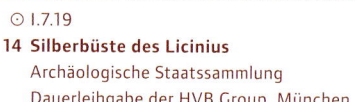

⊙ I.7.19
**14 Silberbüste des Licinius**
Archäologische Staatssammlung
Dauerleihgabe der HVB Group, München

⊙ I.7.13
**15 Bildnis des Licinius II. mit Lorbeerkranz**
Museum für Abgüsse Klassischer Bildwerke
München

Der erwähnte Sohn Licinius II., der auch von mehreren Münzserien bekannt ist, scheint nur in einem, jetzt in einer schweizerischen Privatsammlung befindlichen Marmorkopf überliefert worden zu sein [15]. Er stellt einen jungen Mann mit beginnendem Bartwuchs in Form von Koteletten dar. Die Haare sind kurz und um dem Kopf trägt er einen Lorbeerkranz. Das Gesicht ist von einem älteren Porträt umgearbeitet, was am groben Übergang zwischen der Gesichtshaut der Stirn und der Schläfe und den Haaren sichtbar ist. Es ist auch hier für die Identifikation ein wesentliches Indiz, dass das Gesicht mit einem Spitzhammer bewusst zerstört wurde.

Konstantins erster Gegner, Maxentius, hat seine *damnatio memoriae* besser überstanden und mehrere Kolossalköpfe sind erhalten. In der Ausstellung wird ein Kolossalporträt aus Dresden gezeigt ⊙I.7.5, das aufgrund der Größe und der Ähnlichkeit mit den Münzbildern eindeutig als Maxentius identifiziert werden kann. Eine sehr interessante Einzelheit, die sowohl aus den Münzbildern als auch aus den rundplastischen Porträts hervorgeht, ist die Lockigkeit der Haare und besonders der Stirnhaare als eine Auseinandersetzung mit der tetrarchischen Tradition, die Konstantin mit viel größerer Konsequenz vollzieht.

Das Münzmaterial stellt mehrere Kaiserinnen dar, aber in den rundplastischen Porträts lassen sich voraussichtlich nur zwei erkennen: Helena, Constantius Chlorus' Frau und Konstantins Mutter, die einige Jahre vor ihrem Sohn entschlief, und Fausta, Constantius Chlorus' Tochter und Konstantins Frau, die ihm fünf Kinder gebar, aber 326 mit einer nachfolgenden *damnatio memoriae* hingerichtet wurde. Beide Frauen treten auf den Münzen mit sehr unterschiedlichen Frisuren auf. Helena starb eines friedvollen Todes und müsste ihrer langen Lebenszeit wegen voraussichtlich mehr Porträts hinterlassen haben. Es sind jedoch immer wesentlich weniger Kaiserinnen als Kaiser in Porträtform vertreten, und dies gilt umso mehr für die Spätantike.

Nur in einem Fall herrscht allgemeine Einigkeit darüber, dass es sich tatsächlich um Helena handelt: Die Identifikation der drapierten sitzenden Statue des Kapitolinischen Museums [16] gründet sich auf eine sehr großen Ähnlichkeit mit einem Bronzemedaillon. Der Kopf ist in eine ältere Statue eingesetzt, aber er ist aus demselben Marmor hergestellt. Die aufgesteckte Frisur, die mit gewissen Variationen von anderen Münzbildern bekannt ist, stellt einen Bruch mit den locke-

⊙ I.9.45
**> 16 Porträt der Helena**
Rom, Musei Capitolini

⊙ I.15.28
**17 Porträt einer Dame**
Ny Carlsberg Glyptotek, Kopenhagen

**18 Porträt einer Dame**
Musée Archéologique de Nîmes

rer fallenden Haaren der tetrarchischen Frauen dar, die die allgemeine weibliche Modefrisur des 3. Jahrhunderts vorsetzt. Das Gesicht ist in moderner Zeit restauriert worden, aber es verbirgt weder die markante Ausarbeitung der Iris und Pupille, die für die Periode um 300 charakteristisch ist, noch die spätantike Tradition, nur die Vorderseite einer Skulptur auszufertigen; der Bereich hinter den Ohren und im Nacken ist nur grob ausgeführt. Aufgrund der erhaltenen Nackenhaare vermutet Klaus Fittschen, dass es sich um eine umgearbeitete Statue Faustinas der Jüngeren, der Frau des Marcus Aurelius handle, was mit der plastischen, tief geschnittenen Draperie gut übereinstimmen würde. Die Frauenfrisuren können in der Periode sehr verwirrend sein, und sie geben oft Haartrachten wieder, die gar nicht möglich sind; so die Frisur Helenas, die zugleich von der zurückgreifenden Tendenz der Zeit geprägt ist. Viele Frauenfrisuren sind Paraphrasen über trajanische und hadrianische Haartrachten, aber ohne deren realistische Struktur. Eine sitzende Frauenstatue der Uffizien in Florenz kommt der kapitolinischen Statue sehr nahe – fast zu nahe.

Helena wird ebenfalls ein Porträt der Ny Carlsberg Glyptotek [17] zugeschrieben, das für die Einsetzung in eine Statue berechnet ist. Das reizvolle und fein ausgeführte Porträt weist aber die langen, sanft fallenden Nackenhaare auf, die für die vorkonstantinische Periode so charakteristisch sind. Die Frisur ist äußerst kompliziert, wird aber mit struktureller Konsequenz wiedergegeben. Aus typologischer Sicht steht das Kapitol-Porträt einem Porträt aus Nîmes näher [18], bei dem es sich vermutlich um ein vom kaiserlichen Vorbild beeinflusstes Privatporträt handelt.

⊙ I.9.47
> **19 Porträt der Fausta**
Paris, Musée du Louvre
Département des Antiquités, grecques, étrusques et romaines

⊙ I.15.24
**20 Porträtkopf einer Frau**
Kunsthistorisches Museum Wien, Antikensammlung

⊙ I.15.26
**21 Weibliches Porträt**
Musei Vaticani, Città del Vaticano

Fausta, die Frau Konstantins, deren Leben so grausam endete, wird, wie ihre Schwiegermutter, in verschiedenen Münzporträts dargestellt. Das früheste, das mit Konstantins ältester Münzprägung zusammenfällt, zeigt eine junge Frau mit einer Haartracht, die auf Plautilla, die (ebenfalls) ermordete Frau Caracallas, zurückgreift. Die späteren Münzbilder zeigen eine schwerere Frisur, die in einigen Fällen sehr an die Helenas erinnert. In der Regel wird ein Kopf des Louvre [19] ebenfalls als Fausta identifiziert. Der fein ausgeführte Kopf mit seiner komplizierten, strukturlosen Frisur gehört zu derselben Periode, aber die Zuschreibung an Fausta ist fragwürdig, da es im numismatischen Material dafür keine Anhaltspunkte gibt. Zeitlich muss er sicher in die jüngste konstantinische Periode datiert werden, weil die Frau den für die Tetrarchen charakteristischen mürrischen Gesichtsausdruck aufweist.

Wenn wir uns dem Privatporträt zuwenden, ändert sich die Situation eben in der konstantinischen Periode. Die reiche Auswahl der auf Münzen dargestellten Kaiserinnenfrisuren wird auf vielen Porträts entweder unverändert oder variiert wiedergefunden. Somit lässt sich ein Porträtkopf aus Wien [20] ziemlich sicher in die allerfrüheste konstantinische Periode datieren.

Dasselbe trifft für ein Porträt des Vatikans [21] und den bereits erwähnten Kopf aus Nîmes zu, der als eine mögliche Helena identifiziert wird. Der sogenannte Fausta-Kopf des Louvre schließt sich ebenfalls dieser Gruppe an. Am merkwürdigsten ist aber eine Mädchenbüste aus Ostia (Inv. 80), deren Haare zurückgekämmt und zu einem Knoten zusammengefasst sind, wie wir es auf den frühen Fausta-Münzen sehen.

Ein typischer Zug, der am besten auf den wohlerhaltenen Stücken zu sehen ist, ist die „negative" Wiedergabe der Stirnhaare als sorgfältig ausgeführte Einschneidungen, die erst auf dem Scheitel den Charakter von Locken annehmen. Ein anderes zeittypisches Stilelement ist die Wiedergabe der Iris und der Pupille als zwei konzentrische Halbkreise. Außerdem ist die Büste geringfügig asymmetrisch, was in der frühen Kaiserzeit undenkbar gewesen wäre.

Was die Männerporträts betrifft, sind die Probleme viel größer: Konstantin führt einen neuen Stil des Glattrasierens und der lockigen Haare ein, aber diese Mode wird nicht von den Männern der Zeit übernommen. Vielleicht sind einige der Porträts, die auf unsicherer Grundlage dem „konstantinischen Herrscherbild" zugeschrieben werden, in Wirklichkeit Privatporträts. Zwar geschah es auch früher, dass das kaiserliche und das private Porträt unterschiedlichen Wegen folgte, doch nie

⊙ I.10.31
**22 Marmorporträt des Constans oder Constantius II.**
  Rom, Musei Capitolini

so ausgeprägt wie in dieser Periode. Nur wenn sich ein Männerporträt mit einem bestimmten Kontext assoziieren lässt, können wir es sicher konstantinisch datieren. Hier sind Statuen mit datierbaren Inschriften optimal; auch Sarkophage können uns aber mitunter weiterhelfen und im gegebenen Fall das beste Material bieten. Eine der ganz seltenen Beispiele, auf denen eine männliche Hauptfigur mit einer rein konstantinischen Haartracht vorkommt, ist ein Jagdsarkophag aus Reims. Auf der Front tritt die Hauptperson zweimal glattrasiert und mit einer Frisur auf, die deutlich auf die trajanische zurückgreift und somit die konstantinische paraphrasiert. Wesentlich für diese Diskussion ist darüber hinaus ein christlicher Sarkophag des Museo Nazionale Romano (jetzt im Palazzo Massimo alle Terme).

Wie die Inschrift berichtet, ist er für den *vir perfectissimus Marcus Claudianus* ausgefertigt, was eine Datierung in die Jahre 330 – 335 erlaubt. Auf dem Deckel wird Claudianus selbst dargestellt, auf dessen Kopf sozusagen eine konstantinische Perücke aufgesetzt ist. Der erzählende Reliefschmuck des Sarkophags ist in seinem Stil und seiner Form (sub)tetrarchisch, was nicht zuletzt für die zwei Männer gilt, die, pannonische Bärenfellmützen tragend, Petrus zum Gefängnis und Tod wegführen.

Es ist auffällig, dass das Kaiserporträt sich in dieser Periode nicht durchsetzt, und es hinterlässt den Eindruck einer Lücke. Wir dürfen vermuten, dass die meisten Männerporträts dem vom Licinius-Porträt vertretenen subtetrarchischen Stil folgen: ganz kurz geschnittene Haare, von denen nur wenige Locken an der Stirn und den Schläfen wiedergegeben werden, und ein Bart, der mit kurzen Meißeleinritzungen markiert wird. Damit werden sie auf eine Generation früher als ihre Frauen datiert – was realistisch gesehen vielleicht auch der Fall gewesen ist.

⊙ I.9.46
**23 Porträt des Constans**
Paris, Musée du Louvre
Département des Antiquités
grecques, étrusques et
romaines

In der nachkonstantinischen Zeit ist es äußerst schwierig, wenn nicht geradezu unmöglich, ein Kaiserporträt ohne eine zugehörige Inschrift zu identifizieren. Die einzige Ausnahme ist der letzte Spross der Dynastie, Julian der Apostat, weil er mit seiner antichristlichen Einstellung auf ein Porträt besteht, das auf die trajanisch-hadrianische Periode zurückgeht, und er wird sogar ohne plastische Ausführung der Iris und der Pupille dargestellt. Diese Art der Augenwiedergabe, die in den stadtrömischen Werkstätten der 130er Jahre die gemalten Augen ablöst, wird nachher für alle Marmorporträts ein universeller Zug und findet, nach deren Vorbild, den Weg auch in die Idealskulptur.

Teil der Ausstellung ist ein Kolossalkopf (H. 0,96 m), der seit der Renaissance bekannt war [22]. Er steht jetzt gereinigt neben dem Bronzekoloss und dem neulich entdeckten Marmorkopf des Konstantin im Konservatorenpalast. Er wird überwiegend als ein Sohn Konstantins identifiziert, entweder Constantius II. oder Constans. Man vermutet, dass ein Kopf auf einer modernen Büste im Louvre dieselbe Person darstellt [23]; er lässt sich aber noch schwieriger bewerten, weil er in der neueren Zeit sehr weitgehend überarbeitet wurde.

Mit seinem Herrscherporträt bildet Konstantin der Große das letzte und abschließende Herrscherporträt des Römischen Reiches. Es lehnt sich an recht alte Vorbilder an, womit es sich im Verhältnis zur umgebenden Gesellschaft durch eine fest verschlossene kaiserliche Maske, fast ohne individuelle Züge, isoliert. Der Kaiser kann sich nicht mehr außerhalb dieses Typus bewegen. Er kann nicht altern, er kann nicht die Charakterzüge des Philosophen und des Heiligen oder die Porträttypen des realistisch wiedergegebenen Bürgers annehmen, die sich immer noch innerhalb der Wahlmöglichkeiten der Privaten befinden.

Somit kann das Konstantin-Porträt als der Beginn des Endes des spätantiken Herrscherporträts betrachtet werden.

⊙ **I.9.44**
**Porträt eines Konstantinsohnes**
Staatliche Museen zu Berlin,
Skulpturensammlung und Museum
für Byzantinische Kunst

⊙ I.8.6
**Marmorporträt Konstantins**
York Museums Trust (Yorkshire Museum)

⊙ I.7.3
**Marmorporträt des Maxentius**
Galleria degli Uffizi, Florenz

⊙ I.8.9
**Marmorporträt Konstantins oder eines seiner Söhne**
Rom, Musei Capitolini

⊙ I.8.7
**Porträt Konstantins I.**
Museo Nacional del Prado, Madrid

# KONSTANTIN ALS IUPPITER

## DIE KOLOSSALSTATUE DES KAISERS
## AUS DER BASILIKA AN DER VIA SACRA

Claudio Parisi Presicce

### AUFFINDUNG, ERWERB, BESTIMMUNG

Der Marmorkopf und der größte Teil der übrigen Fragmente der Kolossalstatue Konstantins wurden 1486 in der Nähe der Konstantinsbasilika in Rom gefunden. Der Auffindungsort, der im 15. Jahrhundert als Templum Pacis angesehen wurde, ist durch eine Zeichnung Francesco di Giorgio Martinis (1439 – 1502) belegt [1], der als Augenzeuge der Entdeckung galt. Neben einem doppelten Sockel im Inneren der Westapsis des Bauwerks sieht man den Text: „In q(uest)o luogo sedeva hu(n) gicha(n)te di marmo che la testa sua e piei sej et mezo". Aufgrund dieser Worte des Künstlers hat man vermutet, dass der Kopf sich noch in situ befand und das Imperfekt (»sedeva«) sich lediglich auf die Statue selbst in ihrer verlorenen Vollständigkeit bezog.

In einer 1533–1536 datierten Zeichnung Marten van Heemskercks [2] sind Kopf, Füße, Arm und Unterarm der Statue ungeordnet bei einem Sockel abgelegt, der die vergoldete Bronzestatue des Hercules trägt. Auf dieser Zeichnung erscheint der Kopf noch ohne Hals, wie auch in zwei weiteren Stichen von Francisco d'Hollanda (1539 – 1540) [3] und Girolamo Franzini (1594).

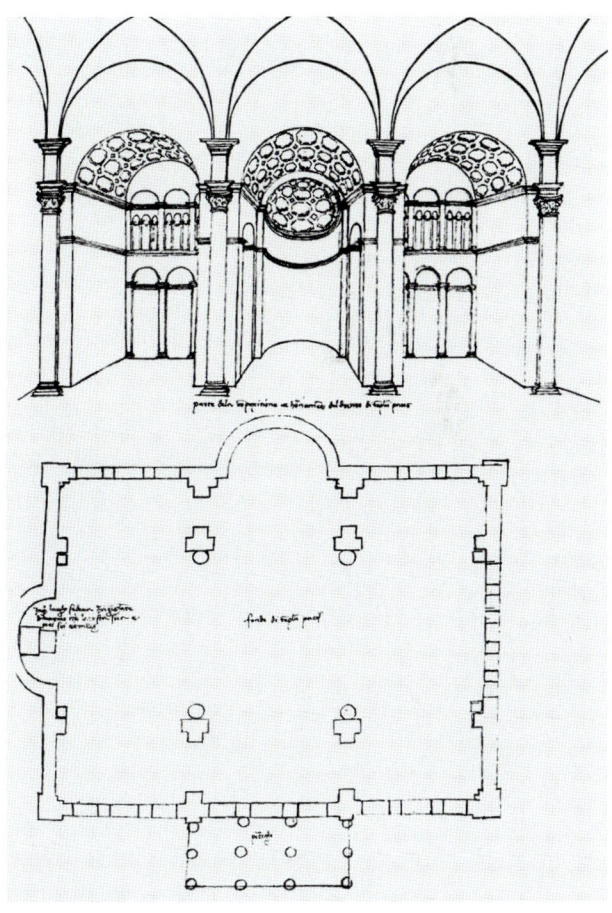

1

2

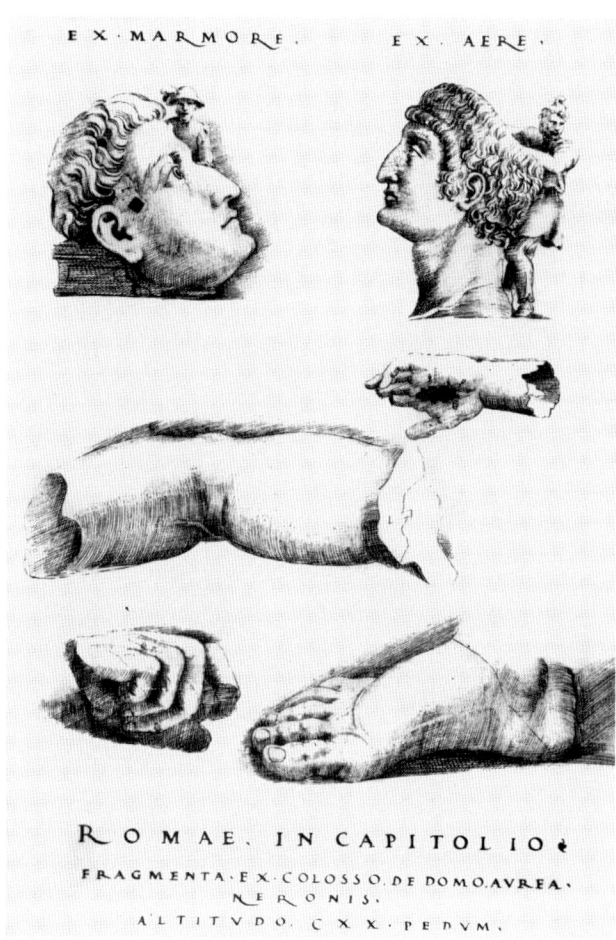

3

1594 wurde der Kopf in einer Nische im Oberteil des Prachtbrunnens aufgestellt, den der römische Architekt Giacomo Della Porta um die Statue des Marforio herum entworfen hatte. Diese war auf dem Kapitol in dem Gebiet aufgestellt worden, auf dem wenige Jahre später der Palazzo Nuovo errichtet werden sollte. Zur Aufstellung im Prachtbrunnen benötigte man für den marmornen Kopf einen Hals, der vom Bildhauer Ruggero Bescapè gearbeitet wurde. Dies ergibt sich aus zwei Archivbelegen, von denen der eine sich auf den Erwerb des verwendeten großen Marmorblocks bezieht, allerdings ohne die Herkunft anzugeben, der andere auf die Zahlungsanweisung an den Bildhauer. Der Hals ist also im Gegensatz zu bisherigen Vorstellungen ein Zusatz aus der Renaissance, der ohne Rücksicht auf die übrigen erhaltenen Fragmente der Statue angefertigt wurde. Diese Ergänzung, die zum Teil die originale schwingende Physiognomie des Gesichts verändert, sollte eine bessere Sichtbarkeit des kolossalen Kopfes von unten ermöglichen. Der Zusammenhang wird durch eine Reihe von Stichen und Zeichnungen belegt, die den Kapitolsplatz vor Errichtung des Palazzo Nuovo darstellen. Eine

Bestätigung der Datierung des Halses in die Zeit der Renaissance ergibt sich aus der Isotopenanalyse von Steinproben der einzelnen Fragmente. Diese haben ergeben, dass der für den Hals verwendete Marmor aus den Steinbrüchen von Luni (Carrara) stammt, während alle übrigen Fragmente einschließlich des Kopfes aus parischem Marmor gearbeitet sind.

4

Als fünfzig Jahre später, im Jahre 1645, die Statue des Marforio zeitweilig in die Nähe des Reiterdenkmals Marc Aurels versetzt wurde, nahm man höchstwahrscheinlich auch den Marmorkopf von der Höhe des Brunnens herunter und brachte ihn wieder in den Konservatorenpalast. In der Zwischenzeit hatten die für das Kapitol Verantwortlichen für eine erste Anordnung einiger im Hof aufbewahrter Fragmente gesorgt. Im ersten Drittel des Jahres 1635 fand einer der beiden Füße Platz auf einem an die Wand gestellten Sockel, der auf der Vorderseite das Profil der Basis der Reiterstatue Marc Aurels wiederholt. Im darauf folgenden Jahr wurden auch die Hand und der zweite Fuß auf einen entsprechenden Sockel gestellt.

Eine Zeichnung Stefano Della Bellas (1610–1664) [4], die nach 1636 datiert werden kann, zeigt Hand und Fuß des Kolosses in ihrer neuen Aufstellung. Der rechte Fuß erscheint auf diesem Blatt mit einem zur Ferse gehörenden Stück vervollständigt. Dies kann jedoch nicht den tatsächlichen damaligen Zustand wiedergeben, da im oberen Teil die Abschlusslinie fehlt; der erhaltene Block mit einer Ferse gehört denn auch zum linken Fuß. Die Zeichnung zeigt aber, dass dieses Stück noch nicht wieder angesetzt gewesen ist.

Die rechte Hand jedoch war durch Anfügung eines gerade gestreckten Zeigefingers bereits restauriert. Mit der ganz sicher nicht dem antiken Zustand entsprechenden Fingerhaltung hat die aufrecht gestellte Hand als Motiv eine weltweite Verbreitung gefunden und ist heute eines der bekanntesten Exponate in den Kapitolinischen Museen.

Die vor der Anfertigung der Zeichnung Stefano Della Bellas erfolgte Restaurierung muss mit Sicherheit nach dem Aufenthalt von Francisco d' Hollanda in Rom vorgenommen worden sein, weil in dessen bereits erwähntem Stich die rechte Hand des Marmorkolosses noch ohne Zeigefinger zu sehen ist. Wahrscheinlich erfolgte die Vervollständigung der Hand im Jahre 1642, denn der profilierte Sockel mit zwei Auflageflächen für den Fuß und die Hand trägt außer der im Jahre 1636 auf die Vorderseite gesetzten Inschrift mit den Namen der Beamten dieses Jahres und des Papstes Urban VIII. Barberini (1623–1644) auf den Nebenseiten Namen und Wappen der Konservatoren und des Priors der Caporioni, der sechs Jahre später im Amt war.

5

Im Jahre 1672, 26 Jahre nach dem Abbruch des oberen Teils der Architekturfassade des Marforiobrunnens, wurde auch der Kolossalkopf in einem neuen Arrangement ausgestellt, das für lange Zeit Bestand haben sollte. Diese Präsentation befand sich an der linken Wand des Innenhofes, in dem an die vordere Säulenhalle angrenzenden Bereich. Als Unterbau des Kopfes diente eines der Reliefs mit Personifikationen von Ländern, die beim Hadrianeum gefunden worden waren. Darauf stand der an die Wand gelehnte Kopf. Die als Basis verwendete Marmorplatte trägt außer den Wappen der drei Konservatoren und des Priors der Caporioni für das letzte Drittel des Jahres im oberen Gesims eingemeißelt den Namen des Kaisers „Domitianus Caesar Augustus", offensichtlich entsprechend der damals allgemein verbreiteten Zuschreibung. Hubert Robert, der zwischen 1754 und 1765 Gast der Französischen Akademie in Rom war, hat in seiner Ansicht des Innenhofes den Sockel mit dem linken Fuß und der rechten Hand des Kolosses dargestellt, der sich in der Nähe der triumphierenden Roma und des Nils befand [5].

Zwischen 1767, dem Jahr der achten Ausgabe der Roma moderna Ridolfino Venutis, und 1804, dem Jahr der ersten Ausgabe der Raccolta di statue des Pietro Paolo Montagnani-Mirabili, wurde der linke Fuß durch Verbindung des Vorderteils mit dem Fersenfragment restauriert. Die Hand wurde vom ursprünglichen Sockel abgenommen und auf eine eigene Basis im linken Teil des Hofes gestellt. Dort befanden sich bereits seit längerer Zeit der Kopf, das Knie und die übrigen Fragmente des Beins; auf der rechten Hofseite blieb jedoch, neben den beiden Füßen auf ihren jeweiligen Sockeln, das Fragment eines Armes.

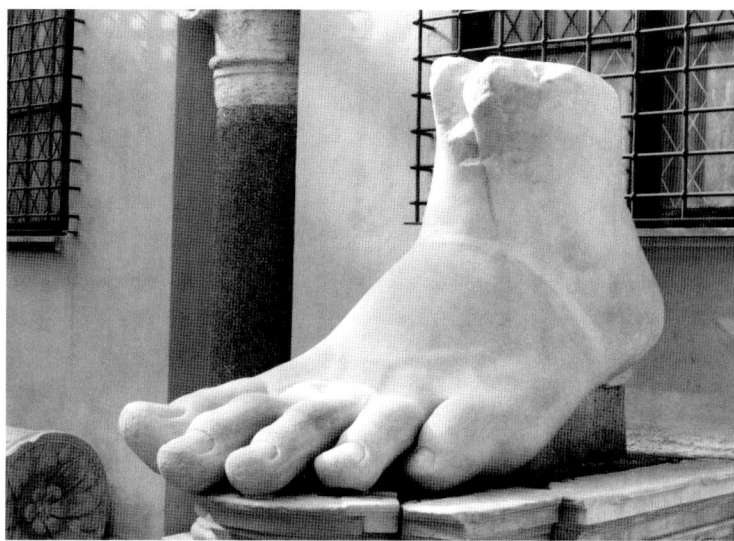

6

Montagnani-Mirabili hat in seinem Buch erstmalig die Fragen nach Form und Rekonstruktion des Kolosses aufgrund der erhaltenen Fragmente behandelt. Bereits zu dieser Zeit entstand eine kontroverse Diskussion um eine zweite kolossale Hand, die sich im Besitz des Bildhauers Antonio Canova befand. Montagnani-Mirabili schloss kategorisch aus, dass diese zweite Hand – ebenfalls eine rechte Hand – zum Koloss Konstantins gehört haben könnte. Eine solche Vermutung war wahrscheinlich im Jahre 1744 von Francesco de'Ficoroni geäußert worden, der die zweite Hand erworben hatte und als Fundort ein im Umbau befindliches Haus in der Nähe des Kapitols angab. Zur Zeit Venutis, der die Herkunftsangabe kritiklos wiederholte, befand sich diese Hand in der Villa Strozzi. Sie gelangte dann in die Villa Massimi beim Lateran und wurde später in eine Wand des Ateliers Canovas im Vicolo delle Colonnelle eingesetzt. 1829 oder etwas früher wurde die Hand für die kapitolinischen Sammlungen erworben und im Hof des Konservatorenpalasts untergebracht, in dem sich bereits die originale Hand des Kolosses befand. Danach kam es zu einer Verwechslung der beiden Hände.

In der Ausgabe von 1829 des Führers von Tofanelli wird als Basis der wenige Jahre zuvor auf das Kapitol gelangten neuen Hand folgendes erwähnt: „Ein Sockel, auf dem man eine antike Inschrift lesen kann, welche die Namen der Vicomagistri der 14 Regionen Roms zur Zeit Hadrians enthält." Für die gegen Ende des 15. Jahrhunderts in den Hof versetzte Hand des Konstantin-Kolosses, die im Führer von 1829 im Unterschied zu vorausgehenden Ausgaben auf der gegenüberliegenden Seite erwähnt wird, wird angegeben: „Ein Sockel mit einer antiken Inschrift, die sich auf Trajan bezieht." Wenn man die jeweilige Basis berücksichtigt, mit der die Hände in Verbindung gebracht wurden, so ergibt sich daraus, dass deren Aufstellung auf den beiden Seiten des Hofes in den letzten Ausgaben Tofanellis erneut vertauscht wurde. Entscheidend für die Zuschreibung der ursprünglichen Hand ist jedoch die beständige Verbindung mit dem Sockel, der eine Inschrift „Trajans" trägt. Dabei kann es sich nur um den Sockel handeln, der eine Widmung an Hadrian mit dem Wortlaut „Traiano Hadriano" trägt. Die am Ende des 18. Jahrhunderts auf das Kapitol gelangte zweite Hand wurde zwischen 1834 und 1837 wieder auf einen neuen Sockel gestellt. Von dieser letzten bei Tofanelli beschriebenen Anordnung existiert auch eine photographische Dokumentation. Diese bestätigt die Aufstellung der beiden Hände einander gegenüber, angelehnt an die beiden Gegenseiten des Hofes. Dabei erscheint die zum Standbild Konstantins gehörige Hand auf dem Sockel mit der antiken Widmung an Hadrian, die zweite Hand jedoch auf einem Sockel mit der falschen inschriftlichen Widmung an den Divus Konstantin.

So kam es in der ersten Hälfte des 19. Jahrhunderts zu einer Verwechslung der beiden Hände, die bis heute vielfach nicht erkannt wurde. In diese Jahre fällt auch die richtige Benennung des Kolossalporträts als Bildnis Konstantins.

Die fälschliche Zuweisung der nicht zugehörigen Hand zum Konstantinskoloss wurde von Petersen in seiner Dissertazione pontificia von 1900 nochmals wiederholt, womit er zum Bezugspunkt für alle wurde, die sich in der Folgezeit mit dem Thema beschäftigten. Da er im Text der Beschreibung Platners nur eine einzige Hand erwähnt fand – nämlich jene auf dem Sockel mit der Widmungsinschrift an den Divus Konstantin – schrieb er diese ohne Zögern der Statue zu, getäuscht durch die scheinbare Beziehung zwischen der kolossalen Hand und dem Sockel mit der Widmung an Konstantin. Dabei ließ er außer Acht, dass die Verwendung des Sockels für die Hand eben nicht wegen der Inschrift erfolgt sein konnte, da der Koloss zur Zeit dieser Aufstellung noch nicht als Konstantin identifiziert war und als Apoll oder Domitian galt.

Auch die beiden Hände selbst stützen diesen Befund, da ihre Maße voneinander abweichen. Die zweite, fälschlicherweise dem Koloss zugewiesene Hand ist geringfügig kleiner und hat ein zu schmales Handgelenk, um mit dem erhaltenen Teil des Unterarms vereinbar sein zu können. Auch der Vergleich mit der von Robert gezeichneten Hand bestätigt die hier vorgeschlagene Identifikation, denn in seiner oben erwähnten Zeichnung sind die Bruchlinien präzise angegeben.

## BESCHREIBUNG, REKONSTRUKTION, IKONOGRAPHIE

Vom Koloss des Konstantin sind derzeit zehn Fragmente bekannt. Fünf davon gehören zu den Beinen, drei zum rechten Arm, eines zum Rumpf, das letzte ist der Kopf.

A.
Vom linken Bein ist nur der Fuß erhalten (Museo Capitolino, Inv. 798) [6], der von Anfang an aus zwei Stücken gearbeitet wurde: Das eine bildet den vorderen Teil, beginnend mit dem Spann, das andere die Ferse einschließlich des Knöchels. Bevor die Stücke um die Wende vom 18. zum 19. Jahrhundert wieder zusammengesetzt wurden, konnte man das Verbindungssystem zwischen den beiden Teilen des Fußes sehen, das auch bei anderen Fragmenten des Kolosses zur Anwendung kam, besonders beim zweiten Fuß und dem erhalten gebliebenen rechten Arm. Es besteht aus einem großen quadratischen Zapfen, der aus der marmornen Kontaktfläche des Vorderteils vorspringt und dem eine Vertiefung mit denselben Maßen in der Kontaktfläche des hinteren Teils entspricht. Die Verbindungslinie zwischen beiden Teilen des Fußes ist weder genau senkrecht noch stufenförmig, sondern folgt einer schrägen Kurvenform, die eine gleitende Einfügung begünstigte und die beiden Marmorstücke fester zu verbinden erlaubte. Der älteste graphische Beleg, der beide Teile noch getrennt zeigt, lässt erkennen, dass beide Füßen in derselben Weise zusammengesetzt waren.

Die zweite und die dritte Zehe des linken Fußes sind zwar restauriert, aber wahrscheinlich antik, da die Bruchlinie bereits in der Zeichnung van Heemskercks angegeben ist. Unter der Ferse ist aus demselben Marmorblock ein quadratischer Keil angearbeitet, der gegenüber dem äußeren Profil etwas eingezogen ist. Der obere Teil des Knöchels zeigt eine rauhe, ungeglättete und zum Teil beschädigte Oberfläche ohne jegliche Spur von Vorrichtungen zur Einfügung oder zum Kontakt mit anderen Marmorblöcken. Diese beiden Details zeigen, dass das linke Bein mit leicht erhobener Ferse etwas nach vorne gebogen war, und dass die beiden erhalten gebliebenen Marmorstücke, die den vorderen und hinteren Teil des Fußes bis zum Fußgelenk bildeten, die einzigen unbekleideten Teile dieses Beins waren. Der Unterschenkel war nicht sichtbar, weil ihn das Gewand bedeckte. Dieses bestand nicht aus Marmor, sondern aus einem heute verlorenen, anderen Material, wahrscheinlich Metall. Befestigt war es mit einer Klammer, die in ein Loch eingesetzt war, das hinter dem Fuß in Höhe der Achillessehne zu sehen ist und oben schräg verläuft, um den Ansatz des Mantelsaums zu begleiten.

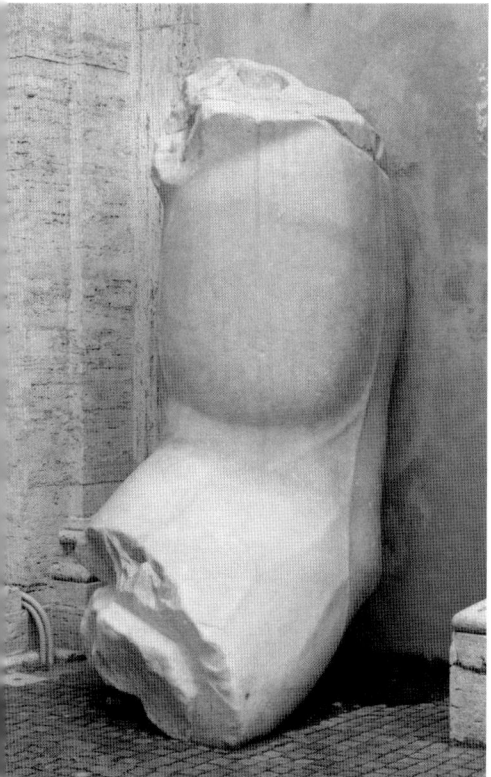

10

11

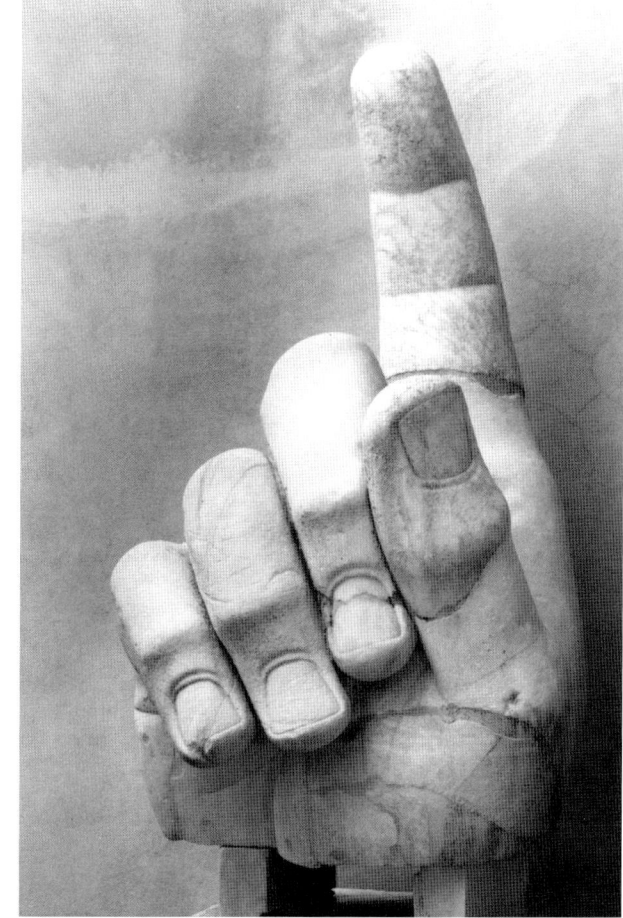

12

gen Fläche, auf der der Balken von einem keilförmigen Element verriegelt wurde, das auf der inneren Fläche der Verbindung Spuren hinterlassen hat. Das rechteckige Loch, das sich unmittelbar über der sorgfältig geglätteten Oberfläche des oberen Teils des Knies befindet, zeigt offenbar die Grenze des nackten Teils des Beins an, und außerdem den Verankerungspunkt des Gewandes. Wegen der Größe und Tiefe des Lochs kann das Gewand nicht aus Stuck bestanden haben, sondern wahrscheinlich aus Metall. Nach den festgestellten Spuren müssen die Falten auf dem Knie gelegen und auf beiden Seiten des Beins herab gefallen sein, in Entsprechung zu einem besonderen ikonographischen Motiv, dessen Bedeutung weiter unten erklärt werden soll.

Der untere Abschluss dieses Fragments ist heute wegen der aktuellen Aufstellung nicht zu sehen, erscheint jedoch auf einigen älteren Fotografien. Danach besitzt er eine bearbeitete Marmoroberfläche mit einem rechteckigen Verbindungsloch, das zu den Zapfen passt, die an anderen Fragmenten beobachtet wurden.

C.

Vom völlig unbekleideten rechten Arm blieben drei Fragmente erhalten:

1. Ein erstes zusammenhängendes Stück aus einem einzigen Block, das vom Ansatz an der Schulter bis zum in stumpfem Winkel gebeugten Ellbogen reicht und auch einen Teil des Unterarms einschließt (MMuseo Capitolino, Inv. 784) [10]. Die Krümmung des Deltamuskels, der angespannte Bizeps mit sehr angeschwollenen Venen und Arterien, wie auch die rechteckigen Verbindungszapfen an beiden Enden lassen darauf schließen, dass der Arm erhoben war, mit waagerechtem Oberarm und annähernd senkrechtem Unterarm. Die Neigung des oberen Verbindungszapfens im Vergleich zur Hauptachse des Arms zeigt, dass dieser leicht nach vorne gedreht und in Richtung auf die Vorderseite der Brust versetzt war, um zu ermöglichen, dass der fast senkrechte Unterarm einen langen, auf dem Boden stehenden Stab halten konnte. Der zweite rechteckige Zapfen am gegenüberliegenden Ende des Fragments diente zur Verankerung der Fortsetzung des

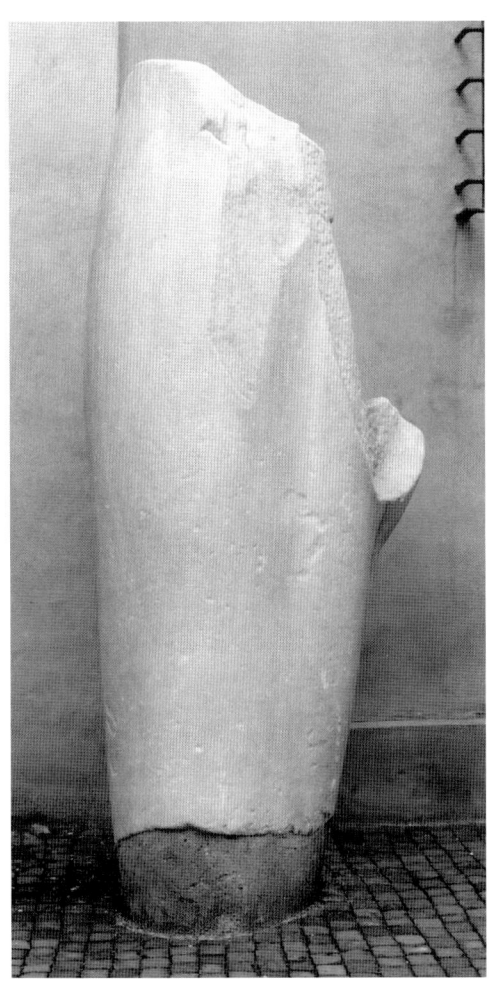

7

8

9

B.

Vom rechten Bein blieben vier Fragmente erhalten:

1. Der vordere Teil des Fußes, der flach aufliegt, dessen Zehen jedoch völlig frei stehen, als ob sie vor der Vorderkante der Fläche vorstehen sollten, auf der die heute verlorene Ferse auflag.

2. Der untere Teil des Beins mit Schienbein und Wade (MMuseo Capitolino, Inv. 785) **[7]**. Da in der derzeitigen Aufstellung dieses Stück auf eine Plinthe montiert ist, die seine Unterkante aufnimmt, kann man nicht feststellen, ob das Fragment unten noch die originale Anschlussfläche zeigt oder abgebrochen ist. In der Zeichnung van Heemskercks ist kein Anzeichen für eine Anpassung zu erkennen, daher ist es wahrscheinlich, dass die untere Marmoroberfläche nicht mehr die ursprüngliche Oberfläche besitzt.

Der obere Teil des Fragments bietet eine für einen Anschluss gearbeitete Oberfläche, die aus einem äußeren Streifen besteht, der vertieft und gepickt ist, sowohl auf der Rückseite, wie auch auf den Seiten der Wade und vorne.

3. Der obere Teil der Wade auf der Hinterseite des Beins, dessen Platz sich unmittelbar unter der Kniekehle befand, mit welcher der obere Rand des Fragments übereinstimmt (Museo Capitolino, Inv. 793) **[8]**. Dieses ist so geschnitten, dass es an eine gewölbte, nicht an eine ebene Oberfläche angesetzt werden sollte, die an den Enden als der Saum des Gewandes zu bestimmen ist, in der Mitte als der Holzbalken, der im hinteren Teil des Kniefragments eingesetzt war.

4. Das Knie ist in leicht schrägem Winkel gebeugt und hat eine recht präzise Gestalt, welche die Form der Kniescheibe und der seitlichen Sehnen hervortreten läßt (Museo Capitolino, Inv. 791) **[9]**. Das Stück scheint sowohl oben wie unten vollständig zu sein. Die obere Marmorfläche auf der zum Schenkel führenden Seite ist schräg und grob bearbeitet. Dieser Abschnitt des Fragments war nicht sichtbar, sondern durch ein Stück des Gewandes verdeckt, das den Oberschenkel bedeckte. Dieser Teil des Beins bestand offensichtlich aus einem Holzbalken, der in dem quadratischen Verbindungsloch auf der Rück-seite des Knies einrastete, unter der schrä-

13

Unterarms, die daher ebenfalls nur nach oben gerichtet sein konnte. Über dem Ellbogen befindet sich auf der zur Rückwand der Apsis gerichteten Seite des Arms ein großes, rundes, und regelmäßiges Bohrloch, das offenbar zur Verankerung an der Wand mit Hilfe einer Stütze aus Metall (Bronze?) diente, die ein eventuelles Ausweichen der Schulter verhindern sollte.

2. Ein kurzes, 72 cm langes Stück des Unterarms mit Resten von Adern in der Oberfläche wurde in neuerer Zeit am Fuß der Westapsis der Basilika gefunden. In den 30er Jahren des 20. Jahrhunderts in die Depots der Kapitolinischen Museen gebracht, ist es jetzt mit den übrigen Fragmenten im Hof des Konservatorenpalastes ausgestellt (MC, dep. 12) [11]. Das Fragment ist in Längsrichtung etwa in der Mitte zerbrochen, aber es zeigt im erhaltenen Teil der sichtbaren Oberfläche ein gespanntes und vibrierendes Inkarnat und Spuren von Adern, die denen am Oberarm entsprechen. In der Mitte ist das Stück entlang der ganzen Hauptachse von einem weiten und regelmäßigen Rundloch durchbohrt, das wahrscheinlich zur Aufnahme eines starken Metallstabes zur Verstärkung angelegt wurde. Ein weiteres rundes Bohrloch geht von der äußeren Oberfläche aus; es befindet sich an einer ähnlichen Stelle wie dasjenige im größeren Armfragment und sollte offenbar dazu dienen, auch den vorderen Teil des Arms zur Vermeidung von Bruchrisiken mit einer Metallstütze in der Apsiswand zu verankern.

3. Die zum rechten Arm des Kolosses gehörende Hand ist an der Handwurzel abgeschnitten, unmittelbar unter dem Daumenansatz, und nicht, wie üblich, am Handgelenk (Museo Capitolino, Inv. 789) [12]. Die untere Fläche weist ein mit den übrigen übereinstimmendes Verbindungsloch für einen Zapfen auf, das den Umriss dieses Teils der Hand bestätigt. Die Hand war unten geschlossen, in einer Haltung, die das Vorhandensein eines Objekts bestätigt, um das sich die Handfläche herumlegte. Es scheint sicher, dass die Hand einen Stab hielt, dessen oberer Teil in einer Vertiefung am oberen Ende der Hand gesichert war. Wahrscheinlich führte der untere Teil des Stabes, der unter dem Handteller befestigt war, zum Unterarm und lag auf ihm innen entlang der Hauptachse auf. Über die Verbindung dieses Stabes zu der im Unterarm verborgenen Metallstütze wurde die Verbindung des Arms mit der Apsisrückwand verstärkt.

D.
Ein Teil der linken Brust von etwa 1,26 m Höhe, mit Schulter und Armansatz, wurde 1951 noch *in situ* gefunden und wird heute im ersten Kreuzgang der Kirche S. Francesca Romana aufbewahrt, am Sitz des Antiquario del Foro Romano [13]. Mit der Zuschreibung zum Akrolith durch Kähler war die bisweilen geäußerte Vermutung widerlegt, der Koloss sei als Panzerstatue zu rekonstruieren, da das Fragment eine unbekleidete Brust zeigt. Das Fragment belegt, dass der unbekleidete Teil des Oberkörpers der Statue sowohl in der Höhe wie in der Breite aus mehreren Stücken zusammengesetzt war.

14

Sehr aufschlussreich ist die Behandlung der Oberfläche, die auf der Vorderseite zwei verschiedene Arten der Bearbeitung aufweist. Die rechte Seite ist in einem Streifen etwas vertieft und vorzüglich geglättet und sollte vollständig zu sehen sein. Die linke Seite ist viel oberflächlicher bearbeitet und war offensichtlich vom Bausch des Gewandes bedeckt, das aus einem einfachen Mantel bestand.

E.
Der Kopf besteht lediglich aus einer vorderen Hälfte und hat anscheinend nie einen Hinterkopf besessen. Der Marmorblock ist auf der Rückseite mit regelmäßigen Hieben ausgehöhlt, nicht nur zur Gewichtsverringerung, sondern auch, um die Anbringung von Balken und Klammern zu ermöglichen, die den Kopf halten und in der Hinterwand verankern sollten [14]. Daraus ergibt sich, dass der Kopf für eine Kolossalstatue gearbeitet oder überarbeitet worden ist, die in der Größe an die Westapsis der Basilika angepasst war, an deren Rückwand sie nach der Planung befestigt werden sollte.

Die aufgefundenen Fragmente erlauben eine Rekonstruktion des Kolosses im Typus des Iuppiter, auf einem Thron sitzend, mit nacktem Oberkörper und an beiden Füßen ohne Schuhe, mit dem Mantel um die Hüften und dem stabförmigen Zepter in der rechten Hand. Der Akrolith stand auf einem breiten Sockel, vor dem

– nach der Zeichnung des Francesco di Giorgio Martini, die Buddensieg publiziert hat – ein weiterer geringfügig kleinerer stand, der als Fußschemel diente.

Das linke Bein war zurückgesetzt, sein Fuß ruhte nur auf den Zehen, denn die Ferse war angehoben, gestützt durch einen aus demselben Marmorblock gearbeiteten Keil. Dagegen war das linke Bein leicht vorgestellt, sein Fuß stand ganz auf dem Boden. Die Stellung der Füße reicht indes nicht aus, um zu beweisen, dass die Gestalt gesessen hat, wie oft wiederholt worden ist; entscheidend ist dafür die Form des Knies, die mit einer stehenden Haltung nicht vereinbar ist. Der erhobene rechte Arm war vorgestreckt, am Ellbogen in stumpfem Winkel gebogen und leicht zur Seite versetzt, seine Hand hielt ein Zepter.

Das völlig verlorene Paludamentum, das die Hüften umschlang, bestand aus Metall (vergoldete Bronze?) oder alternativ, mit geringerer Wahrscheinlichkeit, aus Holz, das mit (bemaltem?) Stuck bedeckt gewesen sein könnte. Es war mit den nackten Körperteilen durch eiserne Bolzen und Stäbe verbunden. Vom Zepter verblieb die Einfügung in der Handfläche.

15

Anhaltspunkte für das Aussehen der Statue könnten mehrere kleinformatige Bronzestatuetten geben ☉ I.9.25, ☉ I.9.24, die wegen des Hakens auf dem Scheitel wohl als Waaggewichte gedient haben. Sie stellen einen Kaiser mit Gemmendiadem dar und weisen ikonographische Übereinstimmungen mit der Kolossalstatue Konstantins auf, vor allem in der Nacktheit der Brust und der Anordnung des Mantels, der von der linken Schulter herab fällt und den Unterkörper und die Beine umhüllt. Ein einziges Exemplar, das sich in Princeton befindet, zeigt auch ein nacktes Knie in Übereinstimmung mit dem Akrolith, aber es ist nicht das rechte, sondern das linke. Die Attribute sind allerdings verändert: Die rechte Hand ist gesenkt, liegt auf dem Bein und trägt einen Globus mit darauf stehender Statuette, die linke hält den Rand eines Rundschildes, dessen gegenüberliegende Seite den

Boden neben dem Thron berührt. Die Unterschiede gegenüber der marmornen Kolossalskulptur schmälern die Bedeutung dieser Darstellungen nicht. Die Position des rechten Arms und das entsprechende Attribut könnten geändert sein, um die Kompaktheit der Komposition in Verbindung mit dem kleinen Format und der Verwendung der Bronzen zu steigern. Viel wichtiger scheint zu sein, dass die fünf Statuetten ein bedeutendes Vorbild wiederholen, das enge Beziehungen zur Kolossalstatue der Konstantinsbasilika besitzt, aber auch zum anderen konstantinischen Kolossalbild in Bronze, von dem der Kopf und die Hand mit dem Globus erhalten blieben.

Das Vorbild für das ikonographische Schema der marmornen Kolossalskulptur war wohl eine der wichtigsten Kultstatuen der obersten Gottheit des antiken Rom, des Iuppiter, wahrscheinlich das Agalma (Götterbild) des Iuppiter Optimus Maximus Capitolinus. Die heute am besten erhaltene Wiederholung dieser Skulptur ist das in der Eremitage von St. Petersburg aufbewahrte Standbild, das in den Ruinen der Villa des Kaisers Domitian (81 – 96 n. Chr.) in Castel Gandolfo gefunden wurde [15]. Auch hier ist Jupiter thronend dargestellt, in kolossalen Ausmaßen und als Akrolith, bei dem die nackten Körperteile in weißem Marmor ausgeführt sind, das Gewand in vergoldetem Stuck. Verglichen mit dem Koloss Konstantins sind die Armhaltungen und die entsprechenden Attribute vertauscht: Der Globus mit der auf ihm stehender Victoria befindet sich in der rechten Hand, das Langzepter wird von der linken gehalten. Der Mantel dagegen liegt wie bei der Statue Konstantins auf der linken Schulter und bedeckt daher den nicht gesenkten Arm. Wahrscheinlich hängt die seitenverkehrte Abwandlung des Motivs bei Konstantin mit der Aufstellung der Statue nach der Versetzung des Haupteingangs der Basilika zusammen, der nicht mehr frontal war, und mit dem bevorzugten Blickpunkt des Betrachters, der sich beim Betreten der Basilika der Westapsis zuwendete, in der die Statue aufgestellt war. Den Willen, die kolossale Skulptur so zu gestalten, dass sich die nackten Teile auf der rechten Seite befanden und die vom Gewand bedeckten Teile der Brust, der Schulter und des Arms auf der linken, kann eine Veränderung des Vorbilds erklären, die bereits – wie Caterina Maderna gezeigt hat – in zahlreichen anderen vergleichbaren Kaiserstatuen belegt ist.

Ein weiteres bezeichnendes Detail des ikonographischen Schemas ist der Umstand, dass das rechte Knie nackt ist, während das linke vom Gewand bedeckt ist. Diese Anordnung des Mantels erscheint selten, sie bringt jedoch eine besondere Bedeutung zum Ausdruck, die mit der göttlichen maiestas verbunden ist. Das durch einige Kaiserstatuen, vor allem julisch-claudischer Zeit, und Bilder lehrender Philosophen auf einigen kaiserzeitlichen Sarkophagen belegte Motiv hat einen sehr alten Ursprung, der bis in das 5. Jahrhundert v. Chr. zurückgeht, beginnend mit dem Zwölfgötteraltar auf der Agora von Athen. Der ikonologische Ursprung kann wahrscheinlich in der Geburt des Dionysos aus dem Schenkel des Zeus gefunden werden, in der die unabhängige Schöpfungskraft des Göttervaters zum Ausdruck gebracht wird.

## 3. TYPOLOGIE DES PORTRÄTS UND DATIERUNG

Das Gesicht zeigt unbestreitbare Anzeichen für eine Überarbeitung. Die Stirn ist unter dem Haaransatz deutlich vertieft, als Folge der Umarbeitung der Frisur. Dieser Eingriff ist besonders deutlich in der abgeflachten und stark überarbeiteten Oberfläche vor den Ohren sichtbar, und zwar in beiden Profilansichten. Die großen Augen und die Bögen der Augenbrauen sind dagegen die des originalen Porträts, wie auch die recht dicke Nase und die Ohren, die unberührt zu sein scheinen. Eine gewisse scharfe Kontur des Kiefers im Profil ist auch bei anderen konstantinischen Porträts vorhanden, die auf Überarbeitungen älterer Porträts zurückgehen (vor allem beim kolossalen Porträt im Metropolitan Museum in New York), und die unregelmäßige Oberfläche, die noch unter der Kehle zu sehen ist und sicher nicht auf Fehlstellen im Marmor zurückgeht, zeigt, dass die ursprünglich dargestellte Persönlichkeit wahrscheinlich einen Bart trug.

Zwei Strähnen unter den Schläfen, deren Profil als leichtes Relief zu erkennen ist, wurden auf beiden Seiten mithilfe quadratischer Zapfen angesetzt, obwohl der ursprüngliche Marmorblock, nach der Größe der Haarkalotte und der Ohren zu urteilen, ausreichend breit für die Koteletten gewesen sein müsste. Eine der beiden getrennt gearbeiteten und eingesetzten Strähnen wird heute im Skulpturenmagazin des Palazzo Nuovo aufbewahrt [16]. Es handelt sich um das Einsatzstück der rechten Seite, das noch in der originalen Position auf den Photographien zu sehen ist, die Heinz Kähler 1952 veröffentlichte. Die Teile der Frisur oberhalb der beiden Schläfen waren ebenfalls als Einsätze gearbeitet: Rechts ist diese Anstückung erhalten, während der große Einsatz auf der linken Seite verloren ging. Er war mit zwei Zapfen befestigt, deren Widerlager in Form von Vertiefungen und einem Dübelloch am Kopf erhalten geblieben sind.

16

Wie Zanker festgestellt hat, entsprechen weder die langen und dicken, stark eingebogenen Strähnen über Ohr und Schläfe der rechten Seite, noch die Form und der ductus der kleinen frontalen Locken auf der linken Seite dem damals aktuellen Porträttypus Konstantins, der gut bekannt und belegt ist. Diese Eigenheiten gehören anscheinend noch zum ursprünglichen Bildnis. Über dessen Aussehen wurden verschiedene Hypothesen aufgestellt, von denen jedoch keine als gesichert gelten kann. Harrison vermutete eine Herkunft der Fragmente vom Trajansforum, hielt allerdings den Kopf und die rechte Hand für spätere Anfügungen, da sie nach seiner Meinung aus anderem Marmor bestehen. Cecchelli und Jucker, gefolgt von Coarelli, Varner und Giuliani, nehmen an, dass der von Konstantin wiederverwendete Koloss schon zuvor in der Basilika aufgestellt gewesen sei und deswegen ursprünglich seinen hartnäckigsten Gegner Maxentius dargestellt habe. Zanker schließt diese These aus, weil für die gesicherten Porträts des Maxentius eine starke Einziehung in Höhe der Ohren belegt ist. Er spricht sich eher dafür aus, der Kopf habe ursprünglich eine Gottheit dargestellt. Anderson gibt einer Identifizierung des Urbildes als Porträt Trajans den Vorzug, Evers vermutet, dass einige ikonographische Züge (beispielsweise die Form der Ohrmuschel) und der erhaltene Teil der Haartracht mit dem dritten Porträttypus Hadrians übereinstimmen, der so genannten Rolllockenfrisur. Der Akrolith stamme deswegen aus einem von Hadrian errichteten Bau und habe ursprünglich diesen Kaiser dargestellt. La Rocca tritt dafür ein, die Skulptur sei aus Teilen mehrerer Akrolithe zusammengesetzt, die mit nur wenigen Änderungen neu zusammengesetzt worden seien, mit Ausnahme des Kopfes, der aus einem vorhandenen Porät neu hergestellt worden sei.

Entgegen diesen Thesen hat L'Orange eine grundsätzlich abweichende Erklärung für die Umarbeitungen vertreten. Diese seien nicht auf Veränderungen an einem vorkonstantinischen Porträt zurückzuführen, sondern Ergebnis einer christlichen Umarbeitung der Statue, die in den Jahren 324 – 337 vorgenommen worden sei. Ein Austausch der Attribute sei zu erschließen; man habe an Stelle des Zepters ein Kreuzsymbol angefügt und ein Diadem hinzugefügt. Dies ergebe sich aus den umfangreichen Umarbeitungen, die am Kopf festzustellen seien. Die Hypothese des norwegischen Forschers könnte zumindest teilweise zutreffen. Es ist zwar nicht möglich, den Austausch der ganzen rechten Hand zu belegen, aber die zum Koloss gehörende Hand – das ist nicht die bisher ihm zugewiesene, sondern die andere, die gewöhnlich mit der zu Füßen des Kapitols gefundenen und zwischen dem Ende des 18. und dem Beginn des 19. Jahrhunderts in den Hof des Museums gelangten identifiziert wird – besitzt in der Handfläche zwei Löcher mit unterschiedlicher Form und Größe, was wahrscheinlich auf den Austausch des Attributs zurückgeht. Die von L'Orange vorgeschlagene Bekrönung des Kopfes mit einem Diadem ist nicht nachzuweisen. Die einzigen sichtbaren Spuren, die damit möglicherweise in Verbindung zu bringen wären, sind zwei kleine symmetrische Löcher unterschiedlichen Durchmessers, die an den beiden Enden des zentralen „Mandel"-Motivs der Haare angebracht sind. Es lässt sich anhand dieser Spuren aber nur das Vorhandensein einer Gemme vermuten, die von zwei Stiften in diesen Löchern gehalten wurde.

Die bei allen erhalten gebliebenen Stücken verwendete Steinsorte, der parische Marmor, kann belegen, dass das zur Darstellung Konstantins umgearbeitete Porträt von Anfang an zu dieser Statue gehört hat. Umgekehrt wirft die Identifikation des Marmors von neuem die Frage nach der Bestimmung der ursprünglichen Statue auf, da diese Marmorsorte nach heutiger Kenntnis nicht später als in hadrianischer Zeit nach Rom gelangt sein kann.

Der Kopf des Akrolith gehört zum selben Typus wie die Porträts des Kaisers am Konstantinsbogen und ist offensichtlich vom selben Vorbild abgeleitet. Die überarbeiteten Köpfe in den trajanischen Reliefs und den hadrianischen Tondi des Bogens sind als stärker expressiv und dynamisch als das kapitolinische Porträt bezeichnet worden, doch beruhte diese Einschätzung zumindest teilweise auf der unnatürlichen Strenge der heutigen Aufstellung, die durch den nicht originalen Hals erzeugt wird. Blendet man den Hals aus, so gewinnt das Gesicht (die erhaltene Höhe beträgt 1,74 m) größere Dynamik und die in den beiden Gesichtshälften vorhandenen Asymmetrien finden eine deutlichere Erklärung. Die linke Hälfte des Gesichts ist viel breiter als die rechte, und auf dieser Seite ist auch die Wange stärker geschwollen, die Schläfe springt weiter vor, das Ohr sitzt höher, der äußere Augenwinkel und der Mundwinkel sind mehr gelängt, die Lippen- und Nasenfalten sind stärker akzentuiert, wie auch die Nasenscheidewand. Es handelt sich hierbei um einen optischen Ausgleich, der angewandt wurde, um die Verzerrungen auszugleichen, die durch die leichte Drehung des Kopfes nach links entstanden. Dies wurde zuerst von H. Jucker beschrieben und wird durch die photogrammetrischen Aufnahmen bestätigt, die anlässlich der letzten Restaurierung angefertigt wurden. Außerdem nehmen diese Asymmetrien Bezug auf die Hauptperspektive, die der Betrachter nach dem Eintritt in die Basilika von der via sacra aus auf die Statue hatte. Neueste Untersuchungen belegen die Gleichzeitigkeit der Errichtung der Vorhalle und der originalen Anlage der Basilika.

Die Datierung des Porträts wird heute allgemein in eine frühe Phase der Herrschaft Konstantins gelegt, in den Zeitraum seines Aufenthalts in Rom nach der Schlacht an der Milvischen Brücke oder zur Feier der Decennalien im Jahre 315. Der Kaiser ist nach hergebrachter heidnischer Tradition im Typus des sitzenden Iuppiters dargestellt. Die gewählte Ikonographie und die kolossalen Dimensionen sind nicht allein bloße Anspielungen, sondern ausdrückliche Angleichungen des Kaisers an einen Gott. Vielleicht ließ der Senat zur Legitimation von Konstantins Sieg über Maxentius das Standbild errichten.

Der antike Betrachter sah den Kopf in einer extremen Unteransicht und – wegen der gewaltigen Dimensionen der Statue – aus großer Entfernung. Der Blick des Kaisers ist nicht allein nach oben gerichtet, wie es etwa bei Porträts antoninischer Zeit durch die Verschiebung der Pupille zum Oberlid vermittelt wird, sondern entfernt sich ernst zu unbegrenzten Horizonten. Die großen Augen, die Respekt und Furcht einflößen, zeigen an, dass der Kaiser kein gewöhnlicher Sterblicher ist und sein Blick überirdisch ist. Er erforscht den Beschauer und durchdringt ihn mit majestätischer Ruhe und ohne Anteilnahme an den Sorgen der gewöhnlichen Menschen. Die Augen weichen von der Richtung des Kopfes leicht ab und vermitteln dadurch den Eindruck, dass der Blick der Anwesenden ihnen nicht begegnen kann.

Mit Diokletian nimmt die Angleichung zwischen der Gestalt des Kaisers und dem Göttervater offiziellen Charakter an. Der Beiname Iovius wurde vom ersten Augustus des neuen tetrarchischen Herrschersystems wahrscheinlich vor allem angenommen, um das Herrschaftsbündnis mit dem zweiten Augustus als Herculius (Hercules war Sohn Iuppiters) zu unterstreichen und nicht, um seine Rolle als höchste Autorität des Staates zu betonen.

Da das Kolossalporträt sich 10 – 12 m über dem Boden befand, erscheinen einige physiognomische Details, wie die Augen oder die Augenbrauen, aus der Nähe betrachtet verhärtet und auf einfache ornamentale Chiffren verkürzt, die mit deutlichen Hieben in die vereinfachten Gesichtsflächen eingetragen sind. Das von anderen Repliken dieses Typus bekannte Porträtvorbild ist in diesem Fall, wie La Rocca betont hat, angepasst worden, um ein Bild des deus praesens zu verwirklichen, das fast völlig die Apsis des wichtigsten zivilen Bauwerks der Epoche einnahm. Die überarbeiteten Köpfe im Großen Trajanischen Fries oder in den Tondi Hadrians am Konstantinsbogen zeigen im Gegensatz dazu eine extreme Dynamik und sind nicht geeignet, die Distanz und unerschütterliche Ruhe des göttlichen Herrschers wiederzugeben. Im Kolossalbild des neuen Herrschers erscheinen alle Gesichtszüge wie erstarrt, in der Absicht, die Distanz zur menschlichen Natur zum Ausdruck zu bringen, wie auch das Eintauchen in die eigene Gedankenwelt des fundator quietis, einer Bezeichnung, die dem Kaiser in einer Inschrift seines Ehrenbogens gegeben wird.

**Kolossalstatue Konstantins des Großen**
Rom, Musei Capitolini
Rekonstruktionsskizze mit Anordnung der erhaltenen Fragmente

# GEMMEN UND KAMEEN

Antje Krug

Im späten Hellenismus und den ersten Jahrhunderten der römischen Kaiserzeit waren Schmucksteine mit vertieft eingeschnittenen Motiven – Götterbilder, Szenen aus Mythologie und Bukolik (ländlicher Idylle), Tierbilder und Porträts – über die ganze antike Welt verbreitet. Diese mit einem modernen Namen als „Gemmen" oder „Intagli" bezeichneten Steine waren in farbigen Edelsteinen gearbeitet, in der Hauptsache in rotem Karneol, grünem Smaragd und Praser, gelbem, rotem und grünem Jaspis, dunkelrotem Almandin, braun-weißem Sardonyx, violettem Amethyst oder farblosem Bergkristall. Ursprünglich waren sie als Siegelsteine gedacht, so dass die Darstellung seitenverkehrt in den Stein eingeschnitten wurde und erst im Abdruck seitenrichtig erschien. Zugleich hatten sie aber den Charakter eines Miniaturkunstwerks mit enger persönlicher Bindung. Die meisten Gemmen wurden als Ringsteine getragen und hatten eine entsprechende Größe. Die feinen Miniaturarbeiten konnten auch in farbigem Glas vervielfältigt werden. In Italien selbst und besonders in den römischen Provinzen Gallien und Germanien begleiteten die geschnittenen Steine alle Bereiche des Lebens.

Im Verlauf des 3. Jahrhunderts verändert sich das Bild auffallend. Gegen Ende des Jahrhunderts wandelte sich, von den wechselnden Zentren der Macht in Italien und vor allem im östlichen Mittelmeer ausgehend, der Geschmack. Schmuckstücke aus Schatzfunden, farbige Wandgemälde und Mosaiken zeigen die Richtung, welche die Entwicklung nahm. In die reichen Fassungen des Goldgeschmeides wurden schwere Goldmünzen eingesetzt, oder leuchtend bunte Edelsteine, aber ohne die bisher so geliebten Bilder. Diese sehr repräsentative Zurschaustellung von Rang und Vermögen traf aber nicht überall auf bereitwillige Akzeptanz. Im römischen Westen, in Gallien und Germanien hielten die Menschen aller Schichten, auch die Wohlhabenden, an den geschnittenen Steinen fest. Diese waren aber nicht mehr ohne weiteres verfügbar, denn mit veränderten Gepflogenheiten verschwand weitgehend auch das Angebot aus den Werkstätten, die sich auf andere Aufträge eingestellt hatten. So griffen die Menschen im Westen immer öfter auf ältere Gemmen aus der früheren Kaiserzeit zurück, die gewissermaßen als Antiquitäten gehandelt und dann in Wiederverwendung getragen wurden [1]. Oft wurden derartige alte Stücke auch in Glas vervielfältigt. Allerdings, für Porträts, private oder kaiserliche, war eine zeitgleiche Entstehung selbstverständlich, so dass die Gemmenwerkstätten nicht gänzlich verschwanden. Zum Siegeln benutzte man zunehmend gravierte Fingerringe aus Bronze oder Gold, Siegelstempel und Prägezangen.

⊙ I.11.25
**1 Fingerring, Gold**
Rheinisches Landesmuseum Trier

⊙ I.9.30
**2 Amethystgemme mit Porträt
von Konstantin I.**
The British Museum, London

⊙ I.9.31
**3 Gemme mit Porträt eines Kaisers
konstantinischer Zeit**
GRASSI Museum für Angewandte Kunst
Leipzig

⊙ I.11.33
**6 Kameo mit
männlichem Porträt**
Nationalmuseum, Belgrad

Die Kunst des Gemmenschneidens war keineswegs ausgestorben, vielmehr erlebte sie eine neue Blüte und zwar in unmittelbarer Umgebung des konstantinischen Kaiserhauses. Mit äußerster Kunstfertigkeit gearbeitete Gemmenbilder wurden bevorzugt in Edelsteine wie Amethyst und Saphir von herausragender Farbe und Klarheit geschnitten, deren Farbe dem kaiserlichen Purpur entsprach. Zahlreiche Porträts sind erhalten, welche entweder den Kaiser selbst [2] oder Angehörige der kaiserlichen Familie und hohe Würdenträger darstellen. Der Kaiser selbst als furchtloser Jäger wie auf der Saphirgemme Trivulzio, als triumphierender Kriegsherr oder in der Quadriga zum Himmel auffahrend, so wie es auch die Bildprogramme der Goldmünzen verkünden, fügte sich in diesen Umkreis ein. Die Frisuren der Frauen und die Amtszeichen von hochgestellten Angehörigen des Hofes geben den Porträts ihren unmittelbaren Zeitbezug. Das mit nahezu protokollarischer Genauigkeit dargestellte kaiserliche Diadem [3] oder der Panzer zeigen, dass diese Gemmenschneiderwerkstätten in unmittelbarer Umgebung und im Auftrag des Kaisers tätig waren. *Sculptores et ceteri artifices* werden als Angehörige der Behörde des *comes sacrarum largitionum* genannt, welche die Prägung von Goldmünzen und die Herstellung kostbarer offizieller Geschenke übernahm. Ihre Arbeiten zu besitzen war ein Privileg, denn goldene Fibeln und die Ringe mit kaiserlichen Porträts zeigten hohen Rang und Nähe zum Kaiser an.

Von Anfang an ist auch die andere Form der Edelsteinglyptik, der Kameo mit dem Kaiserhaus verbunden. Der wohl mittelalterliche Name „Kameo" bezeichnet eine Arbeit, die – im Gegensatz zu der vertieft geschnittenen Gemme – in Relief, also erhaben geschnitten ist. Die Darstellung wurde aus den kontrastfarbigen Schichten des Sardonyx, einer Form des Achats herausgearbeitet. Diese Kunstform entstand im 3. Jahrhundert v. Chr. in Ägypten unter dem Königshaus der Ptolemäer und zwar gleich in allerhöchster künstlerischer Form. Eine zweite, ebenso hohe Blüte erlebte der Kameenschnitt unter Kaiser Augustus und seinen unmittelbaren Nachfolgern, um dann immer wieder völlig aus der Kunstgeschichte zu verschwinden. Kaum eine andere Form der Glyptik war so sehr vom Rohmaterial abhängig, dem in kontrastierenden Farben, aber unregelmäßigen Schichten verlaufenden Sardonyx. Die Vorkommen an Steinen, die für den Kameenschnitt geeignet sind, waren und sind selten und begrenzt, und wenn sie einmal erreichbar waren, dann entstanden Meisterwerke wie der Ptolemäerkameo oder die Gemma Augustea. Den Zugriff auf das beste Material hatten die kaiserlichen Haushalte, wenn es denn überhaupt zur Verfügung stand. In severischer und dann konstantinischer Zeit war es offenbar geglückt, wieder eine Lagerstätte zu erschließen, die nicht nur schönfarbige Achate in den begehrten dunkelbraunen und weißen Schichten lieferte, sondern auch Steine von ungewöhnlicher Größe.

⊙ I.9.5
**4 Ada-Kameo**
Stadtbibliothek Trier

Die großen Kameen waren von Anfang an ein wichtiges Instrument der Selbstdarstellung des Kaisers, der sich als triumphierender Feldherr, als Zentrum einer dynastischen Hierarchie und als Gott unter Göttern feiern ließ. In konstantinischer Zeit, aber auch unter den nachfolgenden Kaisern des nunmehr geteilten Reiches waren angesichts der instabilen Verhältnisse in den kaiserlichen Familien besonders die Aspekte der familiären *concordia*, der Kontinuität und Nachfolge in der Herrschaft von großer Bedeutung. Die Darstellung des Konstantin mit seiner Familie in einer von Adlern gerahmten Empore auf dem Trierer Ada-Kameo [4] schildert zwar eine nur kurzfristige Harmonie, hatte aber eine programmatische Außenwirkung.

Der sog. Kameo Rothschild feiert mit der Darstellung eines jungen Paares aus kaiserlicher Familie, vielleicht Honorius und Maria, ein strategisch geplantes politisches Bündnis. Die politische Concordia wird in dem sog. Tetrarchenkameo von Dumbarton Oaks beschworen, dem Fragment eines großen, wohl vierfigurigen Kameos mit einer fiktiven Familie. Von vielleicht noch größerer Bedeutung muss der sog. Belgrader Kameo [5] gewesen sein. Noch in seinem fragmentierten Zustand ist er von beeindruckender Größe, obwohl das erhaltene Stück nur einen Ausschnitt unten links wiedergibt. Die Mitte des Schlachtgetümmels nahm vermutlich die Person des Kaisers oder ein Siegessymbol ein. Der Kaiser als Mittelpunkt eines Figurenrahmens ist auch Gegenstand eines wesentlich kleineren Kameos aus Köln.

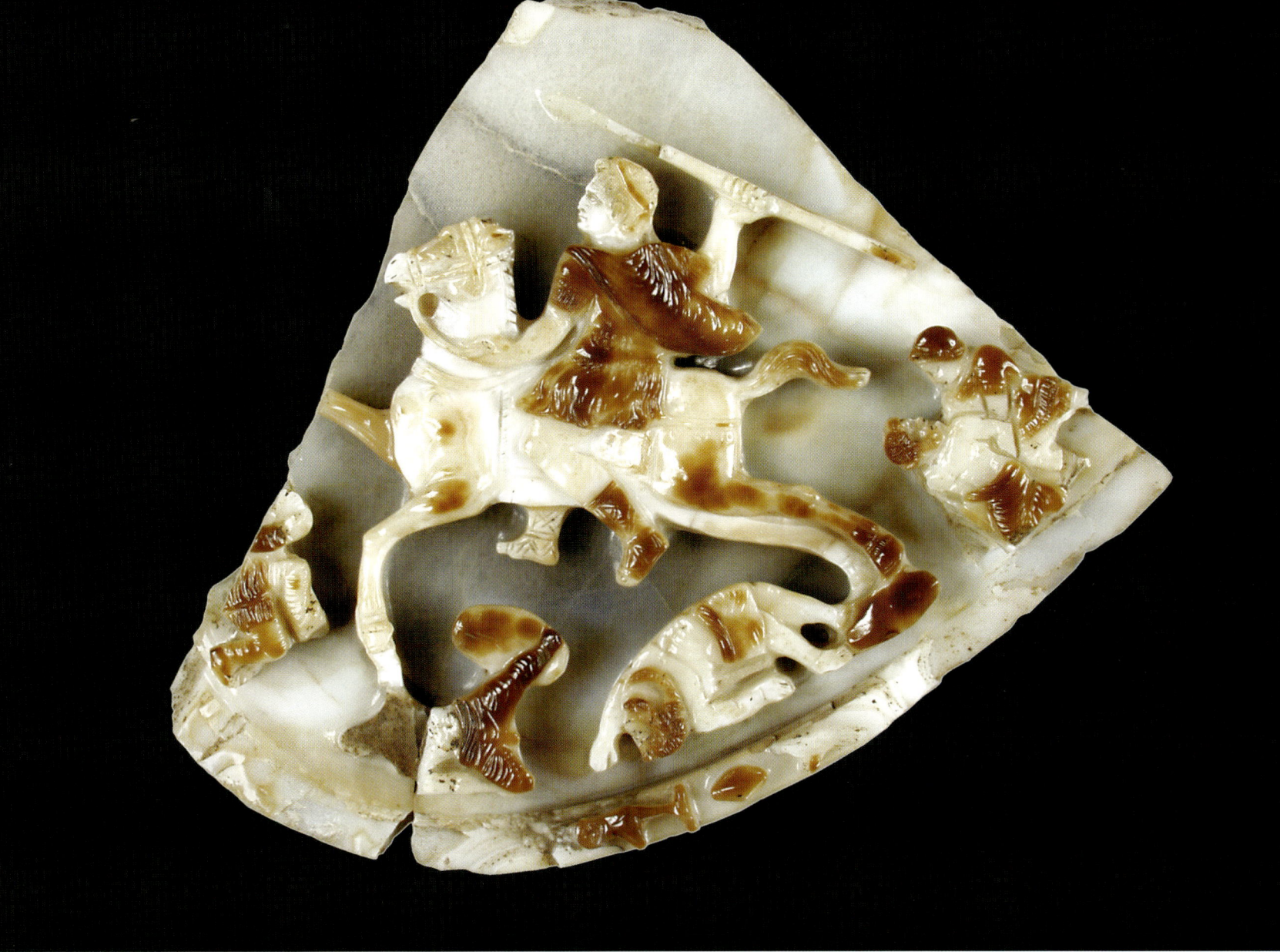

In der künstlerischen Ausführung sind die Kameen nicht gleichmäßig gut, denn das nicht veränderbare Ausgangsmaterial, der gebänderte Sardonyx, und nicht ein Stilwollen diktierten das Vorgehen. Einen praktischen Nutzen, etwa als Siegel wie die Gemmen, hatten die Kameen aber nicht.

Außerhalb dieses Umfelds gab es jedoch kleine Kameen, deren blasse Farbigkeit und flüchtige Arbeit aber ihren Abstand von den Stücken aus den kaiserlichen Werkstätten vorführt. Sie waren trotzdem begehrt, denn sie wurden in Gold gefasst und als Anhänger oder Ohrringe getragen [6]. Die Motive, Frauenköpfe und mythologische Figuren, waren jedoch betont unpolitisch.

Immer beliebter wurden in dieser Zeit auch Kameen mit Inschriften – Buchstaben, Wörter und auch längere Sätze, die Glück- und Segenswünsche ausdrücken [7]. Hierfür wurden im Prinzip nur zwei Steinschichten gebraucht, wobei man durch Ausbleichen und Nachfärben – bei Achaten durchaus möglich und in der Antike praktiziert – die gewünschte Wirkung erzielte. Für Kameen von besserer, kontrastfarbiger Qualität konnten die Steinschneider vermutlich auch kleinere Achate aus Restbeständen der Hofwerkstätten verwenden. Sie haben häufig Bildmotive aus dem Umkreis von Bacchus und Venus und wurden gleichfalls als Schmuck getragen. Wie auf Kontorniaten oder Silbergefäßen waren noch lange nach Einführung des Christentums Bilder aus der heidnischen Mythologie beliebt, auch im byzantinischen Osten.

**7 Kameo EYTYXI MAPTYPI**
Bibliothèque nationale de France, Paris

⊙ II.1.25
**8 Fingerring mit Gemme**
Sammlung C.S., München

⊙ II.1.59
**9 Ring mit der Darstellung
eines Schafträgers**
The British Museum, London

Zur gleichen Zeit aber gab es glyptische Arbeiten, die ein Licht auf die religiösen und geistigen Umwälzungen in der späten Kaiserzeit werfen. Die sogenannten magischen Gemmen gab es schon seit griechischer Zeit, Gemmen aus einem Stein, der schon für sich genommen eine magische oder heilende Wirkung besaß. Sie wurden deshalb oft zur nachdrücklichen Wirkung auf beiden Seiten geschnitten und als Anhänger in engem Körperkontakt getragen. Flüchtig und flach gearbeitete Darstellungen von Göttern und Dämonen, die aus der orientalischen, besonders der ägyptischen Religion herrühren, waren die hauptsächlichen Bilder. Auf eine Herkunft aus diesem Kulturkreis weisen auch die bevorzugten, meist undurchsichtigen Steine, die gelben, roten und grünen Jaspisse, der grün-rot gesprenkelte Heliotrop oder blaue Lapislazuli hin. Ein unabdingbarer Bestandteil waren die eingeschnittenen Texte, die magische Formeln und Buchstabengruppen, Segens- und Schutzgebete enthielten. Die Mischung von griechischen und ägyptischen Schriftzeichen und magischen Zeichen, den „Charakteres", machte sie schwer verständlich. Die Personennamen, die oft in den Beischriften genannt werden, zeigen, dass die magischen Gemmen auf Bestellung und für bestimmte Personen angefertigt wurden.

Wichtig waren hier die Steine selbst, die darauf dargestellten Götter und die Beschwörungsformeln; die künstlerische Qualität der magischen Gemmen war nachrangig. Eine häufig dargestellte Schutzgottheit war der hahnenköpfige und schlangenfüßige Abrasax, auch als Iao – Iawe angerufen, der mit Schild und Geißel in den Händen seinen Träger beschützt ⊙ I.13.57. In diesem dunklen Universum ist das beginnende Christentum zunächst eine magische Kraft unter anderen. Manch einer ließ eine ältere Gemme, etwa mit dem Bild des Sol Invictus, durch eine christliche Inschrift auf der Rückseite in ein neuartiges Amulett umwidmen. Das Christogramm, durch Konstantin zu einem epochemachenden Symbol geworden, findet sich auch auf dem alten heidnischen Amulett der Lunula, und *Iao* wird zusammen mit *Ie(sous)*, der griechischen Schreibweise des Namens Jesu, in einen Lorbeerkranz eingeschrieben, über Fischen und Anker [8]. Die Inschriften nennen oft die Namen von Erzengeln, doch sind Bildmotive wie Schiff, Fisch, Anker oder Lammträger von neutraler Mehrdeutigkeit, so wie es der Kirchenvater Clemens von Alexandria den frühen Anhängern des Christentums empfohlen hatte: Sie sollten unverfängliche Bildmotive wie die eben genannten für ihre Gemmenringe nehmen, denn sie waren so verbreitet wie unauffällig. Den Christen, die ja zugleich in der griechisch-römischen Kultur lebten, ihre Gemmenringe zu verbieten, war ihm wohl als aussichtslos erschienen. Aber die Bedeutung liegt im Auge des Betrachters, der den Lammträger nicht mehr allein als bukolische Gestalt, sondern immer mehr auch als den Guten Hirten wahrnehmen konnte [9]. So lebten die Bilder der heidnischen Welt in der Glyptik weiter, bis sie durch eindeutig Neues ersetzt wurden.

⊙ I.7.6
**Liciniuskameo**
Bibliothèque nationale de France, Paris

⊙ I.9.29
**Gemme mit Porträt Konstantins des Großen**
Staatliche Museen zu Berlin, Antikensammlung

⊙ I.12.18
**Paradehelm von Berkasovo**
Museum of Vojvodina, Novi Sad,
Autonomous Province of Vojvodina

EXERCITUS

# KONSTANTIN UND

CONSTANTINI

# DAS HEER

# MILITIA ARMATA

**Alexander Demandt**

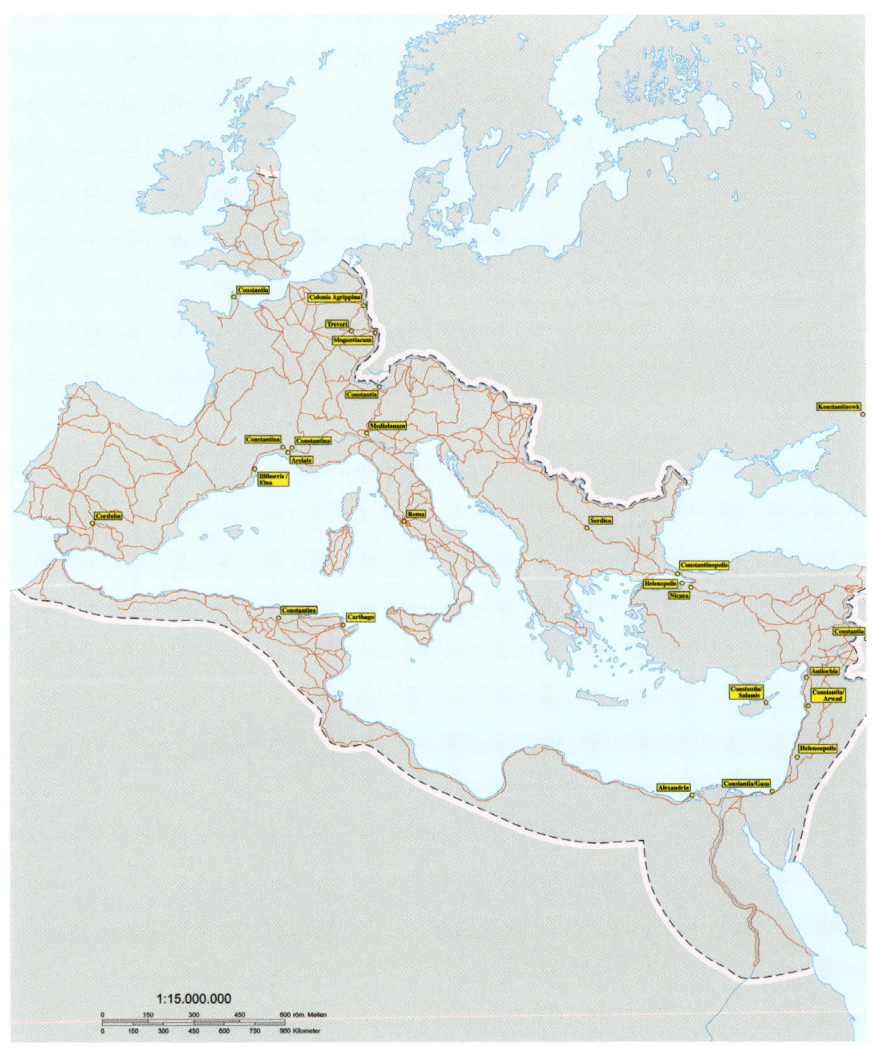

**1 Militärstraßen des Römischen Reichs**

Die Waffen und das Recht, ARMA ET IURA, nannte Justinian die Grundlagen des Römischen Reiches. Sie boten zugleich die Basis des Kaisertums, denn der Kaiser war sowohl höchster Richter und alleiniger Gesetzgeber als auch Oberbefehlshaber des Heeres. Schon der Begriff *imperator* erweist ihn als Feldherrn. Er bezahlte die Armee und versorgte die Veteranen. Demgemäß entschied auch das Heer über die Nachfolge, in der Regel nach dem Willen des regierenden Kaisers zugunsten von dessen Söhnen. Hieronymus (epistulae 146) erklärte bündig: „Den Kaiser macht das Heer". Die Zustimmung des Senates hatte an Bedeutung verloren.

Der militärische Charakter des Imperiums zeigt sich darin, dass neben den Begriff MILITIA ARMATA für Krieger die Bezeichnungen MILITIA PALATINA für den Hofdienst und MILITIA OFFICIALIS für die Verwaltung traten. Der Klerus bildete die MILITIA CHRISTI. So wie der Soldat des Kaisers trug der Mönch als „Soldat Christi" einen – in diesem Falle geistlichen – Gürtel. Michael Rostovtzeff stellte 1925 die drei Perioden der Kaisergeschichte unter die Begriffe Militärmonarchie, Militäranarchie und Militärdespotie. Gleichwohl ergibt dies insofern ein falsches Bild, als das kaiserzeitliche Rom erstaunlich demilitarisiert war. Nachdem Augustus als Sieger im Bürgerkrieg zwei Drittel der Legionen entlassen hatte, standen nur noch etwa 300 000 Mann unter den Waffen, bei einer geschätzten Gesamteinwohnerzahl von 50 Millionen weniger als 1 Prozent der Bevölkerung. Zudem lagen die Verbände nahezu ausschließlich an den Grenzen, das Binnenland war praktisch frei von Militär.

Im Verlauf der Kaiserzeit wurde das Heer vergrößert. Für Diokletian ist die Zahl von 389 704 Mann, ohne die Flotte, überliefert, unter Konstantin dürften 400 000 bis 500 000 Mann gedient haben. Die nun 67, vermutlich aber verkleinerten Legionen verteilten sich wie folgt: Orient 28, Donau 17, Rhein 10, Britannien 3, Spanien 1, Afrika 8.

Die alte Zweiteilung des Heeres in Legionen und Hilfstruppen war seit der Verleihung des Bürgerrechts an alle Reichsangehörigen durch Caracalla 212 nur noch eine Sache der Benennung. Die Lage forderte neben den an den Grenzen aufgereihten Truppen eine Eingreifreserve, ein Marsch- oder Feldheer, mit dem man Usurpatoren und ins Reich eingedrungene Gegner bekämpfen konnte, ohne den Limes entblößen zu müssen. Die Kaiser des Principats hatten für solche Zwecke Einsatzheere zusammengestellt, deren Abteilungen (VEXILLATIONES unter PRAEPOSITI) aus verschiedenen Garnisonen abgezogen und schließlich dorthin wieder zurückgeschickt wurden. Dies wurde nun, je öfter man eine bewegliche Truppe brauchte, desto umständlicher.

Konstantin hat darum die seit Gallienus und Diokletian bestehenden mobilen Armeeteile erheblich verstärkt. Den Grundstock lieferte jenes Heer, mit dem er 312 gegen Maxentius gezogen war. Es umfasste etwa ein Viertel der Gesamtarmee. Die von DUCES kommandierten Grenztruppen lagen in den Kastellen entlang des Limes, meist an den Flussgrenzen, darum nennt Konstantin sie 325 RIPENSES. Die Bezeichnung LIMITANEI ist seit 363 bezeugt. Dem Schutz gegen Germanen und Sarmaten dienten die von Diokletian und Konstantin erneuerten Kastelle an Rhein und Donau – beide Flüsse erhielten Brücken –, der Abwehr von Arabern und Persern der Limes von Chalkis und die STRATA DIOCLETIANA von Nordost-Arabien nach Palmyra zum Euphrat.

Umgeformt wurde ebenfalls die Garde. Maxentius hatte sich auf die Prätorianerkohorten gestützt. Konstantin löste sie nach seinem Sieg an der Milvischen Brücke 312 auf. Das Amt des Praefectus Praetorio jedoch blieb bestehen. Der „Reichspräfekt" wurde auf zivile Bereiche beschränkt und fungierte hier als Stellvertreter des Kaisers. Ihm unterstand das Steuerwesen und damit auch die Versorgung der Soldaten.

Zur engsten Umgebung des Kaisers zählten fortan die PROTECTORES. Schon Gallienus hatte den Ehrenrang eines PROTECTOR DIVINI LATERIS einzelnen Offizieren verliehen, unter Diokletian wurde der Kreis erweitert. Es scheint, dass Konstantin aus ihnen DOMESTICI ausgewählt und diese PROTECTORES (ET) DOMESTICI einem COMES DOMESTICORUM EQUITUM und einem COMES DOMESTICORUM PEDITUM unterstellt hat. Die Zeremonie der Aufnahme in diese Nobelgarde war die ADORATIO SACRAE PURPURAE, die Zulassung zum fußfälligen Kuss des Kaisermantels. Damit waren begehrte Privilegien verbunden: ein höherer Sold und Aufstiegsmöglichkeiten in der Offizierslaufbahn. Julian etablierte vier Einheiten (praesentalische SCHOLAE) zu 50 Mann am Hof, einzelne dienten als Stabsoffiziere beim Praefectus Praetorio oder einem der Heermeister (s. u.), man übertrug ihnen vielfach Sonderaufgaben: Aufsicht von Befestigungsmaßnahmen, Rekrutierung, Transportschutz, Zollüberwachung, Verhaftungen usw. Unter den PROTECTORES finden wir einerseits Söhne von hohen Offizieren und germanischen Fürsten, andererseits langgediente Militärs, die mit dieser Würde ausgezeichnet wurden. Den militärischen Schutz des Kaisers übernahmen die um 330 eingerichteten SCHOLAE PALATINAE. Die sieben von Tribunen geführten Einheiten dieser Elitetruppe zu 500 Mann, großenteils Germanen, waren beritten und unterstanden dem von Konstantin geschaffenen MAGISTER OFFICORUM, dem „Staatskanzler".

In der früheren Kaiserzeit kam den schwerbewaffneten Fußkämpfern, den Legionären, die höchste Bedeutung zu. Die Leichtbewaffneten einschließlich der Bogenschützen und Schleuderer dienten als Plänkler, die Reiter als Flankenschutz. Das änderte sich. 258 schuf Gallienus eine schwere Reiterei nach persischem Vorbild, die Reiter hießen nach ihrer Panzerung CATAPHRACTARII oder CLIBANARII, in Vexillationen und Alen zu 500 Mann gegliedert. Sie gewannen allmählich ein dem Fußvolk gleiches, später sogar überlegenes Gewicht. Ein Grund dafür liegt darin, dass die Schlachtreihe der Fußkämpfer ihre volle, auch dem Reiterangriff gewachsene Stärke nur erhielt, wenn sie gut einexerziert war, und daran haperte es in der Spätzeit.

Insgesamt bieten die spätantiken Landstreitkräfte ein buntes Bild, vor allem wegen der zahlreichen barbarischen Einheiten. Die vielgliedrige Struktur des Heeres spiegelt sich in den Namen der Truppen, die wir aus der Notitia Dignitatum kennen. Die alten Legionen führten ihre Nummern und Beinamen weiter, hinzu kommen neue: Ein Teil von ihnen heißt nach römischen Göttern (IOVII, HERCULII, MARTII, SOLENSES, DIANENSES, MINERVII), andere nach Kaisern (CONSTANTIANI, VALENTINIANI, THEODOSIANI). Daneben begegnen zahlreiche Stammesnamen (PERSAE, TRANSTIGRANI, s. u.) oder allgemeine Ethnica (GENTILES, ALPINI). MANCHE NAMEN VERWEISEN AUF DIE AUSRÜSTUNG (LANCEARII, SAGITTARII, FUNDITORES, BALISTARII, CLIBANARII, CORNUTI, CETRATI, SCUTARII, TUBANTES, DROMEDARII), ANDERE AUF BESONDERE EIGENSCHAFTEN (EXPLORATORES, DEFENSORES, VICTORES, VINDICES, TONANTES, FEROCES, MUSCULARII, LEONES). Jede Truppe besaß ein eigenes Schildzeichen, überwiegend Farbteilungen, doch begegnen auch runenähnliche und andere germanische Symbole sowie figürliche Wappenembleme: Schlange, Wolf, Löwe, Adler und Stier, Sonne und Stern, Blumen, Victorien, Menschen, Köpfe und Zwillinge (Kaiserbilder?) usw. Auf den Schilden der Garde findet sich das Christogramm.

Eine vergleichsweise geringe Bedeutung hatte das Flottenwesen. Überliefert wird für Diokletian die Zahl von 45562 Angehörigen der kaiserlichen Marine. In Misenum und Ravenna standen weiterhin Flottenverbände, ebenso in Aquileia. Außerdem wird eine Station in Britannien und eine an der Kanalküste genannt. Die zahlreichsten BARCARII lagen an der Donau, weitere am Bodensee (in Bregenz), am Neuenburger See und am Comer See. In Gallien gab es Flottenstationen an Rhône, Saône und Seine. Julian verfügte über eine Rheinflotte von 600 Schiffen, fünf von diesen sind in Mainz ausgegraben worden, zwei stammen nach der Jahresring-Chronologie aus den Jahren 320 und 321. Über tausend Schiffe der Euphratflotte werden im Zusammenhang mit Julians Perserzug 363 erwähnt. Die Schiffe der CLASSIS SELEUCENA unterstanden dem COMES ORIENTIS. Der Hafen von Seleukia wurde 346 durch Constantius II. ausgebaut. Dass in Konstantinopel eine Flotte aus Liburnen lag, bezeugt Zosimos. Regelrechte Seeschlachten im altgriechischen Stil fanden nicht mehr statt. Immerhin gab es den Sieg von Crispus 324 über die Schiffe des Licinius zwischen Byzanz und Chrysopolis, wobei freilich ein Sturm das Beste tat.

Im Principat wurde eine niedere Laufbahn, vom Gemeinen bis zum Centurionen, unterschieden von der höheren, vom Tribunen bis zum Legaten. Erstere machten Berufssoldaten beliebiger Herkunft im Heeresdienst durch, letztere war ein Teil des CURSUS HONORUM von Rittern und Senatoren. Diese Zweiteilung entfiel in der Spätantike. Gallienus verschloss um 260 den Senatoren die Offizierskarriere und öffnete sie Aufsteigern. Nicht Geburt, nicht Reichtum, nicht Amt und Redegabe solle entscheiden, sondern das militärische Können.

Während seiner Dienstzeit stieg der Soldat im Rang auf: in alten Einheiten vom TIRO zum CENTURIO, in den neuen Reiterverbänden zum TRIBUNUS. Über und außer den Mannschaftsgraden rangierten die Standartenträger (DRACONARIUS, SIGNIFER), Exerziermeister (CAMPIDOCTOR), Truppenärzte (MEDICUS), Feldmesser (AGRIMENSOR) und die Angehörigen des Verwaltungsstabes.

Darüber standen die Offiziere. Eine untere Gruppe umfasst die TRIBUNI, PRAEFECTI oder PRAEPOSITI. Sie trugen den Rangtitel VIR EGREGIUS und befehligten die unspezifisch NUMERI genannten Einheiten (LEGIONES, ALAE, AUXILIA, COHORTES) in der neuen Standardgröße von 500 Reitern oder 1 000 Mann zu Fuß. Der höheren Gruppe von Offizieren gehörten die DUCES, COMITES REI MILITARIS und darüber die COMITES DOMESTICORUM und die MAGISTRI MILITUM an. Wie in der Zivilverwaltung, so begegnen uns auch im Militär zahlreiche Aufsteiger.

Seit der Neudefinition der PRAEFECTURA PRAETORII durch Konstantin 312 besaß der Kaiser keinen Stellvertreter mehr als Befehlshaber des Heeres. Dem diente die Schaffung von zwei Heermeistern als militärischen Oberkommandierenden. Ihre Titel lauteten MAGISTER EQUITUM für die Reiterei und MAGISTER PEDITUM für das Fußvolk. Ohne Hinweis auf die Waffengattung wurden sie auch MAGISTRI MILITUM und später sogar MAGISTRI EQUITUM ET PEDITUM oder MAGISTRI UTRIUSQUE MILITIAE benannt. Im Rang standen sie den Reichs- und Stadtpräfekten gleich, waren COMITES PRIMI ORDINIS. Als Konstantin das Heermeisteramt einrichtete, beabsichtige er damit vermutlich, seinen zu Caesaren ernannten Söhnen erfahrene Militärs zur Seite zu stellen.

⊙ I.15.23
**2 Notitia Dignitatum, Insignia viri illustris
magistri officiorum, fol. 117v**
Bibliothèque nationale de France

⊙ I.15.23
**3 Notitia Dignitatum, Insignia viri illustris
magistri equitum, fol. 114v**
Bibliothèque nationale de France

Unter Constantius II. sind neben die beiden Heermeister am Hofe, später als MAGISTRI MILITUM PRAESENTALES bezeichnet, drei weitere MAGISTRI getreten, ein MAGISTER MILITUM PER ORIENTEM, der 351 die Herrschaft des Caesar Gallus in Antiochia unterstützen sollte, ein MAGISTER MILITUM PER GALLIAS, der 355 den Caesar Julian nach Paris begleitete, und ein MAGISTER MILITUM PER ILLYRICUM, der nach dem Abzug des Constantius in den Perserkrieg 359 den Befehl an der Donaufront übernahm. Hinfort finden wir neben den beiden Hofgeneralen diese drei Regionalkommandos für die entsprechenden Präfekturen.

Zum Jahre 344 wird mit Salia unter Constans der erste germanische Heermeister erwähnt. Fortan stellen die Germanen die stärkste ethnische Gruppe in der Truppenführung, doch begegnen auch andere Barbaren, sowie Römer vorwiegend aus den Donauprovinzen. Ihrer sozialen Herkunft nach waren die Heermeister teils Soldaten, die sich aus kleinen Verhältnissen hochgearbeitet hatten, teils Offizierssöhne, teils barbarische Prinzen.

Die Truppenbestände wurden jährlich ergänzt, indem die Kaiser aus einzelnen Provinzen bestimmte Kontingente von Rekruten (tirones, iuniores) forderten. Die Rechtsgrundlage für die Rekrutierung war die allgemeine Wehrpflicht. Sie galt für alle CIVES ROMANI. Seit der frühen Kaiserzeit wurde davon jedoch kein Gebrauch gemacht, weil eine kleine Anzahl von Freiwilligen mit langen Dienstzeiten den Vorteil bot, dass der Kaiser über ein stehendes Heer ausgebildeter Soldaten verfügte und die überwältigende Mehrzahl aller Männer überhaupt nicht dienen musste. Der Nachteil dieser Arbeitsteilung lag darin, dass im Ernstfall keine geschulten Reservisten zur Verfügung standen.

⊙ I.12.77
**4 Trierer Spruchbecher**
Stadt Krefeld,
Museum Burg Linn

⊙ I.12.3
**5 Modell eines Binnenschiffes militärischer
Zweckbestimmung (Mainz, Typ B)**
Römisch-Germanisches Zentralmuseum,
Mainz

Als Diokletian den Truppenbestand erhöhen wollte, fehlte es an Freiwilligen. Darum hat er Rekruten wie eine Steuer eingezogen, proportional zum Personalbestand der Landeigentümer. Zu diesem Zweck wurden wertgleiche Güterkomplexe gebildet, die einem TEMONARIUS unterstanden. Er trieb Geld (TEMO) ein, von dem derjenige Grundbesitzer, der den Rekruten stellte, entschädigt, oder ein Freiwilliger bezahlt wurde. In jedem Fall dienstpflichtig waren Veteranensöhne, die ja die Privilegien ihrer Väter genossen (s. u.). Unter Konstantin mussten die 20- bis 25-Jährigen dienen, später schon die 19-Jährigen. Ausgeschlossen vom Dienst blieben erstens Privilegierte wie Senatoren, Professoren, Ärzte und Beamte, zweitens Dienstpflichtige wie Curialen, Fabrikarbeiter, Zunftangehörige und schollengebundene Kolonen, drittens unwürdige Männer wie Sklaven, Schankwirte und Schauspieler.

Der Militärschriftsteller Vegetius empfahl, Rekruten nicht aus den Städten, sondern vom Lande zu holen, möglichst aus dem kalten Norden, die Menschen dort seien besser zum Kriegsdienst geeignet. Die Rekrutierungsräume haben sich im Verlaufe der römischen Geschichte immer stärker in die weniger entwickelten, rauhen Randgebiete verschoben. Das wichtigste Soldatenland innerhalb des Reiches war noch im 4. Jahrhundert Illyricum und Thrakien.

Dem Rekruten wurde ein „siegbringendes" Erkennungszeichen auf den Arm tätowiert, dann wurde er in die Matrikel eingeschrieben und leistete, sicher seit dem 5. Jahrhundert, den Fahneneid (SACRAMENTUM) bei Gott, Christus, dem Heiligen Geist und der Majestät des Kaisers, „die nach Gott am meisten Verehrung verdient", dass er gehorchen und den Dienst nicht verlassen werde und für die ROMANA RES PUBLICA zu sterben bereit sei. Daraufhin bekam er eine bleierne Erkennungsmarke, die er um den Hals trug, und einen Militärpass.

Waffen, Uniform und Schuhe aus den kaiserlichen Großwerkstätten (FABRICAE) wurden gestellt. Der Sold bestand in einem jährlichen STIPENDIUM in bar. Zu besonderen Gelegenheiten wie Thronwechsel, Tag des Regierungsantritts, Kaisergeburtstag, Siegesfeiern und Fünfjahresjubiläum gab es auch Gold- und Silberdonative. Prokop beziffert das übliche Fünfjahresgeschenk auf fünf Goldstücke. Den täglichen Unterhalt bezog der Soldat in Naturalien. Die ANNONA umfasste eine Ration Brot, Wein, Öl, frisches oder gepökeltes Fleisch. Reiter erhielten zusätzlich Pferdefutter. Was der Soldat an Stroh, Holz, Öl usw. benötigte, musste er kaufen.

Gemäß einer Inschrift aus dem Jahre 311 erhielt ein aktiver Soldat der Grenzarmee für 5 Personen Kopfsteuerfreiheit, d. h. wohl für sich, seine Frau und drei Kinder. Letzteres entfiel bei Veteranen. Soweit die höheren Ränge ein Mehrfaches an Rationen erhielten und überhaupt nicht alles verzehrt werden konnte, entstand das Bedürfnis nach Umwandlung in Geld. Die ADAERATIO wird vielfach in den Gesetzen behandelt. Die normale Dienstzeit betrug 20 Jahre. Es gab jedoch die Möglichkeit früheren Ausscheidens und die längeren Dienens. Inschriften bezeugen Dienstzeiten von 40 Jahren und sechzigjährige Unteroffiziere. Urlaub zu gewähren, war das Vorrecht der *duces*. Damit wurde viel Missbrauch getrieben.

Ordnungsgemäß – auch krankheitshalber – entlassene Veteranen erhielten Geld oder Land, dazu kamen Saatgut und Zugvieh, geschäftliche Konzessionen, sowie Steuerfreiheit. Diese nach Rängen gestaffelten Privilegien gingen vom Vater auf den Sohn über, und darauf gründete sich die Erblichkeit des Soldatenstandes. Ein kritischer Zeitgenosse schlug vor, die Beförderung zu beschleunigen und so den Reiz für Freiwillige zu erhöhen. Die Veteranen sollten sodann an den Grenzen angesiedelt werden, um dem Staat als Steuerzahler und als Reserve zu dienen.

Die Barbarengefahr erforderte seit der Zeit des Gallienus eine Ummauerung der Städte und eine Befestigung der Grenzen. Die zumal unter Diokletian und Valentinian entstandene Militärarchitektur zeigt im Unterschied zu den Limeskastellen der frühen Kaiserzeit burgartigen Charakter: engräumig, turmbewehrt, auf Höhen, nicht mehr streng rechteckig, sondern dem Gelände angepasst und mit Speichern für Belagerung gerüstet. Die schon von Polybios gerühmte Sitte der Römer, befestigte Feldlager aufzuschlagen, ist auch in der Spätantike bezeugt. Dennoch ertönt die Klage, dass die Gewohnheit, Lager zu bauen, abhanden komme. Wie zuvor hat man Militär eingesetzt zum Bau von Straßen, Brücken und Kastellen, zum Holzfällen, Steinbrechen und Ziegelstreichen. Diokletian beauftragte 500 Mann zur Ausbesserung des Hafens von Seleukia in Syrien, die Soldaten empörten sich und riefen einen gewissen Eugenius zum Gegenkaiser aus, der sich freilich nur einen Tag hielt. Julian ließ die gallischen Städte durch seine Truppen neu befestigen, doch verspürten die Soldaten, zumal die Germanen, dazu wenig Lust.

Soldaten unterstanden strafrechtlich dem Militärgericht. Zivilprozesse durften vor diesem nicht abgehandelt werden. Höchster Richter war der Heermeister. Seit Septimius Severus durften Soldaten heiraten. Alle Personen militärischen Standes wurden zu den HONESTIORES gerechnet und milder bestraft als die HUMILIORES.

Stets führten die Römer ihre Erfolge im Feld auf den rechten Gottesdienst zurück. Christus erwies sich als Schlachtenhelfer zum ersten Mal unter Marc Aurel im Quadenkrieg beim „Regenwunder", das christliche Soldaten herbeigebetet haben sollen. Konstantin ließ 312 das Monogramm Christi seinen Kriegern auf die Schilde, sich selbst auf den Helm und in den Lorbeerkranz seiner Standarte (LABARUM) setzen. In seinen späten Jahren bezeichnete er die Waffen seiner Soldaten mit dem Kreuz und zog mit einem Gebetszelt, Bischöfen und Feldpredigern in den Krieg. Stolz schrieb er dem Perserkönig von dem Zeichen Christi, das sein gottgeweihtes Heer unschlagbar mache. Seine Siege über Maxentius und Licinius haben den Ruf Christi als Schlachtenhelfer begründet. Das von Konstantin eingeführte Heeresgebet vermied zwar den Namen Christi, richtete sich aber an „den einen Gott", während die Soldaten noch „die Götter" anriefen. Julians Rückwendung zum Polytheismus wurde vom Heer ebenso hingenommen wie Jovians wiederum orthodoxe Haltung.

Anders als zu Zeiten der Republik und anders als bei den gleichzeitigen Barbaren waren Militär und Wehrdienst in der spätantiken Gesellschaft unbeliebt. Der Pazifismus war verbreitet. Unter den Motiven der spätrömischen Kunst spielen nach den Schlachtensarkophagen des 3. Jahrhunderts Krieg und Sieg keine nennenswerte Rolle mehr. Die Abneigung gegen die „elenden Aushebungen" ging durch alle sozialen Schichten. Vornehme Menschen, heißt es, betrachteten die MILITIA als schmutzig und eines freien Mannes unwürdig. Die Grundbesitzer lieferten ungern Rekruten. Mehrfach gab es aus Senatorenkreisen Widerstand gegen Aushebungsbefehle, zuweilen auch Sabotage, indem der Herr untaugliche Subjekte zur Verfügung stellte: Sklaven, Zwangsarbeiter oder Angehörige unehrlicher Berufe. Verbreitet war die Selbstverstümmelung. Constantin drohte Veteranensöhnen, die sich den Daumen abschnitten, mit Einweisung in die steuerpflichtige Curia. Später verfügte er, dass sie trotzdem einzuziehen seien.

Die Anwerbung germanischer Hilfstruppen ist schon von Caesar bekannt. Fremde dienten als Reiter, als Leichtbewaffnete, als Schleuderer – aber die Kerntruppe blieb Römern vorbehalten. Dieses Verhältnis verschob sich indessen. Marc Aurel „kaufte Germanen als Hilfstruppen gegen Germanen". Gordian III. führte seinen Perserkrieg 243 mit gotischen und westgermanischen Hilfstruppen, und Aurelian heuerte Reiter der Vandalen, Juthungen und Alamannen zu Tausenden an. Konstantin wurde durch den alamannischen König Crocus zum Kaiser ausgerufen, die Schlacht an der Milvischen Brücke entschieden germanische „Hörnerhelme" (CORNUTI). Im Kampf gegen Licinius tat sich der Franke Bonitus hervor. Sein Sohn Silvanus trug bei zum Sieg von Constantius II. über Magnentius 351. Seitdem gewannen die Germanen im römischen Heer mehr und mehr an Bedeutung. Man scheute sich nicht, Kriegsgefangene in die eigenen Reihen aufzunehmen.

Hand in Hand damit ging der Aufstieg der Germanen im spätrömischen Offizierskorps. Gallienus verlieh dem Herulerfürsten Naulobatus die Konsularinsignien. Im Jahre 303 begegnet der Batavier Januarius als *dux*. Konstantin erwies zahlreichen Barbaren hohe Ehren, gemäß Julian erhob er solche sogar zu Konsuln. Der erste benennbare germanische Konsul dürfte der Heermeister Flavius Ursus, Konsul des Jahres 338, sein. Ihm folgte der Heermeister Flavius Salia, Konsul im Jahr 348. Unter Constantius besaßen die Germanen am Hof bereits eine starke Stellung. Der von Julian gefangene Alamannenkönig Vadomar kommandierte später als DUX PHOENICES im Nahen Osten. Etwa ein Drittel der Heermeister des 4. Jahrhunderts war germanischer Herkunft, im 5. Jahrhundert hatten sie die Übermacht.

Ob diese Söldner das römische Bürgerrecht bekamen, ist unklar. Nicht einmal für die Veteranen und die Offiziere ist es bezeugt. Seit Konstantin finden sich keine Militärdiplome mehr. Soweit die Fremden das kaiserliche COGNOMEN (Beinamen) Flavius führten, betrachtete man sie als Bürger, dennoch blieben sie in den Augen der Römer Barbaren. Sie assimilierten sich nicht mehr wie in früheren Jahrhunderten.

Die Anwerbung germanischer Söldner erfolgte zunehmend in Gruppen. Voraussetzung dafür war ein Bündnis (FOEDUS) zwischen dem Kaiser und dem Stamm. Die Vertragsbedingungen schwankten. Im günstigsten Falle erschien der Vasallenkönig schutzflehend vor dem Kaiser, wurde von diesem feierlich investiert und versprach, Tribute zu zahlen und das Reichsgebiet im Vorfeld gegen Angreifer zu schützen. Vielfach mussten die Barbaren Geiseln stellen. Im ungünstigsten Fall wurde der Friede im Feindesland oder auf einem Fluss von gleich zu gleich geschlossen, der Kaiser musste Subsidien zahlen und froh sein, wenn der neue Partner nicht mit den Barbaren im Hinterland gemeinsame Sache machte und bei der ersten Gelegenheit plündernd ins Reich einbrach. Die Germanen erachteten ihre Bindung spätestens beim Tode des betreffenden Kaisers als gelöst.

Die alte Sitte der Römer, die Satellitenfürsten mit Geld zu unterstützen, wuchs sich aus zu einer Belastung. In der Spätantike zahlten die Kaiser – mit Unterbrechung – Jahrgelder an alle Nachbarn, an die ägyptischen Wüstenvölker, an die Sarazenen, die Perser, die Armenier, die Iberier, die Hunnen und die Germanen – so auch Konstantin. Starke Kaiser wie Julian oder Marcian verweigerten sie. Je schwächer das Reich wurde, desto deutlicher wurde, dass es sich um Stillhaltegelder handelte.

Parallel zur Einstellung der Nordmänner ins Heer verlief ihre Ansiedlung als LAETI oder GENTILES auf Reichsboden. Als die Westgoten nach ihrem Sieg bei Adrianopel 378 ins Reich einbrachen, traten Tausende ihrer dort lebenden Landsleute zu ihnen über. Die Germanen schlugen die Römer mit ihren eigenen Waffen. Die Barbarisierung des Heeres unter „römischen" Generälen wie Merobaudes, Arbogast, Bauto, Stilicho und Rikimer führte 476 zur Absetzung des letzten Westkaisers Romulus Augustulus durch den Thüringer Heerkönig Odovacar.

# DIE BEWAFFNUNG DES SPÄTANTIKEN HEERES

Michael Schmauder

⊙ I.12.28
**1 Spatha von Idesheim**
Rheinisches Landesmuseum Trier

Die durch innere Konflikte und äußere Bedrohung entlang der Reichsgrenze hervorgerufene Krise des 3. Jahrhunderts führte zur Erkenntnis, dass die seit Augustus (27 v. Chr. – 14 n. Chr.) bestehende Wehrfassung nicht mehr den Anforderungen der grundlegend veränderten Situation gerecht werden konnte. Unter Gallienus (253 – 268) wurde daher eine umfassende Reform des Heeres eingeleitet, die von Diokletian (284 – 305) weitergeführt und von Konstantin (306 – 337) weitestgehend vollendet wurde.

Im Zentrum der Reform stand die Vergrößerung der Gesamtstärke des Heeres, das im Vergleich zur Zeit des Principats mindestens verdoppelt wurde. Darüber hinaus hatten die Einfälle von Franken, Alamannen, Goten, Herulern und vielen weiteren, vornehmlich germanischen Völkern entlang der nördlichen Reichsgrenze gezeigt, dass allein die Konzentration der Verteidigung entlang der Reichsgrenze nicht ausreichte. Denn wurde die Grenzlinie durchbrochen, war das Hinterland verteidigungslos den Plünderungen preisgegeben. Daher musste eine mobile Eingreifreserve geschaffen werden, ein Marsch- oder Feldheer, das seit 325 als COMITATENSES bezeichnet wurde, während die Grenztruppen zunächst als RIPENSIS und seit 363 als LIMITANEI benannt wurden.

Im Zuge der Heeresreformen kam es zu deutlichen Veränderungen in der Ausstattung der regulären Truppen. Während die von verschiedensten Völkern gestellten Hilfskontingente (AUXILIA) traditionell ihre eigene Bewaffnung mit sich führten, auf die im Einzelnen hier nicht eingegangen werden kann, verfügten die regulären Truppen auch in dieser Zeit noch über eine weitgehend standardisierte Ausrüstung.

⊙ I.12.29
**2 Mundblech einer Spathascheide**
Rheinisches Landesmuseum Trier

**3 Gürtelgarnitur**
Römisch-Germanisches Museum
der Stadt Köln

Wie schon während des Principats bildete die Infanterie das Rückgrat des römischen Heeres, jedoch wurde schon zu Beginn des 3. Jahrhunderts unter Macrinus (217 – 218) die Bewaffnung der Legionäre erleichtert. Der bis dahin übliche Schuppenpanzer sowie die großen hochrechteckigen Schilde wurden mehrheitlich, wenn auch nicht gänzlich, aufgegeben.

Als Waffe des Nahkampfes diente seit dem späten 2. Jahrhundert überwiegend ein zweischneidiges Langschwert (SPATHA), das die Römer von den Germanen übernommen hatten und das anders als das bis dahin übliche Schwert, der GLADIUS, überwiegend zum Schlagen und nicht zum Zustechen diente. An die Stelle der üblichen Ringaufhängung an einem Schultergurt (BALTEUS) wurde das Schwert mit Hilfe eines Riemens, der durch einen auf der Schwertscheide befestigten Durchzug geführt wurde, am Gürtel (CINGULUM) befestigt und an der rechten Seite getragen. Die Griffe der Schwerter wurden aus Bein, Elfenbein oder Holz hergestellt und konnten unterschiedliche geometrische Verzierungen tragen. Das Ortband, der untere Abschluss der zumeist aus Holz mit einem ledernen Überzug versehenen Schwertscheide, endete im 3. Jahrhundert zumeist in runden, dosenförmigen Enden, während im 4. Jahrhundert Ortbänder mit rechteckigem Abschluss aufkommen, wie sie sich z. B. auch bei der Darstellung der Tetrarchen in Venedig finden. Ein typisches Langschwert des 4. Jahrhunderts stammt aus Idesheim (Kr. Bitburg-Prüm). Die Schwertscheide war an ihrer Öffnung mit einem so genannten Mundblech verstärkt, das mit einem mit Niello verzierten Spiraldekor geschmückt ist [1]. Den unteren Abschluss des Mundblechs bildet eine durchbrochen gearbeitete Randleiste. Die Gestaltung der Randleis-

te in Form schlüssellochförmiger Segmente findet sich in entsprechender Form an einem Schwertscheidenmundblech aus Trier [2], das ansonsten einen flächigen Kerbschnittdekor aufweist, der die charakteristische Zierweise metallener Besätze des 4. und 5. Jahrhunderts darstellt. Im 3. Jahrhundert erscheint ein in seiner Klingenform dem Langschwert (SPATHA) entsprechendes Kurzschwert, das von Vegetius, dem Autor eines militärischen Handbuchs des ausgehenden 4. und der ersten Hälfte des 5. Jahrhunderts, als SEMISPATHIUM bezeichnet wird (Vegetius, Epitoma rei militaris = De re militari II 15,4). Diese Kurzschwerter entsprechen in ihrer Länge ungefähr dem GLADIUS, dem Kurzschwert der Republik und der römischen Kaiserzeit. Offensichtlich erwies sich im Nahkampf eine Waffe, die weniger sperrig war als das seit dem 2. Jahrhundert übliche Langschwert als von Vorteil. Lang- und Kurzschwert werden im 4. Jahrhundert an breiten Gürtelgarnituren (CINGULAE MILITARES) getragen. Diese mit Schnallen und Beschlägen versehenen Gürtel, die überall entlang der nördlichen Grenze des Römischen Reiches und in besonders großer Zahl in den Gräbern barbarischer Verbündeter (FOEDERATI) zu finden sind, lösen um 300, also im Zuge der diokletianisch-konstantinischen Heeresreform, die für fast ein Jahrhundert üblichen Ring- bzw. Rahmenschnallencingulae ab.

⊙ I.12.37
**4 Gürtelbeschläge**
Römisch-Germanisches Museum der Stadt Köln

Ein besonders prunkvolles Exemplar des letztgenannten Gürteltyps, mit aufwändiger Durchbruchsverzierung und einer Rahmung aus S- und peltenförmigen Elementen, liegt aus Köln vor [3]. Kennzeichnend ist das Fehlen eines beweglichen Bügels und Dorns, so dass der Gürtel vermutlich mehrfach durch die Rahmenschnallen geschlauft wurde. Gleichfalls aus Köln stammt eine typische Gürtelgarnitur des 4. Jahrhundert mit flächigem Kerbschnittdekor [4].

Ebenfalls als Waffe des Nahkampfs dienten Dolche. Nachdem diese bereits unter Caligula (37 – 41) aus der Standardausrüstung der Legionäre verschwunden waren, werden sie möglicherweise im 3. Jahrhundert wieder eingeführt, wie dies u. a. der umfangreiche Waffenfund von Künzing mit zahlreichen Dolchen dokumentiert. Als Fernwaffen dienten auch im 4. Jahrhundert vor allem Lanzen sowie Pfeil und Bogen. Eine qualitativ besonders herausragende Lanzenspitze liegt aus Lothringen vor. Das keilförmig zulaufende Lanzenblatt ist zu Seiten der ausgeprägten Mittelrippe mit zwei in Kupfer- und Messingeinlagen wiedergegebenen, sich zugewandten Büsten verziert, wie sie sich ähnlich z. B. an Zwiebelknopffibeln (eine spezielle Form einer Gewandschließe) oder auf Gürtelbeschlägen und Gefäßen finden.

Dem Körperschutz dienten runde oder ovale Schilde, die die rechteckigen Schilde des 1. Jahrhunderts ablösten. Aufgrund der hervorragend erhaltenen Funde aus der Grenzstadt Dura-Europos im heutigen Syrien ist der Aufbau der Schilde bekannt. Sie bestand aus 12 – 15 miteinander verleimten Brettern von 0,8 – 1,2 cm Stärke und waren im Zentrum durch einen Schildbuckel verstärkt, der die sich dahinter befindende Hand schützte. Schilde wiesen oft einen reichen, möglicherweise auch nach bestimmten Einheiten angelegten Dekor auf, wie dies u. a. in der NOTITIA DIGNITATUM (eine Darstellung der römischen Reichsverwaltung aus dem Jahr 425) zu erkennen ist. Hier sind sie im Rahmen der Darstellung der Amtsinsignien und charakteristischer, mit der Amtstätigkeit des (MAGISTER OFFICIORUM) verbundener Gegenstände dargestellt. Zu sehen sind hier gleichfalls unterschiedliche Panzerformen, darunter vermutlich auch Kettenhemden oder Schuppenpanzer. Reste von Kettenhemden (LORICA HAMATA) und Schuppenpanzern (LORICA SQUAMATA) stammen aus Weiler-la-Tour (Luxemburg) und Mehring (Lkr. Saarburg-Mosel). Sie sind mehrfach auf Darstellungen, so auf einem Relief des 3. Jahrhunderts in den Vatikanischen Museen und im archäologischen Befund belegt. Daneben gab es zweifellos lederne Brustpanzer.

⊙ I.12.22
**5 Eisenhelm mit Wangenklappen und
Nackenschutz, Typ „Intercisa"**
Fundort: Augst, Kanton Basel-Landschaft
Römerstadt Augusta Raurica, Augst

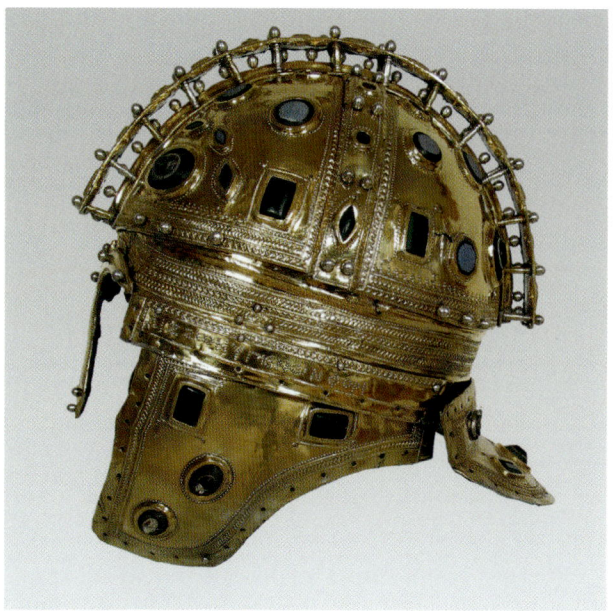

⊙ I.12.18
**6 Paradehelm von Berkasovo**
Museum of Vojvodina, Novi Sad,
Autonomous Province of Vojvodina

⊙ I.12.19
**Paradehelm von Berkasovo**
Museum of Vojvodina, Novi Sad,
Autonomous Province of Vojvodina

Zum Köperschutz zählten weiterhin Helme. Unter Konstantin wird eine Helmform als Standardhelm eingeführt, die mit großer Wahrscheinlichkeit auf sassanidische Vorbilder zurückgeht. Einen entsprechenden Helm GALEAM AURO GEMMISQUE RADIANTEM ET PINNIS PULCHRAE ALITIS EMINENTEM, also einen mit Edelsteinen verzierten Helm mit einem Helmbusch aus Pfauenfedern (Panegyrici latini VII [VI] 6), erhält Konstantin von seiner Gemahlin Fausta als Hochzeitsgeschenk. Diesen Helm trägt Konstantin bei der entscheidenden Schlacht gegen Maxentius an der Milvischen Brücke bei Rom. Die aus Eisen hergestellten Helme dieses neu eingeführten Typs zeichnen sich durch den Helmkamm und ihren Aufbau aus zumeist nur zwei Halbschalen aus. Sie variieren in Hinsicht auf die Gestaltung der Wangenklappen. Während eine Gruppe der Helme mit flächigen Wangenklappen ausgestattet ist, die mit Hilfe eines Reifens, an dem zugleich der Nasenschutz angebracht ist, an der Helmkalotte befestigt sind, ist die zweite Gruppe durch deutlich kleinere, die Ohren freilassende Wangenklappen gekennzeichnet, wie sie z. B. an einem Helm aus Intercisa (Dunaújváros) zu finden sind [5]. Der Nasenschutz fehlt bei diesem Helmtyp oftmals oder ist direkt an die Stirnpartie der Helmkalotte angenietet. Der letztgenannte Helmtyp wurde durch die Infanterie benutzt, während die erstgenannte Form der Reiterei zuzuordnen ist. Dass die Helme, ebenso wie weitere Ausrüstungsgegenstände, in ihrer Ausgestaltung hierarchische Strukturen widerspiegeln, ist offensichtlich. Reich mit Halbedelsteinen oder Glaseinlagen und mit aufwändig ornamental sowie figural verziertem Silber- oder Goldblech versehene Helme, wie sie u. a. aus Berkasovo vorliegen[6], sind zweifellos den römischen Offiziersrängen zuzuweisen. Zu den Verzierungen zählt auch die Anbringung eines Christogramms an der Stirnseite des Helmkamms. Bis vor wenigen Jahren fehlte ein unmittelbarer Beleg für die Anbringung von Christogrammen an der Stirnseite des Helmkamms. Nur das aus dem Jahr 315 stammende Medaillon Konstantins mit einem entsprechend verzierten Helm konnte als Beleg angeführt werden. 1997 jedoch wurden in der niederländischen Provinz Nord-Limburg 15 Fragmente eines Helmes gefunden, an dessen Stirnseite des Helmkamms ein auf dem Kopf stehendes schüssellochförmiges Zierfeld angebracht ist, das im runden Feld mit einem Christogramm verziert ist. Lange Zeit wurden entsprechende Zierstücke, die vor allem in den nördlichen Grenzprovinzen des Römischen Reiches belegt sind als Klerikerschnallen angesprochen.

⊙ I.12.19
> 6 **Paradehelm von Berkasovo**
Museum of Vojvodina, Novi Sad, Autonomous
Province of Vojvodina

Als weitere spätrömische Helmform erscheint im 3. Jahrhundert der Spangenhelm, bei dem an den Stirnreif mehrere Spangen radial vernietet wurden, an denen wiederum von der Helminnenseite her annähernd dreieckige Platten genietet wurden.

Einen Eindruck von der Ausstattung römischer Infanteriesoldaten des 4. Jahrhunderts geben eine Reihe von Denkmälern, von denen hier z. B. die Darstellung der konstantinischen Armee auf dem Konstantinsbogen in Rom, die Fragmente der Siegessäule Theodosius I. auf dem Forum Tauri in Konstantinopel oder die Largitionsschalen aus Genf und Madrid genannt werden sollen. Die Theodosius-Säule zeigt Soldaten, die Helme vom Typ Intercisa mit Kamm, Wangenklappen und zusätzlichem Stirnschmuck tragen. Die Soldaten halten runde bis ovale Schilde, die auf ihrer Außenseite einen nur leicht gewölbtem Schildbuckel und eine Verzierung mit einem Christogramm aufweisen. Auf der Innenseite des gewölbten Schildes ist mit je zwei Nieten ein Griffstück mit sich verbreiternden Enden befestigt. Der Körper wird durch einen vermutlich ledernen Brustpanzer geschützt, der am unteren Rand mit Fransen versehen ist. Als Bewaffnung dienen schwere Lanzen.

Parallel zu den Veränderungen im Bereich der Ausrüstung der Infanterie kommt es auch bei der Reiterei zu entscheidenden Umwälzungen, die vor allem mit der Bedrohung entlang der Ostgrenze des Reiches durch Parther und Sassaniden zusammenhängen. Insgesamt kommt der Reiterei seit dem 3. Jahrhundert eine immer größere Bedeutung bei Kampfhandlungen zu. Gallienus schuf daher im Jahr 258 eine schwere Reiterei nach sassanidischem Vorbild, die aufgrund ihrer Panzerung als CATAPHRACTARII oder CLIBANARII bezeichnet wurde.

*Eine plastische Schilderung von dem nachhaltigen Eindruck dieser Panzerreiter liefert Ammianus Marcellinus beim Einzug Constantius II. im Jahr 357 in Rom: „Hierauf nun zog mit runden Schilden und flatternden Helmbüschen eine weitere Abteilung Schwerbewaffneter ein, blitzendes Licht von ihren schimmernden Panzern ausstrahlend, und zwischen diesen marschierten die Kataphraktenreiter auf, die die Perser* CLIBANARII *nennen, mit Masken vor dem Gesicht die Körper schützend gehüllt in die eisernen Schalen ihrer Panzer, dass man glauben könnte, sie seien von des Praxiteles Meisterhand geschaffene Götterstatuen und keine lebendigen Männer. Die kleinen Schuppen und Ringe schmiegen sich den geschwungenen Konturen des Körpers an, überziehen alle Gliedmaßen, und wo immer ein Gelenk sich bewegt, gibt die fugenlos angemessene Hülle nach"* (AMMIANUS MARCELLINUS XVI 10,8).

Die Herstellung der Waffen und Ausrüstungsgegenstände des Heeres erfolgte bis in die Zeit um 300 überwiegend in den VICI und CANABAE, also in den bei den Kastellen und Legionslagern gelegenen Zivilsiedlungen. Unter Diokletian wurden zentrale Waffenfabriken (FABRICAE) eingerichtet, die den MAGISTRI OFFICIORUM der beiden Reichshälften unterstellt waren. Die NOTITIA DIGNITATUM führt 15 FABRICAE für den Osten und 20 für den Westen mit ihren jeweiligen Standorten und Produkten auf (Schilde, Speere, Pfeile etc.).

Ebenso wie während des Principats und der Kaiserzeit kommen auch in der Spätantike Kriegsmaschinen zum Einsatz. Ungebrochen ist die Bedeutung von Torsionsgeschützen, den Ballisten, mit denen Bolzen und Brandpfeile in direkter Bahn auf die Feinde geschossen wurden und den Skorpionen oder Onagern, die Gesteinsbrocken oder Steinkugeln in bogenförmigen Bahnen schleuderten. Verschiedenste Belagerungsmaschinen, wie Rammböcke und Sturmtürme dienten der Erstürmung befestigter Städte und Lager.

○ I.12.20
**Vergoldeter Gardehelm von Augsburg-Pfersee**
Germanisches Nationalmuseum, Nürnberg

○ I.12.21
**Vergoldeter Gardehelm von Augsburg-Pfersee**
Römisches Museum Augsburg

⊙ I.12.27

**Schwert mit Scheide**

Regionales Historisches Museum Silistra

⊙ I.13.124

**Helmbeschlag mit Christogramm**

München, Sammlung C. S.

# KONSTANTINS SICHERUNG DER GRENZEN DES RÖMISCHEN REICHES

**Josef Engemann**

In der neuzeitlichen Konstantin-Literatur finden neben der Religionspolitik des Kaisers seine innenpolitischen Kriege besondere Beachtung, mit denen er sich von der usurpatorischen Kaiserernennung durch die Truppen seines Vaters im Jahre 306 an zum Alleinherrscher des römischen Reiches im Jahre 324 durchsetzte. Weniger erwähnt werden Konstantins Kämpfe gegen die auswärtigen Feinde Roms, die Franken, Alamannen, Sarmaten, Goten und Perser. Dabei hatte die Verteidigung gegen die verstärkt auf die Grenzen an Rhein, Donau und Euphrat andringenden „Barbaren" bereits im 3. Jahrhundert ein sehr ernstes und dringendes Problem dargestellt (Übersicht und Literatur bei Demandt 1989, 39 – 53). Wie von den Tetrarchen (s. Kapitel 2, Beitrag von Kuhoff) erwartete die bedrohte Reichsbevölkerung von Konstantin eine erfolgreiche Barbarenabwehr. Diese war daher auch für seine Innenpolitik unverzichtbar, denn das Streben nach der Alleinherrschaft wäre ohne außenpolitische Erfolge nicht zu verwirklichen gewesen. Hierin liegt der Grund, warum auf seinen Münzen und auf denen seiner Nachfolger so häufig auf Siege über Barbaren hingewiesen wurde (s. Kapitel 5, Beitrag von Engemann). Wie stark die Barbarenfurcht das tägliche Leben der Bevölkerung beeinflusste, kann man an zwei Objekten in der Ausstellung erkennen, die zum Spielen dienten. Der Würfelturm des Rheinisches Landesmuseums Bonn [1] beruhigt mit seiner Aufschrift die Spieler: „Die Picten sind besiegt, der Feind ist vernichtet, spielt unbekümmert!"

Auf einer später als Grabinschrift verwendeten Spieltafel der Trierer Pfarrei St. Matthias [2] bringen die zum Spiel gehörenden sechs lateinischen Worte zu je sechs Buchstaben dasselbe zum Ausdruck: „Die Kraft des Imperiums. Die Feinde sind gefesselt. Die Römer mögen spielen." Dass die Bedrohung real war, zeigte der Frankensturm in der Mitte des 4. Jahrhunderts, der zur Verwüstung weiter Teile Galliens (Ammianus Marcellinus 15,5,2) und zur Einnahme Kölns 355/356 führte. Für das Umland Triers sind die Zerstörungen durch zahlreiche Fundhorizonte gesichert (hierzu Schwinden 1984). Das Folgende ist auf Konstantins Maßnahmen beschränkt.

Für die Sicherung der Grenzen gab es mehrere Methoden: Auf die Überwältigung und Vertreibung von Barbaren, die in das Reichsgebiet eingedrungen waren, folgte oft der Einmarsch in deren Siedlungsgebiete jenseits der Rhein- und Donaugrenzen und des Euphrats zum Zweck abschreckender Vernichtung und Zerstörung. Schließlich konnte man versuchen, durch Verstärkung der Grenzbefestigungen, Umsiedlung der Unterlegenen und Verträge länger dauernden Frieden zu erreichen. Oft konnten die Römer schonungslosen Zwang ausüben und die Besiegten mussten Geiseln und Männer für den Kriegsdienst stellen oder endeten bei den wilden Tieren im Amphitheater; später mussten römische Kaiser froh sein, wenn sie sich selbst durch hohe Zahlungen Frieden erkaufen konnten. Unsere wichtigste Quelle für tetrarchische und konstantinische Barbarenkriege, Vernichtungs- und Abschreckungsmaßnahmen sind die Ansprachen der Panegyriker (Panegyrici latini, abgekürzt: Pan. lat.), gallischer Rhetoren, die bei Feierlichkeiten als Lobredner für Maximian, Constantius I., Konstantin oder Julian am kaiserlichen Hof auftraten, mehrfach auch in der Trierer Residenz (s. Müller-Rettich 1990; Nixon/Rodgers 1994). Von der Römischen Geschichte des Ammianus Marcellinus sind erst die Berichte ab 353 erhalten.

⊙ I.17.85
**2 Spieltafel**
Marmor, kaiserzeitlich
Grabinschrift auf der Rückseite, 1. Hälfte 4. Jh.
Katholische Kirchengemeinde St. Matthias, Trier

⊙ I.9.38
**3 Doppelsolidus des Constantinus I.,
313/315 in Trier geprägt**
Rs.: Kölner Rheinbrücke und Kastell Deutz
Münzkabinett, Staatliche Museen zu Berlin

Bereits kurz nach seiner Erhebung in Britannien im Jahre 306 musste Konstantin auf das Festland zurückkehren, weil Franken die Abwesenheit seines Vaters Constantius ausgenutzt hatten, um den Rhein zu überqueren und in Gallien einzufallen. Bei deren Vertreibung fielen ihm auch zwei fränkische Könige in die Hände – er ließ sie im Amphitheater durch wilde Tiere umbringen. Etwa zwei Jahre später fiel er in die rechtsrheinischen Gebiete der Brukterer ein, tötete Unzählige und vernichtete Vieh und Dörfer: „Die Erwachsenen, die man gefangen hatte und deren Treulosigkeit sie ebensowenig für den Kriegsdienst geeignet erscheinen ließ wie ihre Wildheit für den Sklavendienst, wurden zur Bestrafung ins Amphitheater gebracht, und ihre Masse ermüdete das Wüten der wilden Tiere." (Pan. lat. 6,12,3).

Solche aggressive Verteidigung durch Einfall in rechtsrheinisches Gebiet hatte bereits Konstantins Schwiegervater Maximian praktiziert. Dieser hatte, wohl im Jahre 287, nach Gallien eingedrungene Barbaren, vermutlich Burgunder und Alamannen, nicht nur zurückgeworfen, sondern war ihnen als Vergeltung nach Germanien gefolgt.

Ein Redner, der nach etwa zwei Jahren, vermutlich in Trier, seinen Panegyricus vortrug, beschrieb die dort angerichteten Verwüstungen und rühmte die Erkenntnis des Kaisers, dass die Feinde nur dann gänzlich überwunden werden könnten, wenn sie in ihrem eigenen Gebiet besiegt würden und nicht nur ihre Beute verlören, sondern außerdem noch den Verlust ihrer Frauen, Kinder, Eltern und aller wertvollen Habe betrauern müssten (Pan. lat. 10,8,2).

Als willkommenes Zeichen für die ständige Bedrohung der Gegner mit solchen Übergriffen sahen seine Zeitgenossen (Pan. lat. 6,13,1), dass Konstantin ab 310 nicht nur linksrheinische Befestigungen verstärkte, sondern auf dem rechten Rheinufer das Kastell Divitiae (Köln-Deutz) errichtete und durch eine steinerne Brücke mit der gegenüberliegenden Stadt Colonia Agrippina (Köln) verband. Im überlieferten Text der Bauinschrift wird betont, dass das Kastell von Konstantin nach Unterwerfung der Franken und auf ihrem eigenen Gebiet errichtet wurde. Brücke, Kastell und hockende Barbaren sind auf einem konstantinischen Goldmultiplum der Münzstätte Trier dargestellt, laut Umschrift zum Ruhm der Kaiser (AVGG GLORIA) **[3]**; (Radnoti-Alföldi 1991).

⊙ I.10.44
**< 1 Würfelturm mit Siegesinschrift**
2. Hälfte 4. Jh.
Fundort: Fettweiß-Froitzheim, Kreis Düren
Rheinisches LandesMuseum Bonn

⊙ I.4.23
**4 Goldmedaillon, Constantius I.**
um 297 in Trier geprägt
Rs.: Einzug des Caesars Constantius in Londinum (London)
Rheinisches Landesmuseum Trier

⊙ I.4.11
**5 Probeabschlag der Rückseite
eines Goldmedaillons, um 300**
Fundort: Lyon, Barbaren auf der
Rheinbrücke bei Mainz
Bibliothèque nationale de France

**6 Bronzemedaillon, 328/330 in Rom
geprägt (Nachzeichnung)**
Rs.: Constantinus I. überschreitet als Sieger
die Donaubrücke bei Oescus

Nicht lange nach dem Sieg an der Milvischen Brücke über seinen Machtkonkurrenten Maxentius, der von Legenden der Hilfe Christi zugeschrieben wurde (s. Kapitel 9, Beitrag von Münch/Tacke), erreichte Konstantin durch ein Täuschungsmanöver, dass Franken den Rhein überschritten und ihm dadurch den erwünschten Anlass boten, zu umfassender Zerstörung in ihr Gebiet einzudringen. Ein Panegyricus des Jahres 313 beschreibt die Zerstörungen und rühmt die abschließenden Ereignisse im Amphitheater: „Was ist schöner als ein solcher Triumph, bei dem er das Töten der Feinde auch zu unser aller Vergnügen verwendet und den Festzug zu den Spielen durch die Barbaren vergrößert hat, die das Massaker überlebt haben? Er warf den Tieren eine solche Menge von Gefangenen vor, dass die Undankbaren und Treulosen nicht weniger Schmerz durch ihre Verspottung erlitten als durch den Tod selbst." (Pan. lat 12,23,3).

Von ähnlichem Vergnügen der Zuschauer am Tod von Feinden war allerdings schon unter Konstantins Vater Constantius I. die Rede. Als dieser im Jahre 296 oder 297 als Caesar Britannien aus der Macht des Usurpators Allectus befreite, brachten seine Soldaten nach Einnahme Londons alle überlebenden barbarischen Söldner um. Ich zitiere aus einem Panegyricus, der im folgenden Jahr vermutlich in Trier vorgetragen wurde: „Deine Männer brachten durch die Tötung der Feinde deinen Provinzialen nicht nur Sicherheit, sondern auch das Vergnügen des Schauspiels." (Pan. lat. 8,17,1) – Der Redner erklärt diese Freude im folgenden mit den überstandenen Leiden der Bevölkerung und ruft aus: „Sie waren endlich frei, endlich Römer, endlich durch das wahre Licht des Imperiums wiedererweckt." (Pan. lat. 8,18,2).

Diese Formulierung erinnert an ein in Trier um 297 geprägtes Goldmedaillon, auf dem der Einzug des Caesars Constantius in London dargestellt ist. Die Umschrift bezeichnet Constantius als den „Wiederbringer ewigen Lichtes" [4]. Das Medaillon zeigt außer dem Empfang des Siegers durch die Stadtpersonifikation Londons eine Galeere seiner Flotte, ähnlich wie ein ebenfalls in Trier geprägter Aureus des Constantius. Nach Kämpfen im Rhein- und Scheldegebiet hatte Constantius allerdings Milde gezeigt, besiegte Barbaren geschont und in verlassenen römischen Gebieten Galliens angesiedelt (Pan. lat. 8,8,4 – 9,4; 6,5,3; 6,6,1 – 2). Möglicherweise ist eine solche Umsiedlung in einem um 300 zu datierenden Bleimedaillon dargestellt [5]. Es handelt sich um den in Mainz gefundenen Probeabschlag einer Goldmünze, auf dem Barbaren den Rhein in Richtung Westen überschreiten, von Castel(lum) nach Mogontiacum (Mainz) (s. Radnoti-Alföldi 1958).

Möglicherweise hatte Konstantin in der Vorbereitung der endgültigen Auseinandersetzung mit seinem östlichen Mitkaiser und Rivalen Licinius die Sicherung der Donaugrenze vernachlässigt; jedenfalls musste er in den Jahren 322 und 323 Sarmaten und Goten vertreiben, die über die Donau nach Pannonien und Thrakien eingebrochen waren. Nach dem Sieg über Licinius verstärkte Konstantin die Donaubefestigungen; im Jahre 328 ließ er eine steinerne Brücke bauen, die bei Oescus über die Donau führte. Auch diese Brücke sollte dem Kampf gegen Barbaren auf dem jenseitigen Ufer dienen und damit SALUS REIPUBLICAE – „Das Heil des Staatswesens" garantieren, wie die Umschrift eines entsprechenden Münzbildes mit Legende Danuvius (Donau) erklärt. Victoria, die Göttin des Sieges, führt den Kaiser

⊙ I.15.108
**7 Silbermünze, Constantinus I. als Caesar**
306/307 in Trier geprägt
Rs.: Lagertor
Rheinisches Landesmuseum Trier

⊙ I.9.37
**8 Goldmedaillon, Constantinus I.**
326/327 in Siscia geprägt
Rs.: Der Kaiser als Barbarensieger
The British Museum, London

über die Brücke zum jenseitigen Ufer, wo ihn ein unterworfener Barbar empfängt (**[6]**, Nachzeichnung von 1559). 332 wurden die Goten erneut besiegt, möglicherweise durch Konstantins jungen Sohn Konstantin II. Eine große Zahl von Goten soll an Hunger und Kälte zugrundegegangen sein, möglicherweise, weil sie eingeschlossen worden waren. Konstantin konnte die Goten daraufhin zum Abschluss von Verträgen zwingen, deren Details fraglich sind (s. Barceló 1981, 54 – 56; Brockmeier 1987; Lippold 1992; Bleckmann 1996, 26). Für einige Zeit sicherten sie die Donaugrenze vor anderen Eindringlingen, stellten vertraglich vereinbarte Truppenkontingente und Geiseln, zu denen auch der Sohn des Königs Ariaricus gehörte.

Von Seiten der Perser waren längere Zeit hindurch keine Angriffe erfolgt, nachdem Galerius, der Caesar Diokletians, dem Perserkönig Narses im Jahre 297 eine schwere Niederlage beigebracht hatte, die zur Eroberung der Grenzstadt Nisibis und Hinausschiebung der Grenze führte. Doch im Jahre 336 besetzte der Perserkönig Shapur II. Armenien und bedrohte das römische Mesopotamien. Im folgenden Jahr war Konstantin entschlossen, ihm entgegenzutreten, starb jedoch auf der Anreise.

Endgültige Lösungen der Grenzprobleme waren unter den gegebenen Umständen ausgeschlossen, so dass sich Konstantins Söhne und Nachfolger weiterhin intensiv an Rhein, Donau und Euphrat engagieren mussten. Im Kampf gegen die Perser kam Kaiser Julian nur wenig weiter als Konstantin: Zwar errang er 363 bei Ktesiphon einen bedeutenden Sieg, doch er wurde bei Nachzugsgefechten tödlich verwundet (für die Zeit nach 337 s. Demandt 1989 und Barceló 1981, 2004).

Selbstverständlich wollte Konstantin seine Maßnahmen zur Grenzsicherung und seine Siege über Barbaren seinen Zeitgenossen auch anschaulich vermitteln, wofür in der Antike die Rückseitenbilder von Münzen und Medaillons mit entsprechenden Umschriften das gegebene Medium waren (s. S. Kapitel 5, Beitrag von Engemann). Die häufigsten von der Tradition vorgegebenen Bilder zeigten den Kaiser beim Niederreiten von Barbaren oder ließen den Sonnengott (Sol), den Kriegsgott (Mars), die Siegesgöttin (Victoria) oder den Kaiser selbst Siegesmale (Tropaia) tragen und zwischen Gefangenen stehen, sie an den Haaren mitreißen oder mit dem Fuß treten. Darstellungen von Lagertoren mit der Umschrift VIRTUS MILITUM – „Die Tapferkeit der Truppen" oder PROVIDENTIAE AUGG – „Für die Vorsorge der Kaiser" weisen auf Verstärkungen der Grenzsicherung hin **[7]**. Unter einem Tropaion (Siegesmal) kauernde Gefangene bringen das oben beschriebene Vergnügen der Sieger zum Ausdruck: GAUDIUM ROMANORUM – „Die Freude der Römer". Bronzemünzen von 323/324, auf denen Victoria ein Tropaion trägt und einen Barbaren tritt feiern den oben erwähnten Sieg im Donaugebiet: SARMATIA DEVICTA – „Die Sarmaten sind besiegt". Auf einem Goldmedaillon von 326/327, dessen Vorderseite Konstantin mit himmelwärts gerichtetem Blick zeigt, ist der Kaiser in militärischer Ausstattung und mit einem Tropaion dargestellt **[8]**. Er zieht einen Barbaren an den Haaren mit sich und setzt einen Fuß auf einen weiteren. Die Umschrift lautet GLORIA CONSTANTINI AUG – „Der Ruhm des Kaisers Konstantin". Für das Bildmotiv des Niederreitens von Feinden besitzen wir aus konstantinischer Zeit nicht nur Münzdarstellungen, sondern auch einen Sardonyx-Kameo, der sich in Belgrad befindet ⊙ **I.7.33**.

⊙ I.4.21
**Kameo mit den Bildnissen zweier Tetrarchen**
Byzantine Collection, Dumbarton Oaks, Washington, DC

ADMINISTRATIO
**VERWALTUNG**
ET REPRAESENTATIO
**UND**
**REPRÄSENTATION**

# PROVINZIALVERWALTUNG UND REFORMEN

**Hartwin Brandt**

⊙ I.9.6
**1 Inschrift von Hispellum, Reskript Konstantins**
Comune di Spello

Konstantin war als erster christlicher Kaiser der Römer auf dem Feld der Religionspolitik ein Revolutionär, der mit dem herrschaftspolitischen Konzept der Tetrarchie seines Vorgängers Diokletian (284–305) und dessen Kollegen brach. Auf dem Gebiet der Innen- und Verwaltungspolitik jedoch hat Konstantin in vielerlei Hinsicht an Diokletian und die anderen Tetrarchen angeknüpft.

Dies gilt zunächst für die Provinzpolitik. Denn die entscheidende und zukunftsträchtigste Maßnahme auf diesem Gebiet hatte bereits Diokletian getroffen, wofür er von dem christlichen Autor Lactantius (um das Jahr 315) im Rückblick heftig kritisiert wird: „Und um alles mit Schrecken zu erfüllen, wurden auch die Provinzen in Stücke zerschnitten. Viele Statthalter und zahlreiche Amtsträger lasteten auf den einzelnen Regionen und beinahe schon auf den einzelnen Gemeinden, und ebenfalls viele Finanzbeamte, Verwaltungsleute und Stellvertreter von Präfekten" (Lactantius, De mortibus persecutorum 7,4). In der Tat hatte Diokletian die Zahl der Provinzen durch Teilung nahezu verdoppelt, um eine höhere Effizienz der Verwaltungspraxis zu ermöglichen, und daran hat Konstantin nichts geändert. Er hat vielmehr die nun verbesserten Möglichkeiten des Zugriffs auf die Ressourcen der Steuerzahler genutzt und ist auch vor der Auferlegung neuer Steuerlasten nicht zurückgeschreckt. Der heidnische Historiker Zosimos kritisiert ihn im Rückblick für diese direkten Eingriffe in die genuin innerstädtischen Angelegenheiten scharf (Zosimos, Historía néa 2,38,4): „Mit derartigen Steuern schröpfte er auch Städte. Und da so ... der Wohlstand der Städte ausgeschöpft wurde, trat bei den meisten eine Entvölkerung ein." [1]

Auch das Steuerwesen war bereits von Diokletian auf eine zukunftsträchtige Kombination von Grundsteuern und Kopfsteuern umgestellt worden, der eine regelmäßige Ermittlung der individuellen Steuerpflichten zugrunde lag. Konstantin hat auch dieses neue System übernommen und weiterentwickelt, indem er die reguläre Deklaration der Steuerpflicht (indictio, „Ansage") vom diokletianischen Fünfjahresrhythmus auf einen fünfzehnjährigen Veranlagungszyklus umstellte, der noch im Mittelalter als Datierungsmerkmal diente.

Wer Steuern erhebt, braucht Geld, und zwar in seinem Wert stabiles Geld. Auch auf dem monetären Sektor hatten schon Diokletian und seine Kollegen mit einer Währungsreform und mit einer neuen Goldmünze (*aureus solidus*) die wichtigsten Reformschritte unternommen, um die inflationären Entwicklungen des späteren 3. Jahrhunderts wirksam zu bekämpfen. Konstantin vollendete diese Reform unter anderem dadurch, dass er den Goldsolidus zu 1/72 des (römischen) Pfundes schlagen ließ und auf diese Weise eine Goldwährung schuf, die über die gesamte Spätantike und die anschließende byzantinische Zeit hindurch Bestand haben sollte.

Hinsichtlich institutioneller Neuerungen griff Konstantin ebenfalls die tetrarchischen Reformansätze auf, doch hat er hier nun in besonderer Weise eigene Akzente gesetzt. Dies gilt in erster Linie für die Prätorianerpräfektur. Diese einst höchste militärische Kommandostelle, die Leitung der kaiserlichen Elitetruppen (Prätorianer), verlor nun ihre militärischen Komponenten, welche auf die neu geschaffenen Heermeister – die MAGISTRI MILITUM – übergingen. Stattdessen avancierten die Prätorianerpräfekten nun zu den herausragendsten Zivilbeamten. Sie fungierten nämlich als wichtigstes Scharnier zwischen kaiserlicher Zentrale und den Provinzstatthaltern, mit deren Hilfe sie auch reichsweit für die Steuerveranlagung und Steuererhebung Sorge trugen. Auch für die Verausgabung der eingezogenen Abgaben waren sie in besonderer Weise verantwortlich, denn ihnen oblag künftig die Versorgung aller Truppenteile mit den notwendigen Naturalien (ANNONA). Wohl erst in der Endphase seiner Herrschaft (ab ca. 325/326) installierte Konstantin zusätzlich zu den am Hofe tätigen Prätorianerpräfekten vier weitere PRAEFECTI PRAETORIO, die über das Reich verteilt und mit regional begrenzten Zuständigkeiten und Aufgaben versehen wurden. Hier nun liegt der entscheidende Übergang zur territorial fest umrissenen, mehrstellig besetzten Prätorianerpräfektur, die für uns dann im weiteren Verlauf des 4. Jahrhunderts deutlicher in den Quellen fassbar ist. Eine dieser Präfekturen neuen Zuschnitts wurde die gallische PRAEFECTURA PRAETORIO GALLIARUM, die ihren Hauptsitz in Trier hatte. Der in Trier residierende Präfekt stand zugleich einer ebenfalls seit Diokletian belegten, neuen Verwaltungsebene vor, den Diözesen, die – von sogenannten Vikaren geleitet – seit Konstantin ebenfalls territorial fest profiliert waren und als Mittelinstanzen zwischen Provinzen und Prätorianerpräfekturen fungierten. Ursprünglich, zu Zeiten Diokletians, hatten die Vikare als Stellvertreter der Prätorianerpräfekten territorial umrissene Sonderaufgaben erfüllt. Im Falle der gallischen Prätorianerpräfektur bedeutete dies nun, dass der in Trier residierende Präfekt den Diözesen Britannien, Gallien, Viennensis und Spanien vorangestellt war.

Die Prätorianerpräfekten, die schließlich auch in der Rechtsprechung einen direkt unter dem Kaiser angesiedelten Sonderrang einnahmen und grundsätzlich unanfechtbare Urteilssprüche fällten (gegen die also nur noch der Kaiser auf dem Gnadenwege, nicht aber auf dem regulären Instanzenwege, angerufen werden konnte), waren nicht die einzigen neu von Konstantin kreierten Spitzenämter. Des weiteren ist hier zunächst vor allem die Position des MAGISTER OFFICIORUM zu nennen, der in seiner Person eine Reihe von zivilen und militärischen Kompetenzen bündelte und unter anderem die AGENTES IN REBUS kontrollierte, die als Kuriere und eine Art Geheimdienst fungierten. Ferner verdient der wohl ebenfalls von Konstantin neu berufene QUAESTOR SACRI PALATII gesondert hervorgehoben zu werden. Er formulierte die kaiserlichen Verlautbarungen (vor) und musste weniger juristische als vielmehr rhetorische Qualitäten aufweisen. Letztere dürften bei dem PRAEPOSITUS SACRI CUBICULI hingegen entbehrlich gewesen sein, denn dieser im innersten Palastzirkel angesiedelte Oberkämmerer musste vor allem eines sein: ein Eunuch.

Konstantin, der eine Monarchie alten Stils geschaffen, aber zugleich um die Komponente einer dynastisch fundierten Mehrkaiserherrschaft erweitert hatte, indem er seine Söhne zu Caesares („Unterkaisern") ernannt hatte, musste nicht nur an einer stabilen Zentralgewalt, sondern auch an einer reichsweit effektiven und spürbaren Verwaltung gelegen sein. Diesem doppelten Ziel dienten erkennbar sowohl die Schaffung eines die wichtigsten Hofämter umfassenden Staatsrates (*sacrum consistorium*) als auch die auf das Prinzip der Mehrstelligkeit geänderten Prätorianerpräfekturen und Heermeisterstellen. Unterhalb dieser Ebene kam weniger den Provinzen als vielmehr den Städten weiterhin zentrale Bedeutung im reichsweiten Netz der Infrastruktur und (Selbst-)Verwaltung zu. Dies war im übrigen in der gesamten römischen Kaiserzeit stets der Fall gewesen und hat sich auch in der Spätantike nicht geändert.

Entgegen manchen anderslautenden Auffassungen in den antiken Quellen und in der modernen gelehrten Literatur ist nachdrücklich festzuhalten, dass es keinen reichsweiten städtischen Niedergang in der Spätantike gegeben und dass es auch nicht an kaiserlichen Versuchen zur gezielten Stärkung der städtischen Leistungskraft gefehlt hat. Dafür stehen weniger Sonderfälle wie das neu gegründete und opulent ausgestaltete Konstantinopel oder die Präfekturmetropole Trier, sondern gerade auch kleinere Gemeinwesen, über die uns allein der Zufall der Überlieferung unterrichtet hat. Dies betrifft zum Beispiel die kleine Stadt Orkistos im kleinasiatischen Phrygien (heutige Türkei), wo sich eine Inschrift erhalten hat, die über die Verleihung des Stadtrechts durch Konstantin an Orkistos Auskunft gibt (Corpus Inscriptionum Latinarum III 7000 = H. Dessau, Inscriptiones Latinae Selectae 6091). Konstantin bekundet darin zunächst seine Wertschätzung aller Bemühungen, „neue Städte zu gründen, von alters her bestehende zu vervollkommnen oder bereits tote wieder zu beleben." Dann bekennt er sich emphatisch zum urbanistischen Glanz römischer Stadtkultur: Orkistos verdiene das Stadtrecht, denn die Gemeinde erfülle alle diesbezüglichen anspruchsvollen Kriterien, die an eine Stadt, die dieser Bezeichnung wirklich würdig sei, zu stellen seien: „eine bezüglich der Lage und Beschaffenheit so günstige Lage, dass aus den vier Himmelsrichtungen dorthin ebenso viele Straßen zusammenlaufen, so dass es gleichwohl für alle öffentlichen Straßen ein vorteilhafter und bequemer Rastplatz ist, wie man versichert. Dort sei Wasserüberfluss, auch öffentliche und private Bäder seien vorhanden, und das Forum sei mit Statuen früherer Kaiser geschmückt, die Menge der Bewohner sei so zahlreich, dass die Sitzplätze, die ebendort sind, mit Leichtigkeit aufgefüllt werden, außerdem gebe es eine große Zahl von Wassermühlen, die vom Gefälle der vorbeifließenden Bäche angetrieben würden." Und „dass alle Einwohner dort Anhänger der verehrungswürdigen Religion", also Christen, waren, dürfte es Konstantin um so leichter gemacht haben, dem Stadtrat von Orkistos den gewünschten Rechtsstatus für seine Gemeinde zuzugestehen.

Hier treffen wir einmal zugleich auf den Religionspolitiker, Christen und rational agierenden Reform- und Innenpolitiker Konstantin. Ansonsten fällt eher die eingangs dieses Beitrages betonte Ambivalenz Konstantins des Großen ins Auge. Das bedeutet, dass politische Sach- und Personalentscheidungen durchaus frei von religiösen Erwägungen und persönlichen Neigungen des Kaisers getroffen wurden. Dies zeigt sich etwa in einer kritischen Analyse der in der Regierungszeit Konstantins ernannten hohen Reichsbeamten bis hinunter zu den Provinzstatthaltern, die allesamt offensichtlich nicht nach ihrer religiösen Couleur ausgesucht wurden. Weder gab es ein die innere Ordnung des Reiches und den zivilen Frieden gefährdendes, allgemeines Verbot paganer Opferpraktiken noch wurden Zwangsbekehrungen zugunsten des Christentums veranstaltet. Oberstes Ziel der Innenpolitik auch noch des ersten christlichen Kaisers blieb der öffentliche Nutzen (utilitas publica) und das Gemeinwohl (salus rei publicae). Der scharfe Kon-stantin-Gegner Zosimos sieht dies im polemischen Rückblick natürlich anders (Zosimos, Historía néa 2,39,1). „Nachdem Konstantin durch all diese Handlungsweisen den Staat ruiniert hatte, starb er an einer Krankheit, die Regierung aber übernahmen seine Söhne, drei an der Zahl." Das ist zweifellos ein verzerrtes Fehlurteil des antichristlich eingestellten heidnischen Autors. Tatsächlich haben Diokletian und Konstantin mit ihren innenpolitischen Reformmaßnahmen und der Stabilisierung des Kaisertums erst die Grundlagen dafür gelegt, dass die Spätantike eben nicht das geworden ist, was man ihr in modernen Zeiten allzu oft nachgesagt hat: eine Zeit der unaufhörlichen Krisen und des Niedergangs.

# KONSTANTINOPEL – KAISERRESIDENZ UND KÜNFTIGE HAUPTSTADT

Franz Alto Bauer

Als die neue Residenzstadt Konstantinopel am 11. Mai 330 eingeweiht wurde, ereignete sich dies im Rahmen einer Zeremonie, die in einer Sammlung von Legenden zu Monumenten und Bauten Konstantinopels aus dem 8. Jahrhundert überliefert ist: Man überführte eine Statue des Kaisers Konstantin in Begleitung höchster ziviler und militärischer Würdenträger vom Philadelphion auf einem Wagen zum Konstantinsforum, wobei man einen triumphalen Einzug in die Stadt inszenierte. Eine weißgekleidete Eskorte mit Kerzen begleitete die Statue bis zur porphyrnen Ehrensäule und akklamierte sie dort. In einem zweiten Schritt hievte man die Statue auf die Säule, ein technisch aufwendiger Vorgang, der ebenfalls zeremoniell ausgestaltet wurde und an dem hohe Würdenträger, angeblich auch der Klerus und das Volk teilhatten: „Daraufhin stellten sie die Statue auf dem Forum auf, woraufhin diese ... viele Lobpreisungen erhielt und von allen ... als Tyche der Stadt verehrt wurde. Schließlich wurde sie unter der Anwesenheit eines Priesters und des Prozessionszugs auf der Säule aufgestellt, während alle hundertmal ‚Kyrie eleison‘ riefen." Mit der Aufstellung erfolgte auch die ‚Taufe‘ der Stadt: „Dann wurde die Stadt akklamiert und Konstantinopel genannt, während die Priester riefen: ‚Herr, geleite diese Stadt auf ewig‘."

⊙ I.13.79

**1 Bronzestatuette eines Kaisers mit Strahlenkranz (spätes 4. Jh.)**
Man hat vermutet, es handle sich bei der Statuette um eine Kopie jener Statue Konstantins, die im Senat des Konstantinsforums aufbewahrt und am Geburtstag der Stadt Konstantinopel auf einem Wagen zum Hippodrom gefahren wurde. Nationalmuseum Kopenhagen. Vor- und Frühgeschichte

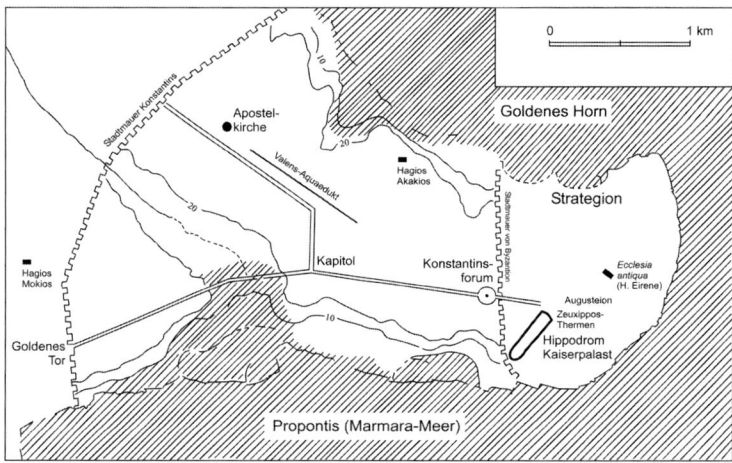

**2 Plan Konstantinopels zur Zeit Konstantins des Großen**
Vermutlich war das Stadtgebiet noch unter Konstantin
wesentlich schmaler; durch Aufschüttungen gewann man
im Verlauf des späteren 4. Jhs. zusätzliches Bauland
(Plan nach C. Mango mit Ergänzungen durch den Verf.).

Doch damit nicht genug. Konstantin hatte testamentarisch bestimmt, dass der Geburtstag der Stadt von nun an jedes Jahr am 11. Mai zu begehen sei. Dabei wurde eine weitere Statue des Kaisers auf einem Triumphalwagen zum Hippodrom geleitet, wo sie vor der staunenden Menge eine Runde um die Spina drehte. Schließlich gelangte die Statue vor die kaiserliche Loge des Hippodroms und nahm die Huldigungen der Herrscher entgegen [1]. Den Zuschauern dieses Spektakels musste es scheinen, als wäre der Gründerkaiser für einen Tag zum Leben erwacht. Vergoldet, wie die Statue auf der Porphyrsäule, verließ Konstantin als Standbild auf einem Wagen seinen angestammten Platz, das Konstantinsforum, zog durch die Straßen der Stadt, zeigte sich dem Volk und forderte von den regierenden Kaisern die Anerkennung seiner Schutzherrschaft.

### DIE NEUGRÜNDUNG VON KONSTANTINOPEL

Diese zeremoniellen Vorgänge sind die Entsprechung zu einer Stadtanlage, die ganz auf die Bedürfnisse Kaiser Konstantins ausgerichtet war [2]. Unmittelbar nachdem Konstantin am 18. September des Jahres 324 seinen Widersacher Licinius in einer Schlacht beim bithynischen Chrysopolis besiegt hatte, muss der Entschluss gefallen sein, die Stadt Byzantion unter dem Namen Konstantins zur dauerhaften Residenzstadt auszubauen. Was Konstantin vorfand, war eine etwa 2 km² große Stadt, die strategisch günstig auf der äußersten Spitze jener Halbinsel zwischen Marmarameer und Goldenem Horn gelegen war und den Bosporus überblickte. Über das Aussehen des vorkonstantinischen Byzantion ist nur wenig bekannt: Die Akropolis der Stadt wird dort gelegen haben, wo sich heute der Innenbereich des Topkapı Saray befindet, also auf der Anhöhe an der Spitze der Halbinsel. Zum Goldenen Horn hin, an der Stelle des heutigen Bahnhofs, befand sich das Thrakion, ein offener Bereich, der später Strategion genannt wurde. Hier, am Nordufer der Stadt, befanden sich auch die beiden Häfen von Byzantion, der Neorion- und der Prosphorionhafen. Eine nord-südlich verlaufende Stadtmauer, deren genaue Trasse allerdings weitgehend unbekannt ist, schützte die Stadt vor Einfällen. Aus der frühbyzantinischen Bebauung lässt sich in Ansätzen ein rechtwinkliges Straßennetz rekonstruieren, das vermutlich dem alten, vorbyzantinischen Straßenraster entsprochen haben dürfte. Unterbrochen wurde dieses von Südwest nach Nordost verlaufende Raster durch die Haupteinfallsstraße, die Via Egnatia, die über das Haupttor der Stadt von West nach Ost in die Stadt führte und weiter zur Akropolis verlaufen sein dürfte.

Durch die Anlage einer neuen Mauer im Westen, deren Verlauf allerdings nur sehr ungefähr bekannt ist, ließ Konstantin das bisherige Stadtgebiet auf über 6 km² verdreifachen. In dem einstmals unbebauten Gebiet, in dem sich die Nekropolen von Byzantion befanden, wurde Bauland ausgeschrieben für eine Bevölkerung, die sich in den folgenden Jahren durch Zuzug stark vermehren sollte. Vermutlich war auch dieses neue Stadtareal durch ein rechtwinkliges Straßennetz gegliedert, dessen Ausrichtung sich an der Lage der Tore in der – freilich nachkonstantinischen – Seemauer ablesen läßt.

Völlig unberührt von dieser Aufteilung der Stadt in einzelne Parzellen war die unregelmäßig verlaufende Via Egnatia, die über die Hügelrücken das Stadtzentrum erreichte und nicht als Uferparallele, wie es prinzipiell ebenfalls möglich gewesen wäre.

○ I.4.1

3 **Porphyrskulpturen der Tetrarchen am Schatzhaus von San Marco in Venedig**
Die Skulpturen waren einst Bestandteil von Monumentalsäulen, die Konstantin beim Bau des Philadelphion in Konstantinopel wiederverwenden ließ. Vermutlich kamen die Säulen ursprünglich aus Diokletians Residenzstadt Nikomedia.

Entlang dieser Straßenachse, die zur Hauptstraße Konstantinopels wurde, entstanden die bedeutendsten Monumente kaiserlicher Selbstdarstellung. Wer Konstantinopel von Westen, d. h. über die Via Egnatia kommend, erreichte, betrat die Stadt über das sog. Goldene Tor, vor dem sich den Quellen zufolge eine kurze Säule erhob, die eine Statue Konstantins trug. Dort, wo sich die westöstlich verlaufende Hauptstraße der Stadt mit einem weiteren von Nordwesten her kommenden Straßenast gabelte, an einem Philadelphion genannten Ort, ließ Konstantin das Kapitol errichten, einen erhöht liegenden Bau, der über eine große Freitreppe erreichbar war. Den nicht immer glaubwürdigen späteren Quellen zufolge sah man vor dem Treppenaufgang Sitzstatuen von Angehörigen der konstantinischen Dynastie. Am Aufgang zum Kapitol oder in der Vorhalle des Kapitols selbst müssen sich zwei Porphyrsäulen befunden haben, die als Relief die berühmten Venezianer Tetrarchen zeigten [3].

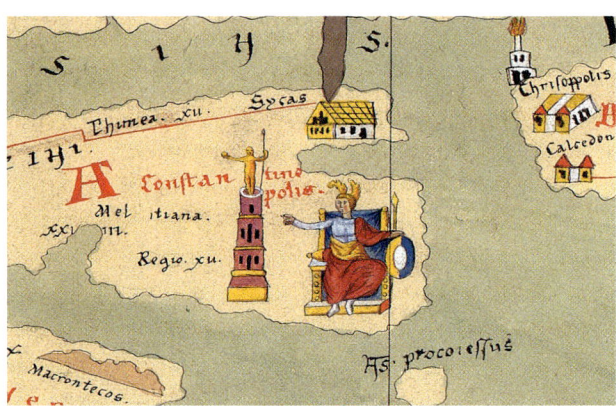

⊙ I.15.20
**4 Im Zentrum des kreisrunden Konstantinsforums erhob
sich eine Porphyrsäule mit dem goldenen Standbild
Konstantins als Sonnengott**
Anonyme Zeichnung in einem Album mit Zeichnungen
von Bauten und Monumenten Konstantinopels, um 1574
The Masters and Fellows, Trinity College, Cambridge

**5 Darstellung der Konstantinssäule und der Statue Konstantins
in der Tabula Peutingeriana, einer hochmittelalterlichen Kopie
einer spätantiken Militärkarte**
Das Standbild Konstantins ist nackt mit Lanze und Globus wiedergegeben.
Berlin, STAATSBIBLIOTHEK ZU BERLIN – Preussischer Kulturbesitz,
Orientabteilung

Begab man sich vom Philadelphion weiter in Richtung
Stadtzentrum, so betrat man an der Grenze zwischen
Altstadt und Neustadt eine gewaltige kreisrunde Platzanlage, die von doppelgeschossigen Säulenhallen eingefasst war und in deren Mitte sich eine mit umlaufenden
Lorbeerkränzen verzierte Porphyrsäule erhob [4]. Ob
eine Zeichnung Melchior Lorcks, die heute in Kopenhagen aufbewahrt wird, den Sockel der Konstantinssäule
zeigt, ist fraglich ⊙ **I.15.21**. Auf der Säule sah man das kolossale Standbild des Kaisers, von dem bereits eingangs
die Rede war. Es zeigte Konstantin als nackten Heros
mit Strahlenkranz, Globus und Lanze [5]. Vermutlich
handelt es sich bei dem vergoldeten Bronzestandbild um
ein älteres Bild des Gottes Apoll, das man wiederverwendet hatte. An die nördliche halbkreisförmige Portikus schloss der Senatsbau an, dessen Vorhalle sich auf
den Platz öffnete.

Schließlich erreichte man über einen von Säulenhallen gesäumten Straßenabschnitt das Augusteion, den
zentralen Platz in der Altstadt. Einer sehr unsicheren
Überlieferung zufolge könnte sich auch auf dem Augusteion eine Ehrensäule Konstantins befunden haben. Gesichert hingegen ist die Errichtung des Milions, eines
Monuments, das – in Entsprechung zum Miliarium Aureum in Rom – den Ausgangspunkt der Streckenzählung
des überregionalen Wegenetzes bildete.

An das Augusteion schlossen die wichtigsten öffentlichen und administrativen Bauten an, im Nordwesten
die Basilika, eine von Säulenhallen eingefasste Platzanlage, im Südwesten die Zeuxippos-Thermen als bedeutendste Thermenanlage der Stadt, im Südosten der
Senat und der Kaiserpalast und im Nordosten die Hagia
Sophia, die allerdings erst unter Konstantins Sohn Constantius II. errichtet wurde.

Konstantins Stadtplaner waren überhaupt nur im Bereich des alten Byzantion mit dem Problem der Rücksichtnahme auf eine bestehende Stadtanlage konfrontiert. In dem erweiterten Stadtareal konnte Konstantin,
befreit von dem Zwang, sich mit einem gewachsenen
Stadtbild auseinandersetzen zu müssen, die urbanistischen Pole und Gelenkstellen durch entsprechende Bauten, Monumente und Statuen auf seine Person beziehen
und die Hauptstraße als Prozessionsachse definieren,
die den Kaiser durch entsprechende Monumente gegenwärtig hielt.

Innerhalb der neugegründeten Stadt nahm der Palast-
Hippodrom-Komplex eine bedeutende Position ein,
wie dies auch in den wenig älteren tetrarchischen Residenzstädten der Fall war [6 – 8]. Über die räumliche
Organisation des Palastkomplexes unter Konstantin
können nur sehr allgemeine Aussagen gemacht werden, da unsere Informationen zu Topographie und Erscheinungsbild im wesentlichen auf literarischen Quellen beruhen, die deutlich jünger sind und sich somit
auf ein nachkonstantinisches Erscheinungsbild beziehen. Vermutlich wurde der Palastkomplex über die
Rhegia betreten, ein Straßenabschnitt, der die Südwestbegrenzung des Augusteions bildete. Es folgten

6 **Luftbild des einstigen Altstadtzentrums aus dem Jahr 1918**
Zu erkennen sind in der linken Bildhälfte der At Meydanı genannte Platz, dessen Lage der des Hippodroms entspricht, und südlich davon die Blaue Moschee an der Stelle der ältesten Palastteile. In der Bildmitte befindet sich der gewaltige Komplex der Hagia Sophia und weiter östlich die Hagia Eirene, die den Ort der konstantinischen ecclesia antiqua einnimmt. Rechts oben der Topkapı Saray.

7 **Gemauerter Obelisk auf dem Hippodrom**
Die Errichtung dieses ersten Obelisken auf der Spina des Konstantinopler Hippodroms geht vermutlich auf Konstantin zurück. Gegen Ende des 4. Jhs. wurde dieser Obelisk um einen weiteren, aus Ägypten importierten Obelisken ergänzt.

die Räumlichkeiten der Palastwachen und schließlich der Daphnepalast, der älteste Palastteil mit den Wohnräumen des Kaisers und den Empfangsräumlichkeiten, etwas dem Konsistorion. Dieser Bereich wiederum stand in engstem Verbund mit dem Hippodrom, konnte doch der Kaiser vom Palast aus direkt in das Kathisma, die kaiserliche Loge, gelangen und hier vor das Volk treten.

Konstantin ließ nur wenige Kirchenbauten errichten, von denen sich keinerlei archäologische Reste erhalten haben. Am Ort der heutigen Hagia Eirene entstand die in dem späteren Regionenverzeichnis sogenannte Ecclesia antiqua als Kirche des Bischofs von Konstantinopel. Vielleicht gehen auch die Kirchen der lokalen Märtyrer Mokios und Akakios auf Konstantin zurück: Die Kirche des hl. Mokios befand sich in einer Nekropole außerhalb der konstantinischen Stadt, unweit des Goldenen Tors, die des hl. Akakios innerhalb des konstantinischen Stadtareals, zum Goldenen Horn hin. Auf der Spitze der höchsten Erhebung der Stadt entstand weithin sichtbar das kaiserliche Mausoleum, das mit der vielleicht

erst unter Constantius II. errichteten Apostelkirche in Verbindung stand. In dieser Grabkapelle befand sich der kaiserliche Sarkophag inmitten der *thékai* der zwölf Apostel, wie Eusebius überliefert: offenbar wollte sich der Kaiser noch im Tod als übermenschlicher, christusähnlicher Herrscher inszenieren.

Was der neugegründeten Residenzstadt zunächst völlig fehlte, waren Bildwerke, die den öffentlichen Raum zierten. Jede bedeutende Stadt der Antike verfügte über eine Fülle bedeutender und geschichtsträchtiger Statuen, und so ließ auch Konstantin für seine Stadt zahllose Bildwerke und Statuen herbeischaffen. Andere Städte gingen dabei ihres Statuendekors verlustig, so dass Hieronymus in einem wohlbekannten Zitat bemerkte, Konstantin habe Konstantinopel unter Entblößung aller anderen Städte geweiht.

Die bedeutendsten Kunstwerke der Antike fanden ihren Weg nach Konstantinopel: die Zeuxippos-Thermen im Altstadtzentrum erhielten eine Fülle von Götterstatuen und solchen mythischer Helden, der Hippodrom als Ort von Wagenrennen, denen Kaiser und Volk beiwohnten, erhielt ebenfalls zahlreiche Bildwerke, unter denen der Dreifuß, den die Griechen nach 479 v. Chr. aus Anlass ihres Siegs gegen die Perser dem Apoll von Delphi geweiht hatten (Schlangensäule), und Statuen des Halbgottes Herakles hervorstachen. Auch das Konstantinsforum erhielt als zentrales Monument kaiserlicher Selbstdarstellung bedeutende Bildwerke, zumeist Statuen von verschiedenen Göttern und mythischen Protagonisten, darunter eine berühmte Athenastatue vor dem Senat. Nicht immer ist gesichert, ob diese Bildwerke unter Konstantin nach Konstantinopel kamen; denkbar wäre auch eine spätere Überführung. Doch wird man davon ausgehen müssen, dass bereits unter Konstantin zahlreiche Bildwerke den öffentlichen Raum Konstantinopels zierten und so der Stadt eine Historizität verliehen, die sie als spätantike Neugründung zunächst nicht hatte.

Die prachtvollen öffentlichen Bereiche, die Boulevards, Foren, Monumentalbauten und Kirchen waren aber nur ein Teil des Stadtbilds. Der andere Teil bestand aus den Wohnquartieren einer Bevölkerung, die aus den verschiedensten Reichsteilen kam und mit erheblichen Vergünstigungen nach Konstantinopel gelockt worden war. Konstantin verlieh den Bürgern der Stadt das *ius italicum*, also die Grundsteuerfreiheit. Angehörigen der Aristokratie wurden Ländereien in Kleinasien in Aussicht gestellt, wenn sie ihren Wohnsitz in Konstantinopel bezögen. Angehörige ärmerer Schichten, die sich ein Haus errichteten, kamen in den Genuss des unentgeltlichen Empfangs von Brot aus den staatlichen Bäckereien. Bereits gegen Ende des 4. Jahrhunderts mehren sich die Anzeichen für eine dichte Besiedelung Konstantinopels. Baupolizeiliche Vorschriften regelten den Abstand der Häuser zueinander, verbaten private Anbauten an öffentliche Gebäude und sogar Privatbauten auf dem Areal des Kaiserpalastes. Infolge der explosionsartig angestiegenen Bevölkerung machte man gegen Ende des 4. Jahrhunderts sumpfiges Küstenland durch Aufschüttungen bebaubar, welche die Küstenlinie nachhaltig veränderten. Wenn Cyril Mangos Vermutung zutrifft, dann war die Halbinsel Byzantions und Konstantinopels zunächst wesentlich schmaler, dann erhielt die Stadt erst nach und nach die charakteristische Form eines stumpfen Dreiecks [2].

## Konstantinopel: Residenzstadt oder künftige Hauptstadt?

Konstantins Entschluss, am Bosporus eine neue Residenzstadt zu errichten, wirkt zunächst unerhört, war doch Rom seit Jahrhunderten Hauptstadt und ideeller Mittelpunkt des Römischen Weltreichs. Doch ist dies in zweierlei Hinsicht einzuschränken: zum einen war Konstantinopel nicht als neue Hauptstadt des spätrömischen Reichs gedacht – dies sollte sich erst später so entwickeln –, und zum anderen steht die Etablierung eines eigenen Regierungssitzes für Konstantin in der Tradition jener Residenzstädte, die von seinen Vorgängern, den Tetrarchen, in ihren jeweiligen Zuständigkeitsbereichen etabliert worden waren [8].

Diokletian, der Urheber des Systems der Vierherrschaft, residierte in der bithynischen Stadt Nikomedia, dem heutigen Izmit, in deren Nähe er 284 unter einer Säule mit Iupiterstatue zum Kaiser ausgerufen worden war. Bei Grabungen kamen Baureste zutage, zu denen eine Thermenanlage und eine Platzanlage unbekannter Größe zählen; ansonsten fehlen archäologische Hinweise auf die Residenz Diokletians. Eine weitere Kaiserresidenz ließ Diokletian nach seinem Sieg über die Perser in Antiochia errichten: Libanius beschreibt diesen Komplex als eigene Palaststadt auf einer Insel im Orontes, mit Hallenstraßen, einem zentralen Platz und Thermen. Auch Sirmium, das heutige Sremska Mitrovica, stieg als Hauptstadt der neueingerichteten Provinz Pannonia Secunda unter Diokletian zur temporären Kaiserresidenz auf. Man fand dort bei Ausgrabungen neben Resten einer Thermenanlage auch solche eines Hippodroms und eines damit verbundenen Residenzkomplexes, der vermutlich das tetrarchische PALATIUM war. Maximian wiederum, seit 285 untergeordneter Caesar und seit 286 ranggleicher Augustus, residierte in Mailand, wo im Westen der Stadt Palast und Hippodrom errichtet wurden. Im Osten Mailands entstanden gleichzeitig – und unter Bezugnahme auf den zweiten Schutzgott der Tetrarchie – die Herculesthermen. Die 293 ernannten Caesares Galerius und Constantius Chlorus residierten in Thessaloniki und Trier. Im Osten des Stadtareals Thessalonikis entstand unter Galerius ein gewaltiger, in weiten Teilen ergrabener Palastbezirk mit Hippodrom, der über einen reliefgeschmückten Tetrapylon, dem Galeriusbogen, mit einem Rundbau verbunden war, der vielleicht als Mausoleum des Galerius gedacht war, jedenfalls aber nicht als solches genutzt wurde.

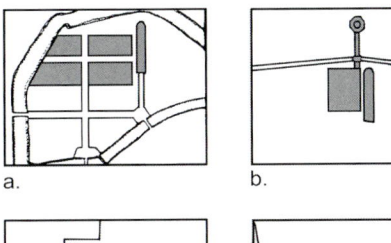
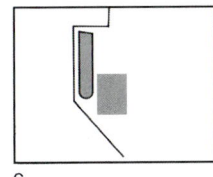
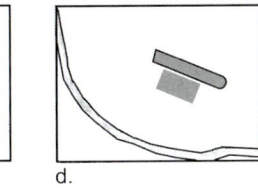
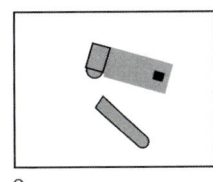

a.

b.

c.

d.

a. Antiochia
b. Thessaloniki
c. Mailand
d. Sirmium
e. Trier

e.

**8 Schematische Darstellung des Verhältnisses von Palast zu Hippodrom in tetrarchischen Residenzstädten**
Die enge Verbindung von Palast und Hippodrom, die letztlich auf das römische Vorbild (Palatin, Circus Maximus) zurückgeht, wurde auch in Konstantinopel realisiert.

**9 Darstellung der vier Tetrarchen auf den Reliefs des nach 297/8 errichteten Galeriusbogens in Thessaloniki**
Die beiden Augusti thronen über den Personifikationen des Himmels und der Erde und werden von Niken bekränzt. Flankiert werden sie von den stehenden Caesares.

Der Ausbau Triers zur Kaiserresidenz dürfte bereits unter Constantius Chlorus begonnen haben. Vermutlich begann unter ihm der Bau der gewaltigen – und nie vollendeten – Kaiserthermen als Teil eines Palastkomplexes, der sich im Süden des Stadtgebiets befand und unter Konstantin um eine kaiserliche Empfangshalle bereichert wurde.

Keine dieser Städte erhob den Anspruch, als neue Reichshauptstadt an die Stelle Roms zu treten. Vielmehr handelte es sich um prächtig ausgestattete Residenzstädte, die sich in den Zuständigkeitsbereichen der einzelnen, dezentral operierenden Tetrarchen befanden und oft nur als temporäre Kaiserresidenzen dienten. In diesen Städten, aber auch in jenen Städten, die nicht als Residenzen dienten, entstanden Monumente, welche die neue Regierungsform der Tetrarchie feierten: Säulenmonumente, Statuengruppen, Malereien und Reliefs, die dem Betrachter stets das von Iupiter und Hercules protegierte Herrscherkolleg, weniger einen einzelnen Herrscher vorführten und so verdeutlichten, dass Erfolg und Sieghaftigkeit der Tetrarchie auf der *concordia*, der Einmütigkeit der Kaiser beruhten [3, 9]. Konstantin hingegen begriff sich nie als Teil eines kollegial operierenden Herrschaftssystems, sondern strebte nach Alleinherrschaft, die er durch den Sieg gegen Maxentius im Jahre 312 und den Sieg gegen Licinius 324 nach und nach erlangte.

Die von Konstantin errichtete neue Residenzstadt Konstantinopel unterscheidet sich insofern von den tetrarchischen Residenzen, als Stadtanlage und Monumente nicht auf ein Regierungskolleg ausgerichtet waren, sondern auf eine Person, die als gottgleicher Heros inszeniert wurde. Auch hebt sich der schiere Umfang an Baumaßnahmen deutlich von den älteren Residenzen ab: die alte Stadt Byzantion wurde in ihrer Fläche nahezu verdreifacht. Und schließlich stellt auch die Umbenennung auf den Namen des Alleinherrschers Konstantin – vor dem Hintergrund der typisch tetrarchischen Relativierung des Herrscherindividuums – ein Novum dar. Aber eine neue Reichshauptstadt, die Rom ersetzen sollte, war Konstantinopel damit noch nicht. Viele der administrativen und ideellen Angleichungen Konstantinopels an Rom und die Bezeichnung ‚Neues Rom‘ erfolgten ja erst nach dem Tode Konstantins. Und selbst wenn Rom als faktischer Sitz der Kaiser in der Spätantike seine Bedeutung verlor, so besaß die Stadt doch eine ideelle Bedeutung als *caput mundi*, die ihr auch nicht Konstantinopel, die Stadt Konstantins, streitig machen konnte.

⊙ I.15.15
**Stadtpersonifikation Konstantinopel, 4. Jh.**
The Metropolitan Museum of Art

⊙ I.15.14
**Stadtpersonifikationen von Konstantinopel, Antiochia,
Rom und Alexandria (v.l.n.r.), 4. Jh.**
The British Museum, London

⊙ I.15.21
**Melchior Lorck: Zeichnung eines mit Relief
geschmückten Säulenpostaments in Istanbul, 1561**
Statens Museum for Kunst, Kopenhagen

⊙ I.15.3
**Bronzeblech mit Stadtpersonifikationen, 4. Jh.**
Hungarian National Museum, Budapest

# DAS KAISERLICHE ZEREMONIELL

**Frank Kolb**

### ZEREMONIELL UND HOFSTAAT

In seiner Rede zum 30jährigen Regierungsjubiläum Konstantins schildert der Bischof Eusebius von Caesarea den himmlischen Hofstaat Gottes (Eusebius, Laus Constantini I 1 – 2): Gott als der Großkönig, als der Allerhöchste, Erhabenste, thront auf den Höhen des Himmels und benutzt die Erde als den Schemel, auf den er seine Füße setzt. Den Glanz seiner Herrlichkeit vermag kein Auge zu durchdringen, weil er in unzugänglichem Licht verborgen ist. Ihn umgeben himmlische Heerscharen, seine Leibwächter preisen ihn als ihren Herrn und Herrscher. Zahllose Engel, Erzengel und heilige Geister erstrahlen im Abglanz seiner Herrlichkeit. Der Himmel ist wie ein großer Vorhang ausgespannt, der die äußere Welt vom Inneren des Palastes trennt, und wie in den Vorgemächern eines Kaiserpalastes bewegen sich an ihm die Fackeln tragenden Gestirne.

Diese Beschreibung des göttlichen Hofstaates hat den der Öffentlichkeit entrückten, durch einen Vorhang (*velum*) allen profanen Blicken entzogenen Kaiser vor Augen, der in der Pracht seines mit Edelsteinen, Purpur und Gold geschmückten Ornats, umgeben von der Palastgarde in ihren blinkenden Rüstungen, im Empfangssaal seines Palastes thront, eingehüllt in einen funkelnden Lichtglanz, der ihn mit einer geheimnisvollen Aura umgibt. Zahlreiche Amtsträger und Diener in farbenprächtigen Dienstkostümen erstrahlen im Glanze seiner Herrlichkeit und akklamieren ihm als Herrn und Kaiser, in den Vorgemächern paradieren Fackeln tragende Wächter.

In diesem Rahmen findet das bereits in der Zeit der Tetrarchie (284 – 305) ausgebildete Zeremoniell der ADORATIO statt, für welches ein panegyrischer Redner am Hofe Konstantins im Jahr 312 die Proskynese bezeugt, bei der die zugelassenen Würdenträger sich vor den Füßen des Kaisers auf dem Boden hinstrecken und sein Purpurgewand küssen, woraufhin dieser ihnen mit seiner rechten Hand beim Aufstehen behilflich ist bzw. sie verbal dazu auffordert (Panegyrici Latini V (8) 1,3. Vgl. 9,4). Im Jahr 321 beschreibt ein Lobredner Konstantins (ebenda IV (10) 5,1 – 4), wie der vor den Kaiser Tretende vom Lichtglanz geblendet wird wie von einer Sonne. Es stößt ihn freilich nicht ein ungnädiges Aufblitzen zurück, sondern ein heiterer Glanz lädt ihn zur Betrachtung der kaiserlichen Majestät ein.

Die Übertragung des von der Verehrung der heidnischen Götter hergeleiteten Unterwerfungsgestus der ADORATIO auf den christlichen Kaiser betrachtet auch der christliche Bischof Eusebius nicht als anstößig, sondern als einen durch die Tradition gerechtfertigten Ritus, wie er in seiner Biographie Konstantins betont (Eusebius, Vita Constantini IV 67). Die ‚Anbetung‘ galt nicht der Person des Herrschers, sondern der im kaiserlichen Purpur manifestierten sakralen kaiserlichen Majestät. Weder die ADORATIO des Kaisers noch jene des Kaiserbildes wurde durch die Hinwendung Konstantins zum Christentum eingeschränkt. Die Statue des Kaisers wurde als sein Abbild betrachtet, man dachte ihn sich – wie im Falle von Götterstatuen – beim Akt der Verehrung in der Statue präsent. So wird berichtet, dass die auf einer Porphyrsäule in Konstantinopel stehende Kolossalstatue, die Konstantin als Apollon-Helios darstellte, von Heiden wie von Christen verehrt wurde, die beide versuchten, das Bild Konstantins mit Opfern und Räucherwerk gnädig zu stimmen. Sie beteten ihn an wie einen Gott, der vor schrecklichen Dingen Schutz verschaffen solle (Philostorgios, Historia ecclesiastica II 17). Der Kaiser als Apollon-Helios fand sein Pendant in der damals schon praktizierten Darstellung Christi als Sonnengott.

Die ADORATIO war mit der Anrede des Herrschers als DOMINUS verbunden, wie sie der Untertan, der Knecht und der Sklave ihrem Herrn, der Gläubige seinem Gott schuldeten. Die sakrale Aura, die den Kaiser umgab, schlug sich in der Benennung des kaiserlichen Audienzsaales als „das Innere eines Heiligtums" oder „das Allerheiligste" (adyton) nieder. Ein solches adyton ist nur Eingeweihten, den Priestern, zugänglich, und daraus folgte, dass nur klar definierte Personengruppen am ‚Mysterium' der Kaisernähe teilhaben durften. Ein striktes Hofzeremoniell beschränkte den zur adoratio zugelassenen Personenkreis und regelte das Recht auf Audienz entsprechend Amt und Würdenstellung. Diese Entwicklung ist auch im Zusammenhang mit der Entstehung eines den Kaiser überallhin begleitenden Hofstaates (sacer comitatus) zu sehen, in welchem eine zentrale Reichsbürokratie mit einer recht komplexen Organisation durch ein System von Rangabstufungen und Ehren differenziert war, das sich in einer auch schriftlich fixierten Rangliste niederschlug. Seit der Mitte des 4. Jahrhunderts präzisieren Gesetze (Codex Theodosianus VI 8,1; 23,1; 24,3 – 4; 27,5. VIII 1,1; 7,4.16) die Reihenfolge der Würdenträger bei der adoratio: Der Prätorianerpräfekt und der Stadtpräfekt von Rom bzw. Konstantinopel werden als Erste zugelassen, sodann die übrigen Würdenträger mit dem Rang eines illustris; ihnen folgen die spectabiles, unter ihnen zum Beispiel die regionalen Militärkommandanten. Während von den ‚Zivilisten' niemand die Zeremonie vollziehen durfte, der nicht wenigstens den Statthalterrang eines consularis bekleidete, war das Militär, die wichtigste Stütze der kaiserlichen Herrschaft, privilegiert; auch die Leibgardisten des Kaisers, die protectores, waren zur adoratio zugelassen. Besondere kaiserliche Gunst konnte zur bevorzugten Behandlung Einzelner unter Hintanstellung der offiziellen Rangliste führen. Außerhalb der Rangordnung konnten durch Protektion einflussreicher Leute bei Hof und Zahlung einer hohen Geldsumme auch andere Personen in den Genuss des Privilegs der adoratio kommen, ein unrechtmäßiges Erschleichen desselben freilich sogar mit dem Tod bestraft werden. Auf der anderen Seite bedeutete der ausdrückliche Ausschluss von der adoratio den Entzug der kaiserlichen Gnade. Das Hofzeremoniell konnte mithin vom Kaiser zur Gestaltung von Nah- und Treueverhältnissen ebenso wie zur Disziplinierung und Differenzierung der Hofgesellschaft genutzt werden und spiegelte folglich Machtverhältnisse am Kaiserhof wider.

Trat man vor den Kaiser hin, um einen Gegenstand, etwa eine Urkunde, von ihm in Empfang zu nehmen, so musste man die Hände verhüllen (manus velatae), auch dies an das Ritual im Götterkult angelehnt. In der Umgebung des Kaisers durfte ferner nur mit ausdrücklicher Erlaubnis geredet werden, ansonsten bestand die Verpflichtung zum zeremoniellen Schweigen (silentium). Gleichfalls aus dem Götterkult wurde die Fackel als Zeichen des vom Kaiser ausgehenden Lichtglanzes übernommen; das ‚ewige Feuer' symbolisierte die Ewigkeit kaiserlicher Herrschaft. Wie vor den Götterstatuen wurde ferner vor dem Kaiser mit einem Weihrauchgefäß Wohlgeruch verbreitet.

Die architektonische Gestaltung des kaiserlichen Audienzsaales kam diesem Ritual entgegen bzw. wurde ihm angepasst. Insbesondere die große Palastaula in Trier, die unter der Tetrarchie begonnen und unter Konstantin vollendet wurde, kann noch eine Vorstellung vom räumlichen Rahmen des kaiserlichen Empfangszeremoniells vermitteln. Die fast 80 m lange und 30 m hohe Halle, die man nur durch einen zentralen Eingang betreten konnte, inszenierte architektonisch die Distanz zwischen dem am gegenüberliegenden Ende in der Apsis thronenden Kaiser und den zum Adorationszeremoniell Zugelassenen. Diesen musste der Kaiser wie eine Kultstatue in einer Tempelcella erscheinen.

Unbeweglich wie eine Statue soll denn auch Konstantius II. bei seinem Besuch in Rom im Jahr 354 im Wagen gestanden haben, während er durch das Spalier der jubelnden und akklamierenden Volksmenge fuhr (Ammianus Marcellinus XVI 10,6 – 11). Vor der Stadt wurde der Kaiser durch eine festlich gekleidete, mit Kränzen geschmückte, Fackeln und Kerzen tragende, nach der Rangordnung der gesellschaftlichen Gruppen und Altersklassen gegliederte Abordnung der Bevölkerung begrüßt und mit sakral gefärbten Sprechchören akklamiert.

Der Kaiser erwiderte dies mit der erhobenen rechten Hand, einem aus dem Sonnenkult herrührenden Macht- und Segensgestus. In einem festlichen Zug wurde der Herrscher sodann durch ein mit Lorbeer geschmücktes Tor geleitet in die mit Lichtern, Blumen, Kränzen, Girlanden und Lorbeerzweigen sowie bunten Tüchern, Decken und Fahnen geschmückte Stadt, wo ihn an den Straßenrändern sowie in den Fenstern und auf den Dächern der Häuser eine dichte Menschenmenge mit rhythmischen Sprechchören bejubelte. Opfer wurden dargebracht, Feste gefeiert, Spiele veranstaltet. Dieses *adventus*-Zeremoniell wurde in umgekehrter Reihenfolge bei der Abreise (*profectio*) des Kaisers wiederholt, aber weniger aufwendig. Dabei wurden öffentliche Gelübde (*vota*) für eine glückliche Reise und Rückkehr des Kaisers dargebracht. In ähnlicher Weise inszeniert wurde das öffentliche Auftreten des Herrschers beim Konsulatsantritt, beim Triumphzug und bei den Spielen. Stets wurde der Auftritt des Kaisers in der Öffentlichkeit als Epiphanie göttlicher Wirkungskräfte begriffen. Andererseits musste auch in der Spätantike der Herrscher sich im Kontakt mit dem Volk volkstümlich geben. Der Ort dieser Inszenierung waren die öffentlichen Spiele im Circus und Amphitheater, wo in einer besonderen Loge, die in den kaiserlichen Residenzen durch einen Gang unmittelbar mit dem Palast verbunden war, der Kaiser mit seinen Söhnen thronte, umgeben von seinem Hofstaat. Die Einweihung der neuen Hauptstadt Konstantinopel wurde am 11. Mai 330 mit Spielen in dem 450 m langen und 120 m breiten Hippodrom veranstaltet, wobei eine vergoldete hölzerne Statue Konstantins in die Arena gefahren wurde.

Nicht nur der Circus der neuen Hauptstadt war auf das kaiserliche Zeremoniell ausgerichtet. Die Hauptachse der Stadt führte auf den Palast zu, dessen Portalbild Konstantin mit dem „siegbringenden christlichen Zeichen" über einem durchbohrten Drachen zeigte (Eusebius, Vita Constantini III 3). Vom Palast führte die Hauptstraße zu dem kreisrunden oder ovalen Konstantins-Forum mit der oben erwähnten Kolossalstatue des Kaisers.

Auch sonst wurde der öffentliche Raum der neuen Residenzstadt systematisch mit Bildnissen der kaiserlichen Familie überzogen. Insbesondere Säulenmonumente Konstantins markierten die wichtigsten Grenzpunkte, Kreuzungen und Plätze. So entstand zugleich ein architektonischer Rahmen für die Triumphzüge, die durch das Goldene Tor die Stadt betraten, dann über die Prachtstraße bis zum Kaiserpalast zogen. Dabei mögen schon unter Konstantin Kirchen in den Prozessionszug einbezogen worden sein, so die Eirene- und die Sophien-Kirche.

## INSIGNIEN UND ORNAT

Auf bildlichen Darstellungen wurde die sakrale Aula des Kaisers schon vor Konstantin durch den Strahlenkranz, von seiner Regierungszeit an aber in erster Linie durch den Nimbus um sein Haupt verdeutlicht. Beide waren Sonnensymbole und ergaben sich aus der Rolle von Apollon-Helios nicht nur als Schutzgott Konstantins, sondern als Gott, den Konstantin auf Erden verkörperte, wie ein Panegyriker im Jahr 310 wohl am Geburtstag des Herrschers in Trier verkündete (Panegyrici Latini VI (7) 21,4 – 22,2). Der Kaiser verfügte demnach über die Wirkungskraft (*numen*) des Gottes. Ganz entsprechend hat Konstantin später sein Verhältnis zu Christus gesehen, der folgerichtig ebenfalls mit dem Nimbus um sein Haupt dargestellt wurde.

Strahlenkranz und Nimbus waren nur ikonographische Insignien des Kaisers. Wirklich als Herrschaftsabzeichen getragen hat Konstantin hingegen einen mit Edelsteinen geschmückten Helm, der auf einem Silbermedaillon des Jahres 315 mit einem Christusmonogramm verziert ist. Ebenso wie das auf dem gleichen Medaillon erkennbare Kreuzzepter mit Globus ist jenes christliche Symbol jedoch weder unter Konstantin noch unter seinen Nachfolgern wirklich Bestandteil des Kaiserornats geworden, während der juwelenverzierte Goldhelm zum kaiserlichen Kriegskostüm gehörte.

1 Goldmünze (aureus) aus der Münzstätte Nicomedia: Konstantin I. mit Banddiadem

2 Versilberte Kupfermünze (nummus) aus der Münzstätte Arelate: Konstantin I. mit Perldiadem

3 Goldmultiplum (aureus) aus der Münzstätte Thessalonike: Konstantin I. mit Juwelendiadem

4 Goldmultiplum (aureus) aus der Münzstätte Konstantinopel: Konstantin I. thronend, flankiert von seinen Söhnen Konstantinus II. und Konstantius II.

Das markanteste um den Kopf getragene kaiserliche Herrschaftsabzeichen wurde jedoch seit Konstantin das Diadem. Es hatte den Vorteil, religionspolitisch neutral zu sein. Seit Alexander dem Großen Insignie des hellenistischen Königtums, deshalb von Augustus wohlweislich abgelehnt, wird es seit dem letzten Drittel des 3. Jahrhunderts auf Münzen als Kopfschmuck römischer Kaiser abgebildet, aber erst von Konstantin nachweislich auch getragen. Nicht zufällig nahm dieser das Diadem nach seinem Sieg über Licinius im Jahr 324 und dem damit verbundenen Erringen der Alleinherrschaft an, wohl erstmals anlässlich der Feier seines 20-jährigen Regierungsjubiläums am 25.07.325. Bezeichnenderweise ist die früheste Darstellung des diademgeschmückten Konstantin auf Münzen mit einem Porträt verbunden, welches den nach oben gewandten Blick Alexanders des Großen imitiert [1]; Alexander-Münzen müssen als direkte Vorlage gedient haben. Eusebius interpretiert die Kopfhaltung Konstantins als Gebetshaltung und Ausdruck christlicher Frömmigkeit. Korrekter ist die in einer anonymen griechischen Konstantins-Biographie gebotene Deutung, der Kaiser habe das Diadem als Zeichen der Alleinherrschaft und des Sieges über seine Widersacher angenommen.

Das zunächst einfache und schmucklose Banddiadem wurde rasch der generellen Tendenz der spätantiken Kaisertracht angepasst, in welcher selbst die Schuhe mit Juwelen geschmückt waren.

Eusebius berichtet, Gesandtschaften barbarischer Völker hätten Konstantin mit kostbaren Steinen besetzte Diademe als Geschenke überreicht (Eusebius, Vita Constantini IV 7). Die Gesandten erfüllten damit sicherlich nur einen ihnen bekannten Wunsch Konstantins, der sehr bald auf den Münzprägungen mit luxuriöseren Diademformen erscheint: dem Perlendiadem und dem Juwelendiadem [2 – 3]. Ein Perlendiadem mit Stirnjuwel zeigt auch die Konstantin-Schale aus der Eremitage in Sankt Petersburg: Begleitet von der Siegesgöttin und einem Leibgardisten, erscheint der Kaiser dort in der mit Perlen und Juwelen bestickten Reiter-Tunika, mit dem purpurnen Militärgürtel, purpurfarbenen Hosen, purpurnen und juwelenverzierten Militärschuhen sowie einer Lanze. Zum vollständigen militärischen Dienstkostüm des Kaisers gehörten ferner ein edelsteingeschmückter Helm, ein vergoldeter Panzer, ein purpurner Kriegsmantel (*paludamentum*) und ein vergoldeter, reliefverzierter Schild.

Am häufigsten trug der Kaiser freilich das zivile Dienstkostüm [4], welches seit der konstantinischen Zeit folgende Bestandteile aufwies: Diadem; purpurne, vom Kriegsmantel abgeleitete Chlamys, die auf der rechten Schulter mit einer edelsteingeschmückten Goldfibel befestigt wird; goldverzierte Purpurtunika; purpurfarbene Hosen; edelsteinverzierter, purpurner Gürtel; purpurfarbene, edelsteinbesetzte Schuhe; purpurne *mappa* (ein Tuch, mit dessen Wurf der Kaiser die Circusspiele eröffnete); Zepter. Wesentliche Elemente dieses Dienstkostüms sind offenkundig aus dem militärischen Bereich abgeleitet. Kaiserlicher Dienst galt eben auch im Frieden als *militia*.

⊙ I.7.14
**5 Votaschale des Licinius**
The British Museum, London

⊙ I.7.16
**6 Votaschale des Licinius**
Nationalmuseum in Belgrad

⊙ I.7.15
**7 Votaschale des Licinius**
Hungarian National Museum, Budapest

Die Kleidungsstücke des Kaisers waren großenteils aus Seide gefertigt. Goldbestickte Gewänder und die aus der Purpurschnecke hergestellten Purpurfarben waren ebenso wie der Porphyrstein dem Herrscher vorbehalten und wurden unter staatlicher Kontrolle hergestellt. Ihr Missbrauch durch Privatleute galt als Majestätsverletzung und wurde mit dem Tode bestraft. Die Verzierung der Kleidungsstücke mit Juwelen und Gold trug dazu bei, jenen Lichtglanz zu erzeugen, der dem Herrscher von spätantiken Panegyrikern zugeschrieben wird und ihm als Verkörperung des Sonnengottes beziehungsweise Stellvertreter des Christengottes auf Erden eigen war.

Erst seit Konstantin verwendet der römische Herrscher einen Thronsessel. Bis dahin hatten die römischen Kaiser mit einer – freilich reich verzierten – *sella curulis*, dem ‚Klappstuhl' der republikanischen kurulischen Magistrate, vorlieb genommen. Die Herrscher wurden zwar seit der augusteischen Zeit auf privaten Schmuckstücken wie Iuppiter thronend dargestellt, und nach ihrem Tod stand ihnen als *divi*, als Mitgliedern des Götterhimmels, der Götterthron zu. Erst Konstantin hat jedoch den heidnischen Göttern schon zu seinen Lebzeiten das Privileg des Götterthrons streitig gemacht, wie der auf der abgebildeten Münze **[4]** zu sehende, mit einer in Voluten auslaufenden Thronlehne und Fußbank ausgestattete Sessel zeigt. Unter Konstantin steht dieser Thron nur dem Augustus zu; seine Söhne, die Caesares, flankieren ihn stehend.

### REGIERUNGSJUBILÄEN UND VOTA

Hingegen trug der Kaiser den Globus, das Zeichen der Weltherrschaft, nur auf bildlichen Darstellungen in seinen Händen. Bestandteil der realen kaiserlichen Insignien war die Weltkugel in der Spätantike nicht. Die Qualität des Kaisers als Weltenherrscher wurde aber nicht nur durch seine Abbildung mit dem Globus, sondern vor allem auch an seinen Regierungsjubiläen zelebriert. Die Vota-Schalen für Licinius und die Vicennalien-Glasplatte der Ausstellung **[5–8]** zeigen Objekte, welche anlässlich dieser Jubiläumsfeiern vom Kaiser an hohe Würdenträger verschenkt wurden. Die Londoner und die Belgrader Schale verbinden mit den Jubiläumswünschen SIC X – SIC XX im kaiserlichen Lorbeerkranz den Wunsch, dass der Kaiser ewig siegreich bleiben möge (*semper vincas*). Der Tag des Regierungsantritts eines Kaisers (*dies imperii*) wurde alljährlich gefeiert, aber insbesondere anlässlich seiner 10., 20. oder auch 30. Wiederkehr. Die Feierlichkeiten setzen stets zum Beginn des Jubiläumsjahres ein. Die Formel SIC X – SIC XX bedeutet: Wie die ersten zehn *dies imperii* des Kaisers der Welt Glück gebracht haben, so mögen auch die folgenden bis zum zwanzigsten Regierungsjubiläum glückbringend sein. Es werden die beim Regierungsantritt des Kaisers ausgesprochenen Gelübde und Wünsche eingelöst (*vota soluta*) und neue Gelübde für die folgende Regierungsperiode ausgesprochen (*vota suscepta*).

⊙ I.10.3
**8 Vicennalien-Glasplatte**
Rom, Musei Capitolini

Die Jubiläumsfeiern gelten dem Kaiser als dem mit göttlichen Fähigkeiten (*virtutes*) ausgestatteten Garanten von Wohlstand und Sicherheit im römischen *orbis terrarum*. Seine glückbringende Wirksamkeit (*felicitas*) und Ewigkeit (*aeternitas*) waren engstens mit dem mystischen Konzept des Goldenen Zeitalters (*aureum saeculum*) verknüpft. Die Blüte dieses vom Kaiser herbeigeführten Goldenen Zeitalters und die kaiserlich-göttliche Wirkungskraft sollten an den Regierungsjubiläen mit Anrufung und Hilfe der Götter erneuert werden und so Glück und Ewigkeit Roms und des Imperium Romanum garantieren.

# DER SENAT

Stefan Rebenich

Ein verheerender Brand zerstörte 283 die Curia Iulia, den Versammlungsort des Senats auf dem Forum Romanum. Die römischen Senatoren sahen in dieser Katastrophe ein Unheil verkündendes Vorzeichen. In der Krise des Imperium Romanum fürchteten sie um ihren politischen Einfluss und ihre Karrierechancen. Funktionsträger aus dem Ritterstand waren im 3. Jahrhundert in großer Zahl aufgestiegen und von Kaisern gefördert worden, die dem senatorischen Milieu weit entrückt waren. Die Senatoren, deren Zahl sich auf etwa 600 belief, erfreuten sich auf Grund des Alters ihrer Familien und ihrer ökonomischen Potenz nach wie vor eines hohen Ansehens, doch war ihnen nun der Zugang zu zahlreichen Ämtern in der Verwaltung und im Heer verwehrt. Diokletian veranlasste zwar den Wiederaufbau der Curia Iulia, setzte aber wie seine Vorgänger auf die Verdrängung der Senatoren aus dem kaiserlichen Dienst. Der einstigen Führungselite des Römischen Reiches verblieben nur noch wenige Statthalterposten, die sämtlich ohne militärische Kommandos waren.

Konstantin stoppte nach seinem Sieg über Maxentius 312 den Prozess der administrativen und politischen Marginalisierung der Senatoren. Zur Stabilisierung seiner Herrschaft im Westen benötigte er eine ihm treu ergebene Elite. Er vertraute häufiger als seine Vorgänger Mitgliedern des Senatorenstandes, die seit dem 2. Jahrhundert den Ehrentitel *vir clarissimus* trugen, hohe Posten in der imperialen Verwaltung an. Gleichzeitig nahm er viele Ritter in den Senat auf (*adlectio*) und verwandelte einst ritterliche Ämter in senatorische. Neben die *viri clarissimi* von Geburt traten die *viri clarissimi* qua Funktion. Der Kaiser konstituierte oder garantierte folglich durch die Übertragung spezifischer Aufgaben den Senatorenstand (*ordo senatorius*). Jetzt stiegen zahlreiche Provinziale zu Senatoren auf. Man vermutet, dass sich ihre Zahl unter Konstantin verdreifachte. Dadurch veränderte sich die soziale Zusammensetzung des *ordo senatorius*, und die Trennung von Senatoren- und Ritterstand, die seit der Republik bestanden hatte, wurde faktisch abgeschafft.

Nachdem der Kaiser 330 Konstantinopel gegründet hatte, gab er der Stadt einen Senat. Dessen Mitgliedern wurde vorerst jedoch nur ein minderer Rang zugebilligt. Unter Konstantins Nachfolger wurden die Senatoren zu *viri clarissimi* und ihre Zahl wuchs rasch auf 2 000. Die neuen Senatoren wurden vor allem aus den städtischen Führungsschichten rekrutiert. Während die offizielle Panegyrik in der Vergrößerung des Senatorenstandes einen Beweis kaiserlicher Philanthropie erkannte (Panegyrici latini 10 [4] 35,2; Eusebius, Vita Constantini 4,1,1 f.), klagten kritische Stimmen, dass aus dem einst ehrwürdigen Senat ein Asyl für die ganze Welt geworden sei (vgl. Ammianus Marcellinus 16,10,5). Die Gründung des konstantinopolitanischen Senates hat eine historiographische Tradition, die Konstantin feindlich gesinnt war, auf des Kaisers schlechte Beziehungen zum römischen Senat zurückgeführt. Diese Erklärung greift zu kurz. Nach dem Sieg über Licinius 324 musste Konstantin fast aus dem Nichts eine neue Verwaltung im Osten des Reiches aufbauen, auf deren Loyalität er zählen konnte. Deshalb inkorporierte er auch in der östlichen Hälfte des Imperiums die grundbesitzende Elite in den Senat und band sie durch die Statuserhöhung an seine Person.

Der Dienst für den Kaiser wurde seit Konstantin durch ein Rangklassensystem hierarchisiert. Während der ‚alte' senatorische Geburtsadel versuchte, durch die höfische Ehre, die *comitiva*, seinen Ruhm zusätzlich zu mehren, war es das erste Ziel der sozialen Aufsteiger, die *dignitas senatoria*, den Rang eines Senators, zu erhalten – entweder am Hof selbst oder in der zivilen Administration, später auch im militärischen Bereich. Konstantin leitete eine Entwicklung ein, durch die eine neue Elite senatorischen Ranges entstand, die in der Forschung als „Dienstadel" (Demandt 1989; Martin 1995) oder als „third order of nobility" (Jones 1964) bezeichnet wird.

**Curia Iulia auf dem Forum Romanum**
Bauzustand aus diokletianischer Zeit

Die kaiserlichen Funktionäre erlangten in einem meritokratischen Selektionsverfahren und dank personaler Bindungen eine herausragende Stellung in der Rangordnung des politischen Systems. Der Hof des Herrschers diente, wie schon im Principat, der Nobilitierung der nichtaristokratischen Favoriten und der Domestizierung der aristokratischen Elite durch deren Integration in ein vertikal differenziertes Rangsystem. Hierarchisierung und Stratifizierung kennzeichneten die soziale Welt der Spätantike – und auch der spätantiken Eliten. Aus der traditionellen senatorischen Elite wurde im Laufe des 4. Jahrhunderts eine Versammlung von Arrivisten, die jedoch für die effiziente Verwaltung und den politischen Zusammenhalt des Reiches unverzichtbar waren.

Die stetig steigende Zahl der Senatoren hatte weitreichende Folgen: Zum einen entstand das Bedürfnis nach weiterer Rangdifferenzierung; so unterschied man seit der zweiten Hälfte des 4. Jahrhunderts zwischen den *clarissimi*, den ‚einfachen‘ Senatoren, und den *spectabiles* sowie den *illustres*, die bestimmte hohe Ämter bekleideten. Zum anderen verlagerten viele Senatoren, die zu Konstantins Zeiten einen Wohnsitz in Rom oder Konstantinopel haben mussten, immer öfter ihren Lebensmittelpunkt in die Provinzen, so dass sie nicht länger Mitglieder des römischen oder konstantinopolitanischen Senates waren. So entstanden allmählich Provinzialaristokratien, die vor allem im 5. Jahrhundert regionale Interessen gegen die kaiserliche Zentrale, die Konstantin durch seine Reformen hatte stärken wollen, durchsetzen konnten. Die Dislozierung und Dezentralisierung der Oberschichten ist indes primär ein westliches Phänomen. Im Osten blieb Konstantinopel bis 1453 Sitz des Senates und zugleich Kaiserresidenz.

Die Senate von Rom und Konstantinopel verfügten über keinen direkten politisch Einfluss mehr. Wichtige Anliegen legte der Kaiser den Gremien kaum mehr vor. Sie wurden zu Akklamationsinstanzen. Ihre Zusammensetzung war allerdings sehr unterschiedlich. Während in Konstantinopel viele „neue Männer", *homines novi*, im Senat saßen, gab es in Rom Familien, die sich auf republikanische Ahnväter zurückführten und aus der gentilizischen Tradition, dem *mos maiorum*, Verhaltensmaßstäbe für ihr Handeln ableiteten. Ungeschriebenes Gesetz war es, die Beispiele der Ahnen, die *exempla maiorum*, nachzuahmen und den Ruhm, der das direkte Ergebnis der großen Taten der Vorväter war, durch eigene hervorragende Leistungen und Verdienste zu mehren. Konstantins Verhältnis zu der nichtchristlichen Senatsaristokratie war schwierig, aber keineswegs zerrüttet. Die Ausgestaltung des 315 in Gegenwart des Herrschers eingeweihten Konstantinbogens war sicherlich zwischen ihm und dem Senat minutiös abgestimmt und bot eine für beide Seiten akzeptable Lesart der dramatischen Vorgänge des Jahres 312. Das Siegesmonument feierte den Friedenskaisers und war in religionspolitischer Hinsicht ein „Meisterwerk der Zweideutigkeit" (Marcone 2002), das sowohl christlich als auch polytheistisch interpretiert werden konnte. Jedenfalls lag Konstantin aus machtpolitischem Kalkül viel daran, die römischen Senatoren nicht unnötig zu provozieren. So reiste er 326 nochmals nach Rom, um dort das bereits ein Jahr zuvor in Nikomedia gefeierte zwanzigjährige Regierungsjubiläum zu wiederholen.

☉ I.15.23
> **Notitia Dignitatum, occ. 4: Praefectus Urbis Romae, fol. 201 v**
Bayerische Staatsbibliothek München

Nicht nur in Rom, sondern auch in Konstantinopel und im ganzen Reich erbte der Sohn eines Senators die *dignitas senatoria* direkt von seinem Vater. Allerdings hatte er sich durch Leistungen zu bewähren. So war es besonders wichtig, die Ämterlaufbahn (*cursus honorum*) einzuschlagen. In der Regel bekleidete man Quästur und Prätur; dann konnte ein höheres Amt in der Provinzialverwaltung folgen. Junge *clarissimi* waren nicht automatisch Mitglieder des Senates, sondern mussten in der Regel zunächst durch den Senat zum Quästor gewählt worden sein. Verwaltungsaufgaben waren nicht mehr wahrzunehmen. Aber die Quästoren waren ebenso wie die Prätoren verpflichtet, aufwändige Spiele zu veranstalten, deren Mindestkosten gesetzlich geregelt waren. Die nicht unerhebliche finanzielle Bürde führte manche Familie an den Rand des Ruins; andere sahen darin eine willkommene Chance zur öffentlichen Profilierung. Bären, Panther und Krokodile wurden zur Belustigung des Publikums aufgeboten, und mit Missfallen nahm man es zur Kenntnis, wenn Gefangene, die in der Arena kämpfen sollten, schon in der Haft zu Tode gekommen waren. Der Endpunkt einer senatorischen Karriere war die Stadtpräfektur oder das Amt des Prätorianerpräfekten. Aber als höchste Würde galt wie schon in Republik und Kaiserzeit der Konsulat, der aber oft vom Kaiser selbst oder einem Mitglied der kaiserlichen Familie beansprucht wurde, so dass nur ganz wenige Senatoren den Konsulat innehatten. Sie wurden vom Kaiser ernannt. Die Macht des Konsuls war gering, aber sein Ansehen groß: Nach den beiden Konsuln wurde das Jahr datiert. Der Konsulatsantritt erfolgte am 1. Januar; aus diesem Anlass wurden Wagenrennen veranstaltet, Gold, Silber und Diptychen aus Elfenbein verteilt und Dankesreden an den Kaiser gehalten.

Die Senatoren verfügten über zahlreiche Privilegien im Steuer- und Strafrecht. Sie mussten eine jährliche Abgabe auf ihren Grundbesitz entrichten und wurden bei besonderen Anlässen finanziell in die Pflicht genommen. Ihre ökonomische Grundlage war der Landbesitz, der über mehrere Provinzen verteilt sein konnte, große Erträge abwarf und die Voraussetzung für eine standesadäquate Lebensführung bildete. Die römischen Senatoren der konstantinischen Zeit besaßen luxuriöse Stadthäuser (*domus*) und weitläufige Villen in der Umgebung Roms und in den schönsten Lagen Italiens. Sie schrieben die Ideologie eines senatorischen Lebens fort, das zwischen dem *otium* in der italischen Villa und dem *negotium* in Rom oszillierte. Die Ausdehnung und die Ausgestaltung der städtischen Residenzen und der ländlichen Anwesen spiegelten die ökonomische Potenz ihrer Besitzer und waren ein Indikator senatorischen Einflusses und Prestiges. Der Senator Quintus Aurelius Symmachus, der 391 den Konsulat innehatte, unterstrich die Bedeutung aristokratischer Muße (*otium*) im Kreise der *familia* vor den Toren der Stadt: IUCUNDUM OTIUM CUM FAMILIARIBUS NOSTRIS IN SUBURBANO (Symmachus, Epistulae 2,57,1).

Auch in den Provinzen des Römischen Reiches wurden riesige Villenkomplexe errichtet. Eine der berühmtesten findet sich auf Sizilien: die Villa Romana del Casale in der Nähe von Piazza Armerina. Die Senatoren besuchten sich in ihren weitläufigen Feriensitzen und konkurrierten in Wohn- und Tafelluxus miteinander. Marmor und Mosaiken waren allgegenwärtig. Prunkvolle Säulenhallen und Speisesäle, Bäder und Bibliotheken, Wildparks und Fischteiche zeugten von dem Reichtum, dem Lebensstil und der Bildung des Besitzers. 321 sah sich Konstantin genötigt, den Transport von Säulen und Marmor aus den Städten aufs Land zu unterbinden, um der Zerstörung öffentlicher Bauwerke Einhalt zu gebieten.

Die Senatoren pflegten untereinander enge Verbindungen. Ihre schriftliche und mündliche Kommunikation orientierte sich am klassischen Ideal der *amicitia*. Der manifesten sozialen Heterogenität des spätantiken Senatorenstandes entsprach keineswegs eine Diversifikation der Lebensführung und Selbstdarstellung. Im Gegenteil: Traditionelle kulturelle Normen wurden genau beachtet und dienten der Homogenisierung einer Schicht, der zahlreiche soziale Aufsteiger integrierte. Diese Normen waren gleichzeitig ein Unterscheidungsmerkmal, das die Eliten des Imperium Romanum von den Eliten der sogenannten „Barbaren", der germanischen Völker, schied, die *warrior aristocracies* waren, in denen literarische und kulturelle Kompetenzen eine untergeordnete Rolle spielten. Die Senatoren nahmen sich als die *pars melior generis humani* wahr, als „den besseren Teil des Menschengeschlechtes" (Symmachus, Epistulae 1,52).

# DIE GESELLSCHAFTSSTRUKTUR DER SPÄTANTIKE

Elisabeth Herrmann-Otto

Ammianus Marcellinus, römischer Geschichtsschreiber in der Mitte des 4. Jahrhunderts, unterscheidet zwischen Reichsadel (*honorati*), Stadtadel (*primates urbium*) und Volk (*plebei*) (Ammianus Marcellinus, res gestae 14,7,1). Fassen wir diese Einteilung der römischen Gesellschaft in moderne Begrifflichkeit, dann würde man von Oberschicht, Mittelschicht und Unterschicht sprechen. Gängiger sind allerdings die Modelle, die von einer Zweiteilung der Gesellschaft ausgehen, z. B. von Standespersonen (*honesteriores*) und den einfachen Leuten (*humiliores*), von Besitzern (*possessores*) und Besitzlosen (*tenuiores*), von Reichen (*divites*) und Armen (*pauperes*). Für die Oberschicht gibt es noch eine Fülle von anderen Bezeichnungen, z. B. die Mächtigen (*potentes*), während die Unterschicht ziemlich einheitlich als niederes Volk als *plebs*, ihre Mitglieder als *plebei* bezeichnet wird. Die Zweiteilung der römischen Gesellschaft ist keine Neuerung der Spätantike, sondern geht bis in die Republik zurück, als bereits Cicero den Optimaten, die für ihn die Guten sind, das Volk, die Niedrigen, gegenüberstellt. Innerhalb der Zweiteilung der römischen Gesellschaft haben sich in der Kaiserzeit (27 v. Chr. – 283 n. Chr.) Veränderungen innerhalb der einzelnen Bevölkerungsgruppen ergeben. Partiell ist es in der Spätantike zu weiteren Umschichtungen innerhalb dieser Gruppen gekommen, die aber nicht plötzlich mit der Herrschaft Diokletians (284 – 305) einsetzen, sondern sich schon im Laufe des 3. Jahrhunderts langsam vorbereitet haben. Die Grundstruktur der römischen Gesellschaft bleibt jedoch trotz aller internen Veränderungen kontinuierlich bestehen.

Erfasst man sie graphisch, so kann man sie am Besten in der Form einer stilisierten Birne oder eines Menhirs abbilden [1]. Géza Alföldy hat eine Pyramidenform für die Darstellung der kaiserzeitlichen Gesellschaft gewählt. Unter Berücksichtigung der internen Umstrukturierungen in der Spätantike wurde eine Veränderung der pyramidalen Grundform vor allem im Bereich der unteren Schichten notwendig. So kann man auch nicht mehr uneingeschränkt von einem Stände-Schichten-modell ausgehen, weil die bisherigen drei Stände, der Senatoren- und der Ritterstand sowie die städtische Aristokratie teilweise aufgelöst und durch ein Rangklassensystem ersetzt wurden.

Unangefochten stehen der Kaiser und das Kaiserhaus an der Spitze der Gesellschaft, ob sie nun ein Kollegium von mehreren Herrschern bilden oder als Alleinherrscher den Staat leiten. Alle Angehörigen des Kaiserhauses werden als *nobilissimi* (Hochadlige) bezeichnet. Zwischen Kaiserhaus und Senatorenschicht hat Konstantin das alte Patriciat wiederbelebt. *Patricii* sind teilweise Angehörige des Kaiserhauses selbst, teilweise ganz enge Vertraute, Freunde des Kaisers, die selbstverständlich dem Senatorenstand angehören. Dieser ist unter Konstantin zum Sammelbecken für einen großen Teil der Oberschicht geworden, indem der Kaiser ihn mit Mitgliedern des ehemaligen Ritterstandes aufgefüllt hat. Geburtsadel und Dienstadel finden sich in ihm gleichermaßen, Adlige (*clarissimi*) ehrenhalber sind neben aktiven Adligen in ihm vertreten. Auch Frauen der entsprechenden Gesellschaftsschicht tragen den Rangtitel einer *clarissima* ehrenhalber [2]. Die Senatoren sind in drei Rangklassen, die *illustres*, *spectabiles* und *clarissimi*, sowie in drei, später vier Steuerklassen unterteilt (Codex Theodosianus 16,5,52; abgekürzt: Cod. Theod.). Die so erweiterte senatorische Schicht umfasst 4 000 Personen (vgl. Alföldy 1984).

# Die Spätantike Gesellschaft im 4. Jh. n.Chr.
## (~ 50 Millionen Menschen)

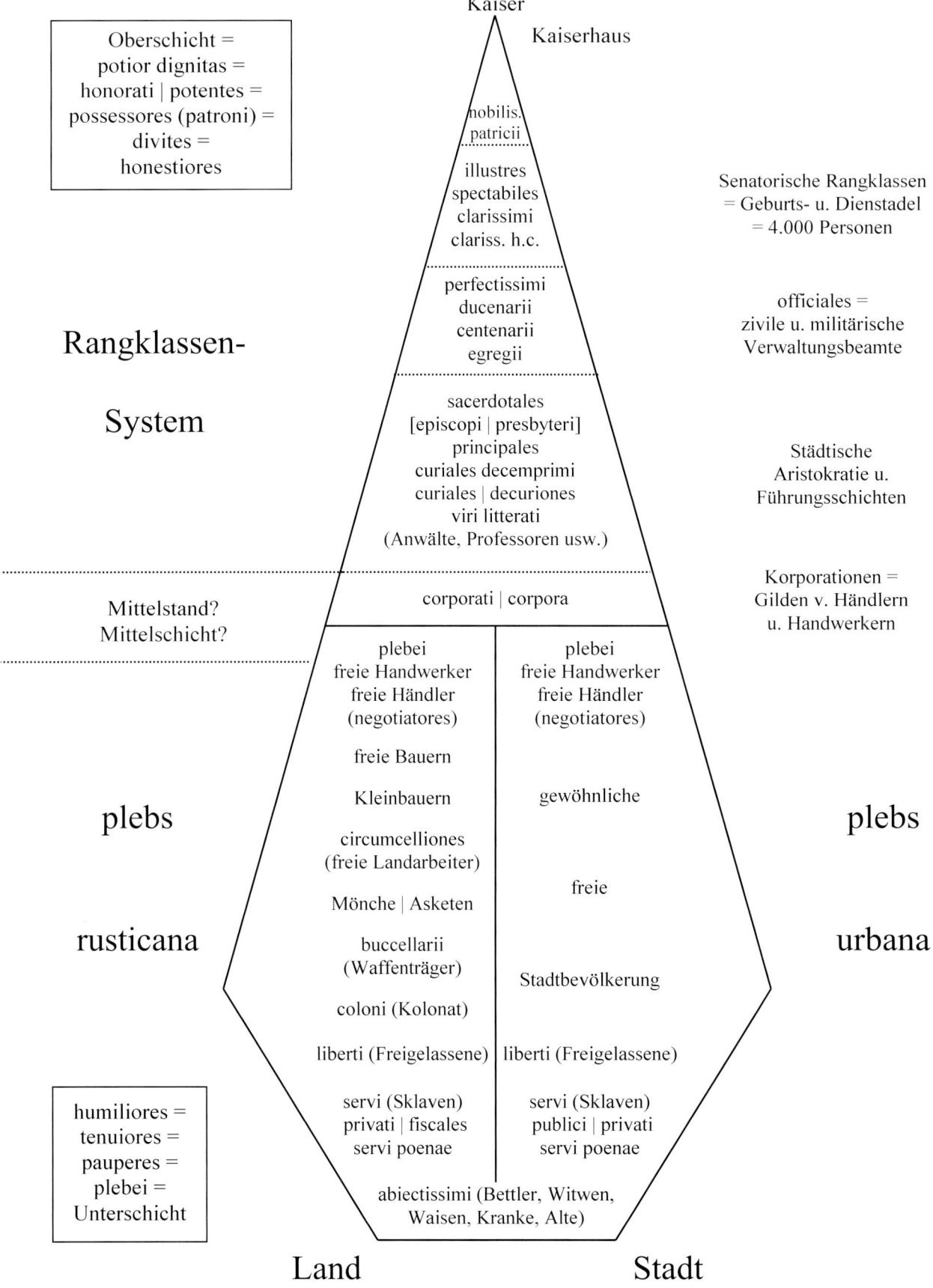

Kaiser

Kaiserhaus

Oberschicht =
potior dignitas =
honorati | potentes =
possessores (patroni) =
divites =
honestiores

nobilis.
patricii

illustres
spectabiles
clarissimi
clariss. h.c.

Senatorische Rangklassen
= Geburts- u. Dienstadel
= 4.000 Personen

perfectissimi
ducenarii
centenarii
egregii

officiales =
zivile u. militärische
Verwaltungsbeamte

Rangklassen-

System

sacerdotales
[episcopi | presbyteri]
principales
curiales decemprimi
curiales | decuriones
viri litterati
(Anwälte, Professoren usw.)

Städtische
Aristokratie u.
Führungsschichten

Korporationen =
Gilden v. Händlern
u. Handwerkern

corporati | corpora

Mittelstand?
Mittelschicht?

plebei
freie Handwerker
freie Händler
(negotiatores)

plebei
freie Handwerker
freie Händler
(negotiatores)

freie Bauern

Kleinbauern

gewöhnliche

plebs

plebs

circumcelliones
(freie Landarbeiter)

Mönche | Asketen

freie

rusticana

buccellarii
(Waffenträger)

urbana

Stadtbevölkerung

coloni (Kolonat)

liberti (Freigelassene)

liberti (Freigelassene)

humiliores =
tenuiores =
pauperes =
plebei =
Unterschicht

servi (Sklaven)
privati | fiscales
servi poenae

servi (Sklaven)
publici | privati
servi poenae

abiectissimi (Bettler, Witwen,
Waisen, Kranke, Alte)

Land

Stadt

⊙ I.14.6
**2 Grabgedicht für eine junge Mutter
aus einer senatorischen Familie**
Rheinisches Landesmuseum Trier

⊙ I.14.10
**3 Grabinschrift des Kaufmanns Silvanus**
Rheinisches Landesmuseum Trier

⊙ I.17.82
**4 Papyrusdokument: Sklavenkauf**
Papyrussammlung, Institut für Altertumskunde,
Universität zu Köln

Die Angehörigen des Ritterstandes, die nicht in den Senatorenstand aufgenommen wurden, und die meistens aus niederen Verhältnissen stammend sich über eine militärische Laufbahn hochgearbeitet haben, werden zusammen mit den Verwaltungsbeamten (*officiales*) in die Rangklasse der *perfectissimi*, eingestuft. In ihr finden sich die tieferen militärischen und zivilen Posten wie z. B. die Grenzoffiziere (*duces*), die Finanzverwalter (*procuratores*) und das Spionagechor (*agentes in rebus*) und viele andere Beamte der Reichsverwaltung. Die niederen ritterlichen Ränge der *ducenarii, centenarii* und *egregii* verlieren seit Constantin fortschreitend an Bedeutung (Cod.Theod. 1,32,6; 6,30,7).

Unter diesen vier bzw. sieben Rangklassen, die Ammianus Marcellinus als Reichsaristokratie bezeichnet, steht der Stadtadel, der sich ebenfalls in verschiedene Ränge aufteilt. Sie gestalten sich insofern flexibler, als die städtische Oberschicht von vielfältigen Veränderungen sozialer und wirtschaftlicher Art betroffen ist. An ihrer Spitze steht die städtische zunächst heidnische, später christliche Priesterschaft (*sacerdotales*), speziell die christlichen Bischöfe (*episcopi*). Gefolgt werden sie von den Oberen der städtischen Aristokratie, den *principales* und *optimates*, und den gewöhnlichen Kurialen, den Ratsmitgliedern der Stadt. Zur Bekleidung einer solchen ehrenamtlichen, zunächst sehr angesehenen Position ist Landbesitz notwendig. Da die finanziellen Belastungen für die Ratsmitglieder immer größer werden, – sie sind verantwortlich für die Instandhaltung der öffentlichen Gebäude und Straßen, die Finanzierung der Staatspost in ihrem Bezirk, der Ausrichtung von Spielen und haften mit ihrem Vermögen für die an den Kaiser abzuführende Steuersumme der Stadt –, verarmen

viele von ihnen, so dass es große soziale Unterschiede innerhalb der städtischen Aristokratie gibt. (Cod.Theod. 16,5,54). Den *principales*, die riesige Länderein außerhalb der Stadt besitzen, gelingt es, sich durch Privilegien vielen Belastungen (Leiturgien) zu entziehen. Ihre ärmeren Standesgenossen werden fortschreitend durch Zwangserblichkeit an den Kurialenstand gebunden, der nun keine Ehre mehr darstellt, sondern dem man sich mit allen Mitteln zu entziehen sucht ( Cod.Theod. 12,1,5; 12,1,7 ff.). Der Rat der Stadt Antiochien in Syrien z. B. vermindert sich im Laufe des 4. Jahrhunderts von 600 auf 60 Mitglieder (Libanius, Orationes 2,33; 48,3 – 4). Von der Stadt besoldete Ärzte, Lehrer, Professoren und Anwälte haben steuerliche Privilegien, die ihre freiberuflich tätigen Kollegen nicht besitzen (Cod. Theod. 13,3,1 – 4). Julian Apostata (361 – 363) unterwirft das Lehrpersonal sogar einem Eignungstest (Cod. Theod. 13,3,5).

Zur Gewährleistung der Versorgung der Städte sind viele Handwerker, Händler und Kaufleute in Korporationen (*corpora*) organisiert. Die Zugehörigkeit zu ihnen ist ebenfalls erblich. Auch sie genießen steuerliche Privilegien, müssen aber im Gegenzug bestimmte Leistungen z. B. in Menge und Preis festgesetzte Lieferungen an Getreide, Brot, Fleisch, Öl etc. oder entsprechende Transportleistungen erbringen. Den Schiffseignern hat Konstantin sogar Ritterrang verliehen (Cod.Theod. 13,5,3; 13,5,16).

Neben den Korporationen existieren weiterhin freie Händler (*negotiatores*) [3] und Handwerker. Sie gehören schon zu den *plebei*. Die Scheidung zwischen Ober- und Unterschicht läuft folglich mitten durch die Stadtbevölkerung hindurch. Von Mittelstand oder eventuell Mittelschicht zu sprechen ist wegen der großen sozialen und rechtlichen Unterschiede innerhalb der Stadtbevölkerung schwierig.

**< 1 Spätantike Gesellschaftsstruktur**

○ II.4.30
**5 Papyrusdokument: Klösterliche Fürsorge für eine Witwe**
Institut für Papyrologie der Universität Heidelberg

In der *plebs urbana* gibt es noch weitere Schichtungen, und zwar in die Freigelassenen (*liberti*) sowie die städtischen und privaten Sklaven [4] (*servi publici, privati*). Letztere sind vor allem im Haushalt tätig. Die Quellen der Sklaverei sind die alten geblieben: Geburt von einer Sklavenmutter, Aussetzung, Menschenraub, Verkauf und Selbstverkauf in die Sklaverei sowie Kriegsgefangenschaft. Da die Herren, christliche und nichtchristliche, zur Fürsorge gegenüber ihren Sklaven als Angehörigen ihrer *familia* verpflichtet sind, geht es diesen besser als den vielen freien römischen Bürgern, die sich am untersten Rande der Gesellschaft befinden. Zu ihnen gehören die unter dem Existenzminimum Dahinvegetierenden, die Witwen und Waisen, die Alten und Kranken, die Bettler jeden Alters und Geschlechts (*abiectissimi*), die kein familiäres oder kirchliches Sozialnetz [5] haben oder gefunden haben, da es ein staatliches nicht gibt. Die kirchlichen karitativen Maßnahmen, die von den Bischöfen veranlasst und von den Diakonen ausgeführt werden, gelten deswegen auch nicht Sklaven und Freigelassenen, die in einem familiären Sozialnetz leben, sondern den von der Gesellschaft Ausgestoßenen, den sogenannten Verlierern. Neben dem Almosengeben werden die ersten sozialen christlichen Einrichtungen wie Armen-, Kranken- und Fremdenhäuser bereits im 4. Jahrhundert begründet.

Auch in der Spätantike ist die römische Gesellschaft immer noch eine agrarische Gesellschaft. Viele Verpflichtungen, die die Mitglieder der Oberschicht für Staat und Gesellschaft zu erbringen haben, werden durch die erfolgreiche Bewirtschaftung großer Landgüter finanziert. Auch auf dem Land gibt es eine soziale Schichtung unterhalb der Großgrundbesitzer und der Erbpächter. Freie Kleinbauern, Handwerker und Händler sind in den Dörfern immer noch anzutreffen, allerdings rückläufig, ebenso die freien Landarbeiter (*circumcelliones*), die sich vor allem als Saisonarbeiter verdingen. Die Hauptmasse der arbeitenden ländlichen Bevölkerung (*plebs rusticana*) dürfte von den Großgrundbesitzern abhängig gewesen sein, zu denen nicht nur der Reichs- und der obere Stadtadel zählen, sondern auch die Kaiser selbst, und fortschreitend die Kirche. Kolonen, ehemals freie Pächter, deren Pachtverträge zunächst auf fünf Jahre abgeschlossen, im Laufe der Zeit zu ewigen Verträgen wurden, werden seit Konstantin immer mehr an den Boden gebunden (*glebae ascriptio*; Cod. Theod. 5,17,1). Ihr Kolonenstatus wird im Laufe des 4. Jahrhunderts erblich. Bei Veräußerungen des Landgutes müssen die Kolonen (*coloni adscripticii*) vom neuen Besitzer mit übernommen werden. Sie können Ackerland erwerben oder von dem Großgrundbesitzer zugewiesen bekommen, dürfen es aber nicht ohne Erlaubnis wieder veräußern. Sind die ehemals freien Bauern oder ihre bereits in den Kolonat hineingeborenen Kinder in freier Wohnorts- und Berufswahl eingeschränkt und zu Abgaben an den privaten Großgrundbesitzer verpflichtet, so stehen sie im Gegenzug doch unter seinem Schutz gegenüber den kaiserlichen Beamten. Er übernimmt für sie die Steuerhaftung.

⊙ I.15.5

**8 Grabinschrift für den exdomesticus Flavius**
Bischöfliches Dom- und Diözesanmuseum Trier

⊙ I.15.8

**6 Frühchristliche Inschrift des
kaiserl. Kleiderverwalters Felix**
Rheinisches Landesmuseum Trier

⊙ I.15.6

**7 Frühchristliche Inschrift des Palastbeamten Probatius**
Rheinisches Landesmuseum Trier

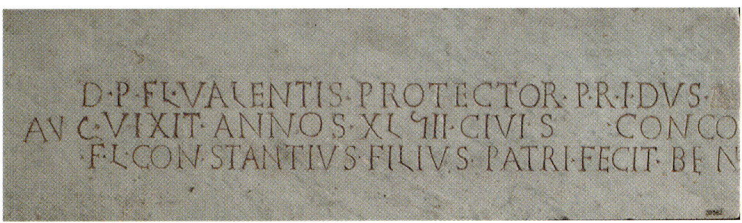

⊙ I.15.9

**9 Grabinschrift des protector Fl. Valens**
Musei Vaticani, Città del Vaticano

⊙ I.3.32

**10 Weihinschrift, Münzkontrolleur**
Münzstätte Trier
Rheinisches Landesmuseum Trier

⊙ I.15.94

**11 Frühchristliche Grabinschrift
für Damasius**
Rheinisches Landesmuseum Trier

⊙ I.15.35

**12 Grabinschrift für Felica aus der ersten Münzstätte**
Musei Vaticani, Città del Vaticano

⊙ I.15.7

**13 Frühchristliche Inschrift eines Comes**
Rheinisches Landesmuseum Trier

⊙ I.15.10

**14 Frühchristliche Grabinschrift für Fl. Nicoleon v. p.**
Musei Vaticani, Città del Vaticano

⊙ I.15.65

**15 Frühchristliche
Grabinschrift für einen
civis Antiochenus**
Rheinisches Landes-
museum Trier

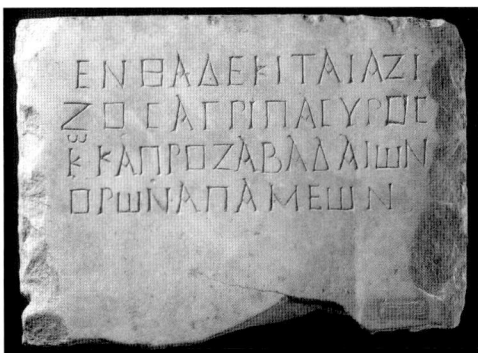

⊙ I.15.62

**16 Griechische Inschrift eines Syrers (Azizos)**
Rheinisches Landesmuseum Trier

⊙ I.15.66

**17 Griechische Grabinschrift des libyschen Knaben Rufinus**
Musei Vaticani, Città del Vaticano

Unter den Kolonen, deren Status als der von Freien mit eingeschränkter Freizügigkeit definiert werden kann, – vereinfachend würde man sie als annähernd Halbfreie bezeichnen, – stehen die Sklaven (*servi privati, ecclesiae, fiscales*), die es noch immer in beträchtlicher Zahl in der Landwirtschaft, sowohl auf privaten, kirchlichen wie auf kaiserlichen Gütern gibt. Die Grenzen zwischen Kolonat und Sklaverei werden durch eheähnliche Verbindungen zwischen Angehörigen beider Bevölkerungsgruppen aber auch durch Strafmaßnahmen fließend: flüchtige Kolonen, die aufgegriffen werden, werden auf ihr Landgut zurückgebracht und müssen dort, in den Sklavenstand herabgedrückt, ihre Arbeiten weiter verrichten. Auf der untersten Stufe der Gesellschaft befinden sich die Strafsklaven (*servi poenae*), die in kaiserlichen Bergwerken, Waffenfabriken und Webereien neben freien Personen der Unterschicht arbeiten, die ebenfalls in ihrer Freizügigkeit eingeschränkt sind. Insgesamt geht man von einer Bevölkerungsstärke von 50 Millionen Einwohnern aus (vgl. Demandt 1989).

Fortschreitende Bodenbindung, Berufs- und Standesbindung sowie ein ausgeprägtes Rangklassensystem lassen die spätantike Gesellschaft als Kastensystem, den spätantiken Staat als Zwangsstaat erscheinen. Dieses Bild, das vor allem die gebetsmühlenartig sich wiederholenden gesetzlichen Anordnungen und die in ihnen angedrohten drastischen Strafen vermitteln, entspricht nicht der Realität. Die spätantike Gesellschaft ist die mobilste Gesellschaft, die es je im Römischen Reich gegeben hat.

Zahlreich sind zunächst die Fluchtbewegungen aus dem Kurialenstand, aus den Korporationen, aus dem Kolonat und aus der Sklaverei z. B. in das Militär, den christlichen Klerus, oder sogar unter den Schutz eines Großgrundbesitzers (*patronus*) – trotz Verbot. Aufstiegsmöglichkeiten der reichen Kurialen in den Perfectissimat oder den Clarissimat als Verwaltungsbeamte sind auf Grund persönlicher Leistung und Protektion möglich. Vertikale Aufstiegsmöglichkeiten („upward mobility") auf Grund von Bildung und Fleiß werden sogar offiziell gefördert. Genauso leicht aber können Menschen durch steuerliche Überbelastung in absolute Armut sinken, die den Selbstverkauf in die Sklaverei, Flucht auf ein Landgut (*patrocinium*) oder in ein Kloster, manchmal sogar über die Grenze zu den Barbaren nahelegen („downward mobility"). Daneben sind aber auch horizontale Mobilitäten zu beobachten: Kolonen und Sklaven fliehen auf andere Landgüter, und werden dort u. a. wegen Arbeitskräftemangel gerne behalten, trotz angedrohter Strafen. Kollegiati wechseln in die Korporation einer anderen Stadt. Großgrundbesitzer werden zu *patroni* über Kolonen, Sklaven, bedrängte Kurialen und Kollegiati, die sie alle auf ihren Gütern (*patrocinia*) beschäftigen können und gegen staatliche Übergriffe teils rechtlich auf Grund ihrer Privilegien, teils gewaltsam durch ihre Privatgarde, die *buccellarii*, schützen können.

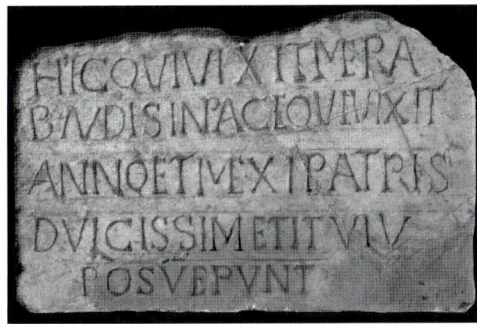

⊙ I.15.68
**19 Grabinschrift für den Knaben Merabaudis**
Rheinisches Landesmuseum Trier

⊙ I.15.63
**20 Grabinschrift für den Syrer Eustasius**
Rheinisches Landesmuseum Trier

⊙ I.15.67
**18 Grabinschrift der aus Trier stammenden Belliciola**
Rom, Museo Nationale Romano delle Terme di Diocleziano

Die Entzweiung (Dichotomie) von Staat und Gesellschaft zeichnet sich in Umrissen zum Ende des 4. Jahrhunderts bereits ab. Dennoch lässt sich im Zeitraum zwischen Diokletian und Theodosius I. ein Bevölkerungswachstum in den Städten Nordafrikas, Syriens und Palästinas nachweisen. Zwei Hochblüten erlebt gleichzeitig die neue Residenzstadt Trier (286 – 353 und 367 – 395). Erstmalig kann auch das Vordringen des Christentums in die verschiedenen Bevölkerungsschichten in der Stadt eindeutig nachgewiesen werden. Auf christlichen Grabsteinen aus Trier zur Zeit seiner Blüte sind zivile und militärische Beamte des Kaiserhofes und der Provinzialverwaltung verzeichnet, wie z. B. der Kleiderverwalter Felix [6], der 50 Jahre alt wurde, der Palastbeamte Probatius [7], ein vir perfectissimus, Flavius Nicoleon [14], ebenfalls vir perfectissimus, dessen Ehefrau Munatia Irene des 53 – Jährigen gedenkt, der protector Publius Flavius Valens [9], eventuell Angehöriger der Leibgarde, der mit 43 Jahren verstarb, und der Münzkontrolleur Damasius [11] sowie der ehemalige Leibwächter Flavius [8]. Sie alle bekennen offen ihr Christentum durch Wort und Bild und heben zugleich stolz ihre gesellschaftliche Stellung in kaiserlichen Diensten hervor. Die volle, auch nach außen hin sichtbare Integration der Christen in die römische Gesellschaft ist gelungen.

Unter den *clarissimae feminae*, weiblichen Angehörigen des Senatorenstandes, ist vor allem Boethiola hervorzuheben [2], die nicht nur mit einem Mitglied des Senatorenstandes 12 Jahre lang verheiratet war, bis sie mit 25 Jahren starb, sondern die selbst den Senatorenrang erblich besitzt. Kaufleute und Fremde aus dem Osten des Reiches wie der Syrer Azizos [16], der libysche Knabe Rufinus [17], ein Bürger aus Antiochia [15] und der *negotiator* Silvanus [3] zeigen, wie multikulturell das spätantike Trier war und auf welchen Wegen die christliche Religion u. a. in die Residenzstadt kam. Aber auch gebürtige Trierer, wie die junge Ehefrau Belliciola [18], die bereits mit 27 Jahren starb, weisen stolz auf ihre Herkunft (*natione Galla*) hin. Diese und andere Altersangaben auf den Grabsteinen zeigen deutlich die hohe Sterblichkeitsrate bei den Frauen – die junge *coniunx* Macedonia z. B. stirbt bereits mit 13 Jahren, vielleicht im Kindbett, [20], Felica mit 24 Jahren [12] – und andererseits das höhere Alter der kaiserlichen Bediensteten, die in privilegierten Verhältnissen leben. – Wenn man auch davon ausgehen muss, dass nur reichere Bürger ihren Verstorbenen so aufwendige Grabsteine setzen können, so präsentieren die Inschriften doch ein breites gesellschaftliches Spektrum vom Palastbeamten [10 – 14] bis hin zu den einfacheren städtischen Familien mit Eheleuten, Eltern und Kindern [19 – 20].

# RECHT UND GESETZGEBUNG

**Detlef Liebs**

Unter Konstantin änderten sich Recht und Gesetzgebung des römischen Reiches sehr, so sehr, wie seit Augustus (43 v. – 14 n. Chr.) nicht mehr, weshalb sein Neffe Julian der Abtrünnige (361 – 363) ihm leicht übertreibend vorwerfen sollte, die ganze hergebrachte Rechtsordnung verändert und durcheinandergebracht zu haben.

Sein Vorvorgänger, Kaiser Diokletian (285 – 305), hatte nach 50-jähriger Anarchie, als mindestens 71 Kaiser und Usurpatoren um die Macht kämpften, versucht, die ehedem herrschenden Verhältnisse wiederherzustellen. Und dazu gehörten im Rechtswesen eine lebendige Rechtswissenschaft mit anspruchsvollen Publikationen von Seiten reichsweit angesehener, in kaiserlichen Diensten emporgekommener oder auch schlicht akademischer Juristen mit blühender Gutachterpraxis; außerdem kaiserliche Rechtsweisung für jedermann, der beim kaiserlichen Hof eine Eingabe anzubringen in der Lage war; und auch Eingriffe in das geltende Recht durch kaiserliche Rechtssetzung, sei es über den Senat, sei es in Form von kaiserlichen Edikten und sonstigen unmittelbaren Anordnungen des Kaisers. Diokletian hatte auch Rechtswissenschaft und Rechtsliteratur wieder zu beleben versucht. Im Gegensatz zur bisherigen Übung übernahm er Juristen, die seinem blutig besiegten Vorgänger gedient hatten, und nahm auch sonst hervorragende Juristen in seine Dienste. Außerdem ermutigte er die Juristen zu Publikationen unter eigenem Namen, wenn dabei auch nur erst Sammlungen kaiserlicher Äußerungen zum Recht, vor allem von Rechtsbescheiden, ferner kleine Monografien über aktuelle Gegenstände und eine knappe Zusammenfassung des geltenden Rechts zustande kamen. Vor allem hatte Diokletian die Praxis der kaiserlichen Rechtsbescheide an jedermann mit großem Engagement verstärkt.

Gegen Ende seiner Regierung bewirkte seine Restaurationspolitik allerdings schweres Unrecht, nachdem er 303 zur Christenverfolgung übergegangen war, die immer weiter ausuferte. Seine unmittelbaren Nachfolger haben das sechs Jahre lang fortgesetzt, haben dann aber aufgegeben.

Umgekehrt setzte Konstantin an. Nach seinem Sieg über Maxentius im Herbst 312 wandte er sich den Christen zu und ließ ihnen alsbald großzügige Wiedergutmachung zukommen, die weit über das wenige hinausging, das unschuldig Verurteilte bisher zu erwarten hatten. Kirchliche Kreise nennen das entsprechende Gesetz Toleranzedikt von Mailand und führen es allein auf Konstantin zurück. Doch hat dieser es nicht allein erlassen, sondern gemeinsam mit seinem Mitkaiser Licinius. Und es gewährte den Christen nicht Toleranz; die hatte Maxentius schon fünf Jahre vorher und der Christenverfolger Galerius anderthalb Jahre vorher angeordnet. Jetzt ordneten die Kaiser völlige Gleichstellung des Christentums mit den anderen Religionen und großzügige Wiedergutmachung an. Von der ehrwürdigen Form eines Edikts verlautet nichts. Die allein erhaltene licinische Fassung des Gesetzes hat die Form eines schlichten Schreibens an die örtlichen Provinzgouverneure.

1 Das theodosische Gesetzbuch aus dem Jahr 438 n. Chr.,
Beginn von Buch 10, Titel 1: Über die Rechte des Fiskus.
Wie das ganze Gesetzbuch setzt der Titel mit Gesetzen
Konstantins ein. Vorderseite von Blatt 78 der einzigen
erhaltenen Handschrift des zweiten Teils (Buch 9 – 16),
heute im Vatikan aus dem Nachlass der Königin Christine
Città del Vaticano, Biblioteca Apostolica Vaticana

## KONSTANTINS RECHTSVERSTÄNDNIS

Konstantin entfernte die Juristen aus seiner unmittelbaren Umgebung. Er organisierte die Zentralkanzleien so um, dass seither der Beamte, welcher die Beantwortung der Eingaben Privater entwarf, die eine Rechtsbelehrung zu enthalten pflegten, keinen unmittelbaren Zugang mehr zum Kaiser hatte. Er wurde in eine bürokratische Hierarchie eingegliedert. Die Folge war zunehmende Korruption auch in der Zentrale, was auf den unteren Ebenen schon vorher eingerissen war. Nun konnte man sich sogar begünstigende Bescheide mit der kaiserlichen Unterschrift erschleichen, und es half wenig, wenn der Kaiser immer wieder einschärfte, dass solche Bescheide unwirksam sind. Man sah es den Schreiben nicht an, konnte das nur vermuten, wenn sie dem geltenden Recht allzu offensichtlich widersprachen.

Sicher konnte man sich aber auch dann nicht sein, weil Konstantin seine Parteigänger, Helfer und Freunde gern begünstigte. Er hat das Privilegienwesen, seit Beginn der Kaiserzeit eine Gefahr für das Recht und die Gleichheit aller vor dem Gesetz, stark ausgeweitet. Einzelpersonen und ganze Personengruppen hat er von besonders drückenden Steuern und Abgaben befreit und konfisziertes Vermögen alsbald wieder verdienten Parteigängern geschenkt, was manch einen dazu verleitete, einer Konfiskation durch falsche Zeugen nachzuhelfen.

Der Kaiser begegnete dieser Gefahr, indem er allgemein bestimmte, was schon im Alten Testament zu lesen ist: dass zur Verurteilung eines nicht geständigen Straftäters zwei Zeugen erforderlich sind. Das wiederum kam Tätern zugute, die sich ungesehen auf ein einziges Opfer konzentrierten, es sei denn, man erzielte ein Geständnis, mit welchen Mitteln auch immer.

Konstantin setzte sich auch mit der Bewertung von Juristenmeinungen auseinander. Als es im Herbst 321 um die rechtliche Beurteilung eines Testaments ging, stellten seine Berater fest, dass in den mittlerweile hundert Jahre alten Schriften der großen Klassiker zur hier entscheidenden Rechtsfrage verschiedene Meinungen vertreten wurden, genauer: dass der Meinung des besonders verehrten spätklassischen Juristen Papinian zu Beginn des 3. Jahrhunderts zwei etwas jüngere Zeitgenossen, Ulpian und Paulus, widersprochen hatten. Sie hatten kurze, oft kritische Anmerkungen (*notae*) zur fraglichen Papinianschrift veröffentlicht. Ihre Meinungen seien zurückzuweisen, aber damit nicht genug; den Kaiser beunruhigte, dass juristische Autoren es gewagt hatten, kritische Anmerkungsapparate zu Schriften eines hoch zu verehrenden, den Märtyrertod für das Recht gestorbenen Kollegen zu veröffentlichen. Deshalb erging zwei Wochen später ein Folgegesetz. Er, Konstantin, wolle die ewigen Streitereien der Rechtsgelehrten ausreißen und ordne deshalb an, dass der ganze Anmerkungsapparat der beiden jüngeren Juristen, welche den guten Ruf eines Genies verfolgten und den Kollegen weniger verbessern als herunterziehen wollten, vernichtet würden. Damals beherrschte Konstantin nur erst den Westen bis zum Balkan; der Hof weilte gerade in Sirmium nicht weit von Belgrad. Man hat sich an diese Bücherverdammung im Osten nicht streng gehalten. Um 500 wurden dort Papinians Rechtsbescheide mit beider Anmerkungen abgeschrieben und verbreitet.

328, nachdem er auch den Osten gewonnen hatte, Konstantinopel aber noch eine Baustelle war und er deshalb wieder in Trier residierte, verfügte er umgekehrt und genau genommen im Widerspruch zum soeben angeführten Gesetz, sämtliche Schriften des Paulus hätten Autorität, seien zu bekräftigen und ihnen sei jede Verehrung zu erweisen. Und deshalb dürfe in keiner Weise gezweifelt werden, dass auch die „Sentenzen" (*sententiarum libri*) von Paulus, die lichtvoll, leicht verständlich und sehr gerecht seien, Geltung hätten, wenn sie vor Gericht zur Stützung einer Rechtsauffassung angeführt würden. Der den Trierer Hofjuristen offenbar aus Rom, noch immer der Nabel der römischen Rechtswissenschaft, gemeldete Zweifel an der Authentizität der Schrift war nur zu berechtigt. Sie waren nämlich erst etwa 30 Jahre alt, also über 60 Jahre nach dem Tod des Paulus entstanden, ein ihm untergeschobenes Kompendium eines Provinzialjuristen, zusammengeflickt aus Juristenschriften des frühen 3. Jahrhunderts, jüngeren Kaiserkonstitutionen und eigener Rechtsanschauung in Nordafrika. Allerdings gaben sie die aktuelle, in den Provinzen praktizierte Rechtslage besser wieder als die 100 und mehr Jahre alten Klassiker, die noch immer hauptsächlich Rom im Blick gehabt hatten.

Konstantins Eingriffe in die Freiheit der Wissenschaft hatten zur Folge, dass fortan kein Jurist mehr eine Fachschrift unter eigenem Namen veröffentlichte. Die spärliche Rechtsliteratur, die in den folgenden Jahrhunderten entstand, segelte, wie die pseudopaulinischen Sentenzen, unter dem Namen eines bekannten Klassikers: des Paulus, Ulpians und des Gajus.

## KONSTANTINS GESETZGEBUNG

Allgemeine Gesetze Konstantins sind zahlreich überliefert, zwar nicht vollständig, aber wesentlich mehr als von allen Kaisern vor ihm. Auch insofern begann mit ihm ein neues Zeitalter, wie den späteren Generationen durchaus bewusst war. Als 100 Jahre nach ihm die zahlreichen, die Rechtsanwendung erschwerenden neuen Gesetze gesammelt und in einem Codex, dem Codex Theodosianus, geordnet werden sollten, zögerte die Regierung von Theodosius II. in Konstantinopel nicht, dass mit Konstantin zu beginnen sei [1], und zwar nicht schon 306/307, als er die Macht nur erst in Britannien, Gallien und Spanien errungen, sondern erst im Spätherbst 312, als er sich auch die Mitte des Reiches mit Italien, Süddeutschland und Nordafrika gesichert hatte. Der Grund bestand nicht nur darin, dass er der erste christliche Kaiser und Gründer Konstantinopels war, als dessen Nachfolger sich Theodosius II. sah, sondern auch darin, dass die Kaiser genau genommen erst seit 312 Gesetze im formellen Sinn, *leges*, erließen. Bis dahin hatten sie als Gesetze nur die alten Volksgesetze bezeichnet, wenn die Volksversammlung auch im 2. und 3. Jahrhundert nur noch sporadisch zusammengekommen war, allenfalls zur Bestätigung eines neuen Herrschers, dem die besonderen kaiserlichen Befugnisse im Rahmen des nominell noch immer republikanischen Verfassungsrechts einzuräumen waren. Konstantin dagegen nannte, nachdem er sich nach seinem Sieg über Maxentius vom Senat den Titel des ranghöchsten Kaisers hatte geben lassen, seine Verfügungen kurz *leges*. Die bisherigen Kaiser hatten die ihren schamhaft *constitutiones*, „Festsetzungen", genannt. Die vorkonstantinischen Konstitutionensammlungen enthielten denn auch nur zum geringsten Teil allgemeinverbindliche kaiserliche Anordnungen wie kaiserliche Edikte, sondern hauptsächlich Rechtsbescheide der Kaiser an Privatleute, die darum eingekommen waren; demgemäß beanspruchten sie nur für diesen einen Fall Geltung, wenn sich auch durchgesetzt hatte, dass alle irgendwie anordnenden Worte der Kaiser wie Gesetze behandelt wurden.

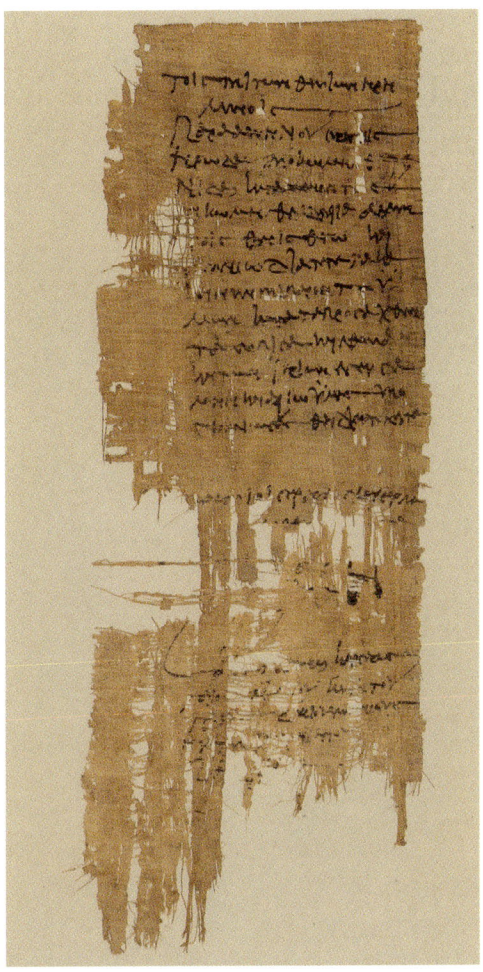

⊙ II.1.5
**2 Opferbescheinigung, Vs.**
Staats- und Universitätsbibliothek Hamburg
Carl von Ossietzky

⊙ II.1.6
**3 Opferbescheinigung, Rs.**
Staats- und Universitätsbibliothek Hamburg
Carl von Ossietzky

Auch deshalb sind von Konstantin besonders viele allgemeine Gesetze erhalten, weil die schriftfreudigen Christen alles aufzeichneten, was sie selbst betraf, und zwar wörtlich, wenn meist auch nur in griechischer Übersetzung. Zu einem umstrittenen Vorgang haben sie gern alle einschlägigen Dokumente zusammengestellt. Allerdings ist bei der Überlieferung kaiserlicher Gesetze durch christliche Autoren Vorsicht geboten, mag die historische Forschung auch lange Zeit ihr Misstrauen diesen Quellen gegenüber übertrieben haben. Die Christen hatten in der Verfolgungszeit lernen müssen, amtliche Schriftstücke zu fälschen, wenn sie am Leben bleiben wollten; und keineswegs alle waren entschlossen, den Märtyrertod sterben. So konnte eine amtliche Bescheinigung, den heidnischen Göttern geopfert zu haben [2, 3], sie vor der Todesstrafe bewahren. Nach dem Ende der Verfolgungen ließ sich diese Fertigkeit dann zu allerlei Verbesserungen der materiellen Lage, des Einflusses im öffentlichen Leben und des Ansehens nutzen, zumal, wenn man Äußerungen des Kaisers fälschte oder auch nur wirklich ergangene Gesetze verfälschte, d. h. mit leicht geändertem Wortlaut wiedergab.

Auch die Sprache der Gesetze änderte sich mit Konstantin. Allgemeine Gesetze zu formulieren, oblag seit je dem kaiserlichen Quästor. Früher hatten oft Juristen dieses Amt bekleidet. Seit Konstantin sind es dagegen für lange Zeit erst einmal ausschließlich Rhetoren, Sprachkünstler, denn die zahlreichen, alsbald in allen Provinzen zu verkündenden Gesetze wurden jetzt in viel stärkerem Maße als je vorher der Herrscherpropaganda dienstbar gemacht. Sie nahmen einen – je nach der Person des Quästors und seinen Fähigkeiten, die Gefühle des Kaisers in Worte zu fassen – besonders engagierten Ton an. Oft spiegelten sie persönliche Ängste und Vorlieben des Kaisers. Auch inhaltlich brachen sie vielfach hemmungslos mit alten Rechtstraditionen, griffen landläufige Rechtsauffassungen auf und schwelgten geradezu in Hass und Grausamkeit. So empörte sich Konstantin im Herbst 331, als er schon in seiner neuen Hauptstadt am Bosporus residierte, über bestechliche kleine Beamte so sehr, dass er folgendes Edikt reichsweit verkünden ließ:

,Hört jetzt einmal auf, ihr raubgierigen Hände der kleinen Beamten! Hört auf!', sage ich. Denn wenn sie nach dieser Ermahnung nicht aufhören, wird das Schwert sie abhauen. Die Tür des Richters darf nicht käuflich sein, der Eintritt nicht bezahlt, das Sitzungszimmer nicht berüchtigt durch Versteigerung an den Meistbietenden, nicht sogar der Anblick des Gouverneurs (zugleich der wichtigste Richter einer Provinz) nur für Geld zu haben. Die Ohren des Rechtsprechenden sollen den Ärmsten ebenso wie den Reichen offenstehen. Die Einführung des Klägers darf nicht mit seiner Plünderung durch den Bürochef verbunden werden. Dessen Gehilfen dürfen die Parteien nicht erpressen. Die unerträglichen Überfälle der Abteilungsvorsteher und der anderen Bürobeamten, die Großes und Kleines fordern, müssen unterdrückt werden und die unstillbare Geldgier derer, welche den Streitenden die Akten aushändigen, gemäßigt.

Immer soll der Eifer des Gouverneurs darüber wachen, dass keiner der genannten Menschenart von einer Prozesspartei etwas nimmt. Denn wenn sie in einem Zivilprozess etwas zu fordern sich erlauben, so wird die bewaffnete Rüge bei der Hand sein, um den Schändlichen Kopf und Hals abzuschlagen. Jeder, der erpresst worden ist, soll das Recht haben, den Gouverneur darüber zu unterrichten. Wenn dieser aber ein Auge zudrückt, so eröffnen wir allen die Möglichkeit, in den Provinzen vor sämtlichen kaiserlichen Grafen oder, wenn diese näher zu erreichen sind, vor den Präfekten (die obersten zivilen Reichsbeamten, ihr Amtssitz war in der neuen Reichshauptstadt Konstantinopel und bei den Söhnen und präsumtiven Nachfolgern Konstantins in Trier, Mailand und Antiochien in Syrien) Klage zu erheben, damit wir, durch ihren Vortrag informiert, wegen solcher Räubereien die Todesstrafe (gegen die untätigen Gouverneure) verhängen.

Den bestechlichen kleinen Beamten sollten also zunächst die Hände abgeschlagen werden und dann Kopf und Hals, womit gemeint sein wird: diese beiden Körperteile in einem. Außerdem drohte dem Provinzgouverneur, der nichts gegen solche Durchstechereien unternahm, die Todesstrafe. Man darf bezweifeln, dass dieses Gesetz korrekt oder auch nur in vielen Fällen befolgt wurde. Korruption blieb jahrhundertelang ein Krebsschaden des spätrömischen, hierarchisch geordneten Beamtenstaates. Es sollte die Bevölkerung und das Gewissen des Alleinherrschers beruhigen. Solche reichsweit angedrohten, ausgesuchten Grausamkeiten begegnen in Konstantins Gesetzen seit 312 ständig.

Gleichfalls im Jahr 331 verbot er, christlich inspiriert, die freie Ehescheidung, von den Römern bis dahin hochgehalten wie ein Grundrecht, ob nun der Mann oder die Frau sich scheiden wollte. In diesem Gesetz kommt auch seine immer wieder begegnende Geringschätzung der Frauen zum Ausdruck. Es lautet:

Es beliebt (dem Gesetzgeber), dass einer Frau nicht erlaubt ist, wegen ihrer schrägen Begierden dem Gatten einen Scheidebrief zu schicken aus herbeigesuchtem Grund wie weil er Trinker, Spieler oder Schürzenjäger sei; aber auch nicht den Ehemännern, ihre Frauen bei irgendwelchen Gelegenheiten fortzuschicken. Für eine Scheidung durch die Frau werden vielmehr allein folgende Verbrechen geprüft: dass sie bewiesen hätte, ihr Gatte sei ein Mörder, Giftmischer oder Grabschänder, so dass sie nur, wenn sie das anführt, ihre ganze Mitgift zurückerhalten mag.

Denn wenn sie sich ohne einen dieser drei Gründe von ihrem Gatten scheidet, soll sie ihre Mitgift bis auf die kleinste Haarnadel im Hause des Gatten zurücklassen und für ihre so große Keckheit auf eine Insel deportiert werden. Auch bei Männern, die sich scheiden, wird sich gehören, dass folgende drei Verbrechen geprüft werden: sie wollten eine Ehebrecherin, Giftmischerin oder Kupplerin verstoßen. Denn wenn jemand eine keines dieser Verbrechen Schuldige weggejagt hat, muss er ihr die ganze Mitgift erstatten und darf keine andere Frau heiraten. Tut er das aber doch, so wird der früheren Ehefrau die Möglichkeit eingeräumt werden, in sein Haus einzudringen und die ganze Mitgift der neuen Frau an sich zu bringen für das ihr zugefügte Unrecht.

Zur Durchsetzung seines neuen Verbots mobilisierte Konstantin, da das Recht damals schlichte Unwirksamkeit sozialer Tatbestände wie einer Eheschließung bzw. – scheidung noch nicht entwickelt hatte, die Rachegelüste der ohne triftigen Grund verstoßenen Frau, die für ihren Rachefeldzug natürlich Helfer einsetzen konnte.

Christlichen Geist atmen zahlreiche Gesetze zugunsten von Witwen und Waisen, zur Stärkung der Gerichtsbarkeit der christlichen Bischöfe, die Ersetzung der Kreuzigungsstrafe durch Gabelung, das Verbot, Strafgefangene auf der Stirn zu brandmarken, denen auch regelmäßiger Hofgang zugestanden und Gelegenheit gegeben wurde, Almosen zu empfangen. Besonders geduldig wurde er, als unter seinen neuen Freunden, den Christen, Streit ausbrach. Autoritative Entscheidungen, mit Hilfe derer er den Donatistenstreit in Nordafrika zunächst hatte beenden wollen, fruchteten nichts. Vor einer Verfolgung der abgewiesenen Streitpartei, hier der Donatisten mit ihren Gegenbischöfen in ganz Nordafrika, ließ ihn das Beispiel des 312 besiegten Maxentius zurückschrecken, der bei vergleichbaren Spaltungen in Rom hart durchgegriffen hatte und deshalb als Christenverfolger gebrandmarkt worden war. Konstantin lernte, dass nicht immer, wenn Rechtsvorschriften verletzt, gar Straftatbestände erfüllt sind, Exekution des Verwaltungs- und Strafrechts Frieden schafft, dass es vielmehr, jedenfalls in Glaubens- und innerkirchlichen Organisationsfragen, besser sein kann, wenn die notwendigen Entscheidungen langsamer, kirchenintern und diskursgestützt zustande kommen, was er mit staatlicher Autorität zwar zu organisieren half, ohne aber inhaltlich einzugreifen. Die getroffenen Entscheidungen ließen sich dann meist auch leichter durchsetzen (s. Kapitel 6, Beitrag von Girardet).

Offenbar schon vor der Wende im Oktober 312 brach Konstantin angesichts von Hungersnöten in Gallien und Italien mit dem noch von Diokletian entschlossen verteidigten Prinzip, dass Reichsbürger ihre Kinder nicht in die Sklaverei verkaufen können, trotzdem geschehene Verkäufe unwirksam sind und die Freiheit verkaufter Kinder jederzeit gerichtlich geltend gemacht werden kann. Für Eltern, die sich außerstande sahen, ihre Kinder zu ernähren, bedeutete das praktisch, dass sie auf kriminelle Käufer angewiesen waren. Wenn sich kein Käufer fand, werden sie schneller in Versuchung geraten sein, ihre überzähligen Neugeborenen zu töten oder auszusetzen. Konstantin legalisierte den Verkauf neugeborener Bürger, wenn die Eltern aus Not handelten, einen angemessenen Preis ausgezahlt bekamen und der Vertrag beurkundet wurde. Den verkaufenden Eltern hat er lediglich die Möglichkeit eingeräumt, das Kind später zum nunmehrigen Wert zurückzukaufen oder gegen einen gleichwertigen Sklaven einzutauschen. Am 21. Juli 313, damals in Köln, beschied er eine Kindskäuferin namens Flavia Aprilla mit den Worten:

*Da du bekennst, dass du zu einem bestimmten Preis den Sklaven neugeboren gekauft hast, den Preis entrichtet zu haben angibst, was auch in einer Urkunde festgehalten ist, ist von uns schon vor einiger Zeit bestimmt worden, dass, wenn er sein Kind zurückbekommen will, er dann dem Eigentümer an seiner (des Kindes) Statt einen anderen Sklaven geben oder den Preis zahlen muss, den es jetzt kosten würde. Wir halten daran fest, dass, wenn du das Kind von den Eltern zu einem festen Preis gekauft hast, du das Eigentumsrecht hast. Es ist aber nicht erlaubt, dass jemand aus der Gruppe der Barbaren als frei erwiesen wird.*

Barbaren, die im römischen Reich als Sklaven dienten, waren seit je vom Freiheitsprozess ausgeschlossen. Gleichzeitig hat Konstantin, um solchen Notverkäufen und Kindstötungen vorzubeugen, befohlen, dass bedürftigen Familien, die ihre Kinder nicht ernähren konnten, unverzüglich Nahrung und Kleidung aus der kaiserlichen Kasse zu gewähren sind. Erhalten sind das entsprechende Gesetz für Italien vom Mai 315, wo in allen Städten auf gut sichtbaren Inschriften bekannt gemacht werden sollte, dass arme Familienväter, die ihre Kinder nicht ernähren können, sich an die öffentliche Hand wenden können, und aus dem Jahr 322 für die nordafrikanischen Provinzen, wo alle Gouverneure und die Verwalter kaiserlichen Vermögens allen notleidenden Familien den für die Kinder erforderlichen Unterhalt aus den kaiserlichen Vorräten schenken sollen. Allerdings werden diese wohltätigen Maßnahmen zugunsten der Ärmsten in den erhaltenen Lobreden auf Konstantins Regierung mit Stillschweigen übergangen. Trotzdem werden diese Gesetze nicht nur fromme Vorsätze der Regierung wiedergeben, deren Ausführung im Argen gelegen hätte; vielmehr sollte kein auch nur indirekter Hinweis auf das Elend, in dem viele Reichsbewohner lebten, das Bild des Kaisers bei den feierlichen Anlässen, an denen diese Reden gehalten wurden, verdunkeln. Die Lobredner und ihr Publikum interessierten sich für diese Verhältnisse nicht.

Abschließend sei noch eine für Trier nicht uninteressante Äußerlichkeit der Gesetze auch Konstantins erwähnt. Im Allgemeinen wurden alle Gesetze der Römer mit Datum überliefert, wozu auch der zwischen Tag und Jahr oft eingefügte Ausstellungsort gehörte. Wenn wie bei Konstantin relativ viele Gesetze überliefert sind, sind wir dadurch in der Lage, die Reisen, das Itinerar des Kaisers genauer zu verfolgen, der im Gegensatz zu den späteren byzantinischen Kaisern, welche meist in Konstantinopel blieben, rege umherreiste; die literarischen Quellen enthalten insoweit nur spärliche Angaben. Konstantin war schon in den ersten Jahren seiner Regierung 306 bis 312 besonders beweglich, als Trier noch der fraglose Ausgangspunkt aller seiner Unternehmungen war. Aus seinen nach 312 in Trier datierten Gesetzen ergibt sich dann, dass er sich jedenfalls von Mai 313 bis Juni 314 hier aufhielt mit Unterbrechung Juni/Juli 313 wegen eines Feldzugs gegen die Franken. Im Juli 313 hat er deshalb in Köln Gesetze erlassen. Den Winter 315/316 verbrachte er vermutlich ganz in Trier. Auch Herbst und Winter 328/329 residierte er noch einmal in Trier, bevor er zunächst an der mittleren und unteren Donau nach dem Rechten sah und dann seit Mai 330 in seiner neuen Hauptstadt Konstantinopel am Bosporus Hof hielt.

Konstantins Herrschaft bedeutete für das Recht Zuspitzung des monarchischen Prinzips, was später im Gottesgnadentum gipfeln sollte, ferner Ausweitung und weitere Brutalisierung des Kriminalstrafrechts, Verengung der legalen Handlungsspielräume und für die Frau sowohl Verschlechterungen als auch Verbesserungen ihrer Rechtsstellung. Zahlreiche Gesetze waren dem Gedanken der Solidarität mit allen Menschen, auch den Geringsten und Verachtetsten, verpflichtet.

# DAS GELDWESEN IM SPÄTEN 3. UND 4. JAHRHUNDERT

Karl-Josef Gilles

1 Trierer Aureus des Diocletian im Vergleich mit einem
älteren und jüngeren Trierer Solidus des Konstantin I.
Rheinisches Landesmuseum Trier

### ZUR SITUATION DES GELDWESENS IM SPÄTEN 3. JAHRHUNDERT

Im Laufe des 3. Jahrhunderts machte sich der Verfall des römischen Geldsystems insbesondere bei den Silberprägungen bemerkbar. Das alte Wertverhältnis zwischen Gold-, Silber- und Bronzemünzen (1 Aureus = 25 Denare = 100 Sesterze = 400 Asses) war nicht mehr aufrechtzuerhalten, nachdem der Silbergehalt des Denars wie des Antoninians, der um 215 noch mehr als 50 % betragen hatte, im letzten Drittel des 3. Jahrhunderts kaum mehr als 2 % erreichte. Zudem war das Gewicht des Denars mehrfach herabgesetzt worden. Selbst der Aureus, der unter Augustus noch 1/40 des römischen Pfundes mit einem Sollgewicht von 8,18 g entsprach, hatte bis zum späten 3. Jahrhundert insgesamt elf Gewichtsverminderungen hinnehmen müssen.

Das Münzsystem basierte auf dem römischen Pfund zu 327,45 g, das wiederum 12 Unzen zu 27,28 g oder 288 Scripula zu 1,13 g umfasste. Erste Reformversuche unternahm bereits Kaiser Aurelian im Jahre 274 mit der Anhebung des Denargewichtes. Kaum nachhaltiger waren auch die Maßnahmen Diokletians, der 294 mit einer Münzreform die Unordnung zu beenden und die Metallsorten Gold, Silber und Bronze wie im 1. und 2. Jahrhundert wieder in ein ausgeglichenes Verhältnis zu stellen versuchte.

Diesem Ziel diente auch die Erhöhung des Aureusgewichtes auf 1/60 des Pfundes (5,46 g), das zuvor bis auf 1/70 (4,67 g) abgesunken war. Diokletian wollte seine Reform zugleich durch die Ausprägung reiner Silbermünzen und einer neuen Großkupfersorte, den sogenannten Follis stützen. Doch waren all diese Stabilisierungsversuche, die 301 im Höchstpreisedikt ihren Abschluss fanden, nur von vorübergehender Dauer, wie die baldige Einstellung der Silberprägung und der kurze Zeit später einsetzende Verfall des Follis zeigen sollte.

### DIE MÜNZREFORMEN KONSTANTINS

Auch Konstantin versuchte sich mit unterschiedlichem Erfolg an Münzreformen und der Fortführung der von Diokletian eingeleiteten Maßnahmen. Bei der Bronzeprägungen gelang es ihm nicht, weitere Gewichtsreduktionen des Follis zu verhindern. Ebenso war eine Wiederbelebung der Silberprägung nach 306 nur von kurzer Dauer. Lediglich in der Goldprägung gelang es ihm, in Form des seit 309 erstmals in Trier geprägten Solidus ein Nominal durchzusetzen, das nach dem Aureus als „Weltmünze der Spätantike" die zweite Standardgoldmünze der römischen Kaiserzeit werden und letztlich sogar das gesamte frühmittelalterliche Münzwesen beeinflussen sollte. [1]

2 Solidus von Constans
  Caesar aus Antiochia
  (RIC VII, 104)
  mit Wertziffer LXXII

3 Trierer Münzstättenzeichen, die auf den Feingehalt
  der Münzen Bezug nehmen:
  OB für obryzum (= geläutertes Gold), COM für comes aurei
  bzw. obryziacum (= Verwalter des kaiserlichen Goldschatzes,
  der sich für die Reinheit des Goldes verbürgte) und PS für
  pusulatum (= geläutertes Silber)
  Rheinisches Landesmuseum

4 Trierer Silberprägungen des 4. Jahrhunderts:
  Argentus und Halbargentus (307/308 n. Chr.),
  Billonprägung des Jahres 313, Miliarense und Siliqua
  aus valentinianischer Zeit.

Trier war zunächst der einzige Ort innerhalb von Konstantins Machtbereich, an dem Gold gemünzt wurde. Anfangs wurde in Trier noch der alte Aureus im Gewicht von +/- 5,46 g geschlagen. Ab 309/310 prägte das Trierer Münzamt ein neues Nominal zu 4 Scripula (= 1/72 Pfund oder 1/6 Unze) oder 4,54 g aus nahezu unlegiertem Gold. Obwohl um rund 1/5 leichter als der diokletianische Aureus, sollte diese Münzsorte als Solidus bald die gesamte Goldprägung dominieren. Mit der Ausweitung seines Machtbereichs wurde der Solidus auch in anderen Münzstätten des Imperiums geschlagen, so ab 312/13 in Italien (Ticinum, Aquileia, Rom und Ostia), ab 317 auf dem Balkan (Siscia, Thessalonica und ab 320 in der neuen Münzstätte Sirmium) und nach der endgültigen Niederlage des Licinius in den übrigen Münzstätten der östlichen Reichsteile. 334 erscheint der Solidus erstmals in einem kaiserlichen Erlass als Zahlungsmittel oder Recheneinheit (Codex Theodosianus XIII 5,7). Auf den Wert der Münze nehmen Solidi der Münzstätte Antiochia Bezug, die in den 30er und 40er Jahren als Wertziffer eine römische LXXII [2] festhalten (RIC VII 98 – 104 und RIC VIII 3 – 8).

Valentinian I. erließ nach 367 mehrere Verordnungen, die der Feinheit der Goldmünzen und der Abwehr schlechter Prägungen dienen sollten. Goldmünzen mussten fortan aus mehrfach geläutertem Gold (aurum obryziacum, kurz obryzum) hergestellt werden. Daher ist bei fast allen römischen Goldmünzen dem Münzstättenzeichen ein „OB" [3] angehängt (für die Münzstätte Trier z. B. TROB). Analog dazu vermerken die Silbermünzen seither ein „PS" (pusulatum), das für geläutertes Silber steht. Auf den Goldmünzen der westlichen Provinzen erscheint nach 378 auf der Rückseite ein COM oder CO-MOB. Die Abkürzung steht für comes aurei oder für comes obryziacus, den Verwalter des kaiserlichen Goldschatzes, der sich gleichermaßen für die Reinheit des Goldes verbürgte.

Mit der Reform des Diokletian war der altbewährte Silberdenar abgeschafft worden. An seiner Stelle wurde ab 294 wieder nahezu reines Silber, der sogenannte Argenteus zu 1/96 des römischen Pfundes (3,41 g), geprägt. Schon um 300 wurde diese Silberprägung eingestellt. Dennoch versuchte man nach 306 erneut Silber zu münzen. Bis etwa 308 wurden in Rom, Ostia, Karthago, Serdica und Trier etwas leichtere Argentei im Gewicht von ca. 3,2 g und – allein in Trier – auch dessen Halbstück geschlagen. Doch wurde auch dieser Reformversuch schon bald wieder aufgegeben [4].

5  Die Entwicklung des Follis in der 1. Hälfte des
   4. Jahrhunderts macht seinen Wertverfall deutlich

6  Ab 348 n. Chr. in Trier geschlagene Bronzeprägungen:
   Maiorina, Centenionalis, Halbcentenionalis und
   Doppelmaiorina
   Rheinisches Landesmuseum Trier

Dennoch unternahm Konstantin nach der erfolgreichen Einführung des Solidus im Frühjahr 313 vom Trierer Münzamt aus einen weiteren Versuch, die Silberprägung zu reformieren. Er ließ dort auf sich wie seine Mitregenten Licinius und Maximinus Daia Billonmünzen mit einem Silbergehalt von +/- 25 % herausbringen (RIC VI 825f. und RIC VII 208A). Doch scheint dieses Vorhaben nach einer relativ umfangreichen Emission, die im Geldwesen des 4. Jahrhunderts völlig isoliert steht, wohl wegen mangelnder Akzeptanz wieder aufgegeben worden zu sein. In der Mitte der 20er Jahre ließ Konstantin erneut insbesondere in den östlichen Münzstätten, vielleicht mit der gleichzeitig erfolgten Einführung des Solidus, wieder reines Silber prägen. Doch scheiterte auch dieser Reformversuch, und die Silberprägung wurde bis spätestens 330 wieder aufgegeben.

Erst ein neuerlicher Versuch in seinen letzten Regierungsjahren (336/37) hatte mit der Einführung der Miliarense zu 1/60 des römischen Pfundes (5,45 g) wie der um mehr als die Hälfte leichteren Siliqua zu 1/144 des römischen Pfundes (2,27 g) bis ins späte 4. Jahrhundert einen nachhaltigeren Erfolg. Vielleicht resultierte dieser daraus, dass die Silbermünzen wie im 1. und 2. Jahrhundert wieder in einer festen Relation zum Solidus standen, wobei 12 Miliarensen bzw. 24 Siliquen einem Solidus entsprachen. Gleichzeitig wurde der Gewichtsverfall des Follis bei 1/216 des Pfundes (1,51 g) zum Stillstand gebracht, so dass auch er fortan in einem bestimmten Wertverhältnis zum Solidus und der Miliarense gestanden haben könnte.

## MÜNZREFORMEN UNTER DEN KONSTANTINSÖHNEN

Diocletian stellte mit seiner Reform im Jahre 294 auch die Bronzeprägung auf eine neue Basis und brachte den sogenannten Follis mit einem Gewicht von 1/32 des Pfundes (10,32 g) heraus, der zunächst oft noch mit einer dünnen Silberhaut überzogen war. Ab 307 wurde der Follis innerhalb von 35 Jahren im Gewicht neunmal reduziert, so dass er nach 335 nur noch einer massenhaft ausgeprägten Kleinbronze von 1,51 g entsprach [5]. Um 348 wurden im Rahmen einer neuerlichen Reform statt des kleinen zur Bedeutungslosigkeit herabgesunkenen Follis zwei neue Münzsorten, die Pecunia maiorina, kurz Maiorina genannt, zu 1/60 des Pfundes (5,45 g) und ihr Halbstück, der Centenionalis, zu 1/120 des Pfundes (2,72 g) eingeführt [6]. Diese Münzsorten blieben bis in die 80er Jahre des 4. Jahrhunderts nahezu unverändert. Erst mit der Herabsetzung des Münzfußes nach 390 wurden die größeren Bronzeprägungen allmählich von den bis dahin nur in den 50er Jahren herausgebrachten Halbcentenionales verdrängt.

# IKONOGRAPHIE UND AUSSAGE VON MÜNZBILDERN

**Josef Engemann**

**1 Goldmünze, 306/307 in Rom geprägt**
Vs.: Maxentius als Princeps, Rs.: Hercules
The British Museum, London

**2 Goldmünze, ca. 293 in Cycicus geprägt**
Vs.: Diocletianus
Rs.: Diocletianus
und Maximinanus, von Victoria bekränzt
Privatbesitz

Spätantike Herrscher konnten in den verschiedensten Kunstgattungen politische Aussagen verbreiten lassen, wofür unsere Ausstellung bedeutende Beispiele zeigt: Porträts, Reliefdarstellungen, Inschriften, Largitionsschalen, Kameos, beschriftete Fibeln und Treueringe. Doch nur die Produkte der kaiserlichen Münzstätten wurden in so großen Zahlen hergestellt und waren so weit verbreitet, dass sie den heutigen Massenmedien vergleichbar sind. Ein wesentlicher Unterschied zu diesen besteht allerdings darin, dass es wegen des Münzmonopols der Kaiser, das höchstens von unrechtmäßigen Herrschern (Usurpatoren) durchbrochen wurde, keine private Münzprägung gab.

Die Herstellungszahlen waren nach dem Materialwert abgestuft: Goldmedaillons (Multipla), die ein Vielfaches des Gewichts der Goldmünzen hatten, wurden in kleiner Zahl an ausgewählte hochrangige Empfänger verschenkt, Gold- und Silbermünzen dienten unter anderem für rangmäßig abgestufte Zahlungen an die Truppen (Sold und vor allem Zuwendungen nach Siegen, zum Regierungsantritt und anlässlich der fünfjährlichen Jubiläen), Münzen aus Kupfer (Aes, mit Silberanteil Billon genannt) waren in großen Mengen hergestelltes Kleingeld.

**3 Goldmünze, 305/306 in Trier geprägt**
Vs.: Constantius I., Rs.: Concordia
Privatbesitz

**4 Silbermünze, 307/308 in Trier geprägt**
Vs.: Fausta als nobilis femina, Rs.: Venus
The British Museum, London

Die Vorderseite von Medaillons und Münzen aller Materialien zeigt in der Regel Bild und Umschrift mit Namen und Titeln des Auftragsgebers oder eines von ihm Begünstigten – beispielsweise ließ Konstantin für seinen Mit-Augustus Licinius, seine Söhne als Caesares, seine Mutter Helena und seine Frau Fausta prägen, wie auch zum Gedenken an vergöttlichte Kaiser (Divi): seinen Vater Constantius I., seinen Schwiegervater Maximian, seinen angeblichen Vorfahren Claudius Gothicus. Die Tatsache, ob – beispielsweise in den Machtkämpfen nach dem Ende der Tetrarchie im Jahre 305 oder nach dem Tode Konstantins 337 – ein Kaiser für einen Kollegen im anderen Teil des Reiches Münzen prägte oder dies unterließ, lässt die jeweilige politische Konstellation erkennen. Subtilere Aussagen erlaubten die Bilder und Umschriften der Münzrückseiten. Im Jahre 306/307, also sechs Jahre, bevor er Konstantin an der Milvischen Brücke unterlag, ließ der Usurpator Maxentius in Rom Goldmünzen prägen [1], auf deren Vorderseite er sich mit Rücksicht auf die amtierenden Herrscher, auf deren Anerkennung er hoffte, nicht als Kaiser (Augustus oder Caesar) bezeichnete, sondern nur als Fürst (Princeps). Auf der Rückseite wird das Bild des Hercules von der Umschrift gerahmt: HERCVLI COMITI AVGG ET CAESS NN – „dem Hercules, dem Begleiter unserer Augusti und Caesares". Das bildliche Zitat eines der beiden mythischen Träger der vorausgehenden Tetrarchie verband Maxentius mit der Anerkennung der von ihm (allerdings vergeblich) umworbenen etablierten Herrscher.

Für Darstellungen und Inschriften der Münzrückseiten von Tetrarchischer Zeit (294/305) bis zu Magnentius (350/353) lassen sich trotz vielfacher Überschneidungen der Themen folgende Hauptgruppen benennen, für die im folgenden einige Beispiele besprochen werden sollen: 1) Etablierung und Weitergabe von Macht, Heraushebung der Bedeutung von Herrschergruppen und Einzelpersonen. 2) Propaganda mit Regierungsjubiläen. 3) Religiöse Absicherung von Herrschaft und Kriegserfolg. 4) Barbarenabwehr (Beispiele hierzu Kapitel 4, Beitrag von Engemann).

## 1 ETABLIERUNG UND WEITERGABE VON MACHT, HERAUSHEBUNG DER BEDEUTUNG VON HERRSCHERGRUPPEN UND EINZELPERSONEN

Die Augusti des Ost- und Westreichs, Diokletian und Maximian, richteten 293 durch Einsetzung von Galerius und Constantius I. als untergeordnete Herrscher (Caesares) gemeinsam eine Viererherrschaft (Tetrarchie) ein (s. Kapitel 2, Beitrag von Kuhoff). Diese Gemeinsamkeit beschwört ein Goldmedaillon Diokletians [2] durch die Widmung CONCORDIAE AVGG NN – „der Eintracht unserer Augusti". Jeder der beiden Augusti trägt das Herrschaftssymbol des Globus, gemeinsam werden sie von der Siegesgöttin Victoria bekränzt. – Um 305/306 lässt Constantius I., nach Rücktritt von Diokletian und Maximian inzwischen Augustus ebenso wie auch Galerius, in Trier eine Goldmünze prägen [3], die nicht nur in der Umschrift die Concordia der Augusti und Caesares aufruft, sondern die Personifikation der Concordia auch im Bild zeigt, mit Opferschale und doppeltem Füllhorn, den Zeichen für Segen und Fruchtbarkeit – Konstantin I. prägte 307/308 in Trier Silbermünzen, die in Zusammenhang mit seiner Hochzeit standen [4]: auf der Vorderseite das Bild Faustas als Frau höchsten Ranges (FAVSTAE NOBILISSIMAE FEMINAE), auf der Rückseite die glückliche oder glückbringende Liebesgöttin VENVS FELIX – ebenfalls in Trier um 324 geprägte Goldmedaillons zeigen Fausta dann als Augusta [5].

⊙ II.5.2
**5 Goldmultiplum, 324 in Trier geprägt**
Vs.: Fausta als Augusta
Rs.: Fausta zwischen Felicitas und Pietas
Kunsthistorisches Museum Wien,
Münzkabinett

⊙ I.9.10
**6 Goldmultiplum, 324 in Antiochia geprägt**
Vs.: Constantinus I. mit Strahlenkrone,
Rs.: Crispus und Constantinus II. als Consuln
Nationalmuseum in Belgrad

**7 Silbermünze, 324/325 in Nicomedia geprägt**
Vs.: Crispus als Caesar, Rs.: Constantinus I.,
Crispus, Constantinus II., Constantius II.
The British Museum, London

Auf der Rückseite ist sie zwischen den Personifikationen des Glücks (Felicitas) und des liebevollen und vorbildlichen Verhaltens (Pietas) dargestellt. Ihren Kopf umgibt das Würdezeichen des Nimbus, Genien bringen Kränze, und die Umschrift rühmt PIETAS AVGVSTAE. Das Kind in ihrem Schoß dürfte Constans sein, der 320 geborene jüngste Sohn Konstantins. – Der Kaiser hat für seine älteren Söhne als Caesares zahlreiche Münzen und Medaillons prägen lassen. Goldmedaillons von 324 aus Antiochia, das nach dem endgültigen Sieg über Licinius zu Konstantins umfassendem Machtbereich gehörte, zeigen auf der Vorderseite Konstantin selbst mit Strahlenkrone, auf der Rückseite die Büsten der Caesares Crispus und Constantinus II., jeweils im Gewand des Konsuls mit Kranz, Zepter und Globus [6].

Gleichzeitige Silbermünzen aus Nicomedia tragen auf der Vorderseite das Bild des ältesten Sohnes, Crispus, als Caesar [7]. Die Rückseite vereint Konstantin mit den drei Söhnen, die zu dieser Zeit Caesar waren: Crispus, Constantinus II. und Constantius II. Das Bild sollte laut Beischrift FELICITAS ROMANORVM darstellen, „das Glück der Römer". Doch dieses Glück fand schon 326 ein Ende, als Konstantin nicht nur seine Frau Fausta, sondern auch seinen ältesten Sohn ohne Rücksicht auf dessen bereits beachtlichen militärischen Erfolge umbringen ließ. In Entsprechung dazu sieht man auf einem Goldmedaillon von 326, das der [6] ganz ähnlich ist, nunmehr die Caesares Constantinus II. und Constantius II. als Konsuln.

⊙ I.15.101
**8 Goldmünze, 310/313 in Trier geprägt**
Vs.: Constantinus I., Rs.: Victoria
Rheinisches Landesmuseum Trier

**9 Goldmünze, 353/355 in Trier geprägt**
Vs.: Constantius II., Rs.: Roma und
Constantinopolis mit Votaschild
Rheinisches Landesmuseum Trier

**10 Goldmünze, 342/343 in Trier geprägt**
Vs.: Constans,
Rs.: Zwei Victorien mit Votaschild
Rheinisches Landesmuseum Trier

## 2 PROPAGANDA MIT
## REGIERUNGSJUBILÄEN

Beim Herrschaftsantritt gelobten Augusti und Caesaren den Göttern Opfer und Gebete, die sie nach fünf Jahren glücklicher Regierungszeit zum Dank darbringen wollten (s. Kapitel 5, Beitrag von Kolb). Dieser Vorgang der Gelübde (Vota), ihrer Einlösung und Erneuerung wiederholte sich regelmäßig, allerdings nach zehn Jahren meist in Zehnerschritten, so dass das 15. Jubiläum selten erwähnt wird. Zur Zehnjahresfeier Konstantins im Jahre 315 lesen wir am Konstantinsbogen (s. Kapitel 3, Beitrag von Engemann) die Vota-Inschriften VOTIS X – VOTIS XX und SIC X – SIC XX – „wie 10 – so 20". Das entspricht dem Wunsch: So glücklich, wie die vergangenen 10 Regierungsjahre, so mögen die nächsten 10 verlaufen. Die Erwartungen für die Zukunft wurden häufig noch durch MULTIS („viele") gesteigert, wie zum Beispiel auf einer in Trier geprägten Goldmünze Konstantins zur Fünfjahresfeier [8]: VOTIS V – MVLTIS X. Während diese Angaben gewöhnlich auf dem Schild der Victoria stehen, sind sie hier und auch auf der Parallelprägung des Licinius in Antiochia als Umschrift gegeben, weil die Siegesgöttin auf den Schild schreibt: VICTORIA AVG*(usti)* – „der Sieg des Augustus". Der machtpolitische Propagandawert der Regierungsjubiläen war unschätzbar, doch erforderten sie sehr hohen Aufwand. Dies gilt nicht nur für die damit verbundenen Veranstaltungen in Circus und Amphitheater (s. Kapitel 8, Beiträge von Köhne und Goethert), sondern vor allem für die Geldverteilung, für die unvorstellbare Mengen an Münzen mit entsprechenden Vota-Inschriften auf den Rückseiten geprägt wurden. Da Senatoren und hochrangige zivile und militärische Würdenträger ihre Goldmünzen in Silberschalen erhielten, finden sich Vota-Inschriften auch auf diesen ⊙ I.7.15, ⊙ I.7.18.

Die Vota-Inschriften der Münzrückseiten sind meist einem Kranz eingeschrieben ⊙ I.10.6, ⊙ I.10.10 oder stehen auf einem Schild, den eine Victoria hält oder beschriftet, den zwei Victorien präsentieren oder, nach der Gründung Konstantinopels, die Stadtpersonifikationen Roms und der neuen Hauptstadt. Das letztgenannte Motiv zeigt beispielsweise eine Goldmünze (Solidus), die Constantius II. 353/355 in Trier prägen ließ [9]. Wie bereits aus dem soeben erwähnten Hinweis auf die Siege des Kaisers in einer Votaprägung Konstantins ersichtlich war, konnte der Hinweis auf ein Regierungsjubiläum mit weiteren Propagandathemen verbunden werden. Für das Siegesthema erwähne ich noch Goldprägungen des Constans von 342/343, auf denen zwei Victorien einen Kranz mit VOT X – MVLT XX halten [10]. Die Umschrift aus Thessaloniki lautet VICTORIAE DD NN AVGG – „der Victoria unserer Herren Augusti"; in Trier erschien statt dessen OB VICTORIAM TRIVMFALEM – „anläßlich des triumphalen Sieges". – Maximian, der verabredungsgemäß 305 aus dem Herrschaftssystem ausgeschieden war, ließ sich durch die Usurpation seines Sohnes Maxentius zu einem erneuten Versuch verführen und zog als Senior Augustus in Rom ein. Auf der Rückseite römischer Goldmünzen um 306/307 [11] hält die Personifikation der Stadt Rom einen Rundschild mit der Aufschrift VOT XXX, also dem Wunsch für weitere zehn Jahre Herrschaft bis zum dreißigsten Jubiläum. Die Umschrift lautet: FELIX INGRESS*(us)* SEN*(ioris)* AVG*(usti)* – „der glückliche Einzug des Seniorkaisers". – Licinius I. ließ 321/322 in Nicomedia Goldmünzen prägen, die auf der Vorderseite die Fünfjahresfeier seines Sohnes, des Caesars Licinius II. erwähnen, auf der Rückseite sein eigenes zehnjähriges Jubiläum [12].

**11 Goldmünze, 306/307 in Rom geprägt**
Vs.: Maximianus, Rs.: Roma
The British Museum, London

**12 Goldmünze, 321/322 in Nicomedia geprägt**
Vs.: Licinius I., Rs.: Juppiter
Privatbesitz

**13 Goldmünze, 295/305 in Trier geprägt**
Vs.: Diocletianus, Rs.: Juppiter und Hercules
tragen den Globus mit Victora
Rheinisches Landesmuseum Trier

Der Hinweis SIC X – SIC XX steht auf einem Sockel, auf dem Iuppiter thront. Die Umschrift verdeutlicht den Zusammenhang mit der tetrarchischen Religionspolitik (s. u.), auf die Licinius wenige Jahre vor seiner endgültigen Niederlage gegen Konstantin vergeblich zurückgriff: IOVI CONS*(ervatori)* LICINI AVG*(usti)* – „für Iuppiter, den Bewahrer des Kaisers Licinius". Ganz auf seinen Sohn ausgerichtete Münzen aus Antiochia besitzen sehr ähnliche Ikonographie und Umschrift.

### 3 RELIGIÖSE ABSICHERUNG VON HERRSCHAFT UND KRIEGSERFOLG

Diokletian entwarf nicht nur das oben beschriebene Herrschaftssystem mit jeweils einem Augustus und Caesar für den Ost- und Westteil des Reiches, sondern er gab diesem System auch eine religiöse (besser: religionspolitische) Unterstützung: Diokletian und sein Caesar Galerius hatten Iuppiter (Iovis) zum Begleiter und Bewahrer und nannten sich „Iovier"; Maximianus und sein Caesar Constantius I. stellten sich unter den Schutz des Hercules und galten als „Herculier". Dementsprechend wurde im ganzen Imperium eine Fülle von Goldmedaillons und -Münzen für Iuppiter oder Hercules als Conservatores („Bewahrer") der Herrscher geprägt. Die Bilder für Hercules sind, dank der Darstellung seiner zahlreichen heroischen Taten besonders abwechslungsreich: mit dem nemäischen Löwen, dem erymanthischen Eber, der Hydra, der kyreneischen Hirschkuh, Cerberus oder den Äpfeln der Hesperiden.

Die Geschlossenheit des Systems konnte durch gemeinsame Darstellung betont werden, wie auf einer Goldprägung Diokletians in Trier [13]. Hier tragen Iuppiter und Hercules gemeinsam die Victoriola, die kleine Victoria auf einem Globus, die als kaiserliches Macht- und Siegessymbol anzusehen ist, gerahmt von der Umschrift CONSERVATORES AVGG ET CAESS NN – „die Bewahrer unserer Augusti und Caesares". Auffällig ist, dass diese Darstellungen, wie auch Bilder der Pietas und der Salus, des Heils der Herrscher, wie auch die Darstellung der vier Kaiser, die ein gemeinsames Siegesopfer darbringen, außer in wenigen Ausnahmen nicht in der massenhaften Kupferprägung verwendet wurden. Auf den Rückseiten dieser Münzen erscheinen neben Kränzen mit Vota-Inschriften in zahllosen Prägungen mit geringfügigen Abweichungen vorwiegend allgemeinere Personifikationen, der Genius des römischen Volkes als Garant der Einheit des Reiches, die Fortuna Redux, die rückführende Glücksgöttin, die Feldherrn und Truppen siegreich aus dem Krieg zurückführt, und die eine Waage und ein Füllhorn tragende MONETA SACRA AVGG ET CAESS NN – „die geheiligte Münze unserer Augusti und Caesares", als Garantin der Münzechtheit. – Konstantin I., in York von den Truppen erhoben und dann von Galerius notgedrungen als Caesar in einer zweiten Tetrarchie anerkannt, setzte sich vom Iuppiter-Hercules-System ab und ließ ab 307 Billon- und Kupfermünzen mit Marsdarstellungen prägen; die Umschriften bezeichneten Vater Mars meist als Vorkämpfer oder Bewahrer. Wenig später folgen seine Bronzemünzen mit dem Sonnengott Sol, meist mit der Umschrift SOLI INVICTO COMITI – „dem unbesiegten Sol, dem Begleiter".

☉ I.13.103
**14 Goldmultiplum, 313 in Ticinum geprägt**
Vs.: Constantinus I. und Sol,
Rs.: Ankunft des Kaisers,
geführt von Victoria
Bibliothèque nationale de France

Nach dem Sieg über Maxentius entstanden in Ticinum Goldprägungen mit Sol, vor allem das berühmte Medaillon **[14]**, auf dessen Vorderseite die Büsten Konstantins und Sols (mit Strahlenkrone) parallel dargestellt sind und die Quadriga (Viergespann) des Sonnengottes den Schild des Kaisers schmückt. In der Umschrift INVICTVS CONSTANTINVS MAX*(imus)* AVG*(ustas)* übernimmt Konstantin die Unbesiegtheit Sols. Die Rückseite zeigt einen feierlichen Einzug des von Victoria geleiteten Kaisers. Auf einer Goldmünze derselben Münzstätte erscheint die Quadriga Sols in Vorderansicht mit Victoria in betontem Bezug auf den Kaiser: SOLI INVICTO AETERNO AVG – „dem unbesiegten ewigen Sonnengott des Kaisers". – Drei Jahre später prägte Ticinum wiederum eine Goldmünze mit Paralleldarstellung von Kaiser und Sol, der in der Umschrift als Begleiter des Kaisers bezeichnet ist. Auf der Rückseite erscheint die Freigebigkeit des Kaisers. Um 318/320 gingen die Solprägungen zurück; Trier prägte noch 316/318 Bronzemünzen für Konstantin und seine Söhne ☉**I.15.110**. Zuletzt ließ der Kaiser nach der Erringung der Alleinherrschaft 324/325 in Antiochia Goldmünzen prägen, auf denen er die Strahlenkrone trägt **[6]** und einmal auch von Sol die Victoriola empfängt: SOLI COMITI AVG N – „für Sol, den Begleiter unseres Augustus".

Münzhinweise auf das Christentum sind bis gegen Ende des 4. Jahrhunderts auf das Zeichen Christi beschränkt, das Christogramm aus den Anfangsbuchstaben X und P (Chi und Rho) von XPISTOC. Christliche Bei- oder Umschriften fehlen völlig. Auf Silbermedaillons des Jahres 315 aus Ticinum **[15]** schmückt ein Christogramm den Helmbusch des in der Umschrift namentlich bezeichneten Konstantin. Er trägt einen Panzer und hält sein Pferd, ein Zepter und einen Schild mit Darstellung der römischen Wölfin. Auf der Rückseite hält der von Victoria bekränzte Kaiser eine Ansprache vor Soldaten, mit der Umschrift SALVS REI PUBLICAE – „das Heil des Staates". Das Christogramm am Helm, für das es auch Funde realer Fragmente gibt (s. Kapitel 6, Beitrag von Girardet), steht also völlig in militärischem Zusammenhang. Es liegt nahe, an das ebenfalls kriegsbezogene Zeichen Christi zu denken, das in den Erzählungen über Visionen Konstantins vor der Schlacht gegen Maxentius beschrieben wird (s. Kapitel 3, Beitrag von Demandt und Kapitel 9, Beitrag von Münch/Tacke).

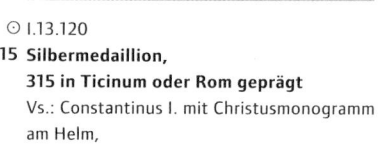

⊙ I.13.120

**15 Silbermedaillion,**
   **315 in Ticinum oder Rom geprägt**
   Vs.: Constantinus I. mit Christusmonogramm
   am Helm,
   Rs.: Truppenansprache des Kaisers
   Staatliche Münzsammlung München

**16 Bronzemünze, 327/328 in Konstantinopel geprägt**
Vs.: Constantinus I., Rs.: Labarum auf Schlange
The British Museum, London

Es folgten noch einige Bronzemünzen mit merkwürdigerweise seitlich am Helm angebrachtem Christogramm (s. hierzu Bruun 1966, 61 – 63). Billonmünzen, die Konstantin um 327 in Konstantinopel prägen ließ **[16]**, sollten mit der Darstellung einer Standarte mit aufgesetztem Christogramm (Labarum), die auf eine Schlange trifft, zweifellos an den Sieg über Licinius erinnern, der laut Beischrift zu allgemeiner Hoffnung berechtigt.

Die Söhne Konstantins tragen auf Gold- und Silbermedaillons als TRIVMFATOR GENTIVM BARBARARVM – „Sieger über Volksstämme der Barbaren" das Labarum auch selbst ⊙ I.10.7, ⊙ I.10.9, ⊙ I.10.13, ⊙ I.10.14. Ebenso der illyrische Usurpator Vetranio, der um 350 auf Billonmünzen mit der Umschrift HOC SIGNO VICTOR ERIS – „mit diesem Zeichen wirst du siegen" auf die Beschreibung anspielte, die Eusebius von Caesarea von der Vision Konstantins vor dem Kampf gegen Maxentius gegeben hatte. Später stößt Kaiser Valens im Zeichen Christi gefesselte Feinde mit dem Labarum nieder. In formatfüllender Größe, teilweise von einem Kranz gerahmt, ließen der heidnische Usurpator Magnentius und sein Caesar Decentius um 353 das Christogramm mit den Buchstaben A und Ω auf Bronzemünzen gallischer Münzstätten darstellen: SALVS DD NN AVG ET CAES – „das Heil unserer Herren, des Augustus und des Caesars". Als erster und letzter Buchstabe des griechischen Alphabets weisen A und Ω auf die Ewigkeit Christi hin und sollten als antiarianische Zeichen den Kampf gegen den rechtmäßigen, aber zum Arianismus neigenden Herrscher Constantius II. unterstützen.

⊙ I.9.27

**17 Goldmultiplum, 330 in Konstantinopel geprägt**
  Vs.: Constantinus II.,
  Rs.: Constantinus I., Constantius II. und Constaninus II.,
  von Hand Gottes, Virtus und Victoria bekränzt
  Münzkabinett, Kunsthistorisches Museum Wien

⊙ I.13.104

**18 Goldmünze, 337/340 geprägt**
  Vs.: Constantinus I. als Divus,
  Rs.: seine Himmelfahrt
  Bibliothèque nationale de France

Abschließend sind zwei Darstellungen zu erwähnen, deren religiöser Inhalt ebenso von der noch heidnischen Bevölkerungsmehrheit verstanden werden konnte, wie von Christen. Auf einem prachtvollen, großen Goldmedaillon, das Konstantin 330 in Konstantinopel für seinen Sohn, den Caesar Constantius II. prägen ließ, ist dieser auf der Vorderseite dargestellt [17]. Auf der Rückseite erscheint Konstantin mit seinen Söhnen Constantius II. und Constantinus II. unter dem Motto GAVDIVM RO-MANORVM – „die Freude der Römer" [17]. Während die Caesaren von Virtus und Victoria bekränzt werden, reicht für Konstantin selbst eine Hand aus dem Himmel ein Diadem herab.

Es bleibt offen, welche Gottheit diese Hand symbolisiert, und dasselbe gilt auch für die Hand, die sich dem zum Himmel auffahrenden Kaiser auf den Gold- und Bronzemünzen entgegenstreckt, die nach seinem Tode geprägt wurden [18]. Konstantin ist auf der Vorderseite traditionsgemäß als DIVVS bezeichnet, als Vergöttlichter, seine Himmelfahrt auf der Rückseite entspricht im Typ dem Viergespann des Sonnengottes.

© I.17.74
**Statuette des lehrenden Christus**
Rom, Museo Nazionale Romano
di Palazzo Massimo

CULTUS
**DIE**
DEORUM
**RELIGIONEN**

# DIE ALTEN KULTE

Manfred Clauss

Der Kirchengeschichtsschreiber Socrates überliefert einen Ausspruch des heidnischen Philosophen Themistios, es habe in der Mitte des 4. Jahrhunderts mehr als 300 verschiedene Kulte gegeben, weil, so dessen Begründung, „Gott auf unterschiedliche Weise verehrt werden möchte." (Socrates, Historia ecclesiastica 4,32,4). Statt von 300 Kulten hätte er auch von 3000 reden können. Es versteht sich, dass in jedem Überblick nur einige wenige Kulte aus diesem riesigen Angebot antiker paganer Religiosität vorgestellt werden können. Dabei gilt es im Auge zu behalten, dass zur Zeit Konstantins wahrscheinlich noch 95 % der Reichsbevölkerung solchen Kulten anhingen.

Für diese Masse der Reichsbewohner dürfte daher auch der Herrscherkult seine ungebrochene Bedeutung bewahrt haben. Für die Heiden blieb der Kaiser Gott, der nach seinem Tod darauf hoffen konnte, unter die Staatsgötter, die *divi*, versetzt zu werden. Auf einem Meilenstein aus der Zeit um 355 stellt sich Constantius II., als Sohn Konstantins christlich erzogen, völlig in die seit Augustus zu beobachtende Tradition, die eigene Herrscherstellung durch göttliche Vorfahren zu stärken: Constantius II. bezeichnet sich als Sohn des Staatsgottes Konstantin, des besten und größten Kaisers – Optimus Maximus wie Iuppiter –, als Enkel der Staatsgötter Maximian und Constantius (Chlorus) und als Urenkel Claudius' II. (CIL 03,03705 = CIL 03,10617 = Dessau 00732). Konstantin und seine Nachfolger waren *pontifex maximus* und hatten die Aufsicht über alle Kulte, die heidnischen wie die christlichen.

Gestärkt worden sind die traditionellen Götter Roms in der Zeit unmittelbar vor Konstantin durch eine Religionspropaganda Diokletians, deren Vollendung die Annahme der Beinamen Iovius und Herculius, Abkömmlinge des Iuppiter und Hercules, durch Diokletian und Maximian war. In einem Gesetzestext wird die dahinter stehende Grundhaltung deutlich: „Dass die unsterblichen Götter so, wie sie es immer gewesen sind, uns auch künftig gewogen und zugeneigt sein werden, daran kann kein Zweifel bestehen, wenn wir (die Kaiser) genau darauf achten, dass alle Menschen unter unserer Herrschaft ein rechtschaffenes, gottesfürchtiges, ruhiges und gesittetes Leben führen." (Collatio legum 6,4,1). Solche Götter wie Minerva oder Merkur auf dem Bronzeblech aus Kaiseraugst [1] oder die Fortuna-Statuette aus Pölich mit dem Glück und Wohlstand verheißenden Füllhorn [2] stehen nur beispielhaft für eine Fülle von bildlichen Darstellungen bis weit ins 4. Jahrhundert hinein.

Die Dominanz der altrömischen Gottheiten – vor allem Iuppiters – in den Weihinschriften noch des 3. Jahrhunderts ist unverkennbar. In einer Lobrede, die im Jahre 313 vor Konstantin gehalten wurde, wird der blitzeschleudernde Gott als Schöpfer der Welt angesprochen und Konstantin mit ihm verglichen: „Wie jener Gott, der Schöpfer und Herr der Welt, durch seinen Blitz einmal traurige, einmal fröhliche Botschaften sendet, so unterscheiden die Geschosse deiner (Konstantins) göttlichen Wirkkraft zwischen deinen Feinden und den Bittflehenden durch Vernichtung oder Bewahrung." (Panegyrici latini 12 [9] 13,2).

⊙ I.13.53
**1 Kastenbeschlag mit Apoll, Minerva und Merkur**
Staatliche Museen zu Berlin, Antikensammlung

⊙ I.13.36
**2 Statuette der Fortuna**
Rheinisches Landesmuseum Trier

Wenn bei aller Fülle der religiösen Anschauungen überhaupt versucht werden kann, einige generelle Züge paganer Kulte zur Zeit Konstantins herauszuarbeiten, dann liegt dies an dem allenthalben zu beobachtenden Synkretismus. Mit dem Handel und der Expansion vor allem des Alexanderreiches und des Imperium Romanum war das Kennenlernen und der Austausch von Weihungen, Kultgegenständen, Darstellungsformen und religiösen Anschauungen alltäglich geworden. Die Grundlage dafür war die in der gesamten Antike – lassen wir Juden und Christen beiseite – zu beobachtende Bereitschaft, in fremden Göttergestalten eigenes zu erkennen. Damit musste man die fremden Götter nicht ablehnen, sondern nahm sie in das eigene Pantheon auf, sah sie als Erscheinungsform längst vertrauter Gottheiten. Vieles fand sich ohnehin in leicht veränderter Gestalt in vielen Kulten wieder. Sprach beispielsweise ein Mithras-Anhänger von seinem Gott und der Bedeutung des Stieres, so konnte derjenige des Iuppiter Dolichenus sich darunter etwas vorstellen, selbst wenn das Tier in diesem Fall eine andere Funktion hatte. Beide Götter waren mächtig, ja allmächtig, beide halfen dem Menschen. In beiden Kultlegenden spielten zwei Begleiter des Hauptgottes eine Rolle; dass Sonne und Mond in zahlreichen Kulten ständig präsent waren, kommt hinzu.

Als weiteres ist eine Entwicklung herauszustellen, die das Zeitalter des Hellenismus mit sich brachte. Seither verbreitete sich die religiöse Verehrung der Gestirne aus dem Vorderen Orient in die Welt der Griechen und schließlich auch in diejenige der Römer. Und wenn auch die griechischen Götter der Astralisierung durchweg widerstanden, so wurde doch die in der griechischen Tradition weiterlebende Philosophie von dem Gedanken der astralen Frömmigkeit vielfach beeinflusst.

Kultische Verehrung erfuhren vor allem syrische Baale, ursprünglich Vegetationsgottheiten, die unter dem Einfluss der chaldäischen Religion zu Gestirns- beziehungsweise Himmelsgottheiten geworden waren. Gottheiten wie der Iuppiter von Doliche oder der Iuppiter von Heliopolis waren schon gegen Ende der römischen Republik nach Italien gekommen. In der Kaiserzeit wuchs ihre Bedeutung, besonders unter den Severern. Iulia Domna, die Gattin des Septimius Severus (193 – 211), war eine Tochter des Hohen Priesters des Baal von Emesa. Mit dem 218 auf den Thron erhobenen Elagabal trat ein solcher Hoher Priester selbst an die Spitze des römischen Reiches. Schließlich erhob Aurelian den syrischen Sonnengott, dessen Kultbild er aus Palmyra nach Rom überführte, als Sol Invictus, als Unbesiegten Sonnengott, zum Reichsgott.

Wichtiger als die kultische Verehrung dieser Götter war die Theologie, die in ihrem Gefolge eindrang. Die orientalischen Himmels- und Sonnengottheiten waren durch die Tendenz zur Allgottheit bestimmt. Diese Theologie, in welcher der Sonnengott zu einer allmächtigen, die Welt mit ihrer Lebenskraft durchdringenden Gottheit geworden war, traf sich mit der monotheistischen Tendenz der philosophischen Aufklärung. Demnach stand hinter allen Göttergestalten, die unendlich viele Namen trugen, der unbenennbare Weltgott, den man daher nur als „höchsten Gott" oder „höchste Gottheit" bezeichnete. „Wer ist es, der Gott der Ewigkeit, der die Ewigkeit hervorbringt (und) in Ewigkeit herrscht? Der eine, unsterbliche Gott" (Preisendanz/Henrichs 1974, Bd. 2, 237).

Aufgrund solcher Entwicklungen eroberte jene Vorstellung, dass die – männliche – Sonne das All sei und Sol, der Sonnengott, alle oder doch viele Götter in sich aufnehme, während der Kaiserzeit die gesamte römische Welt. Die Sonne figurierte nicht nur als Himmelskörper, als Element der materiellen Welt, sondern man erkannte in ihr zugleich die unmittelbare Erscheinung des schlechthin höchsten Wesens, die eine Allgottheit. Die Hinwendung zum sichtbaren Himmel wurde zur Reverenz vor einem alles bewegenden Schöpfergott.

Ein so verstandener Sonnengott war in konstantinischer Zeit Apollo [1]. In der lokalen Gestalt des Apollo von Autun hatte er sich Konstantin offenbart und ihm in Begleitung der Siegesgöttin Victoria Lorbeerkränze dargeboten, von denen jeder einzelne das Vorzeichen für 30 Jahre trug. Da jede der beiden Gottheiten mehrere Kränze darreichte, muss man an mindestens vier denken, so dass Konstantin damit ein Lebensalter von weiteren 120 Jahren vorausgesagt worden wäre; die kaiserliche Herrschaft in Jahrhunderten zu denken war bei derartigen Anlässen durchaus üblich. Ein Lobredner aus dem Jahre 310 hat diese Vision des Kaisers wie folgt beschrieben: „Du (Konstantin) hast ihn wirklich gesehen und dich in seinen Zügen wiedererkannt, den Gott, dem nach alten Seherssprüchen die Herrschaft über die ganze Welt gebührt. Und diese Weissagungen sind, wie ich meine, jetzt erst (in dir) erfüllt worden; denn du, Kaiser, bist, wie jener Gott, jugendlich, fröhlich, heilspendend und über alle Maßen schön!" (Panegyrici latini 6 [7] 21,5 – 6).

## SOL

„Dass die Sonne der ganzen Welt Seele und noch klarer der Geist sei, dass sie die oberste Herrschaft der Natur und eine Gottheit sei, gehört sich zu glauben, wenn man ihre Werke in Betracht zieht: Sie verleiht allen Dingen das Licht und entfernt die Finsternis, sie verbirgt die übrigen Sterne und beleuchtet sie, sie lenkt den Wechsel der Zeiten und das sich immer wieder erneuernde Jahr nach dem Gesetz der Natur, sie zerstreut die Eintrübung des Himmels und erhellt die Wolken des menschlichen Geistes, sie leiht ihr Licht auch den übrigen Sternen, hervorleuchtend, herausragend, alles überblickend, zugleich alles hörend." (Plinius, Naturalis historia 2,4,13) So beschreibt der Ältere Plinius die Macht des Sonnengottes, den er angesichts der Tatsache, dass man die Zahl der Götter größer als die der Menschen ansehen könnte, als die einzige Gottheit betrachtet. Eine typische Darstellungsweise des Sonnengottes zeigt ihn als Lenker des Sonnenwagens. Auf dem ausgestellten Beschlag sieht man den Gott, der gerade aufsteigt und die Zügel ergriffen hat; die Pferde steigen hoch, um die Sonnenbahn hinaufzufahren [3]. Eine weitere Bronzestatuette stellt Sol mit Strahlenkranz als Wagenlenker dar ⊙ II.3.79 (s.S. 165); die kleine silberne Sol-Attasche zeigt die häufig anzutreffende Zahl von sieben Strahlen [4].

## MITHRAS-SOL

Bei einem Zusammentreffen in Carnuntum in Pannonien im Jahre 308 versuchte der ‚Altkaiser' Diokletian sein tetrarchisches System zu retten, das durch die Usurpation Konstantins wie später weiterer Kaiser aus den Fugen geraten war. Bei dieser Gelegenheit weihten Diokletian und seine Kollegen, *Iovii et Herculii, religiosissimi Augusti et Caesares*, die von Iuppiter und Hercules abstammenden allerreligiösesten Kaiser und Unterkaiser, dem Unbesiegten Sonnengott Mithras einen Altar als tätigem Förderer des Reiches (CIL 03,04413 = Dessau 00659).

Der römische Mithras ist der Unbesiegte Sonnengott, ist Sol Invictus. Dies ist die hundertfach zum Ausdruck gebrachte Botschaft der Weihinschriften vom 2. bis zum 4. Jahrhundert, sei es für Sol Invictus Mithras, für Deus Sol Invictus Mithras, für Deus Sol Mithras oder Sol Mithras. Seitdem wir den römischen Mithras-Kult epigraphisch fassen können, ist der dort verehrte Gott der Unbesiegte Sonnengott Mithras.

○ I.13.83
**3 Beschlag mit Darstellung des Sonnengottes**
**Sol in der Quadriga**
Hessisches Landesmuseum Darmstadt

○ I.13.82
**4 Attasche des Sol in Büstenform**
Landesmuseum Württemberg, Stuttgart

In einer Inschrift aus High Rochester in Britannien wird die Identifizierung von Mithras und Sol quasi vor unseren Augen vollzogen. Ursprünglich hatte der Steinmetz den Text *Invicto Mithrae et Soli Socio*, dem Unbesiegten Mithras und dem Begleiter Sonne, eingemeißelt (RIB 01272). Bevor man den Stein aufstellte, wurde das *et* getilgt. Es blieb die Weihung für *Invicto Mithrae Soli Socio*, für den Unbesiegten Sonnengott Mithras.

Mithras ist in dem Pantheon der antiken Götter einer unter vielen, mit vielen verwandt, mit vielen identisch. Wir sollten uns hüten, in dieser Vielzahl und in der synkretistischen Angleichung der Göttergestalten Schwäche und Dekadenz zu sehen. Die Christen sahen es so und handelten entsprechend. Als Replik auf christliche Angriffe formulierte Symmachus, es gebe nicht nur einen Weg zur Wahrheit (Symmachus, Relationes 3,10). Der Mithras-Kult ist ein Beispiel für den Bilderreichtum der Antike, des antiken Denkens, des antiken Menschen und die Wirkung von Symbolen, für symbolhafte, das heißt in Symbolen verhaftete Existenz. Er gehört zu den Mysterien, wie die antike Welt jene Kulte nannte,

die den Eingeweihten Heil verhießen. Dabei vermochte dieses Heil alles zu umfassen, was sich der Mensch wünschte: Rettung aus allen Gefahren des irdischen Lebens sowie Schutz vor Krankheit und Misserfolg, aber vor allem das Heil der Seele nach dem Tod. Diese gegenwärtige und zukünftige Errettung wird als Unsterblichkeit interpretiert oder als Verbindung mit der transzendenten Gottheit. Die Mysterienkulte teilten die Überzeugung, dass Errettung und Erlösung das Ziel der menschlichen Existenz auf Erden seien und sie durch den feierlichen Nachvollzug des göttlichen Schicksals erreicht würden. Solche Mysterienkulte waren in aller Regel nicht exklusiv; darin unterschieden sie sich vom Christentum. Die Zugehörigkeit zu einer solchen Gemeinschaft schloss weder die Teilnahme am offiziellen Stadt- und Staatskult noch die Einweihung in andere Mysterien aus. Man vermochte problemlos neue religiöse Vorstellungen anzunehmen und konnte dabei an seinen alten festhalten.

Die in der Ausstellung gezeigten Zeugnisse illustrieren ein Stück weit die Mithras-Legende, wie sie aus den zahlreichen Reliefs rekonstruiert werden kann, die in fast 200 Mithräen, zumeist im Westen des römischen Reiches, zutage getreten sind. Es ist dies die Geschichte des heilbringenden Wirkens von Mithras, die mit der Geburt beginnt und mit seiner Himmelfahrt endet. Die Bedeutung der Geburt des Gottes für sein ferneres Handeln in der Welt wird dadurch unterstrichen, dass auf mehreren Reliefs jene zentralen Begleitfiguren anwesend sind, die wir vor allem bei der Stiertötung immer wieder antreffen. Hund, Schlange und Rabe befinden sich auf dem Relief aus Trier vor dem Felsen, aus dem der Gott sich erhebt [5]. Mithras ist zwar meist als Jüngling vorgestellt, wenn er aus dem Felsen heraustritt, aber das Relief aus Trier zeigt ihn als Kind. Das, was Mithras ist und kann, so die Botschaft, vermag er vom ersten Augenblick seiner Existenz an. Bereits bei seiner Geburt ist Mithras der Weltherrscher, der Kosmokrator. Mit seiner rechten Hand bewegt oder stützt er das Band der den Kosmos umspannenden Planeten, auf dem in Trier sechs Zeichen von Monatsgestirnen abgebildet sind. Es sind dies die sommerlichen Zodiacalzeichen Widder, Stier, Zwillinge, Krebs, Löwe und Jungfrau, die jenes Halbjahr bezeichnen, in dem der Tag länger ist als die Nacht. In der Linken hält Mithras den Globus, der gleichfalls wie die vier dargestellten Windgötter als Bild der vier Himmelsrichtungen den Kosmos kennzeichnet. Das ganze zukünftige Geschehen ist in dem Bild der Geburt bereits angelegt.

Die Geburt des Mithras, des Lichts, des Sonnengottes, wurde am 25. Dezember gefeiert. Ein syrischer Glossator des 6. Jahrhunderts schildert treffend die Entwicklung dieses Festtages zum Geburtstag Christi: „Die Heiden pflegten nämlich am 25. Dezember das Fest des Geburtstages der Sonne zu feiern und zu Ehren des Tages Feuer anzuzünden. Zu diesen Riten luden sie sogar das Christenvolk ein. Da nun die Lehrer der Kirche wahrnahmen, dass sich auch Christen zur Teilnahme verleiten ließen, beschlossen sie, am selben Tag das Fest der wahren Geburt zu begehen." (CIL 1 S. 338 – 339).

Von den Wundern, die Mithras vollbrachte, sei nur das Wasserwunder erwähnt, das auf dem Relief aus Heddernheim jeweils links und rechts über dem Zodiacus dargestellt ist [6]. Mithras richtet seinen gespannten Bogen auf eine Felswand, vor der eine Gestalt kniet. Das Wasserwunder gehört zu jenen Wandermythen, die aus Gegenden stammen, in denen Dürre herrscht und das Gedeihen vom Mensch und Natur vom Regen abhängt.

Der Stiertötung am Ende der Stierjagd als dem eigentlichen Höhepunkt des göttlichen Handelns geht ein langer Kampf voraus. Da der Gott erst nach zähem Ringen und mit äußerster Kraftanstrengung seine heilbringende Tat erfüllen kann, wird die Jagd nach dem Stier gelegentlich gesondert dargestellt. Auf dem Relief aus Heddernheit sieht man über dem Zodiacus wie Mithras den Stier auf die Schultern stemmt und fortträgt [6].

Die Auseinandersetzung mit dem Tier gehört zu den wichtigen Elementen des antiken Mythos, der dafür zahlreiche Beispiele liefert. Menschen, Heroen oder Götter kämpfen gegen Tiere. Immer wieder steht der Stier im Zentrum der Mythen, sei es in Ägypten, Kreta oder Griechenland. Stier und Fruchtbarkeit, das ist eine uralte Identifikation. Von allen Taten, die Mithras verrichtet hat, ist die Stiertötung die größte und damit zentrale Ruhmestat. Das Motiv ist so kanonisch, dass seine Darstellung in keinem Mithräum fehlen durfte. Unter der Wölbung einer Grotte zwingt Mithras, leicht und anmutig, dennoch voll jugendlicher Stärke, das mächtige Tier zu Boden. Er kniet triumphierend auf dem Rücken, und während er mit seiner Linken in die Nüstern des Tieres greift und ihm den Kopf hochreißt, stößt er ihm mit der Rechten den Dolch in den Nacken.

Es geht bei der Tötung des Stieres nicht um Vernichtung, sondern um Verklärung und Verwandlung. Diese Verwandlung ist dadurch ins Bild gesetzt, dass unter der Wunde am Hals Weintrauben abgebildet sind oder der Schwanz des Stieres in eine Ähre oder ein Bündel von Ähren ausläuft. Die Vorstellung der magischen Kraft, die vom Stier ausgeht, macht das Bemühen von Hund, Schlange und Skorpion verständlich, die sich zu dem sterbenden Tier drängen. Der Mantel des Gottes ist als Symbol des Himmels aufgebauscht und blau ausgemalt; über diesen ganzen Himmel sind Sterne verteilt. Windgötter und jeweils darunter Darstellungen der vier Jahreszeiten runden die Deutung eines kosmischen Geschehens ab.

⊙ I.13.6
**7 Mithraskrater**
Hessisches Landesmuseum Darmstadt

⊙ I.13.10
**8 Mithraskrater**
Römisch-Germanisches
Museum der Stadt Köln

⊙ I.13.5
**5 Relief mit Darstellung der
Felsgeburt des Mithras**
Rheinisches Landesmuseum Trier

**6 Farbige Kopie eines Mithras-Reliefs aus Heddernheim**
Archäologisches Museum Frankfurt am Main

Die Darstellung der Stiertötung – oder ein Gegenstand wie die Sabazios-Hand (s. u.) – illustriert die Bedeutung der Bildersprache. Die religiöse Erfahrung des antiken Menschen war gleichsam in eine Art Kurzschrift gefasst, die, in eine symbolische Handlung gedrängt, den gesamten Mythos und die ganze Kultlegende auf ein Bild reduzierte. Das Kultrelief porträtiert ein einzelnes Ereignis, in dem sich aber die gesamte Schöpfung symbolisiert: Aus dem Tod des Stieres entsteht neues Leben. Und dieses Leben, das wahre, eigentliche Leben, ist Mithras – Sol, Iuppiter, Sabazios und so fort – zu verdanken.

Brot und Wein bildeten im Mithras-Kult den zentralen Bestandteil der Kulthandlung, zu der sich die Mysten regelmäßig in ihren Heiligtümern versammelten. Diese Tempel waren wie ein Speisesaal, ein Triclinium, gebaut, nur dass an Stelle des Tisches für den Gastgeber das Relief des Mithras stand, der seine Kultanhänger zu Tisch bat. Auf dem Relief aus Heddernheim schaut der Gott seine Gemeinde direkt an. Die Ähnlichkeiten zwischen dem Mithrasmahl und dem Abendmahl müssen so frappierend gewesen sein, ohne das eines dem anderen nachgestaltet war, dass die Kirchenväter die Mithras-Zeremonie als Nachäffung durch den Satan bezeichneten.

Aufgrund der Rolle von Wasser und Wein im Mithras-Kult finden sich häufig Mischkrüge, sogenannte Kratere, wie diejenigen aus Friedberg [7] und Köln [8]. Hier winden sich Schlagen um die Henkel und den Gefäßkörper. Wenn dieses Tier weitaus häufiger als andere vor allem auf Trinkgefäßen des Mithras-Kultes erscheint, so liegt dies wohl daran, dass eine derartige Verzierung von Gefäßen allgemein verbreitet war und diese für Mithras-Anhänger leichter zu beschaffen waren als beispielsweise der abgebildete Krater aus Friedberg, bei dem es sich wohl um eine Sonderanfertigung gehandelt haben dürfte. Zu den Schlangen treten noch die Abbildung eines Skorpions, den wir ebenfalls von den großen Kultbildern kennen, und ein Gegenstand, der an eine Leiter mit drei Sprossen erinnert. Da wir aus einem Fußbodenmosaik aus Ostia die siebensprossige Leiter als Bild für die sieben Priestergrade des Mithras-Kultes kennen, ist dieser Krater vielleicht von einem Priester des dritten Grades geweiht worden.

Auch bei dem Exemplar aus Köln handelt es sich um eine Anfertigung für einen Mithras-Anhänger. Es zeigt Mithras-Sol, flankiert wie bei dem großen Relief von den beiden Fackelträgern, beim Opfer; der Altar ist verloren, aber dessen Flamme noch erhalten. Das Opfer des Gottes ist hier als nachahmenswertes Vorbild gezeigt, das Gefäß selbst ein Geschenk für den Gott, vielleicht in Erfüllung eines Gelübdes.

◉ I.13.20
**12 Votivblech für Iuppiter Dolichenus**
Staatliche Museen zu Berlin,
Antikensammlung

◉ I.13.18
**11 Votivblech für Iuppiter Dolichenus**
Staatliche Museen zu Berlin,
Antikensammlung

◉ I.13.19
**9 Votivblech für Iuppiter**
**Dolichenus**
Museum Wiesbaden,
Sammlung Nassauischer
Altertümer

◉ I.13.17
**10 Statuette des Iuppiter Dolichenus**
Kunsthistorisches Museum Wien,
Antikensammlung

### IUPPITER DOLICHENUS

Ein hervorragendes Beispiel für die synkretistische Verbindung unterschiedlicher Göttergestalten stellt Iuppiter Dolichenus dar und insbesondere ein Votiv aus Frankfurt-Heddernheim, dem antiken Nida [9]. Im Zentrum steht hier Iuppiter Dolichenus mit Doppelaxt und Blitzbündel; zudem trägt er ein riesiges Schwert. Darüber ist in der Spitze der Platte der Sonnengott mit siebenstrahliger Krone dargestellt. Darunter, und somit über dem Kopf Iuppiters, schwebt die Siegesgöttin Victoria mit einem Palmzweig in der Linken; über den Kopf des Gottes hält sie einen Kranz. Dies ist das Symbol der siegreichen Allmacht des Iuppiter Dolichenus, die zwar vordergründig vor allem auf Soldaten ihre Anziehungskraft ausgeübt haben dürfte, aber darüber hinaus dokumentierte, dass der Gott in allen Lebenslagen helfen konnte.

Unterhalb des Bandes, das die Hauptszene abtrennt, steht in der Mitte das weibliche Pendant zu Iuppiter Dolichenus, Iuno Dolichena auf einer Hirschkuh. Sie trägt in der Linken ein Zepter, in der Rechten ein Sistrum. Legt schon dieses klapperartige Instrument eine Angleichung an Isis nahe, so wird dies durch den Kopfschmuck der Göttin, eine Scheibe zwischen zwei Federn, noch unterstützt. Die auf diese Weise dargestellte Iuno ist somit stark von der Ikonographie der griechisch-römischen Isis beeinflusst. Der Auftraggeber der Weihegabe sah Iuno als Isis oder wollte der weiblichen Gottheit durch Symbole mehrerer Göttinnen mehr Wirksamkeit verleihen.

Beiderseits der Iuno sind die Begleiter Iuppiters dargestellt. Sie haben jeweils dreistrahlige Blitzbündel in den Händen und auf dem Kopf Büsten der Luna links und des Sol rechts. Unterhalb des Panzers, den sie tragen, gehen die Körper in spiralenförmige Ornamente über, die möglicherweise Felsen und damit den Himmel symbolisieren sollen.

In über 120 Inschriften findet sich die abgekürzte Formel IOMD, die einen Altar oder einen anderen Gegenstand *Iovi Optimo Maximo Dolicheno* weiht. So ist es bei einer spektakulären Darstellung des Gottes auf dem Stier aus Mauer an der Url, dem antiken Locus Felicis in Noricum, der Fall: *I(ovi) O(ptimo) M(aximo) D(olicheno) / Marr(ius) Ursinus / veter(anus) ex ius(su) po/s(uit) l(ibens) l(aetus) m(erito)* – „Dem Iuppiter Dolichenus, dem Besten und Größten, hat Marrius Ursinus, Veteran, auf Befehl (des Gottes) gern und freudig für erwiesene Wohltat (die Statue) aufgestellt" (L'année épigraphique 1939, 00125 = L'année épigraphique 1939, 00265). Es ist gut vorstellbar, dass Marrius Ursinus als Soldat die Weihegabe gelobte, falls Iuppiter ihm half, die Militärzeit unbeschadet zu überstehen. Die Inschrift befindet sich auf einem quaderförmigen Postament, das als Basis für den Stier dient [10]. Das massige Tier wendet seinen Kopf dem Betrachter zu, um seinen Leib ist ein Band geschlungen wie man es bei den Tieren anbrachte, die zum Opfer vorbereitet worden waren. Dieser Stier ist zwar nicht für ein Opfer gedacht, sondern das ganze Arrangement ist die Opfer- oder Weihegabe des ehemaligen Soldaten, der sie auf Befehl der Gottheit in Auftrag gegeben und dargebracht hat.

Auf dem Stier steht frontal Iuppiter Dolichenus. Er ist mit einem Lederpanzer gekleidet, trägt über den Schultern einen Mantel und auf dem Kopf eine phrygische Mütze. In den Händen hält er kanonisch Blitzbündel und Doppelaxt; von letzterer ist allerdings nur noch der Stiel vorhanden.

Bei einem Silberplättchen, wiederum aus Nida, ist der Beiname des Gottes ausgeschrieben: Antonius Proclus, ein Soldat aus der Hundertschaft des Germanus, erfüllt dem Gott sein Gelübde für erwiesene Wohltat gern und freudig. (CIL 13,07341a): *I(ovi) O(ptimo) M(aximo) Doli/cheno An/tonius Pro/clus |(centuria) Ger/mani v(otum) s(olvit) / l(ibens) l(aetus) m(erito)*. Das Votivplättchen hatte ursprünglich die Form eines stilisierten Blattes, das in eine lilienförmige Spitze überging. In einem mit Säulen und Giebel angedeuteten Tempel steht der Gott. Iuppiter, nur mit einem Mantel bekleidet, stützt sich mit der Linken auf eine Lanze und hält in der Rechten sein Blitzbündel. Diese Darstellung entspricht völlig dem römischen Typ Iuppiters, allein die Inschrift weist ihn als Iuppiter Dolichenus aus. Solche Votivgaben wurden in großer Zahl auf einem Model getrieben sowie auf Vorrat hergestellt, und erst die individuell gestaltete Inschrift legte die Gottheit eindeutig fest [11].

Ein weiteres Silbervotiv aus Nida zeigt die Gestalt eines Iuppiter in einer Ädikula. Der Gott ist völlig nackt, lediglich auf seiner linken Schulter liegt eine Stoffbahn mit einer Fibel. Mit der Linken stützt er sich auf ein Zepter, in der Rechten hält er sein Blitzbündel. Neben seinem rechten Fuß sitzt ein Adler mit einem Kranz im Schnabel auf einer Weltkugel [12]. Wenn diese Weihegabe gleichfalls Iuppiter Dolichenus zugesprochen wird, liegt dies trotz der völlig römischen Darstellung des Gottes daran, dass in Nida das eben besprochene ähnliche Stück gefunden wurde, dessen Zuweisung an Iuppiter Dolichenus durch die Inschrift sicher ist. Diese Entscheidung heutiger Wissenschaft geht von der Bereitschaft des antiken Menschen aus, unterschiedliche Göttervorstellungen miteinander zu kombinieren. Für den einen mag die Figur der römische Iuppiter gewesen sein, für den anderen der Iuppiter auf dem Stier; für beide war es wohl die jeweils höchste Gottheit, ein väterlicher Herrscher des Kosmos, der dem Einzelnen in unterschiedlichen Lebenssituationen helfen konnte.

⊙ I.13.37
**14 Statuette des Sucellus**
Rheinisches Landesmuseum
Trier

⊙ I.13.14
**13 Votivhand aus dem Kult des Iuppiter Sabazius**
Staatliche Museen zu Berlin, Antikensammlung

Aus dem breiten Spektrum der auch in dieser Ausstellung sichtbaren kultischen Vielfalt seien noch zwei Göttergestalten kurz herausgegriffen. Der phrygisch-thrakische Gott Sabazios ist wie viele andere ein typisches Beispiel des Synkretismus; wie viele andere Gottheiten wird er häufig mit Zeus-Iuppiter gleichgesetzt. Ursprünglich ein Fruchtbarkeitsgott wurde Sabazios zum Kosmokrator, zum Schutzgott des alltäglichen Lebens und der Seelen der Menschen; hier lag dann die Verbindung mit Zeus nahe.

Wird wie bei dem ausgestellten Objekt [13] nur die Hand des Gottes dargestellt, geschieht dies in der Form der *benedictio latina*, mit drei ausgestreckten und zwei eingeknickten Fingern; es handelt sich um eine Geste, die das gesprochene Wort verstärken soll. Die Hand ist Symbol für die heilende und rettende Kraft des Gottes, wie es beispielsweise der Fuß des Sarapis ist. Diese Hand ist oft so gestaltet, dass sie auf einen Stab passt; manche Reliefs zeigen den Gott, wie er auf diese Weise seine eigene Hand präsentiert.

Die Hände sind meist mit weiteren Symbolen verziert, von denen das wichtigste der im Handteller, zwischen Zeige- und Mittelfinger, fast vollplastisch ausgearbeitete bärtige Kopf des Sabazios mit phrygischer Mütze ist. Weitere Figuren wie die stillende Mutter auf der Vorderseite oder die Tiere auf dem Handrücken – Schlange, Frosch, Schildkröte und Eidechse – sind zwar klar zu erkennen, aber nicht zu deuten.

Sucellus, der Gott mit dem Doppelhammer, dem Schlägel, ist vor allem aus den gallisch-germanischen Provinzen bekannt. Der bärtige Gott ist stehend dargestellt, mit kurzem, gegürteten gallischen Rock sowie einem Überwurf und Stiefeln. Sein besonderes Kennzeichen ist ein Herrscherstab, der oben in einen Schlägel ausläuft wie bei dem Beispiel aus Kinheim in Rheinland-Pfalz [14]. Einen Hinweis auf die Deutung der göttlichen Person bietet eine Inschrift aus Mainz, die *I(ovi) O(ptimo) M(aximo) Sucaelo* errichtet ist (CIL 13,06730 = Dessau 04615). Sucellus ist hierbei wie viele andere urprünglich lokale Gottheiten mit Iuppiter gleichgesetzt. Die Schreibung Sucaelus kann man wohl als Angleichung an den römischen Himmelsgott Caelus verstehen.

Die Kaiser, Iuppiter, Hercules, Minerva, Merkur, Fortuna, Mithras, Iuppiter Dolichenus, Sol, Luna, Baal, Iuppiter Heliopolitanus, Apollo, Victoria, die Windgötter, Iuno Dolichena, Isis, Sabazios, Sarapis, Sucellus, Caelus – die Liste der in diesem kurzen Beitrag erwähnten oder erläuterten Gottheiten ist bereits beträchtlich, aber dennoch nur ein Bruchteil jener Vielfalt göttlicher Erscheinungsformen der paganen Antike, die man durchaus auch als Reichtum verstehen kann.

⊙ I.13.38
**„Dionysos-Flasche" von Hohen-Sülzen**
Landesmuseum Mainz

⊙ I.3.4
**Votivbleche aus Aquitanien**
Flussfund aus dem Rhein bei Hagenbach
Historisches Museum der Pfalz Speyer

⊙ I.13.15
**Votivhand für Sabazios**
Römermuseum Avenches

⊙ I.13.46
**Orpheus-Schale**
Römisch-Germanisches Museum der Stadt Köln

⊙ I.13.78
**Zodiacus-Scheibe**
Staatliche Antikensammlungen und Glyptothek, München

⊙ I.13.28
**Patera von Parabiago**
Civiche Raccolte Archeologiche e Numismatiche,
Mailand

# DAS WEITERLEBEN
# DER ALTEN KULTE
# IN TRIER UND UMGEBUNG

Marcello Ghetta

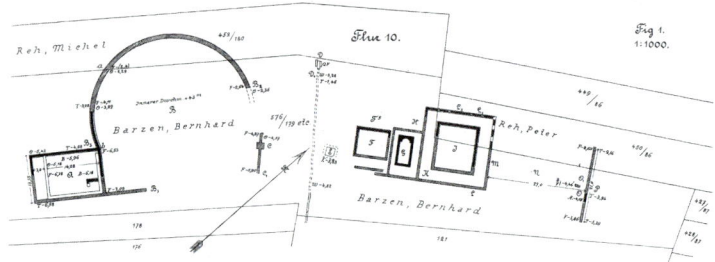

1 **Der Tempelbezirk von Möhn**
Lageplan von A. Ebertz

Das christliche Bekenntnis der Kaiser des 4. Jahrhunderts und die zunehmende Christianisierung veränderten die Situation des Heidentums nachhaltig. Bereits einige von Konstantin erlassene Gesetze deuten auf die zukünftige Religionspolitik hin. Beispielsweise wird in einem Gesetz aus dem Jahr 323 (Codex Theodosianus 16,2,5) die alte Religion als *aliena superstitio* – als fremder Aberglaube – bezeichnet, und unter den Konstantinsöhnen kam es zu den ersten antiheidnischen Gesetzen. Zwar wurde die Ausübung sämtlicher heidnischer Kulte erst im Jahr 392 unter Kaiser Theodosius I. reichsweit verboten, doch war es bereits zuvor „von Vorteil für die Karriere, die Altäre der Götter zu verlassen", wie Symmachus, der prominente Vertreter der heidnischen Aristokratie in Rom, 383 schreibt (Symmachus, Epistula 1,51).

Wie hartnäckig die heidnischen Kulte aber dennoch fortbestanden, wird in den archäologischen Befunden der paganen Heiligtümer deutlich sichtbar. Trier und das Trevererland gelten in dieser Hinsicht als recht gut erforscht. Aus der gesamten Region sind über 50 Tempel und Tempelbezirke bekannt, von denen viele nach Ausweis des Fundmaterials das ganze 4. Jahrhundert hindurch weiterhin aufgesucht wurden.

Unter den Heiligtümern aus der Umgebung der Kaiserresidenz verdient der Tempelbezirk von Möhn (Kr. Trier-Saarburg) eine besondere Hervorhebung, der unweit der Römerstraße nach Köln, etwa 15 km nördlich von Trier, lag [1]. Er bestand aus drei Tempeln und wohl einem Theaterbau. Weil nordwestlich der Tempelbauten eine Quelle lag, ist die in frührömischer Zeit errichtete Anlage als Quellheiligtum zu charakterisieren. Bei den Ausgrabungen gegen Ende des 19. Jahrhunderts kamen über 1500 römische Münzen zutage, bei denen es sich in diesem Fundzusammenhang nur um die allgemein üblichen Opfergaben handeln kann. Da von diesen Prägungen über 500 Stück in die Zeit von Konstantin bis Julian (306 – 363) und nochmals etwa 300 von Valentinian I. bis Arcadius (364 – 408) datieren, ist zu schließen, dass der Bezirk solange intensiv kultisch genutzt wurde. Bemerkenswert ist ferner, dass der größte Tempel noch gegen Ende des 3. Jahrhunderts oder etwas später in konstantinischer Zeit restauriert wurde, wovon eine Münze des letzten Drittels des 3. Jahrhunderts aus seinem Mauerwerk zeugt.

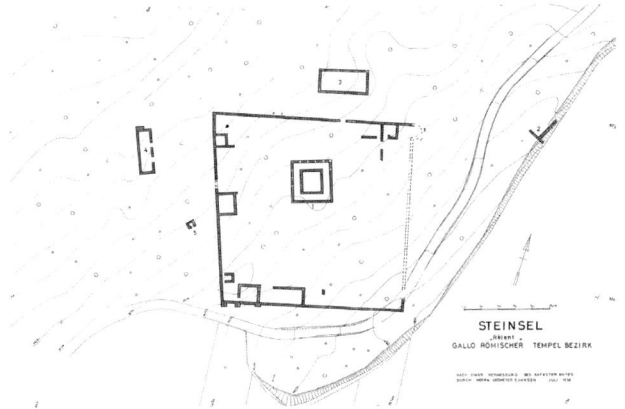

2 **Der Tempelbezirk von Steinsel-Rëlent**
Lageplan von E. Hansen

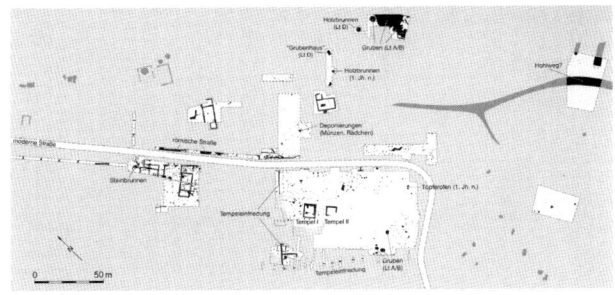

3 **Der Tempelbezirk von Wallendorf**
Lageplan von K. Rothe

In Anbetracht einer inschriftlichen Weihung für Mars und Ancamna, die ebenfalls aus dem größten Tempel geborgen wurde, dürfte es sich bei dem Götterpaar um die Hauptgottheiten handeln, die hier in ihrer Funktion als Heil- und Fruchtbarkeitsgötter mehrere hundert Jahre lang bis zum Ende des Heiligtums kultische Verehrung genossen. Die Brandschichten deuten auf die gewaltsame Zerstörung des Bezirks hin, der demnach in der ersten Hälfte des 5. Jahrhunderts im Zuge der Germaneneinfälle wie so viele Heiligtümer, Villen und Siedlungen in der Region unterging.

Auch der Tempel bei Nattenheim (Kr. Bitburg-Prüm), der einige Kilometer weiter nördlich an der Fernstraße nach Köln lag, gab bei der Ausgrabung des Jahres 1885 neben den Überresten einer Fortuna-Statue und einer fragmentarischen Inschrift relativ viele Münzen preis. Von den bestimmbaren Prägungen, die in der Nähe der Türschwelle gefundenen wurden, datieren 69 in die Zeit von Konstantin bis Julian und 60 von Valentinian I. bis Arcadius.

Werfen wir einen Blick ins westliche Trevererland, so ist der Tempelbezirk von Steinsel-Rëlent im heutigen Luxemburg hervorzuheben, bei dem 1277 Fundmünzen geborgen wurden [2]. Davon stammen ca. 400 Münzen aus konstantinischer Zeit, 556 Stück aus der Prägeperiode der Jahre 367 bis 388 und weitere 111 Münzen aus der Zeit von 388 bis 402, so dass auch hier zweifelsohne bis in diese späte Zeit geopfert wurde.

Ein anderer interessanter Tempelbezirk findet sich auf dem Kasselt, einem Plateau bei Wallendorf (Kr. Bitburg-Prüm) an der Sauer, der aus mindestens zwei Tempeln und weiteren Gebäuden, deren Funktion unklar bleiben muss, bestand [3]. Aufgrund eines Münzfundes – eine Prägung aus dem Jahr 310 war in den Fundamenten des größeren Tempels eingegossen – kann geschlossen werden, dass der Kultbau erst nach dem Beginn des 4. Jahrhunderts errichtet wurde.

Bei dem Bergheiligtum auf dem Burgkopf bei Fell (Kr. Trier-Saarburg) lassen sich sogar noch spätere Baumaßnahmen feststellen. Es lag ca. 15 km östlich von Trier und bestand aus einem Tempel mit Umgang, aus dem eine Silvanus-Statue geborgen wurde, und zwei weiteren Kultbauten [4]. Hier kam im Fundament der Mauer des Tempelumgangs eine Münze des Kaisers Julian (zwischen 355 und 360 geprägt) zum Vorschein, was darauf hindeutet, dass der Tempel erst in dieser Zeit oder später durch einen Umgang vergrößert wurde. Folglich gab es noch in der zweiten Hälfte des 4. Jahrhunderts den Bedarf sowie die nötigen finanziellen Mittel, abseits gelegene Heiligtümer nicht nur aufrechtzuerhalten, sondern auch zu erneuern. Von einem Ausbau des ganzen Tempelbezirks kann allerdings nicht die Rede sein, da einer der beiden übrigen Bauten (Bau II) ab der Mitte des 4. Jahrhunderts nicht mehr weiter bestand.

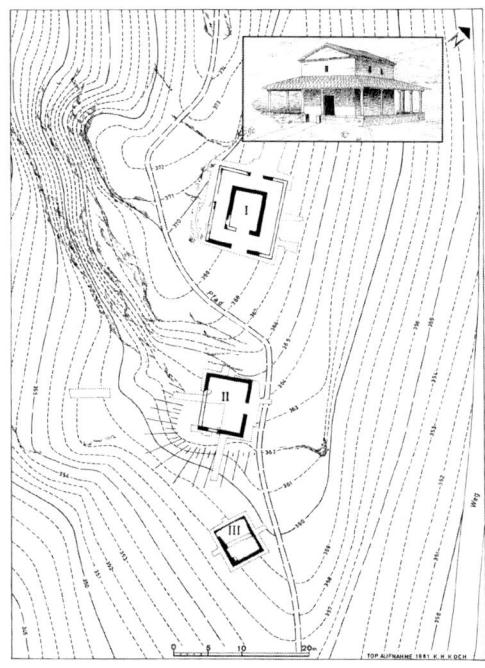

**4 Der Tempelbezirk von Fell**
(Plan von K. H. Koch) mit einer Rekonstruktion des Tempels I (gezeichnet von L. Dahm)

Die Erneuerung des einen Tempels und die Aufgabe des anderen sind wohl im Zusammenhang mit den sog. Magnentiuswirren zu sehen, als es in Folge der Usurpation des Magnentius im Jahr 353 und der dadurch bedingten innenpolitisch instabilen Lage in Gallien zu Germaneneinfällen kam, bei denen das Trierer Land schwer in Mitleidenschaft gezogen wurde. Weitere Fundmünzen aus der Prägeperiode der Jahre 364 bis 388 belegen, dass das Heiligtum bei Fell bis mindestens in diese Zeit aufgesucht wurde.

Die angeführten Beispiele zeugen nicht nur von dem Fortdauern der heidnischen Kulte im Trevererland, sondern belegen auch, dass die Verehrung weiterhin hauptsächlich den alteingesessenen gallo-römischen Göttern galt. Denn dort, wo sich in den Zerstörungsschichten Götterdenkmäler fanden, wie Mars und Ancamna in Möhn, Fortuna in Nattenheim oder Silvanus in Fell, handelt es sich um einheimische Götter, zumeist im römischen Gewand. Zeugnisse orientalischer Götter tauchen dagegen im Umland Triers selten auf.

Wegen des Niedergangs in der Steindenkmälerproduktion ab der zweiten Hälfte des 3. Jahrhunderts wurden die alten Kultstatuen in der Regel weiterverwendet. Dennoch finden sich im Trevererland Beispiele dafür, dass die Herstellung neuer Götterbilder nicht völlig eingestellt wurde. Zu nennen wäre das Hochre-

lief des „Schlegelgottes" Sucellus, das aus der römischen Villa von Kinheim (Kr. Bernkastel-Wittlich) an der Mosel geborgen wurde ⊙ **I.13.37**. Auch die Marmorstatuette der Fortuna, die ebenfalls aus dem Bereich einer Villa, nämlich aus der Thermenanlage der Villa von Pölich (Kr. Trier-Saarburg), stammt, datiert vermutlich in die erste Hälfte des 4. Jahrhunderts ⊙ **I.13.36**.

Bei den inschriftlichen Weihungen lässt sich das gleiche Phänomen beobachten. Für gewöhnlich blieben in den spätantiken Kultbauten die älteren Inschriften weiterhin aufgestellt, während neue dagegen kaum mehr produziert wurden. Der Niedergang der Inschriftenproduktion betraf wiederum nicht nur den religiösen Bereich, sondern es wurden wie im Falle der Kultstatuen ab der Mitte des 3. Jahrhunderts generell immer seltener Inschriften gesetzt. Die Gründe dafür waren sicherlich nicht in erster Linie wirtschaftlicher Art, sondern sind vor allem im Zusammenhang mit einem veränderten Repräsentationsverhalten zu sehen. Erst im späteren 4. Jahrhundert bediente man sich wieder vermehrt der Inschriften, um auf Grabsteinen seine christliche Gesinnung auszudrücken.

Aufgrund des Mangels an epigraphischen Zeugnissen ist es schwierig, die Träger der spätantiken heidnischen Kulte und deren Organisation genauer zu fassen. Im Falle der angeführten ländlichen Heiligtümer liegt es aber auf der Hand, dass es sich bei dem größten Teil der Kultteilnehmer um die ländlich-bäuerische Bevölkerung der Umgebung handelte. Auch Durchreisende werden gerade die an den Fernstraßen liegenden Heiligtümer weiterhin regelmäßig aufgesucht haben.

Da die Heiligtümer kaum ausreichend erforscht und dokumentiert wurden, ist bei der Interpretation ihrer archäologischen Befunde stets mit Unsicherheiten zu rechnen. Ein Blick auf die zeitgenössischen literarischen Quellen bestärkt allerdings die Sichtweise, dass das ganze 4. Jahrhundert hindurch in den ländlichen Gegenden Galliens und somit auch im Trierer Land hauptsächlich die gallo-römischen Götter verehrt wurden.

Eine ergiebige Quelle stellen beispielsweise die um 400 verfassten Schriften des Sulpicius Severus über den heiligen Martin von Tours dar. Denn einige Passagen der Vita Martini sowie der Briefe und Dialoge, die ergänzend zur Vita verfasst wurden, berichten davon, wie Martin in den drei Jahrzehnten nach seiner Bischofswahl (370/371) durch Gallien reiste und dabei allerorts auf eine heidnische Bevölkerung traf, die sich nicht leicht bekehren ließ. In vielen Fällen gelang es Martin nur aufgrund seines außerordentlichen Charismas und mit Hilfe göttlicher Wundermacht, die Heiden zu missionieren. Natürlich sind die einzelnen Passagen dieser hagiographischen Quelle mit Vorsicht auszuwerten. Insbesondere die Berichte von der Zerstörung von Tempeln und Kultdenkmälern durch Martin entsprechen allzu stark den Geschichten des Alten Testaments.

Dennoch beschreiben die Martinsschriften eine historische Wirklichkeit, und es gibt keinen Anlass an ihrem realen Hintergrund zu zweifeln: Überall in Gallien, sowohl in abgelegenen Gebieten als auch in etwas größeren Ortschaften (vici), werden weiterhin pagane Kulte ausgeübt und die alten Götter mit Festen oder Prozessionen verehrt. Dass es sich dabei meist um offiziell-geregelte Kulte handelt, ist einer Passage der Vita Martini (Sulpicius Severus, Vita Martini 13,1) zu entnehmen, in der ein antistes, ein Tempelvorsteher, auftaucht, der sich dem Bischof von Tours widersetzt.

Aufschlussreich sind auch die Hinweise, in welchen Gestalten der Teufel Martin erscheint, um ihn zu bekämpfen: In den meisten Fällen tritt er als Merkur auf, oft auch als Iuppiter, manchmal als Venus oder Minerva (Sulpicius Severus, Vita Martini 22,1; Dialoge 2,13,6 und 3,6,4). Diese Götter werden sicherlich nicht willkürlich genannt, sondern es handelt sich dabei um besonders beliebte gallo-römische Götter, die für die Bevölkerung auch in der zweiten Hälfte des 4. Jahrhunderts noch von großer Bedeutung waren.

Kommen wir auf die Situation speziell in Trier und seiner Umgebung zurück, so kann behauptet werden, dass hier nicht nur auf dem Lande, sondern auch in der Stadt selbst ein Großteil der Bevölkerung das gesamte 4. Jahrhundert hindurch heidnisch blieb. Gerade der Tempelbezirk im Trierer Altbachtal bietet das Bild eines noch in der Spätantike blühenden Heidentums innerhalb der römischen Stadtmauern (vgl. Kapitel 7, S. Beitrag von Faust). Fragt man auch hier nach den Bevölkerungsgruppen, aus denen sich das städtische Heidentum zusammensetzte, so träfe die Vermutung, es handele sich größtenteils um Teile der unteren Schichten, wohl nicht zu. Denn ein Blick auf die Religionszugehörigkeit der Amtsträger zeigt, dass selbst die höchsten zivilen Beamten, die praefecti praetorio, nicht alle Christen waren. So finden sich unter den praefecti praetorio Galliae, die in Trier ihren Sitz hatten, vier Präfekten, die zweifelsfrei als engagierte Heiden überliefert sind, und zwar Fabius Titianus (belegt für die Jahre 341 bis 349), Vulcacius Rufinus (um 354), Egnatius Lollianus Mavortius (wohl Ende 354 bis 356) und Flavius Sallustius (362 bis 363), der als enger Vertrauter des Kaisers Julian galt. Von den späteren Präfekten wäre noch Ausonius zu nennen, der in den Jahren 378/379 die Prätorianerpräfektur sowie das Konsulat bekleidete. Der aus Bordeaux stammende Rhetorikprofessor war von Valentinian I. wohl 368 als Erzieher Gratians an den kaiserlichen Hof berufen worden und ist vor allem durch seine kunstvollen Verse bekannt. Da er zum einen christliche Gedichte verfasst hat, der größte Teil des Œuvres aber von heidnisch-mythologischem Gedankengut durchdrungen ist, wird über seine Religiosität viel gerätselt und heftig debattiert.

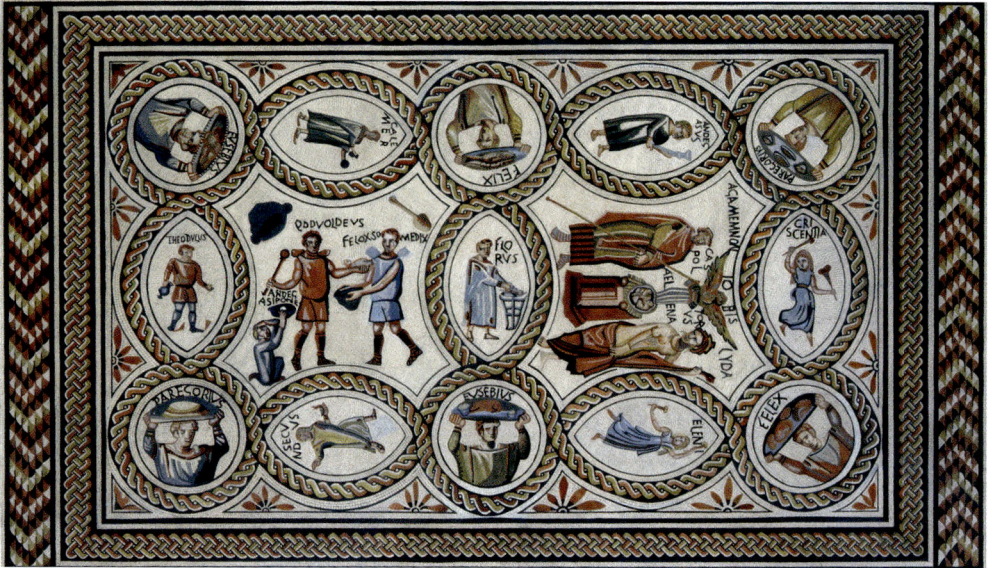

⊙ I.13.1
**5 Ledamosaik**
Rekonstruktionszeichnung von L. Dahm
Rheinisches Landesmuseum Trier

Das Spektrum der Forschungsmeinungen reicht vom aufrichtigen Christen bis hin zum Heiden, der sich aus rein opportunistischen Gründen zum Christentum bekannte. Plausibel erscheinen die Überlegungen, bei denen eine Mittelstellung eingenommen und von einem „Halbchristentum" gesprochen wird. Demnach war Ausonius trotz seines Christentums auch für andere Glaubenvorstellungen offen und vermied es meistens, sich bezüglich seiner Religiosität eindeutig festzulegen. Daher verwendet er in seinen Werken häufig einen indifferenten Gottesbegriff, indem er beispielsweise von *deus* spricht, so dass sowohl Christen als auch Heiden hier ihren Gott bzw. eine ihrer Gottheiten wiederfanden.

Mit dem Nachfolger des Ausonius, Siburius, der wahrscheinlich Heide war, bricht die Reihe der überlieferten heidnischen *praefecti praetorio Galliae* ab, wobei es zu bedenken gilt, dass die Religionszugehörigkeit vieler hoher Beamter unbekannt ist. Einige von ihnen werden wohl kaum ihre nichtchristliche Gesinnung zur Schau gestellt haben.

Dass es nichts Ungewöhnliches darstellte, in Trier noch in den 80er Jahren des 4. Jahrhunderts auf einen heidnischen Beamten zu stoßen, zeigt wiederum eine Episode aus der Vita Martini des Sulpicius Severus. Hier wird berichtet wie Martin von Tours, der im Zuge des Prozesses gegen den angeblichen Häretiker Priszillian und seine Anhänger in Trier weilte, sich weigerte das Haus des *proconsularis vir* Tetradius zu betreten, da dieser Heide war (Sulpicius Severus, Vita Martini 17). Dessen Sklave war nämlich vom Teufel ergriffen worden, und Tetradius erhoffte sich vom heiligen Bischof Hilfe.

Gemäß der Martinsvita versprach er daher, den christlichen Glauben anzunehmen, wenn Martin den Sklaven heilen würde. Dem Bischof gelang es, durch Handauflegen den Teufel auszutreiben, woraufhin sich Tetradius „in grenzenloser Verehrung" zu Martin taufen ließ. Zwar ist ein Tetradius mit prokonsularischer Amtsgewalt ansonsten nicht überliefert und es könnte sich in Anbetracht des hagiographischen Charakters der Martinsvita um eine fiktive Persönlichkeit handeln. Dennoch kann aufgrund der oben erwähnten historischen Wirklichkeit aus der Textstelle geschlossen werden, dass es zumindest möglich war, in Trier zu dieser Zeit einen heidnischen Beamten zu treffen.

Begibt man sich auf die Suche nach weiteren Zeugnissen des Heidentums im spätantiken Trier, so stößt man in der Literatur immer wieder auf das sog. Ledamosaik, das 1950 bei Bauarbeiten in der Johann-Philipp-Straße, nahe des Kornmarkts, gefunden wurde [5]. Es befand sich in einem Gebäudekomplex, der bis zu seiner Zerstörung Anfang des 5. Jahrhunderts mit weiteren Mosaiken reich ausgestattet war, und kann anhand stilistischer Kriterien in die zweite Hälfte des 4. Jahrhunderts datiert werden. Das Mosaik gliedert sich in zwei Hauptbilder und je sechs runde und ovale Medaillons mit Darstellungen von Dienern und Tänzerinnen. Sämtliche Personen sind durch Beischriften benannt.

Das eine Hautbild spielt auf den Mythos von Leda an, die von Zeus, der die Gestalt eines Schwanes angenommen hatte, verführt wurde. Sie gebar daraufhin ein Ei, aus dem die Dioskuren Castor und Pollux sowie Helena schlüpften. Wie beliebt die Geschichte im spätantiken Trier war, demonstriert auch Ausonius, indem er den Ledamythos in einem Epigramm verarbeitete (Ausonius, Epigrammata 61). Allerdings hat er eine andere Version vor Augen, nämlich diejenige in der die Göttin Nemesis das Ei gebärt und Leda es lediglich ausbrütet.

Bemerkenswerterweise spielt der auf dem Mosaik dargestellte Agamemnon in keiner der Varianten des Mythos eine Rolle. Vielmehr wäre Tyndareus, der Gatte der Leda, zu erwarten, so dass der Schluss nahe liegt, dem Mosaizisten bzw. Auftraggeber sei eine Verwechslung unterlaufen.

Die Darstellung auf dem zweiten Hauptbild kann durchaus als merkwürdig bezeichnet werden: Ein „Qodvolde-us" (= Quodvultdeus) überschriebener Mann hält einen Schöpflöffel in der rechten Hand, in der linken einen toten Vogel, wohl ein Huhn. Zu seiner Rechten kniet ein Mann, der ihm mit einer Hand eine Schale, in der ein Ei liegt, entgegenhält und seine andere Hand dabei auf die Stirn legt. Über ihm befindet sich die Beischrift „Andegasipone". Auf der anderen Seite steht eine Person mit einer Schüssel und der Beischrift „Feloxsome-dix". Dabei handelt es sich wohl um eine Aufforderung der mittleren Person an die beiden anderen, die in korrekter Form lauten müsste: *Quodvultdeus dix(it): Andegase, pone, Felix, sume* – „Quodvultdeus sagt: Andegasus, lege ab, Felix, nimm!".

Diese Szene wurde seit der ersten Publikation des Mosaiks in der Regel als Kulthandlung interpretiert, und der Raum mit dem Mosaik daher als Versammlungsort einer geheimen Kultgemeinschaft angesehen. Zwei Punkte sind bei dieser Interpretation zu kritisieren. Einerseits darf ein Raum, in dem eine religiöse Handlung abgebildet ist, nicht zwangsläufig als Kultraum oder Versammlungsort einer Kultgemeinschaft betrachtet werden. Zum zweiten ist es mehr als zweifelhaft, ob hier überhaupt eine kultische Szene dargestellt ist.

Denn auf das Wesentliche reduziert, sieht man lediglich eine Person mit einem Löffel und einem Huhn in den Händen, einen weiteren Mann, der einen Topf für das Tier bereithält, sowie eine dritte kniende Person, die eine Schale mit einem darin liegenden Ei trägt. Des weiteren zieren ein großer Topf und ein Löffel die Zwickel des Bildfeldes. Alles deutet folglich auf eine Kochszene, genauer gesagt auf eine komödiantisch-artistische Kochszene, hin, die bestens mit den Diener- und Tänzerinnendarstellungen in den Medaillons korrespondiert. Denn bei einem ausgedehnten römischen Gastmahl wurden die Gäste nicht nur in mehreren Gängen mit raffinierten Speisen verwöhnt, sondern auch durch ein Rahmenprogramm unterhalten. Äußerst beliebt waren dabei Diener oder Artisten, die zur Belustigung der Gäste mit den zu servierenden Speisen Schabernack trieben.

Inwiefern bzw. ob die beiden Hauptbilder miteinander in Bezug stehen, ist schwierig zu beantworten. Mit dem Ei wäre jedenfalls ein Bindeglied gegeben, so dass eine Parodie auf die Eigeburt der Drillinge vorliegen könnte. Die beiden Bilder müssen aber nicht miteinander korrespondieren, sondern der Hausbesitzer könnte auch zwei Themenbereiche zum Ausdruck gebracht haben: Demnach würden sich das Bildfeld mit Quodvultdeus und die Medaillons mit den Diener- und Tänzerinnendarstellungen auf die ausgelassene Welt der Tafelfreude beziehen und somit Wohlstand und Lebenslust symbolisieren. Unabhängig davon sollte mit der mythologischen Darstellung des zweiten Hauptbildes ein gewisser Bildungsstand, d. h. die Vertrautheit mit dem traditionell-paganen Bildungsgut, demonstriert werden. Falls bei der Darstellung Agamemnons ein Irrtum vorläge, wäre dem Auftraggeber dies nicht ganz gelungen.

Als Zeugnis für eine geheime Kultgemeinschaft und somit als religiöses Zeugnis ist das Ledamosaik auszuscheiden. Vielmehr deutet es auf eine Oberschicht hin, die aus dem traditionellen mythologischen Bildrepertoire schöpfte, um Wohlstand und Bildung zu demonstrieren. Die Wahrscheinlichkeit ist recht hoch, dass es sich dabei um Heiden handelte; ein eindeutiger Beweis dafür liegt allerdings nicht vor. Denn auch Christen konnten sich durchaus mit Bildern aus dem Mythos umgeben, der für sie keinerlei religiösen Gehalt mehr besaß, oder sie deuteten die mythologischen Figuren im christlichen Sinne um.

⊙ I.13.48
**6 Schale mit Orpheus unter den Tieren**
Positivabdruck
Rheinisches Landesmuseum Trier

**7 Tonrelief mit dem Stieropfer des Mithras**
Positivabdruck
Rheinisches Landesmuseum Trier

Erneut sei auf Ausonius verwiesen, an dessen Person sich exemplarisch die vielfältigen und indifferenten religiösen Vorstellungen innerhalb der literarisch-philosophisch gebildeten Oberschicht verdeutlichen lassen.

Auch in der Kleinkunst hat das spätantike Trier zahlreiche Gegenstände mit mythologischen Motiven hervorgebracht. So stammen aus einem Keller im Trierer Töpfereiviertel unterschiedlich gut erhaltene Hohlformen (Matrizen), die zur Herstellung von Keramikschalen mit mythologischen Szenen dienten. Sowohl stilistische Gründe als auch der Fundzusammenhang sprechen dafür, dass die Stücke bis zur Zerstörung des Kellers um 353 in Gebrauch waren. Zu den schönsten und bekanntesten Stücken gehört eine Tonform, auf der Orpheus abgebildet ist, wie er Leier spielend unter einem Lorbeerbaum sitzt. Er wird umringt von einer Schar von Tieren und Fabelwesen, die er mit seiner Musik zu zähmen vermag [6]. Gerade solche Orpheusdarstellungen erfreuten sich in der Spätantike erneut besonderer Beliebtheit, wie auch orphisches Gedankengut in die spätantiken philosophischen Strömungen einfloss. Inwiefern der Besitzer solch einer Schale mit Ideen der Orphik in Verbindung gebracht werden kann, ist allerdings fraglich. Ein rein dekorativer Charakter oder das Bedürfnis, sich mit traditionellen Bilderwelten zu umgeben, ist bei solchen mythologischen Zeugnissen nie auszuschließen. Einen besseren Anhaltspunkt erhält man, wenn solch ein Stück aus einem Grab stammt, wie beispielsweise die Kölner Orpheusschale, die wohl in den Trierer Töpfereien hergestellt wurde und aus dem Gräberfeld am Severinwall zum Vorschein kam ⊙ I.13.46. In diesem Fall dürften durchaus orphische Jenseitsvorstellungen eine Rolle gespielt haben.

Im Trierer Töpfereigelände wurden neben weiteren Tonformen mit mythologischen Motiven noch Stücke mit einfachen Götterdarstellungen aus konstantinischer Zeit gefunden: Zu nennen wären hierbei die Exemplare mit Diana, Merkur ⊙ I.18.69, Sol ⊙ I.13.86 oder Tyche. Bei diesen Stücken ist es gut vorstellbar, dass sie gekauft wurden, um als Opfergabe in einem Tempelbezirk oder einem privaten Lararium zu dienen.

Ebenfalls für den kultischen Gebrauch dürften die Tonformen bestimmt gewesen sein, auf denen Mithras bei der rituellen Stiertötung abgebildet ist und die somit als Zeugnisse für Verehrung der aus dem Orient stammenden Mysteriengottheit in Trier angeführt werden können [7]. Da bei den Ausgrabungen im großen Altbachtaler Tempelbezirk ein Mithräum entdeckt wurde, das bis mindestens in die zweite Hälfte des 4. Jahrhunderts hinein den Mithrasanhängern als Kultraum diente, ist auf eine relativ große Beliebtheit des Gottes im spätantiken Trier zu schließen. Trotzdem gilt auch für die Stadt Trier die bereits oben angeführte Feststellung, dass die Zeugnisse für die Verehrung des Mithras bzw. allgemein für orientalische Gottheiten im Vergleich zu den Denkmälern gallo-römischer Götter sehr gering sind.

Ab der Mitte des 4. Jahrhunderts erlosch die Produktion an qualitativ hochwertiger Keramik in Trier, weil die Töpfereien in den kriegerischen und politischen Wirren zerstört und nicht wieder aufgebaut wurden. Das Ende der Keramik mit mythologischen Motiven und Götterdarstellungen, wie im Übrigen auch der Terrakotten, hängt folglich in Trier eindeutig mit der wirtschaftlichen Situation zusammen. In anderen Regionen des römischen Reiches ging die Produktion dieser Ware weiter. Aus Nordafrika beispielsweise ist eine Vielzahl an keramischem Material bekannt, das bis 430 hergestellt und u. a. in die Rheinprovinzen exportiert wurde. Unter den figürlich dekorierten Stücken finden sich sowohl heidnische Götterdarstellungen als auch christlich-biblische Szenen, die in dem Formenrepertoire der Trierer Töpferei noch nicht auftauchen.

Diese Beispiele mögen verdeutlichen, dass sich das Weiterleben des Heidentums in Trier und seinem Umland teilweise bis zum Ende des 4. Jahrhunderts in verschiedenen Facetten fassen lässt. Problematisch ist allerdings die Frage, wie lange noch mit heidnischen Kulten zu rechnen ist, weil die archäologischen Quellen zusehends versiegen. Die Münzprägung erlischt, und darüber, wie lange die letzten Münzen in Umlauf waren und folglich in den Tempelbezirken geopfert wurden, lässt sich nur spekulieren. Schließlich konnten Münzen noch deutlich später als Opfergabe gedient haben. Es ist aber davon auszugehen, dass im Zuge der staatlichen Verbote ab dem Ende des 4. Jahrhunderts kein offizieller Kultbetrieb in den Tempelbezirken mehr herrschte. Die Heiligtümer werden in den meisten Fällen offen gelassen worden und im Zuge der Frankeneinfälle untergegangen sein. Mit einem systematischen Vorgehen der Kirche gegen heidnische Einrichtungen ist in dieser Zeit der Wirren wohl nicht zu rechnen.

Wie sich anhand literarischer Quellen gut dokumentieren lässt, bewirkte die antiheidnische Gesetzgebung des Theodosius keineswegs das generelle Ende der heidnischen Kulte. Insbesondere den Schriften der Kirchenväter, die häufig über das unchristliche Treiben in ihrem Umfeld hadern, kann entnommen werden, wie beharrlich die alten Götter noch weiterhin verehrt wurden. So ermahnte zu Beginn des 5. Jahrhunderts Bischof Maximus von Turin mehrfach – und wohl vergebens – die christlichen Großgrundbesitzer der Umgebung, sie sollten gegen die heidnischen Feste und Prozessionen auf ihren Ländereien einschreiten und die aus Holz oder Rasenstücken errichteten Altäre und Schreine der Dämonen entfernen. Auch seien die heidnischen Wanderprediger, die man überall antreffen konnte, zu vertreiben oder zumindest zu ignorieren. So wie der Turiner Bischof die Situation in seinem Umfeld beschreibt, wird man sich auch im Trevererland das Weiterleben des Heidentums vorstellen dürfen. Gerade die ländliche Bevölkerung hielt beharrlich an den alten Kultpraktiken fest und verehrte die Götter hauptsächlich mit einfachsten Mitteln, wobei es sich um ein Charakteristikum handelt, das auch in den staatlichen Verboten der alten Kulte zum Ausdruck kommt: In dem Gesetz des Jahres 392 werden ausdrücklich solche Praktiken wie das Schmücken von Bäumen, das Errichten von Rasenaltären oder das Verbrennen von Weihrauch verboten. Anhand mittelalterlicher Schriftquellen lässt sich diese einfache Art der heidnischen Kultausübung noch jahrhundertelang verfolgen. Ausdrücklich Quellen und Gewässer, aber auch die alten Götterbilder wurden weiterhin verehrt, indem man Lebensmittel oder sonstige Opfergaben aus Wachs oder Holz darbrachte.

# DIE STELLUNG DER JUDEN IN DER KONSTANTINISCHEN GESELLSCHAFT

Karl Leo Noethlichs

Die Regierung Konstantins gilt der christlichen Kirche als ein Wendepunkt innerhalb der Heilsgeschichte. Konstantin hat sich, soweit man den Quellen glauben darf, selbst als Christ verstanden und wurde durch die Taufe auf dem Sterbebett auch formell ein Mitglied der Kirche.

Wie hat sich sein Selbstverständnis auf seine Judenpolitik ausgewirkt? War doch das Christentum aus dem Judentum hervorgegangen. Gab es hier auch eine Wende, oder eher eine Fortführung traditioneller Politik? Dazu sind drei Fragen zu klären:

### WIE WAR DIE BISHERIGE HALTUNG DER RÖMISCHEN KAISER IM 3. JAHRHUNDERT ZUM JUDENTUM?

Die Stellung des Judentums innerhalb des römischen Staates im 3. Jahrhundert war eine privilegierte. Trotz Vertreibungen aus Rom und trotz mehrerer Aufstände und Kriege gelang es den Juden vor allem in der Diaspora, sich einen privilegierten Freiraum zu schaffen, der überhaupt das Leben nach ihrer Religion, nach väterlichem Gesetz, ermöglichte. Dazu gehörten die Beachtung des Sabbats und der Fasten- und Festzeiten, die Erlaubnis, ihre Söhne und (jüdischen) Sklaven zu beschneiden, reichsweit die Tempelsteuer einzuziehen und von solchen öffentlichen oder privaten Belastungen befreit zu sein, die mit der jüdischen Religion nicht vereinbar waren. Das bedeutete in der Praxis, dass kultische, weil heidnische Aufgaben ihnen erspart blieben, so z. B. der Kaiserkult, sie aber andere öffentliche Verpflichtungen erfüllen mussten.

### WIE STAND ES UM DIE EINSTELLUNG DER CHRISTLICHEN KIRCHE ZUM JUDENTUM?

Zur Haltung der Kirche dem Judentum gegenüber kennen wir nur die Aussagen führender Kirchenmänner, nicht die der einfachen Leute. Allgemein ist festzustellen, dass Mutter- und Tochterreligion sich bis zum 3. Jahrhundert bereits ziemlich weit auseinandergelebt hatten. Zwar blieb bei einigen Kirchenvätern das Bewusstsein der jüdischen Wurzel immer bestehen, aber das bedeutete kein religiöses Miteinander. Vielmehr ist zu erkennen, dass es den Klerikern vorwiegend um Abgrenzung vom Judentum und weniger um direkte Bekämpfung ging. Zu diesen Abgrenzungsproblemen gehörte spätestens seit Ende des 2. Jahrhunderts offensichtlich der Streit um den Ostertermin, das christliche Pessach (griech. Pascha), das in der gesamten Christenheit an einem einheitlichen Datum gefeiert werden und sich gleichzeitig von der jüdischen Berechnung der Pessach-Feier absetzen sollte. Was aber hatten jüdisches und christliches Pessachfest miteinander zu tun?

Das jüdische Pessachfest erinnert zum einen an die Leiden der Juden in Ägypten. Das christliche Pessachfest ist das Gedenken an das Leiden und Sterben Jesu Christi, der als das wahre Pessach-Lamm angesehen wurde, womit die Christen eine Verbindung von Altem und Neuem Testament schufen. Pessach feiert aber auch die Errettung, für die Juden die Errettung aus Ägypten, für die Christen durch die Auferstehung Christi die Errettung von Schuld und Sünde. Die Juden feierten Pessach nach der Vorschrift des 2. Buches Mose (Exodus 12,2 – 6) am 14. des Monats Nissan (etwa März/April), und viele östliche Christen taten das auch, wurden daher Quartadecimaner genannt. Indem nun in weiten Teilen des Reiches immer mehr die Auferstehungsfeier in den Vordergrund rückte, verlegte man den Termin

⊙ I.13.88
**1 Sarkophagrelief mit Menora**
Museo Nazionale Romano delle Terme di Diocleziano

auf den ersten Sonntag nach dem 14. Nissan, der mit der Frühlingstages- und -nachtgleiche identisch sein sollte. Zuerst einigte sich der Westen auf der Synode zu Arles 314 auf ein gemeinsames Datum, dann kam es auf dem Konzil in Nicaea 325 zu einer reichsweiten Regelung.

Des weiteren bieten Bestimmungen der Synode von Elvira (Anfang des 4. Jahrhunderts, das genaue Datum ist umstritten) Einblicke in das christlich-jüdische Verhältnis. Wie bereits beim Osterfeststreit ging es um Maßnahmen der Abgrenzung von Christen und Juden im täglichen Leben, vom Essen bis zur Eheschließung. Aber auch die jüdische Haltung können wir in etwa erkennen. Neben den verschiedenen Formen von Eingliederung in eine immer christlicher werdende Gesellschaft bleiben deutliche Merkmale von Eigenständigkeit, von Betonung jüdischer Besonderheit. Als Beispiel mögen die Abbildungen der Menora, des siebenarmigen Leuchters auf Gegenständen des täglichen Lebens, aber auch auf Grabsteinen dienen [1].

### WELCHE MASSNAHMEN TRAF KONSTANTIN BEZÜGLICH DER JUDEN UND WAS WAREN DIE FOLGEN?

An kaiserlichen Maßnahmen, die das Judentum betreffen, haben wir für die Zeit Konstantins zweierlei Arten: Zum einen solche, die, parallel zu kirchenrechtlichen Bestimmungen, auf Abgrenzung zielen, zum anderen aber auch Privilegierungen.

Zur ersten Kategorie zählt ein Kaiserbrief zum Thema Ostertermin, der in der Biographie Konstantins erhalten ist, die von Eusebius, dem damaligen Bischof von Caesarea in Palestina geschrieben wurde (Eusebius, Vita Constantini 3,17 – 20). Es fällt der sehr harsche Ton auf, gespickt mit längst bekannten christlich-antijüdischen Vorwürfen, die Betonung christlicher Selbständigkeit und Warnung vor jüdischer Ansteckung. Man darf hier die Frage nach der Echtheit stellen, zumindest die, wer für den genauen Wortlaut verantwortlich war. Eusebius hat den Rundbrief ins Griechische übersetzt und die Lebensbeschreibung Konstantins erst nach seinem Tode veröffentlicht. Hat er vielleicht den Ton verändert?

Daneben gibt es Kaisergesetze in den entsprechenden Sammlungen des Codex Theodosianus und Codex Justinianus, die ebenfalls auf Abgrenzung zielen: Den Juden wird verboten, zum Christentum konvertierte ehemalige Juden gewaltsam anzugreifen. Andererseits sollte künftig der Übertritt zum Judentum und die Teilnahme an entsprechenden Versammlungen strafbar sein.

Insbesondere in der Sklavengesetzgebung gibt es Neuerungen: Für nichtjüdische Sklaven in jüdischen Familien bestand Beschneidungsverbot, sonst wurden diese frei. Wenn Eusebius allerdings von einem generellen Besitzverbot christlicher Sklaven spricht, können wir anhand der erhaltenen Gesetze zeigen, dass Eusebius zumindest hier nicht die volle Wahrheit sagt (Eusebius, Vita Constantini 4,27,1).

Auf der anderen Seite bedeutete die Regierung Konstantins für die Juden einen Schritt zur Normalität, wenngleich diese mit gewissen Opfern erkauft wurde. So waren jetzt auch Juden in die Kurien, die städtischen Gemeinderäte berufbar, was sie aus kultischen Gründen bisher ablehnen konnten. Als Trost für die bisherige Praxis wird ihnen angeboten, je zwei oder drei Personen (aus einer Gemeinde) von Sonderaufgaben dauerhaft zu befreien.

Zur Normalität gehörten auch folgende Vorschriften: Die Vorsteher und religiösen Führer der Judengemeinden sollten weiterhin (!) von allen *munera personalia* frei sein, von Aufgaben also, die man persönlich abzuleisten hatte und die ein Teil der Verpflichtungen gegenüber dem Staat waren, denen sich jeder Bürger zu stellen hatte. Solcherart Privilegierungen betrafen alle religiösen Führer, seien es heidnische oder jüdische, und dazu kamen jetzt auch die christlichen. Für das Judentum änderte sich in dieser Hinsicht also nichts.

Zusammenfassend lässt sich also feststellen, dass Konstantin die weitgehend tolerante Politik seiner Vorgänger gegenüber den Juden fortsetzte; von einer Wende kann hier also nicht eigentlich gesprochen werden. Er gewährleistete die traditionellen Privilegien für die jüdische Religion an sich und für den jüdischen Klerus, betrieb aber andererseits eine Politik scharfer Abgrenzung von den Christen. Gleichzeitig zog der christliche Antisemitismus zumindest verbal in die Politik ein, und dies erwies sich als problematisch für die Zukunft. Man darf die unterschwellige Wirkung einer Sprache nicht unterschätzen, die den Juden permanent falsches Schriftverständnis, Propheten- und Gottesmord, ja Gottlosigkeit vorwarf. In dieser Hinsicht hat sich die Kirche durchgesetzt, nicht die weltliche Macht. Das von Eusebius so sehr gepriesene enge Verhältnis zwischen Kirche und Staat macht es fast unmöglich, konstantinisches und klerikales Gedankengut auseinanderzuhalten. Was konnte Konstantin von den verstockten Gottesmördern theologisch wissen? Die Überlieferung ordnet ihn aber in diesen Zusammenhang ein.

An der Schuld gegenüber den Juden, die die Christenheit in den folgenden 1700 Jahren auf sich geladen hat, trägt Konstantin subjektiv keinen Anteil. Aber objektiv reiht er sich in die Reihe verbaler christlicher Judenhasser ein.

⊙ II.2.7
**Tonlampe mit den Motiven Lulaw und Etrog-Frucht**
Kestner-Museum Hannover

⊙ II.2.2
**Jüdische Grabinschrift**
Musei Vaticani, Città del Vaticano

⊙ II.128
**Goldglasboden, Thoraschrein**
Musei Vaticani, Città del Vaticano

⊙ II.2.4
**Fingerring mit Menora**
Fundort: Kaiseraugst, Kanton Aargau,
Schweiz
Römerstadt Augusta Raurica, Augst

⊙ II.2.5
**Anhänger aus Glas mit jüdischen Symbolen**
Privatbesitz Schweiz

# KONSTANTIN – WEGBEREITER DES CHRISTENTUMS ALS WELTRELIGION

Klaus Martin Girardet

### VORAUSSETZUNGEN

Die Christen bildeten am Beginn des 4. Jahrhunderts, aufs Ganze des römischen Reiches gesehen, im Vergleich zu den Anhängern anderer Religionen eine kleine, im Osten stärker und im Westen kaum vertretene Minderheit; Schätzungen – exakte Daten gibt es nicht – schwanken zwischen 5 und 20 Prozent, ca. 10 Prozent dürften realistisch sein. Wichtiger noch als diese quantitative Relation ist für das Verständnis der Religionspolitik Kaiser Konstantins die Tatsache, dass es in den Führungsschichten der zivilen Gesellschaft und vor allem der Armee, von wenigen Ausnahmen abgesehen, um diese Zeit keine Christen gab. Sie konnten daher nicht als eine machtpolitisch relevante Kraft angesehen werden, und nichts spricht zudem dafür, dass ihre Religion in einer Art von zielgerichtetem, von ‚höheren Mächten‘ gesteuertem oder der Geschichte immanentem Entwicklungsprozess über kurz oder lang zu einer Weltreligion hätte werden können. Es war vielmehr die persönliche, von vordergründigem machtpolitischem Kalkül freie Entscheidung Konstantins für den Gott der Christen und es waren die ihr folgenden politischen Maßnahmen zu Gunsten des Christentums, die den Anstoß zu dem von manchen Forschern als revolutionär beurteilten Aufstieg dieser Religion gegeben haben. Konstantin war aus Gründen, über die noch zu reden sein wird, zwischen 310 und 312 zu der Überzeugung gelangt, der Gott der Christen sei nicht nur die stärkste und wirkungsmächtigste, sondern, im Gegensatz zur Ansicht der Paganen, überhaupt die einzige Gottheit.

Dass es aber zu einer Konstantinischen Wende in der Religionspolitik mit ihren in der europäisch geprägten Geistes- und Kulturwelt bis heute nachhaltig wirkenden Folgen kommen konnte, ist ganz wesentlich auf den Zufall zurückzuführen, dass der Kaiser am 28. Oktober 312 bei Rom im Schlachtgetümmel vor der Milvischen Brücke gegen Maxentius und 324 gegen Licinius bei Adrianopel, Byzantion und Chrysopolis/Kleinasien nicht von einem Speer, einem Pfeil, einem Schwerthieb niedergestreckt und getötet worden oder, wie sein Gegner 312, im Tiber ertrunken ist: Hätte der Christengott als Schlachtenhelfer Konstantins ‚versagt‘, wäre das Christentum im Stande einer religiösen Minderheit verblieben.

### KONSTANTIN: ERSTER CHRISTLICHER KAISER UND PONTIFEX MAXIMUS

Man muss zwischen einer Konstantinischen Wende als dem prozesshaften Weg des Kaisers vom Polytheismus über den paganen Henotheismus zum Monotheismus des Christentums auf der einen Seite und einer Konstantinischen Wende als der Wende in der Religionspolitik im Sinne einer intensiven Christianisierungspolitik auf der anderen Seite unterscheiden. Doch Konstantins Einstellung zum Christentum und seine Politik gegenüber den Christen und ihrem Klerus gehören bis heute zu den am meisten umstrittenen Problemen der Geschichtswissenschaft, und es erscheint fraglich, ob sich je Einigkeit erzielen lässt.

Gesichert ist, dass Konstantin nicht in einem christlichen Elternhaus aufgewachsen ist. Sein Vater, der pagane Kaiser Constantius I., ließ als Mitglied des tetrarchischen Herrschaftssystems im Zuge der Diokletianischen Christenverfolgung seit dem Jahre 303 in seinem Reichsteil (Britannien, Gallien, Hispanien), in dem es nur sehr wenige Christen gab, lediglich das Kultverbot vollstrecken und christliche Versammlungsstätten zerstören. Auf Bluturteile und Konfiskationen, die überall sonst im Reich vorkamen, verzichtete er. Nach seinem Tod 306 im britannischen Eboracum (heute York) riss sein Sohn am 25. Juli des Jahres in einem Militärputsch die Macht an sich. Nach Auskunft des christlichen Gelehrten Lactantius hob Konstantin, der wie sein Vater zunächst noch unter dem besonderen Schutz der Götter Mars und Hercules zu stehen glaubte, sogleich das Kultverbot gegen die Christen auf. Damit hatte das Christentum in diesem Teil des Reiches den Status einer offiziell erlaubten Religion (RELIGIO LICITA) wiedergewonnen, der ihm in den Jahrzehnten zwischen Kaiser Gallienus (253/60 bis 268) und dem Beginn der letzten großen Verfolgung eigen gewesen war. Als dann am 30. April 311 der todkranke Augustus Galerius höchst widerwillig das bekannte Duldungsedikt zugunsten der Christen erließ (UT DENUO SINT CHRISTIANI ET CONVENTICULA SUA CONPONANT), war der vorherige Status der christlichen Religion formell auch reichsweit wieder (vgl. DENUO) hergestellt. Zugleich konnte man das Edikt aber auch als Eingeständnis der Niederlage der paganen Götter auffassen, in deren Namen das Christentum hatte vernichtet werden sollen: der Christengott hatte sich als unüberwindlich erwiesen.

Der Prozess der allmählichen CONVERSIO Konstantins, d. h. der Abwendung vom Paganismus und Hinwendung zum Gott der Christen, lässt sich auf Grund der komplizierten Quellenlage nur umrisshaft und hypothetisch rekonstruieren. In diesem Zusammenhang ist in der Forschung immer wieder von „Visionen" des Kaisers die Rede. Als einen wichtigen Schritt des Weges der CONVERSIO darf man den Besuch des Kaisers im Heiligtum des Apollo Grannus/Sol Invictus im heutigen Grand (Vogesen) mit dem Erlebnis einer spektakulären Himmelserscheinung im Frühjahr 310 betrachten. Es handelte sich dabei nicht um eine Vision, sondern, so lautet eine plausible moderne Interpretation der entscheidenden antiken Texte (Panegyricus von 310; Eusebius, Vita Constantini), um die optische Wahrnehmung eines seltenen, physikalisch erklärbaren Naturphänomens, nämlich eines durch Lichtbrechung an Eiskristallen in den hohen Schichten der Atmosphäre entstehenden Systems von Lichtkreisen und Nebensonnen, in dessen Zentrum die Sonne steht. Dieses wird in der optischen Physik als ein Ringhalo bezeichnet, bei welchem auch ein kreuzartiges Lichtgebilde sichtbar werden kann.

Es dürfte ein solches Phänomen gewesen sein, das nun, wie man dem Text einer noch im gleichen Jahr 310 in Trier am Kaiserhof gehaltenen Festrede (Panegyricus) entnehmen kann, zunächst pagan als Erscheinung des mit Apollo unbesiegbaren Sonnengottes (Sol Invictus) und der identischen Göttin Victoria interpretiert wurde. Der Kaiser unterstellte sich sogleich dem Schutz des Unbesiegbaren. Seither dominierte in seiner Münzprägung diese Gottheit, und der Begriff INVICTUS (unbesiegt oder unbesiegbar) wurde zum neuen Bestandteil seiner eigenen Titulatur.

2 Beispiel für die christliche Verwendung
des sechsstrahligen Sterns
Relief auf dem sog. Prinzen-Sarkophag
aus theodosianischer Zeit in Konstantinopel

3 Das konstantinische Christogramm auf
der Grabinschrift für Ursicinus in Trier

1 Rekonstruktionen des Vexillums auf der
Basis der Umzeichnung eines Freskos in
Dura Europos
a: Stern auf dem Fahnentuch
b: Stern an der Spitze

Möglicherweise wurde jetzt auch schon eine neue kaiserliche Standarte entworfen, in Gestalt eines Vexillums, das heißt eines Lanzenschafts mit einer Querstange, an welcher ein quadratisches Tuch befestigt war, und auf dem Tuch oder an der Spitze des Lanzenschaftes hat man wohl ein in einen Siegeskranz gefasstes paganes Sonnensymbol angebracht, wie etwa einen Stern mit sechs Strahlen [1]. Doch schon bald erfuhr das hypothetisch erschlossene Himmelsphänomen eine christliche Interpretation. Dabei wird das Eingeständnis der Wirkungslosigkeit der paganen Götter durch das Galeriusedikt von 311 eine wichtige Rolle gespielt haben. Es dürften der Bischof von Trier (Agricius?) und der seit ca. 310 am dortigen Hof als Lehrer des Kaisersohnes Crispus wirkende Christ Lactantius gewesen sein, die Konstantin unter Verweis auf das Edikt des Galerius die Unüberwindlichkeit des Christengottes und rückblickend ein neues, ein ‚richtiges‘, ein christliches Verständnis des Ringhalos von 310 nahegebracht haben. Danach war der Kaiser nicht einer paganen Gottheit wie Sol Invictus begegnet, sondern niemand anderem als Christus, dem Sol Iustitiae – der „Sonne der Gerechtigkeit" (Maleachi 4,2).

So jedenfalls hat Konstantin es selber viel später dem Bischof Eusebius von Caesarea berichtet, der dies in seiner Vita Constantini wiedergibt. An der kaiserlichen Standarte, mit dem vermutlich keltischen Wort „Labarum" benannt, wurde daraufhin ca. 311 eine kleine unauffällige, aber doch signifikante Änderung vorgenommen. Schon das pagane Sonnensymbol des sechsstrahligen Sterns konnte in der Antike als Symbol des Namens Jesu Christi verstanden werden: die mittlere Achse als das griechische Jota (I) für „Jesus", gekreuzt durch den griechischen Buchstaben Chi (X) für

„Christus" [2]. Die jetzt eingeführte Änderung, die ein schon mögliches christliches Verständnis des Symbols noch ‚verdeutlichte‘, betraf die mittlere Achse des Sterns: sie wurde durch Umbiegen des oberen Teils zum griechischen Buchstaben Rho (P) gemacht, der durch das Chi (X) gekreuzt war – so entstand das Chi-Rho, das Christogramm, die Abkürzung des Wortes „ChR(istos)" [3]. Seither, so berichtet Eusebius, trug der Kaiser das Zeichen als Schutzpanier auch an seinem Helm. Von Lactantius erfährt man schließlich, dass Konstantin im Jahr darauf, im Oktober 312, am Vorabend der Entscheidungsschlacht gegen Maxentius vor der Milvischen Brücke bei Rom im Traum dazu aufgefordert wurde – von einer „Vision" kann auch hier wieder keine Rede sein –, das Christogramm auf den Schilden seiner Soldaten anbringen zu lassen. Er folgte dieser Anregung (CHRISTUM IN SCUTIS NOTAT) und siegte über den Schützling der paganen Götter. Wenn er noch Zweifel an der Wirkungsmacht des im Symbol am Helm, auf dem Labarum und auf Schilden magisch präsenten Christengottes (bzw. seines Sohns) gehabt haben sollte, so waren sie jetzt ausgeräumt. An der Stelle, an welcher er sich entschlossen hatte, die Schilde seiner Eliteeinheit mit dem Christogramm zu versehen, ließ er einen heute noch bei Malborghetto sichtbaren monumentalen Bogen errichten [4].

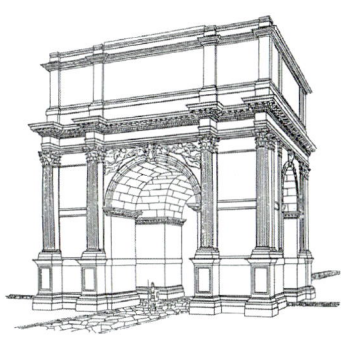

4 **Der ca. 15 Meter hohe Konstantin-Bogen von Malborghetto**
a: Heutiger Zustand des im Mittelalter zu einem festungsartigen Hof umgestalteten Monuments
b: Rekonstruktion (nach Toebelmann)

⊙ I.13.120
5 **Das Silbermedaillon von Ticinum, 315**
Vs. mit dem Christogramm an Konstantins Helm
Legende: IMP CONSTANTINUS P F AUG
Staatliche Münzsammlung München

⊙ I.13.121
6 **Ein vor wenigen Jahren in der Maas gefundener spätantiker Helm mit dem Christogramm als Schutzzeichen**
Gemeente Maastricht

Die Konstantinische Wende im Sinne der persönlichen Hinwendung des Kaisers zum Christengott, deren einzelne Phasen, wie gesagt, nur hypothetisch rekonstruierbar sind, war damit abgeschlossen. Es war daher nur konsequent, dass der Kaiser, entgegen geheiligtem paganem Brauch, nicht wie alle seine Vorgänger beim festlichen Einzug in Rom (ADVENTUS) dem höchsten Staatsgott Iuppiter Optimus Maximus auf dem Kapitol ein Opfer darbrachte, dass er dieses am 29. Oktober 312 vielmehr verweigerte und einige Wochen danach zur grossen Bestürzung der Paganen auch noch die von feierlichsten Opferhandlungen begleiteten Saecularfeiern ausfallen ließ, die im Jahre 313 erstmals wieder seit 110 Jahren hätten stattfinden sollen: Opferverweigerung war für Christen wie für Nichtchristen das deutlichste Kennzeichen des Christseins. Wenig später ist dann auch das wohl (313 oder) 315 mit einer Auflage von mindestens 30 000 Stück geprägte Silbermedaillon von Ticinum/Pavia entworfen worden. Es zeigt Konstantin auf der Vorderseite mit dem Christogramm im Siegeskranz statt Stirnjuwel am Helm [5 – 6], auf der Rückseite bei der Siegesansprache an die Armee bzw. die berittene Eliteeinheit, seiner Standarte (Vexillum) zugewandt, an deren Spitze oder auf deren Fahnentuch ebenfalls das – wegen der Kleinheit des Bildprogramms hier nicht sichtbare – Christogramm im Siegeskranz angebracht war [7 – 9]. Und wenn die Rückseitenlegende des Medaillons die SALVS REI PUBLICAE verkündet, dann besagt dies zusammen mit der Vorderseite, dass das „Heil des Staates" durch die Hilfe des Christengottes gewonnen worden war. Der pagane römische Senat trug, ähnlich dem paganen Panegyristen des Jahres 313 in Trier, der gewandelten religiösen Option des Kaisers in der Weise Rechnung, dass er 315 in der berühmten Inschrift des Ehrenbogens für Konstantin in Rom die für Christen annehmbare Formulierung anbringen ließ, der Kaiser habe „auf Eingebung einer Gottheit" (INSTINCTU DIVINITATIS) über den „Tyrannen" Maxentius gesiegt: erstmals in der Geschichte Roms ist die helfende Gottheit eines Kaisers nicht mit Namen genannt.

⊙ I.13.120

**7 Das Silbermedaillon von Ticinum/315 (Rückseite)**
Legende: SALUS REI PUBLICAE
Staatliche Münzsammlung München

**8 Rs. einer Münze Konstantins von ca. 327/28 mit dem Labarum, eine Schlange aufspießend; das Christogramm hier an der Spitze des Vexillums, auf dem Fahnentuch drei runde Applikationen, vermutlich mit Portraits Konstantins und zweier seiner Söhne als Caesares**
Legende: SPES PUBLICA
Münzstätte: CONS(tantinopolis)
The British Museum, London

**9 Goldmedaillon Konstantins von ca. 326/27 (RIC VII 451 Nr. 207)**
a: Vorderseite
Der Kaiser mit Blick gen Himmel
Legende: CONSTANTINUS AUG(ustus)
b: Rückseite
Der Kaiser stehend mit Speer in der Linken, nach rechts gewendet mit Blick zum Labarum, das er in der Rechten hält; hier befindet sich das Christogramm auf dem Fahnentuch des Vexillums
Legende: GLORIA S(a)ECULI
Münzstätte: SIS(cia)

Konstantin hat sich selber mehrfach zu dem Prozess seiner CONVERSIO geäußert, besonders eindringlich in einer „Rede an die Versammlung der Heiligen", also an ein christliches Publikum, die er an Karfreitag, dem 16. April, des Jahres 314 zu Trier gehalten hat, und in seinem Brief an die im Spätsommer des gleichen Jahres in Arles zu einem Konzil versammelten Bischöfe, in ähnlicher Weise dann noch mehrmals 324 und danach. Immer wieder liest man in diesen Selbstzeugnissen andeutende Hinweise auf die seit 311 als Begegnung mit der „Sonne" Christus gedeutete Himmelserscheinung des Ringhalos von 310 und auf die Hilfe des Christengottes in siegreichen Schlachten wie 312 oder 324 gegen Maxentius bzw. Licinius, so auch gegen die „Barbaren" an den Grenzen des Reiches. Andererseits ist zu beobachten, dass pagane Motive z. B. auf dem römischen Ehrenbogen von 315, den der Senat hatte errichten lassen, und, mit abnehmender Tendenz, in der Münzprägung noch bis in die 320er Jahre hinein fortbestehen. Doch dies ist politisch zu erklären: Konstantin nahm klugerweise Rücksicht auf die überwältigende Mehrheit der Paganen in der Führungsschicht, in der Armee und in der Reichsbevölkerung insgesamt. An seiner eigenen religiösen Orientierung aber konnte kein Zweifel aufkommen. Als Kaiser war er, wie alle seine Vorgänger seit Augustus (12 v. Chr.), mit dem Amt des PONTIFEX MAXIMUS der Verantwortliche für die PAX DEORUM, den Frieden zwischen der Welt des Göttlichen und der Menschheit, der nach antikem Denken die politische Wohlfahrt garantierte.

Ganz im Geiste dieser traditionellen Verpflichtung (MUNUS PRINCIPIS) verhielt er sich nach den Siegen, die er aber nicht paganen Göttern, sondern dem wohltätigen Geschenk (BENEFICIUM) des Gottes der Christen zu verdanken glaubte, den er als die einzige wirksame Gottheit erfahren hatte. Er stattete seinem Gott den Dank in der Form ab (OFFICIUM), dass er, während frühere Kaiser ihren Schlachtenhelfern Iuppiter, Mars, Hercules, Sol etc. Tempel und Kultstatuen errichtet hatten, noch 312/313 mit einem großzügigen Programm zur Errichtung christlicher Basiliken begann: das früheste Beispiel ist die gewaltige Lateranbasilika in Rom. Auch die erste Trierer Bischofskirche, deren Reste vor wenigen Jahren gefunden worden sind, dürfte ihre Entstehung diesem Bauprogramm verdanken. Wiederum durch Eusebius, aber ebenso durch bis heute sichtbare Bauten sind wir darüber unterrichtet, dass das Kirchenbauprogramm in intensivierter Form nach 324 auch im östlichen Teil des Reiches (Konstantinopel, Antiochia, Jerusalem, Bethlehem etc.) zur Ausführung kam. Im übrigen ist, wohl nicht zufällig, bisher keine einzige Weihung Konstantins an eine pagane Gottheit gefunden worden.

Für die Zeitgenossen, die christlichen wie die nichtchristlichen, musste auf Grund alles dessen seit Oktober 312 vollkommen klar sein, dass Konstantin das Christentum angenommen hatte, auch wenn er, wie die meisten Christen seiner Zeit, nicht getauft war. Erst 337 empfing er die Taufe auf dem Sterbebett in der Nähe von Nikomedia in Kleinasien.

### Der neue Kurs: Privilegierung des Klerus und der Gemeinden

Eine andere Form der Ableistung des OFFICIUM als Dank für *beneficia* des Christengottes war die Fürsorge des PONTIFEX MAXIMUS auf dem Kaiserthron für die ungestörte Ausübung des christlichen Kultus, für die Dienerschaft des Kultus, den Klerus, und für das materielle Wohlergehen der Gemeinden. In einem Brief an den paganen Prokonsul Anullinus in Karthago von Anfang 313 brachte er im Rückblick auf den Sieg gegen Maxentius seine Überzeugung zum Ausdruck, dass der Vernichtungskampf der Tetrarchie im Namen der alten Götter gegen das Christentum politisch höchst gefährliche Folgen für das Reich gehabt habe. Durch Tatsachen – gemeint ist des Kaisers militärische Sieghaftigkeit – sei demgegenüber ebenso klar, dass die rechtliche Zulassung (306 bzw. 311) und sorgsame Pflege *„derjenigen Religion, in welcher die machtvolle Hoheit der allerheiligsten himmlischen Gottheit mit frommer Scheu geachtet"* werde, *„dem römischen Namen, bewirkt durch göttliche Wohltaten, größten Erfolg und überhaupt allen menschlichen Dingen außerordentliches Wohlergehen gebracht"* habe. Er intensivierte daher energisch und konsequent seit Ende 312 den Einbau der Christengemeinschaft, die er als *„die heilige, dem zwischen Gott und Mensch waltenden Recht entsprechende Kirche"* bezeichnete, in das Gefüge des Reiches, und zwar auf eine das Christentum und seinen Klerus im Vergleich mit allen anderen Religionen sehr deutlich privilegierende Weise.

Schon Maxentius hatte den Christen nicht nur Duldung gewährt (306), sondern den Gemeinden in seinem Herrschaftsbereich 308 oder 311 auch beschlagnahmtes Eigentum zurückerstattet. Konstantin, in dessen bisherigem Reichsteil (Britannien, Gallien, Hispanien) solche Restituierungen 306 nicht notwendig gewesen waren, bestätigte dies sogleich im Oktober/November 312 nach seinem Sieg, der ihn zum Herrn auch über Italien und Nordafrika machte. Er fügte alsbald aber noch die Rückgabe von christlichem Privateigentum hinzu und ging zudem einen erheblichen Schritt weiter; denn er finanzierte nicht nur überall im Westen den Kirchenbau, sondern vergab weitere Finanzhilfen an die lokalen Gemeinden und verfügte zur Sicherung des Kultus die sogenannte Immunität des Klerus, d. h. die vollständige Freiheit von allen vermögensabhängigen und kostenintensiven Lasten und Dienstleistungen zugunsten von Staat und bürgerlicher Gemeinde, ergänzt wohl auch noch um die Steuerfreiheit. Grund dafür war seine Überzeugung, dass, nach dem 311 und 312 dokumentierten Versagen der paganen Götter, nur der christliche Kultus

die politisch notwendige Gunst des Himmels, aber auch das Heil der Seelen erwirken und sichern könne. Er bezeichnete daher in dem Brief an den schon genannten Prokonsul Anullinus von Anfang 313 die Ausübung des christlichen Priesteramtes als *„den allerhöchsten Dienst gegenüber dem Göttlichen"*, der *„das größte denkbare Maß an Segen für die öffentlichen Angelegenheiten erbringen wird"*. Die christliche Priesterschaft übertraf somit an Wertschätzung seitens des Kaisers und an Rang alle vergleichbaren Priesterschaften der anderen Religionen. Die privilegierende Gesetzgebung Konstantins hatte allerdings die höchst unerfreuliche Nebenwirkung, dass sich recht bald ein ungeahnter Drang zum attraktiven Klerikeramt und wohl auch ökonomisch motivierte Konversionen bemerkbar machten: der Kaiser sah sich schließlich sogar zu einem gesetzlichen NUMERUS CLAUSUS für den Klerikerstand genötigt.

Die massive Förderung des Christentums ist Konstantins den Balkan beherrschendem Mitregenten Licinius, der noch den alten Göttern anhing, offensichtlich zu weit gegangen. Auf den Gesprächen in Mailand basiert ein Dokument vom Sommer 313 konnten sich die beiden daher nur auf ein Minimalprogramm einigen, das für den Osten des Reiches gedacht war, wo gegenwärtig noch Maximinus Daia regierte, der trotz des Galeriusediktes von 311 die Christenverfolgung nicht einzustellen bereit war. Auf den Gesprächen in Mailand basiert ein Dokument vom Sommer 313, das in der neueren Forschung vielfach immer noch fälschlich als „Edikt von Mailand" bezeichnet und sogar als ein Epochendatum verwendet wird. Damit wird es politisch-historisch völlig falsch eingeschätzt. Denn, Monate nach der Konferenz von dem Paganen Licinius im Namen beider Kaiser verfasst und im Juni des Jahres im Osten publiziert, blieb es hinter Konstantins in dessen eigenem Reichsteil (Britannien, Gallien, Hispanien, Afrika, Italien) gültiger Privilegierung des Christentums weit zurück: der im Wortlaut bei Lactantius und Eusebius von Caesarea erhaltene Text (LITTERAE LICINII) proklamierte für die Christen im Osten, den Licinius inzwischen bis zum Sommer 313 im Krieg gegen Maximinus Daia erobert hatte, wie das Galeriusedikt von 311 lediglich Kultfreiheit, die ausdrücklich auch allen anderen Religionen garantiert wurde, und gab den christlichen Gemeinden, doch nicht den Privatpersonen, beschlagnahmtes Eigentum zurück; von den Privilegien des Klerus im Reichsteil Konstantins (Immunität, Finanzhilfen) ist in dem Dokument mit keinem Wort die Rede.

Konstantin trieb unterdessen den Ausbau der neuen Stellung von Christentum und Klerus zügig weiter voran, wobei ihn auch die spezifisch christliche Überzeugung leitete, dass außer der politischen Wohlfahrt des Reiches das Heil der Seelen auf die Gunst Gottes angewiesen sei. So machte er den Sonnentag (DIES SOLIS), der im römischen Planetenkalender als zweiter Wochentag gezählt wurde, mit christlicher Motivation wohl schon 313/314 (316?), dokumentiert durch zwei Gesetzestexte von 321, die die entsprechende Regelung bereits voraussetzten, zu einem staatlichen Ruhetag und schuf damit den bis heute in der europäischen Welt gültigen Sonntag als den ersten Wochentag. Das war für die antike Welt ein absolutes Novum. Zuvor ist der Tag der Sonne nur für die Christen in Erinnerung an die Auferstehung ihres Herrn, der „Sonne der Gerechtigkeit", als Gottesdiensttag mit dem Namen „Herrntag" (DIES DOMINICUS) von besonderer liturgischer Bedeutung gewesen. Einen regelmäßig wöchentlich wiederkehrenden Ruhetag hatte es bis dahin aber weder bei den Christen noch bei den Paganen gegeben. Durch Konstantins Gesetz erhielt nun die Zeit einen neuen, einen christlichen Rhythmus. Ebenfalls um 313/314, wiederum dokumentiert durch etwas spätere, weitere Einzelheiten regelnde Gesetzestexte von 316 bzw. 321, erhielten die christlichen Gemeindeversammlungen unter Leitung der Bischöfe und Kleriker das Recht, Sklaven freizulassen (MANUMISSIO IN ECCLESIA), und das bedeutete im Vergleich mit dem üblichen staatlichen Verfahren, dass die Kirchen kostenfrei und ohne Verwaltungsaufwand den Zugang zum vollgültigen römischen Bürgerrecht eröffnen konnten. Es folgte 318 die AUDIENTIA EPISCOPALIS, das rechtliche Gehör beim Bischof in Zivilstreitigkeiten mit inappellabler Entscheidungsbefugnis des bischöflichen Richters, eine veritable Konkurrenz zu staatlichen Gerichten, deren Zuverlässigkeit nicht über jeden Zweifel erhaben war. Und schließlich verfügte Konstantin 321 das privilegierte Erbrecht der Kirchengemeinden. Das Besondere daran war, dass bei Erbschaften zu Gunsten der Kirche, anders als bei paganen Erbschaften zu Gunsten von Tempeln, alle sonstigen Verpflichtungen des bürgerlichen Erbrechts (Berücksichtigung von Familienmitgliedern etc.) außer Kraft gesetzt werden konnten.

Dies alles galt zunächst nur im Westen des Reiches. Im Jahre 324 dann, nach dem Gewinn der Alleinherrschaft durch den Sieg über Licinius, erhielten die Christengemeinden und Kleriker des Ostens durch eine im Wortlaut erhaltene Proklamation des Kaisers den gleichen privilegierten Rechtsstatus wie die Kirchen des Westens. Die anderen Kulte im Reich aber wurden in ihrer Existenz nicht angetastet. Zwar machte Konstantin in zahlreichen Dokumenten keinen Hehl aus seiner tiefen Verachtung für die Paganen und die Juden. Aber als Politiker mit genauem Blick für die Mehrheitsverhältnisse zwischen Christen und Nichtchristen hielt er aus ordnungspolitischer Opportunität am eingeschlagenen Kurs fest, auf den er sich 313 in Mailand mit Licinius geeinigt hatte: allgemeine Religionsfreiheit, ergänzt um den in der Trierer Rede vom Karfreitag 314 proklamierten, 324 für den Osten mit Nachdruck wiederholten Grundsatz, dass der *Diener des Christengottes* (FAMULUS DEI) auf dem Kaiserthron seine Religionspolitik ohne Zwang und Terror durchführen wollte, dass er vielmehr bei seinen vielfältigen Aufrufen zur Abwendung vom Paganismus und Hinwendung zum Christentum auf das Prinzip der Freiwilligkeit vertraute.

## IV. DER NEUE HERR: KAISER UND KONZIL – KAISER UND KETZER

Konstantin wird im Herbst 312 kaum geahnt haben, dass seine Politik der Förderung des Christentums auch höchst unwillkommene Folgen haben könnte. In Nordafrika waren nämlich über der Frage nach den Modalitäten der Integration von Christen, die in der Verfolgungszeit auf die eine oder andere Art *zu Fall gekommen* waren (LAPSI), theologisch begründete Konflikte entstanden, die den Aufbau konkurrierender Christengemeinden mit wechselseitigen Exkommunikationen zur Folge hatten. Die standhaft Gebliebenen wurden nach einem ihrer prominenten Bischöfe, Donatus von Karthago, „Donatisten" genannt. Als Konstantin 312/313 Gemeindeeigentum restituierte, Geldzuwendungen verteilte und das Privileg der Immunität des Klerus vergab, beanspruchte nun jede der beiden streitenden Seiten, der rechtmäßige Empfänger zu sein, und sprach der Gegenseite das Christsein ab. Der Kaiser wurde um Entscheidung gebeten. Für ihn war die Frage der ungestörten Einheit des christlichen Klerus und Kultus wegen der Abhängigkeit der SALUS IMPERII und IMPERATORIS von der Gunst des Christengottes ein Politikum ersten Ranges. Das wird besonders deutlich in einem Brief an den hohen christlichen Beamten Ablabius. Darin schrieb Konstantin im Jahre 314, dass er *„es als keinesfalls für vereinbar mit dem für die Beziehung zwischen Menschheit und Gottheit geltenden Recht* (FAS) *ansehe, dass solche Streitigkeiten und Zwistigkeiten von uns ignoriert werden, auf Grund deren die allerhöchste Gottheit* (SUMMA DIVINITAS) *sich womöglich nicht allein gegen das Menschengeschlecht wenden könnte, sondern auch gegen mich persönlich, dessen Fürsorge sie durch ihren himmlischen Befehl alles Irdische zur Lenkung anvertraut hat, und sich, durch (ein Ignorieren solcher Streitigkeiten) aufgebracht, zu Schlimmem entschließen wird.* Dann nämlich nur werde ich wirklich voll und ganz sicher (SECURUS) sein können und auf immer von der bereitwilligsten Gewogenheit des mächtigsten Gottes alles nur erdenkliche Förderliche und Gute erhoffen, wenn ich sehe, dass alle durch den gebührenden Kultus im Sinne der katholischen Religion dem allerheiligsten Gott in einträchtig-brüderlicher Ehrerbietung begegnen". Und zwei Jahre später, 316, hieß es ebenfalls in einem Brief an einen Beamten: *„Welche höhere Verpflichtung, die ich gemäß meinem persönlichen Bestreben wie gerade auch gemäß meiner Aufgabe als Kaiser* (MUNUS PRINCIPIS) *zu erfüllen habe, gibt es, als, wenn die Irrtümer beseitigt sind und jegliche Widersetzlichkeit gebrochen ist, dafür zu sorgen, dass alle im Besitz der wahren Religion sind, in einträchtiger Aufrichtigkeit Gott verehren und die Art von Kultus ausüben, die dem allmächtigen Gott zukommt?"*

Um dieser Verpflichtung gerecht zu werden, berief der FAMULUS DEI Konstantin als PONTIFEX MAXIMUS und somit oberster Richter auch in Fragen des christlichen Kultus und der Disziplin des Klerus zur Beendigung des Donatistenstreites ein CONSILIUM, ein Ratmännergremium. Die Ratmänner aber waren nicht staatliche Beamte, sondern Bischöfe, da es ja, mit eigentumsrechtlichen Folgen, aus seiner Sicht um die Klärung theologischer Fragen ging. Aus kirchlicher Sicht galt dieses CONSILIUM daher als ein CONCILIUM, ein Konzil oder, wie der griechische Ausdruck lautet, als eine Synode. Die amtliche Vollmacht, mit welcher der Kaiser diese neue Art eines Konzils bzw. einer Synode veranstaltete, darf man „Kaiserliche Synodalgewalt" nennen, und da eine solche Synode vom Herrscher des Reiches und PONTIFEX MAXIMUS verantwortet war, kann man sie, im Unterschied zum Konzil bzw. zur Synode aus rein kirchlicher Initiative, als „Reichssynode" oder „Reichskonzil" bezeichnen.

Das zeitlich früheste Beispiel ist das Anfang Oktober 313 in Abwesenheit des obersten Gerichtsherrn und Vorsitzenden Konstantin durch Miltiades, den Bischof von Rom, als Bischofsgericht geleitete Kaisergericht in der Reichshauptstadt, an welchem auf des Kaisers Anweisung u. a. auch der Bischof Maternus von Köln teilgenommen hat. Und da der Kaiser, auch wenn er nicht persönlich anwesend sein konnte, der oberste Richter war, wurden ihm anschließend die römischen Prozessakten mit dem theologisch und disziplinarrechtlich wirksamen Schuldspruch der bischöflichen CONSILIARII gegen die Donatisten zur Begutachtung und zur Urteilsfällung nach Trier zugestellt. Konstantin machte sich den bischöflichen Schuldspruch zu eigen und fällte das Urteil, dass die Unterlegenen nicht nach Afrika zurückkehren durften; sie sollten also in der Verbannung leben. Doch dem römischen Kaiser- und Bischofsgericht folgte nach donatistischem Einspruch im August 314 das vom Kaiser einberufene Reichskonzil von Arles, wieder in Abwesenheit Konstantins, diesmal unter der Leitung des Ortsbischofs Marinus, und zu den Teilnehmern zählte nicht nur erneut Maternus von Köln, sondern auch der Trierer Bischof Agricius, der hier zum ersten Mal in den antiken Quellen bezeugt ist. Der Streit konnte aber auch jetzt nicht beigelegt werden. Und da er eine theologische Dimension besaß, erschienen die unterlegenen Donatisten nicht nur als widersetzliche Kirchenspalter, als sogenannte Schismatiker, sondern auch als Häretiker oder Ketzer. Gegen sie wurde nun in den folgenden Jahren auch das Instrument der Gesetzgebung angewandt: die Maßnahmen reichten von Entzug der Privilegien über Konfiskationen und verschärfte Polizeiaktionen bis zu Verbannungen. Schließlich hat Konstantin jedoch, wohl auch angesichts des sich abzeichnenden Krieges mit Licinius, resigniert. In einem ca. 321 verfassten Brief an die aus seiner Sicht rechtgläubigen, nur eine kleine Minderheit bildenden Christen in Nordafrika mahnte er zu Geduld und brachte Hoffnung auf *„Heilmittel"* zum Ausdruck, die der *„allmächtige Gott"* (OMNIPOTENS DEUS) selbst als *„himmlische Medizin"* (CAELESTIS MEDICINA) verabreichen werde, indem er dermaleinst beim Jüngsten Gericht Rache (VINDICTA) an den Ketzern nehme.

Der Donatistenstreit, der sich noch weit über einhundert Jahre hinziehen sollte, war nicht der einzige innerkirchliche Konflikt, mit dem Konstantin zu seinem Leidwesen konfrontiert war. Nach dem Beginn seiner Alleinherrschaft 324 erhielt er Kenntnis von einem schon länger schwelenden theologischen Dissens zwischen dem Bischof von Alexandrien und dem Presbyter Arius, in welchem es um die Wesenheit Christi als Gott und Mensch und damit um den für das Heil der Seele richtigen Glauben ging. Erneut machte Konstantin, im Sinne seiner Pflichten als PONTIFEX MAXIMUS gegenüber dem Christengott, von der kaiserlichen Synodalgewalt Gebrauch: er berief im Mai 325 ein von ca. 270 Bischöfen besuchtes Reichskonzil ein, das seit der Antike bis heute als das 1. Oikumenische Konzil der Geschichte gezählt wird. Die Bischöfe tagten in der Audienzhalle des Kaiserpalastes zu Nicaea in Kleinasien, in einer Palastaula ähnlich derjenigen in Trier. Der Kaiser führte diesmal persönlich den Vorsitz, leitete die Debatten, brachte die entscheidende, bis heute bei den Christen gültige theologische Formel von der Wesensgleichheit zwischen Gott und Christus (*homooúsios*) zur erfolgreichen Abstimmung und verurteilte die Gegner, die als Ketzer exkommuniziert wurden, zur Verbannung. Doch auch der sogenannte Arianische Streit war damit nicht beendet. Es wurden in dieser Sache, aber auch wegen anderer theologischer und disziplinarischer Konflikte, weitere Reichskonzilien notwendig (Nikomedia 327, Antiochia 330/331, Tyros 335, Ankyra 336), die z. T. wieder vom Kaiser geleitet wurden. Und es verwundert schließlich nicht, dass Konstantin Konzilsbeschlüsse persönlich in Synodalbriefen, von denen einige erhalten sind, allgemein im Reich bekannt machte und Konzilskanones als Reichsgesetze bezeichnete.

Mit Blick auf das sehr komplexe Phänomen von kaiserlicher Synodalgewalt und Reichskonzil in konstantinischer Zeit darf man politisch-historisch bewertend sagen, dass in der Gestalt Konstantins die Christenheit der antiken Welt erstmals in ihrer Geschichte ein sichtbares Oberhaupt erhalten hatte, das nicht nur über die Ordnung des Kultus und die Disziplin des Klerus, sondern auch über den rechten Glauben wachte und nötigenfalls Entscheidungen traf. Dies muss deshalb betont werden, weil es im frühen Christentum keine einheitliche, auf ein gesamtkirchliches bischöfliches Oberhaupt, einen „Papst", zugeschnittene Organisation gegeben hat. Es standen vielmehr in den ersten Jahrhunderten mehrere von „Oberbischöfen" wie denjenigen in Alexandria, Antiochia, Rom geleitete, später Patriarchate genannte Kirchen gleichberechtigt nebeneinander, wobei dem römischen Bischof als dem Oberhaupt der Christen in der Reichshauptstadt, in welcher sich nach dem Glauben der Zeit die Gräber der Apostel Petrus und Paulus befanden, eine Art Ehrenvorrang zugebilligt wurde. Ein kirchlich-amtlicher PONTIFEX MAXIMUS oder EPISCOPUS EPISCOPORUM und ein Papsttum als Amt eines mit universalkirchlichem Jurisdiktionsprimat und Lehrprimat ausgestatteten Bischofs existierten also noch nicht. Erst im späten 4. Jahrhundert begann, unter inzwischen gewandelten politischen Rahmenbedingungen, die Entstehung des römischen Papsttums sich abzuzeichnen. Kritik an Konstantin und seiner gesamtkirchlichen Führungsrolle aber scheint es bei den christlichen Zeitgenossen nicht gegeben zu haben. Vielmehr liegt eine theologisch fundierte Deutung der Rolle des ungetauften christlichen Herrschers als des irdischen Herrn der Christenheit in den Schriften des Eusebius von Caesarea vor. Der Bischof sprach dem Kaiser ein Hohepriestertum nach dem Vorbild Christi gemäß dem neutestamentlichen Hebräerbrief zu und bezeichnete Konstantin als den *„allen Bischöfen gemeinsamen Bischof"*.

## DIE NEUE PERSPEKTIVE:
## CHRISTIANISIERUNG DER MENSCHHEIT

Politik und Religion sind, anders als für den heutigen Menschen des europäischen Kulturkreises, im antiken Denken und Handeln untrennbar ineinander verschlungen. So waren die Römer zu allen Zeiten fest davon überzeugt, dass der beispiellose Erfolg ihrer Weltmachtpolitik sowie die Dauerhaftigkeit und Stabilität des Imperiums auf die sorgfältigste Beachtung des Willens der Götter zurückzuführen seien. Nicht anders dachte Konstantin. Aber von seinen Vorgängern im Amt des Kaisers unterschied er sich darin, dass er nicht Iuppiter, nicht Mars, nicht Hercules, nicht Sol Invictus oder andere Götter, sondern den Gott der Christen als Garanten von politischem wie militärischem Erfolg und *„Heil des Reiches"* (SALUS IMPERII) betrachtete. Voraussetzung wie einst für die Gunst der Götter, so jetzt seit 311/312 für die Gunst des Christengottes war aus seiner Sicht die ungestörte, den Satzungen entsprechende Ausübung des Kultus, jetzt also des christlichen Kultus, und die Einheit des Kultus hing nunmehr von der Einheit im rechten Glauben ab. Zudem war die neue Religion des Kaisers eine universalistische Religion: Das Christentum verstand sich als „katholisch", das heißt „überall vorhanden" und, im Sinne des Missionsauftrags Christi – „Geht hin in alle Welt und predigt das Evangelium aller Kreatur" (Mk 16,15) –, „für alle Menschen bestimmt". Daher bezog der Einheitsgedanke auch die übrige Reichsbevölkerung ein. Das Ideal war die Bürgergemeinschaft als Kultgemeinschaft, wie einst polytheistisch, so jetzt monotheistisch-christlich, eine Kult- und Glaubensgemeinschaft, an deren Spitze um des politischen Erfolges und des metaphysischen Heils der Seelen aller Willen der Kaiser als PONTIFEX MAXIMUS über die ungestörte Beziehung zwischen Menschheit und Gottheit wachte.

Für Konstantin bestand nun aber von diesen Voraussetzungen her in der politischen Wirklichkeit ein schwieriges Problem: die Dienerschaft seines Gottes, der Episkopat, war theologisch uneins (u. a. Donatistenstreit, Arianischer Streit). Vielerorts in West und Ost standen zum Teil auch schon seit den Anfängen des Christentums konkurrierende Gemeinden und Hierarchien des Klerus feindselig nebeneinander bzw. gegeneinander, so dass die kultische und theologische Einheit des Christentums nicht vorhanden war.

Ein weiteres Problem stellte die Tatsache dar, dass der größte Teil der Reichsbevölkerung nicht dem Christentum angehörte. Die erhaltenen Quellen zeigen Konstantins unermüdliches Bemühen, diese Probleme aus der Welt zu schaffen. Für ihn ging es dabei in einem ganz elementaren Sinne um die Existenz. Der Gott der Christen hatte ihn mit enormen militärischen und politischen Erfolgen beschenkt. Die Dankespflicht verlangte nun, dass der christliche Kaiser das Reich, ja die ganze Menschheit zur Einheit im christlichen Glauben und Kultus führte. Pflichtversäumnis aber musste nach seiner festen, mehrfach schriftlich formulierten Überzeugung den Zorn Gottes und schwerste Nachteile für ihn persönlich, das Reich und die Menschheit zur Folge haben.

Die existenzielle Angst, dass genau dies wegen des Donatistenstreits und des Arianischen Streites eintreten könnte, hat er in erhaltenen Briefen mit tiefster Sorge zum Ausdruck gebracht. Daher war sein erstes Anliegen, die Einheit des Glaubens und des Kultus innerhalb des Episkopates herbeizuführen, und man kann seine darauf zielende Politik geradezu als Sicherheitspolitik bezeichnen. Nur wenn die Einheit der Christen erreicht ist, so schrieb er 314 beispielsweise an Ablabius, *„kann ich wirklich und in vollem Umfang sicher sein"* (TUNC ... REVERA ET PLENISSIME POTERO ESSE SECURUS) – sicher vor dem möglichen Zorn Gottes und seinen für Kaiser und Reich verheerenden Folgen. Aber Schisma und Häresie innerhalb der Christenheit könnten auch, so Konstantin im gleichen Brief, den politisch nicht minder gefährlichen Spott der Paganen hervorrufen; denn diese könnten ja von der Zerrissenheit der Dienerschaft des Christengottes auf die Machtlosigkeit dieses Gottes oder auf die mangelnde Begünstigung des Kaisers durch seinen Gott schließen. Konstantins Methoden, die Einheit des Episkopates herbeizuführen, liefen allerdings dem 313 im Programm von Mailand, in der Trierer Rede von 314 und in der Proklamation von 324 verkündeten Prinzip der Religionsfreiheit und Gewaltlosigkeit zuwider: nachdem sich alles verbale Werben um Frieden und Einheit als erfolglos erwiesen hatte, folgten Repressionsmaßnahmen und in Ansätzen Versuche, Schismatiker und Ketzer auch unter Androhung der Todesstrafe durch eine Politik des Glaubenszwangs zu integrieren. Damit ist der Kaiser jedoch gescheitert.

Sinn und Zweck der auf die Christenheit als Glaubens- und Kultgemeinschaft gerichteten Bemühungen um Einheit war über das Gesagte hinaus noch etwas anderes. Konstantin erklärte 314, der Christengott habe ihm *„durch seinen himmlischen Befehl alles Irdische zur Lenkung anvertraut"* (NUTU SUO CAELESTI TERRENA OMNIA MODERANDA COMMISIT), und das Christentum war eine universalistische Religion. Die Religionspolitik des Kaisers im Sinne einer Sicherheitspolitik musste daher durch eine die pagane Reichsbevölkerung, ja die gesamte Menschheit erfassende Christianisierungspolitik ergänzt werden, und dabei war, wie er mehrfach erklärte, einem in sich einigen Christentum und Episkopat eine Vorbildfunktion zugedacht. Schon in der Trierer Rede von 314 hat Konstantin die Hinführung der paganen Untertanen zum Christentum als seine herrscherliche Aufgabe bezeichnet, gegründet auf die Vorstellung, dass der Untergang des Paganismus und die Christianisierung der Oikumene das gottgewollte Ziel der Geschichte seien. Mit Nachdruck sprach er sein Programm auch in einer der großen Proklamationen von 324 nach dem Sieg über Licinius aus. Darin hieß es, der Christengott habe ihn, den Kaiser, in seinen Dienst genommen, und daher habe er von Westen nach Osten fortschreitend die Mächte des Schreckens (soll heißen Maxentius und Licinius) niedergekämpft zu dem einen Ziel: *„dass die Menschheit, durch mein Tun belehrt, die Religion des allerheiligsten Gesetzes zu ihrer Rettung annehme und zugleich sich der allerseligste Glaube unter der führenden Hand des Höchsten weiter verbreite"*. Er versprach sich davon, wie es in mehreren Dokumenten nachzulesen ist, geradezu eine Erneuerung des Reiches (RENOVATIO IMPERII) und der ganzen Menschheit. Zu seinen Methoden, dieses Ziel zu erreichen, gehörten werbende Reden und Proklamationen an die Nichtchristen, die Eusebius von Caesarea allerdings als nur wenig erfolgreich beurteilt hat. Zu den Mitteln gehörten ferner, in Einzelfällen entgegen den Prinzipien von Religionsfreiheit und Gewaltverzicht, verbale Diskriminierung von Paganen und Juden, Verbot einzelner paganer Praktiken, die als politisch gefährlich oder unmoralisch galten, gelegentlich gezielte Zerstörung von Tempeln, in denen anstößige Bräuche (Prostitution etc.) gepflegt wurden oder die sich an Stätten befanden, die für die Christen von religiöser Bedeutung waren (u. a. in Jerusalem, Bethlehem), und Enteignung von Tempelgut.

In seiner Christianisierungspolitik griff Konstantin aber auch über die Grenzen des Imperiums hinaus. Eine Frucht seines universalistischen Politikansatzes und religiösen Glaubens war sein erstaunlicher, ca. 324/325 geschriebener Brief an den persischen Großkönig Shapur II. Darin bekannte sich der Kaiser eindringlich zum Christentum und pries gegenüber dem von ihm so bezeichneten „Bruder" im Herrscheramt gewiß nicht ohne machtpolitischen Hintergedanken die unwiderstehliche militärisch-politische Wirkungsmacht des Christengottes, die er unter dem Zeichen des Christogramms bzw. des Labarums immer wieder erfahren habe. Und da er sich für alle Christen auf der Welt verantwortlich fühlte, empfahl er seine Glaubensgenossen in Persien dem besonderen Schutz des dortigen Herrschers und riet diesem zudem indirekt, mit frommem Sinn auch selber den politisch so erfolgreichen Glauben an den Gott der Christen anzunehmen. In seinem Schreiben an das Konzil von Tyros aus dem Jahre 335 liest man schließlich die folgenden Sätze: *„Auf Grund meiner gläubigen Verehrung Gottes ist der Erdkreis befriedet, auch die Barbaren selbst, die bisher die Wahrheit nicht kannten, lobpreisen aufrichtig den Namen Gottes ... Die Barbaren haben jetzt durch mich, den wahren Verehrer Gottes, Gott erkannt und haben gelernt, furchtsam den zu ehren, von dem sie durch die Tatsachen selbst wahrgenommen haben, dass er mein Schutzschild ist und für mich sorgt. Insbesondere auch deshalb kennen sie Gott, den sie wegen der Furcht, die sie vor uns haben, furchtsam verehren"*. Hier ist offenkundig die alte imperiale Weltherrschaftsideologie Roms mit der universalistischen Christianisierungsidee Konstantins zu einem Amalgam verschmolzen. Eusebius von Caesarea hat mit Blick auf diese die ganze Menschheit erfassende Christianisierungspolitik das Selbstverständnis des Kaisers sehr treffend charakterisiert, wenn er Konstantin als „allen überall gemeinsamen Beschützer" mit der „Fürsorge für alle Menschen" und als „Lenker der gesamten Menschheit" bezeichnete.

Das Christentum sollte nach dem Willen Konstantins zur Reichs- und Menschheitsreligion werden. Der Weg dazu war beschritten. Es war jedoch erst Theodosius der Große (379 – 395), der durch Gesetz das Christentum zur einzigen zugelassenen Religion im Reich erklärte und konsequenterweise den Paganismus verbot. Das Bild des ersten Christen auf dem Kaiserthron aber wurde zum Vorbild für seine christlichen Nachfolger, von denen manche den Namen des Kaisers trugen oder den Ehrentitel eines „Neuen Konstantin" erhielten.

⊙ II.1.10
**Fingerring**
4. – 5. Jh.
Arciconfraternità Santa Maria della Pietà
(Campo Santo Teutonico, Rom)

⊙ I.13.122
**Teil eines Helms mit Christogramm**
1. Hälfte 4. Jh.
Hungarian National Museum, Budapest

# „DORT, WO SICH GOTTES VOLK VERSAMMELT" – DIE KIRCHENBAUTEN KONSTANTINISCHER ZEIT

Barbara Weber-Dellacroce/Winfried Weber

Wenn es um die Frage geht, an welchen Denkmälern sich die sogenannte „konstantinische Wende" verdeutlichen lässt, dann sind in erster Linie die damals neu entstehenden Kirchenbauten zu nennen. Seit Konstantin und sein Mitkaiser Licinius 313 in der Mailänder Vereinbarung die Förderung der christlichen Kirche gewissermaßen als einen Teil ihres „Regierungsprogramms" beschlossen hatten, erhielten die christlichen Gemeinden einen offiziellen Status. Es war in den Mailänder Beschlüssen festgelegt, dass die in der Verfolgungszeit konfiszierten Grundstücke, Gebäude und sonstiger ehemaliger Besitz den ursprünglichen christlichen Eigentümern zurückzuerstatten sind. In einem Brief an den Statthalter von Bithynien verlangt Licinius nicht nur die Veröffentlichung der Vereinbarung, sondern erteilt nach dem Bericht des Lactantius die Anweisung, „dass den Christen die gottesdienstlichen Stätten in früherem Zustande zurückgegeben (... *ut conventicula in statum pristinum redderentur*)" (Lactantius, De mortibus persecutorum 48,12 – 13) werden müssten; ähnlich muss auch Konstantin vorgegangen sein. Und so preist Eusebius von Caesarea in seiner Kirchengeschichte die Wohltaten beider Kaiser, nämlich des Liciniùs und des Konstantin, mit den Worten: „Sahen wir doch, wie jeglicher Ort, der noch vor kurzem von gottlosen Tyrannen zerstört danniederlag, wie aus langem und tödlichem Falle sich neu erhob und wie die Kirchen wieder von Grund auf zu unermesslicher Höhe erstanden und viel herrlicher wurden, als die zerstörten gewesen. Ja, die höchsten Kaiser erweiterten und mehrten durch fortgesetzte Gesetzgebung zugunsten der Christen die hohe Gnade, die Gott uns geschenkt, Bischöfe empfingen kaiserliche Schreiben und Ehrungen und Geldzuweisungen" (Eusebius, Historia ecclesiastica 10,2,1 – 2).

Aus diesem Text geht einmal hervor, dass es schon vor dem 4. Jahrhundert Gebäude gegeben hat, die dem christlichen Gottesdienst dienten und die, soweit sie zerstört waren, wieder aufgebaut wurden. Zum anderen wurden christliche Kultgebäude nicht nur neu, sondern größer als zuvor errichtet, wobei die Bischöfe kaiserliche Geldzuweisungen erhielten. Demgemäß berichtet Eusebius in seiner, Konstantin überschwänglich lobenden Vita Constantini, der Kaiser habe alle Bischöfe in Briefen aufgefordert, „die Bethäuser höher zu bauen und die Kirchen Gottes breiter und länger zu machen" (Eusebius, Vita Constantini 2,45).

So interessiert zunächst die Frage nach der Gestalt jener Gebäude, welche die christlichen Gemeinden in vorkonstantinischer Zeit für ihren Gottesdienst errichtet hatten. Bei seiner Vernehmung durch den stadtrömischen Präfekten Rusticus antwortete der im Jahre 165 in Rom hingerichtete christliche Philosoph Justin auf die Frage nach den Versammlungsorten: „Dort, wo ein jeder will und kann, auch wenn du sicher meinst, wir würden alle an demselben Ort zusammenkommen. Denn der Gott der Christen ist nicht auf einen bestimmten Ort eingeschränkt. Unsichtbar ist er und erfüllt Erde und Himmel. Darum kann er von seinen Getreuen überall angebetet und verherrlicht werden" (Martyrium Iustini 3,1). Diese Aussage ruft die Tempelkritik des Stephanus in Erinnerung, der nach dem Bericht der Apostelgeschichte dem Hohen Rat antwortete: „Doch der Höchste wohnt nicht in dem, was von Menschenhand gemacht ist, wie der Prophet sagt: ‚Der Himmel ist mein Thron und die Erde der Schemel für meine Füße. Was für ein Haus könnt ihr mir bauen?', spricht der Herr. ‚Oder welcher Ort kann mir als Ruhestätte dienen? Hat nicht meine

⊙ II.2.9
**1 Hauskirche in Dura-Europos, Syrien (Modell)**
Bischöfliches Dom- und Diözesanmuseum Trier

Hand dies alles gemacht?'" (Apg 7,48 – 50). Auch Paulus verurteilt in seiner Rede auf dem Areopag angesichts der heidnischen Tempel in Athen die „menschengemachten" und götzendienstlichen Wohnsitze der Götter (Apg 17,24 – 25). Vielmehr sei die wahre *ekklesía* die sich versammelnde Gemeinde. So wurde jeder Ort, an dem sich das Volk Gottes versammelte, zum Ort der Christus- und Gottesbegegnung, ohne dass es einer speziellen Gebäudeform bedurfte; dies gilt übrigens auch heute noch für den christlichen Gottesdienst. Nach dem Zeugnis der Apostelgeschichte und den Paulusbriefen werden immer wieder Privathäuser genannt, in denen sich die Urgemeinde traf und Eucharistie feierte, zumal das Haus in der Antike als Ort persönlichen religiösen Lebens eine lange Tradition hatte.

Doch erforderten die wachsenden Christengemeinden, vor allem in den östlichen Provinzen, bald größere und eigens zur Feier der Eucharistie eingerichtete Räume. Diese Entwicklung von den zu Kultfeiern genutzten Privathäusern hin zu eigenen christlichen Gottesdiensträumen scheint sich um 200 vollzogen zu haben, da damals bereits diese Gebäude gelegentlich mit dem Wort *ekklesía* bezeichnet wurden, so dass Clemens von Alexandrien ausdrücklich darauf hinweisen musste, mit *ekklesía* „nicht den Ort, sondern die Gemeinschaft der Auserwählten" (Clemens, Stromateis 7,5) zu meinen.

Ein archäologischer Nachweis einer „Hauskirche" ist schwierig zu erbringen, da es weder eine verbindliche architektonische Form frühchristlicher Kulträume gab, noch eine festgelegte liturgische Einrichtung, an der sich eine solche erkennen ließe. Ein immer wieder zitiertes Beispiel eines zu einer „Hauskirche" umgewandelten Wohnhauses ist jenes, 1931/32 im syrischen Dura-Europos freigelegte Gebäude [1]. Doch auch hier lässt sich diese zwischen 240/245 erfolgte Umwandlung zur „Hauskirche" nur aufgrund der erhaltenen Malereien mit biblischen Themen erkennen; fehlten sie, so hätte man keine Möglichkeit, die besondere Zweckbestimmung dieses Hauses zu belegen. Auch in der Stadt Rom, für die der im 6. Jahrhundert schriftlich fixierte *Liber Pontificalis* (Papstchronik) 25 Titelkirchen nennt, ist kaum eine von ihnen archäologisch sicher fassbar.

Gleiches gilt für die in Edessa und in anderen Orten durch Schriftquellen überlieferten vorkonstantinischen christlichen Kultbauten, die teilweise auch schon einen repräsentativen Charakter hatten und im Stadtbild deutlich hervortraten, wie beispielsweise jener Bau in Nikomedien, der nach dem Bericht des Lactantius im Beisein des Diokletian und des Galerius am Tag des Beginns der letzten großen Christenverfolgung im Jahre 303 zerstört wurde: „Als dieser Tag angebrochen war ... kommt plötzlich in der Dämmerung der Präfekt mit hohen Truppenführern, Tribunen und Schatzmeistern zur Kirche (*ad ecclesiam*); und nachdem die Türen aufgebrochen sind, sucht man das Bildnis des Gottes; die Schriften, die man findet, werden verbrannt, allen wird das Plündern gestattet, man raubt, man läuft und rennt hin und her. Die Kaiser stritten von ihrer Warte aus – die auf der Höhe errichtete Kirche konnte man vom Palast aus sehen – lange miteinander, ob es besser wäre, Feuer anzulegen. Diokletian wandte sich mit Erfolg gegen diese Ansicht, da er fürchtete, durch ein Großfeuer würde ein gewisser Teil der Stadt niederbrennen. Denn viele große Häuser standen auf allen Seiten um die Kirche herum. Also rückten die Prätorianer ... mit Beilen und anderen Eisenwerkzeugen heran und ... machten ... das Heiligtum (*fanum*), ein Gebäude von außerordentlicher Höhe, in wenigen Stunden dem Erdboden gleich" (Lactantius, De mortibus persecutorum 12,2 – 5). Obwohl auch hier eine konkrete Vorstellung über die Gestalt des Kirchengebäudes nicht möglich ist, ist bei aller motivischen Ausschmückung des Textes doch erkennbar, dass es kein unscheinbarer Bau gewesen war, sondern auffällig, von repräsentativer Größe und auf einem Hügel inmitten eines dicht mit großen Häusern bebauten Wohnviertels stehend. Gemäß Lactantius habe Constantius Chlorus, der Vater Konstantins, als Caesar des Westens in seinem Herrschaftsbereich die Christen in der Verfolgung nicht hinrichten, sondern nur ihre Gebäude zerstören lassen, denn er „erlaubte die Zerstörung der Versammlungsräume (*conventicula*) ..., die wiederhergestellt werden konnten, damit es nicht so aussäh, als würde er von den Vorschriften der Höheren abweichen" (Lactantius, De mortibus persecutorum 15,7). So mag es sein, dass sich auch schon in Trier, das im Laufe der zweiten Hälfte des 3. Jahrhunderts Bischofssitz geworden war, eine „Hauskirche" befand, ohne dass man sie archäologisch sicher nachweisen könnte.

Mit dem Edikt des Galerius von 311, das offiziell die Christenverfolgung beendete, vor allem aber durch die Mailänder Vereinbarung von 313 war eine neue Situation entstanden: Die christlichen Glaubensgemeinschaften konnten sich nun frei entfalten, was sicherlich ein starkes Ansteigen der Gemeindemitgliederzahl zur Folge hatte, so dass wohl sehr bald die Frage nach größeren Kulträumen entstand, ohne dass es von Seiten der Bischöfe einheitliche Vorstellungen zu deren Gestalt gegeben hätte; zumindest sind solche nicht bekannt.

Nachdem die christliche Kirche als offizieller Kult (*religio licita*) vom römischen Staat anerkannt war, oblag dem Kaiser in seiner Funktion als Pontifex Maximus von nun an auch die Sorge um den rechten Vollzug des christlichen Gottesdienstes, so wie es auch für die anderen Kulte seit langem römische Tradition war. Des Kaisers Beweggründe verdeutlicht ein Brief Konstantins an den Prokonsul Anullinus, denn es heißt dort: „Der Kult, in dem die höchste Ehrfurcht gegenüber der hochheiligen, himmlischen Macht ausgeübt wird, bringt den öffentlichen Angelegenheiten dann viele Gefahren, wenn er verachtet wird. Derselbe Kult, wenn er dargebracht und ausgeübt wird, bringt das größte Glück für den römischen Namen und für alle Angelegenheiten der Menschen eine besondere Glückseligkeit" (Eusebius, Historia ecclesiastica 10,7,1). Dies schließt die Sorge um die Kultbauten ein, vor allem, wenn es unmittelbare kaiserliche Stiftungen waren, die neben dem Ausdruck kaiserlicher Frömmigkeit (*pietas*) auch die Würde (*dignitas*) des Kaisers in geeigneter Weise zu repräsentieren hatten. Die Bauten genossen kaiserlichen Schutz, unterstanden dem Sakralrecht und wurden damit zu Sakralbauten, eine Entwicklung, die zunächst dem bisherigen christlichen Verständnis des Kultbaues zu widersprechen scheint, denn er ist nach neutestamentlicher Auffassung eben nicht „Wohnsitz Gottes". Aus Sicht des Kaisers waren die Kirchenbauten nunmehr den Bauten der heidnischen Staatsgötter gleichgestellt. Doch in welcher Form sollten diese Kirchen errichtet werden? Als Ausdruck kaiserlicher Repräsentation ließ Konstantin wie seine Vorgänger Paläste, Thermen, Basiliken und andere öffentliche Bauten errichten, wandte aber offensichtlich sein Hauptaugenmerk den neuen großen und mit aller Pracht ausgestatteten Kirchenbauten zu. Seine Einflussnahme illustriert nach dem Bericht des Eusebius der Bau der Grabeskirche in Jerusalem, denn der Kaiser „glaubte, den vielgepriesenen Ort der Auferstehung des Heilandes in Jerusalem für alle sichtbar und ehrwürdig machen zu müssen. Sofort befahl er darum, ein Bethaus zu erbauen". Er ließ nicht nur den dort stehenden heidnischen Tempel abreißen, sondern gab „ Anordnungen und auch reichlich Spenden zum Bau eines gotteswürdigen Bethauses rings um die Grotte des Erlösers, der mit reicher und wahrhaft königlicher Pracht aufgeführt werden sollte". Die „Statthalter der östlichen Provinzen" wurden zur Unterstützung verpflichtet; zudem forderte Konstantin Bischof Makarios von Jerusalem in einem eigenen Schreiben auf, „für alles Nötige Vorsorge (zu) treffen." Er solle auch bezüglich der Ausstattung ihm „nach persönlicher Einsichtnahme eiligst schreiben, was (er) für das Kostbarste und Zweckdienlichste" halte und „wie viel und welche Art nötig ist, um dies aus allen Gegenden herbeischaffen lassen zu können" (Eusebius, Vita Constantini 25 – 39).

Für die Bischöfe und die christlichen Gemeinden waren sicherlich das Wohlwollen des Kaisers und seine finanziellen Unterstützungen einerseits sehr willkommen, konnten nun die sich schnell und stark vergrößernden Kirchengemeinden großzügige Bauten errichten lassen. Doch verbot sich andererseits, was die Form der Kirchengebäude betraf, ein Anknüpfen an die Tradition der griechisch-römischen Tempelarchitektur. Es mussten darüber hinaus Architekturlösungen gefunden werden, die den verschiedenen liturgischen Bedürfnissen entsprachen und schnell sowie, wenn in kleineren oder unbedeutenden Orten unmittelbare kaiserliche Förderung nicht zu erreichen war, kostengünstig zu verwirklichen waren. Was über die kostbare Ausstattung hinaus die speziellen kirchlichen Einrichtungen zur Feier der Liturgie betrifft, so wurde Bischof Makarios von Jerusalem aufgefordert, das Notwendige und Zweckdienliche selbst zu benennen.

Bemerkenswert ist auch, dass die Initiative für den Bau der Grabeskirche offensichtlich von Konstantin ausging oder zumindest von seiner, aus der heidnischen Tradition stammenden Vorstellung bestimmt wurde, Erinnerungsorte mit Kirchenbauten zu schmücken. So erwähnt Eusebius in der vor Konstantin gehaltenen Rede zum 30-jährigen Regierungsjubiläum, der Kaiser habe im Heiligen Land Stellen ausgewählt, „die durch drei mystische Grotten ausgezeichnet waren, und … sie mit reichen Bauten (geschmückt), indem er der Grotte der ersten Erscheinung Gottes die gebührende Achtung erwies (es handelt sich um die Geburtskirche in Bethlehem), die andere aber auf der Anhöhe durch die Erinnerung an die letzte Auferstehung ehrte (Himmelfahrtskirche auf dem Ölberg) und die mittlere durch die Siege des Heilandes (Grabeskirche) verherrlichte. Das alles schmückte der Kaiser, wodurch er allen das Zeichen des Heils verkündete" (Eusebius, Laudes Constantini 1 – 10). Dies erinnert sehr stark an die Augustusvita des Sueton (Sueton, divus Augustus 29,3), nach der beispielsweise Augustus den Apollontempel auf dem Palatin in Rom errichten lässt, weil nach Aussagen der Eingeweideschauer sich dort die Gottheit selbst durch einen Blitzschlag geoffenbart und so den Tempel gewünscht habe. Zwar verehrten Christen auch schon vor Konstantin Märtyrergräber und -gedenkstätten, wenn man sich beispielsweise an die beiden Gedenkstätten (Tropaia) für Petrus und Paulus in Rom erinnert, doch war die Vorstellung solcher, mit Christus verbundenen „heiligen Plätze" und „Gedenkstätten" für die Kirche etwas Neues. Auch dies zeigt, dass die kaiserlichen Vorhaben keineswegs identisch waren mit der bis dahin gültigen kirchlichen Tradition.

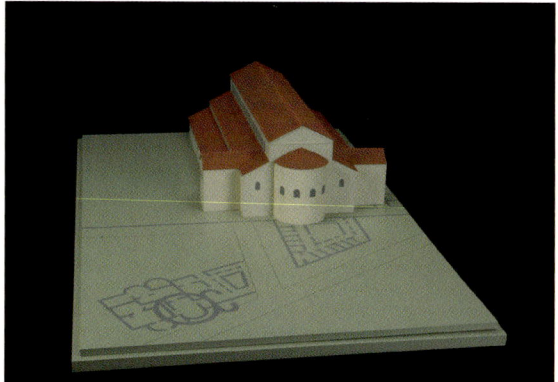

⊙ II.2.10
**2 Salvatorkirche, Rom (S. Giovanni in Laterano, Modell)**
Bischöfliches Dom– und Diözesanmuseum Trier

⊙ II.2.12
**3 St. Peter, Rom (S. Pietro in Vaticano, Modell)**
Bischöfliches Dom– und Diözesanmuseum Trier

Der nicht durch den heidnischen Tempelbau belastete Bautypus der Basilika schien gerade im Hinblick auf seine Variationsmöglichkeiten besonders geeignet, den vielfältigen Aufgaben zu entsprechen, wobei verschiedene, in der römischen Architektur schon lange bekannte Bauelemente gewissermaßen als „Versatzstücke" letztendlich zu einer Neuschöpfung, dem christlichen Kirchenbau, zusammengefügt wurden. Die Bauwünsche Konstantins und seine großzügige Förderung schufen eine neue Bauaufgabe, mit der ein neues Kapitel in der europäischen Architekturgeschichte aufgeschlagen wurde. So ließ Konstantin wohl bereits um 313/315 über den Resten der niedergelegten Kaserne der *equites singulares* die Salvatorkirche als stadtrömische Bischofskirche (erst seit dem Mittelalter S. Giovanni in Laterano genannt) in Gestalt einer monumentalen fünfschiffigen Basilika errichten [2]. Das vom Eingang nach Westen auf die Chorapsis hin orientierte längsgerichtete, überhöhte und durch Fenster im Obergaden belichtete, etwa 90 m lange Mittelschiff mit den abgestuften Seitenschiffen wurde für den frühchristlichen Kirchenbau in dieser einfachen Grundstruktur vorbildhaft. Nur wenige Schritte entfernt wurde zudem zur Feier der Taufe über den Resten einer Badeanlage ein Taufhaus (Baptisterium) erbaut. Die fünfschiffige Basilika wurde in Rom wiederaufgenommen in dem über einem Grabbezirk auf dem vatikanischen Hügel errichteten Bau (St. Peter), doch variiert durch die Hinzufügung eines Querhauses, um den Pilgern einen Zugang zur Petrusmemoria zu ermöglichen [3].

Das, vielleicht später am Triumphbogen angebrachte Mosaikbild zeigte Konstantin mit dem Kirchenmodell, das er Christus und Petrus überreicht; die darunter befindliche Inschrift preist den Sieger Konstantin und nennt das Kirchengebäude *aula*, eine Bezeichnung, die an kaiserliche Repräsentationsbauten erinnert. Auch für den Apostel Paulus wurde unter Konstantin an der Via Ostiensis eine Memorialbasilika errichtet, doch wesentlich kleiner und bescheidener.

Durch den Umbau im sogenannten Sessorium, dem ehemaligen Palast des Kaisers Elagabal, wurde auf Geheiß der Kaisermutter Helena ein einschiffiger Apsidensaal als Kirche S. Croce in Gerusalemme eingerichtet, in dem später eine Reliquie vom „Wahren Kreuz Christi" aufbewahrt wurde. Man kann durchaus S. Croce als eine Art „Palastkapelle" bezeichnen, so wie später nach dem Bericht des Eusebius auch im Palast zu Konstantinopel eine solche eingerichtet wurde.

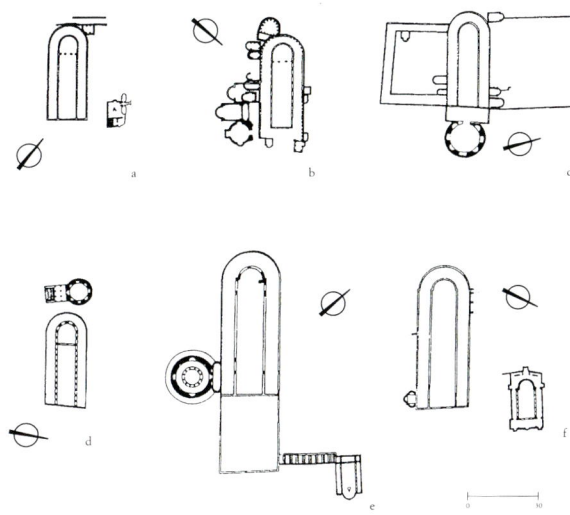

⊙ II.4.9
**5 Ss. Marcellino e Pietro mit dem Helenamausoleum, Rom (Modell)**
Bischöfliches Dom– und Diözesanmuseum Trier

**4 Umgangsbasiliken in Rom**
1. Basilica des Papstes Marcus, 2. S. Sebastiano,
3. Ss. Marcellino e Pietro, 4. Basilica Anonyma,
5. Sant' Agnese, 6. S. Lorenzo

Ein neuer, nur für die Stadt Rom und in bislang sechs Beispielen belegter Bautyp sind jene Umgangsbasiliken, die vor den Mauern der Stadt auf den christlichen Grabbezirken errichtet wurden. Seit jeher hatte das Totengedächtnis im christlichen Gemeindeleben einen hohen Stellenwert. So wurden in Rom lange vor Konstantin an verschiedenen Stellen große Gemeindefriedhöfe (*Coemeterien*) angelegt, seien es die Katakomben oder oberirdische Grabanlagen. Die genannten Umgangsbasiliken sind als monumentale Coemeterialbauten wesentlicher Teil des konstantinischen Bauprogramms und zeichnen sich durch ihre besondere Baugestalt aus: Es sind dreischiffige, U-förmige Basiliken, deren Seitenschiffe um das an einer Seite halbrund gebildete Hauptschiff umlaufen, so dass aus den beiden Seitenschiffen ein Umgang entsteht, vom Hauptschiff durch die pfeilergestützten Arkaden der Hochschiffswand getrennt. In den Boden der Umgangsbasiliken sind Gräber eingelassen, während nirgends sichere Spuren liturgischer Einrichtungen nachweisbar sind; ob die gelegentlich genannten Altäre zum ursprünglichen Bestand gehören, ist zweifelhaft. Deshalb sind diese Bauten gemäß ihrer ursprünglichen Bestimmung von Richard Krautheimer mit Recht als „überdachte Friedhöfe" bezeichnet worden, in denen natürlich auch Gottesdienste gehalten wurden, seien es die Predigten und Gebete beim Begräbnis oder seien es die Eucharistiefeiern an den Jahrestagen der Märtyrer oder anderer Verstorbener; auch Totenmähler mögen dort zu Ehren der Verstorbenen abgehalten worden sein, wobei Art und Form der Gedächtnisfeiern in konstantinischer Zeit weitgehend unbekannt sind.

Der älteste dieser Bauten ist die zu Ehren der in der diokletianischen Verfolgung hingerichteten Märtyrer Marcellinus und Petrus wohl bald nach dem Baubeginn der Lateranbasilika errichtete Umgangbasilika an der Via Labicana [5]. Dabei überdeckt der Coemeterialbau nicht direkt die in der gleichnamigen Katakombe liegende Begräbnisstätte der Märtyrer, sondern wahrt gewissermaßen einen „Respektabstand". Bemerkenswert ist, dass die Basilika SS. Marcellino e Pietro auf dem Friedhof der *equites singulares* erbaut wurde, auf deren Kaserne Konstantin bereits die Lateranbasilika hatte errichten lassen. Man darf dies wohl als eine bewusste politische Demonstration deuten, zumal Konstantin an die Schmalseite als kaiserliches Mausoleum einen großen Rundbau anfügen und in ihm einen Porphyrsarkophag aufstellen ließ. Den mit Schlachtenszenen verzierten und sich heute in den vatikanischen, Museen befindlichen Sarkophag hatte Konstantin wohl als seine eigene Grablege gedacht, doch wurde er im Jahre 337 in Konstantinopel, seiner neu gegründeten Hauptresidenz, bestattet. Im Prophyrsarkophag des Mausoleums an der Basilika SS. Marcellino e Pietro ließ er hingegen seine Mutter Helena beisetzen. Gerade diese Verbindung von kaiserlichem Mausoleum und christlichem Coemeterium lässt eine unmissverständliche Hinwendung des Kaisers zur christlichen Gemeinde erkennen.

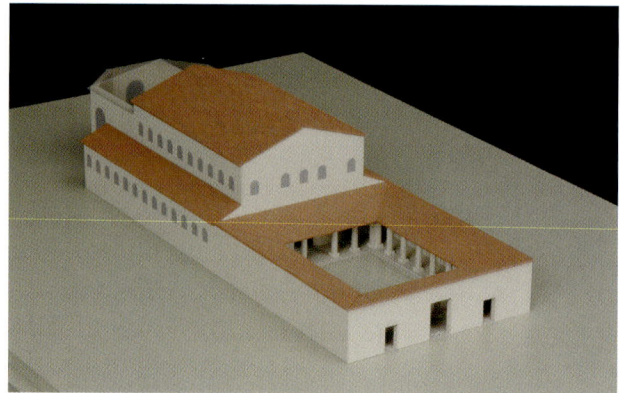

⊙ II.4.10
**6 S'Agnese mit dem Mausoleum der Constantina, Rom (Modell)**
Bischöfliches Dom– und Diözesanmuseum Trier

⊙ II.2.17
**7 Geburtskirche, Bethlehem (Modell)**
Bischöfliches Dom– und Diözesanmuseum Trier

Nicht weit entfernt findet sich an der Via Appia heute noch die Basilika S. Sebastiano, ebenfalls eine Umgangsbasilika, etwa zur gleichen Zeit wie SS. Marcellino e Pietro über einem besonderen Platz errichtet, an dem man schon in vorkonstantinischer Zeit der beiden Apostel Petrus und Paulus gedachte. An diesem Ort hatten die Teilnehmer an den Totenmählern und Gedenkfeiern in den Verputz der Mauern Graffiti mit Anrufungen von Petrus und Paulus eingeritzt, die eine gewisse Bedeutung dieses Gedenkortes für die römische Gemeinde bezeugen. Dass gerade über diesem Ort eine Umgangsbasilika, die ursprünglich den Aposteln geweiht war und Basilica Apostolorum genannt wurde, errichtet werden konnte, ist ohne kaiserliche Mitwirkung kaum vorstellbar, da bei dieser Baumaßnahme auch private Mausoleen aufgegeben werden mussten. An der Außenseite der Umgangsbasilika, bei der erst im Mittelalter das Sebastians-Patrozinium die ursprüngliche Dedikation an die Apostel überdeckte, wurden erneut zahlreiche und aufwendige Mausoleen angebaut.

Eine Verbindung zu einem Märtyrergrab ergab sich wiederum bei der Umgangsbasilika S. Lorenzo an der Via Tiburtina, als deren Stifter die stadtrömische Papstchronik Konstantin benennt. In unmittelbarer Nähe lag das schon in konstantinischer Zeit prächtig ausgestaltete Grab des Märtyrers Laurentius, erst im 6. Jahrhundert überbaut und in die heutigen Kirche S. Lorenzo fuori le mura integriert. Nach dem Bau dieser neuen Kirche über dem Märtyrergrab verfiel die Umgangsbasilika und wurde aufgegeben. Das gleiche Schicksal widerfuhr der Umgangsbasilika Sant'Agnese an der Via Nomentana, die ebenfalls über einer Katakombe und in Nachbarschaft zum Grab der Hl. Agnes erbaut wurde [6]. Auch dieser Bau, der wohl erst nach dem Tode Konstantins begonnen wurde und deren Weihinschrift Constantina, die Tochter des Kaisers, als Stifterin nennt, wurde im 7. Jahrhundert durch die nunmehr direkt über dem Agnesgrab errichtete Emporenkirche Sant'Agnese fuori le mura ersetzt. Doch blieb an den Resten der heute noch erhaltenen südlichen Außenmauer der Umgangsbasilika das aufwendige und prachtvoll mit Mosaiken ausgestattete Mausoleum stehen, das bereits im 9. Jahrhundert in der Papstchronik als S. Costanza bezeichnet wird. Der im Innern ursprünglich befindliche Porphyrsarkophag war wohl für Constantina bestimmt, die 354 gestorben ist. Nach Mitteilung des römischen Schriftstellers Ammianus Marcellinus wurde im Jahre 360 auch ihre Schwester Helena in diesem Mausoleum beigesetzt, das somit ebenfalls als Grabstätte der Mitglieder der Kaiserfamilie diente.

Eine weitere Umgangsbasilika (Basilica Anonyma), die sich bisher nicht näher einem bestimmten Kult zuordnen lässt, wurde an der Via Praenestina in Nachbarschaft einer palastartigen Villa und eines Mausoleums (Tor' de Schiavi) ausgegraben. Ein letztes Beispiel dieses Bautyps wurde vor Jahren teilweise an der Via Ardeatina freigelegt, nicht weit von der Calixtus-Katakombe. Möglicherweise ist diese Umgangsbasilika, in deren Boden dicht an dicht Gräber vorbereitet waren, mit jenem Bau zu identifizieren, den nach der Papstchronik Papst Marcus (336) mit Förderung Konstantins als Coemeterialbasilika auf kaiserlichem Grund und Boden errichten ließ. Dass der stadtrömische Bischof ausdrücklich als Bauherr genannt wird, macht noch einmal deutlich, welchen Stellenwert die Sorge um die Verstorbenen und ihre Angehörigen im pastoralen Dienst der Gemeinde hatte.

Eine besondere Bedeutung im konstantinischen Kirchenbau kommt den Bauten im Heiligen Land zu. Seit dem Sieg Konstantins über seinen Mitregenten Licinius (324) und der Erlangung der Alleinherrschaft geriet das Heilige Land in den Blick des Kaisers. Schon unter Licinius waren zwar auch im Ostteil des Reiches zerstörte Kirchen wiederhergestellt worden, wie die von Eusebius gehaltene und überlieferte Festrede zur Einweihung der neuen Kirche in Tyrus um 315 belegt, doch führte vor allem die von der Kaisermutter Helena unternommene Reise ins Heilige Land zu dem besonderen kaiserlichen Engagement. Nunmehr ging es darum, die mit Christus verbundenen „heiligen" Orte, insbesondere Jerusalem und Bethlehem, würdig zu gestalten.

So wurde über der Geburtsgrotte in Bethlehem eine Basilika errichtet, die nach der Vita Constantini ebenso wie die Kirche auf dem Ölberg in Jerusalem zum Gedenken an die Himmelfahrt Christi Kaiserin Helena selbst errichtet und geweiht habe, „nicht ohne dass ihr dabei ihr Sohn die Rechte seiner kaiserlichen Macht gereicht hatte" (Eusebius, Vita Constantini 3,43). Eine architektonische Aufgabe war es dabei, den verehrungswürdigen Platz mit einem Kirchenraum zur Feier der Eucharistie zu verbinden. Die archäologischen Grabungen in der heutigen Geburtskirche in Bethlehem, die den konstantinischen Bau im 5. oder 6. Jahrhundert ersetzt hat, haben zwar Reste aufgedeckt, die aber nicht ausreichen, um in allen Punkten Klarheit über die Baugestalt zu gewinnen. Sicher ist, dass das Kirchenschiff fünfschiffig war und nach Osten hin an einen, in der Forschung bislang meist als turmförmiges Achteck gestalteten Raum anschloss, in dessen Zentrum eine runde Öffnung den Blick in die Grotte gewährte. Nach kritischer Prüfung der nachweisbaren Mauerzüge kann aber das Achteck nicht bestanden haben; vielmehr bietet sich die Lösung eines fünfseitig gebrochenen Chores an, der zum Schiff hin durch schmale Schranken abgetrennt war [7]. Eine ähnliche Chorlösung ist auch bei der Kirche auf dem Ölberg (Eleona-Kirche) anzunehmen, wobei hier der Chor dreiseitig gebrochen war.

⊙ II.2.26
**8  Marmornachbildung des Heiligen Grabes in Jerusalem**
Musée Archéologique de Narbonne

Nach den Berichten des Eusebius waren für die Grabeskirche in Jerusalem besondere Vorkehrungen notwendig. Zunächst ließ Konstantin den an der Stelle, wo man das Grab Christi vermutete, stehenden heidnischen Tempel niederlegen und das Gelände gewissermaßen reinigen. Die eigentliche, in den Felsen eingetiefte Grabkammer wurde ringsum frei aus dem Felsen herausgearbeitet, so dass ein freistehendes kapellenartiges Gebäude entstand [8], vor dem sich nach Osten hin ein an drei Seiten von Säulengängen eingefasster Hof erstreckte, in dessen Südostecke sich der Golgothafelsen befand. Die nach Osten anschließende, Martyrion genannte fünfschiffige Basilika hatte über den Seitenschiffen wahrscheinlich Emporen und war von der Hauptstrasse aus über einen Vorhof zugänglich [9]. Das Mittelschiff endete in einer Apsis, in der auf zwölf Säulen silberne Gefäße standen, ein Weihgeschenk Konstantins, so wie er wohl in allen seinen Kirchenbauten kostbare Altargeräte oder anderes Inventar gestiftet hatte. Wohl erst unter seinem Sohn wurde über dem Heiligen Grab die mit einer Kuppel überdeckte Anastasis-Rotunde errichtet, von der noch heute in der Grabeskirche bedeutende Baureste erhalten sind, während von der Basilika nur wenige Teile durch Grabungen gesichert sind. Dennoch erlauben die Beschreibungen des Eusebius und der zahlreichen Jerusalempilger, die seit Konstantins Zeiten das Heilige Land aufsuchten, eine Vorstellung von dem prachtvoll ausgeschmückten Jerusalemer Kirchenkomplex.

Nach Fertigstellung forderte Konstantin die im Jahre 335 in Tyrus zu einer Synode versammelten Bischöfe auf, nach Jerusalem zu kommen und an den Einweihungsfeierlichkeiten der Grabeskirche anlässlich seines dreißigsten Regierungsjubiläums teilzunehmen. Nach dem Bericht des Eusebius in der Vita Constantini hielten zahlreiche Bischöfe Predigten und feierten erstmals die Eucharistie in dem neuen Kirchengebäude. Mit der feierlichen Übergabe des neuen Kirchengebäudes durch den Kaiser war nach römischem Recht ein bis dahin profanes Gut zu einer heiligen Sache geworden und unter besonderen kaiserlichen Schutz gestellt. Die erste Feier der Eucharistie führte auch im Sinne der Kirche zu einer Sakralisierung des Kirchengebäudes, das schon Eusebius in seiner Rede zur Einweihung der Kirche in Tyrus als Abbild des himmlischen Jerusalems deutete, eine Interpretation, die sich noch heute in dem seit dem 9. Jahrhundert ausgeprägten Kirchweihritus wiederfindet. Der Tag der Kirchweihe scheint im kirchlichen Festtagskalender schnell üblich geworden zu sein, denn um 400 beschreibt die aus Gallien ins Heilige Land pilgernde Egeria ausführlich das feierlich begangene Kirchweihfest der Jerusalemer Grabeskirche.

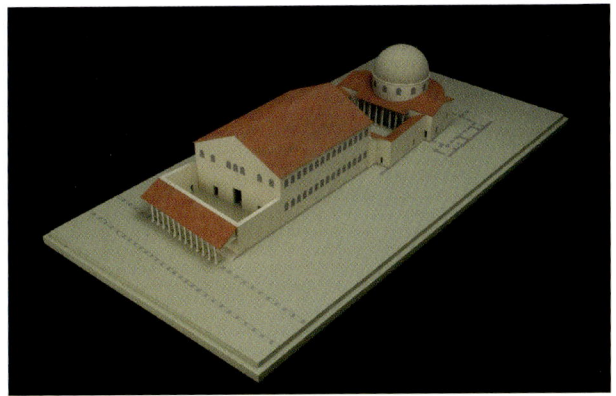

⊙ II.2.25
**9 Grabeskirche, Jerusalem (Modell)**
Bischöfliches Dom– und Diözesanmuseum Trier

Weitere, von Konstantin veranlasste oder gestiftete Kirchenbauten sind nur literarisch belegt, wie jene Kirche, die er in Mamre errichten ließ, wo Gott dem Abraham erschienen war. Nach dem Bericht des Eusebius hatte Konstantin durch seine Schwiegermutter erfahren, dass dort Götzenbilder aufgestellt und unreine Opfer dargebracht wurden, ein Frevel, der in seinen Augen nicht zu dulden war. Brieflich forderte er die Bischöfe auf, nach Beseitigung der Götzenbilder und Reinigung des Ortes an dieser Stelle eine Basilika zu erbauen. Die Bischöfe sollten zusammen kommen, um „... den Grundriss zu einer Basilika zu entwerfen, die der kaiserlichen Prachtliebe würdig ist, auf dass den Befehlen entsprechend mit aller Eile das glänzende Werk, wie die Würde des uralten und ehrwürdigen Ortes es verlangt, ... vollendet werden könne" (Eusebius, Vita Constantini 3, 53). Bemerkenswert daran ist, dass offenbar nicht nur die Kaisermutter Helena, sondern auch Eutropia, die Gattin Kaiser Maximinians und Schwiegermutter Konstantins die biblischen Stätten des Heiligen Landes besucht hatte und zur Initiatorin eines Kirchenbaues wurde. Über das berühmte Oktogon von Antiochia, über die Kirche in Nikomedia, aber auch über die von Konstantin in Konstantinopel errichteten Kirchenbauten, sei es die Bischofskirche oder die prachtvoll ausgeschmückte kreuzförmige Apostelkirche mit ihrem Mausoleum, in dem Konstantin 337 beigesetzt wurde, sind bislang keine archäologischen Zeugnisse vorhanden, die es gestatten würden, die überlieferten Beschreibungen zu überprüfen und zu konkretisieren.

Der Vergleich der ausgeführten Bauten untereinander zeigt, soweit man um deren Gestalt Sicheres weiß, sowohl im Grundriss als auch im Aufriss deutlich das Suchen nach der jeweils geeigneten Form. Da gibt es die längsgerichtete Halle, die drei- oder fünfschiffige Basilika, den kreuzförmigen Bau, den Zentralbau oder die mehrere Typen miteinander verbindenden Kirchenanlagen. Es waren damals noch keineswegs verbindliche Kirchenbautypen entwickelt, so wie dies ab dem 5. Jahrhundert festzustellen ist. Das 4. Jahrhundert, vor allem seine erste Hälfte, ist gekennzeichnet durch ein Experimentieren, an dem nicht nur die kaiserlichen Baumeister beteiligt waren; vielmehr dürften örtliche Bautraditionen, aber auch die Bischöfe und die in den verschiedenen Regionen sich unterschiedlich entwickelnde liturgische Praxis für die Formenvielfalt mitbestimmend gewesen sein. Neben den unmittelbar mit dem Kaiser zu verbindenden Bauten hat die archäologische Forschung an vielen anderen Orten Kirchenbauten der konstantinischen Zeit nachweisen können, so beispielsweise die dreischiffige Bischofskirche von Ostia oder die Doppelkirchenanlage von Aquileia, die komplexe Bischofskirche von Lyon oder die frühchristliche Kirchenanlage Triers.

**10 Frühchristliche Kirchenanlage Trier, Basilika I, Innenraumrekonstruktion**
Bischöfliches Dom– und Diözesanmuseum Trier

Die seit dem 19. Jahrhundert durchgeführten Grabungen im Bereich des Trierer Domes und der benachbarten Liebfrauenkirche haben eine beeindruckende Bautengruppe erkennen lassen, deren Anfänge im zweiten Jahrzehnt des 4. Jahrhunderts liegen. Zunächst wurden westlich vor der Liebfrauenkirche mehrere Wohngebäude planiert und auf diese Weise eine mindestens 1 200 m² große Baufläche geschaffen, auf der ein dreischiffiges, 27 m langes und 30 m breites basilikales Gebäude mit zwei fünfsäuligen Stützenreihen errichtet wurde. Nach Osten schloss sich ein gegenüber dem Mittelschiff leicht eingezogener, um zwei Stufen höher liegender rechteckiger Raum an, der vom Mittelschiff durch eine Säulenstellung mit drei Arkaden getrennt war [10]. Nach Süden und Norden waren diesem Mittelraum nahezu quadratische Annexräume angegliedert. Die unter den Estrichen dieser Anlage aufgefundenen Münzen datieren die Errichtung dieses Gebäudes in das zweite Jahrzehnt des 4. Jahrhunderts. Lässt sich auch die Zweckbestimmung als Kirchengebäude weder durch Fundstücke noch durch den archäologischen Befund sicher belegen, so zeigt doch die weitere Entwicklung dieses Gebäudekomplexes, dass auch schon die erste Bauphase als Bischofskirche Triers zu gelten hat, die unter Agritius, dem seit 314 nachweisbaren Trierer Bischof, errichtet worden sein muss. In den 30er Jahren des 4. Jahrhunderts wurde nämlich eine Erweiterung vorgenommen, die aus der zunächst noch bescheidenen Basilika ein Kirchenzentrum werden ließ, für das es keinen Vergleich aus dem 4. Jahrhundert zu geben scheint. Die Ausgrabungen auf dem Domfreihof, aber auch die Untersuchungen im Dom und im Bereich der Liebfrauenkirche lassen erkennen, dass damals die nördlich der ersten Basilika, im Bereich des heutigen Domfreihofes liegenden Wohngebäude aufgegeben und einplaniert wurden; aber auch nach Osten wurde über die dort verlaufende Nord-Südstraße hinaus (im Bereich des heutigen Domes und der Liebfrauenkirche) zusätzliches Baugelände geschaffen, indem dort ebenfalls die Wohngebäude abgerissen wurden, darunter auch das Peristylhaus mit den figürlichen konstantinischen Deckenmalereien, heute eines der wichtigsten archäologischen Objekte des Bischöflichen Dom- und Diözesanmuseums Trier. Auf diese Weise entstand ein neues Baugelände, auf dem nun der große Erweiterungsbau errichtet wurde: drei neue dreischiffige Basiliken, eine im Bereich des Domfreihofes, eine zweite an der Stelle des heutigen Domes, die dritte im Bereich der Liebfrauenkirche. Die „Agritiuskirche" wurde beibehalten und als vierte Basilika in den Baukomplex einbezogen, so dass die vier Basiliken, miteinander verbunden durch einen Quertrakt, eine H-förmige Kirchenanlage bildeten, in deren Mitte als Baptisterium ein 64 m² großes Wasserbecken angelegt war. Die in den Planierungsschichten unter den Ziegelmörtelestrichen dieser neuen Bauten liegenden Münzen datieren diese Erweiterung in das Jahrzehnt von 330 – 340, als Maximin

⊙ II.2.16
**11 Kirchenanlage Trier (Modell)**
Bischöfliches Dom – und Diözesanmuseum Trier

⊙ II.4.31
**12 Coemeterialbau unter der ehemaligen Abteikirche St. Maximin, Trier (Modell)**
Bischöfliches Dom – und Diözesanmuseum Trier

Bischof von Trier (330 – 347) war. Die durch dreischiffige Basiliken modulartig erweiterte Trierer Kirchenanlage dieser zweiten Bauphase überdeckte mit den zwischen den Hallen liegenden Innenhöfen nunmehr eine Fläche von etwa 12 500 m² und hatte mittlerweile eine wahrhaft imperiale Größe erhalten, die nur durch Unterstützung Konstantins oder seiner in Trier residierenden Söhne zu realisieren gewesen war. Die im Chorbereich der Südostbasilika wohl spätestens in den 40er Jahren des 4. Jahrhunderts aufgerichtete erste Schrankenwand mit den in den harten Ziegelmörtel eingeritzten Graffiti, darunter Namen, VIVAS-Akklamationen und mehrere große Christogramme, sichert nunmehr die Deutung der gesamten Anlage als christlichen Kultbau, der als eine Art Kirchenzentrum zu verstehen ist. Es ist jener Kirchenkomplex, den Athanasios von Alexandrien während seines ersten Trierer Exils in den Jahren 335 – 337 noch im Bau sah. Bekanntlich hatte man dem nach Alexandria zurückgekehrten Athanasios vorgeworfen, in einer noch nicht geweihten Kirche Gottesdienst gehalten zu haben. Gegenüber Constantius II. rechtfertigt sich Athanasios in seiner *Apologia ad Constantium* unter anderem mit dem Hinweis auf ähnliche Fälle, von denen er wusste oder die er selbst miterlebt hat, wie in Aquileia und Trier: „Denn auch dort begingen sie den Gottesdienst an den Festtagen der Menge wegen in noch im Bau befindlichen Gebäuden." Athanasios ist also gewissermaßen ein Zeitzeuge für den Ausbau des frühchristlichen Kirchenzentrums in Trier. Unklar bleibt, was letztlich Anlass zu dieser Monumentalisierung der Trierer Kirche gewesen war. War es das Bestreben des damals in Trier residierenden Konstantinsohnes Constantinus II. gegenüber seinen Brüdern mit entsprechenden Repräsentationsbauten konkurrieren zu können? War es der

bedeutende Einfluss des Bischofs Maximin, der den Kaisersohn zu besonderer Großzügigkeit veranlasste? Weitere Umbauten erlebte die Trierer Kirchenanlage in der zweiten Hälfte des 4. Jahrhunderts, darunter auch den sogenannten Quadratbau, der heute noch den Kern des Trierer Domes bildet und in seinen Außenmauern stellenweise noch über 20 m hoch erhalten ist [11].

Unter Bischof Paulinus von Trier (346 – 358) entstand schließlich auf dem nördlichen Gräberfeld Triers ein großer Coemeterialbau, der gegen Ende des 4. Jahrhunderts ebenfalls bis auf eine Länge von fast 100 m erweitert wurde [12]. Seit dem 6. Jahrhundert ist hier sicher das Grab des Bischofs Maximin nachzuweisen. Auch Bischof Agritius war in diesem Coemeterialbau bestattet, dessen Zweckbestimmung als christliches Gemeindecoemeterium durch die große Zahl frühchristlicher Inschriften zu belegen ist. Bedeutende Baureste dieser Anlage sind heute noch unter der ehemaligen Abteikirche St. Maximin erhalten. Seine Größe findet nördlich der Alpen keinen Vergleich und bezeugt, wie auch der monumentale bischöfliche Kirchenkomplex, die Sonderstellung Triers im 4. Jahrhundert als kaiserliche Residenz. Das Zusammenwirken von Konstantin und den Bischöfen schuf eine neue Qualität des christlichen Kultbaus, der in der Folgezeit maßgeblich die europäische Architekturgeschichte prägte.

○ II.2.18
**Fragment einer Bleiampulle**
Franz Josef Dölger-Institut zur Erforschung
der Spätantike, Bonn

○ II.5.3
**Menasampulle**
Städtische Galerie Liebieghaus,
Museum alter Plastik, Frankfurt a. Main

○ II.2.24
**Pilgerampulle**
München, Sammlung C.S.

○ II.2.19
**Ampulle aus dem Heiligen Land**
Museo e Tesoro del Duomo di Monza

○ **II.2.11**
**Mosaik mit der Darstellung einer frühchristlichen Kirche**
Paris, Musée du Louvre, Département des Antiquités
grecques, étrusques et romaines

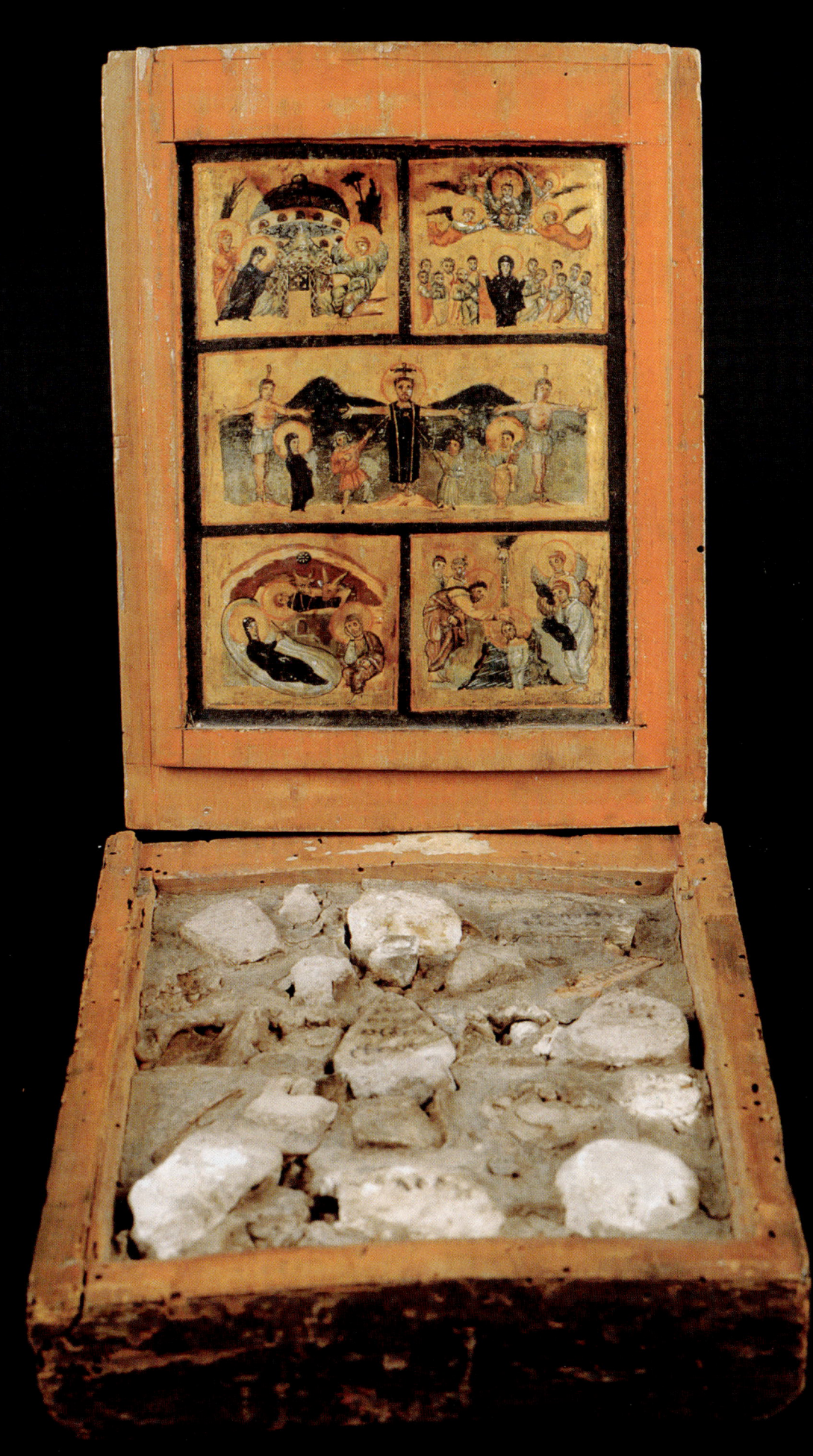

# KONSTANTIN IM URTEIL DER KIRCHENVÄTER

Michael Fiedrowicz

„Genommen war nun den Menschen jede Furcht vor denen, die sie einst bedrängt. In Glanz und Prunk begingen sie festliche Tage. Alles war von Licht erfüllt. Und die zuvor niedergeschlagen einander anblickten, sahen sich an mit freudelächelndem Antlitz und strahlenden Auges. In Reigen und Liedern gaben sie in Städten wie auf dem Lande vor allem Gott, dem König der Könige, die Ehre ..., sodann dem frommen Kaiser mit seinen gottgeliebten Söhnen. Die alten Leiden waren vergessen, und begraben jede Erinnerung an Gottlosigkeit. Man freute sich der gegenwärtigen Güter und harrte dazu der künftigen." Mit diesen triumphierenden Worten brachte der Chronist und Historiker der frühen Kirche, Eusebius von Caesarea (Historia ecclesiastica 10,9,7 f.) – selber ein Zeitzeuge der Ereignisse – ohne Zweifel das Empfinden zahlreicher Christen angesichts der sogenannten konstantinischen Wende zum Ausdruck. Die Schreckensherrschaft der letzten Christenverfolger – von Eusebius kurz zuvor mit all ihrer Brutalität drastisch geschildert – war vielen noch lebendig in Erinnerung. Die überschwengliche Begeisterung, mit der der neue Herrscher begrüßt wird, erscheint völlig verständlich. Was Kaiser Diokletian zu vernichten suchte, was sein Nachfolger Galerius nur mürrisch dulden wollte – Konstantin fördert es, erstmalig, nachhaltig, eindeutig. Je länger seine Herrschaft währt, desto deutlicher gibt der Kaiser zu verstehen, welcher Religion seiner Überzeugung nach die Zukunft gehörte und daher auch staatliche Protektion gebührte [1]. Gewiss mochte der tiefgreifende Umschwung der staatlichen Religionspolitik, der sich seit der diokletianischen Verfolgung innerhalb von zwei Jahrzehnten vollzog, für viele Christen überraschend sein. Völlig unerwartet kam die Wende trotzdem nicht. Schon Mitte des 2. Jahrhunderts sprachen christliche Autoren von einer möglichen Allianz zwischen römischem Imperium und Christentum, die beiden Seiten nur nutzen konnte. Gegenüber Kaiser Marc Aurel bekundete der Apologet Melito von Sardes (vgl. Eusebius, Historia ecclesiastica 4,26,7), das Christentum habe dem römischen Reich eine Epoche des Friedens und Wohlergehens gebracht, so dass eine Allianz von Christentum und Imperium eine Fortdauer dieses Zustandes auch für die Zukunft garantieren könne. Umgekehrt betrachtete Origenes (Contra Celsum 2,30) das geeinte und von Frieden erfüllte Weltreich als Voraussetzung der ungehinderten Ausbreitung des Glaubens und der christlichen Friedensbotschaft. Indem die Entfaltung des römischen Principates und das Auftreten des Christentums in einen providentiellen Zusammenhang gerückt wurden, lag zu Beginn des 3. Jahrhunderts im Kern bereits jene Reichstheologie vor, die Eusebius ein Jahrhundert später unter dem Eindruck der konstantinischen Wende entwickelte. Reichs- und Heilsgeschichte wurden hierbei unauflöslich verknüpft. Die Christianisierung des Imperiums erschien in dieser Perspektive nicht als Bruch, sondern Vollendung einer Entwicklung, die schon unter Augustus begonnen hatte. Die von der Monarchie des Kaisers gewirkte Einheit des Reiches überwand mit dem Vielvölkerwesen zugleich die Vorherrschaft des Polytheismus und bereitete die Menschheit vor, die Monarchie Gottes anzuerkennen. Mit der Verkündigung des Monotheismus und der Botschaft des Evangeliums diente das Christentum wiederum der politischen Einigung und Befriedung der Welt. Galt also schon Augustus mit der Schaffung seines Friedensreiches als Wegbereiter des Christentums, so erschien nun Konstantin als „Zweiter Augustus", der vollendete, was jener begonnen hatte. Das unter diesem Kaiser geeinte Reich ermöglichte endgültig die Ausbreitung der wahren Religion, die ihrerseits das Heil des Imperiums garantierte. Das eusebianische Denkmodell einer Allianz von christlicher Religion und römischem Reich entsprach weitgehend der altrömischen pietas-Vorstellung, der auch Konstantin anhing: Die rechte Gottesverehrung bedingt das Wohlergehen des Staates.

1 **Das Labarum mit Christogramm, das Zeichen der von Konstantin geförderten christlichen Religion, bezwingt das als Schlange dargestellte Übel und erscheint als Hoffnung des Reiches**
Bronzemünze, 327/328 in Konstantinopel geprägt
The British Museum, London

Diese Reichstheologie, mit der Christen wie Eusebius die konstantinische Wende zu deuten suchten, wurde schon bald vom Lauf der Geschichte selbst in Frage gestellt. Nachdem Rom im Jahre 410 von den Truppen Alarichs eingenommen und geplündert worden war, entbrannte zwischen Heiden und Christen erneut die Diskussion darüber, wessen Religion bzw. Götter geeigneter waren, den Bestand des Imperiums zu garantieren. Bischof Augustinus von Hippo distanzierte sich entschieden von Versuchen anderer zeitgenössischer Theologen wie Prudentius und Orosius, die kurz vor und nach dem dramatischen Ereignis des Jahres 410 immer noch die Überlegenheit des Christentums in klassisch-heidnischen Denkkategorien, d. h. mittels der am faktischen Geschichtsverlauf abzulesenden Nützlichkeit einer Religion nachweisen wollten. In seinem Werk „Über den Gottesstaat" (De civitate dei 5,25) räumte Augustinus durchaus ein, dass „der gütige Gott den Kaiser Konstantin ... mit soviel irdischen Gaben überhäufte, wie keiner sie je zu begehren gewagt hätte. Er hat ihm sogar die Gründung einer Stadt als Teilhaberin an der römischen Herrschaft gewährt, gewissermaßen einer Tochter dieses Roms, jedoch ohne einen Tempel oder ein Bildwerk von Dämonen.

Konstantin hat lange geherrscht und als alleiniger Augustus das gesamte Römische Weltreich in der Hand behalten und beschützt. Von Siegen begünstigt in der Führung und Leitung seiner Kriege, gelang ihm überall die Niederwerfung der Tyrannen, und als er hoch betagt an Altersschwäche eines natürliches Todes starb, hinterließ er die Regierung seinen Söhnen." Diese knappe Schilderung lässt es begreiflich erscheinen, wenn Eusebius den Kaiser „Freund und Liebling Gottes" nannte, der ihm stets nahe gewesen sei, im Krieg ihm seinen Schutz verliehen, in der Amtsführung ihn erleuchtet habe. Augustinus sah es differenzierter. Der ganze Unterschied zur eusebianischen Sichtweise des Kaisers wird deutlich, wenn der Autor des Gottesstaates fortfährt: „Damit aber wiederum kein Kaiser deshalb Christ werde, um das Glück eines Konstantin zu erwerben, da man viel mehr wegen des ewigen Lebens Christ sein soll, hat Gott den Jovian viel rascher aus dem Leben abgerufen als den Julian und hat zugelassen, dass Gratian durch das Schwert eines Tyrannen fiel ..." Im Blick auf das tragische Schicksal christenfreundlicher Regenten wie Jovian (363/364) und Gratian (367–383) warnte Augustinus vor einer falschen Motivation des religiösen Bekenntnisses. Religion war in seinen Augen keine Erfolgsgarantie im irdischen Sinne, weder auf individueller noch auf politischer Ebene.

Unnachgiebig wurden die falschen Voraussetzungen des altrömischen Denkschemas do ut des aufgewiesen. Gottesverehrung habe ohne Hintergedanken an irgendeine Vergeltung auf Erden zu erfolgen. Auch als christianisiertes Reich war für Augustinus das Römische Imperium keineswegs ein privilegiertes Objekt göttlicher Vorsehung. Im Gegensatz zu den christlichen Verfechtern der Reichstheologie suchte Augustinus „Christianitas" und „Romanitas" prinzipiell voneinander zu trennen, der Umdeutung empirischer Geschichte in ein Heilsgeschehen zu widersprechen und die Legitimierung der Religion durch eine politisch-nationale Erfolgsbilanz zu überwinden. Allein so ließ sich ein Weg aus dem Dilemma der politischen Theologie finden, deren Verführungskraft nicht wenige Apologeten erlegen waren. Zugleich war ein entschiedenes Veto gesprochen gegenüber jeder politischen Instrumentalisierung der christlichen Religion, einer bleibenden Versuchung der jeweiligen Herrscher nicht nur in der konstantinischen Epoche.

Noch in einem weiteren Punkt war das von Eusebius entworfene Bild eines christlichen Kaisers zu korrigieren. Eusebius hatte Konstantin nicht nur als „Zweiten Augustus" beschrieben, der dem Christentum die Wege bereitete, sondern auch als „Neuen Mose" geschildert, der, wie jener einst das jüdische Volk aus der Knechtschaft Ägyptens befreite, jetzt, nach den Zeiten der Verfolgung, die Kirche in die Freiheit führte (Eusebius, Vita Constantini 1,12.20.38; 2,11-12). Doch war es wirklich ein Land der Freiheit, das die Kirche seit der konstantinischen Epoche betrat, oder vielleicht ein goldener Käfig, in dem sie nun ihren Platz einnahm? Mit zunehmendem zeitlichen Abstand schärfte sich der Blick für die Ambivalenz dessen, was die staatliche Förderung im Leben der Kirche bewirkte. Kurz vor Ende des 4. Jahrhunderts skizzierte der Kirchenvater Hieronymus (Vita Malchi 1) den Plan eines – leider nicht ausgeführten – Geschichtswerkes wie folgt: „Es soll gezeigt werden, wie und durch wen die Kirche gegründet und gefördert worden ist, wie die Verfolgungen sie stark machten und die Martyrer sie krönten und wie sie, nachdem sie christliche Herrscher bekommen, zwar an Macht und Reichtum gewonnen, dafür aber an innerer Kraft eingebüßt hat."[4] In diesen Worten deutet sich bereits ein Geschichtsbild an, das in Konstantin einen einschneidenden Wendepunkt innerhalb der Entwicklung des kirchlichen Lebens erkennt und die Folgen durchaus kritisch beurteilt.

Der wachsende Zustrom zum Christentum ging also offenkundig vielfach mit einem Mangel an echter Glaubensentscheidung einher. Die Ausbreitung eines bloßen „Kultur- und Konjunkturchristentums" (H. von Campenhausen) lässt sich nicht bestreiten. Aus mehr oder weniger opportunistischen Gründen vollzogene Konversionen waren nicht die einzige Hypothek, die die staatliche Favorisierung der Kirche nach sich zog.

Ohne die Konsequenzen seiner Schilderung zu erahnen, beschrieb Eusebius (Vita Constantini 1,44), welche Rolle Konstantin in der Kirche zu übernehmen gedachte: „In besonderer Weise aber widmete er der Kirche Gottes seine Sorge und so berief er, als sich in verschiedenen Ländern manche untereinander entzweiten, Versammlungen der Diener Gottes, wie wenn er von Gott zum Bischof aller aufgestellt wäre." Konstantin übernahm also gegenüber dem Christentum die traditionelle Funktion, die ihm als Pontifex Maximus zukam. Das heißt, er war faktisch Herr der Religion. Die dem Christentum zugedachte Rolle, sich durch geordneten Kultvollzug als staatstragende Kraft zu bewähren, sah Konstantin durch die Tatsache ernstlich in Frage gestellt, dass die Anhänger der neuen Religion sich keineswegs einmütig dem Kult ihres Gottes widmeten, vielmehr erbitterte Kontroversen über die Grundlagen dieses Kultes austrugen. Konkret ging es um die Wesenheit des Gottessohnes [2]. Existierte er von Ewigkeit her, war er der göttlichen Natur des Vaters gleich, oder war er Gottes erstes und vollkommenstes Geschöpf, in der Zeit erschaffen? Der Disput, seit 318 zunächst in der Kirche von Alexandrien zwischen dem dortigen Bischof Alexander und Arius ausgetragen, erfasste allmählich immer weitere Kreise. Mit der Glaubenseinheit der Kirche sah Konstantin zugleich die Einheit seines Reiches bedroht. Ihm erschienen die diskutierten Fragen nur als ärgerliches Theologengezänk, als Belanglosigkeiten, über die zu streiten sich nicht lohne, über die jeder für sich denken möge, was er wolle. So jedenfalls äußerte sich Konstantin in einem Brief an Bischof Alexander und Arius (vgl. Eusebius, Vita Constantini 2,64 – 72).

2 **Die Darstellung des nimbierten, thronenden Christus zwischen Alpha und Omega als Herrscher und das Lamm auf dem Paradiesberg illustrieren die Diskussionen um das Wesen des Gottessohnes im 4. Jh. n. Chr. Rom**
Katakombe Ss. Marcellino e Pietro, Cripta dei Santi, Decke

3 **Athanasius, Relief**
um 1750
Porta Nigra, Trier

4 **Hieronymus, Relief**
um 1750
Porta Nigra, Trier

Den christlichen Theologen konnte die kaiserliche Pragmatik allerdings nicht genügen. Die Identität des Christentums hing an jenen Fragen. Die Glaubensstreitigkeiten waren nur dadurch zu lösen, dass die Kirche zu einem einmütigen und klaren Bekenntnis fand, ob Christus auf die Seite Gottes oder auf die Seite der Geschöpfe gehöre. Vermutlich auf Empfehlung der ihn beratenden Bischöfe berief Konstantin zur Klärung der Frage im Jahre 325 ein Konzil nach Nicaea ein. Der Kaiser organisierte jene Bischofsversammlung und lud nach deren Abschluss die Teilnehmer zum Gala-Dinner in seinen Palast. Eusebius (Vita Constantini 3,15) berichtet: „Da nun lagen die einen auf demselben Polster zu Tisch wie der Kaiser, während die anderen auf Polstern zu beiden Seiten ruhten. Leicht hätte man das für ein Bild vom Reich Christi halten oder wähnen können, es sei alles nur ein Traum und nicht Wirklichkeit."

Jenes traumhafte Einvernehmen von Kaiser und Kirche sollte allerdings nicht lange währen. Schon wenige Jahre nach dem Konzil vollzog Konstantin nämlich einen religionspolitischen Kurswechsel, der nun die in Nicaea verurteilte Partei der arianischen Bischöfe – im Osten nach wie vor äußerst einflussreich – favorisierte, die Anhänger des nicaenischen Glaubensbekenntnisses hingegen ihrer Bischofssitze enthob. Auch dies war eine „konstantinische Wende", wie sie die noch wenige Jahre zuvor auf kaiserlichen Polstern ruhenden Bischöfe kaum

erahnen konnten. Zu den prominentesten Opfern der kaiserlichen Verbannungen zählte der alexandrinische Bischof Athanasios, der sich 335 – 337 ins Exil nach Trier begeben musste, seinen eigenen Worten zufolge „ans Ende der Welt" [3]. Er gehörte zu den „rebellischen Bischöfen", die nicht, wie so viele andere, vor dem gebieterischen Willen des Herrschers eingeknickt waren. Mit sarkastischem Unterton hat uns Athanasios (Apologia contra Arianos 59) als Zeugnis der neuen konstantinischen Kirchenpolitik den Schlusssatz eines kaiserlichen Handschreibens überliefert, das vor der Exilierung an ihn ergangen war und eine bedingungslose Aufnahme der in Nicaea verurteilten Arianer forderte: „Nun kennst du meinen Willen genau, mach also allen, die eintreten wollen, die Türen der Kirche ohne Zögern weit auf! Wenn ich dagegen hören sollte, dass du jemanden, der mit der Kirche Gemeinschaft haben will, am Eintritt hinderst, und dich ihnen in den Weg stellst, so wisse: ich werde sofort Leute schicken, die dich auf meinen Befehl hin zum Verschwinden bringen und dich von deinem bischöflichen Stuhl absetzen!"

Diese neue Sprache gegenüber den Repräsentanten der Kirche und die solchen Worten folgenden Taten des Kaisers lassen auf das Bild Konstantins einen Schatten fallen. Gewiss waren Konstantins Interventionen in innerkirchlichen Fragen zurückhaltender als die massiven Eingriffe seines Sohnes und Nachfolgers Constantius, der zum Repräsentanten kaiserlicher Despotie über das Religiöse wurde. Die konsequent pro-arianische Kirchenpolitik des Konstantin-Sohnes mit den entsprechenden Reglementierungen und Exilierungen Nicaenums-treuer Bischöfe – u. a. Paulinus von Trier – brachte der „Athanasios des Abendlandes", Bischof Hilarius von Poitiers (Contra Constantium 5) mit folgenden Worten auf den Punkt: „Er baut Kirchen, aber er baut den Glauben ab!"

Der Neuaufbau der in der letzten Verfolgung zerstörten Kirchen – „höher, weiter und länger als zuvor" (Eusebius) – begann unbestreitbar unter Konstantin. Begann der Abbau der Freiheit des Glaubens eventuell ebenfalls schon unter diesem Herrscher, zumindest latent, tendenziell? Die Frage lässt sich nicht generell abweisen und zeigt nochmals, wie sehr Konstantins Gestalt in den Augen der Christen gleichermaßen Licht- und Schattenseiten besaß. Visionär und zugleich Realpolitiker; als „Zweiter Augustus" Wegbereiter des Christentums, doch vielleicht auch ungewollter Förderer seiner Verweltlichung; „Neuer Mose", gleichzeitig auch ein wenig verkappter Pharao; Knecht Gottes, aber Gebieter über dessen Diener; Mäzen der Kirche und Präzeptor ihrer Bischöfe; Dreizehnter Apostel, doch theologisch unerfahren, gleichwohl hier und dort Richtlinienkompetenz beanspruchend: so vielschichtig und unterschiedlich konnte, ja musste Konstantin im Blick der Christen erscheinen, die ihn persönlich erlebten oder im Abstand der Zeit betrachteten – enthusiastisch, skeptisch, kritisch.

# CHRISTLICHE BESTATTUNGEN UND GRABINSCHRIFTEN

**Lothar Schwinden**

Wenn in Trier die frühchristliche Tradition weiter zurückreicht und die entsprechenden Funde sowie archäologischen Befunde reichhaltiger fließen als im restlichen Teil des ehemals römischen Deutschland oder als an anderen Orten der Galliae oder Germaniae, so ist dies vor dem Hintergrund Triers als Kaiserresidenz zu sehen. Entsprechend nimmt Trier auch hinsichtlich seiner spätantiken Friedhöfe und der reichhaltigen Sammlung an frühchristlichen Inschriften eine Sonderstellung ein. Aus Trier sind heute über 1100 frühchristliche Inschriften bekannt, eine Fülle, die in der römischen Welt alleine von der Stadt Rom, hier allerdings in beträchtlichem Maße übertroffen wird. Wenn allerdings die anderen größeren frühchristlichen Gemeinden in Deutschland, etwa Köln und Mainz, mit bis zu 50 Inschriften aufwarten, so wird auch durch diese Zahl die Sonderstellung Triers unterstrichen.

Betrachtet man frühchristliche Bestattungsriten, wie sie sich an den Friedhöfen, den Grabbauten, den Grablegen, den Sarkophagen und den Inschriften offenbaren, so werden sowohl gemeinsame Strukturen greifbar als auch regionale Besonderheiten ablesbar. Einerseits bieten gleiche kulturelle Traditionen und eine übereinstimmende Ausrichtung des Glaubens Rahmenbedingungen, die für die Anlage eines Gräberfeldes wie für die Gestaltung einer Inschrifttafel Gültigkeit haben. Dennoch besteht auch auf diesem Feld der spätantiken kulturellen Hinterlassenschaft eine Vielfalt, die sich zumindest entsprechend den Provinzen differenzieren lässt und die bei genauester Betrachtung sogar lokale Unterschiede offenbart. So mag für Trier gelten, dass zwischen St. Matthias im Süden der Stadt und St. Maximin und St. Paulin im Norden vor der Stadt signifikante Unterschiede festzustellen sind, die der historischen Entwicklung vom späten 3. Jahrhundert bis zum Beginn des 5. Jahrhunderts Rechnung tragen.

## CHRISTLICHE FRIEDHÖFE

Eine Reihe von spätantiken Grabanlagen und Friedhöfen in den germanischen Provinzen entlang des Rheines sowie in den Donauprovinzen sind erforscht. Die Zuweisung zu einem ausgesprochen christlichen Grabkult erweist sich allerdings häufig als schwierig.

An allen Orten erscheint eine Zuweisung zum christlichen Kult weniger gesichert als bei den beiden großen Gräberfeldern in Trier, St. Matthias und St. Maximin (Schmidt 2000, 252 ff. 422). In verschiedenen Fällen lässt sich die Kontinuität von zentralen Orten religiöser Verehrung nicht bis in das 5. Jahrhundert oder gar bis in das 4. Jahrhundert zurückführen. Für andere Plätze mit eindeutig spätantiker Gründung ist in ihren Ursprüngen der christliche Charakter nicht eindeutig zu erkennen (Ristow 2007).

Für Rom sind christliche Friedhöfe, die von einer christlichen Gemeinschaft organisiert waren, seit dem frühen 3. Jahrhundert bekannt. Die Anlage solcher Grabbezirke ergab sich aus der Notwendigkeit, auch für die Bestattung der Gemeindemitglieder Sorge zu tragen. Andere heidnische Gemeinschaften, Vereine und Berufsgruppen hatten mit diesem letzten Dienst für ihre Mitglieder das Vorbild gegeben.

In den gallischen und germanischen Provinzen des römischen Nordwestens sind derartige geschlossene, gemeindeeigene Friedhofsbezirke kaum auszumachen, denn nur an wenigen Orten war eine christliche Gemeinschaft bereits so stark angewachsen und organisiert. Ein Hallenbau für Bestattungen in St. Maximin in Trier ist ein für diese Frage sehr seltener, aufschlussreicher Befund (Neyses 2001, 35 f.). Ein ca. 11 x 18 m großer Hallenbau aus dem Beginn des 4. Jahrhunderts war trotz seiner sonst qualitätvollen Ausstattung ohne festen Bodenbelag für Bestattungen vorgesehen. Die Bestattungen sind zumeist in monolithen Sarkophagen in der Erde vorgenommen worden. Die Ausstattung mit großen Türen, farbig bemalter Wanddekoration und figürlicher Deckenmalerei (Cüppers in: Trier – Kaiserresidenz und Bischofssitz 1984, 232 ff. mit Nr. 122c) lässt auf die Bestimmung des Bauwerkes für eine sozial höherrangige Bevölkerungsschicht an der Wende zum 4. Jahrhundert schließen. Doch eine Zuweisung dieses in sich geschlossenen Bestattungsbereiches zu einer christlichen Gemeinschaft ist nicht möglich. Es ist nicht einmal sicher zu sagen, wie weit christliche und heidnische Bestattungen gemischt waren. Grabinschriften *in situ* mit eindeutigem Bezug zu bestimmten Bestattungen konnten kaum mehr angetroffen werden. Christlich wird der Friedhof erst mit der nachfolgenden, wesentlich größeren Halle in der ersten Hälfte des 4. Jahrhunderts nach der Anlage von Bischofsgräbern.

Ein christlicher Märtyrerkult wurde nach der literarischen Überlieferung bereits im 2. Jahrhundert im römischen Osten gepflegt. Es sind die Gemeinden, die die Erinnerungen an die verdienstvollen Verstorbenen pflegen und zur Versammlung am Erinnerungsort aufrufen. Ein wichtiger Nachweis des Märtyrerkultes ist die Memorialanlage mit ihren Graffiti unter der Basilika von San Sebastiano in Rom; in bemerkenswerter Parallelität dazu stehen die Graffiti aus der Liebfrauenkirche in Trier (Binsfeld 2006, 54 ff.).

In Trier erlebten die ausgedehnten antiken Gräberfelder im Süden wie im Norden vor der Stadt die Veränderungen in den Bestattungsriten vom 1. bis 4./5. Jahrhundert mit. Aus den antiken Stätten der Verehrung an den Heiligengräbern dort sind die großen mittelalterlichen Klöster und Stifte, St. Eucharius/St. Matthias im Süden, St. Maximin und St. Paulin im Norden hervorgegangen.

Märtyrer im eigentlichen Sinne haben für die spätantiken gallischen und germanischen Provinzen erst die mittelalterlichen Legendentraditionen konstruiert. Der Nachweis von Märtyrern über direkte Quellen aus der Antike fällt dagegen sehr viel schwerer. Die Verehrung in den Rhein- und Mosellanden richtet sich vielmehr an „Märtyrer ohne Blut", an *confessores*. Vielbeachtet wurde die Nachricht des Lactantius (De mortibus persecutorum 15,7), dass Konstantins Vater Constantius in seinem Herrschaftsbereich, d. h. in den gallischen, germanischen und britannischen Provinzen, Christen nicht verfolgt habe. Es ist sogar fraglich, ob die Versammlungsstätten – *conventicula* – zerstört oder nur geschlossen bzw. umgewidmet wurden (Heinen 1996, 43 – 45. 84; Binsfeld 2006,155).

Aus der Trierer Bischofsliste und dem Wechsel der Bischofsbestattungen von dem südlichen Gräberfeld St. Matthias mit Eucharius, Valerius und Maternus (?) nach den nördlichen Gräberfeldern um St. Maximin mit Agritius und Maximinus noch in der ersten Hälfte des 4. Jahrhunderts und um St. Paulin mit der Überführung des Paulinus [1] und der Bestattung des Bischofs Felix am Ende des 4. Jahrhunderts wurde abgeleitet, dass die Friedhöfe um St. Eucharius (St. Matthias), St. Maximin und St. Paulin einander während des 4. Jahrhunderts im Rang ablösten. Diese Vermutung erfährt eine Bestätigung aus den frühchristlichen Inschriften. Die Untersuchungen an den Trierer Inschriften hinsichtlich des Formulars und der Paläographie ergaben für die Gräberfelder südlich wie nördlich der Stadt eigene typische Charakteristika, die auch eine genauere chronologische Einordnung ermöglichen. Das Formular vom nördlichen Gräberfeld erscheint wesentlich variantenreicher. Das Gros der späteren Inschriften gehört dem nördlichen Gräberfeld an. Das südliche Gräberfeld tritt nach Formular und Schrift der Grabtituli früher und näher an den christlichen Ursprüngen in Trier in Erscheinung.

⊙ II.4.35
**2 Grabgedicht für den Subdiakon Ursinianus, „der es verdient hat, nahe den Gräbern der Heiligen zu ruhen"**
Trier, St. Paulin, 5. oder Anfang 6. Jh.
Rheinisches Landesmuseum Trier

⊙ II.4.33
**1 Sarg des Bischofs Paulinus mit Bronzebeschlägen**
Trier, St. Paulin, nach 358 n. Chr.
Rheinisches Landesmuseum Trier

Neben der chronologischen Trennung der Gräberfelder in ihrem Vorrang ist auch eine nach sozialem und gesellschaftlichem Rang differenzierte Belegung feststellbar. Eine Auswertung der wenigen Berufsangaben, in der Spätantike normalerweise fast nur noch öffentliche Ämter, bestätigt diese Orientierung. Amtsträger im kaiserlichen Dienst, als Beamte am Hof oder als Offiziere im Heer, sind durch Grabsteine vornehmlich aus dem nördlichen Gräberfeld um St. Maximin belegt. Zu den schönsten Zeugnissen gehören die beiden Grabgedichte für Frauen vornehmster Herkunft – *clarissimae feminae* ⊙ I.14.6. Die feinen Verse sind Leistungen von Angehörigen einer Führungsschicht, in der höchste Bildung zu Hause war und poetische Kunstwerke zu einer bevorzugten Beschäftigung gehörten.

Personen im kirchlichen Dienst, die gegenüber den Beamten und Offizieren erst später auf Grabinschriften nachzuweisen sind, sind um St. Paulin versammelt. Die Liste reicht vom einfachen *ustiarius* (Türhüter) bis zum *presbyter*. Der im Grabgedicht für Ursinianus [2] genannte und wohl auf Tradition beruhende Reliquienkult mag diesen Ort in der Nähe der Gräber des Hl. Paulinus und des Bischofs Felix als Begräbnisplatz für Kleriker prädestiniert haben. Die Gruppe der Kleriker übernimmt ab dem 5. Jahrhundert, nach Abzug der kaiserlichen Residenz und der Verwaltung, die Verantwortung in der politischen Führung. Zugleich sind sie die Bewahrer kultureller Traditionen, auch wenn die poetischen Ergebnisse kaum mehr das Niveau des vorangegangenen 4. Jahrhunderts erreichen.

Das Bemühen, *ad sanctos* – „bei den Gräbern der Heiligen" – bestattet zu werden, ist über das gesamte Imperium verbreitet. Es lässt sich archäologisch beobachten und findet *expressis verbis* in frühchristlichen Inschriften seinen Ausdruck. Ganz offensichtlich ist die Bestattung in der Nähe der Gräber der Heiligen eine Frage des gesellschaftlichen Prestiges. Dahingehend ist auch die Inschrift aus Ostia häufiger interpretiert worden: *quod multi cupiunt et rari accipiunt* – „was viele erstreben, aber nur wenige erreichen" (Diehl, ILCV 2148). Dass nicht alleine Einfluss und Anerkennung genügten, verrät eine Inschrift aus der bekannten Callistus-Katakombe: *Serpentius emit loc(u)m a Quinto fossore ad sanctum Cornelium.* – „Serpentius hat den Platz von dem Totengräber Quintus am (Grab) des heiligen Cornelius gekauft." Die Inschrift gibt vielfältigen Einblick in die Verhältnisse. Die Verwaltung des Friedhofes oder eines Teiles nimmt ein *fossor* wahr. Der hier in naher Verehrung gesuchte Ort ist das Grab des Papstes Cornelius (251-253). Von Kosten spricht auch eine nordafrikanische Inschrift aus Dougga (Tunesien): *Sancti ac baeatissimi martyres, petimus in mente habeatis, ut donentur vobis [---] Simposium, Mammari(um), Graniu(m) Elpidefo/rum qui haec cub(icula) IIII a(d?) p(edes?) c(entum?) p(lus?) m(inus?) suis sum(p)tibus et suis operibus perfecerunt.* – „Ihr Ehrwürdigen und seligen Märtyrer, wir bitten Euch, habet im Herzen, damit sie Euch geweiht werden, den Simposius, Mammarius, Granius, Elpideforus, die diese vier Gräber ... auf ihre Kosten und mit eigenem Aufwand hergerichtet haben." (Diehl, ILCV 2330).

Sich der Obhut der Heiligen und Märtyrer – *in mente habere* – anzuvertrauen, wird geradezu zu einer Standardbitte. Dies ist im Volksglauben ein verständliches Anliegen. Das Bestreben, mit seinem Grab in die Nähe der Gräber der Heiligen zu gelangen, wird dabei unterschiedlich bewertet. Bei der Bestattung *ad sanctos* ist zu trennen zwischen der theologischen Ansicht und der populären Meinung. Gegen die allgemeine Praxis und die Auswüchse bezog der Kirchenlehrer Augustinus in seiner Schrift über die Sorge für die Verstorbenen – *de cura mortuis gerenda* – Position. Für diese gemeinhin zu beobachtende Sitte konnte er keine theologische Rechtfertigung erkennen; die Schriften konnten nicht zur Begründung herangezogen werden. Mit einer gewissen Großzügigkeit ist er bereit, diese Praxis innerhalb eines bestimmten Rahmens hinzunehmen, da sie dem Verstorbenen nicht schadet, den Lebenden aber hilft: *ista omnia, id est curatio funebris, conditio sepulturae, pompa exequiarum, magis sunt vivorum solatia quam subsidia mortuorum* – „Das alles, die Sorge um das Begräbnis, die Herrichtung der Grabstätte und der Leichenzug, das ist eher zum Trost für die Lebenden als zur Hilfe der Verstorbenen."

Doch trotz des prominenten Beistandes durch den Bischof Ambrosius von Mailand konnte sich diese distanzierende Haltung nicht durchsetzen. Selbst Kleriker blieben von der populären Idee eines Schutzes in der Nähe der Heiligengräber geleitet und ließen dieses Mittel für sich selbst oder für Angehörige nicht ungenutzt. Unter Angabe eines konkreten Zweckes bekennt der kappadokische Bischof Gregor von Nyssa (+ nach 395): „ ... und die Leiber meiner Eltern habe ich bei den Überresten der Märtyrer bestattet, damit sie bei der Auferstehung am Jüngsten Tag zugleich mit den Fürsprache leistenden Helfern auferstehen." Und auch seine Schwester Macrina wurde in der Kirche der 40 Märtyrer von Sebaste beigesetzt.

Zahlreiche Inschriften in Rom sprechen vom *locus sanctus* als Bestattungsplatz. Der Gedanke, den Heiligen als Gefährten zu erlangen und zu diesem Zweck seine Nähe zu suchen, wird vor allem in gallischen Inschriften mit dem Begriff des *sociari* ausgedrückt: *sanctis quae sociata est; qui meruit sanctorum sociari sepularis; quiescenti in pace martyribus sociatae; positus ad sanctos.* Die Formel *qui meruit sanctorum sociari sepulcris* ist von der jüngeren, aus dem 5. oder vielleicht erst aus dem 6. Jahrhundert aus Trier-St. Paulin stammenden Inschrift des Subdiakons Ursianus [2]. Die Bedenken der oben genannten Kirchenväter des 4./5. Jahrhunderts sind überwunden; auch dieser Kleriker steht eher in der Tradition des Gregor von Nyssa und verhält sich entsprechend einer seit fast zwei Jahrhunderten bekannten Gewohnheit, wie sie an den Gräbern der Heiligen Eucharius, Maximinus und Paulinus üblich war. In ihrer Formulierung singulär ist eine in Luxemburg entdeckte, aber wahrscheinlich aus St. Maximin stammende Inschrift ⊙ **II.4.36**, mit der eine Gattin ihren verstorbenen Mann „dem Schoße der Heiligen anvertraute" – *in sinu sanctorum comendat* – Neufunde aus der jüngsten Ausgrabung des Rheinischen Landesmuseums in St. Maximin bestätigen durch verwandte Formeln die vermutete Herkunft (siehe den nachfolgenden Beitrag von Hiltrud Merten).

### SARKOPHAGKUNST

Zwischen den Städten Arles und Trier lassen sich im 4. Jahrhundert zahlreiche Bezüge herstellen. Unter anderem erfahren wie in Trier auch dort die Orte an den Gräbern der Märtyrer und Heiligen eine besonders intensive Verehrung. Mehr noch als die Bauwerke unterstreichen aber die Sarkophage aus der Umgebung geheiligter Stätten, dass Arles einer anderen Kulturlandschaft und Einflusszone angehört. Die Präsentation der südgallischen Sarkophage in der Ausstellung mag dies im Kontrast zu den rheinisch-moselländischen Sarkophagen deutlich sichtbar vor Augen führen.

Spätestens im 3. Jahrhundert wurde die Körperbestattung wieder allgemeine Sitte und löste die bis dahin vorherrschende Brandbestattung ab. Neue religiöse Strömungen werden für den Wechsel verantwortlich gemacht. Angeführt als Urheber werden der Dionysoskult oder die Isisreligion. Eine besondere Rolle mögen die in derselben Zeit aufkommenden „orientalischen Erlöserreligionen" mit ihren ausgeprägten Vorstellungen über ein Leben nach dem Tod gespielt haben. Ebenso mag von philosophischer Seite her der pythagoreisch beeinflusste Stoizismus die Bewahrung des Körpers gefordert haben.

Mit der neuen Idee der Körperbestattung waren auch neue Möglichkeiten der Aufbewahrung gefordert. Eine Möglichkeit der Bestattung war die im Sarkophag. Ebenso entwickelten sich neue Typen von Grabbauten. Im Rhein- und Moselland wurden Grabtempel als aufwendigste monumentale Bauform sehr beliebt ☉ I.16.53. Sie finden sich verstreut über das Land, aber auch auf dem Gräberfeld von St. Maximin und in besonderer Dichte mit heute über 30 bekannten Bauten in St. Matthias in der Nähe der Albana-Gruft und der benachbarten Kirche. In den Untergeschossen derartiger Grabbauten waren wohl auch die Gräber der ersten Trierer Bischöfe, sowohl in St. Eucharius/St. Matthias als auch in St. Maximin.

Die Praxis der Bestattung im Sarkophag kann aus dem Osten gekommen sein oder sie mag an alte etruskisch-italische Traditionen anknüpfen. Auf jeden Fall entwickelten sich mit einer ausgeprägten Sarkophagproduktion verschiedene Sarkophaglandschaften. Rom weist eine sehr bedeutende Sarkophagproduktion auf. Oberitalien und die adriatische Küste haben eigene Formen entwickelt. Genua und die weitere westliche Mittelmeerküste Italiens wurden von Rom beliefert. Entscheidend dafür war die Möglichkeit des günstigen Transports per Schiff. Auf diesem Wege wurde auch Südgallien mit den Städten Marseille, Arles, Aix-en-Provence und Narbonne erreicht. Südgallien wird sogar im späten 3. Jahrhundert und in konstantinischer Zeit größter Abnehmer stadtrömischer Sarkophage (Koch/Sichtermann 1982, 270 f. s. Karte). Doch auch höher in den Norden gelangen herausragende Stücke, so ein Sarkophag mit Löwenjagd nach Reims und ein Persephone-Sarkophag nach Aachen; ein Jahreszeiten-Sarkophag ist in der Grabkammer von Köln-Weiden entdeckt worden.

Arles darf sich rühmen, „nach dem Vatikan eine der größten und reichsten Sarkophagsammlungen der Welt" zu beherbergen. Stadtrömische Sarkophage wurden in größerer Anzahl importiert, daneben auch solche aus dem östlichen Mittelmeerbereich. Lokale Ateliers kopierten bald und es sind neben stadtrömischen attische und kleinasiatische Einflüsse festzustellen. Die Arleser Sarkophagproduktion setzte bereits im 2. Jahrhundert ein. Das verwendete Material in den Werkstätten dort war häufig ein qualitativ schlechterer Marmor oder gar ein Kalkstein. Für besondere Aufträge wurden jedoch auch Marmorrohlinge aus Carrara importiert.

Einen besonders glücklichen Moment in der Entdeckungsgeschichte der Sarkophage in Arles stellt der Fund von 1974 dar, als aus einer antiken Grabkammer im Vorort Trinquetaille drei Sarkophage geborgen werden konnten. Diese zählen auch zu den Höhepunkten in unserer Ausstellung: der Sarkophag für Marcia Romania Celsa ☉ I.14.2, ein Zweizonensarkophag mit frühchristlichen Darstellungen von Adam und Eva sowie Christus und Petrus ☉ I.14.3 und ein Jagdsarkophag ☉ I.14.1. Die gesamte Gruppe vermittelt einen Eindruck, welches Themenspektrum zu einem bestimmten Zeitpunkt in der historischen Entwicklung möglich war.

Der Sarkophag der *Marcia Romania Celsa c(larissima) f(emina)* (s. Kapitel 6, Beitrag von Engemann zur Ikonographie, Abb. [3]) datiert diese Momentaufnahme: Den Sarkophag hat nach der Inschrift *Flavius Januarius v(ir) c(larissimus) ex cons(ule) ord(i)n(ario)* seiner Gattin gestiftet. Der Inschriftsetzer ist eine bekannte Persönlichkeit; er hatte den Konsulat 328 in Rom bekleidet. Ist Arles seine Heimat, in die er sich im Alter zurückgezogen hat? Die Bestattung der Gattin und die Ansammlung der drei Sarkophage in einem Familiengrabmal werden in das folgende Jahrzehnt datiert.

Der älteste Sarkophag in dieser Reihe ist der Jagdsarkophag (s. Kapitel 6, Beitrag von Engemann zur Ikonographie, Abb. [4]). G. Koch und H. Sichtermann (Koch/Sichtermann 1982, 296) stellen fest, dass Jagdsarkophage eine bedeutende Gruppe in Südgallien bilden. Der Vorzug dieses Motivs ist jedoch nicht allein auf stadtrömischen Einfluss zurückzuführen.

**3 Die drei Jünglinge vor dem Bild Nebukadnezars und Magieranbetung**
Verschollener Sarkophagdeckel aus Trier, St. Maximin, 1. Hälfte 4. Jh.

Das Motiv der Jagd erfreute sich in Gallien einer besonderen Aufmerksamkeit und kam zuvor bereits auf gallo-römischen Grabmälern vor, u. a. auch in Neumagen. Gerade die Hasenjagd war für die Angehörigen des gallischen Adels auch in der Spätantike ein hochgeschätzter Sport und für die vornehmen Treverer bestätigt dies ein Brief des Symmachus (Epistula 4,18) von 396. Nach Arrian verfolgten die Gallier zu Pferd den Hasen mit einem besonders geeigneten Hund, dem *Vertragus*; die höchste Kunst war es, den Hasen lebendig und unverletzt einzufangen. Das altbekannte Motiv nach dem mythologischen Vorbild der Jagd des Meleager mag in Gallien eine ganz eigene Bedeutung erlangt haben.

Der Sarkophag der Marcia Romania Celsa zeigt auf der Deckelfront die drei Jünglinge im Feuerofen und die Anbetung der Magier vor dem Jesuskind. In der Mitte halten zwei Eroten den Clipeus mit der Grabinschrift. Ein Trierer Gegenstück, das heute verloren ist, ist uns durch Alexander Wiltheim überliefert [3]. Der Fries zeigt hier in betont antithetischer Komposition die Anbetungsverweigerung der Jünglinge vor dem Bild Nebukadnezars auf der einen Seite bzw. die Magieranbetung auf der gegenüberliegenden Seite. In der Mitte halten Eroten eine rechteckige Tabula für die Inschrift. Der Sarkophagdeckel aus Trier ist als stadtrömische Produktion angesprochen worden. Auch wenn das heute verschollene Stück in Südgallien oder von einem italischen Bildhauer hergestellt worden sein mag, so bleibt doch die Tatsache unverändert, dass auf jeden Fall italisch-südgallische Motive für gleichartige Ansprüche weiter im Norden verfügbar waren.

Eine Gesamtbetrachtung der reliefverzierten nordgallischen und germanischen Sarkophage sowie derjenigen aus den Donauprovinzen ist von A. Spieß geleistet worden (Spieß 1988). Eine Einbeziehung der Inschriften ließe weitere Klärung der sehr eigenen Entwicklung der Sarkophagproduktion in den nordwestlichen Provinzen erwarten. Auf jeden Fall besteht die Notwendigkeit, die Sarkophagplastik im Zusammenhang mit der Grabmalkunst der betreffenden Provinzen in Bezug zu setzen.

Vier oder fünf Zentren können ausgemacht werden: Köln (mit Bonn) – Trier – (Mainz) – Augsburg – Regensburg; hinzu treten verschiedene Einzelstücke. Importe in diese Regionen sind insgesamt relativ selten. Der Hesione-Sarkophag des späten 2. Jahrhunderts aus Köln gehört zu den frühesten; motivische Vorbilder sind in Rom zu suchen. Besonders reich ist die Überlieferung von Sarkophagen aus Trier (Koch/Sichtermann 1982, 302). Heinz Cüppers hat im Falle des Sarkophages aus der Albanagruft [4] die enge Abhängigkeit von dem Motivschatz der moselländischen Grabpfeiler nachgewiesen. Die Sarkophagproduktion im Trierer Umfeld setzt erst mit dem Auslaufen der großen Grabmäler in der zweiten Hälfte des 3. Jahrhunderts und damit relativ spät ein. Häufig ist das Element der die Tabula haltenden Eroten. Entgegen der Erklärung, dieses Motiv sei aus Oberitalien in die Nordprovinzen übernommen, ist zu bemerken, dass das Motiv bereits von den moselländischen Grabmonumenten seit dem frühen 2. Jahrhundert bekannt ist. Auch dieses Motiv steht in der Tradition der Grabmäler und bietet ein weiteres Argument für das Fortleben der plastischen Gestaltung der Grabmonumente in den Sarkophagen. In diese Tradition stellen sich auch Hofbeamte der spätantiken Residenz, wie der erst 1990 entdeckte Sarkophag eines kaiserlichen Weinverwalters aus frühkonstantinischer Zeit zeigt.

⊙ II.3.4
**5 Noahsarkophag**
Trier, St. Matthias, 300 – 310 n. Chr.
Rheinisches Landesmuseum Trier

**4 Die Albanagruft unter der Quirinius-Kapelle in Trier,**
**St. Matthias mit bemaltem Reliefsarkophag**
Ende 3. Jh.

Einen Sonderfall in der Sarkophagproduktion der Rheinlande stellen zwei frühchristliche Sarkophage aus Trier dar, der Noah-Sarkophag [5] und der sogenannte Sarkophag für Agritius ⊙ II.3.10. Beide Sarkophage sind im frühen 4. Jahrhundert in lokalen Werkstätten hergestellt worden. Die alttestamentlichen Szenen des Agritius-Sarkophages, Adam mit Eva sowie die drei Jünglinge im Feuerofen, sind weitverbreitete Motive. Mehr noch als dieser Sarkophag verrät der Noah-Sarkophag [5] eine eigenständige Komposition und Erzählweise des Motivs. Die Dreiteilung des Bildfeldes mit den das Zentralbild einrahmenden, girlandenflechtenden Eroten ist an die Gliederung von Relieffeldern an moselländischen Grabmonumenten angelehnt. Die Darstellung der Errettung Noahs und seiner Familie in der Arche ist in dieser Form in der frühchristlichen Kunst ohne Parallele. Rabe und Taube als Kundschafter sowie die Achtzahl der geretteten Menschen zeigen eine eigene Bildübersetzung der alttestamentlichen Erzählung.

Wenn für Raetien eine motivische Verwandtschaft zu Gallien in der Sarkophaggestaltung festgestellt werden kann (Koch/Sichtermann 1982, 305), so verwundert dies nicht. Dies konnte bereits für die vorangehenden Grabmäler beobachtet werden, insbesondere in ihrer Verwandtschaft zu den Trierer Grabpfeilern und deren Bildrepertoire.

## FRÜHCHRISTLICHE INSCHRIFTEN

Es ist sicher keine überraschende Tatsache, dass Rom auch in seiner Anzahl der frühchristlichen Inschriften den ersten Rang einnimmt. Für Trier als frühchristliche Metropole und eine *Roma secunda* im Westen mögen seine Inschriften noch vor den archäologischen Befunden als Gradmesser stehen (Gauthier 1975, 19). Die Trierer Sammlung an frühchristlichen Inschriften ist außerhalb Roms die umfänglichste und bietet für verglichende und statistisch auswertbare Betrachtungen eine wertvolle Grundlage.

Die Beschäftigung mit den frühchristlichen Inschriften hat hier demgemäß wie in den frühchristlichen Zentren Südgalliens und Italiens eine lange Tradition. Selbstverständlich schenkte die wissenschaftliche Forschung im 19. Jahrhundert den Trierer Inschriften bereits höchste Aufmerksamkeit und hier sind auch die Pioniere der frühchristlichen Epigraphik zu nennen, Ernst Le Blant und Giovanni Battista de Rossi.

Das Gräberfeld von St. Eucharius/St. Matthias im Süden vor der Stadt weist die ältesten frühchristlichen Bestattungen und Inschriften auf. Auf systematische Ausgrabungen können wir bis zum frühen 19. Jahrhundert zurückblicken. Die jüngsten Ausgrabungsergebnisse konnten 1996 auf dem Abteiplatz vor der Abteikirche St. Matthias gewonnen werden (Clemens 1998); die z. Z. laufenden Ausgrabungen an der nahen Aulstraße versprechen ebenso aufschlussreiche Ergebnisse. Wichtige Akzente in der Erforschung des südlichen Gräberfeldes haben Friedrich Kutzbach in den 30er und Heinz Cüppers in den 60er Jahren des vorigen Jahrhunderts gesetzt.

⊙ I.14.12
**6 Frühchristliche Grabinschrift für das Kleinkind Barbario**
Trier, 4. Jh.
Rheinisches Landesmuseum Trier

Das nördliche Gräberfeld, an der Porta Nigra beginnend, weist eine noch größere Ausdehnung auf; die Zahl der Inschriftenfunde ist noch beachtlicher. Ausgrabungen des Landesmuseums, auch hier in der ersten Hälfte des 20. Jahrhunderts durch Friedrich Kutzbach sowie durch Heinz Cüppers und Adolf Neyses in den 80er Jahren, erbrachten allein eine Sammlung, die wesentlich umfänglicher ist als an anderen Orten der gallischen Provinzen.

Frühchristliche Inschriften sind als solche in ihrer Eigenart sehr schnell zu erkennen, mögen sie aus Rom, Südgallien oder Trier stammen. Deutlich unterscheiden sie sich von den heidnischen Inschriften der vorangehenden Jahrhunderte; sie geben geradezu eine andere Welt wider. Inschriftträger sind jetzt in der Regel dünne Marmorplatten. Als Muster mag die Inschrift für Barbario [6] gelten: *Hi]c iacet Barbario q]ui vixit mensis VIII et dies XXIIII in pace* (Taube/Christogramm/Taube) – „Hier liegt Barbario, der gelebt hat 8 Monate und 24 Tage, in Frieden."

Typisch für die frühchristlichen Inschriften ist ein Eingangsformular wie „hier liegt" (*hic iacet*), „hier ruht" (*hic quiescit, hic requiescit*), „hier hält inne" (*hic pausat*). Dem Namen folgt die Angabe des Lebensalters und schließlich eine Widmungsformel am Schluss, die auch häufig die Inschriftsetzer nennt. Wie die Einleitung ist auch der Wunsch der Schlusswidmung der frühchristlichen Vorstellungswelt entlehnt; die Formel *in pace* wird sehr häufig mit einbezogen.

Es scheint eine tiefe Kluft zwischen den heidnischen Grabinschriften des 1. – 3. Jahrhunderts und den frühchristlichen Grabinschriften zu liegen. Die heidnischen Inschriften richten sich einleitend an die *dii manes*, die göttlich verehrten Schattengeister der Toten. Lebensaltersangaben werden wesentlich seltener, auf Trierer Inschriften fast nie erwähnt. Falls überhaupt ein Gedanke zum Tod oder Nachleben geäußert wird, ist er natürlich der heidnischen Vorstellungswelt entnommen. Berufsangaben sind im Vergleich zu den frühchristlichen Inschriften sehr viel häufiger. Diese Wendung nach außen wird auf den Trierer Grabmälern durch ein zum Teil überreiches Bildprogramm deutlich.

Die Lücke zwischen den paganen Grabmälern und den frühchristlichen Inschriften können für die Rhein- und Mosellande Sarkophage mit Inschriften und gelegentlichem Reliefdekor schließen. Wenige bereits länger bekannte Denkmäler sowie Neufunde aus den Ausgrabungen im nördlichen Gräberfeld von Trier unter der mittelalterlichen Abteikirche St. Maximin liefern die verbindenden Glieder. Es handelt sich um Sarkophage, deren Vorkommen im nördlichen Gallien außerhalb von Köln und Trier seltener ist. Die Inschriften weisen Formularelemente auf, die den paganen Inschriften des 2. und 3. Jahrhunderts in Trier fehlen, die jedoch für die frühchristlichen Inschriften Triers typisch sind. Gleichzeitig enthalten sie noch Elemente des alten Formulars der paganen Grabinschriften, die sich in den frühchristlichen Inschriften verlieren. Zudem zeigen die Sarkophaginschriften den sprachlichen Wandel am Ausgang des 3. Jahrhunderts auf. Ein sehr anschauliches Beispiel hierfür ist der Sarkophag eines kaiserlichen Weinverwalters für seine Gattin Callosia Clamosa.

Gerade angesichts der in der Ausstellung angesprochenen historischen Phase des frühen 4. Jahrhunderts ist die Frage nach den frühesten christlichen Inschriften angebracht. Diese Frage gilt ebenso für Italien und Rom wie für das Rheinland mit seiner eigenen frühchristlichen Entwicklung. Mit dieser Frage wird die konstantinische Ära berührt. Das Trierer Inschriftenmaterial zeichnet sich gegenüber den Inschriftensammlungen der anderen gallischen und germanischen Provinzen dadurch aus, dass es mit einem großen Teil einer sehr frühen Epoche des Christentums angehört.

Schwierig ist es, gerade die frühesten christlichen Inschriften als solche zu bestimmen. Die christlichen Elemente wurden von den Inschriftsetzern nur mit äußerster Zurückhaltung eingesetzt. Eindeutig christlichen Charakter offenbaren die Inschriften Roms erst in konstantinischer Zeit, während einzelne frühere Stücke mit Andeutungen christlicher Aussagen in Wort und Symbol über hundert Jahre hin weiter bis an den Beginn des 3. Jahrhunderts zurückreichen.

Die ältesten Inschriften sind durch ihren Verwendungsort definiert, in Rom in erster Linie in Katakomben. Die älteren Texte seit dem frühen 3. Jahrhundert beschränken sich auf die Nennung eines Namens, gewöhnlich im Nominativ, um damit das einzelne Grab zu bezeichnen. Erste begleitende Symbole sind ein Anker oder eine Taube. Ähnliche Inschriften sind aus Nordafrika, aus Karthago und Hadrumetum bekannt. Hinzugesetzt wird ein den Charakter des Verstorbenen lobendes klassisches Adjektiv wie *carissimus* oder *dulcissimus*. Der Stifter erwähnt seinen verwandtschaftlichen Bezug als *pater*, *mater*, *coniux*, gelegentlich auch seinen Namen. Eine Erweiterung des Formulars stellen bereits Datumsangaben, des Todesdatums mit *decessit* oder des Bestattungsdatums mit *depositus*, dar. Diese sind ebenso bereits von den heidnischen Grabinschriften bekannt wie die Lebensaltersangabe.

Verschiedene Inschriften des 3. Jahrhunderts, vornehmlich aus Rom, werden hinsichtlich ihrer Einordnung als christlich diskutiert. Das Formular reicht jedoch meist nicht aus, um die Zugehörigkeit zu den frühchristlichen Inschriften eindeutig zu bestimmen. Dies trifft auch zu im Falle einer Grabinschrift für eine 20 Jahre alte Frau aus Trier, die 260 in Bordeaux gestorben ist. Anlass zur eventuellen Einordnung als christliche Inschrift bietet der Text *hic iacet exanimen corpus Domitiae civ(is) Treverae def(unctae) V K(alendas) Febr(uarias)* – „Hier liegt von der Seele verlassen der Körper Domitias, der Treverin, die am 28. Januar verstorben ist." Die Formel *exanimen corpus*, die Einleitung und die Angabe des Todestages sind als christliche Elemente erwogen worden (Krier 1981, 20 f.; Heinen 1996, 23). Eine zweite Inschrift für dieselbe Person war dagegen im traditionellen Formular einer heidnischen Imschrift gehalten. Deutet die ungewöhnliche, doppelte Ausführung von Inschriften auf einem Grabstein auf einen inneren Konflikt, auf einen Zwiespalt hin, dem in diesem Fall der Gatte als Inschriftsetzer Rechnung tragen wollte?

Die älteren unter den Trierer frühchristlichen Inschriften stammen vom südlichen Gräberfeld St. Eucharius/ St. Matthias. Von hier stammen Inschriften mit einfacherem Formular, während Inschriften aus St. Maximin ein weiter entwickeltes, komplizierteres Formular aufweisen. Die frühchristlichen Inschriften standen offensichtlich noch in ihrer frühesten Entwicklungsphase, als der Friedhof um die ersten Bischöfe St. Eucharius und St. Valerius für Christen als Bestattungsort Vorrang hatte. Nachdem der erste Rang unter den Gräberfeldern in Trier noch in der ersten Hälfte des 4. Jahrhunderts nach Norden um die Gräber der heiligen Bischöfe Agritius und Maximinus gewandert war, hatte sich das Formular der Inschriften bereits soweit gefestigt, dass bekannte Formularelemente verändert oder erweitert werden konnten. Das südliche Gräberfeld blieb daneben weiterhin Bestattungsort, aber doch wohl nachrangig.

⊙ I.14.9
**7 Grabinschrift für eine Trierer Christin in Arles**
Arles, Saint-Honorat-des-Alyscamps,
Ende 4. Jh., Anfang 5. Jh.
Musée de l'Arles et de la Provence antiques, Arles

Zu den frühesten christlichen Inschriften in Trier gehört die Inschrift aus St. Matthias für den Kaufmann
Silvanus    I.14.10: *Silvanus negotiator / hic pausat in
pace.* Die Inschrift ist bemerkenswert kurz im Formular
und ohne jedes christliche Symbol, für das die Marmorplatte noch genügend Platz geboten hätte. Die Nennung
eines Berufes, der nicht zu staatlichen oder kirchlichen
Ämtern gehört, ist in Trier ein Sonderfall. Silvanus ist
ein im gallo-römischen Bereich außerordentlich beliebter Name. Es spricht nichts dagegen, dass der hier
Genannte als ein später Vertreter zur Gruppe der einheimischen Kaufleute gehörte, die das treverische Land
im 2. und 3. Jahrhundert mit zu einer besonderen wirtschaftlichen Blüte gebracht haben. Die Bescheidenheit
der ursprünglich 53 cm breiten Marmorplatte aus dem
Beginn des 4. Jahrhunderts steht in krassem Gegensatz
zu den aufwändigen Grabmonumenten, mit denen sich
die Standesgenossen wie die Tuchhändlerfamilie von
Igel ⊙ I.1.2, ⊙ III.18.4 noch im 3. Jahrhundert ihrer Umwelt
präsentiert haben. In diesem Zusammenhang der ältesten frühchristlichen Inschriften aus Trier dürfen auch
die Inschriften *Euticianus in pace fedelis* und *hic Nonnita [ia]cet in pace que [vixit] annos [---* aus St. Matthias (Gauthier 1975 Nr. 20; 44) gehören. Die Grabplatte
für Nonnita ist in der Anlage der Inschrift und paläo-
graphisch mit der für Silvanus verwandt.

Die weitere Entwicklung der frühchristlichen Inschriften in Trier ist von Karl Krämer und Nancy Gauthier gründlich untersucht. Die großen Gräberfelder im
Süden und Norden von Trier können epigraphisch voneinander abgegrenzt werden.

Im Verlaufe des 4. Jahrhunderts entwickelt sich in Trier
ein eigenständiges Formular. Dieses Formular wurde
sogar exportiert, wie jetzt eine in Arles entdeckte Inschrift [7] ausweist. Trier hat im 4. Jahrhundert im
Nordwesten des römischen Reiches eine Sonderstellung, wie bereits E. Le Blant bemerkte. Die Inschriften
weisen der Stadt einen herausragenden Rang als früh-
christliches Zentrum zu. Die Tradition der frühchristlichen Inschriften lebt auch nach Abzug des kaiserlichen
Hofes und der Verwaltung bis in die Mitte des 5. Jahrhunderts fort. Erst danach ändert sich der Charakter der
jüngeren frühchristlichen Inschriften. Ab der Mitte des
5. Jahrhunderts werden in Trier christliche Inschriften
seltener, während in Südgallien, Italien und Rom die In-
schriftentradition weiterhin floriert.

Die ursprünglichen Orte der Anbringung frühchristlicher Inschriften sind aufgrund der weitaus ausgedehn-
teren Friedhöfe, aber auch infolge einer weniger gestör-
ten Fundsituation in Rom wesentlich besser zu erfassen.
Im Schutz der Katakomben wurden auch die Inschriften
an ihren ursprünglichen Orten bewahrt. Marmorplatten
mit Inschrift dienten zum Verschluss einer in der Wand
ausgehöhlten Bestattungsnische (*loculus*), längs oder
quer zum Gang angelegt; andere Inschriften waren an
überwölbten Bestattungsnischen (*arcosolia*) angebracht.
In Grabkammern (*cubicula*) waren mit Inschriften die
Verstorbenen benannt in der Form, wie früher bereits in
Mausoleen. An den wertvollen, aufwendig hergestellten
Sarkophagen war die Inschrift für den Verstorbenen oft
direkt eingemeißelt.

Trierer frühchristliche Inschriften sind in der Vergangenheit als Streufunde zutage getreten. Die Bodenbewegungen in den Abteikirchen, im Abteigelände sowie auf den Friedhöfen haben die Inschriften aus ihrem ursprünglichen Zusammenhang gerissen. Aufmerksame Beobachtungen von Anbringungsspuren an Grabplatten sowie die günstige Lage einiger Inschriften bei den Ausgrabungen seit 1978 in St. Maximin haben selten zu gewinnende Erkenntnisse zum ursprünglichen Ort der frühchristlichen Inschriften und zum Bild eines spätantiken Friedhofs in Nordgallien ermöglicht (Neyses 1999). In der Mehrzahl lagen die Inschriften eingelassen in einen festgetretenen oder gestampften Lehmboden, wie deutliche Spuren des Belaufens zeigen. Für die relativ dünnen Marmorplatten war eine Fassung aus einer größeren und dickeren Steinplatte vorgesehen. Mit Mörtel war die Inschrift in eine für sie ausgesparte Fläche eingeklebt. An Stelle der Steinplatte aus Sandstein oder Kalkstein begnügte man sich auch öfters mit einem stärkeren Mörtelbett. Die an der Oberfläche liegende Platte sollte das Grab des in der Erde Bestatteten bezeichnen. Verschiedene weitere Indizien deuten an, dass die Fläche des Friedhofes relativ uneben war: Die Unterkante von Mörtelputz umgebender Wände verlief wellenförmig; aus dem Boden herausragende Kanten von Sarkophagen weisen Spuren der Abnutzung durch Belaufen auf. Weitere Inschriften waren in Steinfassungen an Wänden eingelassen. Aussparungen in Sarkophagdeckeln oder in Sarkophagwänden konnten Inschriften aufnehmen, die so für den Besucher sichtbar wurden, wenn die Sarkophage in Grabkammern aufgestellt waren.

Auf zahlreiche Fragen gibt gerade das breite Trierer Inschriftenmaterial Antworten: zu den Anhängern der neuen Religion und zu deren religiöser Haltung, zur Organisation der Christengemeinde, zu den ethnischen und kulturellen Verhältnissen des Mosellandes, zu den Lebensbedingungen und zur sprachlichen Entwicklung am Ende intensiver Einflüsse römischer und weiterer fremder Kulturen auf diesen Raum. Breit ist die Spanne der angegebenen Lebensalter. Viele sind im Kindesalter verstorben, und etwa die Hälfte der Bevölkerung erreichte das 21. Lebensjahr nicht. Daneben sind jedoch auch Grabinschriften für ehrwürdige Greise von über 80 Jahren anzutreffen.

Eindrucksvoller als jede Statistik gibt die Inschrift für eine junge Frau höchsten Adels und deren Tochter ein individuelles, tragisches Schicksal wider ⊙ **I.14.6**:

[Romula? h]ic posita est clarissima femina /[mater,
q]uae meruit miserante deo, ut funus /[acerbum]
nesciret natae, quae mox in pace se/[cuta est].
Concessum est solamen ei n[atam superesse?,
q ?]u(a)e potuit cr[edi multos victura per annos ?].
- - -] R [ - - -
(Ergänzungen nach F. Buecheler.)
„Romula (?), Frau senatorischen Stands, liegt hier, eine Mutter,
die es verdiente mit Gottes Erbarmen, das bittre Begräbnis ihres Kinds nicht zu sehen, das bald in Frieden gefolget. Trost ward ihr im Gedanken ans Weiterleben der Tochter, hoffend für sie auf ein Leben mit vielen glücklichen Jahren."

Dieses Grabgedicht für eine junge Frau aus vornehmem Geschlecht ist, was unter den metrisch abgefassten Grabinschriften Triers nicht so häufig ist, in völlig korrekten Hexametern geschrieben. Das Gedicht ist einer Mutter zugedacht, die bald nach der Geburt der Tochter gestorben ist. Das Neugeborene, so mag *nata* hier zu verstehen sein, überlebte nur kurze Zeit die Mutter. Die Mutter ist im trügerischen Bewusstsein einer guten Zukunft für die Tochter gestorben, nicht ahnend, dass die Tochter ebenso dem Tod geweiht war. In der Inschrift spiegelt sich eine Tragik wider, die statistisch auch aus dem großen Bestand der frühchristlichen Inschriften Triers erfassbar wird. Nach den Inschriften mit Lebensalterangaben ist gerade die Kindersterblichkeit und die junger Frauen sehr hoch.

⊙ I.15.64

**8 Frühchristliche griechische Grabinschrift
für Ursikinos, den Anatoliker**
Trier, St. Maximin, 4. Jh.
Rheinisches Landesmuseum Trier

Eine besondere Gruppe stellen die griechischen Inschriften dar [8]. Sie verdienen eine besondere Beachtung, da sie im nördlichen Gallien ansonsten sehr selten sind. Diese Inschriften stehen für eine besondere Bevölkerungsgruppe aus dem griechisch-sprachigen Osten des Römerreiches und spiegeln den multi-ethnischen und kulturellen Hintergrund des Lebens in der spätantiken Residenzstadt Trier wider. Die griechischen Inschriften sind in einigen Punkten unabhängig vom allgemeinen Formular der Trierer Inschriften; dagegen weisen sie Übereinstimmungen mit dem Formular der Grabinschriften für Syrer an anderen Orten im Westen des Reiches auf. Die Inschriften lassen die Herkunft der Verstorbenen und gelegentlich auch ihre Abstammung deutlich erkennen. Auch lateinische Inschriften von Menschen aus dem Osten des Imperium Romanum kommen vor. Die lateinische Inschrift eines Syrers Eustasius, *civis Surus*, (Gose 1958 Nr. 31) lehnt sich im Formular mit seiner Herkunftsangabe enger an die griechischen Inschriften für seine orientalischen Landsleute an. Die Betonung der Herkunft mag auf mangelnde Integration in der neuen Heimat hindeuten und womöglich auch auf eine mehr oder weniger geschlossene Gruppe von Fremden.

Die Ausstellung zeigt mit ihren Exponaten aus Rom, Arles und Trier, dass eine stringente Linie im frühchristlichen Totenkult von der Hauptstadt des Reiches, Rom, über Südgallien in den Norden bis nach Trier führt. Triers Position als Kaiserresidenz ist aus der anderer gallischer Städte herausgehoben. Kulturelle Einflüsse aus dem Mittelmeergebiet dringen hier tiefer ein. Trotz aller Offenheit vermag sich dennoch ein eigener Ausdruck herauszubilden, der sich in der eigenartigen Anlage von Friedhöfen, in einer eigenen Gestaltung von Sarkophagen und in einem trotz aller Parallelität eigenen frühchristlichen Inschriftenformular manifestiert.

⊙ II.3.19
**Friessarkophag**
Museo Nazionale Romano
delle Terme di Diocleziano

⊙ II.3.18

⊙ II.3.18
**Fragmente polychromer Platten mit
Szenen aus dem Neuen Testament**
Museo Nazionale Romano di Palazzo Massimo

⊙ I.16.61
**Deckel eines Bleisarkophags**
Musées de Metz – La Cour d'or

⊙ II.3.21
**Passionssarkophag**
Musei Vaticani, Città del Vaticano

⊙ II.3.20
**Sabinus Sarkophag**
Musei Vaticani, Città del Vaticano

# DAS FRÜHCHRISTLICHE GRÄBERFELD VON ST. MAXIMIN IN TRIER

Hiltrud Merten

Im Norden vor den Toren des römischen Trier entstand im 2. Jahrhundert eine heidnische Nekropole, die bis in die Spätantike hinein belegt wurde. Am östlichen Rand dieses Gräberfeldes wurde um die Wende zum 4. Jahrhundert ein Bauwerk errichtet, das aus einem zentralem Saal mit angrenzenden kleinen Räumen bestand und dessen Front durch eine Bogenstellung betont war. Mindestens einer der kleinen Räume verfügte über eine Fußbodenheizung, die jedoch offenbar nie in Betrieb genommen wurde, was gegen eine Nutzung als Wohnhaus spricht. Die reiche Ausstattung des Baues mit Mosaiken, Malerei und Marmor und seine Lage am Rande des Gräberfeldes deuten auf eine Nutzung im Zusammenhang mit dem Totengedenken.

In der ersten Hälfte des 4. Jahrhunderts wurde 30 m südwestlich dieses „Saalbaues" ein nordsüdlich orientierter Hallenbau errichtet, dessen Innenwände farbig dekoriert waren. Im Boden dieser Halle wurden Bestattungen in Sarkophagen vorgenommen; es handelt sich bei dem Gebäude somit um den ersten Coemeterialbau auf dem nördlichen Gräberfeld. Östlich der Halle war eine Grabkammer angelegt, die nach der Trierer Tradition als die Grablege des Bischofs Agritius (313 – 329) gilt.

Um die Mitte des 4. Jahrhunderts wurde dann unter teilweiser Verwendung des Hallenbaus ein westöstlich gerichteter Bau gleichen Typs mit der stattlichen Länge von 62 m errichtet. Der Bau wies einen farbigen Innenputz auf, der als sicherer Hinweis auf die Überdachung der Halle gewertet werden darf. An die Nordwand der Halle wurde eine Reihe von unterschiedlich großen Räumen angefügt, die zu der Halle hin geöffnet waren. Bei diesen Räumen wird es sich um private Mausoleen vermögender Familien gehandelt haben.

Gegen Ende des 4. Jahrhunderts erfolgte eine großzügige Erweiterung des Hallenbaues nach Süden und Osten hin. Der im Nordosten gelegene „Saalbau" wurde in den großen Baukomplex einbezogen. Die vermutliche Grablege des Bischofs Agritius wurde durch einen weiteren Gruftraum vergrößert, der das Grab von Agritius' Nachfolger, Bischof Maximin (329 – 346), geborgen haben soll. Die Coemeterialbasilika bot nun mit einer Länge von 100 m und einer Breite von 30 m etwa 1 000 Sarkophagen Platz, die in zwei Lagen in den nicht befestigten Fußboden eingebracht wurden.

Um die Mitte des 6. Jahrhunderts erhielt das Gebäude eine neue Nutzung: Während der Bau bislang als Begräbnisplatz einer privilegierten Schicht innerhalb der Christengemeinde Triers diente, wurde das Gebäude nun zu einem Kirchenraum, in dem Eucharistiefeiern stattfanden. Der Einbau eines Ambo zeigt dies deutlich. Auch der Nachweis eines Estrichs als Fußboden unterstreicht den neuen Verwendungszweck. Weiterhin war es jedoch wohlhabenden, einflussreichen oder besonders bedeutenden Personen möglich, ihre letzte Ruhe in der Kirche zu finden: Für die Anlage dieser reichen Gräber wurden sogar Baumaßnahmen an der Ambo-Anlage in Kauf genommen.

Mehr als 500 Jahre lang blieb das Gebäude der spätantiken Coemeterialbasilika ohne wesentliche bauliche Veränderungen bestehen. Erst nach den Zerstörungen des Jahres 882 waren umfangreiche Erneuerungen der seit dem frühen Mittelalter vom Benediktinerorden genutzten Kirche nötig. Von der Qualität der Ausstattung des Bauwerkes in spätkarolingischer Zeit zeugen die Fresken, die die Innenwände der Außenkrypta seit dem Ende des 9. Jahrhunderts schmückten.

Erst zu Beginn des 10. Jahrhunderts wurde der spätantike Großbau vollständig niedergelegt, um einem Neubau der Abteikirche Platz zu machen. St. Maximin war inzwischen zu einem der bedeutendsten ottonischen Reformklöster geworden. Der um die Mitte des 10. Jahrhunderts geweihte Kirchenneubau trug dieser Stellung der Abtei Rechnung: Die Kirche mit dem als Doppelkonche gestalteten Westbau übertraf mit ihren Maßen sogar die imposanten Dimensionen der spätantiken Coemeterialbasilika. Als Baumaterial für die ottonische Kirche wurden vorwiegend die beim Abbruch des Coemeterialbaues angefallenen Steine verwendet. Nicht zuletzt durch diese Wiederverwendung blieben zahlreiche frühchristliche Grabinschriften erhalten.

Die Inschriften stellen eine Materialgruppe von herausragender Bedeutung dar; durch die Grabungen in St. Maximin in den Jahren 1978-1990 vermehrte sich die Anzahl der bislang bekannten Stücke nochmals erheblich. Dieser große Bestand unedierter Inschriften, der aus dem Zeitraum vom ausgehenden 4. bis zum 8. Jahrhundert stammt, bietet die einmalige Gelegenheit, einen bedeutenden Teil des nördlichen Trierer Gräberfeldes im Spiegel seiner Inschriften neu zu bearbeiten, spezifisch epigraphische Fragen gezielter zu beantworten und Werkstattzusammenhänge aufzudecken. Vor allem aber sind Aufschlüsse über die soziale Struktur der frühen Trierer Christengemeinde und die Organisation der frühen Kirche zu gewinnen.

Die neugefundenen Maximiner Inschriften sind zum überwiegenden Teil nach dem gängigen Formular aufgebaut: Der Eingangsformel folgt der Name des Verstorbenen mit der Angabe des Lebensalters: Außer der Anzahl der gelebten Jahre werden Monate, Tage und bisweilen sogar die Stunden der Lebenszeit angegeben. Die Angabe des Todestages der nach christlichem Verständnis als Geburtstag zum ewigen Leben große Bedeutung hat, kann die Angabe des Lebensalters ersetzen. Abgesehen von Grabgedichten, die ungewöhnliche Gedanken und Bilder verwenden, erscheinen in den Maximiner Neufunden auch Formularelemente wie die Stiftungsformel *contra votum posuerunt*, die im Trierer Material bislang nicht vorkamen. Auch die äußerst knappe Form eines Inschriftentextes, die mit der Angabe des Namens, des Lebensalters und dem Christogramm als Zeichen des Christseins auskam und die offenbar keine weite Verbreitung erfuhr, ist durch die Neufunde mehrfach belegt.

Nach Auskunft der Inschriften lassen sich verschiedene Personengruppen unterscheiden, die in der spätantiken Coemeterialbasilika bestattet wurden. Anhand der Namen ist zu vermuten, dass einheimische Familien ihre Grablegen in diesem Bereich hatten, denn die traditionelle Namengebung der Belgica lebte offenbar bis in die Spätantike fort: Ein durch Filiation gebildetes Namenpaar wie *Ianuarius/Ianuarinus* für Vater und Sohn steht in dieser Tradition; in dieselbe Richtung weist der Bestandteil *Flor...*, der bei dem Namen einer Mutter und bei dem ihres verstorbenen Kindes auftaucht.

Fremde lassen sich ebenfalls anhand ihrer Namen als solche erkennen. Namen, die nicht in Gallien, sondern im Mittelmeerraum verbreitet sind, lassen daran denken, dass die Personen nach Trier zugewandert waren. Zwei Namen aus der klassischen Götterwelt zeigen dies: Corconius, dessen Name von dem der Heroine Gorgo kommt, und Veneria, hinter deren Name die Göttin Venus steht, waren Christen. „Heidnische" Namen verschwanden im christlichen Kontext keineswegs; sie mögen aus Gründen der Familientradition weiter verwendet worden sein.

Unter den Maximiner Neufunden verdienen die zahlreichen Grabinschriften für Kinder besondere Beachtung. Während die persönliche Trauer über den Tod eines Kindes unabhängig von der religiösen Einstellung ist, belegen die aufwendig gestalteten Inschriften für Kinder eine veränderte Wahrnehmung dieser Altersgruppe durch die Gesellschaft. Durch die seit der Spätantike übliche Kindertaufe gehörten die Kinder schon früh zur Christengemeinde; die Beisetzung eines Getauften erfolgte unabhängig vom Alter nach bestimmten Riten, zu denen auch das Setzen einer Inschrift zählte. Trotz aller Formelhaftigkeit lassen die Grabinschriften für die beiden kaum zweijährigen Mädchen Aurelia und Urbicia sowie besonders die Inschrift für die nur acht Monate alte Paula [1] die Verzweiflung und den Schmerz der Eltern angesichts dieses unzeitigen Todes ahnen.

⊙ II.4.16
**1 Grabinschrift für Paula, Trier, St. Maximin**
Bischöfliches Dom– und Diözesanmuseum
Trier

⊙ I.14.7
**2 Grabinschrift für die femina clarissima
Boethiola, Trier, St. Maximin**
Bischöfliches Dom – und Diözesanmuseum Trier

Die in ihrer Größe nördlich der Alpen einmalige Coemeterialbasilika in St. Maximin machte die Nekropole zu
einem begehrten Begräbnisplatz für die alteingesessenen
und zugewanderten wohlhabenden Familien Triers. Die
besonders sorgfältig gestaltete große Inschrift, die die
Tochter Maria ihren Eltern hat anfertigen lassen, mag an
der Außenwand einer privaten „Grabkapelle" Auskunft
über die dort bestatteten Familienmitglieder gegeben
haben. Das Schicksal eines Ehepaares, das der Adels-
schicht angehörte, ist in wohl der schönsten spätantiken
Grabinschrift Triers erhalten [2]. Die verstorbene Boethiola und ihr Ehemann Amandus gehörten beide dem
Stand des senatorischen Adels an. Die Inschrift fasst die
Trauer des Ehemannes über den Tod der geliebten Gattin
in vollendeter Weise in Worte: Der Aufbau des in Hexametern abgefassten Textes sowie die gewählten Formu-
lierungen lassen die sprachliche Gewandtheit des Verfassers deutlich erkennen. Die handwerkliche Fertigung
der Grabplatte zeigt in gekonnt gestalteten Buchstaben
sowie in der Ornamentzeile ebenfalls eine bemerkenswerte Qualität. Die Inschrift ist ein deutlicher Beleg dafür, dass es in der ausgehenden Antike in der Trierer
Bevölkerung eine kleine Gruppe gab, die über Einfluss,
Wohlstand und Bildung verfügte, um eine solche Inschrift herstellen zu lassen. Die christliche Gesinnung
vereinbarte sich hier mit der Wahrung der *romanitas*, indem das traditionelle Totenlob als Vorbild für die Grabinschrift der Boethiola verwendet wurde.

Auf dem nördlichen Gräberfeld fanden sich nordwestlich von St. Maximin im Bereich von St. Paulin eine größere Anzahl von Grabinschriften für Kleriker. Die ein-
drucksvollste Inschrift gilt dem Presbyter Lycontius.
Seine strenggläubige Haltung wird in der Vermeidung
eines heidnischen Götternamens bei der Benennung der
Wochentage deutlich: Auf der Grabinschrift des Lycontius wird der Wochentag seiner Beisetzung durch eine
Ordnungszahl angegeben – diese seitens der Kirchenlehrer immer wieder propagierte Änderung konnte sich
im Alltag nicht durchsetzen. Der Bereich von St. Paulin
ist, nach den Inschriften zu schließen, eine von Klerikern bevorzugte Grablege gewesen Die neugefundenen
Maximiner Inschriften liefern einen weiteren wichtigen
Baustein unserer Kenntnis der Entwicklung kirchlicher
Strukturen in der ausgehenden Antike: Die Grabinschrift der Sucaria bezeichnet diese als *castimonialis*,
als eine Frau, die sich in jungfräulicher Keuschheit Gott
geweiht hatte. Diese Inschrift ist ein eindeutiger Beleg
für das Vorhandensein monastischer Lebensformen von
Frauen im 5. Jahrhundert. Sucaria muss jedoch keineswegs einer klösterlichen Gemeinschaft von Frauen angehört haben, die vereinzelt bereits im 5. Jahrhundert
existierten. Sie kann ihr Gott geweihtes Leben alleine
oder in ihrer Familie geführt haben. Literarische Zeugnisse berichten von jungen Frauen aus adeligem Hause,
die dem Leben in gesellschaftlich herausragender Stellung ein bescheidenes Leben in Askese vorzogen.

⊙ II.4.37
**3 Grabinschrift mit der Anrufung von Märtyrern**
Trier, St. Maximin
Bischöfliches Dom – und Diözesanmuseum Trier

Zu den wichtigsten Funden aus St. Maximin zählen zwei Inschriften, die die Verehrung von Märtyrern im ausgehenden 4. Jahrhundert belegen. Die als Anrufungen formulierten Inschriften wenden sich an die *sancte marytres* [3] und an die *beati marturis*. Die Trierer Tradition berichtet von zahllosen Märtyrern, die am Beginn des 4. Jahrhunderts auf dem nördlichen Gräberfeld im Bereich von St. Paulin ihr Leben für ihren Glauben lassen mussten. Stellen die neugefundenen Inschriften also doch einen Beweis für die Wahrheit dieser Legenden dar, die mit guten Gründen als „Wanderlegenden" identifiziert wurden? Dies ist nicht anzunehmen: Aus der Spätantike ist eine Reihe von Inschriften mit Märtyreranrufungen bekannt. Sie sind an bestimmte Blutzeugen gerichtet, deren Namen in den Anrufungen stets genannt werden. Eine allgemeine, neutral formulierte Anrufung, wie sie durch die beiden neuen Maximiner Inschriften belegt wird, war bislang nicht bekannt. Die Anrufung aller heiligen Märtyrer sollte der Seele des Verstorbenen Schutz und Hilfe vor Gottes Richterstuhl sichern. Bei der in den Inschriften formulierten Bitte handelt es sich eher um einen Passus aus einem spätantiken Totengebet.

Die inschriftlich bezeugte Anrufung der Märtyrer lebt bis heute in fast gleichlautender Formulierung in einer Antiphon des Requiems fort: *In paradisum deducant te Angeli: in tuo adventu suscipiant te Martyres, et perducant te in civitatem sanctam Jerusalem* – „Zum Paradies mögen Engel dich geleiten, bei deiner Ankunft die Märtyrer dich empfangen, und dich führen in die heilige Stadt Jerusalem".

# NICHTCHRISTLICHE UND CHRISTLICHE IKONOGRAPHIE

**Josef Engemann**

Für viele Besucher der Ausstellung dürfte es unerwartet sein, hier einer so großen Anzahl von Objekten zu begegnen, auf denen Götter und mythologische Gestalten dargestellt sind oder die in den Bereich der heidnischen Kulte gehören (Kapitel 6, Beiträge von Clauss und Ghetta). Unerwartet deswegen, weil der europäischen Bevölkerung, soweit sie historische Kenntnisse besitzt, Konstantin heute vor allem als der erste römische Kaiser bewusst ist, der sich dem Christentum zuwandte. Mit dieser bis heute wirkenden Entscheidung wird auch sein Beiname „der Große" in Verbindung gebracht. Doch war diese Zuwendung kein einmaliges Ereignis, sondern ein länger andauernder Vorgang, wie auch die Verchristlichung der Bevölkerungsmehrheit sich durch das 4. Jahrhundert hindurch vollzog. Beispielsweise ist durch Münzfunde gesichert, dass in den nordwestlichen Provinzen des Reiches der Mithraskult bis zur gewaltsamen Zerstörung der Mithräen gegen Ende des 4. Jahrhunderts blühte: „Viele Mithräen scheinen bis ins letzte Jahrzehnt des 4. Jahrhunderts oder sogar noch länger in aktivem Gebrauch gewesen zu sein. Der Mithraskult starb keinen natürlichen Tod; es gab eine ernsthafte christliche Sterbehilfe, als der Kult noch keineswegs todkrank war." (Sauer 1996, 36). Auf seinen Münzen huldigte Konstantin zunächst Hercules als Vorkämpfer und Bewahrer, dann dem unbesiegten Sonnengott Sol als seinem Begleiter, noch lange nach seinen ersten Prägungen mit einem Christogramm (s. Kapitel 5, Beitrag von Girardet), seinem Engagement gegen Donatismus und Arianismus (s. Kapitel 6, Beitrag von Girardet) und seinen frühen Stiftungen christlicher Kultbauten (s. Kapitel 6, Beitrag von Weber-Dellacroce/ Weber). Die Statue des Kaisers auf seiner Porphyrsäule in Konstantinopel, der im Jahre 330 eingeweihten neuen Hauptstadt des Ostens, war Sol angeglichen (s. Kapitel 5, Beitrag von Bauer).

In Bezug auf christliche Themen sind Konstantin und seine Söhne in den uns erhalten gebliebenen bildlichen Darstellungen nicht über die Wiedergabe des Namenszeichens Christi, des Christogramms, hinausgegangen. Die im Liber Pontificalis als Stiftung Konstantins für seine römische Christuskirche (heute S. Giovanni in Laterano) erwähnten silbernen Skulpturen Christi mit Aposteln beziehungsweise mit einer Engelgarde wären daher wegen ihrer Einzigartigkeit erstaunlich – abgesehen von ihrer in das 5. Jahrhundert weisenden Ikonographie (Engemann 1993; Geertman 2001/2002). Die bildliche Verwertung der Kreuzesvision vor der Schlacht an der Milvischen Brücke, von der Bischof Eusebius von Caesarea nach dem Tode Konstantins begeistert erzählte, ist besonders bezeichnend (s. Kapitel 9, Beitrag von Münch/ Tacke). Das von Eusebius in diesem Zusammenhang beschriebene Labarum, eine vom Christogramm bekrönte militärische Standarte, erscheint als Münzbild nach dem Sieg über Licinius im Jahre 324 (Kapitel 5, Beitrag Engemann, Abb. [16]) – dagegen begegnet uns das früheste erzählerische Bild des vom Kreuz Christi träumenden Kaisers erst im 6. Jahrhundert als Wandmalerei einer kleinen Kirche justinianischer Zeit in der Nähe von Abu Mina in Nordägypten (Witte-Orr, im Druck).

Ausstellungsobjekte mit Darstellungen aus der heidnischen Götterwelt und Mythologie können veranschaulichen, mit welcher Art religiöser Vorstellungen sich Konstantins christliche Zeitgenossen auseinandersetzen mussten und welche bildlichen Darstellungen es waren, mit denen sie einerseits konfrontiert waren, von denen sie jedoch andererseits auch beeinflusst wurden. Solche Einflüsse werden in der Ausstellung an ausgewählten Beispielen christlicher Kunst veranschaulicht.

⊙ I.14.5

**1 Sarkophag mit Prometheusszenen**
Rom, um 270/280
Fundort: Arles
Paris, Musée du Louvre, Département des Antiquités grecques,
étrusques et romaines

Das Nebeneinander noch heidnischer und schon christlicher Bevölkerungsanteile, zu denen auch ein Teil jüdischer Zeitgenossen kam, ist besonders bei kunsthandwerklichen Erzeugnissen aus Glas oder Ton zu greifen, die aus Werkstätten stammen, die offensichtlich für den Bedarf aller drei Gruppen arbeiteten. Besonders interessant sind einige Objekte des 4. Jahrhunderts, an denen sich ablesen lässt, dass Darstellungen aus der heidnischen Götterwelt ihre religiöse oder gar kultische Bedeutung verloren hatten und zur mythologischen Dekoration abgesunken waren, die auch von Christen verwendet werden konnte. Prominentes Beispiel hierfür ist der silberne Proiecta-Kasten mit betont christlicher Inschrift, auf dem eine nackte Venus und die Besitzerin des Kastens in gleicher Weise ihr Haar vor einem Spiegel ordnen (Kapitel 8, Beitrag von Johns, Abb. [3]).

Der Prometheus-Sarkophag des Louvre ist im Rahmen der Ausstellung das aufwendigste Objekt mit Darstellungen aus der heidnischen Mythologie [1]. Er wurde um 270/280 in Rom hergestellt, jedoch nach Arles exportiert und dort für eine Bestattung verwendet. Neben weiteren Darstellungen des Eingreifens der Götter in das Leben der Menschen sieht man ganz links im Bildfries, wie der sitzende göttliche Prometheus wie ein Tonbildner einen Menschen erschafft, mit Hilfe der Göttin Athena, die ihm die Hand auf die Schulter legt. Der Typus des heidnischen Schöpfungsbildes dieses und weiterer Prometheus-Sarkophage wurde seit Anfang des 4. Jahrhunderts auf christlichen Sarkophagen für das biblische Bild der Erschaffung Adams und Evas übernommen (Kaiser-Minn 1981). Ein zweizoniger Friessarkophag, der (um 325) ebenso wie der Pariser Prometheus-Sarkophag in einer römischen Werkstatt hergestellt und dann in Arles verwendet wurde, zeigt diese Szene am linken Anfang des oberen Frieses ([2]; Christern-Briesenick 2003 Nr. 38). Hier erschafft Gottvater mit Hilfe Christi die vor ihm stehenden kleinen Menschen. Wir besitzen auch Sarkophagfragmente, in denen Gottvater oder Christus deutlicher als schaffende Künstler dargestellt wurden und dem Vorbild des Prometheus noch stärker angeglichen sind. Dagegen ist erst für das 5. Jahrhundert eine Darstellung belegt, wie Gottvater Eva aus einer Rippe Adams bildet. Sie entspricht dem alttestamentlichen Schöpfungsbericht stärker und war das Mittelalter hindurch selbstverständlicher Darstellungstyp. Die Vorderseiten des Arleser Sarkophagkastens und des Deckels sind mit zahlreichen Szenen aus dem Alten und Neuen Testament und der zum Teil legendären Lebensgeschichte des Apostels Petrus geschmückt. In der Bildnismuschel ist ein Ehepaar dargestellt und der Sarkophag enthielt die Gebeine einer Frau und eines Mannes von 50 bis 60 Jahren, deren Namen verloren sind, weil sie in den beiden Inschriftfeldern des Deckels nicht eingemeißelt, sondern nur aufgemalt waren.

⊙ I.14.3

**2 Sarkophag mit biblischen Szenen, darunter Erschaffung von Adam und Eva**
Rom, um 325
Fundort: Arles
Musée de l'Arles et de la Provence antiques, Arles
Abguß: Römisch-Germanisches Zentralmuseum, Mainz

Dieser Sarkophag ist kein Einzelfund, sondern stand in einem Grabraum zwischen zwei weiteren Sarkophagen aus römischen Werkstätten, dem für Marcia Romania Celsa (**[3]**; Christern-Briesenick 2003 Nr. 37) und einem Sarkophag mit Jagddarstellungen **[4]**. Ersteren widmete nach Aussage der Inschrift Flavius Januarinus, ein Mann hohen senatorischen Ranges (*vir clarissimus*), der bereits *consul* gewesen war, seiner mit 38 Jahren verstorbenen und ebenfalls als *clarissima* bezeichneten Ehefrau. Der Konsulat des Ehemanns lässt sich auf das Jahr 328 bestimmen, die weiblichen Gebeine im Sarkophag passen altersmäßig zur Inschrift. Die Verstorbene ist in der Mitte des Frieses in Gebetshaltung (als Orans) zwischen zwei Aposteln dargestellt, links davon sieht man drei Petrusszenen, rechts drei Wunder Jesu (Weinwunder zu Kanaa, Blindenheilung, Auferweckung des Lazarus). Obwohl auch der Dekor des Deckels mit den Jünglingen im Feuerofen und der Magierhuldigung zur christlichen Ikonographie gehört und das Christentum des Auftraggebers bezeugt, wird die Grabinschrift in alter Tradition von zwei nackten, männlichen und geflügelten Eroten mit wehenden Mänteln gehalten. Die Reliefs des dritten

Sarkophags dieser Gruppe sind mit der Jagd auf Eber und Hirsch einem Thema gewidmet, dessen Blütezeit im 3. Jahrhundert lag **[4]**. Es sollte eigentlich auf männliche Tugenden eines Grabinhabers hinweisen, doch setzte man sich im Notfall, etwa dem plötzlichen Tod bei einer Geburt, darüber hinweg: Der Sarkophag barg die Gebeine einer Frau von ca. 25 Jahren und eines neugeborenen Kindes. Die Frage, ob durch diesen Umstand auch zu erklären ist, dass ein Sarkophag mit Jagddarstellungen mit den beiden zuvor besprochenen Sarkophagen mit eindeutig christlichem Dekor eng zusammen im selben Grabbereich stand, oder ob wir hieraus schließen können, dass die hier Bestatteten zu einer Familie gehörten, die erst zum Teil dem Christentum anhing, oder ob man den Widerspruch zwischen den Darstellungsthemen nicht realisierte, muss offen bleiben.

⊙ I.14.2

**3 Sarkophag der Marcia Romania Celsa mit Szenen aus dem Alten und Neuen Testament und der Petruslegende**
Rom, um 325
Fundort: Arles
Musée de l'Arles et de la Provence antiques, Arles

Es wäre möglich, dass eine Jagdszene, die Heimführung des erlegten Ebers, gemeinsam mit Jahreszeitengenien auch den Deckel eines weiteren in die Ausstellung aufgenommenen Sarkophags mit christlichen Szenen geschmückt hat (⊙ **II.3.20**; Bovini/Brandenburg 1967 Nr. 6). Doch ist nicht ganz sicher, dass der Deckel mit einer Inschrift für den verstorbenen Sabinus und der Kasten mit einer Vorstorbenen als Orans zusammengehören. Dieser Sarkophag ist ein typisches Beispiel der frühkonstantinischen Sarkophagkunst. Die Petrusszenen des Wasserwunders und seiner Gefangennahme, wie auch die Wunder Jesu – Hochzeit zu Kanaa, Blindenheilung. Brotvermehrung und Auferweckung des Lazarus – sind mit dicht aneinandergereihten Gestalten verbildlicht. Zahlreiche Köpfe im Hintergrund verstärken den Eindruck lückenlosen Dekors, der auch ein hervorstechendes Merkmal der Friesreliefs des Konstantinsbogens ist, die stilistisch eng verwandt sind (Koch 2000, 259).

Viel stärker als die verschiedenen Bildmotive der Jagd wurde das traditionelle Thema des Hirtenlebens in die christliche Bildwelt des 3. und frühen 4. Jahrhunderts aufgenommen, vor allem in die Malerei der römischen Katakomben und in den Dekor von Sarkophagen. Die Bilder von Hirten und ihren Herden (Bukolik) gehörten in der römischen Kunst (ebenso wie die weniger häufigen Darstellungen von Fischern und Uferlandschaften) nicht in mythologische Zusammenhänge, sondern gaben eine Wunschvorstellung von glücklichem und friedlichem Leben wieder. Ebenso wie die Autoren der kaiserzeitlichen Hirtendichtung übersahen die städtischen Auftraggeber bei diesen paradiesischen Darstellungen die harte Realität des Landlebens. Aus der Zeit von der Mitte des 3. bis ins frühe 4. Jahrhundert blieben ca. 500 Bilddenkmäler mit bukolischen Darstellungen erhalten. Wenn davon vier Fünftel in den Grabbereich gehören, so lässt schon dies darauf schließen, dass das idyllische glückliche Leben nicht nur auf dieser Erde vorgestellt wurde, sondern für ein nicht näher zu bestimmendes paradiesisches Jenseits erhofft und gewünscht wurde.

○ I.14.1

**4 Sarkophag mit Darstellung von Hirsch- und Eberjagd**
Rom, um 325
Fundort: Arles
Musée de l'Arles et de la Provence antiques, Arles

Außerdem beschäftigte sich im 3. Jahrhundert der römische Dichter Nemesianus in seinen Hirtengedichten gerne mit dem Weiterleben nach dem Tode. In einer solchen auf das Jenseits bezogenen Wunschvorstellung konnten sich heidnische und christliche Bildwelt begegnen und ergänzen. Auf einem römischen Sarkophag des letzten Viertels des 3. Jahrhunderts, der sich in Berlin befindet und nur in Kopie ausgestellt werden darf, ist das zentrale Bild des unter einer Kürbislaube ruhenden Propheten Jonas ganz in eine Hirtenlandschaft eingebettet ([5]; Dresken-Weiland 1998 Nr. 241). Einer der drei Hirten trägt ein Schaf auf den Schultern; auf dieses Bildmotiv des „Schafträgers" komme ich unten zurück. Bei der alttestamentlichen Jonaserzählung ging es um die Weigerung des Propheten, in Ninive Buße zu predigen. Erst als Gott ihn von einem Schiff herunter ins Meer werfen und drei Tage in einem großen Fisch oder Seeungeheuer zubringen ließ, gab Jonas seinen Widerstand auf – das Märchenmotiv der drei Tage und Nächte im Fischbauch verglich der neutestamentliche Jesus mit seinem zukünftigen dreitägigen Verbleib im Grabe (Mt 12,39 f.). Weder der alttestamentliche Bußgedanke noch der neutestamentliche Vergleich spielen in den frühchristlichen Jonaszyklen von Meerwurf, Ausspeiung durch das Meerwesen, Ruhe unter der Kürbislaube und bisweilen Trauer über deren Verdorren eine Rolle. Vielmehr liegt der Bedeutungsakzent in den zahlreichen Jonasdarstellungen frühchristlicher

Kunst auf der friedlichen Ruhe unter der Kürbislaube. Mehrfach ist diese Ruhe ganz aus dem Zyklus gelöst, wie auf dem Berliner Sarkophag, wo die Einbeziehung in eine Hirtenlandschaft deutlich erkennen lässt, dass auch Jonas ein Bild für die Wunschvorstellung eines glücklichen Lebens im Jenseits darstellte. Häufig ist Jonas unter der Laube größer dargestellt als in den anderen Szenen des Zyklus, wie beispielsweise auf einem zweizonigen Sarkophag der Vatikanischen Museen (○ II.3.2.; Bovini/Brandenburg 1967 Nr. 35). Auch hier erscheinen neben Jonas Beispiele für die beiden traditionellen Wunschbilder für ein glückliches Leben: ein Hirt vor dem Schafstall und ein Angler in einer Uferlandschaft. Der Umstand, dass der nackte Jonas fast regelmäßig entspannt mit überkreuzten Beinen und über den Kopf geführtem Arm unter der Laube liegt, bringt keine inhaltliche Beziehung zu heidnischen Gestalten wie Dionysos oder Endymion zum Ausdruck, die in derselben Weise liegend dargestellt wurden ○ II.3.3., sondern bezeugt die Einheitlichkeit formaler Regeln in der spätantiken Kunst: So zu liegen war ein Zeichen für Frieden, Sorglosigkeit und Entspanntheit.

⊙ II.3.1
**5 Sarkophag mit Jonas- und Hirtendarstellungen**
Rom, letztes Viertel 3. Jh.
Fundort: Rom
Staatliche Museen zu Berlin, Skulpturensammlung
und Museum für Byzantinische Kunst

⊙ II.3.24
**6 Lampe mit Schafträger und alttestamentlichen Szenen**
Rom, Frühes 3. Jh.
Fundort: Rom
Staatliche Museen zu Berlin, Skulpturensammlung
und Museum für Byzantinische Kunst

Eine Gestalt der spätantiken Hirtenlandschaft hat vielen Generationen von Archäologen große Deutungsprobleme bereitet: der oben erwähnte Hirt mit einem Schaf auf den Schultern, der Schafträger, der schon in der nichtchristlichen Kunst oft als statuarische Einzelfigur dargestellt wurde. Grund für diese Probleme war, dass Jesus sich im Johannesevangelium (Joh 10,1 – 16) in weit ausgeführten Bildern selbst als den guten Hirten bezeichnet. Dieser biblische Vergleich verführte dazu, Schafträgerdarstellungen der christlichen und oft auch der nichtchristlichen Kunst allgemein als Bilder des Guten Hirten Jesus anzusehen und die Möglichkeit außer acht zu lassen, dass Schafträger auch lediglich Repräsentanten der idyllischen Hirtenlandschaft sein können. Ähnlich erging es auch der Gestalt des Fischers, der die friedliche Uferlandschaft vertreten kann, jedoch bevorzugt als Apostel gedeutet wurde. Anlass hierfür war die Berufungserzählung im Matthäusevangelium, in der Jesus zu Petrus und Andreas, die am See von Galiläa fischten, sagte, er wolle sie zu Menschenfischern machen (Mt 4,16 – 19).

Heute denkt man allgemein an den Guten Hirten Jesus nur dann, wenn eine Darstellung des Schafträgers in Verbindung mit weiteren biblischen Darstellungen auftritt, und auch in diesem Fall ist die Frage zu stellen, ob der Zusammenhang diese Deutung bestätigt, oder ob der Schafträger nicht eher als Vertreter der traditionellen Hirtenlandschaft anzusehen ist. In letzterem Sinne wird seine Darstellung mit einer Schafherde auf einer Lampe des frühen 3. Jahrhunderts in Berlin gedeutet [6]. Beim Schafträger, der auf dem stark zerstörten Trierer „Agritius"-Sarkophag, einem lokalen Produkt konstantinischer Zeit, mit zwei Schafen zwischen dem Sündenfall Adams und Evas und den Drei Jünglingen im Feuerofen steht, wird man sicher an den Guten Hirten Jesus gedacht haben ( ⊙ **II.3.10**; Dresken-Weiland 1998 Nr. 421). An die Grenzen unserer Entscheidungsmöglichkeit stoßen wir mit einem um 275 gefertigten römischen Wannensarkophag in S. Maria Antiqua ([7] Bovini/Brandenburg 1967 Nr. 747). Die Mitte seiner Frontseite wird von einer Orans und einem sitzenden Mann eingenommen, der in einer Buchrolle liest. Dass mit diesen Gestalten Verstorbene gemeint waren, geht daraus hervor, dass ihre Gesichter für die Ausarbeitung von Porträts vorbereitet sind, aber unvollendet blieben. Zwischen dem Sitzenden und einem Bild der Taufe Jesu steht ein Schafträger mit zwei Schafen, zu dessen Herde auch eine Ziege und zwei Schafe gehören, die auf der Kürbislaube des ruhenden Jonas zu sehen sind.

**7 Wannensarkophag mit allegorischen und biblischen Darstellungen**
Rom, um 270
Fundort: Rom
S. Maria Antiqua, Rom

Auch das Jonasbild ist über das häufig neben ihm erscheinende Seeungeheuer und das Segelschiff hinaus durch zwei weitere Motive erweitert: eine Meeresgottheit mit Dreizack auf der linken Seitenwange, zwei Fischer mit Netz auf der rechten. Wenn der neben den Verstorbenen stehende Schafträger den Guten Hirten Jesus darstellen sollte – warum steht er dann nicht in der Bildmitte zwischen den Verstorbenen? Oder können wir aus der Erweiterung seiner Herde und der über Jonas hinaus ausgedehnten Meereslandschaft schließen, dass der Schafträger Repräsentant einer traditionellen Hirtenidylle sein sollte?

Der prachtvolle zweizonige Säulensarkophag des Junius Bassus ist durch die Angabe der Konsulnamen in der zusätzlichen Inschrift auf der oberen Randleiste fest datiert: Der römische Stadtpräfekt starb im Alter von 42 Jahren als Neugetaufter im Jahre 359 ([8]; Bovini/ Brandenburg 1967 Nr. 680). Der Sarkophag zeigt im zentral zwischen Aposteln thronenden Christus eine dieser Datierung entsprechende und über seine Darstellung als Krankenheiler und Totenerwecker in biblischen Szenen hinaus weiterentwickelte christliche Ikonographie. Der Begegnung zwischen Jesus und Pilatus, die rechts neben der Thronszene dargestellt ist, sind nicht zufällig zwei Abschnitte zwischen den Säulen eingeräumt, denn auch diese biblische Szene betont mit der im Text enthaltenen Bezeichnung Jesu als König der Juden die Herrschaft Christi (Mt 27,13).

Trotz seiner fortschrittlichen Bildmotive der Mitte des 4. Jahrhunderts sind im Dekor dieses Sarkophags drei Details zu erkennen, die auf die nichtchristliche Bildwelt zurückgehen. Besonders auffällig ist der Umstand, dass man zur Betonung des Herrschertums Christi seine Füße auf das aufgeblähte Gewand der Himmelspersonifikation, des Caelus, setzte und damit an frühere Herrscherbilder erinnerte, etwa am Galeriusbogen in Thessaloniki, der um das Jahr 300 errichtet wurde. Auf beiden Nebenseiten des Sarkophags sind männliche Jahreszeitengenien dargestellt, die meist geflügelt und höchstens mit einem wehenden Mäntelchen bekleidet sind; unter ihren Tätigkeiten nehmen Weinlese und -kelter den größten Platz ein. Schließlich ist trotz der weitgehenden Zerstörung des Sarkophagdeckels gesichert, dass er auf der rechten Seite eine Mahldarstellung trug (Himmelmann 1973, 13 – 28). Diese hatte jedoch nicht die für die christliche Kunst typische Form des sogenannten Sigmamahles, bei dem mehrere Mahlteilnehmer auf einem halbkreisförmigen Polster lagen, sondern war als Mahl eines Einzelnen wiedergegeben, der allein auf einer Liege tafelte. Dieses sogenannte Klinenmahl galt in der nichtchristlichen Grabkunst als Bild für die jenseitige Heroisierung des Verstorben.

**8 Sarkophag des Stadtpräfekten Junius Bassus**
Rom, um 359
Fundort: Rom
Abguss: Rom, Museo della Civiltà Romana

In der Ausstellung werden noch einige Sarkophage vom Ende des 4. Jahrhunderts gezeigt, um die auch in der monumentalen Malerei und Mosaikkunst der Folgezeit zu beobachtende Tendenz zu veranschaulichen, Christus weniger als heilenden Erlöser und stärker als himmlischen Herrscher darzustellen. Wenn dem Herrn die zwölf Apostel huldigen (⊙ I.14.4; Christern-Briesenick 2003 Nr. 63) oder wenn er zwischen den Apostelfürsten Petrus und Paulus steht oder thront und Petrus sein Gesetz überreicht (Traditio legis; ⊙ II.3.21; Bovini/Brandenburg 1967 Nr. 58), so sind keine biblischen Ereignisse dargestellt, sondern Ergebnisse theologischer Überlegungen verbildlicht. Die Gesetzesübergabe dürfte seit der Mitte des 4. Jahrhunderts so häufig und in den verschiedensten Denkmälerbereichen dargestellt worden sein, weil es ein monumentales Vorbild in Rom dafür gab. Aufgrund von Traditio-legis-Darstellungen mit einem zusätzlichen Lämmerfries zwischen den Städten Bethlehem und Jerusalem, beispielsweise auf dem Elfenbeinkasten aus Pola ⊙ II.2.13 und auf einem römischen Goldglasfragment [9] lässt sich annehmen, dass dieses Vorbild sich in der Apsis von St. Peter in Rom befand. – Bilder Christi mit den zwölf Aposteln oder bei der Gesetzesübergabe stellen zwar Themen dar, die aus der neutestamentlichen Glaubenstradition entwickelt wurden, doch hatte die Zunahme der Häufigkeit ihrer Darstellung seit spätkonstantinischer Zeit nicht nur religiöse, sondern auch kirchenpolitische Gründe.

Die stärkere Betonung herrscherlicher Aspekte im Christusbild und des Auftrags an Petrus als Vorläufer des Papstes entsprach der zunehmenden Intensivierung der Verbindung zwischen politischer und kirchlicher Macht, die sich wechselseitig stützten. Diese Verbindung sollte schließlich unter Theodosius I. zu einer gegen das Heidentum und seine Kulte gerichteten Gesetzgebung führen (Demandt 1989, 133 f.), die der von Konstantin und Licinius im Jahre 313 vereinbarten allgemeinen Toleranz (Demandt 1989, 68. 74; s. Kapitel 3, Beitrag von Demandt) entgegengesetzt ist. Als Anzeichen für die weite Verbreitung solcher christlicher Machtsymbole im römischen Reich kann man den Fund des Fragments einer Schieferplatte mit Darstellung der Traditio legis in Trier werten ⊙ II.2.14.

Zu heidnischen Kulten gehörten Votivbleche unterschiedlicher Form mit Widmungen an Gottheiten und deren Darstellungen (s. Kapitel 6, Beitrag von Clauss). Die aus den Pyrenäen geraubten silbernen Votivbleche des Schatzfundes von Hagenbach waren Mars geweiht ( ⊙ I.3.4; Bernhard u. a. 1990), im Tempelschatz von Weißenburg waren Silberweihungen für Apoll, Fortuna, einen Genius, Hercules, Luna, Mars, Merkur, Minerva und Victoria vereinigt (Kellner/Zahlhaas 1993). Es entsprach römischer Kulttoleranz, eine solche Götterauswahl an ein- und demselben Ort zuzulassen. Parallel zu solchen Weihegaben befinden sich in einem der frü-

⊙ II.2.15
**9 Goldglasfragment: Darstellung der Traditio legis**
Rom, 4. Jh.
Musei Vaticani, Città del Vaticano

⊙ II.4.43
**10 Holzkasten mit Bronzebeschlägen**
rekonstruiert, alttestamentliche Darstellungen, 4. Jh.
Museum Het Valkhof, Nijmegen

hesten Schatzfunde mit christlichen Objekten, der im englischen Ort Water Newton geborgen wurde (Painter 1977), ebenfalls silberne Votivbleche dreieckiger Form. Die Bleche tragen zum Teil Widmungsinschriften und sind blatt- oder federartig gerippt und teilvergoldet. Das Hauptornament ist ein Kreis mit Christogramm und den apokalyptischen Buchstaben A und ω, die auf die Zeitlosigkeit Christi verweisen ⊙ II.1.86. Bei einem der Gefäße dieses Fundes, einer tiefen Schüssel, ist durch die Widmung des Spenders Publianus sichergestellt, dass er seine Gabe für den Altar des Herrn bestimmt hat; eine flache Schale hat ein Christogramm als Dekor.

Eine sehr bescheidene Denkmälergruppe des späten 3. und des 4. Jahrhunderts bilden figürlich geschmückte, dünne Bronzebleche, deren Dekor über Model geprägt wurde (vgl. z. B. ⊙ I.13.55) und die zur Verkleidung von Deckel und Vorderseite kleiner Holzkästen dienten (B. ca. 30–40 cm). Um dies zu veranschaulichen, werden in der Ausstellung nicht nur einzelne Bronzebleche gezeigt, sondern auch rekonstruierte Kästen [10]. Die Kästen scheinen auf dem Balkan produziert worden zu sein und wurden bis ins Niederrheingebiet exportiert (s. Kapitel 8, Beitrag von Loscheider). Die erhaltenen Objekte sind zwar fast ausschließlich Grabfunde, doch ist die Annahme, sie seien eigens für den Grabgebrauch hergestellt worden oder sogar Vorläufer christlicher Reliquiare, unwahrscheinlich, denn die Fragmente in Bonn [11] lassen Reparaturen für eine zweite Verwendung erkennen, müssen also noch längere Zeit nach ihrer Herstellung zugänglich gewesen sein (Clauss-Thomassen 1991). Solche Kästen dienten also dem täglichen Gebrauch und wurden gegebenenfalls dem männlichen oder weiblichen Benutzer mit ins Grab gegeben.

Ikonographisch ist interessant, dass Bleche mit heidnischem Dekor erhalten blieben, also mit Bildern von Göttern, Musen und mythologischen Szenen, solche mit christlichen Darstellungen, meist biblischen Szenen, später auch Petrus und Paulus mit Christogramm, aber auch Exemplare mit heidnischen und christlichen Motiven nebeneinander (z. B. ⊙ II.4.44).

Für Künstler und Kunsthandwerker ist es lebenswichtig, sich auf die unterschiedlichen Interessen ihrer Kunden einzustellen. In der griechisch-römischen Spätantike begnügte man sich nicht damit, Gebrauchs- und Luxusgeschirr zu benutzen, das mit religiös „neutralen" Bildern geschmückt war, also mit unfigürlichem Dekor oder mit Darstellungen aus den Bereichen von Jagd, Theater, Circus und Amphitheater. Vielmehr wünschte man auch Darstellungen aus der heidnischen Götterwelt und Mythologie, von jüdischen Kultgeräten und von biblischen Gestalten und Szenen und des Christogramms. Wir können daher heute aus der Produktion von Glas- und Goldglaswerkstätten der ersten Hälfte des 4. Jahrhunderts sehr gut das Nebeneinander von Anhängern der verschiedenen Religionen ablesen. Der Bereich der Silbergefäße ist nicht so aussagekräftig, denn hier sind biblische Darstellungen als christliche Gegenstücke zu den mythologischen Bildern, beispielsweise der Funde aus Kaiseraugst ⊙ I.11.2 – ⊙ I.11.4, erst aus dem späten 4. Jahrhundert erhalten.

⊙ I.11.57
**12 Kugelabschnittschale aus Glas mit gravierter
Darstellung: Venus zwischen zwei Eroten**
1. Hälfte 4. Jh.
Fundort: Worms
Museum der Stadt Worms im Andreasstift, Worms

⊙ I.13.39
**13 Kugelabschnittschale aus Glas
mit gravierter Darstellung:**
Dionysos mit Pan und Silen, 1. Hälfte 4. Jh.
Fundort: Krefeld-Gellep
Stadt Krefeld,
Museum Burg Linn

⊙ II.4.41
**11 Bronzebeschläge mit biblischen Darstellungen
für einen Holzkasten**
4. Jh.
Rheinisches LandesMuseum Bonn

Eine besondere Gruppe formal sehr übereinstimmender gläserner Kugelabschnittschalen wurde in der ersten Hälfte des 4. Jahrhunderts vermutlich in Kölner Werkstätten hergestellt. Die erhaltenen Stücke sind überwiegend Grabfunde aus Orten an Rhein und Mosel, die nicht weit von Köln entfernt liegen. Ihr Dekor ist nicht eingeschliffen, sondern wurde mit einigen längeren und vielen parallel verlaufenden kurzen Strichen mit einem Stichel eingeritzt. Dies geschah auf der Gefäßaußenseite, doch wurden Bilder und Inschriften so ausgeführt, dass sie beim Trinken in der Innenseite des Gefäßes seitenrichtig zu sehen und zu lesen waren. In der Ausstellung wird eines der erhaltenen Beispiele mit Jagdbildern gezeigt (Abb. S. 293), außerdem mehrere Exemplare mit mythologischen und mit biblischen Darstellungen ⊙ **1.11.58**. Die Darstellung von Apoll und Ariadne unter einer dreibogigen Architektur trägt die Umschrift ESCIPE POCVLA (g)RATA – „Nimm den wohltuenden Trank!" ⊙ **1.11.56**. Dionysos mit seinen Begleitern Pan und Silen unter einem Zeltdach sind umschrieben mit dem Aufruf BIBE ET (p)ROPINA TVIS – „Trink und gib den Deinen zu trinken!" (oder: „ ... und trinke den Deinen zu!") **[13]**. Die Umschrift um eine von zwei Eroten begleitete Venus ist sehr zerstört; das Wort „Leben" scheint enthalten und ein „mit" dürfte als „mit den Deinen" zu ergänzen sein **[12]**.

Beim Kampf des Hercules gegen Antaios versucht der Heros, seinen Gegner vom Kontakt mit der Erde zu lösen, die ihm als seine Mutter Kraft verleiht. Begleitet wird der Kampf von Athena, der Schutzgöttin des Herakles, umschrieben ist die Darstellung mit GAVDIAS CVM TVIS PIE Z(eses) – „Freue Dich mit den Deinen, trink, lebe!" ⊙ **1.14.22**. Die Ausstellung präsentiert von den christlichen Exemplaren, die erhalten blieben, zwei Stücke mit Adam und Eva und eine Schale der zweiten Hälfte des Jahrhunderts mit ungewöhnlichem Dekor von Christogramm und Säulenarchitektur. Auf einer der Schalen mit dem Sündenfall Adams und Evas stehen die Stammeltern in der üblichen Anordnung zu beiden Seiten des Paradiesesbaums und der Schlange des Satan. Über den Baum ist ein Christogramm zwischen zwei Sternen gesetzt, die Umschrift lautet VIVAS IN DEO P(ie) Z(eses) – „Lebe in Gott, trink, lebe!". Das Bild der anderen Paradiesesschale zeigt Adam und Eva in ungewöhnlicher Weise: Beide sind in Schrittbewegung auf derselben Seite des Baumes mit der Schlange dargestellt. Auch hier besteht die Umschrift aus einem Ausruf: GAVDIAS IN DEO PIE Z[eses] – „Freue Dich in Gott, trink, lebe!" ⊙ **1.11.25**.

⊙ I.14.26

**14 Kugelabschnittschale aus Glas mit gravierter
Darstellung: Sündenfall von Adam und Eva**
1. Hälfte 4. Jh.
Fundort: Augsburg, Hinter dem Schwalbeneck
Römisches Museum Augsburg

⊙ II.1.132

**15 Goldglasfragment: Christus bekränzt Petrus und Paulus**
Rom, 4. Jh.
Fundort: wahrscheinlich Rom
The British Museum, London

Der ikonographische Unterschied zwischen mythologischen und biblischen Darstellungen auf diesen Trinkgefäßen ist offensichtlich. Dagegen sind die Trinksprüche der Umschriften einander sehr ähnlich; der
Unterschied besteht darin, dass bei den für Christen
hergestellten alle Wünsche auf ein Leben mit Gott bezogen sind. Die späteste Schale dieser Gruppe ⊙ I.14.24
besitzt keine Umschrift und weicht auch im Dekor von
den übrigen ab (Abb. S. 293). Hier ist nicht die ganze
Gefäßoberfläche mit einer Szene gefüllt, sondern ein
großes mittleres Christogramm mit Sternen in den Zwi-
ckeln ist von einer Bogenarchitektur umgeben, in deren
Abschnitten Einzelfiguren untergebracht sind. So sind
Adam und Eva mit dem Baum, Daniel mit den Löwen
und Susanna mit den Ältesten jeweils auf drei Bögen
verteilt; nur Daniel, der den Drachen füttert, steht allein.

In der Ausstellung werden einige Goldglasböden von
etwa 8–10 cm Durchmesser gezeigt, bei denen eine zu
Figuren und Inschriften ausgeschnittene Goldfolie zwischen zwei Glasschichten eingeschmolzen ist. Die vermutlich in römischen Werkstätten hergestellten Objekte
sehen wie Medaillons aus, stellen jedoch die Böden von
Trinkschalen dar, die ursprünglich etwa 20–25 cm
Durchmesser hatten. Der größte Teil der uns erhaltenen
Exemplare zeigt christlichen Dekor, was damit zusammenhängen dürfte, dass ein großer Teil der Objekte aus
den christlichen römischen Katakomben stammt, wo sie
zur Markierung von Loculusgräbern dienten. Daneben
wurden Gläser mit neutralen Darstellungen hergestellt,
beispielsweise Jagd- und Hirtenbilder, Nereïde, Wagenlenker, Flötenspieler ⊙ I.11.53 und Hinweise auf Geld-
geschenke, wie die Monetae oder aufgehäufte Münzen.
Auch Beispiele mit Bildern der heidnischen Mythologie oder eines jüdischen Thoraschreins mit Kultgeräten
blieben erhalten ⊙ II.1.28. Die Herstellung christlicher
und jüdischer Gläser in ein- und derselben Werkstatt
ist nachweisbar (Engemann 1968/69). Aus dem Bereich
biblischer Szenen sind zwei Jonasbilder ⊙II.1.30, ⊙ II.1.129,
eine Darstellung des Quellwunders des Moses ⊙ II.1.135
und die Auferweckung des Lazarus mit Beischrift Jesus
Christus ausgestellt ⊙ II.1.131.

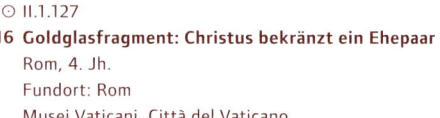

○ II.1.127
**16 Goldglasfragment: Christus bekränzt ein Ehepaar**
Rom, 4. Jh.
Fundort: Rom
Musei Vaticani, Città del Vaticano

○ I.13.89
**17 Tonschüssel mit aufgesetzten Medaillons**
Hauptbild im Innern: Christusmonogramm zwischen Petrus und Paulus,
Mitte 4. Jh.
Fundort: Rom
The Metropolitan Museum of Art

Unter den zahlreichen Heiligenbildern fällt ein im Denkmälerbestand mehrfach erhaltenes Motiv auf: ein kleiner Christus, der zwei in Büstenform dargestellten, mit Namen versehenen Heiligen Kränze reicht. Meist sind dies die Apostel Petrus und Paulus [15]. Die Umschriften sind Glückwünsche, die den Eindruck machen, als richteten sie sich an eine Person, der die betreffende Schale als Geschenk überreicht wurde. Beim Exemplar in [15] lautet sie: DIGNI(tas a)MICORVM VIVAS PIE ZESES BICVLIVS – „Du Zierde der Freunde, lebe, trink, lebe, Biculius!". Das Bildmotiv ist von Münzen des 3. Jahrhunderts übernommen, auf denen Victoria in derselben Weise zwei Kaiser bekränzt (s. Kapitel 5, Beitrag von Engemann, Abb. [2]) Es kann auch auf ein Ehepaar angewandt sein, mit einer Beischrift, die sich an einen einzelnen richtet: (dv)LCIS ANIMA VIVAS – „Du süße Seele, lebe!" [16].

Einem heidnischen Ehepaar, zwischen dessen Köpfen eine Statue des Hercules mit den Äpfeln der Hesperiden steht, gilt der Trinkwunsch ORFITVS ET COSTANTIA IN NOMINE HERCVLIS ACERENTINO (sic!) FELICES BIBATIS – „Orfitus und Constantia, im Namen des Hercules von Acerrae (?) trinkt glücklich!". Ähnlichkeit zu Darstellungen von Goldgläsern zeigt auch ein Medaillon auf einer tiefen Tonschale des 4. Jahrhunderts, in dem zwischen den Köpfen der sitzenden Apostelfürsten, die sich die Hände reichen, ein Kreis mit dem Christogramm erscheint [17].

Eine weitere Denkmälergruppe, in der zahlreiche Motive kulturellen Lebens, des heidnischen Mythos und biblischer Szenen dargestellt wurden, sind dünnwandige Schalen aus rotem Ton mit applizierten, formgefertigten Figuren. Sie wurden in der zweiten Hälfte des 4. und der ersten Hälfte des 5. Jahrhunderts in nordafrikanischen Werkstätten (heute Zentraltunesien) hergestellt und in den ganzen Mittelmeerraum exportiert. Ob heidnische und christliche Darstellungen zeitlich versetzt oder gleichzeitig hergestellt wurden, ist noch ungeklärt.

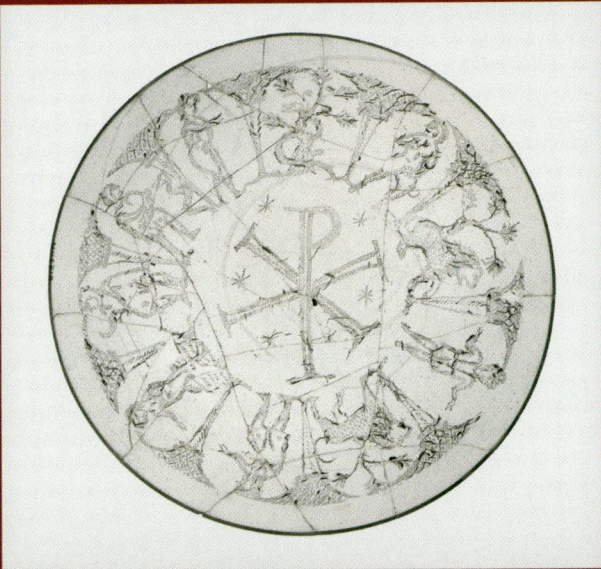

⊙ I.14.24
**Kugelabschnittschale aus Glas mit gravierter Darstellung:**
**Christusmonogramm und biblische Szenen, 2. Hälfte 4. Jh.**
Fundort: Abbeville
Paris, Musée du Louvre, Département des Antiquités
grecques, étrusques et romaines

⊙ I.11.58
**Kugelabschnittschale aus Glas mit gravierter Darstellung: Hasenjagd,**
**1. Hälfte 4. Jh.**
Fundort: Bonn
Rheinisches LandesMuseum Bonn

⊙ II.4.61
**Bronzelampe mit Darstellung des Wasserwunders**
**des Petrus, spätes 4. Jh.**
Fundort: vermutlich Rom
Museo Archeologico Nazionale Firenze

○ II.4.64
**Bronzelampe**
Nationalmuseum in Belgrad

○ II.4.63
**Zehnflammige Bronzelampe mit Jonasszenen und Inschrift**
**DEI IN DOMV(m) TERMOGENES VOTVM FECIT –**
**Termogenes hat (dies) für das Haus Gottes gelobt, 4. Jh.**
Fundort: Mezul bei Smederewo
Museum in Smederevo

○ II.1.85
**Zinnschale mit christlicher Inschrift VINCENTI ZESES IN XP**
**DOMINO – Vinzenz, lebe im Herrn Christus!, 4. Jh.**
Musée Vivant Denon, Ville de Chalon-sur-Saône

# MAGIE

**Josef Engemann**

Unter dem Titel „Tradition und Mythos" werden im Stadtmuseum Simeonstift Objekte gezeigt, auf denen Konstantin und seine Mutter Helena zu Seiten eines Kreuzes oder einer Kreuzreliquie zu sehen sind [1]. Mit dieser Zusammenstellung wird an die Legende erinnert, Helena habe in Jerusalem die Kreuze gefunden, an denen Jesus und die beiden Schächer hingerichtet wurden. Auf weiteren Ausstellungsstücken sind verschiedene Stationen der Auffindungserzählung dargestellt. Bischof Kyrill von Jerusalem berichtete bereits in der Mitte des 4. Jahrhunderts von der Mitnahme von Kreuzsplittern durch Gläubige in alle Welt, und bald erfahren wir in den Quellen auch, wozu diese Reliquien dienten: Sie wurden als magische Amulette verwendet und sollten vor physischem und psychischem Unheil schützen, vor Krankheit wie vor den Angriffen von Dämonen und dem „Bösen Blick" (Engemann 2000). Die früheste Erwähnung der Kreuzauffindungslegende findet sich erst im Jahre 395 bei Bischof Ambrosius von Mailand. Er beginnt seine Erzählung mit einem Lob Helenas: „Selig war Konstantin wegen einer solchen Mutter, die ihrem kaiserlichen Sohn die Hilfe einer göttlichen Gabe verschaffte, damit er durch sie auch in Schlachten sicher war und keine Gefahr zu fürchten hatte." Eine solche der Gabe innewohnende Schutzwirkung, die automatisch wirkte, ist typisch für die magische Praxis und materielle Frömmigkeit. Die Formulierung könnte sich auf den anschließend beschriebenen Kreuzesfund beziehen, doch trifft die besondere Erwähnung des Schlachtenschutzes vor allem auf die am selben Ort aufgefundenen Kreuznägel zu, da Helena diese in das Diadem und das Pferdegeschirr des Kaisers einarbeiten ließ. Hier gibt Ambrosius auch einen Hinweis auf die richtige Lokalisierung des schützenden Objekts, wie er in magischen Texten, vor allem auf Papyrus, öfter vorkommt: „Mit Recht ruht der Nagel auf dem Kopf, damit dort, wo der Verstand ist, auch der Schutz sei."

⊙ III.7.7
**1 Byzantinisches Kreuzreliquiar, 12. Jh.**
Konstantin und Helena zu Seiten von Kreuz und Kreuzreliquie
Köln, Metropolitankapitel der Hohen Domkirche, Schatzkammer

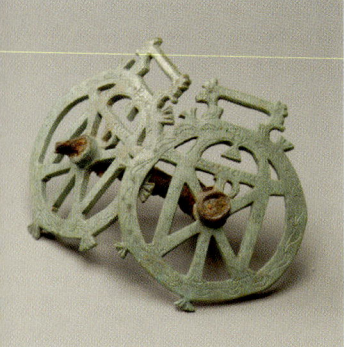

⊙ II.1.118
**2 Pferdetrense (Scheibenknebel) mit
Christusmonogramm und Monogrammkreuz**
Bronze, Mundstück Eisen, 4. Jh.
München, Sammlung C. S.

Zum vollen Verständnis der Zusammenhänge ist es gut, folgendes zu bedenken: Aus kaiserzeitlichen Texten geht hervor, dass Nägeln, die zur Kreuzigung verwendet worden waren, besondere magische Kräfte zugeschrieben wurden. Archäologische Ausgrabungen brachten Nägel aus der römischen Kaiserzeit mit eingravierten Zauberzeichen ans Licht, die eigens für magische Zwecke hergestellt wurden. Weil der Schutz seines Pferdes für den Reiter im Kampf lebenswichtig war, besitzen wir zahlreiche halbmondförmige Amulette (Lunulae, s. u.) und Anhänger in Form von Christogrammen für Pferdegeschirre [2].

Christliche Autoren lehnten heidnische Amulette nicht ab, weil sie ihre Wirksamkeit bezweifelten, sondern weil diese auf Götterbildern und der Macht von Dämonen beruhte. Für die Verwendung christlicher Objekte zur Übelabwehr und Krankenheilung machten sie meist Zugeständnisse. Aus der Einbettung positiver Wertungen für übelabwehrende Magie mit Kreuzreliquien oder Evangelientexten in die theologischen Texte von Bischöfen wie Gregor von Nyssa, Augustinus von Hippo oder Paulinus von Nola wie auch aus der Verwendung entsprechender Bilder und Zeichen in Kirchenräumen (Engemann 2000) lassen sich zwei Folgerungen ableiten. Einerseits lässt sich erkennen, dass es sich hierbei nicht um angebliche Volksfrömmigkeit und das Tun „abergläubischer Weiblein" handelte, wie Hieronymus spottete; andererseits wird deutlich, dass die schon bei den griechischen Philosophen Heraklit und Platon behandelte und seit vielen Generationen in der neuzeitlichen Forschung lebhaft diskutierte Fragestellung „Magie oder Religion?" falsch gestellt ist (Graf 1996). Magische Vorstellungen und materielle Frömmigkeit sind Teile der jeweiligen Religionen.

Auf einige Beispiele heidnischer und christlicher Amulette soll unten näher eingegangen werden. Zuvor jedoch soll die Art von Magie, zu der sie gehören und die man als „positiv" oder „defensiv" bezeichnen kann, den „negativen" oder „aggressiven" magischen Praktiken gegenübergestellt werden, wobei Äußerungen Kaiser Konstantins im Mittelpunkt stehen werden.

Zunächst kann ein Gesetz Konstantins (vermutlich von 318) angeführt werden (Codex Theodosianus 9,16,3; abgekürzt: Cod. Theod.): „Das Wissen derjenigen ist zu bestrafen und durch zu Recht sehr strenge Gesetze zu ahnden, die überführt werden, als Anhänger der magischen Künste gegen das Heil der Menschen agiert oder sittsame Seelen zu Begierden verführt zu haben. Keinerlei Anschuldigungen sind hingegen die Mittel ausgesetzt, die für die Gesundheit der Menschen erfunden wurden."

Mit der Ablehnung des offensiven Schadenzaubers („gegen das Heil der Menschen") bekräftigte der Kaiser Gesetze, die in Rom schon vor dem Beginn der Kaiserzeit erlassen worden waren, offenbar ohne durchgreifenden Erfolg. Zu Beginn des 4. Jahrhunderts hielten es die Bischöfe auf der Synode in Elvira für nötig, gegen Christen, die jemanden durch Schadenzauber umbrachten, lebenslange Exkommunikation zu verhängen. In Konstantins Gesetz sind die verschiedenen Lebensbereiche nicht unterschieden, auf denen versucht wurde, durch Verfluchung und Bindung (defixio) mit Hilfe von (meist unterirdischen) Göttern und Dämonen bestimmte Personen oder Gruppen physisch und psychisch auszuschalten, vor allem Prozessgegner, Konkurrenten im Geschäftsleben oder Gegner beim Wagenrennen im Circus (das Amphitheater erscheint selten).

  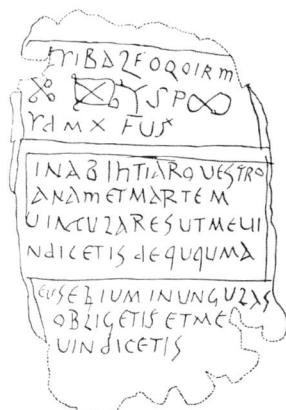

⊙ I.13.66
**3 Fluchtäfelchen aus Blei, 2./3. Jh.**
Fundort: Trier, Amphitheater
Vs.: „(Ich rufe an) Diana und Mars, die helfenden Gottheiten,
dass ihr mich von dem Hitzkopf erlöst. Eusebius foltert und
bannt, mich aber sollt ihr befreien.“
Rs.: Niedergelegt ist der Name des Eusebius.
Rheinisches Landesmuseum Trier

Nur ein wichtiger Sonderfall ist im Text mit „zu Begierden verführt" hervorgehoben: der Liebeszauber der erotischen Bindung. Mit diesem sollte eine Frau gezwungen werden (Männer als Opfer von Frauen sind sehr selten belegt), sich einem Mann zuzuwenden und sich ihm sofort und auf unbegrenzte Dauer zu unterwerfen, gegebenenfalls unter Abwendung vom bisherigen Partner, vor allem von seinem Bett. Diese Hervorhebung im Gesetz bestätigt den auch durch die Zahl erhaltener erotischer Defixiones vermittelten Eindruck der Häufigkeit solcher magischer Praktiken. Rational sind diese kaum zu verstehen – die verfolgte Frau schlief seelenruhig in ihrem Bett und spürte nichts von den Schmerzen, die ihr die Dämonen zufügen sollten. Doch glaubten auch Christen an die tatsächliche Wirksamkeit solcher Bindezauber, wie wir beispielsweise bei Hieronymus in seiner Biographie des palästinischen Mönchs Hilarion erfahren (spätes 4. Jahrhundert).

Die von Hass, Neid und Rachedurst erfüllten Texte des Binde- und Fluchzaubers finden sich meist auf Papyrus oder als Täfelchen aus Blei, einem seit früher Zeit in Griechenland für magische Zwecke beliebten Material. Die große Zahl der Papyrusfunde in Ägypten hängt mit den dortigen klimatischen Verhältnissen zusammen; die meist griechisch geschriebenen Formulare verraten neben ägyptischen Details einen ebenso beträchtlichen Einfluss Vorderasiens, Griechenlands und des Judentums.

Bei der Verbindung zu den angerufenen Göttern und Dämonen, deren schadenbringende Dienste durch geheime Riten erzwungen und erbeten werden sollten, bediente man sich gerne der Vermittlung von Toten, vor allem der zu früh oder durch Gewalt (beispielsweise im Amphitheater) Verstorbenen, die man als neidisch auf die Lebenden und besonders rachebereit ansah. Daher waren entsprechende archäologische Funde oft in oder bei Gräbern und in unterirdischen Räumen abgelegt oder vergraben. Dazu gehören auch die von Nadeln durchbohrten Zauberpuppen, die das Schicksal vorwegnahmen, das dem Opfer zugedacht war. Für ihre richtige Herstellung und kunstgerechte Durchbohrung gaben Papyri genaue Anweisungen. Der Fundort der Bleitäfelchen, die in einem Keller unter dem Trierer Amphitheater gefunden wurden, kann also als typisch angesehen werden [3]. Zwei der hier gefundenen Verfluchungen richten sich gegen Prozessgegner. Schadenmagie im Circus lebte das 4. Jahrhundert hindurch weiter. In einem Gesetz von 389 werden Wagenlenker als Urheber eigens erwähnt (Codex Iustinianus 9,18,9; vgl. Ammianus Marcellinus 26,3,3 und öfter), und entsprechende Bleitäfelchen des spätem 4. / frühen 5. Jahrhunderts wurden in römischen Gräbern gefunden (Tremel 2004). Das Vorkommen von unverständlichen Buchstabenreihen und Bildzeichen auf den Trierer Fluchtäfelchen ist bezeichnend für jede Art magischer Texte und war auch auf übelabwehrenden Amuletten beliebt.

⊙ I.13.56
**4 Wahrsageapparat (Losgerät): Fuß mit drei Hekatedarstellungen,**
**Losscheibe mit Buchstaben des Alphabets und mit magischen Zeichen**
3. Jh. Fundort: Pergamon
Staatliche Museen zu Berlin, Antikensammlung

Offizielle sakrale Gebräuche, die sich als Eingeweideschau (*haruspicina*) oder Weissagung (*divinatio*) mit der Erforschung des Willens der Götter und mit der Voraussage der Zukunft beschäftigten, wurden in der Spätantike magischen Praktiken gleichgesetzt. Römische Kaiser fürchteten stets, die Voraussage des nächsten Herrschers könne zu einer Gefahr für den Erhalt ihrer eigenen Macht werden, so dass es Verbote schon unter Augustus, Tiberius und Diokletian gab. In Pergamon wurde ein magisches Losgerät ausgegraben, das ins 3. Jahrhundert zu datieren ist [4] (zuletzt Mastrocinque 2002). Mit ihm konnte man unter dem Beistand einer auf der Standplatte in drei verschiedenen Gestalten erscheinenden Hekate auf einer Kreisscheibe nicht nur unter uns heute unverständlichen magischen Zeichen losen, sondern auch unter den 24 Buchstaben des Alphabets. Worte aus den ausgelosten Buchstaben sollten die Zukunft erkennen lassen. Auf der Synode von Ankyra im Jahre 314 untersagten die teilnehmenden Bischöfe den Christen die Zukunftsdeutung. Konstantin selbst versuchte im Jahre 319 durch zwei Gesetze, solche Handlungen auf die öffentliche Ausübung zu beschränken, offenbar, um sie besser überwachen und damit Konspiration gegen seine Person verhindern zu können (De Giovanni 2003): „Wir verbieten, dass Opferschauer, Priester und jene, die gewöhnlich diesem Ritus dienen, ein Privathaus betreten oder unter dem Vorwand der Freundschaft die Schwelle eines anderen überschreiten. Eine

Strafe ist gegen diejenigen festgesetzt, die dieses Gesetz verachten. Wer tatsächlich das, woran ihr glaubt, ausüben will, möge zu öffentlichen Altären und Tempeln gehen und dort die Feierlichkeiten eures Brauchs zelebrieren. Wir verbieten nämlich nicht, dass die Liturgien eines vergangenen Brauchs im Lichte der Öffentlichkeit ausgeübt werden."(Cod. Theod. 9,16,2). In der Parallele (Cod. Theod. 9,16,1) sind die Strafen für private Riten genannt: Feuertod für den Haruspex, Vermögensverlust und Verbannung für die übrigen Beteiligten. Damit möglichst viele Gesetzesverletzungen bekannt werden, ermunterte der Kaiser, wie auch in Gesetzen zu anderen Straftaten (Liebs 1985), zu Anzeigen: Ein Ankläger sei kein Denunziant, sondern verdiene, belohnt zu werden.

Etwas später betonte Konstantin eigens das öffentliche Interesse an den „vergangenen Bräuchen": „Wenn unser Palast oder ein anderes öffentliches Gebäude von einem Blitz berührt wurde, soll, indem der Brauch der alten Beobachtung beibehalten wird, von den Haruspices untersucht werden, was dieser Vorfall prophezeit. Das Ergebnis soll uns ganz genau durch einen schriftlichen Bericht zur Kenntnis gebracht werden." (Cod. Theod. 16,10,1).

⊙ I.13.59
**5 Magische Gemme mit Heliorus, Anubis und Hekate**
rot-grüner Jaspis, 2./3. Jh.
Staatliche Museen zu Berlin, Ägyptisches Museum
und Papyrussammlung

In dieser Äußerung kann man eines der vielen Zeichen dafür erkennen, dass der Kaiser sein Verhalten sehr geschickt der Tatsache anpasste, dass die Mehrheit der Bevölkerung einschließlich der senatorischen Aristokratie noch heidnisch war (hierzu zuletzt De Giovanni 2003, 55 f.; vgl auch die Inschrift von Hispellum, ⊙ **I.9.6** und s. Kapitel 5, Beitrag von Engemann).

Ganz anders, verallgemeinernd und viel rigoroser, lauteten dann die Gesetze, die Konstantins Sohn Constantius in den Jahren 357 und 358 zu diesem Thema erließ: „Niemand soll einen Haruspex konsultieren oder einen Astrologen, niemand soll einen Hariolen befragen. Die verkehrte Verkündigung der Auguren und Weissager soll verstummen. Chaldäer und Magier und die übrigen Leute, die man wegen der Ungeheuerlichkeit ihrer Übeltaten gewöhnlich *malefici* nennt, sollen nichts derartiges unternehmen. Die Neugier all dieser Menschen auf die Wahrsagung soll endgültig schweigen. Mit der Todesstrafe durch das Schwert wird nämlich niedergestreckt, wer der Anordnung den Gehorsam verweigert." (Cod. Theod. 9,16,4). – „Viele, die mit den magischen Künsten umgehen, schrecken nicht davor zurück, die Elemente zu verwirren und das Leben Unschuldiger zugrunde-zurichten, und sie erdreisten sich, die herbeigerufenen Totengeister auszuforschen, so dass jedermann seine Feinde durch die schlechten Künste vernichten kann. Diese Leute sollen, da sie Fremde der menschlichen Ordnung sind, den Tieren vorgeworfen werden." (Cod. Theod. 9,16,5, vgl. auch 9,16,6).

Mit kurzen Hinweisen auf einige in der Ausstellung gezeigte Objekte sollen die vorausgehenden Ausführungen veranschaulicht werden. Ebenso, wie im Schadenzauber möglichst viele Götter und Dämonen beschworen wurden, rief man auch bei der Übelabwehr oft mehrere Helfer an, besonders in längeren Texten auf Papyrus- oder Edelmetallamuletten (Gelzer u. a. 1999). Der Träger eines grün-roten Jaspis in Berlin **[5]** wählte den löwenköpfigen Sonnengott Heliorus, den schakalköpfigen Totengott Anubis und die dreigestaltige griechische Unterweltgottheit Hekate, also Gottheiten verschiedener Kulturkreise, denen unter Heliorus mit inschriftlicher Anrufung zweier Engel, des höchsten Michael und des mächtigsten Gabriel, noch das Judentum angefügt wurde. Über Heliodorus steht (mit kleinen Schreibfehlern) das bisher ungedeutete Wort ABLANATHANALBA. Es ist vor- und rückwärts zu lesen und nicht nur das häufigste Palindrom in magischen Texten und auf Amuletten, sondern es erscheint auch personifiziert und um Hilfe angerufen. Unter der Grundlinie der Rückseite eine Hekateanrufung.

⊙ I.13.57
**6 Magische Gemme mit „Abrasax"**
dunkelgrüner Jaspis, rostrot gefleckt, 3. Jh.
Fundort: Region Trier
Rheinisches Landesmuseum Trier

⊙ I.13.58
**7 Magische Gemme mit „Abrasax"**
Grün-roter Jaspis, 2./3. Jh.
museumslandschaft hessen kassel

⊙ II.1.81
**8 Christliches Heilamulett für eine Thaêsis
genannte Frau, Papyrus, 4./5. Jh.**
Fundort: Ägypten
Papyrussammlung, Institut für Altertumskunde,
Universität zu Köln

⊙ I.13.60
**9 Magische Gemme mit „Salomonreiter"**
Hämatit, 2./3. Jh.
Fundort: Termessos in Lykien
Staatliche Münzsammlung München

⊙ I.13.85
**10 Siegelstein (Intaglio) mit Heliosdarstellung,**
Nicolo, 3. Jh.
nachträglicher christlicher Amuletttext der Rückseite 4. Jh.
museumslandschaft hessen kassel

**11 Bronzestatuette,
Geräteschmuck:
Knabe, der Bulla mit
Christogramm trägt**
4. Jh.
verschollen
Rheinisches Landes-
museum Trier

Für eine der häufigsten und rätselhaftesten Gestalten, die auf heidnischen Amuletten erscheinen, sind in der Ausstellung zwei Beispiele auf grün-roten Jaspisamuletten aus Trier und Kassel zu sehen [6–7]. Es handelt sich um ein bisher unbestimmbares göttliches oder dämonisches Wesen mit menschlichem, gepanzertem Körper, Hahnenkopf und den schlangenförmigen Beinen der Giganten, das in der rechten Hand eine Peitsche, in der linken einen meist runden Schild trägt (Nagy 2002). Die Benennung als Abrasax wegen einer häufigen Beischrift ist unsicher. Auf der Trierer Gemme steht jedes der beiden Schlangenbeine mit einem fliegenartigen (?) Tier in Verbindung, darunter steht der möglicherweise aus jüdischer Quelle stammende Gottesname IAѠ. Die Rückseite trägt wiederum das ABLANATHANALBA und vermutlich Namen. In Kassel umgeben den Gott drei kon-

zentrische Anrufungen, die mit den geläufigen IAѠ, KYRIE (Herr!) und IAE beginnen. Auf der Rückseite: „Gib mir Gnade und Sieg, weil ich Deinen verborgenen wahren Namen genannt habe, sofort, sofort, schnell, schnell ... Alexandra". Die vor der Lücke doppelt angeführten Dringlichkeitsaufrufe sind in negativer wie positiver Magie häufig. Sie begegnen uns neben einem (etwas verschriebenen) ABLANATHANALBA, vielen magischen Zeichen und einer Vokalreihe mit Schwindezauber auch auf einem christlichen Heilamulett in der Ausstellung [8]. In diesem Papyrus aus der Mitte des 4. Jahrhunderts (?) wird ein Herr Gott und Herr aller Götter für die Heilung einer Frau Thaêsis im Namen Jesu Christi angerufen.

☉ I.13.63
**12 Lunulaförmiger Anhänger mit Christogrammen**
Blei, 4. Jh.
Fundort: Trier, aus der Mosel
an der Römerbrücke
Kopie: Rheinisches Landesmuseum Trier

☉ I.13.62
**13 Lunulaförmiges Phallusamulett**
Bronze, kaiserzeitlich
Fundort: Trier, aus der
Mosel an der Römerbrücke
Rheinisches Landesmuseum

☉ I.13.61
**14 Lunulaförmiges Amulett mit Phallus, Fica und Stierkopf**
Bronze, kaiserzeitlich
Rheinisches LandesMuseum Bonn

Eine in heidnischer, jüdischer und später auch christlicher Übelabwehr sehr häufige Szene zeigt einen Reiter, der in Beischriften als Salomon oder Sisinnios bezeichnet ist und eine Dämonin ersticht, die bisweilen als Alabastria benannt wird (Fauth 1999). Salomon wird öfter von einem Engel begleitet; auf späteren christlichen Amuletten, die in Metall ausgeführt wurden, trägt seine Lanze am Ende ein Kreuz. In einer als sein „Testament" bezeichneter Schrift wird berichtet, dass Salomon hierbei ein eigenes Siegel benutzte, worauf Beischriften wie „Siegel Salomos" oder „Siegel Gottes" hinweisen. Letzteres findet sich beispielsweise auf der Rückseite eines Salomo-Hämatits aus Lykien [9].

Ein Nicolo in Kassel [10] lässt sehr gut den Übergang von heidnischer zu christlicher Ikonographie nachvollziehen. Die Vorderseite wurde im 3. Jahrhundert als eingeschnittener Siegelstein (Intaglio) angefertigt; der seitenverkehrt dargestellte Sonnengott würde im Abdruck korrekt die rechte Hand erheben. Auf der Rückseite wurde im 4. Jahrhundert in der für ein Amulett erforderlichen positiven Anordnung die Aufrufung von Jesus Christus, Gabriel und Ananias angebracht. Über ihr ein magisches Buchstabenzeichen zwischen Christogramm und Anker, unter ihr die auch in ausführlichen Texten zur Übelabwehr gebräuchliche Bekräftigung mit Amen.

Ein fast ausschließlich von römischen Knaben bis zu 14 Jahren getragenes Amulett war die kreis-, bisweilen auch kapselförmige Bulla, über deren übelabwehrenden Inhalt wir allerdings nichts wissen (Goette 1986). Eine durch ein Christogramm christianisierte Bulla trug ein Knabe in einer verschollenen kleinen Trierer Bronzeskulptur [11]. Ein Bleianhänger in Mondsichelform (*lunula*), der in Trier aus der Mosel geborgen wurde, ist auf beiden Seiten mit einem Christusmonogramm geschmückt [12]. Die Lunula der Göttin Diana wurde in der Antike im ganzen Mittelmeerraum zur Übelabwehr getragen; durch Abbildungen ist besonders die Verwendung bei Frauen und bei Reit- und Rennpferden belegt (Wrede 1975). Bei vielen der erhaltenen Exemplare ist der Schutz durch den Penis oder die erotische Fingergeste der Fica verstärkt, die als besonders wirksam gegen die Verzauberung des „Bösen Blicks" galten (vgl. das Phallusamulett aus der Mosel bei Trier [13]) und die Lunula mit Phallus und Fica aus Bonn ([14]; an den Ösen hingen weitere solche Symbole oder Glöckchen). Auf derselben Ebene lag auch der Schutz durch die weitverbreitete, wegen ihrer erotischen Anspielung bis ins Mittelalter als Amulett beliebten „Kaurimuschel", das Gehäuse einer mediterranen Meeresschnecke.

TREVERI
SEDES
**TRIER – RESIDENZ**
IMPERATORIA
**IN DER
SPÄTANTIKE**

# TRIER – RESIDENZ IN DER SPÄTANTIKE

Klaus-Peter Goethert und Marco Kiessel

## VON DER PROVINZHAUPTSTADT ZUR KAISERRESIDENZ

Die Vereinigung von vier Insulae am Rande der Wohnbebauung im Nordosten der Stadt zwischen 120 und 150 und das gleichzeitige Erstehen monumentaler Neubauten wie der Stadtmauer mit ihren Toren, dem Amphitheater, der zweiten Steinpfeilerbrücke, dem Circus und den Barbarathermen kennzeichnen eine neue Epoche im Leben der Civitas Treverorum.

Durch die Zusammenlegung entstand in dieser Region der Stadt ein Repräsentations- und sicherlich auch Verwaltungsbereich, der zukunftsträchtig werden sollte: In der Spätantike ließ ihn der jetzt selbst in Trier residierende Kaiser zum Palastbezirk erweitern. Beim Ausbau im 2. Jahrhundert wurden die meisten bereits vorhandenen Gebäude und Räumlichkeiten weiter genutzt, aber auch neue geschaffen. In diesem Zusammenhang wurde eine monumentale Halle von 24,50 m Länge und 15 m Breite über einer Nord-Süd-Straße erbaut. Südlich war dieser Halle eine doppelte Vorhalle – eine geschlossene und eine offene – vorgelagert. Die Gesamtlänge der Baulichkeit beträgt 36,40 m; eine wirklich eindrucksvolle Empfangsstätte.

Auf dem Gelände südöstlich dieser Halle wurde die Vorbebauung niedergelegt und eine ost-westlich verlaufende Portikus von 6 m lichter Weite errichtet, die an großzügig bemessenen Räumen vorbeiführt. Leider sind nur die Maße eines einzigen bekannt: Er misst immerhin 7 x 7,4 m. Aus einem dieser Räume stammt eine prachtvolle Wandmalerei, die unter dem Namen „Grüne Wand" in die Literatur eingegangen ist. Mit ihrer Hilfe lässt sich die ursprüngliche Raumhöhe auf etwa 6 m festlegen. Wandelhalle und Räume sind hier erwähnt, weil sie in der Spätantike weiter genutzt und teilweise neu ausgestattet wurden. Darauf wird weiter unter einzugehen sein.

Die Größe der zentralen Halle, die Größe der vereinigten Fläche (240 x 215 m), die Intensität des Ausbaues der Stadt, die Ausweitung des Wohnungsbaues wurde noch nicht genannt, lässt nur einen Schluss zu: Trier ist im Lauf der ersten Hälfte des 2 Jahrhunderts zur Residenz des Statthalters der Gallia Belgica, des LEGATUS AUGUSTI PRO PRAETORE, erhoben worden. Den Status als Sitz des Vertreters des Kaisers in dieser Provinz hat die Stadt bis in die Epoche des Gallischen Sonderreiches behalten. Der Rechtsanspruch stieg sogar, Trier wurde unter Viktorinus (269 – 271) zur Kaiserresidenz. Als äußeres Kennzeichen dieses Anspruches darf die Tatsache gewertet werden, dass während der Zeit des Gallischen Sonderreiches (260 – 274), spätestens während der Regierung des Viktorinus, in Trier eine Münzstätte eingerichtet wurde. Der Legatenpalast verfiel damals. Mit der Niederringung des Sonderreiches im Jahre 274 wurde auch die Münzstätte aufgelöst. Was in Trier in den folgenden 10 Jahren geschah, ist nicht überliefert. Der Legatenpalast scheint nicht wieder genutzt worden zu sein.

Neues Leben hat die Stadt wohl erst einige Jahre nach dem Regierungsantritt Diokletians (284 – 305) erfüllt. Ab 286 hat der Caesar des Westens – der spätere Augustus Maximian – Trier als Aufenthaltsort genutzt. Schon auf ihn geht wahrscheinlich die Planung, die Stadt zur Residenz auszubauen, zurück. Ist diese Annahme auch hypothetisch, so darf man doch davon ausgehen, dass spätestens seit dem Winter der Jahre 293/294 Trier als Kaiserresidenz bezeichnet werden muss, denn zu diesem Zeitpunkt wurde wieder eine Münzprägestätte eingerichtet.

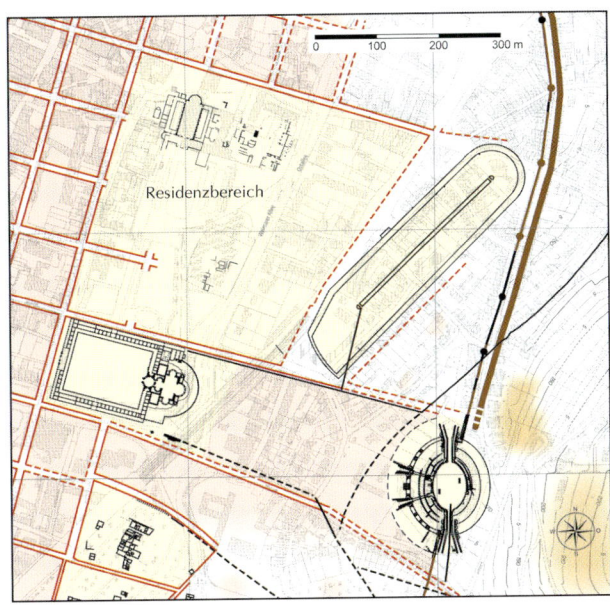

⊙ I.16.7
**1 Der Palastbezirk im 4. Jh.**

**2 Die Basilika von Nordwesten**

Die Planung des Residenzausbaus begann im alten Regierungsviertel. Genau über der Empfangshalle des alten Legatenpalastes, dessen Reste damals niedergelegt wurden, errichtete man eine neue Aula von wesentlich größeren Dimensionen, offensichtlich ein Hinweis auf angestrebte Ortskontinuität. Nach dem Vertreter des Kaisers residiert hier nun der Kaiser selbst und später auch sein Präfectus Praetorio.

Im Jahre 305 sind die Fundamente der großen Halle gelegt und das Mauerwerk von Halle und Vorhalle etwa 2 m hoch aufgeführt. Dies beweist der Fund einer Münze des Severus II. (Caesar 305 – 306, Augustus 306 – 307) aus diesem Jahr im Mauerwerk der Vorhalle. Zwischen 312 und 316 werden die Estriche der westlichen Umgebungsbauten gelegt, nach 337 die Fußbodenheizung der großen Halle eingerichtet. Das Datum belegen ebenfalls die Münzfunde. Vielleicht war das Gebäude erst unter Gratian (367 – 383) wirklich nutzbar, denn Ausonius lobt Gratian in seiner Festrede vom Jahre 379 , er habe das Palatium in schrecklichem Zustand übernommen und lieblich vorgestellt. Meist bezieht man die Aussage nur auf den inneren, politischen Zustand des Palastes, aber die Tatsache, dass Forum und Forumsbasilika im selben Satz genannt sind, deutet darauf hin, dass die Aussage zumindest doppeldeutig gemeint ist, denn auch der konstantinische Neubau von Forum und Forumsbasilika wurde erst unter Gratian vollendet.

Auch die Stadt selbst profitierte von dieser neuen Aufgabe, denn mit der kaiserlichen Verwaltung kam eine neue Oberschicht nach Trier, deren Angehörige repräsentative Wohnbauten benötigten. Viele ältere Häuser wurden umgebaut oder sogar niedergelegt und neu errichtet. Ein Beispiel für dieses Vorgehen konnte in der Gilbertstraße erforscht werden. Ein mit sorgfältig ausgeführten Wandmalereien des 2. Jahrhunderts geschmücktes Haus hat man dort abgetragen und durch ein weiträumiges Gebäude ersetzt. Bei einem Wohnhaus unter der Villa des Fabrikanten Schaab, in der Südallee südlich der Kaiserthermen, verfuhr man anders: Dort wurden lediglich die repräsentativen Räume im Innern des Wohnblockes umgestaltet, mit neuen Mosaiken belegt und zum Teil wohl auch vergrößert, während die straßenseitige Bebauung unverändert blieb. Meist können jedoch solche Feststellungen nicht getroffen werden, weil die Grabungen zu kleine Ausschnitte freilegen. Dann kann nur festgehalten werden, dass einzelne Räume eine neue Ausstattung erhielten, wie zum Beispiel ein Saal eines Wohnhauses unter dem Augustinerhof, der wahrscheinlich nach dem Fund eines mit einer Inschrift versehenen Mosaiks als Viktorinus-Palast angesprochen werden kann. Dort wurde ein Springbrunnen installiert und ein neues Mosaik verlegt ⊙ **I.3.16.**

Wohnraum-Springbrunnen dieser Art sind seit dem späten 1. Jahrhundert in den Prachtsälen der Villen des Trevererlandes häufig anzutreffen. Erinnert sei an die Villen bei Echternach, Borg und Nennig. Eine ähnliche Neuausstattung erfuhr ein Haus der südlich angrenzenden Nachbarinsula. In einem rechteckigen Saal wurde ein Mosaik verlegt, dessen Zentrum aus einer großen Kreiskomposition bestand. Prachtvoll gestaltete Tritone vermittelten zu den Raumecken. Einer von ihnen blieb erhalten ⊙ I.17.2. Ein Springbrunnen ist dort freilich nicht nachgewiesen. Zu einem in konstantinischer Zeit neuerrichteten Haus gehörte auch der Saal unter dem Trierer Dom, mit dessen prachtvoll ausgemalter Decke eines der wenigen datierten Gemälde dieser Epoche auf uns gekommen ist ⊙ II.5.1.

Niedergelegt wurde auch die alte Forumsbasilika. Diese Markthalle und die angrenzenden Teile des Forums sollten neu gestaltet werden, doch geriet dieser Ausbau bald ins Stocken und wurde erst, wie schon erwähnt, unter Gratian abgeschlossen. Die Umgebungsgebäude des Forums bestanden nach Fertigstellung aus mehrgeschossigen Gebäuden, die Forumsbasilika – sie stand am Ort der heutigen Neustraße zwischen Germanstraße und Kaiserstraße – war eine große, sicherlich überwölbte Halle. Nebenräume waren mit Mosaiken ausgestattet.

Die Hauptbautätigkeit konzentrierte sich allerdings, wie schon geschildert, auf den eigentlichen Residenzbereich [1]. Lediglich das Gebiet der Kaiserthermen bildet eine Ausnahme. Hier wurde ein Wohngebiet niedergelegt, nicht etwa um repräsentativen neuen Wohnraum zu schaffen, sondern um einer neuen Thermenanlage, den Barbarathermen fast ebenbürtig, Platz zu schaffen. Der Baubeginn dürfte – um 300 – in der Regierungszeit des Constantius liegen. Der mit Schwung angegangene Bau geriet allerdings ebenfalls bald ins Stocken. Um 316 hat man sich wohl entschlossen, eine Baupause einzulegen. Erst in der zweiten Hälfte des 4. Jahrhunderts wird die Baustelle wieder eröffnet, jedoch mit veränderter Zielsetzung. Man wird festgestellt haben, dass die alten Barbarathermen für die Trierer Bevölkerung hinreichend Platz boten, aber für die seit Konstantin dezentralisierte Garde des Kaisers (die Prätorianergarde Roms wurde bekanntlich 312 aufgelöst) in Palastnähe keine Unterbringungsmöglichkeit vorhanden war. Die *scholares*, wie die berittene, etwa 800 Mann starke Truppe hieß, brauchten eine Unterkunft. Der Hof der Thermenanlage wurde zu einem Exerzierplatz vergrößert, das begonnene Frigidarium niedergelegt, das ehemalige Tepidarium zur Eingangshalle, das Caldarium zur Exerzierhalle mit Fahnenheiligtum umgestaltet. Rings um den Hof lagen die Unterkünfte für Mensch und Tier. Im Nordosten der Anlage, neben dem vormaligen Caldarium,

wurde ein kleines „Soldatenbad" eingerichtet. Nur eine Ostweststraße trennte die Gardekaserne vom Palastbezirk. Für den Haupteingang der Anlage verwendete man allerdings den alten Haupteingang der geplanten Thermen wieder. Er liegt im Westen gegenüber der heute wiedererrichteten Ostapsis der Exerzierhalle in der Mitte der Schmalseite des Gebäudes an einer Nord-Süd-Straße, die auch die Palastanlage westlich begrenzt.

Das Areal der Residenzanlage wurde gegenüber dem des 2. Jahrhunderts deutlich vergrößert. Im Norden und Westen blieb es zwar durch die römischen Straßen „4" und „H" begrenzt. Im Süden erweiterte man es aber bis zur Straße „8", die den zunächst als Thermen geplanten Bau nördlich begleitet. Die meisten Straßen zwischen „Basilika" und „Kaiserthermen" wurden aufgegeben, allenfalls die Straßen „J" und „7" könnten als Stichstraßen noch existiert haben.

Im Bereich zwischen dem im 2. Jahrhundert errichteten Legatenpalast und dem Circus hat es wahrscheinlich nie eine Nord-Süd-Straße gegeben; das Regierungsviertel ging über in eine lockere Stadtrandbebauung. Im Zuge des Residenzausbaues wird diese Bebauung verdichtet und offensichtlich in die Residenz einbezogen. Für die Spätantike ist in dieser Zone eine Straße völlig auszuschließen. Zum Palastbereich der Spätantike gehört folglich auch der Befund unter dem Landesmuseum, der vor allem durch den großen, prächtig mit Marmorinkrustation und Wandmosaiken ausgestatteten Saal mit dem Monnus-Mosaik bekannt ist.

So entsteht in Trier wahrscheinlich erstmals im Imperium Romanum außerhalb Roms eine Kopie der Region des stadtrömischen Regierungssitzes: Palast und Circus liegen unmittelbar nebeneinander wie Palatin und Circus Maximus. Es ist kaum zu übersehen, dass diese Verbindung bewusst hergestellt wurde, zumal schon früher in Rom diese Verbindung von Circus und Herrschaftssitz betont wurde. Der Circus Neronis lag in den Gärten des Caesar, der Circus Varianus bei einem Palast, der Sessorium genannt wurde, und neben der Villa des Maxentius an der via Appia wurde ebenfalls ein Circus angelegt.

Einige Jahre später, nach 305, die Trierer „Basilika" war schon im Bau, folgt Galerius beim Ausbau seiner Residenz in Thessaloniki diesem Beispiel. Dort freilich liegen Circus und große Halle fast unmittelbar nebeneinander.

⊙ I.16.7
3 Reste des Marmorbodens aus dem Mitteltrakt der Vorhalle

4 Mosaik aus dem linken Seitentrakt
der Vorhalle verschollene Zeichnung
Karl Schnitzler

## DIE BAUTEN DER NEUEN RESIDENZ

Das Palastgebiet war weiträumig bebaut. Portiken vermittelten zwischen den Baulichkeiten. Kern der Anlage war sicher die große Halle am Platz der niedergelegten Halle des Legatus Augusti. Seit langem ist man bemüht, die antike Bezeichnung dieses Bauwerkes wiederzugewinnen. Im 19. Jahrhundert entschloss sich die Wissenschaft, sie als Basilika zu bezeichnen, freilich in der Annahme, das Gebäude sei ein Solitärbau gewesen (Steininger 1835; Kugler 1842). Später meinte man, sie im Anschluss an den Text des Panegyrikus von 310 als Sedes Iustitiae ansprechen zu dürfen (M.W. Seston). Auch diese Benennungsvorschläge erwiesen sich als wenig zufriedenstellend. Besonders, weil heute ausgeschlossen werden kann, dass die Halle damals bereits nutzbar war.

Wilhelm Reusch führt den Begriff Aula Palatina ein, freilich ohne dafür eine antike Quelle anführen zu können. Die Wortgruppe ist im klassischen Latein nicht belegt. Für die verschiedenen Empfangsräume des Domitianischen Kaiserpalastes auf dem Palatin sind drei Benennungen bekannt, Aula Regia, Basilika Palatina und Triclinium, lassen sich jedoch nicht eindeutig einem Raum zuweisen. Die modernen Bezeichnungen des Trierer Baues sind folglich Rufnamen, die nicht den Anspruch erheben können, antik zu sein. Gegen die Verwendung ist bei entsprechender Kenntnis nichts einzuwenden.

Die Halle in Trier [2] ist seit ihrer Wiederherstellung in den Jahren 1846 – 1856 in ihren Maßen bekannt. Sie besaß einschließlich der 12,40 m tiefen Apsis eine lichte Länge von 69,80 m; heute ist sie um 0,90 m kürzer, weil im 19. Jahrhundert die Südwand um diesen Betrag verstärkt wurde. Die Breite misst 27,20 m. Die Höhe betrug im Altertum etwa 30 m.

Mehrere Grabungen seit 1913, zuletzt die der Jahre 1985-1986 haben das Verständnis Ihrer Umgebung und damit dieser zentralen Palastregion gefördert. Südlich war der großen Halle eine Vorhalle – lichte Länge 68,22 m, lichte Breite 12 m – quer vorgelagert, die von West nach Ost in vier Abschnitte gegliedert ist: Eine Apsis, einen linken Seitentrakt, einen um 4 m vorspringenden Mitteltrakt und einen rechten Seitentrakt. Mindestens vier Türen führten von Süden in die Vorhalle, drei im Mitteltrakt und eine im linken Seitentrakt. Wahrscheinlich ist eine fünfte im rechten Seitentrakt symmetrisch zu ergänzen. Der Mitteltrakt war mit einem prachtvollen Marmorboden ausgestattet [3], die Seitentrakte mit Mosaiken [4]. Der Übergang von den Seitentrakten zum Mitteltrakt war durch Säulen markiert. Ein Kapitell ist [5] erhalten; es wurde nicht eigens für den Bau hergestellt, sondern stammt aus dem 2. Jahrhundert, ist also wiederverwendet.

⊙ I.17.43
**6 Marmorintarsie (opus sectile) mit dem Stadtpräfekten Junius Bassus als Spielgeber**
Rom, Museo Nazionale Romano di Palazzo Massimo

⊙ I.15.44
**5 Korinthisches Kapitell aus der Vorhalle, Marmor**

⊙ I.15.51
**7 Fragment eines Säulenschaftes aus grünem griechischen Marmor**

⊙ I.15.46
**8 Reste des Marmorbodens aus der großen Halle**

Auch ein Säulenschaft wurde gefunden, er schmückt heute den Westrang des Amphitheaters. Über sieben Türen konnte diese Vorhalle verlassen werden: Drei führten vom Mitteltrakt aus in die große Halle – die mittlere besaß eine Breite von 6,70 m – je zwei aus den Seitentrakten in die die Halle begleitenden Portiken.

Vom Bauschmuck der Halle ist nur wenig überliefert: Einige Kapitellfragmente der Wandverkleidung sind bekannt, darunter solche aus Porphyr. Darüber hinaus wurde eine Fülle von Marmorprofilen und -plattenresten gefunden, die sich jedoch nicht zu einem Bild zusammenfügen lassen. Zwischen den Fenstern der unteren Reihe bezeugen Dübellöcher für große Verkleidungsplatten das System der Dekoration. In der Höhe des Ansatzes des großen Bogens, der den Blick in die Apsis freigibt, endet die Verkleidung aus großen Platten. Darüber zierte bis zur Decke ein kleinteiliges Marmormosaik in der Art der Ausstattung der Iunius Bassus-Basilika [6] in Rom die Wände. Die Nischen in der Süd und Nordwand sowie in der Apsis waren mit Marmor verkleidet, ihre Halbkuppeln mit Mosaiken ⊙ I.15.47 bedeckt. Säulenbaldachine betonten die Nischen-Architektur. Zwei Säulenstümpfe kamen bei den Grabungen zutage. Einer von ihnen – aus seltenem grünem griechischen Marmor – zeigt eine gedrehte Kannelur [7]. Der geringen Maße wegen dürften diese Säulen allerdings aus der Vorhalle stammen.

Auch Reste des Bodendekors blieben bewahrt: Im Langhaus lag ein schwarz-weißes Sechseck-Muster [8], in der Apsis ein farblich gleichartiger Rauten-Rapport. Ob der gesamte Boden in dieser Art belegt war, oder nur Abschnitte, muss offen bleiben. Der reich gegliederte Boden des Mittelteiles der Vorhalle spricht für letztere Annahme.

Außen war der Bau, der durch horizontale Gesimse unterhalb der Fenster eine ästhetische Komponente erhielt, welche die strenge vertikale Lisenen-Gliederung relativierte, mit einem grauweißen Kalkputz überzogen. Eine geringe Beimengung an Ziegelsplitt gab dem frischen Putz in der Antike vielleicht einen rötlichen Schimmer. Eine farbige Fassung hat der Außenputz nicht erhalten. Lediglich die Fensterlaibungen waren ausgemalt. Dank der Tatsache, dass die Fenster im Mittelalter vermauert wurden, sind diese Malereien teilweise erhalten. Sie zeigen gelbe (goldene) Rankenwesen auf weinrotem Grund, umgeben von einer hellroten Fassung [9].

Wie die Verbindung von Circus und Palast an das römische Vorbild denken lässt, erinnert auch der Gedanke, eine Halle von langgestreckt U-förmigen Portiken zu begleiten, an den palatinischen Kaiserpalast, dessen sogenanntes Triclinium mit seinen seitlichen Höfen und Portiken [10] eine ähnliche Struktur aufweist. Westlich und nördlich der Westportikus lagen weitere Raumgruppen. Wiederum weiter westlich und nordwestlich wurden alte Baulichkeiten in den neuen Palast integriert. Östlich der Ostportikus, ergraben im Innenhof des kurfürstlichen Renaissanceschlosses, liegen wiederum eine Portikus, in deren Mitte sich ein Garten mit Springbrunnen befand, und eine kleine

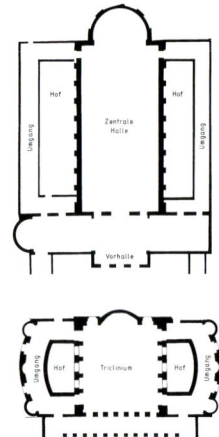

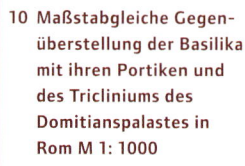

10 Maßstabgleiche Gegenüberstellung der Basilika
mit ihren Portiken und
des Tricliniums des
Domitianspalastes in
Rom M 1: 1000

⊙ I.17.4

11 Trier, Grüne/Weiße Wand. Secco-Malerei zerstört
Aquarell des Dieners
Rekonstruktion L. Dahm sen.

„Basilika", deren Apsis nach Süden gerichtet ist. Die
Böden der Portikus ⊙ I.15.58 und der Halle waren mit
Mosaiken ausgestattet. Das Mosaik der Halle zeigt sogar figürlich geschmückte Bilder. Eines kam fast unversehrt zutage. Dargestellt sind zwei Personen neben einer Schilfhütte. Beide spielen Saiteninstrumente, die
linke – wohl weiblich – im langen Gewand der Musen,
die rechte – männlich – mit einer Handwerkertunika
bekleidet. Dieser Leierspieler scheint nach rechts davonzulaufen ⊙ I.16.6. Die Szene gilt als ungedeutet.

40 m südlich dieser Halle wurde die Südostecke eines
Flures oder einer weiteren Portikus aufgedeckt, deren
Mosaik bemerkenswerte Übereinstimmungen mit solchen aus dem englischen Woodchester zeigt, die den
Austausch zwischen britannischen und treverischen
Mosaikwerkstätten bezeugen.

Wiederum 20 m südlich liegt die bereits oben beschriebene große Portikus des 2. Jahrhunderts. Sie erhielt
einen neuen Mosaikboden. Im nördlich anschließenden Garten wurde ein beheizter Apsidensaal errichtet,
ebenfalls reich mit einem Bodenmosaik, einer Marmorvertäfelung und vergoldetem Wandmosaik versehen. Die
südlich der Portikus liegenden Räume wurden zum Teil
neu gestaltet. Zum Beispiel erhielt die Hauptzone der ursprünglich grün bemalten Wand eine weiße Übermalung
mit der interessanten Darstellung eines Dieners [11].

*K.-P. Goethert*

⊙ I.15.42

9 Malereien der Fensterlaibungen am Ort
und Rekonstruktion L. Dahm

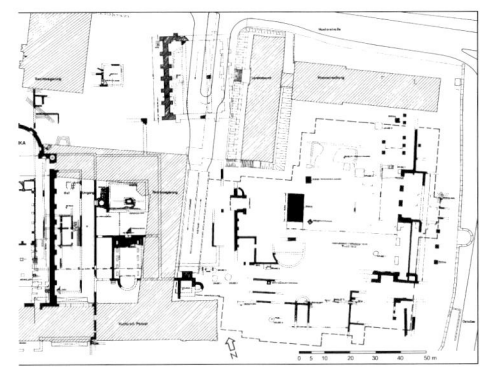

12 Palastbereich östlich und nördlich der Basilika

## Die Bebauung des spätantiken Palastareals nordöstlich und östlich der „Basilika"

Die Grabungen der Jahre 1982 und 1984/1985 im Bereich des Willy-Brandt-Platzes nordöstlich des Kurfürstlichen Palais und des Palastgartens östlich desselben führten zu genaueren Erkenntnissen über die Gestaltung und Datierung des dortigen antiken Palastareals [12]. Während an den Gebäuderesten im Gebiet des Palastgartens, heute einer Tiefgarage wegen zerstört, noch deutlich ihr repräsentativ-architektonischer Charakter und damit ihre Zugehörigkeit zum offiziellen Palastteil zu erkennen ist, sind nordöstlich der „Basilika" auch Einrichtungen zur Versorgung des Palastes lokalisierbar.

### Palastgarten/Tiefgarage

Hier wurden die Reste von sechs römischen und einigen nachantiken Gebäudestrukturen dokumentiert. Das geringe Fundmaterial aus den Fundamenten der östlichsten Bebauung und wenige konstantinische Ziegel bieten einen terminus post quem für die zeitliche Einordnung der Gestaltung des gesamten Areals: die Wende vom 3. zum 4. Jahrhundert. Die Ausrichtung der zwei westlichsten Bauten folgt den römischen Befunden im Innenhof des Kurfürstlichen Palais. Das Portal des mit Mauervorlagen versehenen Baus und das Springbrunnenbecken im Innenhof liegen auf einer Blickachse. Somit dürften diese Gebäude zeitnah zum „inneren" Palastbezirk geplant und errichtet worden sein. Das Portalgebäude diente wohl als östlicher Zugang zum inneren repräsentativen Palastbereich. Die übrigen Bauten weichen deutlich von dieser Orientierung nach Südosten wegknickend ab. Der Anschluss des Palastbezirks an den älteren Circus im Osten der Stadt ist eine denkbare Ursache für diese Abweichung. Im Südosten wurde der Portalbau wenig später durch eine halbkreisförmige Exedra mit rechteckigem Vorbau erweitert. Ein rechteckiges, in der Achse des Portals liegendes massives Fundament könnte die Basis eines Standbildes oder eines kleinen Tempels gewesen sein. Eine sich weiter westlich in nordsüdlicher Richtung ausdehnende, stark fundamentierte Säulenstellung vor einer Nord-Süd-Mauer und ein mehrphasiges, rund 44 m breites und 17 m tiefes Propylon (eine Toranlage) bilden offenbar die Begrenzung eines Platzes nach Osten. Die Säulenstellung nördlich des Eingangsbaus könnte Teil einer zum Palast orientierten Portikus gewesen sein.

### Willy-Brandt-Platz

Nordöstlich der Apsis der „Basilika" wurde der Rest eines auf vorkonstantinischen Mauern ruhenden, frühestens in konstantinischer Zeit errichteten und noch in valentinianischer Zeit genutzten, mit Estrich ausgestatteten Raumes festgestellt. Größere Mengen von gewöhnlicher Gebrauchskeramik mögen auf einen „Bedienungsraum" hindeuten. Da westlich und südlich dieses Raumes zwei Präfurnien der Basilika liegen, erscheint der Gedanke nicht abwegig. Der große hypokaustierte, mit Marmor reich ausgestattete Raum weiter östlich wurde wohl schon im 3. Jahrhundert errichtet, jedoch im 4. Jahrhundert weiterhin genutzt. Das östlichste, 32 m lange Gebäude mit mächtigem, durch Vorlagen verstärktem Mauerwerk diente wahrscheinlich als Speicher des Palastes. Vergleichbare Grundrisse finden sich in römischen Kastellen und villae. Vom Ausgräber wurde der Bau ohne Angabe von Gründen vorkonstantinisch datiert. Gemäß einer kleinen Grabung vor dem 2. Weltkrieg befand sich jedoch offenbar ein ostwestlich verlaufender Drainage(?)-Kanal unterhalb des Gebäudeestrichs im nicht mehr vorhandenen, aber zu ergänzenden Ostteil des Gebäudes. Dessen Wangen enthielten zwei konstantinische Ziegel, die wohl nahelegen, dass der Speicher frühestens zur ersten Bauphase des Palasts gehörte. Keramische Reste belegen, dass das Gebäude noch bis ins 5. Jahrhundert benutzt wurde. Es fiel schließlich einem Brand zum Opfer.

*M. Kiessel*

TREBERIS

A. v.

# MÜNZPRÄGUNG IM RÖMISCHEN TRIER

**Karl-Josef Gilles**

Schon lange vor Errichtung der spätantiken Residenz wurden in Trier Münzen geprägt. Die älteste von mindestens drei römerzeitlichen Münzstätten konnte am Viehmarkt im Bereich einer kleineren treverischen Vorgängersiedlung lokalisiert werden, in der während des Trevereraufstandes von 30/29 v. Chr. einzelne Münzen in Anlehnung an ältere treverische Goldstatere, aber auch neue Typen aus einer messingartigen Legierung hergestellt wurden.

Danach sind für das frühe 3. Jahrhundert mehrere Fälscherwerkstätten für Gussmünzen (Bergstraße, Olewiger Straße und St.-Barbara-Ufer/Südallee) nachgewiesen. Allein an der Bergstraße konnten 1999 weit über zehntausend sog. Fälscherförmchen geborgen werden.

Nur wenig später entstanden vielerorts in Gallien lokale Prägestätten, die vor allem in den unruhigen Jahren nach 270 mit primitivsten Mitteln und meist ungeschickten, untergewichtigen Imitationen, den sogenannten Barbarisierungen, dem auftretenden Kleingeldmangel entgegenzutreten versuchten. Solche Werkstätten konnten neuerdings auch im Umfeld von Trier anhand von gekerbten Gussstangen, abgetrennten Segmenten, zahlreichen für die Prägung bereits vorbereiteten Schrötlingen, stempelgleichen Münzen, teils mit unterschiedlichen Stempelkopplungen, in römischen Villen bei Holsthum (Kr. Bitburg-Prüm), Udelfangen und Kahren (beide Kr. Trier-Saarburg) nachgewiesen werden.

## DIE MÜNZSTÄTTE DER GALLISCHEN KAISER

Eine Münzprägung unter den gallischen Kaisern war für Trier bisher nur durch zwei Inschriften bezeugt, die einen Verwalter oder Vorsteher (CIL VI 1641: PROCURATOR MONETAE TRIVERCE), der später noch zum Praeses von Obergermanien, PRAEFECTUS PRAETORIO und PRAEFECTUS URBI, aufstieg, und einen Kontrolleur oder Prüfer der Trierer Münzstätte (CIL XIII 11311: NUMULARIUS SACRAE MONETAE AUGUSTI NOSTRI) nennen [1]. Zudem bezeugen die Scriptores historiae Augustae (Trebellius Pollio, Tyranni triginta 31,4) für das letzten Drittel des 3. Jahrhunderts in Trier eine Münzstätte. Aus den Münzen selbst geht allerdings – im Gegensatz zu den Münzen des 4. Jahrhunderts – wegen fehlender Emissionszeichen nicht hervor, dass in Trier zumindest auf die dort residierenden Usurpatoren Victorinus (269–271), Tetricus I. (271–274) und dessen Sohn Tetricus II. (272–274) in einer Prägeanstalt Aurei und Antoniniane geschlagen wurden. Bisher mangelte es an sicheren Kriterien, die einzelnen Gepräge einer bestimmten Münzstätte zuzuschreiben, was als erster Georg Elmer in seiner noch grundlegenden Arbeit über die Münzprägung der gallischen Kaiser in Köln, Trier und Mailand versuchte.

Schon bald nach der Niederlage von Tetricus I. und der Rückführung der gallischen Reichsteile in das Imperium Romanum durch den rechtmäßigen Kaiser Aurelianus (270–275) im Frühjahr 274 wurde das Trierer Münzamt geschlossen und nach Lyon verlegt. Zuvor war offenbar noch eine Emission mit Aurelians Bildnis und Namen herausgebracht worden. Wenig später wurde Trier, wie auch Schatzfunde belegen, bei einem Germaneneinfall zumindest stärker in Mitleidenschaft gezogen.

⊙ I.15.22
< **Stadtpersonifikation Trier im Kalender von 354**
Città del Vaticano, Bibliotheca Apostolica Vaticana

⊙ I.3.32

**1 Weiheinschrift eines Kontrolleurs (numularius) der Trierer Münzstätte aus dem Amphitheater**
(wohl Zeit der Gallischen Kaiser)
Rheinisches Landesmuseum Trier

⊙ I.3.30

**2 Gußstangen, teilweise gekerbt, und abgezwickte Segmente zur Herstellung von Münzschrötlingen vom Simeonstiftplatz in Trier**
(um 272/274 n. Chr.)
Rheinisches Landesmuseum Trier

Im Sommer 2005 kamen unweit der Porta Nigra in umgelagerten Schuttschichten offenbar die Reste jener Münzstätte zutage, darunter Bronzebarrenfragmente, Bronzeschlacken, gekerbte Gussstangen zur Herstellung von Münzrohlingen [2], ungeprägte Schrötlinge in unterschiedlichen Fertigungsstadien, stempelgleiche Stücke der letzten Tetricus-Emissionen sowie Bronzeabschläge von drei unedierten Aurei für Tetricus I. und II., die anlässlich der Feiern zu den Quinquennalien des Tetricus I. im Frühjahr 274 herausgebracht wurden. Vermutlich waren diese Reste bei umfangreichen Planierungen im Zuge des Wiederaufbaus mit anderem Schutt hinter die Nordmauer der Stadt verlagert wurden, so dass wir das Münzamt der gallischen Kaiser unweit dieser Stelle erwarten dürfen.

### DIE WIEDERERÖFFNUNG DES TRIERER MÜNZAMTES UNTER CONSTANTIUS I.

Nach knapp 20-jähriger Unterbrechung nahm das Trierer Münzamt noch vor der diokletianischen Münzreform im Spätjahr 293 oder zu Beginn des Jahres 294, nachdem der zum Caesar erhobene Constantius Chlorus Trier zu seiner Residenz gewählt hatte, seine Prägetätigkeit wieder auf. Da auf Constantius I. wie den wohl gleichzeitig am 1. März 293 zum Caesar ausgerufenen (Maximianus) Galerius in Trier von Beginn an mitgeprägt wurde, ist die Reaktivierung des Münzamtes nach diesem Zeitpunkt anzusetzen. Da andererseits je ein Antoninian der ersten und zweiten Emission Constantius I. im Consulargewand (Cahn Nr. 2 und 13 B) zeigen, er dieses Amt aber erst im Jahre 294 antrat, kann die Wiederaufnahme der Münzprägung nicht vor den letzten Monaten des Jahres 293 oder zu Beginn des Jahres 294 erfolgt sein [3, 4].

Das neue Münzamt, dem nach der NOTITIA DIGNITATUM (11,45 hrsg. von O. Seeck) ein PROCURATOR vorstand, entwickelte sich bald zu einer der Hauptmünzstätten des Reiches, obgleich es meist nur mit zwei Offizinen (Prägeanstalten) arbeitete. Während eines Zeitraums von knapp anderthalb Jahrhunderten wurden in Trier mit kürzeren Unterbrchungen auf 39 Kaiser bzw. Usurpatoren, Kaiserinnen und Kaisersöhne mehr als 550 Münztypen in Gold, 350 in Silber und 1350 in Bronze geschlagen.

Die Wiedereröffnung des Münzamtes erfolgte von der Münzstätte Lyon aus, die Arbeitskräfte von zwei ihrer vier Prägeanstalten nach Trier abzugeben hatte. Bis zur einschneidenden Reform des Diokletian im Jahre 294 wurden in Trier noch eine Gold- und drei „Antoninian"-Emissionen herausgebracht, die im Gegensatz zu den Prägungen der gallischen Kaiser die ersten Trierer Münzstättenzeichen (PT, PTR, C- und D-PTR) zeigen [4]. Die Beizeichen C und D gehen offensichtlich auf die 3. und 4. Offizin von Lyon zurück. Nach der Reform von 294 wurde in Trier neben Gold und Bronze kurzzeitig auch nahezu reines Silber ausgeprägt.

Die Zahl der in Trier tätigen Prägeanstalten wechselte hinsichtlich der Metalle recht häufig. Gold wurde bis in die Mitte des 4. Jahrhunderts nur in einer Offizin geschlagen. Ab 366/367 lassen sich für die Goldprägung in Trier für anderthalb Jahrzehnte sogar drei Offizinen nachweisen, die mit TROBC, TROBS oder TROBT signieren [5]. Das TR steht für Treveris, OB für Obryzum, d. h. für geläutertes Gold, das C für Capitalis, die erste oder Hauptoffizin, und entsprechend das S und T für die Secunda oder Tertia, die zweite und dritte Offizin. Silber kam mit Ausnahme kürzerer Zeitabschnitte nur in einer Offizin zur Ausprägung. Zwei Offizinen sind lediglich für die Jahre 295/297, 313 und 337/338 nachgewiesen. Größere Schwankungen lassen sich auch bei der Bronzeprägung erkennen. Zunächst hatte man die Herstellung von Bronzemünzen in einer oder zwei Offizinen aufge-

**3** Trierer Aurei der 1. Tetrachie
(Diocletian, Maximian, Constantius I., Galerius)
Rheinisches Landesmuseum Trier

**4** Antoniniane mit Münzstättenzeichen
der ersten Trierer Emissionen
(293/294 n. Chr.)
Rheinisches Landesmuseum Trier

**5** Die verschiedenen Offizinzeichen
der drei Trierer Prägeanstalten
bei Goldmünzen
(367 – 375 n. Chr.)
Rheinisches Landesmuseum Trier

nommen. Für die Zeitspanne zwischen 295 und 297 sind sogar drei Prägeanstalten [6], von 297 – 303 wiederum zwei und von 303 – 315 nur eine belegt. Ab 315 arbeiten dann bis nach 380 meist zwei Offizinen.

Wo das Münzamt während des 4. Jahrhunderts mit seinen Offizinen im Stadtgebiet gelegen hat, ist nicht bekannt. M. R. Alföldi glaubte aus der begrenzten Streuung von damals drei vorliegenden Exagien des Honorius einen Hinweis auf die Lage der Trierer Münzstätte oder den Sitz des *comes sacrarum largitionem* ableiten zu können. Bei ihrer Überlegung ging sie davon aus, dass jene Eichgewichte (für Goldmünzen) ausschließlich in der Münzstätte oder im Offizum des *comes sacrarum largitionem* zur Kontrolle der neugeprägten oder der sich in Umlauf befindlichen Solidi gedient hätten. Da die Neufunde von vier weiteren Exagien aber über das ganze Stadtgebiet streuen, ist eher davon auszugehen, dass sie auch im privaten Bereich, etwa bei Goldschmieden oder Händlern, Verwendung gefunden haben und derzeit keinen konkreten Hinweis auf den Standort der Münzstätte liefern. Nichts würde nämlich im 4. Jahrhundert – von einem Prägestempel des Magnentius und des Valentinian II. abgesehen [7] – auf eine Prägetätigkeit in Trier hindeuten, wäre nicht das Trierer Münzamt auf den Münzen selbst überliefert. Ungeklärt ist auch die Aufgabe des in einer frühchristlichen Grabinschrift aus dem ersten Drittel des 4. Jahrhunderts genannten Damasius vom südlichen Gräberfeld in St. Matthias (Rhein. Landesmuseum Trier Inv. 9799), bei der offen bleibt, ob sich hinter seiner Berufsbezeichnung NVM ein weiterer NUMULARIUS oder ein NUMERARIUS (Rechnungsbeamter) verbirgt.

Welche Bedeutung dem Trierer Münzamt in der ersten Hälfte des 4. Jahrhunderts in der Geldversorgung der Westprovinzen zukam, lässt sich daran ablesen, dass Trierer Bronzeprägungen bei den Fundmünzen Britanniens und Galliens in der Regel Anteile von 60 % oder mehr erreichen. Etwa 30 % teilen sich die gallischen Nachbarmünzstätten Lyon und Arles, während die restlichen 10 % auf die übrigen Münzstätten des Reiches gehen. Trierer Gold- und Silbermünzen stehen für diesen Zeitraum etwas zurück.

Ab dem Spätjahr 355 ruhte in Trier die Münzprägung, da die Stadt wie die Region infolge eines durch den Silvanusaufstand in Köln ausgelösten Germaneneinfalles offenbar stärker in Mitleidenschaft gezogen worden waren. Kurzfristig auf Julianus Augustus mit Trierer Münzstättenzeichen anlässlich seiner Quinquennalien geschlagene Solidi und Siliquae, bilden wohl reine Propagandaprägungen aus einer der Nachbarmünzstätten, mit denen Julian nach seiner Selbsterhebung zum Augustus seinen Machtbereich dokumentieren und vor allem den Eindruck einer neuerlichen Blüte der alten Kaiserresidenz erwecken wollte. Zeitgleiche Bronzeprägungen sind nämlich ebensowenig belegt wie Münzen seines Nachfolgers Jovianus. Vielmehr nahm das Trierer Münzamt erst kurz vor der Erhebung Gratians im Jahre 366/367 wie der geplanten Übersiedlung Kaiser Valentinians I. nach Trier seine Tätigkeit wieder auf. Zu den ersten allein in Trier herausgebrachten Münzen zählt nämlich ein Goldmultiplum, das die glückliche Ankunft der Kaiser (FELIX ADVENTVS AVGGG) festhält. Schon bald gewinnt die Münzstätte bei der Gold- und Silberprägung ihre alte, führende Stellung zurück. Die Ausprägung von Bronze blieb dagegen bescheiden. Trierer Bronzemünzen aus dem letzten Drittels des 4. Jahrhunderts erreichen in gallischen Fundkomplexen nur noch selten Anteile von mehr als 10 %.

**6 Unterschiedliche Offizinzeichen der drei Trierer Prägeanstalten bei Bronzeprägungen**
(295 – 297 n. Chr.)
Rheinisches Landesmuseum Trier

**7 Trierer Prägestempel für eine Maiorina des Magnentius und einen Solidus des Valentinian II.**
(350 n. Chr. bzw. um 383 n. Chr.)
Rheinisches Landesmuseum Trier

## DAS ENDE DER RÖMISCHEN MÜNZPRÄGUNG IN TRIER

Die letzten im ausgehenden 4. Jahrhundert in Trier geschlagenen Münzen tragen den Namen des Usurpators Eugenius (392-394). Umstritten ist, ob nach seinem Tode die Münzprägung auf Theodosius I., Arcadius und Honorius wieder aufgenommen wurde. Trotz langjähriger Sammeltätigkeit sind für den im Januar 393 zum Augustus erhobenen Honorius bislang keine Trierer Gold- und, wenn überhaupt, nur wenige Bronzeprägungen (vgl. RIC X 1299 f.) nachgewiesen, die aber ebenso einer späteren Zeitspanne angehören können. Früher wurden einzelne Exagien des Honorius mit einer Wiedereröffnung der Münzstätte um 395 in Verbindung gebracht. Doch darf ein Zusammenhang mit der Münzstätte inzwischen angezweifelt werden (s. o.). Zweifellos sind die Exagien erst nach dem Tode des im Westteil des Reiches herrschenden Eugenius im Herbst 394 vielleicht sogar im Zuge einer von Theodosius I. angestrebten Restituierung Galliens nach Trier gelangt. Doch machten sein plötzlicher Tod am 17. 1. 395 und eine neue Politik seiner Nachfolger dieses Vorhaben zunichte. Trier verlor noch im selben Jahr neben der Residenz, die nach Mailand verlegt wurde, die oberste gallische Zivilverwaltung mit dem Praefectus praetorio Galliarum an Arles und im Zuge dieser Reform vermutlich auch sein Münzamt.

Für mehr als ein Jahrzehnt wurden in Trier keine Münzen mehr geprägt. Bislang ist auch unklar, ob die mit Trierer Münzstättenzeichen versehenen, auf die Usurpatoren Konstantin III. (407 – 411), Jovinus (411 – 413) und Sebastianus (412 – 413) geschlagenen Gold- oder Silbermünzen tatsächlich in Trier oder in einer mobilen Münzstätte, einer MONETA COMITATENSIS, hergestellt wurden [8]. Stempelschneider und Münzmeister gehörten in dieser Bürgerkriegszeit häufig zum Gefolge des Kaisers und verwendeten vielleicht je nach Aufenthalt des Kaisers und des Heeres in Nord-, Mittel- oder Südgallien die Zeichen der alten Münzstätten Trier, Lyon und Arles. Die Entlohnung der Söldner und Verbündeten erforderte nämlich in unruhigen Zeiten eine rasche Ausmünzung von Edelmetall, wobei ein Heranschaffen aus einer entfernteren Münzstätte damals wohl ein zu großes Risiko bedeutet hätte. Zeitweise ließ Konstantin III. sogar auf Honorius Siliquen mit dem ungewöhnlichen Trierer Münzstättenzeichen TRMS schlagen, vermutlich um dessen Wohlwollen und Anerkennung zu erreichen.

**8 Die letzten Prägungen der Trierer Münzstätte,**
(Teil)Siliquen auf Konstantin III. 407 – 411,
Jovinus 411 – 413 und Valentinian III. 425 – 455
Rheinisches Landesmuseum Trier

In den letzten Regierungsjahren des Honorius wurde die Prägetätigkeit in Trier noch einmal offiziell aufgenommen. Die letzten in Trier geschlagenen Münzen bilden Teilsiliquen der Kaiser Theodosius II. (408 – 450) und Valentinian III. (425 – 455), so dass die reguläre Münzprägung in Trier um 430/440 eingestellt wurde.

### KAISER AUF TRIERER MÜNZEN

Mit Ausnahme des Jovianus (363-364) sind alle im Westteil des Reiches herrschenden Kaiser und Usurpatoren vom späten 3. Jahrhundert bis zur Mitte des 5. Jahrhunderts auf Trierer Prägungen überliefert. Dennoch wurde auf einzelne Herrscher in Trier nur während einer kürzeren Zeitspanne ihrer Regierungszeit geprägt, wobei man auch die Edelmetallprägung einschränkte oder wie für Maxentius (306 – 312), Licinius II. (317 – 323) oder Delmatius (335 – 337) gänzlich ausschloss. Auch die Gemahlin und Mutter Konstantins, Fausta und Helena, erscheinen vornehmlich nur auf Bronzeprägungen, ebenso posthum Theodora zwischen 337 und 340, die zweite Gemahlin Constantius I. und Großmutter der späteren Kaiser Constantius Gallus (351 – 354) und Julianus (355 – 363). Posthume Bronzemünzen wurden auch auf Claudius II. (268 – 270), von dem Konstantin die Abstammung seiner Familie herleitete, auf Constantius I. (293 – 306), auf Maximianus († 310) sowie auf Konstantin geschlagen. Ferner liegen für die Zeitspanne von 330 bis 341 nicht nur aus dem Trierer Münzamt zahlreiche auf die Stadtgöttinnen Roms (VRBS ROMA) und Konstantinopels (CONSTANTINOPOLIS) herausgebrachte Folles vor. Eine bescheidene Silberprägung auf Roma ist zudem noch für die Zeit um 380 nachgewiesen.

# TRIER ALS BISCHOFSSITZ

Heinz Heinen

### EINLEITUNG: QUELLEN UND STRUKTUREN

Die Bedeutung der Bischofsresidenz Trier beruht zum einen auf ihrem Alter, denn sie ist der älteste nachgewiesene Bischofssitz auf deutschem Boden. Zum anderen war die Stadt in weiten Teilen des 4. Jahrhunderts zugleich Kaiserresidenz und bot den hier wirkenden Bischöfen die Möglichkeit, in die großen kirchenpolitischen Fragen des Reiches einzugreifen. Noch heute ist Trier wesentlich durch jene christlichen Bauten geprägt, deren Anfänge oder Vorgänger in das 4. Jahrhundert zurückreichen. Ihre Existenz bzw. ihren Namen verdanken diese Bauten den Bischöfen Triers: Dom und Liebfrauen gehen auf den Basilikenkomplex der spätantiken Bischofskirche zurück, während vor den Toren der Stadt im Norden St. Maximin und St. Paulin auf oder bei den Gräbern der betreffenden Bischöfe errichtet wurden. In der südlichen Nekropole ist St. Matthias aus einer nach dem ersten Trierer Bischof, St. Eucharius, benannten Kirche hervorgegangen.

Trotz dieser eindrucksvollen Zeugnisse ist es um die Quellenlage zur spätantiken Bischofsresidenz nicht besonders gut bestellt. Eine zeitgenössische Trierer Chronik etwa mit fortlaufender Berichterstattung gibt es nicht. Die viel später entstandenen mittelalterlichen Viten der Trierer Bischöfe des 4. Jahrhunderts verdienen wegen ihrer Legendenbildung und historischen Scheinkonstruktionen wenig Vertrauen, wenngleich sie wichtige Zeugnisse für die kirchenpolitischen Anliegen und die Mentalität ihrer Entstehungszeit sowie für die Herausbildung städtischer Identität und Tradition darstellen. Eine Ausnahme bilden die seit dem 11. Jahrhundert nachweisbaren Bischofslisten, die zwar auch unhistorische Einschübe enthalten, ansonsten aber ein weitgehend verlässliches chronologisches Grundgerüst bieten. Die wertvollsten Informationen gewinnen wir aus zeitgenössischen Quellen zu den großen kirchenpolitischen Kontroversen des 4. Jahrhunderts, in die die Bischöfe der Kaiserresidenz oft genug hineingezogen wurden. Von diesen Themen und von den bedeutenden Kirchenmännern, die damals mit der Trierer Bischofsresidenz

in Verbindung standen (Athanasios, Ambrosius, Martin von Tours), wird weiter unten zu berichten sein. Hier soll nur noch festgehalten werden, dass der geradezu unerschöpfliche Boden Triers viele christliche Grabinschriften und archäologische Zeugnisse hervorgebracht hat, die eine gewisse Rekonstruktion kirchlichen Lebens im 4. Jahrhundert ermöglichen. Damit ist der zeitliche Rahmen dieses Beitrages in etwa abgesteckt: Im Zentrum steht die „große" Zeit der Bischofsresidenz im 4. Jahrhundert mit einem Blick zurück auf die Anfänge im 3. Jahrhundert und einem Ausblick auf die weitere Entwicklung bis zum Übergang Triers von der römischen zur fränkischen Herrschaft gegen Ende des 5. Jahrhunderts. Den räumlichen Rahmen bietet das Bistum Trier, dessen Grenzen zunächst mit denjenigen der Gemeinde der Treverer (CIVITAS TREVERORUM) übereinstimmten, wie ja auch sonst die kirchlichen Sprengel in der Regel den staatlichen Verwaltungseinheiten entsprachen. Im Falle Triers hieß dies, dass sich das Bistum im Westen bis zur Maas, im Osten bis zur Mittelmosel ausdehnte. In dem unter Diokletian (284 – 305) und seinen Nachfolgern neu strukturierten Reich nahm Trier allerdings noch sehr viel wichtigere Funktionen wahr; denn es war, in aufsteigender Linie, die Zentrale der Provinz Belgica I (daher die spätere Stellung des Trierer Bischofs als Metropolit der Bistümer Metz, Toul und Verdun), der Verwaltungsdiözese Gallien und der Präfektur Gallien, welch letztere neben Gallien (bis zum Rhein, Atlantik und Mittelmeer) noch Britannien, die Iberische Halbinsel und das Territorium um Tanger im heutigen Marokko umfasste.

Diese herausragende Position Triers als Kaiserresidenz und Verwaltungsmetropole der westlichsten Territorien des Imperium Romanum ist nicht ohne Einfluss auf den Charakter der Bischofsresidenz geblieben, denn der Rang der Stadt hob zugleich die Stellung des Bischofs, während die Verbindung so vieler zentraler Funktionen Trier einen Bevölkerungsschub bescherte (Beamte, Soldaten, Kaufleute), der sich auch auf die Zusammensetzung der Christengemeinde auswirkte.

### VON DEN ANFÄNGEN DER CHRISTLICHEN GEMEINDE BIS ZUR ZEIT KONSTANTINS UND SEINER SÖHNE

Am Anfang der Trierer Bischofsliste stehen die Namen Eucharius, Valerius und Maternus. Der mittelalterlichen Tradition gelten sie als eine vom Hl. Petrus entsandte Gruppe. Da Agritius, der vierte Bischof dieser Liste, als Teilnehmer am Konzil von Arles (Südfrankreich) für das Jahr 314 sicher bezeugt ist, können die drei ersten Bischöfe nicht in die Petruszeit gehören. Ihre Frühdatierung erweist sich als eine mittelalterliche Fiktion, die mit dem hohen Alter und den apostolischen Anfängen des Trierer Bischofssitzes dessen Ansprüche im Konkurrenzkampf mit anderen Bistümern untermauern wollte. Hinzu kommt, dass Maternus, der Dritte in dieser Liste, gestrichen werden muss, weil er wohl mit dem in konstantinischer Zeit als Bischof von Köln nachgewiesenen Maternus identisch ist. Hingegen sind die beiden ersten Bischöfe Eucharius und Valerius durch eine Trierer Inschrift des 5. Jahrhunderts sicher belegt. Wie lange sie vor Agritius und dem Jahr 314 amtiert haben, bleibt ungewiss. Doch darf man mit einiger Sicherheit annehmen, dass eine bischöflich verfasste Gemeinde in den letzten Jahrzehnten des 3. Jahrhunderts in Trier bestanden haben wird. Erste Christen wird es hier jedoch schon viel früher gegeben haben, da Trier in enger Verbindung mit der gallischen Metropole Lyon stand, deren sehr aktive Christengemeinde bereits in der zweiten Hälfte des 2. Jahrhunderts durch einen Märtyrerbericht bezeugt ist. Die Christenverfolgungen, gerade auch die diokletianische, sind in Trier offenbar unblutig verlaufen. Die einheimische Tradition von den zahlreichen Märtyrern aus der Thebäischen Legion und der Trierer Bevölkerung ist eine fromme, aber nicht haltbare Deutung mittelalterlichen Ursprungs. Dagegen ist durch Lactantius, den christlichen Erzieher des Konstantinsohnes Crispus, positiv bezeugt, dass Konstantins Vater Constantius Chlorus (293–306) die christenfeindlichen Maßnahmen Diokletians und seiner Mitkaiser zwar mitgetragen hat und die christlichen Kultgebäude (sicher und gerade auch in seiner Residenzstadt Trier) zerstören ließ, jedoch keine blutige Verfolgung in Gang setzte. Nach seinem Herrschaftsantritt 306 ist Konstantin offenbar noch einen Schritt weiter gegangen und soll die christliche Religion zugelassen haben.

Mit dem Toleranzedikt des Kaisers Galerius (293–311), das den Christen 311 die freie Ausübung ihres Kultes gestattete, setzte nun auch im Osten eine Beruhigung ein, eine wirkliche Wende jedoch erst mit der Entscheidung Konstantins für den Christengott im Zuge des Kampfes gegen seinen Konkurrenten Maxentius (Schlacht an der Milvischen Brücke, 28. Oktober 312). Im folgenden Jahr wurde das Toleranzedikt des Galerius nicht nur bestätigt, sondern in dem Sinne erweitert, dass nunmehr die Restitution des in der Verfolgung beschlagnahmten kirchlichen Besitzes verfügt wurde.

Damit war spätestens auch in Trier, der Residenz Konstantins vorwiegend in den Jahren 306 bis 316, die Möglichkeit gegeben, die Bischofskirche wieder zu errichten. Aus den Grabungen unter dem Dom und Liebfrauen sowie in deren Umfeld ergibt sich ein sehr aufschlussreiches, wenngleich noch nicht vollständiges Bild des sukzessiven Ausbaus eines Basilikenkomplexes, der offenkundig von einem Apsidensaal unter der Kurie von der Leyen seinen Ausgang nahm und im Laufe des 4. Jahrhunderts zu einer der größten Kirchenanlagen des Reiches führte. Am Umfang dieser Bauten lassen sich das Ausmaß öffentlicher Förderung und zugleich die bedeutende Stellung des Bischofs in der Kaiserresidenz ablesen. Dank der Toleranz und der Förderung, welche die Kirche seit 313 besonders im Westen erfuhr, war es den Bischöfen möglich, ihre Verbindung und Organisation zu festigen. Im überregionalen Rahmen geschah dies 314 im Konzil von Arles, das 33 Bischöfe Galliens, Hispaniens, Italiens, Britanniens und des westlichen Nordafrikas zusammenführte. Zu den Teilnehmern dieser Synode gehörte auch Agritius, Bischof von Trier. Wir sehen ihn hier als Glied in der großen Gemeinschaft seiner lateinischsprachigen Amtsbrüder und als Mitträger der vom Konzil verfassten Beschlüsse. Diese betrafen vor allem organisatorische und disziplinarische Maßnahmen, die nach dem Ende der Verfolgung möglich und nötig geworden waren.

Da die Bischofslisten keine Daten enthalten, wissen wir nicht, wie lange Agritius amtierte und wann er durch seinen Nachfolger Maximinus abgelöst wurde. Jedenfalls ist Maximinus spätestens seit 335/336 belegt. Seine Amtszeit und diejenige seines Nachfolgers Paulinus (vermutlich 347 – 358) standen ganz im Zeichen der christologischen Kontroversen, die damals nicht nur die Einheit der Kirche, sondern auch den Frieden im Reich gefährdeten. Bei dieser Kontroverse ging es um eine entscheidende Frage des Glaubens: War Christus nur gottähnlich oder wirklich gottgleich, ein Mensch gewordener Gott? Auf dem Konzil von Nicaea (im nordwestlichen Kleinasien) war diese Frage 325 im Sinne der Gottgleichheit entschieden worden: Jesus, wahrer Gott und wahrer Mensch, wesensgleich mit dem Vater (CONSUBSTANTIALIS PATRI). Dieses nunmehr nicaenisch genannte Glaubensbekenntnis (NICAENUM) war gegen die Lehre des alexandrinischen Priesters Arius durchgesetzt worden. Doch damit war die Kontroverse keineswegs beigelegt. Viele und einflussreiche Bischöfe, gerade im Osten, waren um vermittelnde Positionen bemüht, ganz im Sinne des auf Frieden und Eintracht in Kirche und Reich bedachten Kaisers Konstantin. Kompromisslose Verteidiger des Nicaenums wie Athanasios, seit 328 Bischof von Alexandrien, konnten da leicht als Störenfriede bezeichnet und kaltgestellt werden. Im Falle des Athanasios geschah dies durch seine 335 von Konstantin verfügte Verbannung nach Trier, möglichst weit weg vom Unruheherd Alexandrien und zugleich unter der Kontrolle des in Trier residierenden Konstantinsohnes Constantinus. Ganz offenkundig hat Athanasios den Trierer Bischof Maximinus, der wie die allermeisten Bischöfe des Westens an dem Konzil von Nicaea nicht teilgenommen hatte, für das nicaenische Glaubensbekenntnis gewonnen. Auch nachdem Athanasios nach dem Tode Konstantins 337 wieder auf seinen alexandrinischen Bischofsstuhl zurückkehren konnte, hat Maximinus ihm die Treue gehalten und mit gleichgesinnten Amtsbrüdern im Westen, besonders dem Bischof von Rom, das Nicaenum gegen viele Widerstände verteidigt. Die christologische Kontroverse schuf in der Amtszeit des Maximinus und seines Nachfolgers Paulinus eine enge Verbindung zwischen Trier, Rom und Alexandrien, eine Konstellation, die ohne die Funktion Triers als Kaiserresidenz nicht vorstellbar gewesen wäre.

Dass von Maximinus und Paulinus weder Briefe noch Traktate überliefert sind, ist sehr bedauerlich, denn beide müssen als sehr einflussreiche und vor allem standfeste Kirchenmänner betrachtet werden. Dies gilt in besonderer Weise für Paulinus, der Athanasios verteidigte, als dessen Gegner Constantius II. 353 auch im Westen die Herrschaft gewonnen hatte und mit seinen Feinden brutal abrechnete. Seinen Bekennermut bezahlte Paulinus mit dem Exil in Kleinasien, wo er wohl 358 verstorben ist. Der Sarg aus Zedernholz, in dem seine Leiche nach Trier zurückgeführt wurde, ist später in einen Steinsarkophag eingelassen worden und hat sich bis heute in der Gruft der Paulinkirche erhalten.

Ohne ein Wort zu Konstantins Mutter Helena würde dem Überblick über die konstantinische Bischofsresidenz Trier etwas Wichtiges fehlen. Die um 860 verfasste Vita Helenas weiß zu berichten, dass die Kaiserin aus einer vornehmen Familie Triers stammte und ihr Haus für eine Kirche des Hl. Petrus stiftete, die dann zur Bischofskirche geweiht worden sei. In Wirklichkeit aber dürfte Helena in Kleinasien und jedenfalls in sehr bescheidenen Verhältnissen geboren sein. Doch seit der Entdeckung der Reste eines spätantiken Prunksaales mit „konstantinischen" Deckenmalereien unter dem Dom ist die Möglichkeit einer kaiserlichen Stiftung nicht von der Hand zu weisen. Nicht minder prägend für die Trierer Tradition wurde der Bericht, demzufolge Helena auf ihrer Reise ins Heilige Land (zwischen 324 und 328) das Kreuz Jesu, die VERA CRUX, in Jerusalem entdeckt habe. Im Bild der Kaiserin mit Kreuz und Nägeln wird diese Tradition den Besuchern des Trierer Doms vor Augen gestellt. Helena auf der einen, Konstantin auf der anderen Seite sind es, die am Fuße des Aufgangs zu der von Johann Wolfgang Fröhlicher († 1700) entworfenen Heiltumskammer den Wallfahrer zur Betrachtung des Heiligen Rockes, der TUNICA CHRISTI, einladen. Eine weitere, erstmals in der Vita des Agritius im 11. Jahrhundert fassbare Tradition berichtet davon, dass Helena diesem Trierer Bischof das Abendmahlsmesser, einen der Nägel vom Kreuze Jesu sowie die Reliquien des Apostels Matthias überreicht habe. Hinter dieser Tradition steht die Absicht des Verfassers, die in der Tat im Trierer Dom vorhandenen Reliquien mit einer historischen Persönlichkeit zu verknüpfen, die als Stifterin plausibel erscheinen konnte. Die Forschung hat solche Verknüpfungen als nicht tragfähig bzw. unsicher erwiesen, trotz des gewiss hohen Alters mancher Reliquien und namentlich der TUNICA CHRISTI.

Da Konstantin, wie schon sein Vater, lange Zeit in Trier residierte und ohne Zweifel den Bau der Bischofskirche gefördert hat, liegt ohnehin der Gedanke nahe, dass seine Mutter Helena nach ihrer Rückkehr aus dem Heiligen Land Reliquien nach Trier gestiftet haben könnte. Einen wirklichen Beweis dafür gibt es allerdings nicht. Doch es gibt Indizien, die auf einen besonderen Ort und Anlass der Verehrung im Trierer Basilikenkomplex der konstantinischen und nachkonstantinischen Zeit hinweisen. In erster Linie sind dies christliche Graffiti, die in den Verputz einer Mauer eingeritzt sind, die den Altarraum der Südostbasilika, heute Liebfrauen, vom Kirchenschiff abgrenzte. Im Zuge der Vergrößerung des Altarraums wurde diese Mauer ersetzt, offenkundig in der Zeit der Kaiser Valentinian I. (364 – 375) und Gratian (367 – 383). Auch auf dieser zweiten Mauer wurden Graffiti angebracht. Im Zerstörungsschutt unter Liebfrauen haben sich die Verputzstücke mit den Graffiti erhalten. Es handelt sich um Akklamationen, die Gottes bzw. Christi Hilfe erflehen, ganz offenkundig für Verstorbene, wenn man zum Vergleich die Graffiti am Petrusgrab oder an der Apostelmemoria in Rom heranzieht. Ein zweites Indiz für einen Memorialkult im Trierer Basilikenkomplex ergibt sich aus einem polygonalen Einbau in der Nordostbasilika, unter dem heutigen Dom. Dieses bereits in den 60er Jahren des 4. Jahrhunderts wieder aufgegebene Polygon ist als Memorialanlage gedeutet und zu den Graffiti der Südostbasilika in Beziehung gesetzt worden. Welcher Art dieser Memorialkult gewesen sein mag, ist bislang ungeklärt. Eine Herrenreliquie wäre nicht ausgeschlossen, zumal Kreuzesreliquien bereits um die Mitte des 4. Jahrhunderts in weniger bedeutenden Orten des heutigen Algerien belegt sind. Aber mehr als eine Spekulation kann das im Augenblick nicht sein.

Blickt man noch einmal auf die Zeit Konstantins und seiner Söhne zurück, so wird deutlich, wie sehr der Charakter und Rang der Bischofsresidenz Trier durch die kaiserliche Präsenz und Förderung geprägt worden ist. Das gilt nicht nur für das rasche Anwachsen des Trierer Basilikenkomplexes zu einer der größten Kirchenanlagen der damaligen Zeit, sondern gilt auch und nachhaltiger für die Trierer Traditionsbildung und städtische Identität im Mittelalter und in der Neuzeit. Aus ihr sind die Gestalten Konstantins und Helenas nicht wegzudenken.

## WIRREN UND NEUBEGINN

Im Rahmen der christologischen Kontroverse ist vorhin der Episkopat des Paulinus gleich im Anschluss an denjenigen des Maximinus besprochen worden. Damit wurde einer Reihe von Ereignissen vorgegriffen, die nun nachzutragen sind, um einen Einblick in die politischen und kirchlichen Gesamtzusammenhänge zu gewinnen. So sehr auch nach dem Tode Konstantins (337) die Verteilung der Herrschaft auf seine Söhne Constantius II. (Osten), Constans (Mitte) und Constantinus II. (Westen) Kontinuität und Eintracht hätte gewährleisten sollen, so sehr sind doch die folgenden Jahrzehnte eine Zeit der Umbrüche und Wirren geworden. Die früher üblichen Rivalitäten zwischen den Trägern der Kaiserherrschaft wurden nun unter den Söhnen und Verwandten Konstantins ausgetragen. Hinzu kamen konfessionelle Gegensätze, da die Konstantinsöhne in der weiter andauernden christologischen Kontroverse unterschiedliche Positionen einnahmen und in ihrem jeweiligen Herrschaftsgebiet durchzusetzen versuchten. Gerade die Bischöfe der kaiserlichen Residenzstädte waren in solche Konflikte unmittelbar involviert. Für die Trierer Bischöfe sollten sich daraus fatale Konsequenzen ergeben.

Bereits 340 war es im Westen zu einem Bruderkrieg zwischen Constans und dem in Trier residierenden Constantinus II. gekommen, in dessen Verlauf letzterer das Leben verlor und Constans dessen Territorium hinzugewann. Der Sieger unterstützte Athanasios gegen die „arianische" oder besser, homöische Richtung, die allerdings im Osten durch Constantius II. gefördert wurde. Daraus folgte ein enges Zusammengehen des Constans und des Athanasios mit den Bischöfen Iulius von Rom und Maximinus von Trier. Aus dem Konflikt mit den maßgeblichen Bischöfen des Reichsostens ergab sich 343 das Scheitern des Konzils von Serdica (heute Sofia) und in der Folge eine Verschärfung der Spannungen zwischen Constans und Constantius II. Durch den Putsch des Magnentius 350 im Westen kam es jedoch zu einem neuen Szenario: Constans fand dabei den Tod. Aus dem Krieg gegen Magnentius ging Constantius als Sieger und alleiniger Herrscher des Reiches hervor. Sein Strafgericht traf 353 auf dem Konzil von Arles auch seine kirchenpolitischen Gegner, darunter, wie schon gesagt, Paulinus, den Verteidiger des Athanasios und des Nicaenums. Der Trierer Bischof wurde nach Kleinasien verbannt und verstarb, wohl 358, im Exil.

Wie der Bischofsstuhl in der Zeit dieses Exils besetzt gewesen sein mag, wissen wir nicht. Ohnehin waren es für Trier sehr unruhige Zeiten, denn Germaneneinfälle ins Rheinland und nach Gallien in den Jahren 353 – 356 führten zu schweren Verwüstungen und zur Aufgabe der Kaiserresidenz Trier zugunsten von Paris, wo Julian, der Vetter und Helfer des Constantius, ab 355/356 Quartier bezog. Seine Erhebung gegen Constantius und dessen Tod machten Julian 361 zum Alleinherrscher, jedoch nur für kurze Zeit, denn er fiel bereits 363 im Kampf gegen das Perserreich der Sassaniden. Nur seinem frühen Tod ist es zu verdanken, dass seine Hinwendung zu den alten Göttern und seine christenfeindliche Politik nur Episode blieben. Denn noch verfügten die dem Christentum feindlich oder gleichgültig gegenüberstehenden Kräfte über eine ansehnliche Anhängerschaft in den führenden Schichten und beim Heer. Das gilt auch für Trier, das trotz der kaiserlichen Förderung des Christentums und trotz seiner gewiss aktiven Bischöfe noch erstaunliche Zeugnisse heidnischer Präsenz in den Kultstätten der Stadt und des Umlandes aufwies. Es ist müßig zu spekulieren, ob die heidnische Restauration Julians ohne seinen frühen Tod eine Chance gehabt hätte. Höchstwahrscheinlich wäre er am Widerstand entschiedener Christen gescheitert wie vordem schon Diokletian und Galerius, die wesentlich offensiver und brutaler zu Werke gegangen waren.

Irgendwann in diesen unruhigen Jahren muss Bonos(i)us auf den Trierer Bischofsthron gelangt sein, ein Mann, von dem wir vermutlich deshalb nicht viel oder doch nichts Sicheres wissen, weil er an den großen dogmatischen und kirchenpolitischen Konflikten nicht in so auffälliger Weise beteiligt war, dass dies in unseren spärlichen Quellen einen Niederschlag hätte finden müssen. In seiner Amtszeit (vermutlich 358/60 bis vor 374) hat jedenfalls ein Umschwung stattgefunden, der die valentinianische Dynastie an die Spitze des Reiches führte und Trier eine letzte Blütezeit bescherte. Im Jahre 364 gelangte Valentinian I. zur Herrschaft; seit 367 ist er in Trier bezeugt. Die Stadt wurde wieder kaiserliche Residenz. Auch die Münze nahm nach längerer Unterbrechung ihren Betrieb in Trier wieder auf.

Die vielfältigen Berührungen zwischen Politik und Kirche in den folgenden Jahrzehnten empfehlen einen raschen Blick auf die wichtigsten Herrschaftsdaten. Als Mitregenten mit Zuständigkeit für den Reichsosten wählte Valentinian noch im Jahre 364 seinen Bruder Valens. Dieser verlor 378 im Kampf gegen die Goten das Leben; an seine Stelle trat Theodosius I. (378 – 395). Als Mitregenten für den Westen zog Valentinian 367 seinen Sohn Gratian mit Residenz in Trier hinzu. Im Jahre 375 starb Valentinian. Der immer noch sehr junge Gratian war nunmehr ältester Kaiser im Westen; an seine Seite trat sein erst vierjähriger Bruder Valentinian, der mit Hilfe seiner Mutter und seiner Berater die Verantwortung für den Mittelteil des Reiches übernahm. Der Putsch des Magnus Maximus bedeutete gerade auch für die Bischofsresidenz Trier eine fühlbare Zäsur: Gratian wurde beseitigt, der in Trier residierende Usurpator bemühte sich zunächst um die Anerkennung durch den streng rechtgläubigen Theodosius und versuchte am Ende doch, seinen Anspruch mit Gewalt durchzusetzen. Diesen Versuch bezahlte er 388 mit dem Leben. In der Folge büßte Trier seine Stellung als kaiserliche Residenz ein, wenngleich es vorerst noch die wichtigsten Funktionen einer Verwaltungszentrale der Prätorianerpräfektur Gallien behielt. Die Kaiserresidenzen des Südens (Arles, Mailand, Ravenna) gewannen an Gewicht, wie ja auch die gallischen Synoden des 4. Jahrhunderts vorwiegend in den südlicher gelegenen Städten (Arles, Béziers, Valence, Bordeaux, Nîmes) stattfanden. Gegen Ende des 4. Jahrhunderts begann die Randlage Triers als Kaiser- wie auch als Bischofsresidenz ihre negativen Auswirkungen zu zeigen. Was bislang ein strategischer Vorteil mit Blick auf die Rheingrenze gewesen war, drohte angesichts des zunehmenden germanischen Druckes auf die südlichen Kerngebiete des Reiches für Trier zu einem Faktor der Isolierung zu werden, wenngleich die Stadt an der Mosel auch in der ersten Hälfte des 5. Jahrhunderts noch immer vom Prestige ihrer ehemaligen Stellung zehren konnte.

Zu einem nicht näher bekannten Zeitpunkt vor 374 gelangte Britto als Nachfolger des Bonos(i)us auf den Trierer Bischofsthron. Dieser TERMINUS ANTE QUEM ist durch die Teilnahme Brittos am Konzil von Valence im Jahre 374 gesichert. Britto erscheint hier als einer von 21 Bischöfen, die eine Reihe von Beschlüssen zu Fragen der Kirchendisziplin fassten. Streng, wenn auch nicht ganz erbarmungslos, wird hier gegen Christen verfahren, die sich noch nach ihrer Taufe durch „schändliche Götzenopfer" (PROFANIS SACRIFICIIS DAEMONUM) versündigt hatten (Concilia Galliae a. 314 – a. 506, p. 39 Munier). Gelegenheiten zu solchen Sünden müssen die noch in heidnischer Kulttradition stehenden Vergnügungen wie Theater und Circusspiele gerade in einer Residenzstadt wie Trier zuhauf geboten haben. Solche Relikte des Heidentums sollten sich trotz der kirchlichen Verbote lange halten, denn noch im 5. Jahrhundert wandte sich der aus dem Rheinland (vielleicht aus Trier) stammende Priester Salvian von Marseille mit aller Schärfe gegen den Spielrausch der Trierer (De gubernatione Dei VI 85 – 89).

Kaiser Valentinian nahm bei aller offiziell bekundeten Rechtgläubigkeit doch eine sehr tolerante Haltung in religiösen Fragen ein. Für ein weltzugewandtes, noch ganz in heidnischer Kulturtradition stehendes Christentum gibt es am Trierer Kaiserhof wohl keinen beredteren Zeugen als den Rhetoriklehrer, Dichter und Politiker Ausonius. Valentinian hatte ihn um 367/368 als Erzieher seines Sohnes Gratian von Bordeaux nach Trier berufen. Weiteren Kreisen ist Ausonius als Dichter der „Mosella" bekannt, eines Preisgedichtes auf das Moselland, seine Bewohner und das kaiserliche Regiment. Doch im vorliegenden Zusammenhang interessieren besonders seine christlichen Gedichte: die „Osterverse" (VERSUS PASCHALES) und das große „Morgengebet" (ORATIO MATUTINA). Diese beiden Gebete führen uns einen Christen vor Augen, der sich ganz im Rahmen und auf der Höhe der wesentlichen Glaubensinhalte, der ethischen Grundsätze und der kaiserlichen Religionsgesetzgebung bewegt. In dem sehr liberalen Geist des Ausonius verbindet sich ein derartiges Christentum offenbar mühelos mit dem Erbe der paganen Antike. Als mitunter höchst frivoler Dichter und vollendeter Mann von Welt unterscheidet sich Ausonius grundlegend von jenen entschlossenen Christen, die als RELIGIOSI und SANCTI der Welt den Rücken kehrten und in einem Zusammenhang, der gleich erläutert werden soll, etwa um die gleiche Zeit in Trier auftraten. Nur noch am Rande sei vermerkt, dass die sarkastischen Verse in den „Epigrammata" des Ausonius sich wohl kaum auf den Trierer Bischof Britto beziehen lassen (Ausonius, Egigrammata 116 – 121).

Das herausragende Ereignis von Brittos Episkopat war ein Prozess, in dem erstmals in der Geschichte Christen Bluturteile gegen Häretiker erwirkten, die sich doch auch als Christen betrachteten. Opfer waren die Anhänger des Hispaniers Priszillian. Er hatte eine streng asketische Gruppe um sich geschart, die sich zur Absage an die Welt und zu einem Leben in der Nachfolge Christi, zu Armut, Fasten und Keuschheit verpflichtet hatte. Anhänger fand Priszillian in Hispanien und im südlichen Gallien. Doch er hatte auch entschiedene Gegner, denen das Sonderleben der Priszillianer suspekt erschien, in erster Linie die hispanischen Bischöfe Hydatius und Ithacius. Sie errangen 380 einen ersten Erfolg auf dem Konzil von Saragossa, doch ließen sie es nicht bei dieser kirchlichen Sanktion bewenden, sondern schalteten zusätzlich noch die Staatsgewalt ein. Als sich Priszillian dagegen zur Wehr setzte und es zu Unruhen kam, suchte sein Ankläger Ithacius Rückhalt in Trier. Noch war die Sache nicht entschieden, da wendete sich 383 das Blatt mit dem Putsch des Magnus Maximus und der Ermordung Gratians. Dem Usurpator wurde in Trier sehr bald eine Anklageschrift des Ithacius gegen die Priszillianer überreicht, worauf er Anfang 384 ein Konzil in Bordeaux zusammentreten ließ. Hier wurden Priszillian und seine Anhänger wegen Magie (Schadenszauber) und Manichäismus, einer im 3. Jahrhundert in Persien entstandenen, erfolgreich expandierenden und im Römischen Reich seit Diokletian verbotenen Religion, angeklagt. Der von seinen Amtsbrüdern drohenden Verurteilung und Exkommunizierung trat Priszillian durch Berufung an Magnus Maximus entgegen, denn beide Anklagepunkte, Magie und Manichäismus, galten als todeswürdige Verbrechen. Inzwischen hatte das Konzil von Bordeaux Priszillian und seine Gefährten aus der kirchlichen Gemeinschaft ausgeschlossen. Sie konnten nunmehr der weltlichen Gerichtsbarkeit übergeben werden. Die Anklage in Trier übernahm wiederum Ithacius, doch hinter ihm standen weitere Bischöfe, nicht zuletzt Britto von Trier.

An diesem Punkt des Geschehens traten die Bischöfe Ambrosius von Mailand und Martin von Tours auf den Plan. Sie befanden sich damals in Trier und sprachen sich trotz ihrer Ablehnung der Lehre Priszillians entschieden dagegen aus, ihm und seinen Anhängern einen Prozess zu machen, der zu Todesurteilen führen konnte. Doch nach ihrer Abreise unternahmen die Ankläger einen erneuten Vorstoß, der diesmal erfolgreich war. Das Verfahren wurde dem Prätorianerpräfekten Evodius in Trier übergeben, die Angeklagten der Folter unterzogen und Geständnisse erpresst.

**1** Darstellung des
Bischofs Ambrosius
Mosaik,
zweite Hälfte des 5. Jh.

Am Ende ergingen Todesurteile gegen Priszillian und seine Anhänger: die beiden Kleriker Felicissimus und Armenius, den Dichter Latronianus sowie Euchrotia, die Witwe eines Rhetorikprofessors in Bordeaux. Sie wurden Anfang 385 in Trier mit dem Schwerte hingerichtet. Ein böser Anfang war gemacht. Gegen ihre innerkirchlichen Gegner hatten sich die Ankläger der schärfsten verfügbaren Waffe bedient, des unerbittlichen Kriminalrechts des spätrömischen Staates. Anschlussprozesse folgten. Im Westen des Reiches führte dieses Vorgehen zu schlimmen Zerwürfnissen innerhalb des Episkopats und zu einer Belastung des Trierer Bischofsstuhles.

Die vorhin erwähnte Präsenz der Bischöfe Ambrosius und Martin wirft helles Licht auf die Verflechtung von Kirche und Politik in der Residenz Trier. Ambrosius reiste mehrmals in diplomatischem Auftrag zu Magnus Maximus nach Trier. Er vertrat die Anliegen der valentinianischen Familie und bat um die Herausgabe des Leichnams Gratians. (Es sei daran erinnert, dass Gratian durch die Anhänger des neuen Gewalthabers getötet worden war.) Vor allem aber sollte Ambrosius sich für den in Mailand residierenden Valentinian II. einsetzen und Maximus von einer Invasion Italiens abhalten. Dass Bischöfe mit derart hochpolitischen Missionen von großer Tragweite beauftragt wurden, ist ein Zeichen der neuen Zeit und vermittelt einen Eindruck vom Einfluss der hohen kirchlichen Würdenträger, die im Übrigen häufig aus den Kreisen der Aristokratie stammten. Im Falle des Ambrosius kam noch hinzu, dass er selbst schon eine bedeutende Laufbahn in der staatlichen Verwaltung aufzuweisen hatte, als er 374 Bischof von Mailand wurde. Zum Zeitpunkt seines Auftretens in Trier hatte er zudem bereits große Autorität als geistlicher Führer und Lehrer gewonnen. Ein Mosaik in der Kapelle S. Vittore in Ciel d'Oro in der Mailänder Kirche S. Ambrogio zeigt ein Bild dieses bedeutenden, übrigens wohl in Trier geborenen Mannes [1]. Wenngleich die Darstellung erst aus der zweiten Hälfte des 5. Jahrhunderts stammt, weist sie offenkundig Porträtzüge auf. Auch die Kleidung, die ihre Herkunft aus der spätantiken Amtstracht verrät, ist bei diesem Bild zu beachten. Vielleicht dürfen wir uns die Trierer Bischöfe des 4. und 5. Jahrhunderts ähnlich gewandet vorstellen.

Wie Ambrosius war damals auch Martin von Tours wegen einer politischen Angelegenheit in Trier. Er setzte sich für ehemalige Anhänger Gratians ein, zugleich jedoch für die Mönche, deren asketische Lebensform sie in verdächtige Nähe zu den Priszillianern gerückt hatte. Seine Ablehnung der Bischöfe, die die Verurteilung Priszillians erwirkt hatten und nunmehr die Verfolgung weiterer Häresieverdächtiger betrieben, ging so weit, dass er die Gemeinschaft (COMMUNIO) mit ihnen verweigerte und diese Haltung nur kurzfristig aufgab, um das Leben der Bedrohten zu retten. Martin selbst war als Mönch auf den Bischofsstuhl von Tours gelangt und besaß in ganz Gallien, auch am Trierer Hofe des Magnus Maximus, großen Einfluss, allerdings nicht groß genug, um Priszillian und dessen Anhänger zu retten. Die Ankläger, unter ihnen Britto von Trier, hatten sich gegen Ambrosius und Martin durchgesetzt.

Die Aktionen gegen die Häresieverdächtigen waren in vollem Gange, als Britto 386 starb. Zu seinem Nachfolger wählten die in Trier versammelten Bischöfe Felix, offenkundig einen Anhänger Brittos. Es will viel besagen, wenn Sulpicius Severus, der Biograph Martins und scharfer Kritiker des blutigen Vorgehens gegen die Priszillianer, von Felix schreiben kann: „Dieser wahrhaft heilige Mann hätte verdient, in besseren Zeiten Bischof zu werden." (Dialogi III 13). Doch Felix war durch seine Bindung an die schärfsten Verfolger belastet. Martin willigte nur höchst widerstrebend in die COMMUNIO mit ihm ein, Ambrosius und Siricius, Bischof von Rom, verweigerten sie ihm. Doch nicht nur sie, sondern auch Teile des gallischen Episkopats lehnten den neuen Trierer Bischof ab. Aus dem Konflikt zwischen Felicianern und Antifelicianern entstand ein Schisma, das vor allem die Kirche Galliens spaltete und bis zum Ende des 4. Jahrhunderts, wenn nicht darüber hinaus, andauerte. Durch den Untergang des Magnus Maximus 388 im Kampf gegen Theodosius hatte Felix sicherlich eine wichtige politische Stütze verloren. Mit dem nun eintretenden Wegfall der Herrscherresidenz in Trier begann ein Niedergang, der auch das kirchenpolitische Gewicht des Bischofssitzes reduzierte. Obwohl Trier im 5. Jahrhundert noch bedeutende, in Gallien hoch angesehene Bischöfe hervorbrachte, gehört diese Entwicklung doch in einen anderen Gesamtrahmen und soll hier nicht weiter verfolgt werden.

> ○ II.6.1
**Teilnehmerliste/Akten des Konzils von Arles 314**
6. Jh.
Bibliothèque nationale de France

Ormentalis epr flaui̅n diac̅ de ciuitate burdegalen̅
siu̅ augreacius epr felix exurc̅i de ciuitate ca
uicronum mamertinus epr leontius diac̅ de ciui
telorarium eborius epr de ciuit̅ eboricensi pro
uincia britania restitutas epr de ciui̅ londonensi
prouincia a̅r adelfius epr de ciui̅ colonia londe
nensium exinde sacerdos prsb̅r̅ ar̅manus diac̅r̅
liberius epr florentius diac̅r̅ de ciui̅ montan̅
prouincia ispania rubinus prsb̅r̅ decu̅i̅ beti ca
natalis prsb̅r̅ citerius diac̅r̅ de ciuitate uro
lensium probatus prsb̅ ti̅ttim cu̅ leon̅is diac̅r̅ de
ciuitate turracone clementius prsb̅r̅ rufi
nus exurc̅i de ciuitate carrari auza ze
merius prb̅t̅ uictor brei de gallii bartig̅nn̅siu̅
fortunatus epr de ciui̅tatis diac̅r̅ de ciui̅
cartenniu prouincia mauritania quintia
nus epr admonius prsb̅ de ciuitate curali
prouinciu sardiniu. li̅ prouincia uspeca
iuuenalis epr de ciui̅ caria xii̅ ciuitatum pro̅pe
nantur diac̅r̅ lampadius epr de ciui̅ uina
uictor epr de ciui̅ uica anassianus epr de ciui̅
beneuentem faurtus epr de ciuitate subor̅
buruiu sur g̅nn̅siu̅ epr de ciui̅ poca felix uic
tor epr de ciuitate legie uolumen prouincia
numidia artelis epr de ciui̅ uer̅mam gre
gorius epr quoloco quiest in portu romague
pictetur epr a ceno cellis leontiu uerote
tiuur prsb̅r̅ . xuiii̅
INCIPIT epistula paulini ad raurii epm
domino patri paurice et patrono suisu
pupae paulinus si̅uber cuoburhinere
tenit meus indecompellit affectu idp̅
inter utr̅omque nutancium certu actatur

## KIRCHLICHES LEBEN IN TRIER UND IM TRIERER LAND

Die allgemein geltenden kirchlichen Organisationsformen des 4. Jahrhunderts lassen sich zum großen Teil auch im Trierer Quellenmaterial dokumentieren. Das gilt zunächst für den Klerus und seine Hierarchie (Bischof, Priester, Diakon, Exorzist usw.), die in literarischen und inschriftlichen Zeugnissen (vor allem Grabinschriften) gut bezeugt sind. Gleiches gilt für die Männer und Frauen, die sich im Rahmen des entstehenden Mönchtums für eine radikalere und totalere Form christlichen Lebens entschieden hatten. In der asketischen Gestalt Martins von Tours, aber auch in Priszillian und seinen Anhängern haben wir die Wirkung und zugleich das Konfliktpotenzial solcher Gemeinschaften kennengelernt. In besonderer Weise hat sich offenkundig der Aufenthalt des alexandrinischen Bischofs Athanasios auf die Anfänge des Trierer Mönchtums ausgewirkt. Mit seiner Vita des ägyptischen Mönchsvaters Antonius hatte er gewissermaßen den monastischen Prototyp weit über die Grenzen Ägyptens hinaus bekannt gemacht. In der Zeit Gratians (367–383) lasen Trierer Mönche die Vita des Antonius, offenbar in einer lateinischen Fassung. Diesen Hinweis verdanken wir niemand Geringerem als dem Bischof und Kirchenlehrer Augustinus, dessen eigene Bekehrung durch den Bericht über die Trierer Mönche angeregt wurde (Confessiones VIII 6,14 f.).

Leider sind es nur verstreute Zeugnisse dieser Art, denen wir unsere Kenntnis der damals in Trier gelesenen christlichen Literatur verdanken. In diesem Zusammenhang ist ein weiterer bedeutender Kirchenlehrer, Hieronymus, zu nennen, der sich ebenfalls in Trier aufgehalten hat und hier ein Werk des Bischofs Hilarius von Poitiers, Mitstreiter des Trierer Bischofs Paulinus und Lehrer Martins von Tours, eigenhändig abgeschrieben hat (Epistula 5,2). Hieronymus dürfte um 367, also etwa um die gleiche Zeit wie Ausonius, nach Trier gelangt sein. Es sind nur Momentaufnahmen, die das geistige Leben Triers in jenen Jahren beleuchten, doch sie zeigen, wie sehr Trier auch in dieser Beziehung durch die Verbindung von Kaiserresidenz und Bischofssitz gewonnen hat.

Das Christentum war damals noch weitgehend eine Religion der Städte, auf dem Lande hielten sich die traditionellen und vielfach lokal geprägten paganen Kulte mit größerer Zähigkeit. Gleichwohl, auch die Landbezirke gehörten zur CIVITAS und zum kirchlichen Amtsbereich des Bischofs. Eine weitere enge Verzahnung zwischen Stadt und Land ergab sich durch die Aristokratie, die

zwar in den Städten ihren gesellschaftlichen Lebensmittelpunkt hatte, aber auf dem Land oft sehr ausgedehnte Güter und luxuriöse Villen besaß. Unsere zugegebenermaßen spärlichen Quellen vermitteln allerdings nicht den Eindruck, dass die Aristokratie des 4. Jahrhunderts wesentliche Impulse zur Evangelisierung ihrer ländlichen Untertanen gegeben hätte. Die literarische Tradition, etwa die Bischofsviten, sprechen vielmehr von den Missionsanstrengungen der Bischöfe des 4. Jahrhunderts in der CIVITAS TREVERORUM und weiter über deren östliche Grenzen hinaus. Doch diese Überlieferung stammt aus viel späteren Jahrhunderten des Mittelalters und findet bislang keine Bestätigung in den archäologischen Funden des Trierer Landes. Sie muss deshalb nicht falsch sein, wissen wir doch von einem Bischof wie Martin von Tours, dass er die Verbreitung des Christentums, gerade auf dem Lande, mit wahrem Feuereifer betrieb. Blickt man sich jedoch in den Landstädten und Kastellen des Treverergebietes um, so setzen die materiellen Zeugnisse für die Verbreitung des Christentums (vor allem Grabinschriften) erst im späten 5. Jahrhundert ein, etwa in Neumagen, Pachten und Wasserbillig. Aber auch die damals entstandenen frühchristlichen Denkmäler an der Untermosel (Karden, Gondorf) und am Rhein (Andernach, Boppard) dürfen wir mit den Aktivitäten der Trierer Bischöfe in Verbindung bringen, denn seit dem frühen Mittelalter gehörten diese Gebiete zu ihrem Amtsbereich.

Eine Gesamtbilanz der „konstantinischen Wende" für den Bischofssitz und das Bistum Trier müsste das 5. Jahrhundert und die neuen Missionierungsschübe des frühen Mittelalters in den Blick nehmen. Das konnte im Rahmen dieses Beitrages schon allein aus Raumgründen nicht geschehen. Doch auch sachlich hat die weitgehende Beschränkung auf das 4. Jahrhundert ihre Berechtigung erwiesen. Sein besonderes Gepräge erhielt der Bischofssitz Trier durch die Verknüpfung mit den hier residierenden Kaisern, dem Hof, der Verwaltung, überhaupt mit all jenen Menschen, die durch die überregionalen Funktionen und ein reichsweites Verbindungsnetz in diese Stadt geführt wurden. Bischöfe wie Maximinus und Paulinus haben sich den Anforderungen einer derartigen Metropole gewachsen gezeigt und ihren Beitrag dazu geleistet, dass die Kirche sich als selbstständige Autorität neben der Staatsgewalt etablieren konnte.

# PAGANE TEMPELBEZIRKE UND KULTBAUTEN

Sabine Faust

Zur Regierungszeit Konstantins des Großen bestanden alle bekannten Tempelbezirke und großen Kultbauten der römischen Stadt Trier schon seit vielen Generationen. Zu Neubauten seines Vaters Constantius Chlorus – etwa für Iuppiter oder Hercules, die Schutzgötter der Tetrarchie – im Rahmen der Planung und des Ausbaues der Residenz haben wir weder literarische noch archäologische Hinweise.

### TEMPELBEZIRK AM IRMINENWINGERT

Außerhalb der römischen Stadtmauer lag auf der linken Moselseite ein ausgedehnter mehrphasiger Tempelbezirk. Der Anlass für die Anlage eines Heiligtums an dieser Stelle wird die ergiebige Quelle am Hang des Markusberges gewesen sein, deren Wasser in den Bezirk und in benachbarte Bäder geleitet wurde. Die Reihe der Fundmünzen beginnt in augusteischer Zeit. Der älteste Teil der Anlage ist der von einer Mauer umgebene südliche Bezirk. Dass auf einer Fläche von ca. 9400 m² nur drei kleine Gebäude dicht an der zum Hang hin gelegenen Westmauer festgestellt wurden, dürfte nicht dem tatsächlichen Befund entsprechen. Da der Bereich nie systematisch untersucht wurde, kann vielmehr davon ausgegangen werden, dass nicht die komplette Innenbebauung des Bezirkes bekannt ist.

Gegen Ende des 2. Jahrhunderts wurde das nördlich anschließende Gelände terrassiert und hier ein weiterer Temenos (heiliger Bezirk) angelegt. Im Zentrum dieser Anlage lag ein über eine Freitreppe zu erreichender monumentaler Tempel (27,8 x 32,2 m). Säulentrommeln aus Marmor von bis zu 78 cm Durchmesser und korinthische Kapitele wurden gefunden.

Die Bedeutung der Gesamtanlage unterstreicht die Existenz eines Großbaues von mehr als 100 m Frontlänge nördlich dieses Bezirks. Wegen der Lage unmittelbar am Hangfuß und der Mächtigkeit der freigelegten Mauer wird es sich mit größter Wahrscheinlichkeit um ein Theater gehandelt haben, das auch für kultische Zwecke genutzt wurde.

Verehrt wurde hier Mars, gleichgesetzt mit den gallischen Göttern Lenus und Intarabus, sowie als Mars Iovantucarus. Weihungen nennen die Göttin Ancamna und die Xulsigien. Im Gelände ca. 50 m unterhalb der Anlage legte man zwei U-förmige Steinbänke mit zugehörigen Altären frei. Da sie auf ihren Rückenlehnen Weihinschriften tragen, die den Genius je eines Treverergaues nennen, wurde das Heiligtum am Irminenwingert als Landesheiligtum des Stammes gedeutet.

Über das Schicksal der Anlage im ausgehenden 3. und 4. Jahrhundert wissen wir nur wenig: Beim kleinsten Bau im südlichen Temenos wurde das Terrain erhöht und ein neuer Verputz aufgebracht. Für diese Maßnahme liefert eine Münze des Postumus, die in der zu dieser Phase gehörenden Aufhöhungsschicht gefunden wurde, einen TERMINUS POST QUEM. Etwa gleichzeitig wurde dicht daneben ein Gebäude von 5,9 x 7,0 m Außenmaß mit einer flachen Nische vor der Rückwand neu errichtet. Wahrscheinlich handelte es sich ebenfalls um einen Kultbau. Eine Brandschicht im Innern und außerhalb mit Münzen des Valens und des Gratian dokumentiert das Ende dieser Bauten im ausgehenden 4. Jahrhundert. In beiden Kapellen, vor allem in der kleineren, und in ihrem Umfeld fanden sich zahlreiche Sockel, Inschriften und Kinderstatuetten [1]. Einigen der Statuetten wurden die Köpfe abgeschlagen; ansonsten sind sie weitgehend unbeschädigt; andere sind stärker verstümmelt. Einzelne Köpfe wurden gefunden, die sich nicht den kopflosen Exemplaren zuordnen lassen. Brandspuren beobachtete man an einer Marmorstatuette. Kaum beschädigt sind die Inschriften. Dies wirft die nicht zu beantwortende

**1 Trier, Tempelbezirk am Irminenwingert**
Kleine Kapelle mit einigen der darin und in der Umgebung
aufgestellten Sockeln, Inschriftsteinen und Statuettenteilen

Frage auf, wer Weihestatuetten von Kindern beschädigte, Götternamen in Inschriften aber unberührt ließ.

Es scheint, als seien Kinderdarstellungen, Inschriften und Sockel nach der Zerstörung von Anhängern der alten Kulte in und bei den Kapellen zusammengetragen und verborgen worden.

Zum Ende des großen Tempels und des Theaters fehlen uns Hinweise. Die Publikation der Grabung erwähnt keine Brandschicht. Reste der Anlage müssen nach Quellen noch im 14. Jahrhundert oberirdisch sichtbar gewesen sein.

### TEMPEL AM MOSELUFER

Der größte Tempel des römischen Trier befand sich am Moselufer in der Nähe der Römerbrücke. Es handelt sich um einen klassischen Podiumstempel von ca. 26,5 x 37 m mit einer großen Apsis als Abschluss der rechteckigen Cella, in einem von Portiken umgebenen Hof. Der archäologische Befund liefert keinen Hinweis auf die hier verehrte Gottheit. Eine 1734 in der Umgebung gefundene Inschrift für Asclepius reicht nicht aus, um die Anlage für diesen Gott in Anspruch zu nehmen.

Die Gesta Treverorum, eine um 1100 entstandene Trierer Chronik, kennen diese Anlage am Moselufer offensichtlich noch und bezeichnen sie als CAPITOLIUM. Da im Bereich des Forums des römischen Trier kein Tempel der Kapitolinischen Trias nachweisbar ist, liegt es tatsächlich im Bereich des Möglichen, dass uns die hochmittelalterliche Quelle die antike Funktion des Gebäudes überliefert hat. Die Lage außerhalb des Forums am Fluss entspräche der des Kapitols im römischen Köln.

Den positiven Nachweis für die Existenz eines Tempels der Kapitolinischen Trias in Trier liefert der Fund einer überlebensgroßen Sitzstatue der Iuno. Ihr bekleideter Körper wurde aus einheimischem Kalkstein gefertigt. Marmor fand für die unbekleideten Körperteile Verwendung. Das Gesicht und der linke Fuß blieben erhalten. Wie die Herrichtung der Seiten zeigt, saß die Göttin auf einem bankartigen Thron, mit der Lehne an der linken Körperseite. Zu ihrer Rechten schloss eine weitere Figur an. Es handelt sich um die Göttin Iuno aus der Gruppe der Trias, wie sie im Giebel des Kapitolinischen Iuppitertempels in Rom dargestellt war, mit Iuppiter in der Mitte, Minerva zu seiner Rechten und Iuno zur Linken des Gottes.

Der Fundort dieser Statuenteile liegt allerdings nicht in der Nähe des Tempels am Moselufer, sondern Luftlinie etwa 600 m entfernt in der Fleischstraße, nahe des Kornmarkts. Sie wurden in einem römischen Keller zusammen mit weiteren Skulpturen gefunden, darunter eine kleine Marmorgruppe, die ebenfalls die Kapitolinische Trias zeigt. Sicher handelt es sich hier nicht um den ursprünglichen Aufstellungsort. Möglich ist, dass die hierher verbrachten Steindenkmäler im Kalkofen enden sollten. Da zwei Blöcke mit frühmittelalterlichen Reliefs mitgefunden wurden, wird die Verbringung an diesen Platz wohl erst in nachantiker Zeit stattgefunden haben, als das römische Haus vielleicht schon nicht mehr stand.

Wichtig für das Ende des Kapitoltempels ist, dass die Statuenteile der Iuno zwar Beschädigungen aufweisen, diese aber nicht schwerwiegend sind. Immerhin muss die Statue aus der Höhe des Giebels herabgestürzt sein. Das Götterbild wurde also wohl nicht mutwillig schwer beschädigt oder gar verstümmelt, auch wurden Kopf und Fuß nicht vom Körper getrennt. Da etwa 700 Jahre nach dem Verbot der heidnischen Kulte das Gebäude am Moselufer noch so hoch stand, dass die Gesta Treverorum wohl seinen Namen nennen, wurde es offensichtlich nicht wegen seiner heidnischen Kultfunktion völlig niedergelegt sondern lebte zumindest als Ruine fort.

### TEMPEL AM HERRENBRÜNNCHEN

Der Tempel am Herrenbrünnchen wurde um 100 im Südosten der Stadt, außerhalb der Wohnbebauung und in exponierter Hanglage errichtet. Die im ausgehenden 2. Jahrhundert erbaute Stadtmauer gliederte ihn ins Stadtgebiet ein. Es handelt sich um einen Podiumstempel italisch-römischer Form mit monumentaler Freitreppe. Das Podium misst 65,75 x 22,75 m. Vom Aussehen der Anlage wissen wir wenig. Erhalten blieben allerdings Blöcke einer Porticus aus dem Tempelgelände mit Reliefs von hervorragender Qualität. Auf die Gottheit, die hier verehrt wurde, fehlen alle verlässlichen Hinweise. Ein Zusammenhang des Tempels mit einer nahe gelegenen starken Quelle ist wahrscheinlich. 1494 wurde über ihr von den Trierer Ratsherren eine Brunnenstube, das Herrenbrünnchen, errichtet.

An dieser Stelle soll – nach einer seit der Mitte des 10. Jahrhunderts fassbaren Überlieferung – der erste Trierer Bischof Eucharius zahlreiche Personen getauft haben. In den schriftlichen Quellen wird das Gelände seit dem 12. Jahrhundert als Baptisterium oder Baptismum und später auch als Taufborn (Born = Brunnen) bezeichnet. Vielleicht hat sich tatsächlich an der Quelle, nahe des Tempels, nach dem Ende des heidnischen Kultes eine christliche Kultstätte angesiedelt. Archäologisch fassbar ist diese allerdings nicht. Über das Schicksal des Tempels im 4. Jahrhundert wissen wir ebenfalls nichts.

### TEMPELBEZIRK IM ALTBACHTAL

Der größte Tempelbezirk der Stadt Trier liegt im Südosten der römischen Stadt, unterhalb des Tempels am Herrenbrünnchen. Von der Gesamtfläche von etwa 5 ha wurde in den 20er und 30er Jahren des 20. Jahrhunderts nur etwa ein Siebtel mit Suchschnitten ergraben. Mehr als 70 Bauten, etwa 50 davon mit kultischem Charakter, konnten dokumentiert werden, darunter allein 15 gallo-römische Umgangstempel. Tempel klassischer Bauform fehlen völlig.

S. Loeschcke und E. Gose wird die Aufarbeitung der komplizierten Befunde verdankt. Ihre Ergebnissen und Deutungen müssen jeder Beschäftigung mit dem Tempelbezirk im Altbachtal zugrunde liegen. Allerdings bedürfen sie einer kritischen Betrachtung.

Die frühesten Bauten entstanden um die Zeitenwende. Die Belegung des Geländes folgte keiner einheitlichen Planung. Im Osten, am Hangfuß, wurden zahlreiche Kapellen und Einzeltempel in lockerer Anordnung erbaut. Drei große und ein kleiner Temenos entstanden im 2. und 3. Jahrhundert am westlichen Rand des Bereiches. Ihre Fluchten orientieren sich am Verlauf der nahegelegenen Straße. Ein kleines, wohl um 100 errichtetes Kulttheater wurde nach etwa 100 Jahren aufgegeben. Im 3. Jahrhundert erlebte der Tempelbezirk seine Blütezeit und dichteste Bebauung. Eine flächendeckende Zerstörung der Gebäude im Altbachtal bei den Germaneneinfällen von 275/276 ist nicht feststellbar.

Im 3. Jahrhundert parzellierte man das Gelände des Kulttheaters und errichtete dort einen Komplex von fünf großen Streifenhäusern. Dadurch ändert sich der bisher einheitlich sakrale Charakter des Bereiches, gleichgültig, ob hier nun Familien lebten, die mit dem Kultbetrieb verbunden waren, oder Personen ohne Bezug zum Tempelbezirk.

⊙ I.13.30
**2 Tempelbezirk im Altbachtal**
Zerschlagene und wieder zusammengesetzte Statue des Mars
Rheinisches Landesmuseum Trier

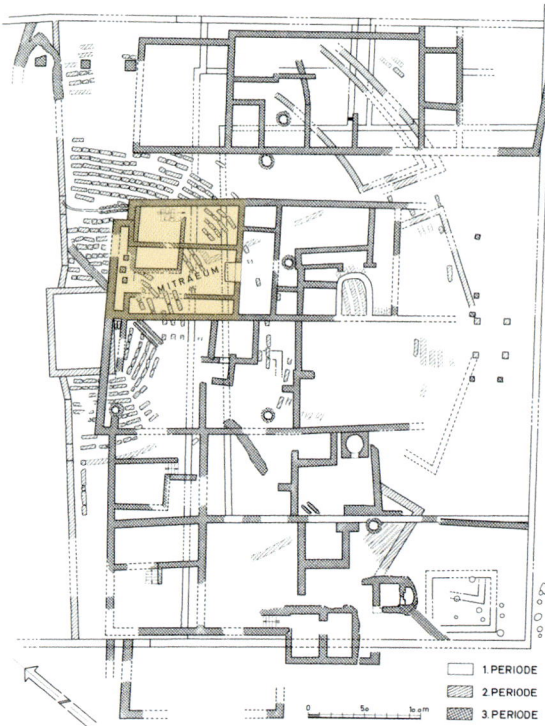

1. PERIODE
2. PERIODE
3. PERIODE

**3 Tempelbezirk im Altbachtal. Wohnhäuser mit Mithraeum**
Periode 1: Bebauung vor der Anlage des Kulttheaters
Periode 2: Kulttheater
Periode 3: Wohnhäuser
Farbfläche: Mithraeum

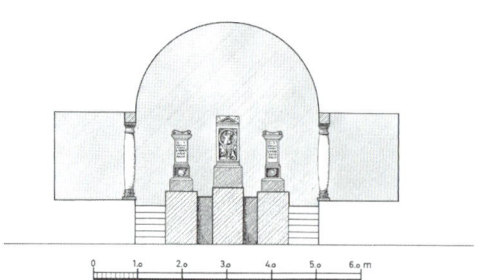

**4 Tempelbezirk im Altbachtal, Mithraeum**
Rekonstruktionsversuch

Unmittelbar südlich des großen Wohnhauskoplexes wurde in einem kleinen ummauerten Bezirk der Rundtempel mit achteckigem Umgang niedergelegt und hier ein Wohnhaus mit Hypokaustenheizung und Mosaikböden eingebaut. Deren Entstehungszeit in der zweiten Hälfte des 4. Jahrhunderts datiert die Profanierung des Temenos. In die Mauern eingebaut waren Fragmente einer lebensgroßen Statue des gepanzerten Mars [2]. Es liegt zwar nahe, in der Zertrümmerung das Werk christlicher Bilderstürmer zu sehen, doch sei darauf hingewiesen, dass auch schon vor dem Erstarken des Christentums und den ersten Verboten heidnischer Kulte Götterbilder zerschlagen und verbaut wurden, wie z. B. die Isis-Fortuna aus der Villa von Fließem (Kr. Bitburg-Prüm) oder eine Muttergottheit aus dem Altbachtal.

Die einschneidendste Veränderung im Altbachtal ist die Anlage von zwei Straßen wohl in valentinianisch/gratianischer Zeit, der mehrere Tempel weichen mussten. Wie der Zustand der benachbarten Bauten war, ist schwer festzustellen. Einige wurden zu Wohnzwecken genutzt, andere werden als Ruinen aufrecht gestanden haben. Aus der Existenz von Keramik und Münzen bis zum Ende des 4. Jahrhunderts in den Zerstörungsschichten darf nicht auf ein ungestörtes Fortleben des regulären Kultbetriebes geschlossen werden. Sie können in unmittelbarer Nähe der Wohnbebauung auch ohne diesen Zusammenhang hierher gelangt sein. Dass Anhänger der alten Götter heimlich hier beteten und Opfer brachten, ist anzunehmen.

⊙ I.13.33

**7 Tempelbezirk im Altbachtal, Hand mit Fackel,**

**8 Kopf eines Fackelträgers**
Rheinisches Landesmuseum Trier

**6 Tempelbezirk im Altbachtal, Mithraeum**
Postamente in Sturzlage

⊙ I.13.5

**5 Tempelbezirk im Altbachtal, Mithraeum**
Felsgeburt des Mithras im Zodiakus
Rheinisches Landesmuseum Trier

## MITHRAEUM IM ALTBACHTAL

In eines der Häuser auf dem ehemaligen Theatergelände wurde durch Umnutzung eines Hofes ein Mithraeum eingebaut [3]. Nach Annahme von Gose geschah dies nach 275. Die darin aufgestellten Kultbilder sind aber älter. Sie kamen in einer Zweitverwendung aus einem nicht lokalisierten Kultraum des Gottes hierher.

Das Innere des Mithraeums hat eine Länge von ca. 10,5 m und eine Breite von etwa 10,0 m. Ungewöhnlich ist, dass die beiden etwa 1 m hohen Bänke an den Längswänden unterschiedliche Breite aufweisen: Während die südliche nur 1,2 m misst, ist die nördliche mit 3,4 m fast dreimal so breit. Auf ihrer Vorderkante standen 1,75 m hohe toskanische Säulen, die wohl den Gewölbeansatz stützten. In eine Quermauer am Westende der Bänke wurden drei Postamente integriert [4]. Hier standen die davor gefundenen Inschriftsteine und vermutlich auch das Relief mit Mithras im Zodiakus [5 – 6]. Dahinter, d. h. auf der rückwärtigen Abschlusswand, hatte ein Kalksteinrelief mit der Stiertötung seinen Platz. Es ist durch wenige, recht kleine Reste, darunter ein Stierhorn, eine Hand mit Fackel [7] und der Kopf eines

Fackelträgers [8], nachgewiesen. Der Zustand zeigt, dass die Altarwand zerschlagen wurde, um das Steinmaterial wiederzuverwenden. Da die auf ein tieferes Niveau gestürzten Steine weder zerstört noch entfernt wurden, wird dies erst geschehen sein, als jene bereits mit Erde bedeckt und verborgen waren.

Dass – wie mehrfach vermutet – der Kultbetrieb mit Treffen der Eingeweihten bis um 400 andauerte, muss in Zweifel gezogen werden. Hauptargument für diese These sind die 272 bestimmbaren Münzen aus einer ummauerten Grube direkt am Zugang zum Kultraum. 270 Münzen stammen aus dem Zeitraum von 260/268 bis 353/357. Nur zwei wurden zwischen 392 und 408 geprägt. Durch diese Münzfunde ist die kultische Nutzung bis nach der Mitte des 4. Jahrhunderts gut belegt. Die beiden späten Prägungen hingegen können zu einem späteren Zeitpunkt, vielleicht erst bei der Zerstörung in die Grube geraten sein.

⊙ I.13.35
**10 Tawern, Tempelbezirk**
Teile einer Merkur-Inschrift
Rheinisches Landesmuseum Trier

⊙ I.13.34
**9 Tawern, Tempelbezirk**
**Kopf des Kultbildes des Merkur**
Rheinisches Landesmuseum Trier

### TEMPELBEZIRK VON TAWERN

Gut ist unsere Kenntnis vom Aussehen des noch im 4. Jahrhundert besuchten Tempelbezirkes bei Tawern, ca. 16 km südwestlich von Trier. Hauptgott der Anlage war der Gott Merkur. Nach Aussage des Fundmaterials wurde das Heiligtum im frühen 1. Jahrhundert begründet. Das Ende der kultischen Handlungen beleuchten die aus einem etwa 15 m tiefen Brunnen geborgenen Funde. Der im oberen Bereich zusammengestürzte Schacht war mit Erde, Mauersteinen, zerschlagenen Architekturteilen und kleinerem Material verfüllt. Die späteste Münze aus dem Schacht wurde zwischen 383 und 402 geprägt. Sie lag dicht über seiner Sohle.

Im Brunnen fanden sich über 7 m verteilt auch Götterbilder und Inschriften, ausnahmslos Werke des späten 1. bis um die Mitte des 2. Jahrhunderts. Sie haben also etwa 250 bis 300 Jahre im Tempelbezirk gestanden. Eine Darstellung der gallischen Göttin Epona, ein Relief mit dem hellenistisch-ägyptischen Götterpaar Isis und Serapis und ein kleiner Altar mit Weihinschrift an Apollo und Merkur gelangten komplett und wohl auch unbeschädigt in den Brunnen. Eine große Weihinschrift, wahrscheinlich ursprünglich vom Architrav eines Tempels, war zuletzt am Brunnen selbst vermauert, denn eine nachträglich angebrachte zweite Inschrift bezieht sich auf Arbeiten am Brunnen [10]. Der aus vier Stücken nicht ganz komplett zusammengesetzte Beginn mit den ersten drei Buchstaben des Götternamens und das

Ende des Blocks sind erhalten. Dazwischen fehlt mehr als ein Drittel. Die Inschrift wurde also zerschlagen und nur teilweise in den Brunnen geworfen, eine Tatsache, die gegen eine sorgsame Verbergung der Steindenkmäler durch Anhänger der paganen Kulte spricht. Vom mehr als 2 m großen Kultbild des Merkur aus Kalkstein [9] gelangte nur der Kopf mit dem Flügelhut in den Brunnen. Da auch Architekturteile geborgen wurden, lagen zum Zeitpunkt, als die Steindenkmäler in den Schacht geworfen wurden, die Tempel in Ruinen.

Die obengenannte Münze liefert einen TERMINUS POST QUEM für die wohl mehr oder weniger parallel zur Zerstörung des Heiligtums erfolgte Verbringung seiner Bildwerke in den Brunnen, sagt uns aber nichts über den Zeitpunkt und – wie bei vielen anderen Heiligtümern auch – über die Personen, die die Verwüstungen angerichtet haben.

# DAS TRIERER UMLAND IM 4. JAHRHUNDERT

Thomas H. M. Fontaine

⊙ I.18.99
**1 Modell Kelter Piesport**
Rheinisches Landesmuseum Trier

Beschäftigt man sich mit der Region um Trier zur Zeit Konstantins und seiner Nachfolger, so muss man eingestehen, dass unser Kenntnisstand heute immer noch sehr lückenhaft ist. H.-P. Kuhnen weist in seiner Untersuchung zur spätantiken Agrarlandschaft an der Mosel zu Recht darauf hin, dass eine systematische Erfassung und Auswertung aller Denkmäler und Fundstellen im Trierer Land bis heute ein dringendes Desiderat ist, ohne das alle Überlegungen zur Siedlungs- und Wirtschaftsgeschichte des Raumes im 4. Jahrhundert weitgehend hypothetisch bleiben müssen. Neben der systematischen Erfassung des Denkmälerbestandes fehlen bisher bis auf ganz wenige Ausnahmen Untersuchungen in den römischen Villen, bei denen mit modernen naturwissenschaftlichen Methoden neben dem Herrenhaus auch die Neben- und Wirtschaftsgebäude eingehender untersucht werden konnten.

Dennoch zeigt bereits die Vielzahl der bisher bekannten landwirtschaftlichen Anwesen rund um Trier, dass sich das Umland der kaiserlichen Residenz zumindest bis zur Mitte des 4. Jahrhunderts eines wachsenden wirtschaftlichen Wohlstandes erfreut haben muss. Vor allem der Weinbau an der Mosel muss sich in Zusammenhang mit der Residenzgründung stark entwickelt haben, wie die stattliche Anzahl der in den letzten Jahrzehnten an der Mittelmosel freigelegten großen Kelterhäuser aus dieser Zeit beweist [1]. Auch wenn man nicht die Meinung von K.-J. Gilles teilen möchte, dass diese Großkeltern alle zu staatlichen Domänen gehört haben müssen, kann kein Zweifel daran bestehen, dass die Konsolidierung der kaiserlichen Hofhaltung in Trier seit dem Beginn des 4. Jahrhunderts zu einem deutlichen Aufblühen des Weinbaus geführt hat.

**2 Silberlöffelchen aus Mehring**
Rheinisches Landesmuseum Trier

⊙ I.16.43

**3 Goldglas Mehring**
Rheinisches Landesmuseum Trier

⊙ I.16.33

**4 Gagatobjekt aus Newel**
Rheinisches Landesmuseum Trier

Viele der landwirtschaftlichen Anwesen im Umland Triers waren im Laufe der politischen Unruhen im Zusammenhang mit der Errichtung des Gallischen Sonderreichs und den darauf folgenden Germaneneinfällen des Jahres 275 ganz oder teilweise zerstört worden, doch scheint sich die Region schnell wieder von den Folgen erholt zu haben. Dies belegt nicht nur die Tatsache, dass zahlreiche Villen bald nach ihrer Zerstörung wieder in vergrößerter Form aufgebaut wurden. Auch Einzelfunde wie das Fragment eines kostbaren Goldglases und eines wertvollen Silberlöffelchens aus der Villa Rustica von Mehring, die eher zu den mittelgroßen landwirtschaftlichen Anwesen gerechnet werden muss [2 – 3], oder das fein gearbeitete Gagatobjekt aus dem Bauernhof von Newel [4] bezeugen den wachsenden Wohlstand der Landbesitzer im Umland der Kaiserresidenz.

Gegen die Mitte des 4. Jahrhunderts droht die Situation in der Region allerdings zunehmend unsicher zu werden. Es entstehen nun eine Reihe von Höhenbefestigungen und vor allem die großen Fernstraßen müssen durch Kastelle in Neumagen, Bitburg und Jünkerath gesichert werden. Dies kann allerdings nicht verhindern, dass bewaffnete Germanen um 355 das Gebiet überschwemmen. Viele Villen werden nun endgültig zerstört und ihre römischen Besitzer getötet oder vertrieben. Manche der großen landwirtschaftlichen Produktionszentren, wie etwa die in anmutiger Lage am Ufer der Lieser gelegene Luxusvilla von Wittlich, die mit 140 m Länge zu den größten römischen Landhäusern nördlich der Alpen zählt, oder die nicht wesentlich kleinere Villa am Moselufer bei Longuich werden danach nicht wieder aufgebaut.

⊙ I.16.49
**5 Waffen aus Mehring**
Rheinisches Landesmuseum Trier

⊙ I.16.50
**6 Kerbschnitt-Garnitur aus Mehring**
Rheinisches Landesmuseum Trier

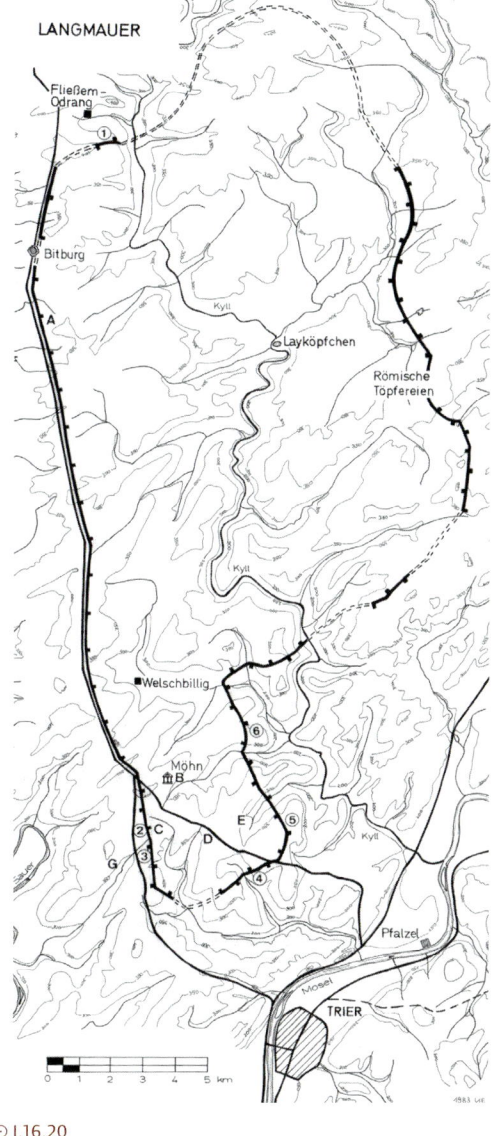

⊙ I.16.20
**7 Langmauerbezirk**

In den Ruinen anderer Villen wie etwa in Mehring werden nun Germanen, offensichtlich ehemalige Angehörige des Heeres, zur Bewirtschaftung der Felder angesiedelt, wie aus einer Reihe von charakteristischen archäologischen Funden geschlossen werden kann **[5 – 6]**. Diese Funde spiegeln eine tiefgreifende Veränderung in der Bevölkerungsstruktur wieder, die auch durch weitere Befunde in der Region bereits für die letzten Jahrzehnte des 3. Jahrhunderts und das frühe 4. Jahrhundert archäologisch nachweisbar ist. Ihre literarische Bestätigung findet diese Entwicklung in den Panegyrici latini (VIII 21,2), die bereits für die Jahre um 293 die gezielte Ansiedlung von Franken im Gebiet der Treverer und der Nervier erwähnen.

Am deutlichsten lassen sich die hier angesprochenen ethnischen Veränderungen im Bereich der sogenannten Langmauer fassen, eines 72 km langen Mauerrings, der nördlich von Trier ein Gebiet von annähernd 220 km² eingrenzte **[7]**. Die ursprünglich nur etwa 2 m hohe und 60 – 70 cm starke, an der Innen- und Außenseite durch Pfeilervorlagen verstärkte Mauer, die als Wehranlage untauglich ist, umschließt ein Areal mit Kalkböden, die zu den fruchtbarsten des Trierer Landes zählen. Die eher unfruchtbaren und waldreichen Gebiete mit anstehendem Buntsandstein wurden von dem Mauerring, der im Westen an die Fernstraße Trier-Köln grenzt und in seiner Mitte in voller Länge vom Tal der Kyll durchschnitten wird, offensichtlich gemieden.

⊙ I.16.21
**8 Bauinschrift Langmauer**
Rheinisches Landesmuseum Trier

⊙ I.16.23
**9 Modell des Hermenweihers von Welschbillig**
Rheinisches Landesmuseum Trier

Zu Recht hat in jüngster Zeit eine Untersuchung von K.-J. Gilles darauf hingewiesen, dass die gezielte Auswahl von ertragreichen Ackerböden aus Muschelkalk für das von der Langmauer umschlossene Areal deutlich gegen eine Nutzung des Gebietes als Jagdrevier oder Weidefläche für die Pferde- oder Schafzucht spricht, wie verschiedentlich angenommen wurde. Als gesichert kann gelten, dass es sich bei diesem von der Langmauer umschlossenen Gebiet um eine kaiserliche Domäne gehandelt haben muss, die, wie sich aus zwei Schenkungen des fränkischen Königs Dagobert I. erschließen lässt, noch im 7. Jahrhundert im Besitz der merowingischen Könige war. Die bis ins 20. Jahrhundert im Gelände noch deutlich sichtbare Einfassungsmauer, die das Ackerland offensichtlich vor Fraßschäden durch Wild schützen sollte, wurde nach der Mitte des 4. Jahrhunderts von militärischen Einheiten errichtet, wie die bei Grabungen vor Ort gefundene Keramik, militärische Fundobjekte und zwei in der Mauer verbaute Inschriften einer militärischen Formation der Primani belegen [8] (CIL XIII 4139 und 4140).

Vermutlich hatten die innerhalb des Mauerrings nachweisbaren Villen und Gehöfte die Aufgabe, mit ihren landwirtschaftlichen Erzeugnissen den kaiserlichen Hof in der nahen Augusta Treverorum zu versorgen. Dabei könnte die luxuriös ausgestattete Villa, deren Reste im heutigen Ort Welschbillig entdeckt wurden, durchaus der Sitz eines kaiserlichen Verwalters der Domäne gewesen sein. Aufgedeckt wurden bisher lediglich ein 60 x 18 m großes Gartenbassin und wenige Mauerreste, die darauf schließen lassen, dass die Villa von Welschbillig alle anderen Landsitze der Region an Größe und Reichtum der Ausstattung um ein Vielfaches übertroffen haben muss. Das bereits im 19. Jahrhundert freigelegte Zierbecken war von einer steinernen Einfassung mit 112 Hermenpfeilern umgeben und besaß in seiner Mitte eine Trennmauer mit zwei großen Wasserfontänen [9]. Rund um den Garten mit dem Zierteich konnte man Säulenportiken mit Mosaikböden nachweisen. Unmittelbar an die nördliche Schmalseite des großen Gartenteichs grenzte ein Festsaal, der mit seinen Ausmaßen von 12 x 18 m die zentralen Säle aller bekannten Villen der Region übertrifft. Neben diesem Saal haben neuere Grabungen einen weiteren kreuzförmigen Raum mit alkovenartigen Nischen an den Seiten nachweisen können.

⊙ I.16.25
**10 Herme aus Welschbillig**
Rheinisches Landesmuseum Trier

⊙ I.16.24
**11 Herme aus Welschbillig**
Rheinisches Landesmuseum Trier

Die Welschbilliger Villa, deren Hermengalerie zu den bedeutendsten spätantiken Skulpturenensembles zählt [10 – 11], wurde allem Anschein nach erst nach der Mitte des 4. Jahrhunderts in valentinianischer Zeit errichtet, was einen engen Zusammenhang mit der Anlage des Langmauerbezirks wahrscheinlich macht. Die Tatsache, dass im Mittelalter unmittelbar über den Ruinen der Villa eine Burg des Trierer Kurfürsten entstand, eine Entwicklung, die sich auch parallel beim spätantiken Palastbau von Pfalzel beobachten lässt, spricht dafür, dass sich die Welschbilliger Villa von Anfang an bereits in staatlichem, das heißt in kaiserlichem Besitz befunden hat.

Das reiche germanische Fundmaterial aus dem Gutshof von Newel, dem einzigen bisher vollständig ausgegrabenen landwirtschaftlichen Gehöft innerhalb des Langmauerbereich, bestätigt ebenso wie die zahlreichen germanischen und militärischen Fundstücke von anderen Stellen aus dem Langmauerbereich die in Mehring gemachten Beobachtungen zum Wandel in der Bevölkerungsstruktur auf dem Lande [12].

⊙ I.16.39
**12 Kerbschnittbeschlag**
Rheinisches Landesmuseum Trier

**13 Villa Euren, Grabungsphoto mit Mosaik**

Die oben angesprochenen Wirren und Zerstörungen um die Mitte des 4. Jahrhunderts bedeuteten für das Trierer Umland also offensichtlich nicht das Ende der wirtschaftlichen Blüte. Viele Villen, so etwa das luxuriöse, reich mit Mosaiken ausgestattete Landgut in Fließem-Otrang nördlich von Bitburg, bestanden weiter bis zum Ende der römischen Herrschaft in der Region. Neben der Großvilla von Welschbillig entstehen weitere neue Anwesen, die von einem letzten Aufblühen der Wirtschaft Zeugnis ablegen. Zu ihnen zählt der ehemals weitläufige Gebäudekomplex im Trierer Vorort Euren, über dem später eine der Hl. Helena geweihte Kirche errichtet wurde [13 – 15]. Die am östlichen Moselufer auf einer sanft ansteigenden Terrasse gelegene Luxusvilla besaß eine weitläufige, mit reichen ornamentalen Mosaiken ausgelegte Portikus, die im Süden rechtwinklig umknickt und sich nach Norden hin noch über gut 40 m verfolgen lässt [13 – 14].

Westlich und östlich des langen Ganges wurden bereits im 19. Jahrhundert weitere Mosaikböden beobachtet, doch sind die überlieferten Befunde zu spärlich, um sich ein Bild vom Grundriss des Gebäudes machen zu können [15]. Die Lage der beobachteten Mosaikböden ließe sich allerdings gut mit dem Grundriss einer langgestreckten Risalitvilla mit vorgelagerter Säulenhalle und vorspringendem Festsaal in der Mittelachse in Verbindung bringen, wie sie für das Trierer Umland typisch ist. Das luxuriöse Herrenhaus des Anwesens lag in einem von einer Mauer eingefassten weitläufigen Areal mit weiteren Nebengebäuden, das sich offensichtlich bis zu der parallel zur Mosel verlaufenden Fernstraße nach Reims hin erstreckte. Eine repräsentative Brunnenanlage mit Resten von Glasmosaiken und zahlreiche über den gesamten Bereich verstreute Marmorbruchstücke lassen darauf schließen, dass die Villa eine weitläufige Gartenanlage mit kostspieliger Ausstattung besessen haben muss.

⊙ I.16.14
**14 Mosaik aus Trier-Euren**
Rheinisches Landesmuseum Trier

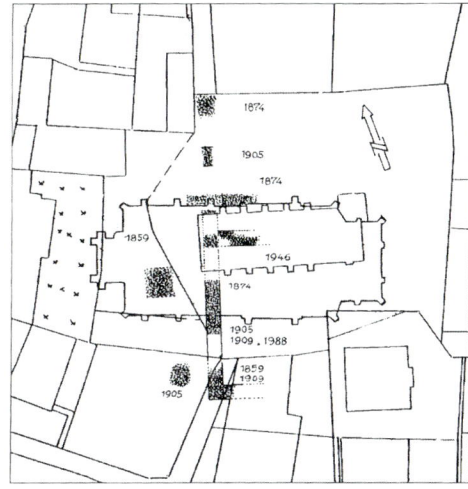

⊙ I.16.13
**15 Villa Euren, Plan der Mosaikfundstellen**

Der Stil der Mosaike und die Funde aus dem Areal datieren die Villa von Euren in die Mitte des 4. Jahrhunderts. Es ist daher naheliegend, ihre Errichtung mit der erneuten Ansiedlung des Kaiserhofs in Trier unter Valentinian I. im Jahre 376 in Verbindung zu bringen. Ob die Villa allerdings ein kaiserliches Besitztum war, oder ob sich hier ein Angehöriger des Hofes einen angenehmen Ruhesitz in unmittelbarer Nähe zum hektischen Leben der Residenzstadt geschaffen hat, muss offen bleiben. Die lokale Tradition, dass die Kirche St. Helena über dem Palast der Mutter Konstantins erbaut worden sei, hat sich wohl eher erst im 19. Jahrhundert in Zusammenhang mit den reichen Mosaikfunden unter der Pfarrkirche herausgebildet.

Von der Forschung übereinstimmend als kaiserliches Besitztum gedeutet wird dagegen die noch heute in Ruinen teilweise erhaltene, oberhalb der Einmündung der Saar in die Mosel gelegene Villa von Konz. Für eine solche Annahme scheinen die Subskriptionen von Erlassen des Sommers 371 zu sprechen, die von Kaiser Valentinian I. in Contionacum unterzeichnet worden sind, eine Ortsbezeichnung, die durchaus mit dem heutigen Ortsnamen Konz in Verbindung gebracht werden könnte. Auch der Dichter Ausonius spricht ja in Vers 369 seines Gedichts Mosella mit Blick auf die Einmündung der Saar in die Mosel von „... SUB AUGUSTIS UT VOLVERET OSTIA MURIS.", also von der „... *unterhalb der kaiserlichen Mauern*" gelegenen Saarmündung, eine Formulierung, die von einzelnen Übersetzern allerdings auch ganz allgemein auf die Mauern der nahen Residenzstadt Trier bezogen worden ist.

Von der auf einer Mittelterrasse oberhalb der Saar gelegenen Villa standen im 17. Jahrhundert noch bedeutende Reste. Heute sind nur noch Teile der Westapsis des Badetraktes bis zu 8 m hoch erhalten. Der gesamte Gebäudegrundriss, der sich über eine Fläche von 84 x 38 m ausdehnte, konnte 1959 beim Bau der neuen Pfarrkirche St. Nikolaus vollständig erfasst werden [16]. Über einer nach Norden zur Mosel hin steil abfallenden Geländekante errichtet, besaß der lang gestreckte Baukörper an seiner Eingangsseite im Süden eine vorgelagerte Portikus mit korinthischen Säulen [17]. An seiner Langseite zur Mosel hin schmückte ihn eine ehemals wohl mit Fenstern gegen die kühlen Nordwinde geschützte Arkadenloggia [18]. In der Mitte des Gebäudes lag, eingefasst von zwei Innenhöfen, ein großer, farbig ausgemalter Festsaal mit Apsis, marmornem Fußboden und Fußbodenheizung. Die teilweise ebenfalls beheizten Wohnräume gruppierten sich zu beiden Seiten um zwei Lichthöfe. An den Schmalseiten der Villa bildeten sie beidseitig vorspringende Risalittrakte, von denen der südliche die ungewöhnlich großzügig geplante Badeanlage mit drei nach Westen und Süden vorspringenden Apsiden für die Wannen umfasste.

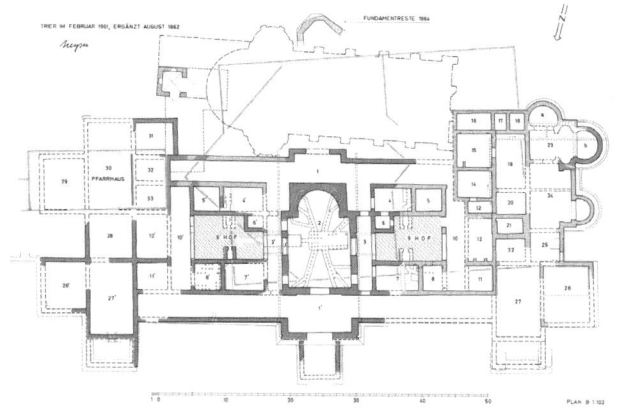

**16 Konz, Plan der Villa**

⊙ I.16.18
**17 Kapitellfragment aus der Villa Konz**
Rheinisches Landesmuseum Trier

Insgesamt folgt der Grundriss der Konzer Villa also durchaus dem traditionellen Schema einer luxuriösen Risalitvilla, wie sie in der Nachbarschaft auch in Nennig und Wittlich, oder in bescheideneren Ausmaßen in Fließem-Otrang begegnet. Allerdings erinnert der festungsartige Charakter der Villa in Konz mit seinen turmartig vorspringenden Räumen und Loggien in der Mittelachse und an den Ecken der Risalite bereits deutlich an den Palastbau, der etwa zur gleichen Zeit zweifelsohne in kaiserlichem Auftrag in Trier-Pfalzel errichtet worden ist. Die Villa in Konz, die nach Aussage der Münzfunde und dem Stil der Malereien in die erste Hälfte des 4. Jahrhunderts datiert werden muss, darf aber trotz ihres möglicherweise kaiserlichen Besitzers auf Grund ihrer eher moderaten Ausmaße – ihr Mittelsaal ist mit einer Größe von etwa 10 x 15 m „nur" annähernd so groß wie die der Villen in Nennig und Echternach – sicherlich nicht als kaiserliche Prunkresidenz angesprochen werden, auch wenn ihre Böden mit Marmor ausgelegt waren und unter den Funden das Fragment eines wertvollen Diatretglases auffällt. Es fehlen jedoch ausreichende Wohnmöglichkeiten für eine so große Anzahl von Menschen, wie sie ein kaiserlicher Hofstaat erforderlich machen würde. Wenn also Valentinian seine Edikte tatsächlich in diesem Bauwerk unterzeichnet haben sollte, könnte dies nur im Verlauf eines kurzen Tagesaufenthaltes in dieser vielleicht erst nachträglich in kaiserlichen Besitz gelangten Landvilla eines reichen Privatmannes geschehen sein.

Einen ganz anderen Charakter besitzt dagegen das bereits erwähnte, um die Mitte des Jahrhunderts nördlich von Trier im heutigen Vorort Pfalzel errichtete 65 x 56 m große Palastgebäude, das dem Ort seinen Namen gegeben hat, und dessen Mauern noch heute bis zu 16 m hoch in der mittelalterlichen Stiftsanlage erhalten sind [19]. Um einen rechteckigen, über eine gepflasterte Tordurchfahrt zugänglichen Innenhof gruppierten sich hier 28 teilweise mit Mosaiken und Marmorverkleidung kostbar ausgestattete Räume. Die Eckräume springen an ihren Außenseiten turmartig nach außen vor und erinnern an die ganz ähnlich gestalteten Ecksäle der Konzer Villa. Die beiden Obergeschosse des in seinem Erdgeschoss nach außen hin festungsartig geschlossenen Bauwerks waren über die den Innenhof umgebenden Portiken zu erreichen und öffneten sich nach außen mit weiten Bogenfenstern und Arkaden auf die umgebende Landschaft. Das Gebäude, das in seinem Grundriss völlig von den anderen Villen des Trierer Umlandes abweicht, besitzt einen rein repräsentativen Wohncharakter. Landwirtschaftliche Nebengebäude haben sich nicht nachweisen lassen.

PFALZEL (PALATIOLUM), KREIS TRIER-LAND          1964

ERGEBNISSE DER UNTERSUCHUNGEN BIS 1964
UNTER BENUTZUNG DER AUFNAHMEN KUTZBACH-NAGEL (1928-34)

AUFGEHENDES MAUERWERK DES RÖMISCHEN GEBÄUDES
ERGÄNZUNG
BURG DER TRIERISCHEN BISCHÖFE, HEUTIGE BEBAUUNG BIS
TEILE DER STIFTSKIRCHE (ALTBAU)          1945

PLAN
B 1141

⊙ I.16.15

**18 Modell der Villa Konz**
Rheinisches Landesmuseum Trier

⊙ I.16.10
**19 Pfalzel-Palatiolum**

Jüngste Ausgrabungen in Oedenburg am Oberrhein haben zeigen können, dass der bisher einzig dastehende Grundriss offensichtlich einem in der Spätantike durchaus geläufigen Kastelltyp entspricht. In valentinianischer Zeit in seinem Innern umgestaltet und durch ein großes, kasernenartiges Bauwerk vor seiner Toreinfahrt erweitert, kontrollierte der Bau sowohl den Zugang zum südlichen Teil des Langmauerareals als auch vor allem die Verkehrsverbindung, die über die Wittlicher Senke zu den Truppenstandorten nördlich von Koblenz führte, und die über eine gleichzeitig wenig südlicher errichtete und erst jüngst entdeckte Eichenholzbrücke den befestigten Palast mit der Residenzstadt Trier verband. In fränkischer Zeit ging der Palast dann aus dem Besitz der merowingischen Könige an Adula, die Tochter der Irmina von Oeren, über, die in dem Gebäude ein Damenstift einrichtete. Über dem westlichen Flügel, der offensichtlich in staatlichem Besitz geblieben war, errichteten die Trierer Kurfürsten dann im 12. Jahrhundert eine Burganlage.

Zusammenfassend kann man feststellen, dass das gesamte 4. Jahrhundert für die Region Trier und das Moselland, anders als für die weiter östlich gelegenen Gebiete des römischen Deutschland, eine Zeit anhaltenden wirtschaftlichen Wohlstands bedeutete, der sicherlich nicht unwesentlich auf die Nähe zur kaiserlichen Residenz zurückzuführen war. Erst mit dem Wegzug des Kaiserhofes aus Trier 394/395 verlor die Region auch ihre wirtschaftliche Sonderstellung und versank bis in die Neuzeit hinein zunehmend in der Bedeutungslosigkeit, gegen die sich nur die Trierer Kirche als ältester Bischofsitz Deutschlands erfolgreich zu wehren vermochte.

I.11.4
**Achilles-Platte**
Fundort: Kaiseraugst, Kanton Aargau,
Castrum Rauracense
Römerstadt Augusta Raurica, Augst

# DIES ET
# ALLTAG
# LUXURIA
# UND LUXUS

# CIRCUS UND WAGENRENNEN

**Karin Goethert**

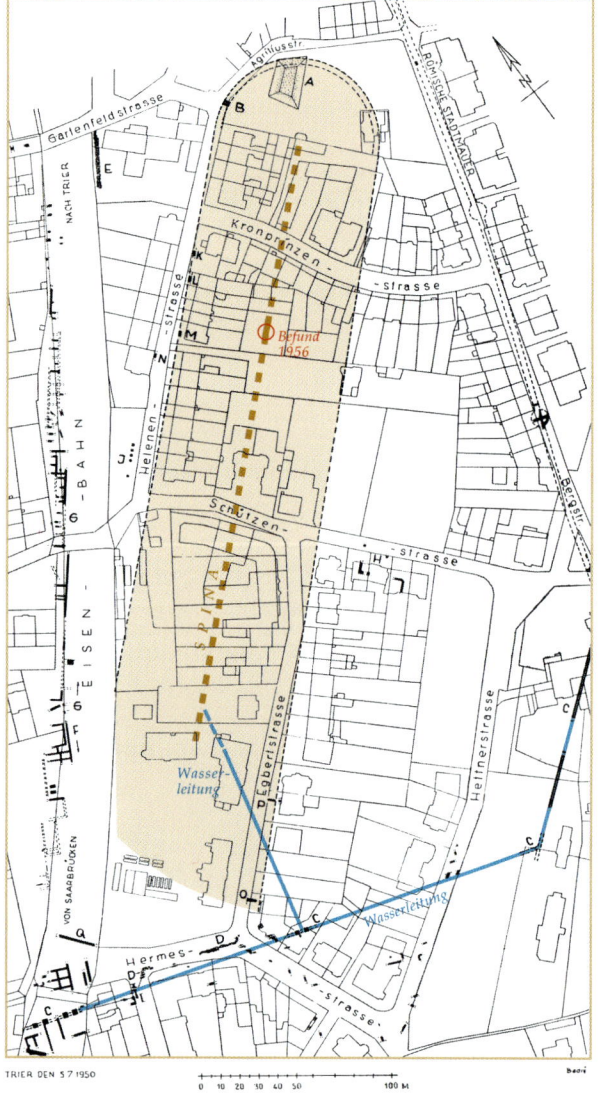

**1 Ausschnitt aus dem Trierer Stadtplan mit der Lage des Circus**
Rheinisches Landesmuseum Trier

Wagenrennen im Circus begeisterten die Massen über Jahrhunderte im gesamten römischen Imperium. Selbst nach dem Untergang des weströmischen Reiches wurden solche Spiele in Konstantinopel bis zur Eroberung der Stadt durch die Kreuzfahrer im Jahr 1204 veranstaltet. In der Popularität standen diese mit großem Pomp organisierten Festlichkeiten den heute so beliebten Fußballspielen nicht im mindesten nach.

Der Circus Maximus in Rom, die älteste und mit 600 m Länge und 150 m Breite größte Anlage dieser Art, diente allen übrigen Circusbauten als Leitform. Nach diesem Vorbild entstanden in vielen Großstädten des römischen Imperiums entsprechende Bauten in geringeren Dimensionen. Eine Angleichung war nicht nur in der Architektur der Zuschauertribünen angestrebt sondern auch in der Gestaltung und Ausstattung der langen, schmalen Mauer, welche die Arena in zwei Bahnen teilte und als Euripus oder Spina bezeichnet wird, wobei Euripus auf die Funktion der in die Mauer integrierten Wasserbecken hinweist, Spina („Rückgrat") dagegen nur die Bezeichnung der Lage der Mauer beinhaltet und in der archäologischen Literatur allgemein gebräuchlich ist. Die Spina des Circus Maximus wurde im Laufe der Kaiserzeit mit tempelartigen Aufbauten und Statuen aufwendig ausgeschmückt. Zu den wichtigen Aufbauten gehörten das Säulenmonument mit den sieben Eiern (OVA) und jenes mit den Delphinen. Durch Herabsenken jeweils eines Eies und eines Delphins wurde den Zuschauern die Anzahl der zurückgelegten Runden angezeigt. Das Monument mit den auf Spießen steckenden sieben Eiern (OVA) wurde 174 v. Chr. aufgestellt. Es war den aus dem Ei geborenen Zwillingen, den Dioskuren, die als Beschützer der Rennfahrer verehrt wurden, gewidmet. Als weiteres Zählwerk fügte Agrippa 33 v. Chr. – nach den Seesiegen über Sextus Pompeius – das Monument mit den sieben drehbaren Delphinen hinzu, den heiligen Tieren des Neptun, des Gottes der Pferde.

Als bedeutendstes Monument ließ Kaiser Augustus 10 v. Chr. einen Obelisk auf die Spina setzen. Er steht heute auf der Piazza del Popolo in Rom. An beiden Enden der Spina erhoben sich die Wendemarken als getrennte Bauwerke mit drei kegelförmig gestalteten Säulen (METAE), um die das Rennen links herum geführt wurde. Zur Grundausstattung aller Circusanlagen, die besonders zahlreich für Italien, Nordafrika und Spanien überliefert sind, gehören die angeführten Zählmonumente auf der Spina. Des weiteren konnten hier zum Schmuck Statuen und kleine Monumente aufgestellt werden. Für Gallien sind Circusbauten nur in den wichtigsten Städten bezeugt, wie Arles, Lyon, Saintes, Trier und Vienne. Vermutet werden solche Anlagen auch in Narbonne, Nimes, Orange und Paris.

Der Circus des römischen Trier wird erstmals in Quellen des 4. Jahrhunderts erwähnt, in einer Zeit, in der auch zum ersten Mal andere, bereits früher ausgeführte Baudenkmäler genannt werden. Seine Errichtung erfolgte jedoch schon im 2. Jahrhundert, als Trier im Rahmen einer städtebaulichen Gesamtkonzeption zur Verwaltungsmetropole des Westens ausgebaut wurde. Hier hatte künftig nicht nur der Finanzprokurator der Provinzen Belgica und der beiden Germanien (PROCURATOR PROVINCIAE BELGICAE UTRIUSQUE GERMANIAE) seinen Amtssitz, sondern auch der Stadthalter der Provinz Belgica (LEGATUS AUGUSTI PRO PRAETORE). Das gewaltige Bauprogramm, das der Stadt zu einer glanzvollen architektonischen Gesamtgestaltung verhalf, umfasste alle repräsentativen öffentlichen Bauten einschließlich der Stadtmauer mit den Toren.

Freie, noch nicht von Wohnbauten erschlossene Flächen standen im 2. Jahrhundert für die Errichtung des Circus und des Amphitheaters nur noch im Ostteil der Stadt am Fuße des Petrisbergs zur Verfügung. Die Lokalisierung des Trierer Circus in diesem Gebiet, östlich des Eisenbahneinschnitts und unfern der römischen Stadtmauer, ist 1944 W. von Massow aufgrund einer Zusammenstellung zahlreicher Befundaufnahmen gelungen. Diese können um weitere Beobachtungen ergänzt werden [1].

Funde und Denkmäler zeigen, mit welcher Leidenschaft die Einwohner den Pferderennen nachgingen. Im 2. Jahrhundert haben Trierer Töpfer die gefeierten Rennfahrergrößen als Statuettenlampen den Fans zum Kauf angeboten, wobei die unterschiedlichen Köpfe der Figuren eindeutig individuelle Persönlichkeiten wiedergeben. In ihnen konnte sicherlich jeder Käufer seinen gefeierten Helden wiedererkennen. Wohlhabende Bürger des 3. Jahrhunderts verewigten die siegreichen Wagenlenker auf Mosaikböden ihrer Häuser, wobei die Namen der Rennfahrer und der Leitpferde beigeschrieben sind (s. Kapitel 8, Beitrag von Hupe, Abb. [3]). Der Besitzer eines Grabdenkmals, dessen Reste in den Fundamenten des konstantinischen Kastells von Neumagen verbaut waren, hat das gesamte spannende Circusgeschehen auf der lang gestreckten Frontseite darstellen lassen. Zahlreiche weitere Objekte der Kleinkunst bezeugen die Begeisterung, mit der alle Schichten der Bevölkerung die Pferderennen verfolgten.

Die ca. 450 m lange und ca. 100 m breite Trierer Anlage, die vornehmlich Wagenrennen vorbehalten war, schloss wie alle römischen Bauten dieser Art an einem Ende halbkreisförmig ab und war hier sowie an den Längsseiten von Sitzreihen umgeben. Der Abschluss an der gegenüberliegenden Seite verlief schräg und nicht im rechten Winkel zu den Sitzreihen. Hier lagen die Startboxen (CARCERES) für Wagen und Pferde.

Noch heute zeichnet sich der Grundriss der Anlage im Straßenverlauf ab [1]: Unter der bogenförmig geführten Agritiusstraße im Norden lag einst der halbkreisförmige Abschluss, von dem 1899 ein Stück Kalksteinmauerwerk festgestellt werden konnte. Die westlich und östlich der Rundung beobachteten Kiesflächen sind wohl auf die hier angrenzenden Plätze zu beziehen. Die westliche Begrenzung des Bauwerks fällt weitgehend mit der Nord-Süd verlaufenden Helenenstraße zusammen. Hier konnte vor einigen modernen Häusern sorgfältig ausgeführtes Kalksteinmauerwerk, das in den gewachsenen Boden eingetieft war, aufgenommen werden. Ungefähr auf der Hälfte der Strecke stellte man fünf Postamentquader aus Rotsandstein zur Aufnahme von Pfeilern fest, die wohl auf eine Eingangssituation hinweisen. Im südwestlichen Teil war die Anlage nach Osten abgeschrägt, wie aus der Ausrichtung der weiter westlich liegenden römischen Bauten geschlossen werden kann. Ein sorgfältig mit Kalksteinen verblendetes Mauerstück der Spina, das in der Mauertechnik jener des Amphitheaters gleicht, konnte man 1956 dokumentieren.

Der südliche Abschluss lag nördlich der Hermesstraße. In deren Flucht verliefen einst eine römische Ost-West-Straße und ein Aquädukt, der auf die Kaiserthermen zuführte. Ein Wasserkanal, der von der Ruwerwasserleitung abzweigte, verlief unter der Egbertstraße hindurch nach Norden auf die Spina zu. Er wird wohl die in der Spina integrierten Wasserbassins versorgt haben. Von der östlichen Begrenzung des Bauwerks hat man Spuren unter der Egbertstraße feststellen können. Ungefähr in mittlerer Höhe der östlichen Langseite des Circus lag ein spätantikes, mit Mosaiken geschmücktes Bauwerk, dessen Mauerverlauf sich an dem Großbau orientiert.

An der West- und Ostseite der Anlage sind vereinzelte Architekturstücke wie korinthische Kapitelle, Säulentrommeln, Pfostensteine aus Kürenzer Granit und große Kalksteinplatten geborgen worden. Von der ursprünglichen statuarischen Ausstattung sind nur wenige Bruchstücke auf uns gekommen. Offizielle Bauten schmückte man im 2. Jahrhundert vielfach mit marmornen Kopien griechischer Statuen. Die untere Partie einer lebensgroßen Statue der Göttin Aphrodite, die ein berühmtes griechisches Meisterwerk des 4. Jahrhunderts v. Chr. wiedergibt (Typus Aphrodite von Arles), ist im Bereich der Circusanlage gefunden worden und dieser sicherlich als Schmuck zuzuordnen.

In nachantiker Zeit muss der Circus noch lange im Gelände sichtbar gewesen sein, wie einer Urkunde des Jahres 1101 zu entnehmen ist. Sie nennt das „Stadion der alten Stadt ..., welches nun Langmauer genannt wird" (IN VETERIS CIVITATIS STADIO ..., QUOD NUNC DICITUR LONGA FOSSA). Vor dem eigentlichen mittelalterlichen Siedlungsgebiet gelegen, wurde der Bau natürlich als Steinbruch ausgebeutet. Die letzten Reste werden wohl während des Baus der mittelalterlichen Stadtmauer abgetragen worden sein.

Dass alle Erwähnungen des Trierer Circus aus spätantiker Zeit stammen, verwundert nicht, da Circusspiele besonders im 4. Jahrhundert zur kaiserlichen Repräsentation gehörten. Das Ausrichten der Spiele gestaltete sich geradezu zu einem pompösen Staatsakt. Mit der Eröffnung konnte sich der Kaiser in feierlicher Weise der Masse präsentieren und die Huldigungen entgegennehmen. Als Spielgeber führte er den Vorsitz, nahm auf einer Tribüne für alle sichtbar den Ehrenplatz ein und gab das Startzeichen. Veranstalter der Spiele konnten auch hochgestellte Beamte sein, die die Spiele auf eigene Kosten veranstalteten und diese dann als Vorsitzende von der Ehrentribüne aus leiteten. Auf Elfenbeinplatten vom späten 4. bis ins 6. Jahrhundert ist dieser Moment mit dem Circusgeschehen im Vordergrund vielfach festgehalten.

Dem kaiserlichen Repräsentationsbedürfnis entsprach es, den bestehenden Circusbau nicht allein zu verschönern, sondern ihn – wie später in Konstantinopel – mit in den um die Basilika neu gestalteten Palastbereich einzubeziehen. Der Ausbau der kaiserlichen Residenz in Trier, den Maximian ab 286 in Angriff nahm, wurde von Constantius Chlorus, dem Vater Konstantins weiter fortgeführt. Ihm als „Unterkaiser" (Caesar) und wohl einem der Tetrarchen („Hauptkaiser") errichtete der militärische Oberbefehlshaber Valerius Concordius ein Ehrenmonument, das 1876 am nordwestlichen Ende des Circus bei Erdarbeiten zutage kam, dort wo auch neben dem Eisenbahneinschnitt die Kiesfläche einer Platzgestaltung beobachtet worden ist. Anlässlich der Fünfjahresfeier der Herrschaft Konstantins erwähnt im Jahr 310 der Festredner überschwänglich lobend verschiedene Bauten, darunter auch den Trierer Circus, den er dem römischen als gleichwertig an die Seite stellt. „Ich sehe den riesigen Circus, der meiner Überzeugung nach mit dem Roms wetteifert ..." (VIDEO CIRCUM MAXIMUM SEMULUM, CREDO, ROMANO ...). So übertrieben der Stil des Redners auch sein mag, so wird doch deutlich, dass die Größe des Trierer Baus als beachtlich eingeschätzt wurde.

Zur Ausstattung des 4. Jahrhunderts gehört ein 53 cm hohes Figuralkapitell, das im südlichen Bereich des Circus gefunden wurde [2]. Über dem mittleren Blatt der in zwei Reihen angeordneten Akanthusblättern erhebt sich an drei Seiten je eine Halbfigur, an der vierten ist diese in ein Medaillon eingeschlossen. Die Ecken nehmen anstelle der üblichen Voluten schwebende, lang gewandte Victorien ein. Ihre Hände umfassen Lorbeerkränze, an der vierten Seite halten sie das schildartige Medaillon mit der Büste. Palmzweige sind in die obere Akanthusreihe gesteckt. Die Person der Schildbüste ist allein schon dadurch hervorgehoben, dass Victorien das Rund halten. Die besondere Form der Gewandspange auf der rechten Schulter zeichnet den Dargestellten als bedeutende Persönlichkeit aus. Vielleicht haben wir in ihm einen Angehörigen der kaiserlichen Familie zu sehen, während die übrigen Figuren möglicherweise spielgebende Beamte wiedergeben. Lorbeerkränze und Palmenzweige sind typische Siegeszeichen, die den erfolgreichen Rennfahrern überreicht wurden.

⊙ I.17.46
**2 Figurenkapitell aus dem südlichen Bereich des Trierer Circus**
Rheinisches Landesmuseum Trier

⊙ I.17.50
**3 Glasschale mit der Darstellung eines Circusrennens**
Römisch-Germanisches Museum der Stadt Köln

In der Umgebung des Trierer Circus müssen Gärten gelegen haben, wie aus einer Erzählung des bedeutenden Kirchenlehrers Augustinus der zweiten Hälfte des 4. Jahrhunderts hervorgeht. In seinen Bekenntnissen (CONFESSIONES) berichtet er, dass der hochgestellte Hofbeamte Ponticianus mit weiteren Bekannten in den nahe der Stadtmauer gelegenen Gärten spazieren ging, während der Kaiser bei einem nachmittäglichen Circusspiel weilte. Gartenanlagen hat man in der Tat bei einer Ausgrabung 2002/03 weiter nordwestlich feststellen können.

Wenn die Kaiser nicht in Trier residierten, waren sicherlich die hochgestellten Magistrate gefordert, gemäß dem Festkalender die Spiele auszurichten. Der religiöse Ursprung der Circusspiele war im 4. Jahrhundert offensichtlich nicht mehr erinnerlich, denn die Kirchenväter brachten keine Einwände gegen diese Veranstaltungen vor. Die einst mit den Spielen verbundenen Umzüge zu Ehren der Götter fanden folglich auch nicht mehr statt. Die Organisation der Pferderennen in Rennclubs (FACTIONES), die sich durch verschiedene Farben voneinander unterschieden, wird in Trier ähnlich gewesen sein wie in Rom, wie man den verschiedenfarbig gekleideten Rennfahrerdarstellungen auf den Mosaiken entnehmen möchte.

Wie hochgeschätzt die Rennpferde waren, erfahren wir nicht zuletzt aus den Zeilen eines Gedichtes, das Ausonius, der Erzieher des jungen Augustus Gratian, um 372 auf das verstorbene kaiserliche Rennpferd, Phosphor („der Lichtbringer") verfasste. Seine Siege hatte es durch sein taktisches, zunächst Kräfte sparendes Verhalten errungen, indem es den gegnerischen Pferden zu Beginn des Rennens einen Vorsprung ließ, um sie dann in vollem Galopp zu überholen.

Höhepunkte und spannende Augenblicke des Circusgeschehens haben Künstler und Kunsthandwerker für die Fans in Materialien aller Art gebannt: auf Mosaiken, Gläsern, Keramikschalen, Elfenbeinen oder einfachen Spielsteinen. Ihre Betrachtung zieht uns hinein in die hitzige, von anfeuernden Zurufen erfüllte Atmosphäre, die im Circus herrschte, wenn das Rennen in die letzte, siebente Runde ging. Ein solches spannendes Rennen hat ein Glasschleifer in die flache Schale eingraviert, die in einem Kölner Sarkophag als Beigabe lag [3]. Um die im Schalenmittelpunkt eingravierte Büste des Sonnengottes mit Strahlenkrone, des Schutzgottes der Rennfahrer, sind vier Quadrigen wie in einem Wirbel angeordnet, die in rasendem Galopp die Wendemarken (METAE) umrunden. Erregt und aufs Äußerste angespannt feuern die behelmten Wagenlenker mit der Peitsche die Pferde an, die federartigen Kopfputz tragen. Zur besseren Kontrolle haben die Rennfahrer die Zügel um den Leib ge-

⊙ I.17.49
**4 Fragment eines Glasbechers mit der Darstellung eines Circusrennens**
Rheinisches Landesmuseum Trier

⊙ I.17.45
**5 Sarkophag mit der Darstellung eines Circusrennens**
Römisch-Germanisches Zentralmuseum, Mainz

⊙ I.17.51
**6 Eingelegter Kontorniat mit der Darstellung des siegreichen Wagenlenkers Porfyrus**
Rheinisches Landesmuseum Trier

wunden, der durch Riemenbänder vor Stürzen geschützt ist. Dass das Rennen im Circus Maximus in Rom stattfindet, gibt der von Augustus aufgestellte Obelisk zu erkennen. Das Monument mit den sieben Eiern ist sehr skizzenhaft angedeutet. Der Graveur hat darauf geachtet, die Wendemarken (METAE) genau gegenüberliegend anzuordnen, wobei allerdings die Spitzen auf den Bällen unverständlich bleiben.

Auf dem Fragment einer Trierer Glasschale ist der kritischste Moment des Rennens um die Wendemarken (METAE) herum festgehalten, wo sich die meisten Stürze ereigneten [4]. Zwei Gespanne haben die gefährliche Kurve bereits erfolgreich genommen; von dem vorderen ist nur noch am unteren Bruchrand die Peitsche des Rennfahrers sichtbar. Im oberen Teil setzt die dritte Quadriga zum wilden Galopp an, wobei der peitschenschwingende Rennfahrer zu den Zuschauerrängen emporblickt. Gespannt verfolgen die nach rechts gewandten Zuschauer, die unter Arkaden hinter gegitterten Brüstungen sitzen, das Rennen. Neben den drei auf gesondertem Unterbau sich erhebenden Wendemar-

ken ist am rechten unteren Rand noch ein Teil der Spina erhalten. Auf ihr steht die Statue eines tänzelnden, nackten Satyrs, der einen gebogenen Hirtenstab (PEDUM) in der Rechten hält. Neben ihm erhebt sich ein kleines, durch Pfeiler gegliedertes Monument mit hochliegenden Fenstern. Die untere Partie zwischen den Pfeilern ist mit Gittern zugesetzt. Dem Glasschleifer ist es durch meisterliche Anwendung des Hohlschliffs gelungen, die unbekleideten Partien der Figuren und die Körper der Tiere wie modelliert erscheinen zu lassen. Die virtuose Handhabung dieser Technik ist charakteristisch für stadtrömische Ateliers. Die Szene wird folglich auch den Circus Maximus in Rom wiedergeben und nicht den Trierer Circus.

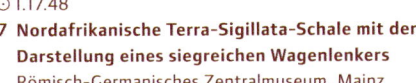

⊙ I.17.48
**7 Nordafrikanische Terra-Sigillata-Schale mit der
Darstellung eines siegreichen Wagenlenkers**
Römisch-Germanisches Zentralmuseum, Mainz

⊙ I.17.58
**8 Beinerner Spielstein mit der Darstellung
eines Rennfahrers und seinem Gespann**
Rheinisches Landesmuseum Trier

Das wilde Getümmel mit zahlreichen Stürzen schildern auch die Bildhauer auf den Sarkophagreliefs. Als Lenker sind hier zuweilen Eroten eingesetzt [5]. Die durch das Vordergrundgeschehen verdeckte Spina ist durch die Aufbauten im Hintergrund mit dem Obelisken und den die Runden zählenden Monumenten mit Eiern und Delphinen angedeutet. Die Schmalseiten des Sarkophags in Mainz zeigen einzelne Reiter, die das Rennen anfeuernd begleiteten.

In der zweiten Hälfte des 4. Jahrhunderts waren medaillenartige Bronzen mit erhöhtem Rand (Kontorniaten) im Umlauf, die geprägt, gegossen oder geschnitten und mit Einlagen verziert sein konnten. Die Vorderseiten zeigen in der Regel berühmte griechische oder römische Persönlichkeiten, zuweilen auch ein Kaiserbildnis. Auf der Rückseite ist häufig ein siegreicher Rennfahrer dargestellt, dessen Name ebenso wie jener des Leitpferdes oft beigeschrieben ist. Es wird vermutet, dass der Spielgeber sie austeilte oder dass sie am Neujahrsfest als Geschenke dienten. Ein herausragendes Stück ist unter den geprägten Trierer Kontorniaten das mit Silber und Kupfer eingelegte Exemplar des Rennfahrers Porfyrus. Die Vorderseite zeigt ihn Peitsche schwingend, gerahmt von zwei Behältern mit Palmzweigen [6]. Auf der Rückseite lenkt er sein siegreiches Viergespann; das Leitpferd Fontanus ist inschriftlich hervorgehoben. Die frontale Darstellung von Lenker und Gespann ist eine in der Spätantike bevorzugte Darstellungsform, die richtungweisend für die Folgezeit wurde. Mit gleichartigen Szenen siegreicher Gespanne ist vielfach das Schaleninnere nordafrikanischer Sigillaten verziert [7].

Dass solche Rennen die Wettleidenschaft förderten, ist leicht nachvollziehbar. Wetten wurden auf Rennfahrer und Leitpferde abgeschlossen. Vielfach ritzte man Verwünschungen auf Bleitäfelchen ein, die in der Erde deponiert wurden, um den Gegner mitsamt seinen Pferden zu bannen. Die Rennfahrer ihrerseits befestigten am Pferdegeschirr Glöckchen zum Schutz gegen Verwünschungen. Brettspiele hatte man erdacht, um das spannende Rennen jederzeit neu erleben zu können. In beinerne Spielsteine sind die Gespanne mit den Rennfahrern eingeritzt [8], oft aber auch nur die Namen der Rennfahrer oder der siegreichen Pferde. Die in Trier gefundenen Exemplare beziehen sich ohne Zweifel auf das hiesige Geschehen. Spielregeln für solche Circusspiele sind uns leider unbekannt.

⊙ I.17.47
**Relief mit der Darstellung eines Wagenrennens**
Foligno, Museo della città, Palazzo Trinci

# DIE GLADIATORENKÄMPFE IN DER SPÄTANTIKE

**Eckart Köhne**

CIRCUS FURENS, CAVEA SAEVIENS, SCAENA LASCIVIENS „Der Circus mit den Wagenrennen macht rasend, das Amphitheater verroht, und die Bühne des Theaters erregt die Wollust."

Mit diesen Worten wendet sich der christliche Autor Tertullian im 2. Jahrhundert gegen die öffentlichen Spiele der Römer. Was auch immer dargeboten wird, es verführt seiner Auffassung nach den Menschen und bringt ihn vom rechten Weg ab, dessen Ziel die Bewahrung der Seele ist. Deswegen verurteilt Tertullian die Gladiatorenspiele in einem Atemzug mit den nach modernen Maßstäben harmlosen Wagenrennen und Theateraufführungen. Mitleid mit den Akteuren äußert er nicht, auch nicht mit den Gladiatoren, die als verurteilte Verbrecher um ihr Leben kämpfen müssen.

Circusspiele, Theateraufführungen und Gladiatorenkämpfe gehörten seit den Zeiten der römischen Republik zur römischen Kultur, und vereinzelte Kritik an den Spielen hatte es über Jahrhunderte nicht vermocht, die Ausrichtung der Spiele zu gefährden. Sie waren fester Bestandteil des öffentlichen Lebens, nicht nur in der Hauptstadt selbst, sondern auch in allen Provinzen des Imperium Romanum.

Im Gegensatz zu den Wagenrennen und Theateraufführungen waren die Gladiatorenkämpfe eine spezifisch römische Institution. Zwar gab es Vorstufen solcher Kämpfe bei den Samniten, gegen die Rom im 3. Jahrhundert v. Chr. Krieg führte. Die Ausprägung als Massenspektakel entwickelte sich aber allein bei den Römern. Eine erste derartige Aufführung ist in Rom für das Jahr 264 v. Chr. bezeugt. Damals traten bei den Begräbnisfeierlichkeiten für den Aristokraten Junius Brutus Pera auf dem Forum Romanum drei Gladiatorenpaare an.

Die Aufführung gehörte zum Bestattungsritual und war deswegen eine religiöse Pflicht der Hinterbliebenen, lateinisch MUNUS. Deswegen bezeichneten die Römer die Gladiatorenkämpfe immer als *munera*, nie als Spiele (*ludi*).

Zu Zeiten der späten Republik waren aus den *munera* Massenveranstaltungen geworden, bei denen Hunderte von Gladiatoren auftraten. Reiche Aristokraten erkauften sich mit immer prächtigeren Aufführungen die Gunst der Bevölkerung. Die römischen Kaiser folgten dieser Tradition und zogen das Recht, *munera* zu veranstalten, mehr und mehr an sich. Seit dem Ende des 1. Jahrhunderts durften die Kämpfe nur durch den Kaiser oder in seinem Namen ausgerichtet werden. Dabei erlebte die Gladiatur ihren Höhepunkt im 2. Jahrhundert, als in Rom bei kaiserlichen Triumphen jeweils Tausende von Gladiatoren auftraten. Zur Zeit Konstantins blickten die Gladiatorenkämpfe in Rom auf eine beinahe 600-jährige Geschichte zurück.

Die *munera* unterlagen einem präzisen Regelwerk. Ein großer Teil der Kämpfer bestand aus verurteilten Schwerverbrechern, deren Entsendung in die Arena juristisch gesehen eine lebenslange Strafe war, kein Todesurteil. Diese Männer konnten sich mit herausragenden Leistungen die Freiheit erkämpfen. Hinzu kam eine nicht geringe Zahl an Freiwilligen, die sich um des Ruhmes und des Geldes wegen für einige Jahre bei einer Gladiatorenschule verpflichteten. Dies bedeutete eine Versklavung auf Zeit, die auch den Verlust aller bürgerlichen Rechte mit einschloss.

Zunächst erhielten die Gladiatoren an ihrer Schule eine Ausbildung. Mit jedem Sieg stiegen neben der individuellen Erfahrung auch die Chancen, eine längere Zeit zu überleben. Es sind zahlreiche Karrieren von Gladiatoren bezeugt, die siegreich aus Dutzenden von Kämpfen hervorgegangen waren. Im Regelfall dürften aber die meisten Gladiatoren ein eher kurzes Leben gehabt haben.

⊙ I.17.39
**1 Silligataschale**
Tonschale „damnatio ad bestias"
Badisches Landesmuseum Karlsruhe

⊙ I.17.41
**2 Glasbecher Trier**
Rheinisches Landesmuseum Trier

Der Leiter der Schule vermietete seine Kämpfer an die Veranstalter der *munera*. Dabei war zunächst eine Miete zu entrichten. Starb der Kämpfer, musste der Veranstalter dessen vorher festgesetzten Wert ersetzen. Die Entscheidung über Leben und Tod lag beim Veranstalter der Spiele, der sich dabei in der Regel von der Stimmung des Publikums leiten ließ. Zum Zeichen der Begnadigung schwenkte das Publikum weiße Tücher. Der gegen die Brust gerichtete Daumen (*pollice verso*) symbolisierte den Stoß des Schwertes in die Brust und war das Zeichen für Tod. Entschied der Spielgeber in diesem Sinne, erfolgte die Hinrichtung des Unterlegenen in der Arena.

Das Programm in den Amphitheatern bestand nicht aus Gladiatorenkämpfen allein. Der Tag begann in der Regel mit Tierhetzen, danach sahen die Zuschauer die Hinrichtung von verurteilten Verbrechern. Zu den strafrechtlich vorgesehenen Todesarten gehörte auch die *damnatio ad bestias*, also der Tod durch wilde Tiere. Eine Tonschale aus Nordafrika zeigt eine derartige Exekution [1]. An einen Pfahl gefesselt, erwartet das hilflose Opfer den Angriff eines Löwen. Dieses Strafmaß war anscheinend besonders gravierenden Verbrechen vorbehalten wie etwa Brandstiftung, Hochverrat oder Tempelschändung. Im 4. Jahrhundert konnte dieses Strafmaß auch über römische Bürger verhängt werden. Lediglich die einflussreichsten *honestiores* im Senat und in der kaiserlichen Verwaltung hatten weiterhin bei einer Verurteilung das Recht auf einen schnellen Tod durch das Schwert.

Bisweilen bemühte man sich, die Exekutionen in der Arena durch phantasievolle Kostüme oder mythologische Szenerien interessanter zu machen. Als Höhepunkt und Abschluss des Tages traten jedoch danach die Gladiatoren auf, die in der Regel paarweise, seltener in Gruppen gegeneinander kämpften.

In allen römischen Provinzen gehörten *munera* ebenso zur Tagesordnung wie in der Hauptstadt. Das römische Militär hatte entscheidenden Anteil an ihrer Verbreitung, da die Legionäre die Spiele überaus schätzten. So erhielten feste Militärlager und die mit Legionären gegründeten Koloniestädte Amphitheater, lange bevor solche Bauten in Rom dauerhaft errichtet wurden.

Erst die Krisen des 3. Jahrhunderts beeinträchtigten die Spiele. Gerade in den westlichen, grenznahen Provinzen, die den Angriffen der Stämme jenseits des LIMES ausgesetzt waren, sind in der zweiten Hälfte des 3. Jahrhunderts kaum noch Gladiatorenkämpfe nachweisbar. Offensichtlich ging mit den wirtschaftlichen Problemen dieser Zeit auch ein Niedergang der *munera* einher. Die Spiele selbst waren teuer, und gleiches galt für die zur Aufführung notwendige Infrastruktur von Amphitheatern und Gladiatorenschulen. Umso bemerkenswerter ist es, dass mit dem Ausbau der Stadt Trier zur kaiserlichen Residenz auch das Amphitheater noch einmal in Stand gesetzt wurde. Über eine dendrochronologische Untersuchung ließ sich das Fälldatum eines erhaltenen Balkens der Bühnenmaschinerie auf das Jahr 298 bestimmen. Offensichtlich war es wichtig, ein funktionstüchtiges Amphitheater zur Verfügung zu haben.

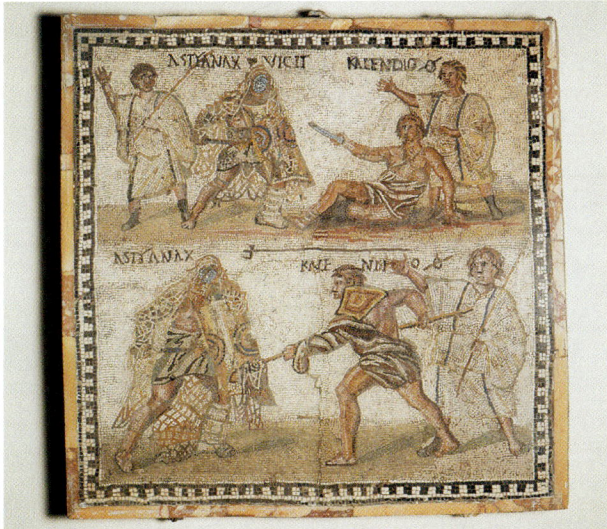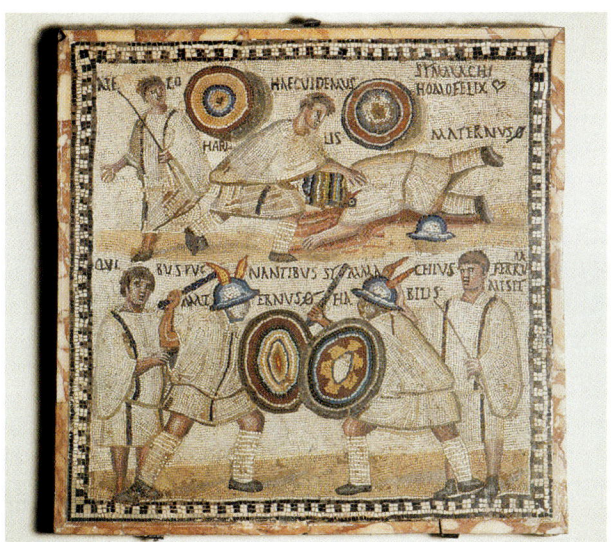

⊙ I.15.36 und ⊙ I.15.37
**3, 4 Mosaiken mit Gladiatorenkämpfen**
Museo Arqueológico Nacional, Madrid

Zumindest im Umfeld einer kaiserlichen Residenz fanden Aufführungen in der Arena statt. Die öffentliche Hinrichtung von germanischen Kriegsgefangenen durch Konstantin dürfte hier zu lokalisieren sein. Inschriftliche oder literarische Belege für regelrechte Gladiatorenkämpfe in Trier zur Zeit Konstantins fehlen allerdings (s. Kapitel 4, Beitrag von Engemann).

Im späteren 3. oder frühen 4. Jahrhundert entstand ein Glasbecher mit Schliffdekor, der Gladiatoren beim Kampf zeigt. Er wurde in einem Grab unter der Abtei St. Mathias in Trier gefunden [2]. Auf dem Becher hat der Künstler den Kampf eines leichtbewaffneten Netzkämpfers (*retiarius*, links) mit seinem schwer bewaffneten Verfolger (*secutor*) dargestellt. Beide Gladiatoren tragen Künstlernamen. Der *secutor* heißt Auriga, „Wagenlenker", der *retiarius pulcher*, „der Schöne". Die Kämpfer sind in Angriffshaltung gezeigt, der Ausgang des Zweikampfes ist damit noch nicht entschieden.

Die Ausrüstung der Gladiatoren war standardisiert, es gab bestimmte Typen, die sich nach ihrer Bewaffnung unterschieden. *retiarius* und *secutor* waren eine besonders beliebte Paarung, bei der leichte Bewaffnung, Verletzlichkeit und Schnelligkeit gegen eine weitgehende Panzerung, eingeschränkte Sicht und verminderte Beweglichkeit standen. Andere Kämpfertypen variierten die Form und Größe der Helme, Schilde, Beinschienen und der Angriffsbewaffnung.

Neben den Gladiatoren sind auf dem Becher zwei Ringer mit den Namen Hercules und Antaios zu sehen. Diese beiden stellten offensichtlich den mythischen Ringkampf des Herakles nach, der seinen Gegner Antaios nur überwinden konnte, indem er ihn hochhob und dann erdrückte – im Kontakt mit seiner Mutter, der Erdgöttin Gaia, war Antaios unsterblich.

Als dritte Szene hat der Künstler einen Tierkämpfer auf einem Wagen dargestellt, der von einem riesigen Leoparden verfolgt wird. Wir erhalten offensichtlich einen bildlichen Querschnitt durch das attraktive Programm im Amphitheater.

Nach Rom führen zwei Mosaiken, die als Pendants gearbeitet sind und zwei Kämpfe in mehreren Phasen schildern. Sie stammen aus einer reichen Villa des ausgehenden 3. oder frühen 4. Jahrhunderts. Der *retiarius* Kalendio kämpft gegen den *secutor* Astyanax [3]. Die untere Szene zeigt einen gelungenen Angriff des Kalendio, dem es gelungen ist, sein Netz über den Gegner zu werfen. Der *summa rudis*, also der Kampfrichter, verfolgt das Manöver aufmerksam. Allerdings hilft Kalendio der geglückte Netzwurf nicht, im oberen Teil sehen wir ihn blutend am Boden, nur noch mit einem kurzen Dolch bewaffnet. Astyanax wird sich nun auf ihn werfen, und das Ende des Kampfes und die Niederlage des *retiarius* sind absehbar. Überlebt hat er diesen Kampf nicht, wie das griechische Θ neben seinem Namen anzeigt, die Abkürzung für *thanatos* „Tod".

Das zweite Mosaik schildert den Kampf des Habilis gegen Maternus [4]. Beide tragen kurze Tuniken und sind daran als *equites* zu erkennen, also als berittene Gladiatoren. Diese eröffneten meist die Kämpfe. Sie traten zuerst mit Pferden gegeneinander an und kämpften zu Fuß weiter, wenn einer der beiden zu Boden gegangen war. Die untere Szene schildert diesen Kampf unter den wachsamen Augen zweier Schiedsrichter. Darüber sehen wir den toten Maternus am Boden. Die Mitte dieser Szene scheint nach einer Beschädigung nicht ganz stimmig restauriert worden zu sein. Dargestellt war die Tötung des Maternus durch den siegreichen Habilis.

Besonderes Interesse verdienen die zusätzlichen Inschriften auf dem Mosaik, die den Veranstalter der Spiele rühmen. *symmachi homo felix* – „Symmachius, Du Glücklicher" wird er genannt. *Neco* bedeutet wohl „ich lasse töten", *haec videmus* bezieht sich auf die Darbietungen: „Dieses bekommen wir zu sehen". Am deutlichsten ist die Zeile in der Mitte: *quibus pugnantibus Symmachius ferrum dedit* – „diesen Kämpfenden ließ Symmachius das Eisen geben". Die Tatsache, dass Symmachius zwei Kämpfer in den Tod schickte, wird also als Besonderheit hervorgehoben.

Die römischen Aristokraten, die ebenso sehr den alten Kulten anhingen wie den kulturellen Institutionen, haben noch im 4. Jahrhundert zahlreiche Gladiatorenkämpfe veranstaltet. Anders als in den westlichen Provinzen, in denen die Institution der *munera* in dieser Zeit kaum mehr zu belegen ist, liegen aus Rom und dem östlichen Mittelmeer noch einige Zeugnisse über Gladiatorenkämpfe vor. Allerdings hatte ihre Zahl gegenüber den vergangenen Jahrhunderten stark abgenommen. Der Festkalender des Philocalus verzeichnet lediglich für den Dezember 10 Tage mit *munera*, eine geringe Zahl, verglichen mit den vergangenen Jahrhunderten.

Die antike Kritik an den Gladiatorenkämpfen war fast so alt wie die Spiele selbst. Der enorme finanzielle Aufwand für die immer teureren *munera* beschäftigte einige Kaiser, die versuchten, durch Gesetze die schlimmsten Auswüchse zu verhindern. Die Frage nach der Sicherheit stellte sich nach dem Aufstand des Spartacus immer wieder, auch wenn diese Ereignisse in der Kaiserzeit bereits Jahrhunderte zurücklagen.

Grundsätzliche Kritik an den Kämpfen äußerten vor allem die Philosophen, denen es aber nicht so sehr um die Institution der Spiele selbst ging, sondern um die Menschen, die sie besuchten. Das Interesse am Individuum stand im Zentrum der Philosophie. Der Einzelne sollte mit ihrer Hilfe ein selbst bestimmtes Leben führen können und seine Handlungen moralischen Prinzipien unterwerfen. Diesem Ideal entsprachen öffentliche Spiele selbstverständlich nicht. Ob im *circus* bei den Wagenrennen, im Theater bei frivolen Stücken oder im Amphitheater im Angesicht des Todes – die Gefahr, dass der Einzelne angesichts der Darbietungen zum willenlosen Teil einer Zuschauermasse wurde, war groß. Auch aus diesem Grund schlossen sich christliche Autoren der Kritik ihrer heidnischen Kollegen an den Spielen an.

Die Gefahren für das Individuum schildert der christliche Theologe Augustinus besonders eindringlich. Er lebte in der zweiten Hälfte des 3. Jahrhunderts in Karthago. Sein Bekannter Alypius war von Freunden zum Besuch der Arena eingeladen worden und hatte gegen den Rat des Augustinus die Einladung angenommen. Zunächst wollte er die Augen geschlossen haben, allerdings hörte er das Geschrei der Menge und riskierte schließlich doch einen Blick hinab in die Arena: „Wenn er das Blut sah, dann war es, als hätte er einen tiefen Schluck wilder Leidenschaft getrunken. Anstatt sich abzuwenden, richtete er seine Augen auf die Szene und sog sie auf in all seiner Leidenschaft, sich dessen nicht bewusst, was er gerade tat. Er genoss die Boshaftigkeit des Kampfes und war trunken von der Faszination des Blutvergießens (…) Er sah zu und jubelte, und ihm wurde heiß vor Aufregung, und als er die Arena verließ, trug er einen kranken Verstand mit sich fort, der ihn nicht in Ruhe lassen würde, bis er wieder zurückkam, nicht länger nur zusammen mit den Freunden, die ihn zuerst dorthin geschleppt hatten, sondern ihnen voran, neue Schafe zum Schlachten führend." So schildert Augustinus in seinen Bekenntnissen, wie Alypius nicht nur den Spielen verfiel, sondern selbst zum Verführer wurde.

Weitere Kritikpunkte an den Gladiatorenkämpfen betrafen die Akteure selbst, die Gladiatoren. Sie gehörten zu den INFAMES, die außerhalb der Gesellschaft standen, zusammen mit Schauspielern, Prostituierten und Zuhältern. Es war aus der von römischer Kultur und Rechtsprechung geprägten Sicht der Christen nur konsequent, alle diese Menschen von der Taufe und von der Eucharistie auszuschließen und ihnen damit den Zugang zur Kirche zu verwehren. Dies betraf auch die *auctorati*, also diejenigen Gladiatoren, die sich freiwillig zum Dienst in der Arena verpflichtet hatten. Sie ließen ihr bürgerliches Leben hinter sich und begingen mit dem Eintritt in die Gladiatorenschule in gewisser Weise Selbstmord, bzw. nahmen ihren Tod in Kauf. Genau dies haben christliche Autoren mehrfach verurteilt.

⊙ I.17.37
**5 Model zur Herstellung von Terra-Sigillata Tabletts**
**sowie Kunstharzabguss des Original-Models**
Römisch-Germanisches Zentralmuseum, Mainz

Ein weiteres zentrales Argument der Christen gegen die Gladiatorenkämpfe war ihre Verbindung mit heidnischen Opfern und ihre Herkunft aus dem Bestattungsritual. Die Opfer hätte man zwar durchaus weglassen können, so wie es bei dem Wagenrennen geschah, das bis ins Mittelalter in Konstantinopel ausgerichtet wurden. Weit problematischer muss für die Christen jedoch der Umgang mit dem Tod selbst gewesen sein, der in der Arena in aller Öffentlichkeit zelebriert wurde. In den Kämpfern konnte man durchaus Helden sehen, denen es durch ihren Sieg gelang, den Tod zu überwinden. Diese Überwindung des Todes war aus Sicht der Christen allein Gott vorbehalten.

Das Ende der Gladiatorenkämpfe kam schließlich anfangs des 5. Jahrhunderts. Allerdings wurden die *munera* nicht zentral durch den Kaiser abgeschafft, etwa durch ein Gesetz. Es gab durchaus kaiserliche Dekrete, die Gladiatorenkämpfe verboten; diese bezogen sich aber offensichtlich auf konkrete Einzelsituationen und hatten keinen generellen Charakter. So hat auch Konstantin einen derartigen Erlass verfasst. Am 1. Oktober 325 schrieb er an den Prätorianerpräfekten Maximus, den Verwalter der asiatischen Provinzen und Ägyptens, dass das Urteil *ad ludos* fortan durch eine Verurteilung *ad metallos* zu ersetzen sei, dass die Verbrecher also künftig in die Minen zu schicken seien und nicht mehr in die Arena. Konstantin begründet seine Entscheidung

damit, dass in Zeiten des öffentlichen Friedens und der Ruhe im Inneren des Reiches Blutvergießen missfalle. Tatsächlich ging es aber wohl eher darum, ausreichend Sklaven für die Bergwerke zu erhalten, deren reibungsloser Betrieb für das Reich wichtiger war als die Gladiatorenkämpfe. Dass das Verbot kein generelles war, belegen *munera*, die nur wenige Jahre später für Antiochia bezeugt sind, die bedeutendste Stadt in Syrien. Im Erlass von Hispellum aus den 30er Jahren des 4. Jahrhunderts ⊙ I.9.6 garantierte Konstantin der Stadt persönlich das Recht Gladiatorenkämpfe auszurichten, damit die Bürger für dieses Schauspiel nicht extra ins benachbarte Volsinii ausweichen mussten.

Die öffentliche Kritik an den Gladiatorenkämpfen, die vor allem von Philosophen und in ihrer Nachfolge von christlichen Autoren vorgebracht wurde, hatte es nicht vermocht, ein allgemeines Verbot der Spiele zu erzwingen. Ironischerweise haben sich die *munera* in den östlichen, stärker christianisierten Provinzen wesentlich länger halten können als im Westen des römischen Reiches. Der Grund für das sich hinziehende Ende der Spiele könnte vielleicht eher in einer gesellschaftlichen Entwicklung zu sehen sein: In dem Maße, wie sich die Römer selbst durch Zuwanderung und die neue Religion veränderten, erlosch das Interesse an den *munera*.

# GERÄTE AUS GOLD UND SILBER

Catherine Johns

In allen Gesellschaften haben die Menschen ihre soziale Stellung anderen Mitgliedern ihrer eigenen Gemeinschaft durch ihr Verhalten, ihre Kleidung und materiellen Besitz vermittelt. Eigenschaften und Besitztümer, die anderen Achtung oder sogar Neid abnötigen, mögen zu unterschiedlichen Zeiten und an verschiedenen Orten voneinander abweichen; doch es verbleiben in dieser Hinsicht noch viele Ähnlichkeiten zwischen unserer eigenen Welt und der des Römischen Reiches. Auch wenn unsere Währung nicht mehr aus Edelmetall besteht, sind Gold und Silber immer noch kostspielige und erstrebenswerte Materialien, die von Menschen mit bescheidenem Einkommen nicht in großer Menge erworben werden können. Obwohl materieller Reichtum keineswegs das einzige Anzeichen für Macht und hohe Stellung ist, bleibt er doch ein wichtiger Faktor, um seinen Besitzer als einflussreich zu kennzeichnen.

In römischer Zeit waren der grundlegende Maßstab für materiellen Wert der Besitz von Ländereien und Edelmetall, sei es in Form von Münzen oder Gebrauchsgegenständen und Schmuck. Eine Person, die andere mit ihrer Bedeutung beeindrucken wollte, konnte dies durch Tragen von Schmuck und durch den Gebrauch von goldenen und silbernen Geräten tun, so dass ihren *patroni*, Gästen, und Abhängigen, wie etwa Pächtern, vollends die Tatsache bewusst werden musste, dass ihnen reichlich Geld zur Verfügung stand. Obwohl dies nicht der einzige Weg war, um Macht und Stellung erkennen zu lassen, war es doch ein wichtiger, besonders im spätrömischen Reich. In republikanischer Zeit und sogar noch in der frühen Kaiserzeit gab es eine Tradition vornehmer Zurückhaltung und bescheidenen Auftretens, die jeder protzigen Zurschaustellung von Reichtum Grenzen setzte. Tatsächlich hatte vor dem Anwachsen des Römischen Reiches, also bevor neue Edelmetallquellen verfügbar wurden, eine Reihe von Luxusgesetzen solcher Zurschaustellung gesetzliche Grenzen gesetzt.

Der Satiriker Petronius, der im 1. Jahrhundert schrieb, erwartete, dass seine Leser angesichts der vulgären Vorführung von Reichtum lachen und erschrecken würden, die Trimalchio, seine Gestalt eines Neureichen, lieferte. Im 3. und 4. Jahrhundert dagegen wäre Trimalchios offener und selbstzufriedener Stolz auf seinen eigenen riesigen Besitz in wohlhabenden Kreisen der Provinz nicht ungewöhnlich gewesen und hätte wenig Kommentar oder Kritik hervorgerufen.

Eine Veranschaulichung für die Rolle von Edelmetall als Anzeiger des gesellschaftlichen Rangs ist das System kaiserlicher Schenkungen (DONATIONES), das in der Spätantike zur Regel wurde. Bei bestimmten Gelegenheiten, wie den Jahrestagen ihres Herrschaftsantritts, überreichten die Kaiser Angehörigen des Hofes, hohen zivilen und militärischen Beamten und anderen ausgewählten Personen offizielle Geschenke. Diese konnten Münzen und unbearbeitetes Edelmetall (Silberbarren) beinhalten, wie auch schmuckvolle Silberschalen, die oft mit entsprechenden Inschriften versehen waren. Der Kaiser demonstrierte durch die Verteilung von Geschenken (LARGITIONES) in dieser Weise seinen eigenen Reichtum, seinen Rang und seine Macht; doch auch die Empfänger waren hierdurch in der Lage, ihren eigenen hohen gesellschaftlichen Stand hervorzuheben, als seine Freunde und Vertrauten. Konkretes Geld – eine Anhäufung von Münzen – war für Vorführung und Bewunderung bei gesellschaftlichen Anlässen ebenso wie auch heutzutage nicht geeignet; aber eine große und ansehnliche Silberplatte mit kunstvollem Schmuck und vielleicht einer zugefügten Inschrift als Behälter von Münzen konnte dazu dienen, den Rang ihres Besitzers als Mitglied höchster Kreise und als Günstling und Anhänger des Kaisers herauszustellen.

Der genaue Materialwert goldener und silberner Erzeugnisse hatte grundlegende Bedeutung, weswegen erlesenes silbernes Tafelgeschirr häufig an unauffälligem Platz, etwa in der Nähe des Fußrings, eine Gewichtsangabe erhielt. Ebenso wichtig war allerdings auch das Erscheinungsbild der Objekte, sowohl bei Schmuck wie bei Haushaltsgeräten. Die Wertschätzung hervorragender Kunstfertigkeit sowie die Auswahl mythologischer und historischer Bildthemen und das Verständnis für sie waren Kennzeichen der gebildeten und kultivierten Person. Ebenso, wie Textinschriften unmittelbare Information über den Eigentümer und die Herkunft eines Geschenkes, oder über politische und religiöse Zugehörigkeit liefern konnten, waren die Schönheit eines verzierten Objekts und das Thema seiner Dekoration in der Lage, Geschmack und Urteilsvermögen seines Eigentümers sichtbar zu machen. Römische Erzeugnisse aus Edelmetall sind daher bedeutende Belege für unser Verständnis bestimmter Teile der römischen Gesellschaft.

### DAS BELEGMATERIAL

Bevor ich mich einer kurzen Übersicht der Gold- und Silberprodukte des 1. bis 5. Jahrhunderts zuwende, muss ich etwas über die Beschaffenheit des erhaltenen Materials vorausschicken. Archäologisch gesehen bleiben Metalle relativ gut erhalten, und je edler das Metall, desto größer sind seine Überlebenschancen. Objekte aus Gold hoher Reinheit sind relativ weich und können daher leicht beschädigt werden; andererseits korrodieren sie nicht, so dass sie, wenn einmal in der Erde, unversehrt bleiben, bis spätere Generationen sie finden. Silber ist nicht ganz so widerstandsfähig, doch wird es häufig noch in ausgezeichnetem Zustand gefunden. Bestimmte andere, wertvolle und luxuriöse Gegenstände, die im Altertum von ihren Eigentümern hoch geschätzt wurden und die Achtung und Bewunderung anderer erregten, werden oft in unseren Untersuchungen vergessen, weil sie, wenn überhaupt, dann nur selten in archäologischem Zusammenhang gefunden werden. Zwei eindeutige Beispiele hierfür sind tragbare Gemälde der besten zeitgenössischen Künstler sowie Kleidung und Ausstattungsgegenstände aus kunstvollen und teuren Stoffen. Wir sollten in Erinnerung behalten, dass die Zurschaustellung von Gegenständen aus Gold und Silber nur ein Teil größerer Prachtentfaltung war.

Ebenso müssen wir daran denken, dass die archäologischen Zusammenhänge, in denen Goldschmuck und Silbergefäße gefunden werden, sich etwas von denen zu unterscheiden pflegen, in denen der größte Teil einfacheren Materials ans Licht kommt, wie Ton- und Glasprodukte und Alltagsgegenstände, die nicht aus Edelmetall gefertigt sind. Diese werden im allgemeinen an Siedlungsplätzen und in Gräbern gefunden. Obwohl auch Schmuck häufig ins Grab mitgegeben wurde, stammen große Tischgeräte aus Silber gewöhnlich aus Hortfunden, in denen sie hauptsächlich mit anderen Gegenständen aus Gold und Silber, einschließlich Münzen, vereinigt sind, getrennt von Gebäuderesten und antiken Benutzungsschichten. Gold- und Silberschatzfunde sind nicht alle von derselben Art, und es ist schwierig, sie genau einzuordnen, doch ist eine sehr klare und offensichtliche Unterscheidung möglich zwischen zu einer Person oder einem Haushalt gehörendem Besitz und dem wertvollen Eigentum religiöser Organisationen, wie heidnischer Tempel oder christlicher Kirchen.

### SCHMUCK

Schmuck ist eine Beigabe zur Kleidung, und daher haben seine Muster und Stile über die Generationen ständig gewechselt, wie es auch für die Kleidung selbst der Fall war. Zudem gibt es regionale Unterschiede, lokale Traditionen für Kostüme und Schmuck, die von einem Land zum anderen verschieden sind. In der großen geographischen Ausdehnung des Römischen Reiches können solche regionalen Abweichungen ganz deutlich beim preiswerten Schmuck einfacher Leute beobachtet werden, der nicht aus Edelmetall hergestellt war, aber vielleicht ein individuelles Erscheinungsbild ermöglichte, das wenig oder keine archäologischen Spuren hinterlassen hat, wie z. B. Schmuckgegenstände aus organischem Material. Allerdings gab es in Bezug auf Goldschmuck und zum Teil auch auf Silber ein beträchtliches Maß an Gleichförmigkeit innerhalb eines sehr ausgedehnten Gebiets. Wer reich genug war, um Gold zu besitzen, versuchte der städtischen Mode des Zentrums des Imperiums zu folgen, in einem Stil, der letzten Endes vom tonangebenden Milieu des Kaiserhofs vorgegeben wurde. Goldene Halsketten und Ringe, die in der nördlichsten Grenzprovinz Britannien gefunden wurden, sehen ganz ähnlich aus wie diejenigen der schönen gemalten Mumienporträts aus dem römischen Ägypten.

## FRÜHE KAISERZEIT

Goldschmuck hellenistischer Zeit im Mittelmeerraum war oft sehr aufwendig und kompliziert gefertigt, doch herrschte in der frühen römischen Kaiserzeit seit dem 1. Jahrhundert eine allgemeine Neigung zu eher einfachen, zurückhaltenderen Mustern vor. Der verbreitetste Typ des Fingerrings, eines von Männern und Freuen getragenen Schmucksstücks, war ein zweckbestimmtes Objekt, denn es trug eine gravierte Gemme, die als Siegel gebraucht werden konnte, um Briefe und amtliche Dokumente zu signieren. Das ausgewählte eingetiefte Bild hatte oft religiöse Bedeutung, war Abbild einer Gottheit oder eines Gegenstands, dem der Eigentümer eine Wirkung als Amulett zutraute, das Glück bringt und Übel abwehrt. Die für solche Ringe verwendeten Steine waren gewöhnlich vielfarbige Quarze, wie Karneol und Onyx, obwohl Granat und andere Schmucksteine ebenfalls Verwendung fanden. Goldringe dieser Zeit waren oft recht schlicht, glatt und poliert, wobei die Fassung der Gemme so angelegt war, dass sie das glatte Profil des Rings kaum störte.

Die nur von Frauen getragenen Halsketten waren weniger aufwendig gearbeitet als diejenigen vorausgehender Jahrhunderte. Dazu gehörten Gold- oder Silberketten mit Anhängern und Ketten mit Steinen, die von wertvollen Gemmen wie Granat, Smaragd und Perlen bis zu einfacheren Quarzen, wie Amethyst, reichten, bis hin zu noch preiswerteren Glassflüssen in ähnlichen Farben. Smaragde, die aus der östlichen Wüste Ägyptens bezogen wurden, waren besonders populär. Ihre von Natur aus sechseckigen Kristalle wurden oft einfach in Längsrichtung durchbohrt, um wohlgeformte Steine zu erhalten. Ein mondsichelförmiger Anhänger (LUNULA) war ein passendes Amulett für Frauen. Eine Halskette mit solchem Anhänger wurde oft gleichzeitig mit einer Steinkette getragen. Auch Armringe wurden gewöhnlich eher von Frauen als von Männern getragen, und hier gab es viele Arten, die mit Fingerringen harmonierten, einschließlich einer Gruppe schlangenförmiger Arm- und Fingerringe. Schlangen, die Begleiter des Gottes Asclepius, galten als Symbol für Heilung, Erneuerung und die Seelen der Verstorbenen; sie vereinten daher die machtvolle Kraft des Amuletts mit einer eleganten dekorativen Form.

Ohrringe waren ausschließlich weiblicher Schmuck. In früher Kaiserzeit waren sie oft recht einfach und von elegantem Stil: beispielsweise runde Scheiben oder große Tropfen aus Gold oder kleine Gruppen von Steinen, etwa Smaragden. Dagegen wurden Broschen (FIBULAE) sowohl von Männern wie von Frauen getragen. Sie funktionierten nach dem Prinzip der Sicherheitsnadel und waren in großer Mehrheit ausschließlich zweckbestimmte Objekte aus Bronze oder gelegentlich sogar aus Eisen, die dazu dienten, das Gewand zu befestigen. Beispiele aus Gold und Silber besaßen in dieser Zeit viele dekorative Formen, wurden paarweise getragen und besaßen oft kunstvoll gearbeitete und gravierte Verzierungen.

Während der gesamten römischen Zeit finden sich auf Schmuck gelegentlich Inschriften, als persönliche Initialen, als Glückwünsche, die den Gegenstand zum Amulett werden ließen, oder in der Form einer frommen Stiftung für eine Gottheit.

## MITTLERE KAISERZEIT

Im 2. und 3. Jahrhundert können wir für das gesamte Römische Reich eine zunehmende Verfeinerung des Goldschmucks feststellen. Die Formen der Fingerringe begannen differenzierter und eckiger zu werden und die eingesetzten Steine wurden häufig ausschließlich wegen ihres attraktiven Äußeren gewählt und nicht graviert, um sie als Siegel zu nutzen. In dieser Zeit kamen Ringe auf, die mit dem Bild zweier verschränkter rechter Hände als Symbol für den Ehevertrag geschmückt waren.

Ohrringe wurden etwas aufwendiger und farbenfreudiger. Ein typisches Ohrring-Paar des 3. Jahrhunderts bestand aus einer mit Gemmen besetzten Goldplatte oder Rosette, die das Ohrläppchen bedeckte und von der ein Anhänger mit zwei oder drei Goldgliedern herabhing, die mit Schmucksteinperlen verziert waren. Einige Halsketten des 3. Jahrhunderts, etwa die aus dem Schatzfund von Eauze in Frankreich, zeigen eine üppige Verwendung von Smaragden, Perlen, Saphiren und Granat.

Einige Ohrringe desselben Fundkomplexes waren offensichtlich als Pendants zu den Ketten hergestellt. Große Gemmen in Kameoschnitt und mit dekorativen Goldfassungen wurden als Anhänger für Halsketten bewundert, aber auch in Ringe eingesetzt.

⊙ I.11.2

1 **Platte mit Villa am Meer („Meerstadtplatte")**
  **aus dem Kaiseraugster Silberschatz**
  Fundort: Kaiseraugst, Kanton Aargau
  Römerstadt Augusta Raurica, Augst

Der Gebrauch einer Vielfalt an Fibelformen setzte sich im 3. Jahrhundert fort, auch kreisförmige Broschen mit Gemmenschmuck und Filigran wurden getragen. Wünsche wie UTERE FELIX – *„Gebrauche (dies) glücklich"* – wurden bisweilen in Schmuckgegenstände eingraviert und die komplizierten Durchbruchsmuster manchen Schmucks konnten Buchstaben einfassen.

Das Einsetzen von Goldmünzen in Schmuck, sowohl in Anhänger für Halsketten als auch in Ringe, wurde als neue Mode im 3. Jahrhundert sehr wichtig. Es stellt eine offene Vorführung persönlichen Edelmetallschmucks als sichtbaren Reichtum dar, auch wenn die dafür verwendeten Münzen nicht unbedingt solche aus dem aktuellen Münzumlauf waren. Weitere bedeutende Entwicklungen der Goldschmiedekunst waren das Aufkommen von Durchbruchsarbeit als Dekorationstechnik (in neueren Veröffentlichungen oft als OPUS INTERRASILE bezeichnet) und die zunehmende Verwendung von Filigran. Erstere umfaßt das Ausschneiden eines kleinteiligen, verwickelten und feinen Netzwerkmusters aus einem Goldplättchen. Filigran ist das Aufbringen feinen Golddrahts in Mustern auf eine Goldoberfläche; ohne diesen Hintergrund ist es eine weitere Technik für Durchbruchsarbeit. Diese Methoden, um Gold zu strukturieren und zu schmücken, wie auch die Einbeziehung von Münzen in Schmuckstücke wurden für spätantiken Schmuck typisch, zugleich mit der stetig wachsenden Vorliebe für leuchtende Farben in der Gestalt von Gemmen.

### SPÄTANTIKE

Die Tendenz zur farbenprächtigen Verwendung von Gemmen und zur Verfeinerung der Metallformen und -oberflächen setzte sich in konstantinischer Zeit und noch später fort. Spätrömischer Goldschmuck ist ganz allgemein aufwendig und vielfarbig. Finger- und Armringe wurden bisweilen mit einer Gruppe verschiedenfarbiger Gemmen besetzt, wie Granate, Smaragde, Saphire und Perlen; goldene Bänder konnten strukturiert, durchbrochen oder mit Filigran von Golddraht geschmückt werden. Münzen erschienen weiterhin als Dekorationsmotive im Schmuck, während die Verwendung fein gravierter Gemmen, wie diejenigen, die in der frühen Kaiserzeit allgemein als Siegelsteine in Gebrauch waren, zurückging.

Ältere geschnittene Steine wurden bewundert und vielfach in Schmuck des 4. Jahrhunderts neu eingesetzt, aber auch einfarbige Gemmen und Glasflüsse wurden geschätzt, und zwar ausschließlich für ihr dekoratives Aussehen. Halsringe aus großen Gemmen mit gewölbtem Schliff (Cabochon) in Goldfassung, wie der von einer Dame in der Trierer Deckenmalerei getragen ⊙ II.5.1., entfalteten ihre Wirkung vor allem durch Schönheit und Wert der Steine, ganz ähnlich wie Diamantenschmuck in heutiger Zeit. Die Hauptformen von Fibeln, die noch in der spätantiken Welt Verwendung fanden, waren die sogenannte Zwiebelknopffibel, die öfter auch mit Durchbruchsarbeit, Gravur und eingelegten Mustern in schwarzem Niello (Metallsulfid) verziert wurde und die dekorativen Scheibenfibeln, die zusätzlich mit Anhängern geschmückt sein konnten.

Der Aufstieg des Christentums hatte Auswirkungen auf die Inschriften und Bildmotive, die auf Ringen und Fibeln angebracht wurden und von denen viele eine übelabwehrende Bedeutung hatten. Das Chi-Rho-Monogramm kann in die Platte von Goldringen eingraviert sein [2]. Persönliche Widmungen, wie ein Name, gefolgt von VIVAS – *„Du mögest leben!"*, gab es in heidnischem wie christlichem Kontext; in letzterem konnte noch *in* DEO – „in Gott" zugefügt werden.

### SILBERNES TISCHGESCHIRR

Während eine Person, besonders eine Frau, ihre soziale Stellung überall zur Schau stellen konnte, indem sie aufwendige Kleidung und Schmuck trug, war das Haus der Familie der bevorzugte Rahmen, um Gäste zu beeindrucken. Wertvolles Silbergeschirr war entscheidend, wenn man eine Atmosphäre von Reichtum und Geschmack schaffen wollte.

### FRÜHE KAISERZEIT

Sätze von Silbergeschirr wurden in den Ruinen von Pompeji und seiner Umgebung gefunden, die beim Vesuvausbruch des Jahres 79 v. Chr. zerstört wurden, ebenso wie gemalte Darstellungen derselben. Ein Silberservice wie das in Boscoreale gefundene (größtenteils im Louvre in Paris aufbewahrt) repräsentiert Umfang und Stil eines eleganten und anspruchsvoll dekorierten Satzes Silbergeschirr aus dem späten 1. Jahrhundert v. Chr. Service wurden eingeteilt in ARGENTUM ESCARIUM, silberne Essgefäße und -geräte, wie Teller, Schüsseln und Löffel; ARGENTUM POTORIUM, silberne Trinkgefäße, wie Weinbecher, Krüge und große Gefäße zum Mischen von Wein und Wasser; schließlich andere Tischgeräte, wie tiefe, muschelförmige Schüsseln für das Wasser, in dem die Mahlteilnehmer ihre Hände wuschen, oder kleine Silberständer und -untersetzer.

Trinkbecher stellen einen größeren Teil frühkaiser-zeitlicher Tischservice dar. Sie wurden in übereinstimmenden Paaren hergestellt, in verschiedenen Formen, darunter auch tiefe Pokale auf hohem Fuß, die – von ihren beiden Henkeln abgesehen – etwas an die Weingläser unserer Zeit erinnern. Becher und Pokale wurden gerne mit reichem mythologischem oder sonstigem Dekor in flachem Relief versehen. Viele der Dekorationsprogramme bedienen sich einer dionysischen Ikonographie, mit Weinreben, Efeu, Panthern, Hirschen, Seewesen, Musikinstrumenten und anderen Motiven, die mit dem Gott des Weines und seinen mythologischen Begleitern verbunden sind. Doch gab es in dieser Zeit auch einige vergleichsweise schlichte Entwürfe, elegante Platten und Krüge, deren ästhetischer Reiz allein auf ihrer ansprechenden Form und dem Glanz des Metalls beruhte.

Die übereinstimmenden Sätze kleiner Becher und Schüssel bieten einige Anhaltspunkte für die Art der angebotenen Speisen, zu denen eine Reihe von Soßen, Würzen und Gewürzen gehörten. Wie zu erwarten, gab es enge Beziehungen zwischen den Formen und Verwendungszwecken von Geschirr aus Silber, Bronze, Glas und feinem Ton, doch bestimmten die wertvollen Silbergefäße den Standard für Geschmack und Stil. Löffel und Schöpfkellen wurden an einem Tisch des 1. Jahrhunderts verwendet, dagegen hatten Messer im Speiseraum keinen Platz und Gabeln wurden als Essgerät noch nicht verwendet. Unter den gebräuchlichsten frührömischen Löffeln gibt es sehr kleine mit runder Schale von nicht mehr als 2 cm Durchmesser und mit schlanken, spitzen Stielen. Sie werden mit ihrem antiken Namen COCHLEARIA bezeichnet, der von der griechischen Bezeichnung für „Schnecke" abgeleitet ist, doch ist die Vermutung, sie hätten grundsätzlich zum Essen von Schnecken und Muscheln oder Eiern gedient, unwahrscheinlich.

Becher und sonstige Gefäße waren mit ihren Verzierungen dazu gedacht, beim Gastmahl angeschaut, bewundert und diskutiert zu werden. Sie waren Beleg für den kultivierten Geschmack des Gastgebers wie für seinen Reichtum, und auch aus dem 1. Jahrhundert besitzen wir viele Beispiele von Schüsseln und Tellern, die offensichtlich in erster Linie dazu gedacht waren, zur Schau gestellt zu werden, denn ihre Dekorationsweise schloss einen praktischen Gebrauch aus.

Im Fundkomplex aus Boscoreale gibt es ein solches Gefäß, eine tiefe Schüssel mit Goldziselierung, die im Zentrum die vollplastische Büste einer weiblichen allegorischen Figur zeigt, die möglicherweise Afrika oder Alexandria symbolisiert. Der in Norddeutschland gefundene Schatz in Hildesheim schließt ebenfalls Silbergefäße dieser Art ein, eines mit der Büste des kindlichen Herakles und ein anderes mit einer großartigen, vollfigurigen und reich vergoldeten, sitzenden Athena. Solche Objekte waren ausschließlich zur Dekoration bestimmt und eher Tafelschmuck als Gebrauchsgegenstände.

## MITTLERE KAISERZEIT

Einige der bedeutendsten Entdeckungen von Tafelsilber des 3. Jahrhunderts wurden in der Provinz Gallien gemacht, und es ist offensichtlich, dass es einen charakteristischen gallo-römischen Stil gegeben hat. Er kam zweifellos in gallischen Werkstätten zur Anwendung und ist durch glatte, leicht gewölbte Oberflächen polierten Silbers und feine, lineare Dekoration gekennzeichnet, die in Niello ausgeführt wurde, also „Schwarz auf Weiß". Einige der gallo-römischen Silberteller aus französischen Schatzfunden des 3. Jahrhunderts, beispielsweise aus Chaourse und Rhetel, sind nach modernen ästhetischen Maßstäben die schönsten aller antiken Silbergefäße, einfach und raffiniert zugleich.

Obwohl Krüge und tiefe Silbergefäße zum Mischen von Wein im 3. Jahrhundert allgemein üblich blieben, waren verzierte Weinkelche fast verschwunden. Dieses Phänomen wird gewöhnlich, und sehr einleuchtend, damit erklärt, dass nun üblicherweise Glasgefäße sich zum Weintrinken verwendet wurden. So schön Metallgefäße auch waren, und so edel ihr Material, Glas erlaubt die Farbe und den Geschmack von Wein viel besser zur Geltung zu bringen. Geeignete Glasgefäße waren gewiss schon im späten 1. Jahrhundert leicht erhältlich, aber es dauerte wahrscheinlich einige Generationen bis die Tradition des Gebrauchs silberner Weinpokale vollends verblasste.

⊙ I.13.101
**3 Projectakasten aus dem Esquilinschatz**
The British Museum, London

⊙ II.1.24
**2 Fingerring – XP-Christogramm**
München, Sammlung C.S.

In der mittleren Kaiserzeit fingen auch die Formen der Löffel an, sich zu entwickeln und zu verändern, während gleichzeitig dekorative Tafelgeräte als Spender von Pfeffer und anderen kostspieligen Gewürzen weitere Verbreitung fanden. Dies könnte ein Anzeichen für einen allmählichen Wechsel der Speisesitten sein, wobei sich jetzt die Gäste bei Tisch stärker selbst bedienten, statt darauf zu warten, dass ihnen Diener fertig vorbereitete und gewürzte Speisen an ihrem Platz servierten.

### SPÄTANTIKE

Silbergeschirr des 4. und 5. Jahrhunderts blieb in ganz beträchtlichem Umfang erhalten, besonders aus Gallien und Britannien. Die auffälligste und erstaunlichste Entwicklung ist die Beliebtheit außerordentlich großer „Bildplatten", runder, quadratischer und vieleckiger Servierschüsseln mit reichem Dekor, mit einem Durchmesser bis zu 70 cm und einem Gewicht bis zu 10 kg. Der Schatz von Kaiseraugst in der Schweiz schließt prächtige Beispiele solcher Objekte ein, zum Beispiel die „Meerstadtplatte", mit der traditionellen Ansicht einer Hafenszene im Mittelkreis mit Vergoldung und Niello und mit einem reich verzierten Rand [1]. Die rechteckige „Ariadneplatte" aus Kaiseraugst ist noch aufwendiger ⊙ I.11.3, während die achteckige „Achillesplatte" Reliefs mit Szenen aus dem Leben des gleichnamigen Helden auf dem Rand und im Zentrum trägt ⊙ I.11.4. Große dekorierte Platten dieser Art stammen auch aus vielen anderen berühmten Schatzfunden des 4. Jahrhunderts, wie aus dem von Mildenhall in England und dem sogenannten Seuso-Schatz, dessen Herkunft unbekannt ist und der nach dem Namen eines Besitzers – *Sevso* – benannt wird, der in der Umschrift einer der großen Platten aufgeführt ist.

Sätze recht einfacher Schüsseln blieben in Gebrauch, doch neben der Größe und Pracht dekorierter Platten ist einer der auffälligsten Züge spätrömischen Tafelsilbers die Zunahme der Löffeltypen und ihrer Zahl. In den Schatzfunden von Kaiseraugst wie auch von Thetford in England gibt es große Serien von Löffeln, und die in den neunziger Jahren des vorigen Jahrhunderts im englischen Hoxne gefundenen Gold- und Silberobjekte schließen 98 Löffel ein. Diese großen Zahlen bestätigen den Umstand, dass Löffel in zusammengehörigen Gruppen gefertigt wurden; möglicherweise hatte jeder Mahlteilnehmer zwei oder drei Arten von Löffeln vor sich, die vielleicht zum Essen verschiedener Gänge dienten. Spätrömische Löffel sind oft beschriftet oder dekoriert; die Inschriften umfassen Personennamen und religiöse Symbole und Texte. Obwohl Belege für den christlichen Glauben auf Objekten dieser Zeit mit wachsender Regelmäßigkeit erscheinen, verschwand die traditionelle heidnische Ikonographie nicht ganz. Kenntnis und Verständnis der heidnischen Vergangenheit war immer noch ein Anzeichen für kultivierte Erziehung und Geschmack und konnte gepflegt und bewundert werden, ohne dem christlichen Glauben untreu zu werden, ganz wie in den folgenden Jahrhunderten des Mittelalters und in der Gegenwart. Objekte wie Weinsiebe und Gewürzbehälter waren im Tafelservice der spätrömischen Welt häufiger als in früheren Jahrhunderten; der Hoxneschatz schließt vier Pfeffer- oder Gewürzbehälter in Form von Statuetten ein, Gegenstände, die zugleich zweckmäßig und dekorativ waren.

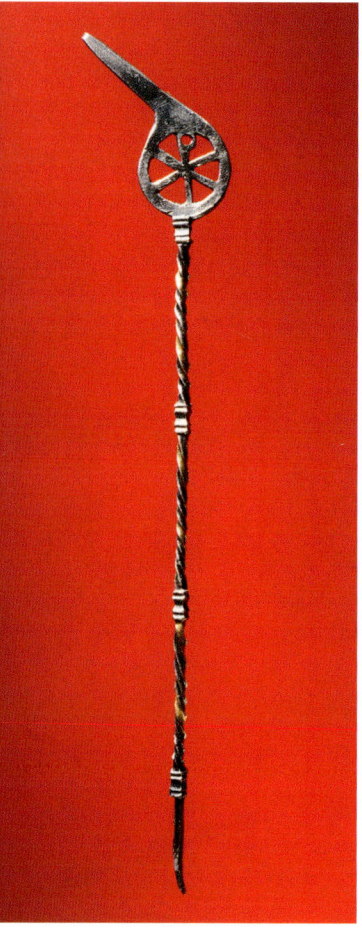

⊙ II.1.82
**4 Zahnstocher-
Ohrlöffelchen**
Fundort: Kaiseraugst,
Kanton Aargau
Römerstadt Augusta
Raurica, Augst

⊙ II.1.86
**5 Platte mit Chi-Rho**
The British Museum, London

### ANDERE SILBERWAREN

Obwohl Hauptbestandteil von Hortfunden Tischgeschirr war, wurde auch anderes persönliches Eigentum aus Edelmetall, von Münzen und Schmuck bis zu Toilettenartikeln, zu sicherer Verwahrung versteckt; Gegenstände wie Spiegel, Kosmetikkästen, silberne Zahnstocher oder Ohrreiniger wurden oft zusammen mit Tafelsilber in sicheres Versteck gegeben. Obwohl sie kein Teil der öffentlichen Zurschaustellung von Reichtum waren, wie das Tafelservice, gehörten sie doch zum Besitz einer Familie. Silberne Zahnstocher, wie die im Schatz von Kaiseraugst [4], könnten bei Tisch benutzt worden sein, doch ist es wahrscheinlicher, dass solche persönlichen Toilettenartikel privatem Gebrauch dienten. Ein aufwendig geschmückter Silberkasten, wie der auf dem römischen Esquilin gefundene der *proiecta* [3], dürfte sicher in den Räumen der Besitzerin verblieben sein, der Öffentlichkeit nicht zugänglich.

Es gibt viele andere Edelmetallerzeugnisse, die bisweilen in Hortfunden geborgen werden, beispielsweise Statuetten, dekorative Beschläge für Möbel und Kästen, und natürlich Schmuck aus Silber neben dem wertvolleren aus Gold. Eine letzte Gruppe, die zu erwähnen ist, sind die Votivgaben, Geschenke für religiöse Kultstätten. Blattförmige oder dreieckige Silberobjekte mit schriftlicher Widmung für eine Gottheit sind ebenso aus Tempelschätzen bekannt wie aus einem größeren christlichen Fundkomplex des 4. Jahrhunderts, dem Schatzfund aus Water Newton in England. Die wertvollen Metallarbeiten dienten nicht nur dazu, die Bedeutung und den hohen gesellschaftlichen Rang der Eigentümer hervorzuheben, sondern sollten auch die Gunst und den Schutz der Götter erbitten.

⊙ II.1.88
**Goldscheibe mit Christogramm**
The British Museum, London

⊙ I.11.3
**Ariadne-Tablett aus dem Kaiseraugster Silberschatz**
Fundort: Kaiseraugst, Kanton Aargau
Römerstadt Augusta Raurica, Augst

⊙ II.1.91
**Cantharus**
The British Museum, London

⊙ II.1.90
**Silbersiebkelle mit Christogramm**
The British Museum, London

⊙ I.11.34
**Silbernes Staatsgeschirr für Pferde**
The British Museum, London

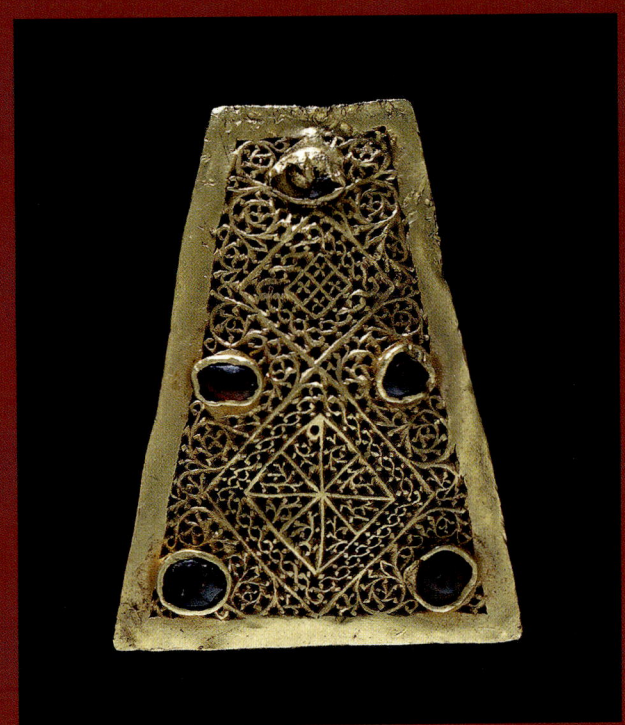

⊙ II.1.92
**Goldenes Glied eines Halsschmucks**
The British Museum, London

⊙ I.11.8
**Münzanhänger (rund) mit Goldmultiplum Konstantin**
Paris, Musée du Louvre, Département des Antiquités grecques,
étrusques et romaines

⊙ I.11.7
**Rund gefasstes Goldmedaillon Kaiser Konstantins I.**
Byzantine Collection, Dumbarton Oaks, Washington, DC

# HANDEL UND VERKEHR

## „... WEIL DA DER KAISER IST, GIBT ES ALLES IN HÜLLE UND FÜLLE, ABER ZU HÖCHSTPREISEN."

Robert Loscheider

⊙ I.15.11
**1 Meilenstein**
Fundort: Straßburg
Musée Archéologique de Strasbourg

Mit diesen Worten leitet eine spätantike Weltbeschreibung den Abschnitt zu Gallien ein (Expositio totius mundi, 58). Den wohl im östlichen Mittelmeerraum beheimateten Verfasser interessierten allerdings nur zwei gallische Städte: Trier und Arles. Über den Umschlaghafen von Arles, so heißt es weiter, werde der Handel aus aller Welt zu der im Landesinneren gelegenen kaiserlichen Residenz und größten Stadt Galliens weitergeleitet. Auch Ausonius charakterisierte Arles gegen Ende des 4. Jahrhunderts ähnlich als Hafen- und Handelszentrum (Ordo ubium nobilium, 73 – 80). Das Muster einer Metropole mit einem Zubringer-Hafen wiederholt sich in der Expositio totius mundi, wirkt aber bei der Paarung Trier-Arles angesichts der Entfernungen etwas konstruiert. Die „Fernhandelsstraße" von Arles führte entlang der Rhône flussaufwärts nach Lyon. Von dort verlief die unter Augustus von Agrippa ausgebaute Staatsstraße (VIA PUBLICA) entlang der Saône, wo Chalon-sur-Saône einen wichtigen Knotenpunkt bildete, weiter über Langres zur Obermosel nach Metz und Trier und weiter bis an den Rhein. Schon der Routenverlauf zeigt, dass fast die ganze Strecke auch mit dem Schiff zu bewältigen war; lediglich auf einem Teilstück zwischen Saône und Mosel stand nur der Landweg zur Verfügung.

Daneben gab es weitere „Kommunikationsachsen" zwischen Innergallien bzw. dem Rheinland und den Mittelmeerländern; wichtige Straßen verliefen über Alpenpässe und die Poebene zu den Adriahäfen. Zum östlichen Mittelmeer, Pontus und Bosporus führte der Land- und Wasserweg entlang der Donau.

**2 Plombenauswahl (Kulte, Kleinasiatische Städte), alle 1,5:1**
Fundort: Trier
Rheinisches Landesmuseum Trier

Mit der Etablierung von kaiserlichen Residenzen auch in dieser Zone (Siscia, Sirmium, Naissus, Serdika, Thessaloniki und schließlich Konstantinopel) hat diese Strecke als Verbindung zwischen den Balkanresidenzen untereinander und zu den westlichen Kaiserstädten in Gallien und Oberitalien weiter an Bedeutung gewonnen. Auf dieser Route sind die Heere Kaiser Julians (359/60) und Gratians (378) nach Osten gezogen, ebenso ist Athanasios von Alexandrien 337 aus seinem Trierer Exil über Konstantinopel heimgereist. Kaiser Valentinian I. dagegen ist 364/365 mit dem Hof, COMITATUS, in umgekehrter Richtung von Konstantinopel zunächst zu den oberitalischen Residenzen Aquileia und Mailand, und von dort schließlich nach Gallien übergesiedelt. Nach Aufgabe bzw. Verlust der rechtsrheinischen Territorien am obergermanisch-rätischen Limes knickte diese Straße im 4. Jahrhundert von der oberen Donau mit der Iller nach Kempten ab, verlief von dort südlich am Bodensee vorbei an den Oberrhein. Hier trafen auch die Fernstraßen über die Alpenpässe nach Gallien und Oberitalien zusammen. Diese strategisch wichtige Zone zwischen dem Rheinland, Gallien, Italien und den Donauprovinzen wurde in der Spätantike durch ein dichtes System von Befestigungsanlagen vom Bodensee bis an den Oberrhein einerseits und bis an die Donau andererseits gesichert.

Die Aufsicht über die Staatsstraßen (VIAE PUBLICAE) oblag dem Kaiser (CURA VIARUM), faktisch aber wurden sie von den anliegenden Gemeinden unterhalten. Vom Zustand des Straßennetzes und der an ihnen gelegenen Versorgungseinrichtungen hingen wesentlich die Schnelligkeit der Nachrichtenübermittlung zwischen der kaiserlichen Zentrale und den nachgeordneten zivilen wie militärischen Verwaltungseinrichtungen ab, aber auch die Beweglichkeit der Heere, im Normalfall zur Grenzsicherung, und damit der Erfolg der Truppeneinsätze. So konnte eine Fernstraße auch als VIA MILITARIS bezeichnet werden. Die Bedeutung der Straßen als kaiserliches Herrschaftsinstrument kommt in den Aufschriften der Meilensteine zum Ausdruck, die fast durchgängig eine Kaiserwidmung tragen oder den Kaiser selbst als Bauherrn nennen. Zahlreiche getilgte Inschriften der einer DAMNATIO MEMORIAE anheim gefallenen Kaiser zeigen an, wie sehr auf den Inhalt dieser Aufschriften geachtet wurde. Bislang sind reichsweit rund 7500 Exemplare erfasst, in Gallien und dem Rheinland allein etwa 700. Die meisten wurden beim Straßenbau als Entfernungsmesser oder anlässlich von Instandsetzungsarbeiten gesetzt.

Wenn es die politische Situation erforderte, wie z. B. nach einem Herrschaftswechsel, konnten solche Steine auch schon mal als Medium für eine bloße Loyalitätsbekundung an den Kaiser angefertigt werden. Das galt erst Recht für die unsichere Zeit der Sukzessionskrise 306/307. In dieser Situation war Konstantins Stellung gegenüber den anderen Kaisern sehr angefochten. So wurden im ersten Regierungsjahr als Caesar noch vor der Annahme des Augustus-Titels an den Rheinstrecken gleich mehrere Meilensteine als Ergebenheitsadressen an den neuen Herrscher errichtet. Sie unterstreichen die strategische Bedeutung gerade dieser Straßen für seine Herrschaftssicherung auch im Hinblick auf die bald darauf folgenden Kämpfe der Thronprätendenten: Mutterstadt , Ludwigshafen-Oggersheim ⊙ I.15.12, Straßburg [1]. Ein Meilenstein aus Pölich an der Straße von Trier nach Mainz gehört ebenfalls in diese Gruppe [1, 3].

Bereits die Vorgänger Konstantins hatten mit der Umstrukturierung der an der Grenze stehenden Truppen zu einem Bewegungsheer begonnen. Zu dessen Versorgung sind in regelmäßiger Folge an den wichtigen Straßen auch im Hinterland Befestigungen mit Nahrungsspeichern (HORREUM, Plural: HORREA) als Sammelort der Naturalsteuer (ANNONA) angelegt worden. Dem „berühmten Lager des vergöttlichten Konstantin" an der Straße nach Mainz, Neumagen, (Ausonius, Mosella 11: DIVI CASTRA INCLYTA CONSTANTINI; ⊙ I.12.9) entsprechen die Anlagen von Bitburg und Jünkerath. Um dem Moselland den Anschein einer vollends befriedeten Landschaft zu geben, behauptete Ausonius nicht falsch, aber auch nicht ganz wahrhaftig (Mosella, 457), die CASTRA würden nun von den Belgern nur noch als Speicher (HORREA) genutzt. Diese Anlagen haben in der Tat nie als Standlager einer Truppeneinheit gedient – höchstens für Straßenwachen (MILITES STATIONARII) –, so dass sie auch nicht in den entsprechenden Aufzählungen der Notitia dignitatum, einem spätantiken Staatskalender ⊙ I.12.2, auftauchen. Als Versorgungslager, sei es für den Trierer Hof oder als Etappenstation bei Truppenbewegungen, hatten sie jedoch eindeutig eine staatlich-militärische Funktion.

Man wird dort auch Raststätten und Wechselstationen von Tieren für staatliche Transporte und Kuriere (CURSUS PUBLICUS) annehmen können. Die spätrömischen Mauerringe von Bitburg und Neumagen wurden jeweils an der Stelle vorangegangener mittelkaiserzeitlicher Straßensiedlungen errichtet und sind von Trier rund 30 – 40 km entfernt. Dieser Abstand entspricht der durchschnittlichen Tagesmarschleistung von etwa 20 – 25 Meilen (MILIA PASSUUM, eine Meile = rund 1,5 km), doch konnten zu Wagen oder zu Pferd auch beträchtlich höhere Reisegeschwindigkeiten erzielt werden. So hatte die Nachricht vom Tod Konstantins I. am 22. Mai 337 in Ankyrona bei Nikomedia keine vier Wochen für die je nach Routenverlauf 2 500 bis 3 000 km lange Strecke bis nach Trier benötigt. Denn schon am 17. Juni erwähnt sein Sohn und Nachfolger, Konstantin II., den Tod des Vaters in einem Brief an die Gemeinde in Alexandria, wo er die Rückkehr ihres verbannten Bischofs Athanasios ankündigt (Athanasios, Apologia contra Arianos 87). Solche Spitzengeschwindigkeiten waren nur mittels regelmäßiger Pferdewechsel zu erreichen. Mit seinen zahlreichen Wechselstationen war der CURSUS PUBLICUS auf Schnelligkeit hin organisiert und nur nachrangig für Gütertransporte ausgelegt, wie die Gesetzestexte über die Höchstmengen von Zuladungen zeigen, die deutlich hinter dem zurückbleiben, was eigentlich möglich und bei privaten Warentransporten wohl auch üblich war. Der breiten Bevölkerung stand diese straff organisierte Einrichtung nicht zur Verfügung, sondern war als Teil der kaiserlichen Herrschaftsorganisation allein staatlichen Angelegenheiten vorbehalten. Die Vergabe von Beförderungsscheinen (EVECTIO) wurde restriktiv gehandhabt und selbst höchsten Amtträgern gegenüber kontingentiert.

Die Übersiedlung des Hofes im Frühjahr 345 von Aquileia nach Gallien erfolgte in der normalen Reisegeschwindigkeit: Constans traf dort den erneut verbannten Bischof Athanasios (Athanasios, Apologia ad Constantium 3,7 und 15,4), man feierte Ostern (7. April). Spätestens am 15. Mai ist der Kaiser durch ein Gesetz in Trier (Codex Theodosianus 10,10,7) bezeugt. Als kuriose, aber keineswegs unübliche Fernreisen seien noch zwei Leichentransporte von bzw. nach Trier genannt: Der Leichnam des von Constantius II. nach Phrygien verbannten und in seinem Exil 358 verstorbenen Bischofs Paulinus ist nach Trier geschafft worden. Von Trier ist eine vornehme Dame nach Pavia überführt worden, wovon die Inschrift auf ihrem Sarkophag berichtet (CIL 11,4631).

IMP CAES FLAV
VAL CONSTANT
INO PIO NOB
CAESARI
DIVI CONST
ANTI PIAV
C FILIO

⊙ I.15.12
**3 Meilenstein**
Fundort: Oggersheim
Landesamt für Denkmalpflege Speyer

Gegenüber den Straßen kann die wirtschaftliche Bedeutung der Mosel kaum überschätzt werden: Der Wasserweg erschloss nicht nur die Märkte am Rhein, darüber hinaus auch die Häfen am Ärmelkanal. So erfahren wir, dass Maximianus Herculius anlässlich der Kampagne gegen den britannischen Usurpator Carausius im Jahr 289 wohl einen Teil der Flotte an der Mosel hat bauen lassen (Panegyrici latini X [II] 12). Über die Flussmündungen an Nordsee und Atlantik waren schließlich auch die britannischen und gallischen Binnenmärkte erreichbar. Dem entspricht das Verbreitungsbild der in Trier für den Kleingeldbedarf geprägten Kupfermünzen.

Während in Nordgallien mit dem Rheinland und Britannien Trierer Stücke stark vertreten sind, dominieren die Münzstätten Lyon und Arles nach Westen und Zentralgallien. Ebenso waren die Absatzgebiete von gewerblichen Erzeugnissen aus Trier und dem weiteren Umland in der Tat mehr auf die nautischen Verkehrswege ausgerichtet als auf die Straßen: Zu nennen sind die Verbreitungsnachweise von Trierer Spruchbecherkeramik oder Keramik und Basaltmahlsteine aus Mayen; daneben hat im Rheinland die spätantike Glasherstellung eine größere Bedeutung besessen.

**4 Plombenauswahl (Tetrarchen, Konstantin), alle 1,5:1**
Fundort: Trier
Rheinisches Landesmuseum Trier

Blockaden der Wasserwege bedeuteten sofort empfindliche Unterbrechungen des Warenverkehrs und trafen nicht nur die Absatzmärkte der gewerblichen Produktion. So war das Rheinmündungsgebiet in der Spätantike immer wieder durch Franken oder sächsische Seeräuber bedroht. Besonders prekär erwies sich, dass die Versorgung der Truppenstandorte bis zum Mittelrhein nicht mehr aus dem unmittelbaren Hinterland allein geleistet werden konnte, sondern von britannischen Getreidelieferungen abhing. Zu einer regelrechten Versorgungskrise kam es in den Bürgerkriegen der 350er Jahre. Die durch den Truppenabzug für den Kampf gegen Constantius II. geschwächte Grenzsicherung des Herausforderers Magnentius war sukzessive zusammengebrochen: Zunächst hatten die Alamannen womöglich auf Geheiß des Constantius II – die polemisch verzerrten Quellenzeugnisse erlauben kein sicheres Urteil in dieser Frage – die Oberrheinebene eingenommen und sich damit als „kaisertreue" Verbündete (FOEDERATI) erwiesen. Die „Rückgewinnung" dieser an den gallischen Usurpator zunächst verlorenen Reichsgebiete durch die Alamannen brachte Constantius einen entscheidenden Vorteil: Die oben beschriebenen direkten Kommunikationswege aus dem gallischen Reichsteil besonders zu den Donauprovinzen, aber auch nach Oberitalien, wo Magnentius sich zu diesem Zeitpunkt aufhielt, waren unterbrochen. Schließlich kontrollierten die Franken den Niederrhein, so dass die Kanaldurchfahrt und die Beschickung der Versorgungslager am Rhein mit britannischem Getreide nicht mehr möglich waren.

In den beiden Jahren nach dem Sturz des Magnentius (353) scheint die Krise an der noch immer aus versorgungstechnischen Gründen von den regulären Truppen entblößten Rheingrenze nach einem weiteren Putschversuch ihren Höhepunkt erreicht zu haben. Marodierende (germanische) Söldnerscharen und versprengte Heeresreste, vielleicht nun auch auf eigene Faust plündernde föderierte Franken und Alamannen haben die Versorgungslage weiter verschärft.

Schon die komplexe Abfolge der Bürgerkriegsereignisse lässt erkennen, dass die Folgen dieser Krise und die archäologisch greifbaren Zerstörungshorizonte nicht bloß auf Einfälle reichsexterner Germanen reduziert werden können. Mittelbar war auch Trier betroffen. Anhand der Münzverbreitungsgebiete lässt sich nachvollziehen, wie der Aktionsradius der Prägestätte durch die Störung oder Unterbrechung der Verkehrswege räumlich derart eingeschränkt worden ist, dass ihre Tätigkeit schließlich nach 355 eingestellt worden ist. Das gilt auch für andere staatliche Einrichtungen in Trier, insofern sie nicht schon mit den versorgungsbedingt weit in das gallische Hinterland zurückverlegten regulären Truppen nach Reims oder Paris abgezogen worden waren. Zu den dringlichsten Reorganisationsmaßnahmen Constantius II. gehörte die Wiederherstellung der Rheinpassage, um das für die dauerhafte Stationierung der Truppen am Rhein benötigte britannische Getreide herbeizuschaffen zu können. Er hatte dazu seinen Neffen Julian zum Caesar und damit seinem Nachfolger erhoben und nach Gallien bestellt (355).

5  **Plombenauswahl (konstantinische Familie), alle 1,5 : 1**
Fundort: Trier
Rheinisches Landesmuseum Trier

Erst Valentinian I. scheint diese Aufgabe durch weitere Befestigungen, Schiffsländen und Brückenköpfe soweit gelöst zu haben, dass eine Kontrolle des Rheinlaufs durch Patrouillenschiffe ⊙ I.12.3 dauerhaft möglich und die Versorgung der Truppen wieder gesichert waren.

Die Preisrelation von See-, Fluss- und Landtransporten zeigt, dass über große Entfernungen der Wasserweg für den Waren- und Personentransporte weitaus kostengünstiger war als der Landweg. Das Herbeischaffen von Grundnahrungsmitteln und einfachen Versorgungsgütern war über eine Distanz von mehr als der oben genannten Tagesmarschstrecke zu Lande unrentabel, zumal Ochsenkarren dafür mehrere Tage benötigt hätten. Über Reise- und Transportkosten informiert uns das Höchstpreisedikt Diokletians ⊙ I.3.13. Der Verkaufsertrag einer Ware ergibt sich aus dem Verhältnis des Verkaufswertes zum Transport und sonstigen Kosten. Einen weiteren Kostenfaktor stellten die Zölle (PORTORIUM) dar: Mauten und Abgaben fielen an bei der Benutzung von Wegen, Brücken und Häfen oder beim Passieren der Stadttore. Nicht nur an den Außengrenzen, auch reichsintern gab es Zollgrenzen. Ein- und Ausfuhren mussten an Zollstationen deklariert werden. In Gallien betrug der Steuersatz jeweils 1/40 (Quadragesima = XL Galliarum) des Warenwerts (2,5 %).

In diesem Zusammenhang werden in der Forschung oft die Bleiplomben aus den Trierer Moselfunden bei der Römerbrücke angeführt. Inzwischen liegen auch aus dem übrigen Stadtgebiet und besonders aus dem spätantiken Palastbereich zahlreiche Stücke vor. Insgesamt kommt man auf über 2 500 Exemplare. Schon die kleine Auswahl der Plombentypen lässt ahnen [2, 4, 5], dass wir es hier nicht mit einer homogenen Gruppe zu tun haben. In der Antike wurde gemeinhin nicht ge-, sondern versiegelt. Der intakte Zustand des Siegels aus Wachs, Ton oder Blei garantierte, dass die verschlossene Sache nachträglich nicht geöffnet worden ist. Jene Bleisiegel mit kaiserlichen Aufschriften oder Bildern wird man wohl im Kontext staatlicher Personen- oder Warentransporte für den Hof oder die in Trier ansässigen Staatsbetriebe zu deuten haben [4, 5]. Das dürfte die hohe Fundzahl im Palastbereich erklären. Eigenes Personal (*bastagarii*) könnte die Transporte durchgeführt haben, vielleicht unter Nutzung des *cursus publicus*. Falls private Spediteure Waren an den Hof lieferten, galten diese von Zöllen befreit. In beiden Fällen musste die betreffende Warensendung zuvor von einer staatlichen Behörde kontrolliert und mit einem ausweisenden Siegel versehen werden, das an der Ware selbst angebracht war und/oder zu einem Berechtigungsschein bzw. Ausweis gehört hat. In konstantinischer Zeit erreicht die Siegelung mit Blei technisch ihren ersten Höhepunkt. Bei einigen besonders qualitätvollen Stücken mit Herrscherbildnis wird man die Siegelschneider im Umfeld der staatlichen Münzstätten vermuten können [5].

Eine weitere Plombengruppe trägt Städtenamen klein-
asiatischer Provenienz und zeigt damit die Herkunft
der Waren an [2]. Auch ohne explizite Aufschrift können bei einzelnen Trierer Plombentypen entsprechende
Fernverbindungen durch Vergleichsfunde von der Mittleren Donau und der Donaumündung, im Alpenraum,
aus der Saône bei Lyon und besonders durch eine Reihe
von britischen Fundorten nachgewiesen werden.

Die in der EXPOSITIO TOTIUS MUNDI erwähnten Höchstpreise für Fernhandelsgüter in Trier gehen nicht allein
auf den hohen Transportkostenanteil zurück. Die zah-
lungskräftige Kundschaft am Hof dürfte die Nachfrage
und damit die Preise weiter in die Höhe getrieben haben
und mit diesem lukrativen Anreiz auswärtige Händler und Fachkräfte, so die in Trier mehrfach nachgewiesenen Orientalen, angelockt haben. Im Umfeld der
höfischen Gesellschaft konnte somit ein Markt mit weitläufigen Beziehungen entstehen.

Doch das kaiserliche Trier war nicht nur eine Konsumen-
tenstadt. Zur Versorgung des Hofes mit Grundnahrungsmitteln und Wein wurden in der Umgebung Triers staatliche Domänen eingerichtet wie der sog. Langmauerbezirk
bei Welschbillig und möglicherweise eine über die Groß-
kelteranlage bei Piesport jetzt fassbare Weinbaudomäne
jeweils unweit der CASTRA von Bitburg und Neumagen.
Über einen zeitgenössischen Staatskalender, die Notitia dignitatum, sind mehrere Staatsbetriebe in Trier bezeugt: neben Waffenfabriken für Schilde (SCUTARIA)
und Geschütze (BALISTARIA) (NOTITIA DIGNITATUM OCC.
IX 37 f.) auch Manufakturen für ausgesprochene Luxus-
güter wie Brokatstoffe oder Einlegearbeiten aus Metall
(XI 77, ARGENTARII SIVE BARBARICARII). In diese Reihe
gehört auch die Trierer Münzprägestätte (XI 44, Moneta), die zeitweise die gesamte Gold- und Silberprägung
des Westens zu bewältigen hatte. Die Edelmetalltrans-
porte nach Trier und die Ausfuhren von Münzgeld und
staatlichen (Silber-)Barren müssen enorm gewesen sein
⊙ I.10.35 – 10.37, ⊙ I.7.20, ⊙I.11.9, ⊙ I.11.11. Vielleicht ein
Nachhall des Tuchgewerbes aus der mittleren Kaiserzeit
sind die kaiserlichen Webereien (GYNAECEA), in denen
ausschließlich Frauen gearbeitet haben: Während die
Webereien unter der Zuständigkeit des COMES SACRA-
RUM LARGITIONUM (XI 58) für Militär und zivile Verwaltung produziert haben, ist der Bedarf des Hofes von

den Webereien unter Aufsicht des COMES PRIVATARUM
(XII 26) gedeckt worden. Schon im Höchstpreisedikt Diokletians (19,66) wird als hochwertiges lokales Produkt
ein FIBULUM TREVERICUM, wohl ein Mantel, aufgeführt,
und noch Jahrzehnte später vermerkt Ausonius in seiner
Rangordnung der vornehmen Städte des Reiches (Ordo
urbium nobilium, 31) die Bedeutung der Trierer Staatsbetriebe für die Versorgung, Bewaffnung und Bekleidung
des Heeres ⊙ I.15.39.

Das Bild einer florierenden Stadt, das uns antike Quellen, besonders die kaiserlichen Festreden (PANEGYRICI),
und auch die archäologischen Zeugnisse vom spätantiken Trier vermitteln, darf nicht darüber hinwegtäu-
schen, dass diese Blüte auf anderen Voraussetzungen
beruhte als der Wohlstand der vorangegangenen Jahrhunderte. Fast das gesamte Wirtschaftsleben war auf
den Hof und seine Bedürfnisse ausgerichtet. Die dauerhafte Anwesenheit des Kaisers führte auch wirtschaft-
lich zu einer grundlegenden Umstrukturierung des Trevererlandes zu einer den herrschaftlichen Bedürfnissen
angepassten Residenzlandschaft. Selbst die Importe von
vermeintlich bloßen Luxusgütern (Seidenstoffe, Silbergeschirr, wertvolle Gläser und Steine, Elfenbein usw.)
hatten ihren Platz im höfischen Zeremoniell bei kaiserlichen Largitionen (Schenkungen bzw. Besoldungen) und
somit Teil an der Herrschaftsorganisation des Kaisers.

⊙ I.9.24
**Gewicht für eine Schnellwaage
in Form eines sitzenden Kaisers**
Privatbesitz

⊙ I.9.25
**Gewicht für eine Laufwaage in Gestalt
eines sitzenden Kaisers**
München, Sammlung C.S.

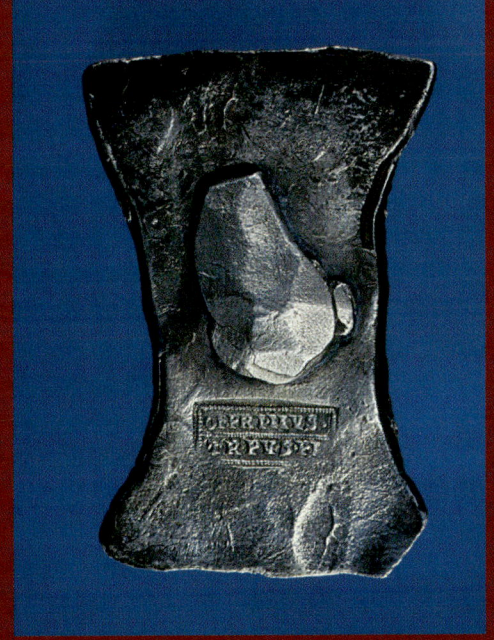

⊙ I.15.98
**Silberbarren aus der Weser bei Dierstorf**
Niedersächsisches Landesmuseum Hannover, Abteilung Archäologie

# DIE WANDMALEREI

Norbert Zimmermann

### RÖMISCHE WANDMALEREI

Unser Bild der römischen Wandmalerei ist nachhaltig geprägt von den beim Vesuvausbruch im Jahre 79. im Golf von Neapel verschütteten Stätten wie Pompeji oder Herkulaneum. In z. T. hervorragendem Erhaltungszustand überliefern reich verzierte private Wohnhäuser, Thermenanlagen und diverse öffentliche Gebäude einen einzigartigen Fundus an Malereiausstattungen bemerkenswerter Qualität, Formenvielfalt und thematischer Breite. Die Wandmalerei tritt uns hier als ein Medium entgegen, das fast omnipräsent den öffentlichen wie privaten Raum gestaltete, sei es durch die Gliederung von Wänden in architektonischen Systemen oder ihre Verschleierung durch Öffnung oder Maskierung von Flächen mit realistischen oder illusionistischen Ausblicken etwa. Zudem setzen figürliche Darstellungen, oft in durchdachten Bildzusammenhängen, inhaltliche Akzente, durch die nicht nur Nutzungsbereiche gekennzeichnet, sondern auch Wertvorstellungen oder atmosphärische Stimmungen transportiert wurden. Noch heute werden diese Malereien in vier zeitlich aufeinander folgende Dekorationssysteme eingeteilt, die August Mau im Jahr 1882 als die „vier pompejanischen Stile" bezeichnete. Mau hatte dabei nicht nur die überreiche Materialfülle der Vesuvstädte vor Augen. Er konnte sich zudem für die Erkennung dieser „Stile" auf die Beschreibung der charakteristischen Unterschiede stützen, die mit Plinius dem Jüngeren ein Zeitzeuge wahrgenommen und schriftlich niedergelegt hatte (Plinius, Naturalis historia 35). Auch in Rom selbst gibt es bedeutende kaiserzeitliche Malereifunde, vom Haus des Augustus und der Livia und den Kaiserpalästen auf dem Palatin bis zu Neros Domus Aurea.

Eine solche Verbindung von schriftlicher Quelle und reichem archäologischen Material gibt es für die hohe und späte Kaiserzeit nicht mehr. Immerhin ist für das 2. und 3. Jahrhundert in Städten wie Ostia antica oder, im Osten des Reiches, z. B. Ephesos oder neuerdings Zeugma am Euphrat noch ein recht dichter Denkmälerbestand erschlossen, der die Grundzüge einer Entwicklung der nachpompejanischen Malerei herausarbeiten lässt. Sehr viel ärmer ist die Überlieferung in der Spätantike, da aus dem 4. und 5. Jahrhundert keine vergleichbaren zusammenhängenden Malereikomplexe erhalten sind – weder in kaiserlichen Palästen, öffentlichen Gebäuden noch privaten Wohnhäusern. Das Erhaltene ist zudem meist fragmentarisch überliefert und kaum genauer datiert, und es beschreibt uns auch keine Quelle mehr eine zeitgenössische Wahrnehmung von Veränderungen im Stil der Malerei. Einzig in den römischen Katakomben hat sich eine dichte Gruppe von Malereien erhalten. Allerdings bereitete deren Datierung lange Zeit große Probleme, und durch ihre oft nicht sehr qualitätvolle Ausführung haben diese Zeugnisse privater Sepulkralkunst die Vorstellung einer dekadenten Kunst der Spätantike lange mitbestimmt. Daher fällt es generell schwer, überhaupt eine Gruppe von Leitmonumenten zusammenzustellen, die eine Entwicklung der Malerei realistisch dokumentiert und in ihren Veränderungen interpretierbar macht. Entsprechend spekulativ waren in der Vergangenheit oft die Versuche, das wenige überlieferte Material der Spätantike mit ähnlicher Methodik, wie es für die Kaiserzeit üblich und durchaus berechtigt ist, in Stilreihen zu ordnen.

1 Kaiserkultraum in Luxor. Aquarell von J. G. Wilkinson

2 Ephesos, Hanghaus 1, Malerei im Cenatorium b

### WANDMALEREI DER SPÄTANTIKE

Bereits in den vier als „pompeijanische Stile" bezeichneten Dekorationssystemen war ein so reicher Schatz an Dekorationsarten und Formen entwickelt worden, dass Neuerungen oftmals durch Rückgriffe auf bekannte Elemente oder durch spielerische Zitate älterer Formen erreicht wurden. Erst recht in der späteren Kaiserzeit wurden die alten Wandsysteme und Dekorelemente immer wieder neu kombiniert. Die Veränderungen betreffen einerseits die Grundeinteilung der Wandflächen und ihre Farbigkeit, also etwa die Maskierung der Wandflächen durch realistische Architekturmalerei bis zu ihrer ornamentalen oder illusionistischen Auflösung als Raumbegrenzung. Andererseits wird auch die Darstellung von Körpern und ihrer plastischen Werte in der figürlichen Malerei verändert, wobei traditionelle, klassizistische Tendenzen und freiere, aufgelöste Formen einander abwechseln. Vielleicht hat man wegen dieser Rückgriffe nie versucht, für die Malerei des 2. und 3. Jahrhunderts einen eigenen „fünften" oder „sechsten Stil" zu definieren.

Jedenfalls markiert, nach der Reichskrise im 3. Jahrhundert mit der raschen Folge von Soldatenkaisern, die Regierungszeit Diokletians (285 – 305) und die anschließende Tetrarchie einen Wendepunkt, der auch für die Wandmalerei mit einem deutlichen Wandel einhergeht. Schon seit dem 2., erst recht aber im 3. Jahrhundert war im privaten Wohnbereich zunehmend auf die in Pompeji überreichen Wandsysteme mit z. T. sehr anspruchsvollen Figurenmalereien und mythologischen Bildthemen verzichtet worden, und zwar zugunsten von oft nahezu bilderlosem Wandschmuck mit Marmorwandverkleidung bzw. ihrer weitaus günstigeren Imitation in Malerei.

In tetrarchischer Zeit findet diese Inkrustationsmalerei zu einer charakteristischen Form, die ähnlich für lange Zeit im öffentlichen wie privaten Raum verbreitet bleibt. Der tetrarchische Kaiserkultraum in Luxor zeigt an den Wänden eine Malerei mit einer sehr hohen Sockelzone, in der Imitationen von inkrustierten Rhomben und Kreismustern wechseln, wie ein Aquarell aus dem 19. Jahrhundert am besten überliefert [1]. Aus konstantinischer Zeit stammt die Inkrustationsmalerei in einem Wohnhaus in Ephesos, dessen Wände zudem mit Säulen gegliedert sind [2]. Vergleichbare Gliederungen finden sich noch in Kirchenräumen des 5. und 6. Jahrhunderts im gesamten Mittelmeerraum. Das schönste Beispiel solcher Inkrustationsmalerei aus Rom selbst datiert ins fortgeschrittene 4. Jahrhundert und stammt aus einem Wohnhaus unter der Kirche SS. Giovanni e Paolo [3]. Der mannshohe Sockel imitiert Inkrustationen aus teuren Buntmarmoren in Rechteck-, Kreis- und Rautenformen und füllt hier die gesamte Wandfläche bis zum Gewölbeansatz. Ganz typisch ist die Kombination mit dem schweren Rahmensystem, das die obere Wandzone und die Decke in Bildfelder gliedert. Neben diesem deutlich spätantiken Wandsystem können natürlich traditionelle Systeme fortbestehen oder Teile aus ihnen als Zitat eingefügt werden.

4 Ephesos, Wandmalerei im sog. Odeion-Hanghaus

3 Rom, Wohnhaus unter SS. Giovanni e Paolo

Nicht weniger markant ist der Wandel im Figurenstil. Konnte man, trotz verschiedenster Stufen der Auflösung von Körperflächen und wechselnder Arten der Erzeugung von Plastizität, auch in den Malereien des 3. Jahrhunderts noch eine gewisse Eleganz und ein Streben nach natürlich-fließender Körperhaltung entdecken, so hebt das 4. Jahrhundert mit einem groben, fast ungelenk wirkenden Stil der tetrarchisch-frühkonstantinischen Zeit an. Körper werden nicht mehr durchgebildet, sondern eher additiv aus einzelnen Gliedern zusammengesetzt, Gesichter werden durch harte, eckige Konturlinien gegliedert, Gewänder umrahmen und durchziehen Flächen ornamental statt im Faltenwurf den Körper organisch abzuformen. Bedeutungsgröße wird wichtiger als Eleganz oder eine naturalistische Darstellungsweise – das alles sind Faktoren, die dem harten Stil des beginnenden 4. Jahrhunderts nicht nur für die Malerei früher den Ruf einer dekadenten Kunst oder einer ‚arte popolare', einer minderwertigen Volkskunst eingebracht haben. Ein gutes Beispiel für diese Stilstufe stammt aus dem sog. Odeion-Hanghaus in Ephesos und zeigt Diener und den zum Mahl Gelagerten Patron zwischen Feldern der genannten Inkrustationen [4].

Doch auch noch nach der tetrachischen Zeit sind immer wieder klassizistische Tendenzen und Phasen sogenannten „schönen Stils" zu beobachten. Das wichtigste Monument der konstantinischen Zeit, was seine außergewöhnliche Qualität und die genaue Datierung (vor 326) betrifft, ist die sogenannte Trierer Palastdecke [5]. Das aus unzähligen Fragmenten wieder zusammengesetzte Deckengemälde kam bei Ausgrabungen unter dem Fußboden der konstantinischen Kirche zu Tage. In einem roten Rahmensystem nehmen blaugrundige Kassettenfelder Frauenbüsten mit Nimbus, Philosophenbilder und Erotendarstellungen auf. Mit kräftigen Farben ist durch feine Farbnuancierung und sicher eingesetzte Licht- und Schatten-Effekte eine hohe Plastizität erzeugt. Die früher vermutete Identifizierung der weiblichen Dargestellten mit Personen des Kaiserhauses ist schon wegen des dafür ganz unüblichen Ortes an einer Decke unwahrscheinlich, zumal der Saal nicht, anders als früher angenommen, direkt im Palast lag. Vielmehr wird er zum Wohnbereich eines hohen kaiserlichen Beamten gehört haben, auf dessen Bildung und Reichtum die Bilder ganz allgemein hinweisen. Gleichwohl darf die Trierer Decke weiterhin als das Paradebeispiel konstantinischer Malerei gelten, das zudem als einziges aus dem unmittelbaren Bereich des kaiserlichen Hofes stammt.

6 Jagende Diana, Hypogäum
der via Livenza, Rom

5 **Konstantinische Deckenmalerei der sog. Trierer Decke**
Bischöfliches Dom- und Diözesanmuseum Trier

Aus Rom kann dieser Stilstufe etwa die Malerei im Hypogaeum der Via Livenza [6] mit dem Bild der jagenden Diana zur Seite gestellt werden. Ihre fließenden Formen und die differenzierten Lichtwerte erzeugen wiederum große Plastizität. Auch wenn Beispiele für Malereien ,schönen Stils' auch noch später im 4. Jahrhundert zu finden sind, so hebt doch zu dieser Zeit ein Trend an, der in den viel stärker symbolisch als naturalistisch geprägten frühmittelalterlichen Figurenstil einmünden wird.

### DIE MALEREIEN DER RÖMISCHEN KATAKOMBEN: NEUE BILDER FÜR EINE CHRISTLICHE KUNST

Die bei weitem dichteste Gruppe von Malereien des 4. Jahrhunderts hat sich in den römischen Katakomben erhalten, daher kommt ihnen eine außerordentliche Bedeutung zu. Etwa 70 dieser unterirdischen Coemeterien der christlichen Gemeinden sind vor den Toren der Stadt Rom bekannt geworden. Von den hunderttausenden Grabstätten waren jedoch nur relativ wenige bemalt, rund 470 mit Malereien geschmückte Bereiche sind erhalten. Als private Sepulkralkunst von häufig eher handwerklicher Machart, sind sie stilistisch oft schwer zu beurteilen.

In Verbindung mit dem Studium der Topographie jeder Katakombe, der Entwicklung von Kammertypen und der Analyse der Ikonographie der Bilder lässt sich jedoch nicht nur ein oberirdisch kaum greifbares Grundgerüst der Malereientwicklung vom 3. zum 5. Jahrhundert gewinnen. Zugleich ist hier die Entstehung und Etablierung einer christlichen Kunst des Westens dokumentiert.

In den unterirdischen Gängen können die bemalten Flächen den Bereich einzelner einfacher Wandnischengräber (Loculi), aufwendiger Bogengräber (Arkosole) oder ganzer Grabkammern (Cubicula) umfassen. Die Bilder, mit denen die Gräber umgeben werden, haben in der Regel zwei inhaltliche Schwerpunkte: die Hoffnung auf Frieden und Glück für die Verstorbenen im Jenseits, und die Selbstrepräsentation der Grabinhaber. Im 3. Jahrhundert musste ein Bilderschatz zur Abbildung des christlichen Heilswunsches zunächst „erfunden" werden, da sich die Christen zuvor offenbar mehr oder weniger an das Bildverbot gehalten hatten. In dieser Phase ist die Katakombenmalerei als innovativ zu charakterisieren. Bevorzugt werden Wunder- und Rettungsgeschichten aus dem Alten und Neuen Testament gewählt, deren Heilsgedanke in direkter Weise zugänglich ist, so z. B. Daniel in der Löwengrube und die drei Jünglinge im Feuerofen oder aus dem Neuen Testament z. B. die Erweckung des Lazarus, die Heilung des Blin-

7 **Mose schlägt Wasser aus dem Felsen**
Rom, Anapo-Katakombe, Cubiculum 10

8 **Magieranbetung, Rom, Katakombe**
SS. Pietro e Marcellino, Kammer 69

den oder die Heilung des Lahmen. Die neuen Szenen werden als kleine Bildvignetten in die leichten rot-grünen Liniensysteme des 3. Jahrhunderts eingestreut und mit dekorativen bzw. symbolisch-allegorischen Bildelementen des traditionellen Formenschatzes kombiniert. Neben Blumen, Vögeln oder Delphinen finden sich auch Schaftträger oder Pietas (die Personifikation der Frömmigkeit), welche dann als Guter Hirte oder Beterfigur (Orans) christlich umgedeutet werden können.

Für die Christen in Rom brachte das Ende der diokletianischen Verfolgung im Jahr 305, die Herrschaft des Maxentius und dann der Sieg Konstantins an der Milvischen Brücke innerhalb weniger Jahre die radikale Wende: Sie wurden vom verfolgten Staatsfeind zur zunächst geduldeten und dann sogar direkt vom Kaiser geförderten Glaubensgemeinschaft. Dieser Wandel spiegelt sich unmittelbar in den Katakombenmalereien des 4. Jahrhunderts wieder. Nicht nur das starke Wachstum der Gemeinden ist in den Coemeterien durch die sprunghafte Ausdehnung erkennbar, sondern auch die Bekehrung reicherer Schichten, die sich aufwendige Grabbereiche schufen. In einem ersten Schritt kommt es zu einer generellen Monumentalisierung aller Formen. Die Grabkammern werden größer und architektonisch durch Kreuzgratgewölbe, Ecksäulen und Arkosolgräber ausgezeichnet. So entstehen für die Malereien neue Flächen, die eine Neuorganisation der Bilder nach ihrer Wertigkeit im Raumgefüge erlauben bzw. erfordern. Sockelzonen und untere Wandbereiche füllen die beliebte Marmorimitation. Die Flächen darüber sind nun oft mit breiten, schweren Rahmensystemen gegliedert, die jetzt große rechteckige oder, unter den Arkosolen, halbrunde Bildfelder zur Verfügung stellen.

An die Wandflächen können neben die christlichen Szenen auch Bilder der privaten Repräsentation (Darstellungen der Verstorbenen, Berufsbilder) treten. Die Deckensysteme bleiben hingegen in aller Regel christlichen oder allegorisch-symbolischen Bildthemen vorbehalten. Das Arkosol aus der Anapo-Katakombe mit Inkrustationssockel und breiten Rahmen [7] ist ein typisches Beispiel der frühkonstantinischen Zeit. Der wasserschlagende Mose zeigt deutlich die genannten rustikalen Stilwerte.

Die bedeutendste Änderung betrifft aber den Szenenschatz selbst. Generell nimmt im 4. Jahrhundert der Anteil an neutestamentlichen Bildern etwas zu, vor allem aber zeigen die Bilder nun in Szenenauswahl und Ikonographie ganz deutlich den Einfluss imperialer Kunst. Ein typisches Beispiel dafür ist die Szene der Magieranbetung, die erst ab frühkonstantinischer Zeit auftritt [8]. Sie wird als eine Thronszene Christi gestaltet, bei der das Jesuskind auf dem Schoß Mariens die Huldigung der drei Magier aus dem Morgenland entgegennimmt. Letztere sind mit Hosen und phrygischen Mützen in typischer Barbarentracht gekleidet und nähern sich dem Christuskind huldvoll geneigt oder kniend, wobei sie in den Händen Kränze oder Silbertabletts halten. Alle diese Elemente entstammen direkt der Kaiserikonographie und werden nun dazu benutzt, die Göttlichkeit Christi und die ihm geschuldete Verehrung auszudrücken.

**9 Apostelversammlung**
Rom, Anapo-Katakombe, Arkosol 8

**10 Apostelversammlung**
Rom, Domitilla-Katakombe, sog. Kammer der Mensores

Ganz ähnlich verhält es sich mit der Szene der Apostelversammlung, die ab den 30er Jahren des 4. Jahrhunderts sehr beliebt wird. Sie zeigt Christus in der Regel thronend im Bildzentrum, im Lehrgespräch mit seinen in zwei Gruppen aufgeteilten Aposteln, wie in einem Arkosolbogen der Anapo-Katakombe [9]. Diese Szene hat keinen biblisch-historischen Inhalt, sondern setzt theologische Reflexion über die überzeitliche Herrschaft Christi voraus. Das Thema ist daher sicher nicht ohne die Hilfe von Theologen aufgegriffen worden. Man darf davon ausgehen, dass der Bildentwurf nicht aus den Katakomben stammt, sondern aus oberirdischen Kultbauten. Vermutlich war das Vorbild eine Kirchenapsis, deren halbrunder Form es auch im Aufbau folgt. Damit stimmt auch der Zeitpunkt des Auftretens überein. Das monumentalste Beispiele stammt aus der zweiten Hälfte, des 4. Jahrhunderts und befindet sich in der sogenannten Kammer der Mensores der Domitilla-Katakombe [10]. Über Jonasszenen in den Arkosolen und einem Fries mit Bezug auf den Beruf der Bestatteten kulminiert die Ausmalung im Bild der Apostelversammlung. Die mächtigen Figuren sind jetzt flächig mit breiten Konturlinien angelegt und wirken würdevoll erstarrt, die Gewandfalten begleiten die Körperkonturen ornamental, plastische Werte sind ganz zurückgenommen.

Mit der Übertragung der weltlichen, kaiserlichen Insignien der Macht auf Christus – Thron, Fußschemel, mitunter auch Nimbus und Purpur, geht nicht nur die devote Haltung einher, die ihm im Bild durch Apostel oder bisweilen Verstorbene geschuldet wird. Vielmehr fordert das stark hierarchische Bild auch im Grabraum selbst eine Ausrichtung der Architektur und die Unterordnung der übrigen Bilder. Am Ende dieser Entwicklung stehen Grabräume, die nicht mehr um Gräber herum angelegt und dann mit Malerei verziert sind, sondern Kammern, die sich vielmehr an oberirdischen Kulträumen und ihrer Malerei orientieren, denen dann Bestattungen eingefügt sind.

Die Katakombenmalerei ist in dieser Phase nicht mehr innovativ sondern reflexiv, da sie sich formal an der seit konstantinischer Zeit entstehenden christlichen Monumentalkunst orientiert. Ausstattungen großer Kirchen sind erst vom Ende des 4./Anfang des 5. Jahrhunderts erhalten, um so bedeutender ist daher dieses Zeugnis für unsere Kenntnis der Monumentalkunst. In der Verbindung von Beobachtungen zur räumlichen Ausdehnung der Katakomben und der Analyse von Kammertypen und Szenenschatz wird auch die sonst kaum greifbare stilistische Entwicklung nachvollziehbar. Die Erfahrung von einem gleichzeitigen Nebeneinander verschiedener Stilstufen in der Katakombenmalerei ist dabei ein typisches Phänomen der spätantiken Kunst. Die Malerei der konstantinischen Zeit dokumentiert, auch in den nur wenigen erhaltenen Monumenten, einen spannenden Entwicklungsbogen, der von den Grundlagen kaiserzeitlicher Ausdrucksmittel zur Etablierung einer christlichen Kunst führt.

# DIE TRIERER SILBERKANNE

Annemarie Kaufmann-Heinimann und Max Martin

Eine der bedeutendsten Entdeckungen der letzten Jahre wirft nicht nur ein neues Licht auf das kulturelle Leben im Trier des frühen 5. Jahrhunderts, sondern auch auf das hochstehende Kunsthandwerk dieser Zeit. Bei Ausschachtungsarbeiten im Garten des Mutterhauses der Borromäerinnen wurde 1992 von Bauarbeitern eine 50 cm hohe, reich verzierte Silberkanne gefunden. Leider war sie schon aus ihrem Fundzusammenhang gerissen, bevor Fachleute zur Stelle waren, so dass nichts über ihre ursprüngliche Fundlage bekannt ist.

Schon ein erster Blick auf die Kanne lässt erkennen, dass hier ein Meister der Toreutik am Werk war. Wie Untersuchungen bei der Restaurierung zeigten, ist der achtseitige Gefäßkörper vom Fuß bis zur Mündung aus nur einem Stück Silber geschmiedet und getrieben. Mit Sticheln und Punzen wurden Ornamente und Figuren eingetieft, wobei man Niello, eine schwarze pulverisierte Mischung aus Silber und Schwefel, in einen Teil der ausgehobenen Flächen einfüllte. Die zusätzliche Vergoldung ergab eine schillernde Dreifarbigkeit. Durchbrochen gearbeitete Ranken zieren die Mündungseinfassung. Ein Scharnier verband den Deckel mit dem Henkel; zwei Daumenstützen sorgten für einfacheres Handhaben des schweren Gefäßes, das über 2 l Flüssigkeit fasste.

Bisher kannte man nur wenige spätantike Silberkannen. Eine 1926 in Trier angekaufte Kanne mit glattem Gefäßkörper ⊙ I.11.37 wirkt wie ein schlichter Vorläufer des neuen Trierer Gefäßes; sie wurde wohl in der ersten Hälfte des 4. Jahrhunderts angefertigt. Es fällt auf, dass die großen Silbergeschirrhorte aus Kaiseraugst (Schweiz) und Mildenhall (England) keine Kannen enthalten, der im Kunsthandel erworbene sogenannte Seuso-Schatz, der möglicherweise aus dem Balkangebiet stammt, jedoch gleich derer fünf. Diese Unterschiede können zeitlich bedingt sein, oder sie rühren daher, dass manche Horte nicht vollständig erhalten sind.

Auch thematisch hebt sich die Trierer Kanne von den anderen Gefäßen derselben Form ab, indem die unteren zwei Zonen christlichen Bildschmuck tragen. Acht Apostel, mit Nimbus und gestikulierender Rechter, in Tunica und Mantel gehüllt, wenden sich einander paarweise zu. Die vier Figuren der Hauptzone sind durch Einzelheiten ihrer Ausstattung charakterisiert. An ihrer Haartracht lassen sich unschwer Petrus (mit krausem Haupt- und Barthaar) und Paulus (mit Stirnglatze und Spitzbart) erkennen. Das Paar auf der anderen Seite der Henkelattasche bleibt für uns anonym; der vom Rücken Dargestellte hält wohl die Enden einer halb geöffneten Schriftrolle in seiner Rechten, sein Gegenüber trägt einen bortenbesetzten Mantel. In der untersten Zone sind im Wechsel Apostel und Lämmer dargestellt. Die vier Apostel unterscheiden sich durch Haltung und Kopfwendung, ähnlich wie die vier Lämmer, die ebenfalls einen Nimbus tragen und wohl weitere Apostel verkörpern.

Versammlungen der zwölf Apostel im Lehr-, Rede- oder Huldigungsgestus – das ist ein Thema, das auf Sarkophagen des späteren 4. und des frühen 5. Jahrhunderts häufig vorkommt. Allerdings sind die Apostel dort immer auf ihr Zentrum, Christus oder das auf ihn weisende Kreuz, ausgerichtet; hier ist eine Zentralkomposition jedoch schon durch die gerade Zahl von Bildfeldern ausgeschlossen. Anderseits zeigt sich immer wieder, dass man in der Kleinkunst recht frei mit den Vorlagen umgegangen ist. So ist auf einem Silberreliquiar aus Novalja (Kroatien) Christus mit Petrus und Paulus sowie fünf weiteren Aposteln dargestellt, während ein Glasbecher aus Aosta (Italien) die Apostelfürsten zusammen mit vier namentlich bezeichneten Heiligen zeigt. Dass auf der Trierer Kanne eher die Apostel als anonyme Heilige gemeint sind, legen auch die Lämmer nahe, die als Symbole der Apostel bekannt sind.

⊙ I.11.1
> 1 Silberkanne mit christlichen Darstellungen
Rheinisches Landesmuseum Trier

Wozu wurde eine solche Prunkkanne verwendet? Es besteht kein Anlass, eine Funktion im Kult anzunehmen, wenn wir etwa an Schliffglasschalen oder reliefverzierte Glanztongefäße denken, die, ebenfalls mit christlichen Bildern geschmückt, sicher im Alltag gebraucht wurden. Wie antike Illustrationen sowie die zwei formal am nächsten verwandten Gefäße im erwähnten Seuso-Schatz zeigen, trug man in solchen Kannen bei Banketten Wasser oder Wein auf. Im Bereich des kostbaren Tafelsilbers ist die Trierer Kanne eines der seltenen erhaltenen Gefäße, auf dem „moderne" christliche Bilder statt der traditionellen heidnischen dargestellt sind. Das bedeutet nun aber nicht zwingend, dass auch die anderen Teile des Service, zu dem die Kanne einst gehörte, christlichen Bildschmuck trugen. Den besten Beweis dafür liefert der 1628 in Trier gefundene und heute verlorene Silberschatz, zu dem neben über 40 traditionell verzierten Gefäßen auch zwei Schalen mit Büsten von Christus und vier Heiligen gehörten. Mit großer Wahrscheinlichkeit war auch die Kanne Teil dieses Schatzes und hat als einziges Objekt überlebt.

## DER IM JAHRE 1628
### EINGESCHMOLZENE SILBERSCHATZ

Im gleichen Areal, in dem die Henkelkanne gefunden wurde, vielleicht an derselben Fundstelle, war bereits 1628 ein außergewöhnlicher Fund gemacht worden: Beim Umgraben ihres Gartens entdeckten Jesuiten-Novizen in einem abgedeckten steinernen Behälter kostbares Tafelsilber aus spätantiker Zeit, bestehend aus großen Platten, Schalen, Tellern und weiterem Tafelzubehör. Ess- und Toilettbesteck wie auch Waschbecken, die in anderen Funden dieser Art oft dazugehören, fehlten – ein Hinweis, dass in dem *vas lapideum* nicht das komplette Service untergebracht worden war.

Von all den Kostbarkeiten, die zusammen über 110 kg Silber wogen, sind uns nur zwei zeitgenössische Inventare mit kurzen Beschreibungen der insgesamt 49 Fundstücke erhalten geblieben, denn der Fund wurde eingeschmolzen und das Silber heimlich nach Köln verkauft, um mit dem Erlös die Küche des Jesuiten-Noviziats aufzubessern! Die oben genannten Schalen mit christlichem Dekor, die man aufbewahren wollte, gingen erst später verloren.

Heute kann man versuchen, die Trierer Stücke anhand der knappen Angaben zu Form, Dekor und Gewicht mit anderen Ensembles spätantiken Tafelsilbers zu vergleichen, die aus weiteren Versteckdepots bekannt sind. Auch möchten wir gerne wissen, zu welcher Zeit Angehörige einer zweifellos obersten Gesellschaftsschicht im spätantiken Trier gezwungen waren, einen wertvollen Teil ihres Besitzes zu verbergen, ohne ihn wieder behändigen zu können.

Versteckhorte von Tafelsilber des 4. oder 5. Jahrhunderts, wenngleich meist von bescheidenerem Umfang, sind heute aus einem knappen Dutzend von Fundplätzen in Großbritannien, der Schweiz, Frankreich, Italien, Nordafrika und Serbien sowie durch den Seuso-Schatz bekannt. Außerhalb der Grenzen des ehemaligen Imperium Romanum kommen einige sogenannte Hacksilberhorte hinzu, in denen nebst anderen Objekten und Barren aus Edelmetall spätrömische Silbergefäße zerschnitten oder zerhackt dem Boden anvertraut wurden. An erster Stelle steht hier der Fund von Traprain Law mit Resten von gegen 100 großen Platten, Schalen, Henkelkrügen und Löffeln. Wichtig zur Bewertung des Trierer Hortes ist aber auch ein ausführliches Inventar (mit Gewichtsangaben) von Tafelsilber, das Bischof Desiderius um 614 der Kathedrale von Auxerre schenkte, das jedoch die Fährnisse der Zeit ebenfalls nicht überlebt hat.

Der reiche, in den Wirren des Bürgerkriegs zwischen Constantius II. und Magnentius um 351/352 im Boden versteckte Silberschatz von Kaiseraugst und die Schenkung von 614 stecken den weiten Zeitraum ab, in dem das Trierer Tafelsilber einzuordnen ist. Erste Anhaltspunkte liefert das Gewicht der Silbergefäße, das in dieser Zeit kontinuierlich zunimmt, ob es sich nun um Platten oder andere Formen handelt. Gewichtsmäßig entsprechen die Trierer Platten nicht mehr den Kaiseraugster Stücken des 4. Jahrhunderts, sondern denen des Seuso-Schatzes und anderen einzeln gefundenen Gefässen, die dem 5. Jahrhundert zugewiesen werden können. So finden sich etwa zwei schwere, rechteckige Platten (*lances quadratae*) des Trierer Fundes als typische Vertreter einer im früheren 5. Jahrhundert beliebten Form auch in Traprain Law. Dazu passt, dass aus diesem Hort einzelne silberne Trachtelemente vorliegen, die man als jüngste Objekte den Jahrzehnten um 450 zuweisen kann.

Sollte der Versteckhort in den angegebenen Zeitraum gehören, so käme als Anlass der Verbergung eine der in den Schriftquellen für Trier überlieferten Plünderungen und Zerstörungen der ersten Hälfte des 5. Jahrhunderts in Frage.

# TRIERER GLASPRODUKTION

Karin Goethert

Die Erfindung der Glasmacherpfeife im 1. Jahrhundert v. Chr. im östlichen Mittelmeerraum stellt in der Geschichte der Glasherstellung nach zweitausendjährigem Praktizieren mit der zähflüssigen Glasmasse eine umwälzende, geradezu revolutionäre Veränderung dar. Jetzt war man zum ersten Mal in der Lage, mit Hilfe des neuen Instrumentes, eines Rohres, serienmäßig dünnwandige Gefäße zu blasen. Während der anfänglichen Phase des Experimentierens mit dem neuen Gerät gehörten Glaswaren weiterhin zu Luxusartikeln. Eine Änderung trat in der zweiten Hälfte des 1. Jahrhunderts n. Chr. ein: Nun beherrschten die Glasmacher alle Gestaltungsmöglichkeiten, die die neue Erfindung bot. Die alte Technik, Formen zur Glasherstellung zu benutzen, wurde mit der neuen Technik des Blasens in die Form verbunden. Im gleichen Zeitraum gelang die Herstellung entfärbten Glases. Der Transparenz des Glases wird bis zum Ende der antike der Vorzug gegeben. Die bisher bewusst gewählte, als Imitation wertvoller Steine gedachte opake Farbigkeit wurde aufgegeben zugunsten des naturfarbenen, leicht grünlichen Glases. Jetzt waren alle Voraussetzungen gegeben, der Glasindustrie als bedeutendem Wirtschaftsfaktor zum Durchbruch zu verhelfen.

Im 4. Jahrhundert war Glas längst zum Massenartikel geworden. Vielerorts ließen sich in den westlichen Provinzen des Imperium Romanum Glashandwerker nieder, die einfaches Geschirr für den täglichen Bedarf herstellten. Nachgewiesen sind beispielsweise Glashütten am Niederrhein (Goch-Asperden, nordwestlich von Xanten), im Hambacher Forst (zwischen Aachen und Köln gelegen), Speyer, Worms und auf der Entersburg bei Hontheim in der Eifel.

## TRIERER GLÄSER

In Trier lässt sich in den ersten drei Jahrhunderten bisher keine Gefäßproduktion nachweisen. Die kleine bescheidene Glashütte, die im Jahr 2000 im südöstlichen Handwerkerviertel der Stadt ausgegraben wurde, scheint sich in der zweiten Hälfte des 2. Jahrhunderts lediglich mit der Herstellung kleiner Glasobjekte, wie etwa Perlen und Ringe, beschäftigt zu haben. Die Situation änderte sich, als Trier gegen Ende des 3. Jahrhunderts zur Kaiserstadt ausgebaut wurde und zahlreiche Künstler, Kunsthandwerker und Handwerksbetriebe unterschiedlichster Branchen anzog. Glasmacher ließen sich im südwestlichen Teil der Stadt nieder, dort wo bereits seit der Mitte des 1. Jahrhunderts Töpfereibetriebe angesiedelt waren. Eine Tätigkeit der Glasmacher vor Ort bezeugen die hier bei verschiedenen Grabungskampagnen aufgefundenen tönernen Glasschmelzgefäße (Häfen) und Glasabfälle. Die überaus reichen Glasfunde des 4. Jahrhunderts, die in der Stadt bei jeder Ausgrabung immer wieder aufs Neue zutage kommen, unterstreichen zudem eine rege Produktion vor Ort.

Die Nachfrage nach Versorgungsgütern, aber auch nach Luxuswaren aller Art war durch den Zuwachs der Einwohner erheblich gestiegen, den nicht zuletzt die Vergrößerung des umfangreichen Verwaltungsapparates, die Etablierung des kaiserlichen Hofes und die Stationierung von Truppenkontingenten mit sich brachte.

Das Angebotsspektrum an gläsernem Geschirr folgte der Modeströmung der Zeit und war in den nordwestlichen Provinzen des Imperium Romanum ziemlich gleichartig. Dennoch zeigen die Trierer Gläser einige Besonderheiten, die als regionale Werkstatteigentümlichkeiten zu interpretieren sind. Sie geben sich in der Gestaltung des Gefäßfußes, des Randes und des Henkels zu erkennen.

⊙ I.18.58 – 59
**1 Auswahl freigeblasener Gläser**
Rheinisches Landesmuseum Trier

⊙ I.18.54 – 55, ⊙ I.18.56 – 66
**2 Auswahl fadenverzierter Gläser**
Rheinisches Landesmuseum Trier

### FREIGEBLASENE GLÄSER

Den hiesigen Werkstätten sind zweifellos die großen Mengen an einfachem freigeblasenem Geschirr zuzurechnen, zu deren Herstellung es keines besonderen Aufwandes bedurfte. Ihre Grundform erhielten die Gefäße durch das Blasen und die besondere Art, wie die Pfeife gehalten wurde. Zu den geläufigsten Formen, die auch im Rheinland und im übrigen Gallien weit verbreitet waren, zählen flache gewölbte Trinkschalen, sogenannte Kugelabschnittschalen (vgl. [3], Mitte vorn), halbkugelige oder leicht konische Becher mit und ohne Standring, kugelbauchige Flaschen mit Trichterhals, sogenannte Kugeltrichterflaschen. Hinzu kommen langgestreckte Phiolen mit leicht verdicktem Mittelteil, die bis zu 50 cm lang sein können und als FUSIFORM UNGUENTARIUM bezeichnet werden. Sie dienten vielleicht zur Aufnahme von Essenzen ebenso wie die Fläschchen mit kegelförmigem oder kugeligem Körper. Charakteristisch für Trier sind Kugeltrichterflaschen mit Henkel und einhenklige Kannen mit doppelkonischem Körper und mit aus der Wandung herausgeformtem Fuß. Ihr gerippter Bandhenkel ist am Mündungsrand mit einer elegant geschwungenen, hochgezogenen Schlaufe verziert. Diese Gefäße, die als Leitformen des 4. Jahrhunderts bezeichnet werden können, gehören zu den Standardbeigaben Trierer Sarkophagbestattungen [1]. Der geschützten Lagerung in den Steinsärgen verdanken sie auch ihren in der Regel guten Erhaltungszustand. Glas war offenbar so preiswert, dass es allmählich die Keramikbeigaben verdrängte.

Seit dem ausgehenden 3. Jahrhundert lässt sich ein Einfluss der Glasproduktion auf die Keramikproduktion feststellen. Kugeltrichterflaschen und eiförmige einhenklige Kannen mit Halsring übernahmen die Trierer Töpfer in das Formenrepertoire der Schwarzfirnisware (Spruchbecherware) und der Späten Nigra (s. folgender Beitrag [2 – 4]).

Obgleich gewöhnliche Formen die große Menge der Trierer Gläser bestimmen und dadurch zunächst den Eindruck der Uniformität und Eintönigkeit erwecken, sind doch viele weniger geläufige, z. T. einmalige Exemplare vertreten. Eine Zusammenstellung aller Gefäße führt uns mit 80 Hauptformen und 25 Varianten eine beachtliche Vielfalt vor Augen, die sich auf Teller, Schalen, Becher, Flaschen, ein- und zweihenklige Kannen und figürliche Gefäße verteilt.

### GLÄSER MIT FADEN- UND NUPPENVERZIERUNG

Neben der einfachen Dutzendware konnte man Trinkgeschirr, meistens Becher, Kannen und Flaschen mit Fadenverzierung, für den gehobenen Anspruch erwerben [2]. Hauchdünne Glasfäden – in horizontalen Windungen um die Gefäße geführt – verleihen diesen Eleganz und Zierlichkeit. Ein heißer Glastropfen wurde auf die noch heiße Wandung gesetzt, mit Hilfe einer Zange lang und dünn ausgezogen und in eiligen Windungen teilweise oder vollkommen um den Gefäßkörper geführt und mit diesem verschmolzen. In der Regel besteht er bei den Trierer Gefäßen aus derselben entfärbten Glasmasse wie das Gefäß selbst. Die Art der Fadenauflage konischer Becher des späten 4. Jahrhunderts unterhalb des Randes wird später von der fränkischen Glasmacherkunst übernommen.

⊙ I.18.43, ⊙ I.18.48, ⊙ I.18.50
**3 Auswahl nuppenverzierter Gläser**
Rheinisches Landesmuseum Trier

Kräftigere farblose Fäden sind Bechern, Balsamarien und einem Trinkhorn in senkrecht geführten Zickzacklinien so eng aufgelegt, dass die Glasfäden einander berühren und somit ein Netzmuster bilden, welches das Gefäß wie ein Korbgeflecht umhüllt. Nur vereinzelt setzen blaue oder purpurfarbene Glasfäden – in Zickzack- oder Schlaufenform gelegt – an Kannen, Bechern oder Balsamarien Akzente [2].

Farbig eingefärbtes Glas, das im 1. Jahrhundert besonders geschätzt war, fand im 4. Jahrhundert eine Wiederbelebung. Seine Verwendung beschränkt sich allerdings überwiegend auf Kännchen mit eiförmigem Körper, die in Trier als Sarkophagbeigaben reichlich vertreten sind [2]. Ihre Größe differiert zwischen 7 und 13 cm. Eine weiße Fadenauflage tritt in reizvollen Kontrast zu dem dunkelblauen, purpurfarbenen, braunroten oder türkisfarbenen Körper. Aus der opaken weißen Glasmasse bestehen der Standring, die Fadenwindungen um den Hals und der bandartige Henkel, der – wie es in dieser Zeit üblich ist – mit zierlicher Schlaufe am Rand ansetzt. Große Gefäße aus farbigem Glas wie etwa die dunkelblaue, fast 27 cm hohe Kanne mit gekerbtem Halsring kommen selten vor und scheinen Sonderanfertigungen zu sein [1, rechts]. Solche Halsringe, die die Funktion von Tropfenfängern erfüllen, sind für die Kannen des 4. Jahrhunderts ebenso charakteristisch wie die kegelförmige Fußgestaltung.

Farbige Tropfenauflagen in grünem, blauem, violettrotem und honigfarbenem Glas sind einer bestimmten Gruppe Schalen und Becher vorbehalten, den sogenannten Nuppengefäßen [3], die auch im östlichen Mittelmeer verbreitet waren. Die Vielfarbigkeit ist allerdings ein besonderes Merkmal der in den nordwestlichen Provinzen verbreiteten Gläser. Die Trierer Gefäße kennzeichnet ein Wechsel zwischen großen und kleinen Nuppen, die in ein oder zwei Reihen die Wandung umziehen. Zuweilen sind kleine Glastropfen traubenartig zwischen die großen gesetzt, deren Mittelpunkt meistens genabelt, das heißt plastisch hervorgehoben ist. Becher mit nur einer Reihe kleiner blauer Nuppen zählen zu den Ausnahmen. Der Glasmacher brachte die Nuppen beim Ausblasen auf der Wandung auf, wobei sie in die Gefäßwand leicht einsanken, mit dieser verschmolzen und verschwommene Konturen erhielten. Nuppengläser ahmen deutlich edelsteinverzierte Gefäße nach, wie sie ein Kalenderblatt mit der Personifikation der Stadt Trier (Treberis) aus dem Jahr 354 zeigt, das uns in einer Kopie von 1620 überliefert ist. Neben dem Kopf der Stadtgöttin ist kostbar mit Steinen geschmücktes Trinkgeschirr wiedergegeben: ein Mischgefäß, ein Becher und ein Trinkhorn.

⊙ I.18.47
**5 Formgeblasene Gläser, Faßkrüge, Wabenbecher**
Rheinisches Landesmuseum Trier

### SONDERFORMEN

Das leicht formbare Material, das flüssig oder in weichem Zustand alle Gestaltungsmöglichkeiten bietet, regte die Glasmacher immer wieder zum Experimentieren und zur Anfertigung von einmaligen Stücken an, deren Formschönheit dahingestellt sei. Zu diesen zählt ein konischer Becher aus entfärbtem Glas mit flachem konischen, aus der Wandung geformten Fuß. Auf die Wandung sind vier henkelartige Doppelschlaufen aufgeschmolzen. Zwei dieser Henkel weisen kurze, abstehende Plättchen auf, die mit Hilfe einer Zange herausgekniffen sind. **[2, links im Hintergrund]**. Während der Becher eine einmalige Schöpfung darstellt, hat der Glasbläser der Drillingskanne sich an älteren Vorbildern orientiert. Fußform und Halsring entsprechen jedoch vollkommen der Formgebung des 4. Jahrhunderts. Das Trierer Exemplar **[1, Mitte]** hebt sich von den zeitgleichen Kannen aus dem Rheinland, aus Krefeld oder Köln, durch die andersartige Gestaltung des Fußes und des Bandhenkels ab. Die drei frei geblasenen birnenförmigen Flaschenteile, die aneinandergeschmolzen sind, dienten zur Aufbewahrung von drei verschiedenen Flüssigkeiten.

Der seltenen Gruppe der Konchylienbecher kann der glockenförmige, farblose Fischbecher aus einem Sarkophag des westlichen Trierer Gräberfeldes an die Seite gestellt werden, obwohl ihm die sonst für diese Gattung charakteristischen Muscheln und Schnecken (Konchylien) fehlen **[4]**. In drei Reihen sind gesondert geformte Meerestiere auf die Wandung aufgeschmolzen: Unterhalb des Randes sind fünf Fische angebracht, darunter folgen drei Tintenfische und drei Muränen. Anstelle der üblichen Purpurschnecken hat der Glasmacher drei geriefelte Füßchen angefügt, nach denen die Tintenfische jeweils mit einem Greifarm langen. Fisch- oder Konchy-

lienbecher wird es auch im östlichen Mittelmeergebiet gegeben haben, doch sind bisher nur Bruchstücke, insbesondere einzelne Fische, gefunden worden. Drei vollständige Exemplare sind dagegen aus Köln, ein weiterer Becher aus Rom bekannt, deren Tiere zum Teil mit farbigen Glasauflagen hervorgehoben sind. Den Designer des Urmodells wird man in Italien vermuten, wo das Thema der Meerestiere in Wandmalerei und Mosaikkunst Tradition hatte. Wie man bei vielen anderen Trierer Gefäßen beobachten kann, zeichnet auch das vorliegende Exemplar eine eigenwillige Umsetzung des Vorbildes aus: Die Dekorvorlage hat der Trierer Glasmacher unter Reduzierung der Tiere, Wegfall der Muscheln und farbigen Auflagen vereinfacht und damit übersichtlich gestaltet. In den dekorativen Gesamtrahmen passt sich die eigenwillige Fußgestaltung geschickt ein.

### FORMGEBLASENES GLAS

Die zylindrischen Flaschen und Kannen der Trierer Sammlung, die man in eine Halbform blies – Hals mit Mündung und Henkel gestaltete man frei nach der Formentnahme –, reihen sich in das charakteristische Gefäßspektrum des Rheinlandes und des nordöstlichen Gallien ein **[5, rechts im Hintergrund]**. Eine Produktion vor Ort für den hiesigen Bedarf ist anzunehmen.

☉ I.18.56 – 57
**6 Figürliche formgeblasene Gläser, Affen- und Kopfgefäße**
Rheinisches Landesmuseum Trier

Eine im gesamten Imperium im 4. Jahrhundert verbreitete Form stellen die Wabenbecher dar, von denen im Trierer Land ein Exemplar [5, Mitte] in einem Sarkophag zusammen mit einem Fasskrug gefunden wurde. Unterhalb eines Bandes mit stabförmiger Verzierung (Riefelband) ist in die Wandung ein bienenwabenähnliches Muster eingetieft. Die Glasblase wurde zunächst in eine flache, mit kleinteiligen Waben versehene Form gepresst und nach weiterem Erhitzen zur gewünschten Becherform ausgeblasen, wobei die Waben sich nach unten vergrößerten und erweiterten.

Ein- und zweihenklige Fasskrüge mit erhabenem Bodenstempel sind dagegen charakteristische Erzeugnisse des Rheinlandes und nördlichen Frankreichs. Ihre erhabenen Bodenmarken geben in unterschiedlichen Abwandlungen und Abkürzungen den Namen einer langlebigen Firma FRONTINVS wieder, die möglicherweise auch Zweigniederlassungen unterhielt, worauf weitere beigefügte Namen hinzuweisen scheinen. Bei den Trierer Stücken handelt es sich sicherlich um Importware [5]. Der Gefäßkörper, der stets aus einer zweiteiligen, aufklappbaren Form stammt, ahmt ein mit Reifen umspanntes Fass nach. Die Formnähte sind stets an den Seiten deutlich sichtbar. Analysen von Restbeständen in den Krügen haben bisher keinen Aufschluss über die Inhalte erbracht. Ein Produktionszentrum ist im Hambacher Forst zwischen Aachen und Köln nachgewiesen, ein weiteres wird aufgrund der Funddichte in Nordfrankreich vermutet.

Figürliche Gefäße wie die Affengefäße mit Trichterhals und die Kopfgefäße mit Doppelgesicht [6], die ebenfalls in eine zweiteilige, aufklappbare Form geblasen wurden, sind bisher nur im Rheinland und in Nordfrankreich zutage gekommen. Der Trichterhals ist frei geformt und gibt daher unterschiedliche Gestaltung zu erkennen. Bei einigen rheinischen Exemplaren fällt der rund verschmolzene Rand auf, der bei den beiden Trierer Stücken aus farblosem Glas gerade abgesprengt ist. Letztere waren Kindern in den Sarkophag gelegt worden. In den Gefäßen ist sicherlich eine Anspielung auf jene abgerichteten Affen zu sehen, die allerlei Kunststücke aufführen konnten. Im vorliegenden Fall musiziert der Affe im Korbstuhl sitzend auf der Panflöte. Ein Kapuzenmäntelchen hängt am Rücken herab. Die beiden Trierer Doppelgesichter zeigen anstelle des üblichen Trichterhalses eine Umgestaltung zu einer Kanne mit hohem, röhrenförmigen Hals und Stabhenkel. Sie verdeutlichen wiederum das eigenwillige Abändern von Vorlagen durch Trierer Glasmacher. Da die Gesichter sonst die gleiche Ausformung wie jene aus dem Rheinland zeigen, kann eine Abformung jener Stücke vorliegen – eine vielfach im Töpferhandwerk geübte Praxis –, oder ein Ankauf solcher Formen.

Schliffverziertes Trinkgeschirr durfte auf der Tafel der Wohlhabenden nicht fehlen. Die meisten Gefäße dieser Art sind nur bruchstückhaft gefunden worden, da sie aus dem Siedlungsschutt der römischen Häuser stammen. Sie lassen sich in der Mehrzahl zu Bechern und Schalen rekonstruieren, Kannen gehören zu den Ausnahmen. Schleifer und Graveure verzierten die Gefäße mit geometrischen Mustern sowie figürlichen Szenen unter Zuhilfenahme von Schleifrädchen unterschied-

⊙ I.17.41, ⊙ I.18.63, ⊙ I.18.67
**7 Schliffverziertes Trinkgeschirr**
Rheinisches Landesmuseum Trier

licher Größen, Sticheln und weiteren spitzen Instrumenten. Wie die Zusammenarbeit zwischen Glasbläsern und Graveuren organisiert war, ist unbekannt. Die meisten Trierer Gefäße zeigen geometrische Muster, eine Beobachtung, die allgemein auch für die übrigen nördlich der Alpen gefundenen Gläser gilt. Der Dekor der Schalen und Becher besteht hauptsächlich aus einem Wechsel von Kreisen und Ovalen, aber auch Facettenschliff, also eingeschliffene Ovale in versetzten Reihen, kommt häufig vor. Solche Ovale können durch Schlifflinien eingefasst sein, wie an dem zweihenkligen Becher mit Stengelfuß, eine im Rheinland verbreitet Form, die Silbergefäßen nachgearbeitet ist **[7, rechts im Hintergrund]**. Eine besondere Gruppe bilden einige dickwandige Trierer Becher und eine Kanne, die mit stehenden zungenförmigen Ovalschliffen, gegitterten Ovalblättern oder gegiebelten, langen Rechtecken verziert sind **[7, rechts]**.

Neben diesem dickwandigen, schlicht wirkenden Geschirr fallen außerordentlich dünnwandige Schalen auf, die mit horizontalen Ornamentbändern überzogen sind. Diese sind in dünnen Schlifflinien mit gegitterten Rauten, Zickzacklinien oder eingeätzten Spiralranken ausgefüllt. Möglicherweise handelt es sich bei diesen Stücken um Importware aus dem Süden.

Aus Italien eingeführt sind wohl die sehr flachen, dünnwandigen Schalen, in deren Wandung mit schmalen Schlifflinien figürliche Szenen eingetieft sind, wie italische Parallelen zu Form und feiner, sorgfältiger Schliffart nahelegen. Die nackten Partien der Figuren, aber auch der Tiere oder Bäume sind mit einem feinen Stichel aufgerauht, ebenso Spiralranken, die den Hintergrund füllen können. Die Schalenmitte kann eine Büste einnehmen. An diese Schlifftechnik lehnt sich der Graveur der Kölner Circusschale an, jedoch erreicht er nicht die virtuose, sichere Linienführung italischer Gläser (s. S. 333, Abb. [3] Beitrag Circus). Importware stellt sicherlich die fragmentarische Trierer Circusschale dar (s. S. 334, Abb. [4] Beitrag Circus), die wie die Kölner Schale ein Wagenrennen im Circus Maximus wiedergibt. Die Figuren sind wie auf vergleichbaren italischen Gläsern in meisterlich gehandhabten, unterschiedlich breiten Hohlschliffbahnen ausgeführt, so dass die Muskelpartien von Tieren und Menschen wie plastisch modelliert wirken.

Rheinische Werkstätten bemühten sich um eine vergleichbare Technik auf halbkugeligen und konischen Bechern und Kugelabschnittschalen, für deren Figuren kurzgestrichelte, igelartige Frisuren kennzeichnend sind („Igelkopf-Gruppe"). Figuren und Ornamente setzen sich aus breiten, flachen Furchen zusammen, die nachlässig und grob ausgeführt sind, wodurch die Oberfläche ein mattes und rauhes Aussehen erhält (Furchenschliff). Diese Gattung ist in Trier nur in vereinzelten Stücken vertreten.

⊙ I.14.25
**8 Trinkschale mit der Darstellung Adam und Eva**
Römisch-Germanisches Museum der Stadt Köln

⊙ I.11.56
**9 Trinkschale mit der Darstellung von Apollo und Diana**
Römisch-Germanisches Museum der Stadt Köln

Eine besondere Verzierungstechnik wählte eine rheinische Werkstatt der ersten Hälfte des 4. Jahrhunderts für ihre Kugelabschnittschalen, von denen bisher mehr als 40 Exemplare bekannt geworden sind. Sie werden nach einem Fundort in Südengland in der Literatur unter der Bezeichnung „Wint-Hill-Gruppe" zusammengefasst. In die Außenseiten der Gefäße ritzten Graveure mit einem spitzen, stichelartigen Werkzeug figürliche Szenen ein, wobei die Konturen der Figuren und Gegenstände nach innen von kurzen, eingerissenen Schrägstrichen begleitet sind. Die Szenen sind von der Innenseite zu betrachten, denn nur so lassen sich die Trink- und Segenssprüche unterhalb des Randes lesen.

Die sehr geschäftstüchtige Werkstatt, die offensichtlich bemüht war, eine breite Kundschaft zu gewinnen, bot Trinkschalen mit Jagdszenen, mythologischen Darstellungen aber auch mit christlichen Themen an. Die erheblichen Unterschiede in der Ausführung sind auf verschiedene Graveure zurückzuführen, die sich lediglich des werkstatteigenen formalen Repertoires für Gegenstände, Pflanzen und Tiere bedienten. Während Szenen der Jagd und der griechischen Mythologie zum Teil recht schwungvoll und lebendig ausgeführt sind, wirken einige christliche Darstellungen steif und unbeholfen. Die Dekorateure geben deutlich zu erkennen, dass sie erhebliche Probleme mit der technischen Ausführung hatten.

Das Verbreitungsgebiet dieser Schalen, die in der Mehrzahl als Sarkophagbeigaben auf uns gekommen sind, reicht vom Rheinland über Belgien, Nordfrankreich bis England. Ein Fundschwerpunkt liegt in Köln; hier vermutet man deshalb auch die Werkstatt.

Die beiden Kölner Schalen, die das Götterpaar Apollo und Diana sowie Adam und Eva zeigen, geben eine eng verwandte „Handschrift" in der Ausführung der gerissenen Linien zu erkennen [8, 9].

Neben zwei Bruchstücken sind auf den beiden intakten Schalen der Trierer Sammlung jeweils eine heidnische und eine christliche Szene in recht unterschiedlicher Ausführung wiedergegeben. Möglicherweise liegt zwischen der Entstehung beider Gefäße ein größerer zeitlicher Abstand. Während der Graveur, der im ersten Viertel des 4. Jahrhunderts die Schale mit dem Kampf zwischen Hercules und Antaeus ausgeführt hat [10], nicht nur die Körperproportionen sondern auch das spitze Instrument zum Einritzen beherrschte, vermisst man beides auf der Schale mit der Opferung Isaaks [11].

⊙ I.11.12
**> 12 Diatretbecher aus Niederemmel**
Rheinisches Landesmuseum Trier

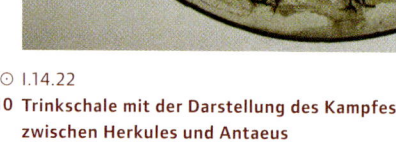

⊙ I.14.22
**10 Trinkschale mit der Darstellung des Kampfes
zwischen Herkules und Antaeus**
Rheinisches Landesmuseum Trier

⊙ I.14.23
**11 Trinkschale mit der Darstellung der Opferung Isaaks**
Rheinisches Landesmuseum Trier

Die gleiche Beobachtung kann man auch an dem Parallelstück aus Boulogne-sur-Mer im Musée des Antiquités Nationales von St. Germain-en-Laye machen. Die Trierer Gruppe hat durch eine jüngst in einem Sarkophag entdeckte Schale mit mythologischer Szene eine Bereicherung erfahren.

Der Graveur des zylindrischen Trierer Gladiatorenbechers [7, vorn] hat sich zwar der gleichen Ritztechnik bedient, doch entwickelte er kein Geschick, Figuren und Gegenstände in gleitenden Linien zu umreißen. Verschiedene Linien sind zudem wiederholt eingerissen. Die zu dichte Innenzeichnung der Figuren durch kurze Ritzlinien bewirkt eine Unübersichtlichkeit der Darstellung. Die zeichnerische Ausführung ist im Ganzen roh und unbeholfen.

Einmalige Spitzenleistungen der Glasmacherkunst stellen seit dem 1. Jahrhundert die Diatretgläser dar, deren Dekor aus einem vorgeformten dickwandigen Rohling mit unterschiedlich großen Schleifrädchen herausgeschliffen wurde, wie die Schleifspuren allenthalben zeigen. Die Gruppe der figürlich verzierten Diatretgläser ist im ganzen römischen Imperium nur in vereinzelten Exemplaren vertreten.

Im 4. Jahrhundert sind besonders im Rhein-Moselraum und im Donaugebiet die Netzdiatrete mit und ohne Inschriftband verbreitet. Die glockenförmigen oder halbkugeligen Gefäße umhüllt ein Netzdekor, wobei die Berührungspunkte der Kreise mit „Schleifen" versehen sind, welche die darunter befindlichen Stege verdecken. Unterhalb des Randes kann ein Schriftband umlaufen, das in lateinischer oder griechischer Schrift Segens- oder Trinksprüche beinhaltet. Anstelle des Schriftbandes zeigen halbkugelige Becher zuweilen einen hinterschliffenen, durchbrochenen Kragen (Eierstabkragen). Die sechs in Trier und Umgebung gefundenen Diatrete, von denen nur der Becher aus Niederemmel vollständig erhalten ist [12], zeichnen sich gegenüber den mit Sprüchen verzierten, zum Teil bunten Kölner Stücken durch ihr schlichtes, einfarbiges Netzwerk aus.

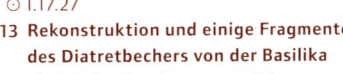

⊙ I.17.27
13 **Rekonstruktion und einige Fragmente
des Diatretbechers von der Basilika**
Rheinisches Landesmuseum Trier

⊙ I.18.25
14 **Glashäfen und Schmuckstücke aus einer Glasmacherwerkstatt
beim heutigen Dom (Palais Kesselstatt)**
Rheinisches Landesmuseum Trier

In jüngster Zeit hat J. Welzel aus Hadamar mehrere fragmentarische Trierer Diatrete rekonstruiert und nachgeschliffen, unter anderem die Becher von der Basilika **[13]** und aus der Kaiservilla von Konz. Dabei ist er zu dem Ergebnis gelangt, dass das Bruchstück aus Konz nicht zu einer tiefen Glockenform der Art des Diatrets aus Niederemmel zu ergänzen ist, sondern eher zu einem halbkugeligen Becher. Die Scherbe aus den Kaiserthermen, die bisher zu einer Kugelabschnittschale ergänzt wurde und damit singulär unter allen Diatretgläsern dasteht, rekonstruiert er ebenfalls zu einem etwas tieferen halbkugeligen Becher. Bevorzugte Formen wären damit in Trier mehr oder weniger tiefe halbkugelige Becher gewesen. Zwei dieser Exemplare ziert unterhalb des Randes ein Kragen; nur den Becher aus den Kaiserthermen umspannte ein blaues Spruchband. Während alle anderen Trierer Diatrete einen farblosen Innenkelch bevorzugen, vor dem sich ein blaues oder ebenfalls farbloses Netzwerk klar abhebt, nimmt der Becher aus Konz mit seinem smaragdgrünen Innenkelch und gelbem Netzwerk eine Sonderstellung ein. In dieser intensiven Farbigkeit bleibt er bisher ohne Parallele. Die Fundkonzentration in der Kaiserstadt Trier und dessen näherer Umgebung und die schlichte Ausführung der Diatrete sprechen dafür, dass Schleifer, DIATRETARII, vor Ort die Fertigstellung der Rohlinge vorgenommen haben.

### AUSKLANG

In der zweiten Hälfte des 4. Jahrhunderts bestand unfern der Doppelkirchenanlage, südwestlich des heutigen Doms, ein kleiner Werkstattbetrieb, der gläsernen Schmuck herstellte, wie die bei der Ausgrabung im Jahr 1922 geborgenen Reste von Glasschmuck und Fragmenten von tönernen Tiegeln mit anhaftender Glasmasse (Glashäfen) bezeugen **[14]**. Während die gläsernen Fingerringe überwiegend aus farbigem Glas bestehen, wurden Armreifen und Perlen aus tief dunkelgrünem, schwarz wirkendem Glas gefertigt. Zahlreiche in der Stadt Trier gefundene Perlen, Ringe, Armreifen und Anhängsel lassen sich dieser Werkstatt zuweisen.

Einige Ringplatten schmücken christliche Motive, wie Christogramm und Taube. Die übrigen Motive, Brustbilder und monogrammähnliche Zeichen, sind allgemeiner Natur; sie geben keinen eindeutigen Bezug zu christlichen Vorstellungen zu erkennen. Sie konnten ebenso wie die Perlen, Armreifen und Anhängsel sowohl von Heiden als auch von Christen getragen werden. Die Werkstatt war offenbar bestrebt, beide Käufergruppen, Heiden sowie Christen, anzusprechen. Ihre Tätigkeit stellte sie gegen Ende des 4. Jahrhunderts ein. Die Reste des Betriebs benutzte man als Verfüllung eines Kellers, in den auch weitere Keramik, Glasfragmente und Münzen der Regierungszeit Valentinians (364 – 375) und Theodosius I. (379 – 395) gelangten. Den Beginn der Produktion wird man wohl im Zusammenhang mit den nahe gelegenen Kirchenanlagen sehen und daher ab dem ersten Drittel des 4. Jahrhunderts annehmen dürfen.

# KERAMIKPRODUKTION IN TRIER

**Karin Goethert**

Das Töpferhandwerk kann in Trier auf eine lange Tradition zurückblicken. Bereits um Christi Geburt versorgten Werkstätten, die außerhalb des damaligen Siedlungsgebietes im Nordwesten, unfern des Moselufers lagen, die Bewohner mit einfachem Tafelgeschirr guter Qualität. Gegen die Mitte des 1. Jahrhunderts siedelten die Betriebe in den Süden der Stadt um, wo sie längs des Moselufers bis zum Ende der Antike Tonwaren aller Art herstellten. Hier entstand im Laufe der Zeit ein richtiges Industrieviertel, das auch Ziegeleien und im 4. Jahrhundert Glaswerkstätten aufnahm.

Der Produktion des feinen roten Tafelgeschirrs, Terra sigillata, widmeten sich Trierer Töpfer ab ca. 130. Mit ihren Erzeugnissen, reliefverzierten Schüsseln (Bilderschüsseln), glatten, unverzierten Tellern, Bechern sowie Schalen, belieferten sie von der zweiten Hälfte des 2. Jahrhunderts bis in das 3. Jahrhundert die Märkte im nördlichen Rheinland bis nach Britannien, während das mittlere und südliche Rheintal von den pfälzischen Töpfereien in Rheinzabern versorgt wurde.

### DIE TRIERER TÖPFEREIEN 300–353

Als gegen Ende des 3. Jahrhunderts die Bilderschüsseln außer Mode kommen, lassen auch die Trierer Töpfer diese einst so beliebte Form auslaufen, ohne einen adäquaten Ersatz zu kreieren. Verglichen mit den vorangegangenen Jahrhunderten lässt die Qualität der Sigillaten erheblich nach. Der rötlichbraune Ton ist weniger sorgfältig geschlämmt, der dunkelrote, zuweilen braunviolette Überzug von mattem Aussehen. Die geringe Gliederung der Gefäße erweckt einen etwas derben Eindruck. Ein ständiger Qualitätsrückgang lässt sich im Laufe des 4. Jahrhunderts bei allen keramischen Erzeugnissen beobachten.

Starke Konkurrenz erwächst den Trierer Betrieben noch vor der Mitte des 4. Jahrhunderts in den Werkstätten der Argonnen, die zwischen Reims und Verdun angesiedelt waren. Obgleich ihre Waren sich in der Qualität kaum von den Trierer Produkten unterschieden, gaben die Käufer selbst auf dem Land (Höhensiedlungen, Gutshöfe) der Argonnen-Sigillata den Vorzug. Das neue Design mag vielleicht ausschlaggebend gewesen sein: Ein Charakteristikum ist der Rollstempeldekor. Quadratfelder, mit verschiedenen Ornamenten gefüllt, drückte man mit Hilfe eines Stempelrädchens in die Außenwand von niedrigen Schüsseln und reihte diese zu Ornamentstreifen an- und übereinander [1]. Das Musterrepertoire ist außerordentlich reichhaltig. Neben diesen Schüsseln wurden überwiegend Teller und Schalen angeboten.

Mit dem Rückgang der Sigillata-Produktion wandten sich einige Trierer Werkstätten bereits in der zweiten Hälfte des 3. Jahrhunderts anderen Warengattungen zu. Zu diesen zählt innerhalb der Gruppe der „Schwarzfirnis-Ware", die sogenannte „Spruchbecherware". Dieses feine, dekorierte Tafelgeschirr, das mit Trink- und Liebessprüchen bemalt war, ist möglicherweise durch zugewanderte Handwerker aus Rheinzabern angeregt worden. Es drängt die Produktion der unverzierten „Schwarzfirnisware" in den Hintergrund, die seit der zweiten Hälfte des 2. Jahrhunderts in hervorragender Qualität hergestellt und bis nach Britannien exportiert worden ist. Mit der Spruchbecherware erschlossen sich die Trierer Töpfer vor dem Fall des Limes 260 sogar Absatzmärkte im Donauraum, die allerdings nach dem Verlust der rechtsrheinischen Gebiete nicht mehr verfügbar waren, so dass sich der Handel in der Folgezeit auf das nördliche Rheintal und Nordostgallien beschränken musste.

⊙ I.18.74 – 79
**1 Terrasigillata-Schüsseln mit Rädchenmusterdekor**
Rheinisches Landesmuseum Trier

⊙ I.13.52 (Mitte)
**2 Spruchbecherware mit Appliken- und figürlichem Barbotinedekor**
Rheinisches Landesmuseum Trier

Die Herstellung der „Spruchbecherware" war die gleiche wie jene der unverzierten „Schwarzfirnisware". Der Überzug bestand aus kalk- und eisenhaltigem, sorgfältig geschlämmtem Tonschlicker, der beim Brandvorgang unter Sauerstoffentzug Schwarzfärbung erhielt (reduzierender Brand). Zuvor malten die Töpfer Rankenwerk und Inschriften mit dünnflüssigem, eisenarmem Tonschlicker auf, der beim Brennen weiße Farbe erhielt. Exportiert wurde diese Ware in der ersten Hälfte des 4. Jahrhunderts hauptsächlich ins Rheinland.

Leitformen waren im ausgehenden 3. und beginnenden 4. Jahrhundert wie in den Jahrzehnten zuvor bauchige Becher mit konischem Hals, steilwandige, zylindrische Tassen, einhenklige Krüge und kugelbauchige Flaschen mit trichterförmigem Hals, Formen, die wohl von der gleichzeitigen Glasproduktion inspiriert wurden. Die bandartig eingefassten Sprüche beinhalten Segenswünsche, beziehen sich auf das Weintrinken und dessen Genuss, geben aber auch zum Teil derbe erotische Anspielungen wieder. Nur wenige Gefäße tragen Weihungen an eine Gottheit. Mit dickem, schwungvollem Pinselstrich sind spiralartig eingerollte Rankenelemente auf die Wandung gemalt, die zuweilen von Figuren unterbrochen sein konnten. Zwischen die Ranken konnten aber auch Reihungen von Trauben und Dreipassblättern, ferner Tiere, wie Vögel und Pferde, gesetzt werden, die in Barbotinetechnik aufgetragen wurden [2].

Der Vorgang ähnelt unserer heutigen Zuckergussverzierung von Torten. Durch eine feine Tülle träufelte man den halbflüssigen Tonschlicker auf das Gefäß, eine Technik, die Terra-Sigillata-Töpfern geläufig war. Charakteristisch ist in dieser Zeit die Übermalung des weißen Dekors mit gelbem Tonschlicker, insbesondere auf Trauben, Rosetten, aber auch auf Tieren, wodurch ein buntes Aussehen erzielt wird [3]. In den gemalten Dekor werden aus Formen entnommene Appliken, meist Götterköpfe oder Büsten der Jahreszeiten [2, Mitte], eingefügt.

Solche mit Appliken versehene Gefäße sind jedoch niemals in Serie gegangen. Es scheint sich hier um besondere Bestellungen zu handeln. Eine solche Sonderanfertigung des frühen 4. Jahrhunderts stellt ein großer, zweihenkliger, bauchiger Becher (Cantharus) mit einer Weihaufschrift an Mithras dar. In das Rankenwerk des bauchigen Gefäßkörpers sind kleine quadratische Reliefplatten gesetzt, die die Büsten der Wochengötter Merkur, Iupiter, Venus, Mars, Saturn, Sol und Luna zeigen. Die Einzelheiten der Büsten sind unter Verwendung von verschiedenen Brauntönen in weißer und cremefarbener Bemalung hervorgehoben.

Bis gegen die Mitte des 4. Jahrhunderts stellt man in der Gruppe der Spruchbecherkeramik einen allmählichen Qualitätsrückgang fest. Der Überzug ist jetzt in der Regel matt, z. T. fleckig und von schlechter Haftung. Die Dekorationselemente sind reduziert und weniger sorgfältig, nur in Weißmalerei ausgeführt.

⊙ I.18.79, ⊙ I.18.83, ⊙ I.18.88, ⊙ I.18.91 – 92
**3 Spruchbecherware mit Rankendekor und Inschriften**
Rheinisches Landesmuseum Trier

**4 Späte Nigra-Waren, Formenauswahl**
Rheinisches Landesmuseum Trier

Bevorzugt wird hauptsächlich eine einzige Becherform, die vielfach nur mit einer Inschrift umzogen ist **[3, links]**. Eine neue Flaschenform wird dem Formenspektrum hinzugefügt: Die Form des zylindrischen Körpers mit Schulterknick und engem röhrenförmigen Hals ist offenbar von gleichzeitigen Glasgefäßen inspiriert.

Gegen Ende des 3. Jahrhunderts bringen einige Trierer Werkstätten geschmauchte Ware auf den Markt, die als „Späte Nigra" bezeichnet wird **[4]**. In der Technik gleicht sie der „Terra Nigra", die im 1. Jahrhundert vom Rheinland bis ins nordöstliche Frankreich verbreitet war. Die mit einem sehr dünnen Tonschlicker überzogenen Gefäße erhielten im Ofen unter Luftabschluss ihre graue Farbe (reduzierender Brand). Der Überzug der Trierer Gefäße ist meistens hellgrau, oft mit einem ockerfarbenen Schimmer, kann aber auch zuweilen ein tiefes Schwarz zeigen. Eine Glättung konnte beim Drehen vorgenommen werden, die sich jedoch in der Regel auf einzelne Streifen beschränkt.

Die „Späte Nigra" trat nun in starke Konkurrenz zur unverzierten „Schwarzfirnisware", deren Formen sie übernahm, wie etwa die Kannen und Kugeltrichterflaschen. Eine Leitform ist der hochhalsige Becher mit gestauchtem, kurzem, stark in die Breite gehenden Bauch **[4, im Vordergrund]**. Die in oberrheinischen Töpfereien bevorzugten flachen Schüsseln werden zwar übernommen, dominieren aber nicht im Formenspektrum.

Bis um die Mitte des 4. Jahrhunderts war die Produktion dieser Gattung umfangreicher als jene der „Schwarzfirnisware". Ein Grund mag in dem weniger aufwendigen Brennvorgang liegen, der nicht so viel Kontrolle und so hohe Temperaturen erforderte wie jener einer qualitätvollen „Schwarzfirnisware". Ein gut erhaltener „Schmauchofen" des frühen 4. Jahrhunderts, der 1920 nahe der südwestlichen Ecke der Stadtmauer ausgegraben wurde, enthielt noch Becher, Kännchen, Schälchen und kleine runde, auf der Töpferscheibe gefertigte linsenförmige Lämpchen, die als Tiegellampen bezeichnet werden und als bescheidenes Beleuchtungselement vielleicht für Flure oder Keller dienten.

Um 300 kommt die sogenannte „geflammte Ware" in Mode **[5]**, die die marmorierte Keramik vergangener Jahrhunderte ablöst. Der einst mehr oder weniger sorgfältig mit einem Schwamm getupfte orangerote Auftrag, wurde jetzt aufgegeben. Auf den weißen Überzug der rottonigen Gefäße trugen die Trierer Töpfer flüchtige Tupfen auf, die von sehr breiten, schwungvoll ausgeführten, senkrecht verlaufenden hellroten Streifen überlagert sind. Bevorzugte Formen waren zweihenklige Tassen und bauchige Krüge mit Stöpselmündung oder eingedrücktem Mündungsrand zum besseren Ausgießen der Flüssigkeiten. Mit diesen Waren gingen auch die zahlreichen Töpfereien bei Speicher, südlich von Bitburg, in Produktion, die seit dem 2. Jahrhundert als bedeutendes Zentrum nicht nur das Umland, sondern auch die weiter westlich liegenden Gebiete mit ihren Waren versorgten und selbst in Trier einen großen Abnehmerkreis fanden.

⊙ I.18.9 – 10, ⊙ I.18.13 – 14
**6 Formen und Lampen der Serus-Werkstatt mit ornamentalem Dekor**
wohl um 300 n. Chr.
Rheinisches Landesmuseum Trier

**5 Geflammte Ware und Kopfgefäße**
Rheinisches Landesmuseum Trier

Das Warenangebot der Trierer Töpfer beschränkte sich in der ersten Hälfte des 4. Jahrhunderts nicht allein auf das Tafel- und Gebrauchsgeschirr wie andernorts. Südlich der Stadtmauer hatte sich am heutigen Pacelliufer ein Großbetrieb angesiedelt, der sich auf „Model-Waren" spezialisiert hatte, d. h. auf Tonwaren, die ein- und zweiteiligen Formen entnommen wurden, wie Lampen, Terrakotten, Kopfgefäße, Reliefplatten, Appliken und Steckkalender. Die Handwerker schöpften aus einem reichhaltigen heidnischen Repertoire; christliche Themen und Motive waren ihnen unbekannt. Namentlich ist uns ein Werkstattbesitzer überliefert, ein gewisser Serus, der seine Formen stets mit SERI (SERI OFFICINA = „Werkstatt des Serus") kennzeichnete. Mit ihm zusammen arbeiteten offenbar weitere Gehilfen, die ihre Namen in Abkürzungen (D, SAM) oder ausgeschrieben im Nominativ in die Außenseiten der Formen einritzten: PENTIVS, OBTATVS, PENTIOR, FVSCINIVS (FECIT = „hat es gemacht").

Die Funde dieser Werkstatt wurden 1933 in einem römischen Keller des Töpfereigebiets südlich vor der Stadtmauer geborgen, der – wie die mitgefundenen Münzen bezeugen – 353 verfüllt wurde. Zu welchem Zeitpunkt die Werkstatt des Serus ihre Tätigkeit begann, lässt sich nicht genau festlegen. Mit einiger Sicherheit kann jedoch gesagt werden, dass sie gegen Ende des 3. Jahrhunderts bzw. zu Beginn des 4. Jahrhunderts eine Produktpalette eigentümlicher Öllampen auf den Markt brachte [6]. Diese Stücke zeigen noch nicht die birnenartige, von nordafrikanischen Töpfern geschaffene Form mit hochstehendem, zapfenartigem Griff, die für das 4. Jahrhundert und später so charakteristisch ist.

Die Lampen des Serus orientieren sich vielmehr in der Gestaltung des runden, niedrigen Körpers, der oval ausgezogenen Schnauze und dem schräg abstehenden plättchenartigen Griff an den gleichzeitig in Entwicklung begriffenen rauhwandigen Trierer Lampen. Die eingerollten zu Spiralranken zusammengesetzten Rankenelemente, Efeublätter, Ranken mit Vögeln des plastischen Deckplattendekors sind ganz offensichtlich dem Schmuckrepertoire der Terra-Sigillata-Gefäße entnommen, finden sich aber auch in der Trierer Spruchbecherkeramik wieder. Weitere formale Gestaltungselemente am Lampenkörper wirken wie Reminiszenzen früher Bildlampen des 1. Jahrhunderts, wie die seitlichen Volutenknöpfe und geschwungenen „Handhaben". Diese seltsamen Exemplare wurden außerhalb Triers offenbar nicht vermarktet.

Die Werkstatt nahm sie aus ihrem Sortiment, als um 340 nordafrikanische Töpfereien einen neuen Öllampentypus mit Palmzweigmuster verzierter Schulter und Zapfengriff auf den Markt brachten. Nun begannen die Mitarbeiter der Serus-Werkstatt sofort mit Nachahmungen in Serie zu gehen. Als weiteres Verzierungsmotiv wählten sie aus dem Repertoire der Trierer Sigillata-Töpfer gefüllte Doppelblätter, die in ihrer Anordnung zueinander einem Herzblattmuster gleichen [7–8]. Dieses Muster kombinierten sie mit Pelten, Zweigen und vereinzelt mit langbeinigen Vögeln. Der Absatzmarkt solcher Lampen war auf Trier beschränkt. Lediglich vereinzelte Stücke sind aus dem Umland bekannt.

⊙ I.18.4, ⊙ I.18.8, ⊙ I.18.11 – 12

**7 Späte Formen und Lampen der Serus-Werkstatt**
**mit Palmzweigmuster und „Herzblattdekor"**
Rheinisches Landesmuseum Trier

⊙ I.18.16 – 18

**8 Lampen-Urmodell (Patrize) und Zwischenmodell-Lampen**
**der Serus-Werkstatt**
Rheinisches Landesmuseum Trier

Der Produktionshergang lässt sich an den Funden rekonstruieren, unter denen sich ein auf der Töpferscheibe sorgfältig gedrehtes 17,5 cm langes Lampen-Urmodell (Patrize) mit eingestempeltem Dekor befindet **[8, links]**, von dem zweiteilige Formen (Matrizen) genommen wurden. Diese dienten zur Herstellung von Lampen, aber auch von Zwischenmodellen. Von solchen Zwischenmodellen stellte man wiederum Formen für weitere Lampen und Zwischenmodelle her. Bei fortlaufendem Abformungsvorgang wurden Lampen und Zwischenmodelle aufgrund des Schrumpfungsprozesses des Tons immer kleiner, die Ausprägung des Dekors zunehmend undeutlicher. Zwei Zwischenmodell-Lampen unterschiedlicher Größe sind vorhanden, die zu verschiedenen Abformungsserien gehören **[8, rechts]**.

Die von Serus gekennzeichneten Formen sind stets sorgfältig ausgeführt und dienten wohl seinen Mitarbeitern als Vorlage. Außer den Lampenformen ist auch ein Teil der Terrakottaformen signiert. Dass die Werkstatt sich mit der Herstellung von Terrakottafiguren beschäftigte, ist um so erstaunlicher, weil die Produktion dieser Keramikgattung andernorts längst zum Erliegen gekommen war. Serus und seine Mitarbeiter hatten sich offenbar hauptsächlich auf die Produktion von Tieren, Grotesken, erotischen Szenen und Phalli spezialisiert; vereinzelt kommen auch Götterfiguren vor. Neben den Modeln sind in dem Verfüllungsschutt des Kellers ebenfalls ausgeformte Stücke geborgen worden. Als Beigaben findet man die Figürchen zuweilen in Trierer Gräbern der ersten Hälfte des 4. Jahrhunderts.

Zur gleichen Produktpalette gehörten figürliche karikierende Kerzenhalter wie etwa die Statuette eines kahlköpfigen, mürrisch dreinschauenden Alten mit lang herabhängendem Glied **[9]**. Einzelne Figuren und Tiere, die sich aus Modeln entnehmen ließen, dienten als Applikationen an Gefäßen. Kleine Szenenausschnitte waren wohl ebenfalls als Applikationen für Gefäße gedacht. Sehr lebendig und lebensnah ist eine Schiffsdarstellung mit Fässertransport gestaltet, die an die bekannten Grabmalbekrönungen der Neumagener Weinschiffe erinnert. Einer der Bootsleute versucht in den Genuss eines guten Tropfens zu gelangen, indem er ein Fass mit Hilfe eines Saughebers anzapft.

Den erstaunlichsten Schatz bilden die Negativmodel für Steckkalender, rechteckige und runde Platten sowie Reliefschalen, die nur vereinzelt mit SERI oder OPTATVS gekennzeichnet sind. Innerhalb des Themenkreises der Alltagsszenen fällt ein Model auf, in dessen Außenseiten zusätzlich zur Signatur SERI die Büsten eines jungen Paares mit der Beischrift VTERE FELIX („benutze es mit Freude") geritzt sind. Die Ausformung gibt einen frontal gesehenen Alten mit aufgerichtetem Glied wieder, auf dessen Kopf eine Frau reitet.

Neben weiteren erotischen Darstellungen kommen auch Jagdszenen vor. Der Themenkreis der griechischen Mythologie ist am reichhaltigsten mit kreisrunden Platten und Schalen repräsentiert. Um ein Zentralmotiv reihen sich Einzelszenen, eine Komposition, die auch für die gleichzeitigen Glasschalen und Becher charakteristisch ist (s. Kapitel 8, Beitrag von Goethert über Circus, Abb. [3]).

⊙ I.18.23
**9 Figürlicher Kerzenhalter der Serus-Werkstatt**
Rheinisches Landesmuseum Trier

⊙ I.13.47–48
**10 Formen und Ausformung mit der Darstellung der Orpheussage**
Rheinisches Landesmuseum Trier

Das Thema des Leier spielenden Orpheus, um den sich die Tiere gruppieren [10], erfreute sich ebenfalls im Rheinland einiger Beliebtheit, wie gleichartig verzierte Schalen in Köln und Straßburg belegen. Zum Werkstattrepertoire zählten weiterhin Darstellungen des Hylas, den Nymphen und Flussgötter umgeben, ferner die um den Kopf des Oceanus gereihten 12 Taten des Hercules [11, rechts] und die Göttin Diana mit Hirsch, die von Jagdszenen gerahmt ist [11, links]. Mythologische Szenen wurden vereinzelt auch kleineren rechteckigen oder runden Platten eingepasst, wie etwa Achill unter den Töchtern des Lykomedes oder Ganymed, der vom Adler des Zeus entführt wird. Letztere Darstellung ist auf einem Medaillon mit Griff und Signatur SERI dupliziert. In der Regel sind die kleineren Platten den Götterdarstellungen wie Merkur, Tyche und Mithras vorbehalten. Die Steckkalender zeigen die Brustbilder der Wochengötter und der Jahreszeiten in zwei Reihen angeordnet. Unter den Wochengöttern befindet sich jeweils ein Loch zum Einstecken eines Stiftes, um die Tage zu markieren. Solche Reliefbilder, die aus Modeln genommen wurden, verwandten auch die Töpfer der „Spruchbecherware". Die gleichen Jahreszeitenbüsten sind einer mit Trinkspruch und Ranken verzierten Flasche appliziert [2, Mitte].

Zu dem Warenangebot der Serus-Werkstatt gehörten neben Konsolen in der Form von Pansköpfen ferner Kopfgefäße [5], die in konstantinischer Zeit auch in anderen Gebieten der nordwestlichen Provinzen verbreitet sind. Die Besonderheit der Trierer Gesichtskrüge besteht darin, dass die Köpfe zweiteiligen Formen entnommen wurden, um besser in Serie gehen zu können. Die Vielfalt von Köpfen ist überraschend: Frauen, bärtige und unbärtige Männer, karikierende Gesichter, aber auch Tiere, wie Affen und Hund sind im Sortiment vertreten. Ein liegender Hirsch ist vollständig als Gefäß gestaltet. Die rottonigen Köpfe erhielten einen weißen Überzug, wurden wie die Appliken auf den Spruchbecher-Gefäßen mit unterschiedlichen Tonschlickerarten bunt bemalt, um den getöpferten mit geflammter Malerei versehenen Gefäßkörpern angepasst zu werden.

Wie die Zusammenarbeit der einzelnen Werkstätten untereinander organisiert war, lässt sich beim derzeitigen Stand der Aufarbeitung nicht ausmachen. Es scheint jedoch einen regen Austausch der Werkstätten untereinander gegeben zu haben, wie man den in unterschiedlichen Warengattungen gleichartig vorkommenden Dekorationselementen entnehmen möchte. Insbesondere die vielseitige Verwendung von Appliken bei der Herstellung der Spruchbecherware und bei Steckkalendern spricht für eine enge Zusammenarbeit.

⊙ I.13.45 (rechts)
**11 Formen mit der Darstellung der Heraklessage und Diana mit Jagdszenen**
Rheinisches Landesmuseum Trier

⊙ I.13.51
**12 Nordafrikanische Terra-Sigillata-Schale mit der Darstellung des Orpheus als guten Hirten**
Römisch-Germanisches Zentralmuseum, Mainz

## TRIERER TÖPFEREIEN DER ZWEITEN HÄLFTE DES 4. JAHRHUNDERTS

Der unter dem Usurpator Magnentius ausgebrochene Bürgerkrieg hatte für Wirtschaft und Handwerk verheerende Folgen. Die Belagerung der Stadt Trier durch seinen Bruder Decentius im Jahr 353 erforderte eine Niederlegung der Töpfereien im Vorfeld der Stadtmauer. Neben der hier angesiedelten Werkstatt des Serus mussten auch die übrigen Töpfer ihre Arbeit einstellen. An einen Wiederaufbau des Viertels war in den folgenden unruhigen Zeiten nicht zu denken. Wer von den Töpfern nicht noch innerhalb der Mauern Zweigniederlassungen hatte, war zur Abwanderung gezwungen. Es scheint, dass Mitarbeiter der Serus-Werkstatt innerhalb der Stadtmauer weiterhin in bescheidenem Umfang ihrem Gewerbe nachgingen. Nur so erklären sich die hier vereinzelt geborgenen Formen und Ausformungen der Werkstatt, insbesondere der Palmzweig-Lampen. Das vielfältige Warenspektrum wurde jedoch nicht mehr erreicht. Das einst so blühende Töpfereigewerbe fristete ein bescheidenes Dasein. Auswärtige Werkstätten hatten nun ein leichtes Spiel, die Marktlücke zu füllen, wie etwa die Töpfereien der Argonnen mit ihren Terra-Sigillata-Geschirrsätzen und die Töpfereien im Speicherer Wald, südlich von Bitburg.

Waren, die bereits vor der Katastrophe in den Handel gelangt waren, wurden in der Folgezeit in Trier weiterhin zum Verkauf angeboten, wie z. B. die Lampen der Werkstatt des Serus, die wir in den Siedlungsschichten der zweiten Hälfte des 4. Jahrhunderts finden.

Die innerhalb der Stadtmauer in ihrer Ausdehnung sehr eingeschränkten Betriebe konnten nur in begrenztem Rahmen Waren auf den Trierer Markt bringen. Diese zeigen, dass es an qualifizierten Kräften fehlte. Kennzeichen der Zeit ist ein beständiger Rückgang des Formenschatzes und eine Minderung der Qualität bei allen Warengattungen.

Terra-Sigillata-Gefäße wurden zwar weiterhin getöpfert, jedoch in einer sehr geringen Typenauswahl und in wenig ansprechender Technik. Die Formen wirken in ihrer kaum gegliederten, kompakten Gesamtform derb und roh. Schüsseln mit Steilrand und hellrotem stumpfem Überzug fallen hier besonders ins Auge. Zuweilen ist auf die Außenwand eine rohe, grobe Weißmalerei aufgetragen. Die Käufer gaben nun der Argonnen-Sigillata den Vorzug.

Der stumpfe, schwarze Überzug der „Schwarzfirnisware" – bevorzugt getöpfert wurden jetzt Becher mit hohem Hals – weist nun vielfach bräunliche Flecken auf. Die Produktion der „Spruchbecherware" wurde eingestellt. Geschmauchte Gefäße scheinen nicht mehr in Mode gewesen zu sein. Auch die Herstellung der geflammten Ware kam zum Erliegen. Sie wurde fortan in reichem Umfang von dem großen Töpfereizentrum bei Speicher weitergeführt.

⊙ I.13.92, ⊙ I.17.25 – 26, ⊙ I.18.2
**13 Nordafrikanische Öllampen**
Rheinisches Landesmuseum Trier

⊙ I.18.19 – 20, ⊙ I.18.22
**14 Rauhwandige Lampen der Speicherer Töpfereien
und Rekonstruktion einer Ständerlampe**
Rheinisches Landesmuseum Trier

Besseres Tafelgeschirr musste in der zweiten Hälfte des 4. Jahrhunderts importiert werden. Verhandelt wurde die ansprechende nordafrikanische Sigillata mit ihrem hellroten glatten Überzug. Insbesondere flache Schüsseln mit Stempelmuster und Teller mit Kerbschnittverzierung treten vereinzelt im Siedlungsschutt auf. Flache Schalen, die in der Form den gläsernen Kugelabschnittschalen gleichen und mit christlichen und heidnischen Szenen der Mythologie verziert sind [12], konnten jedoch bisher bei Ausgrabungen im Stadtgebiet nicht beobachtet werden. Hingegen überrascht die beachtliche Anzahl der nordafrikanischen Lampen. Ihren Spiegel schmückt ein einfaches Bildmotiv, meistens Tiere wie Hund, Hase, Pferd und Löwe, aber auch das christliche Monogramm Chi Rho [13].

Einfaches rauhwandiges Kochgeschirr wurde in Trier mindestens bis ans Ende des 4. Jahrhunderts hergestellt, wie ein 1920 ausgegrabener Ofen belegt. Bevorzugte Formen waren Knickwandteller, Schüsseln mit Innenwulst, bauchige Töpfe mit sichelförmigem Rand und Einhenkeltöpfe mit gerundeter Lippe, die so hart gebrannt sind, dass ihre Oberfläche wie mit einer braunen bis violettroten Glasur überzogen erscheint. Solche Gefäße sind von den zeitgleichen in Speicher hergestellten optisch nicht zu unterscheiden.

Die große Kapazität der Töpfereien bei Speicher in der Herstellung von rauhwandigem Geschirr und rauhwandigen auf der Töpferscheibe gedrehten Lampen mit Zapfengriff [14] verhalf diesen bald zu einer marktbeherrschenden Position im westlichen Treverergebiet, während zur gleichen Zeit die großen Töpfereien bei Mayen (westlich von Koblenz) ihre Waren hauptsächlich ins Rheinland exportierten. Die sehr grobe, mit vulkanischen Magerungsbestandteilen durchsetzte Mayener Ware gelangte im Gegensatz zu den Speicherer Erzeugnissen nur vereinzelt nach Trier.

# MOSAIKEN AUS DER SPÄTANTIKEN BLÜTEZEIT TRIERS

Joachim Hupe

Im öffentlichen wie im privaten Bereich erfreuten sich Mosaiken als Element einer gehobenen Raumausstattung in der römischen Kaiserzeit einer besonderen Wertschätzung. Mit Mosaiken dekorierte Räume finden sich vor allem in städtischen Großbauten (z. B. Verwaltungsbauten, Thermen), größeren Wohnhäusern und Villen.

Wenn wir allgemein von „Mosaik" sprechen, so verstehen wir darunter in erster Linie den Mosaikboden. Dieser besteht aus kleinen zugeschnittenen Würfelchen (tesserae) unterschiedlicher Gesteinsarten, die in ein vorbereitetes Mörtelbett (Estrich) zu einem Muster verlegt wurden. Der Überlieferungsbestand derartiger Mosaikböden ist relativ hoch, da sie bei Abbruch der zugehörigen Bebauung als Rohstoff praktisch nicht mehr verwertbar waren und am Ort verblieben. Naturgemäß sehr viel seltener erhalten sind dagegen zusammenhängende Stücke von Wand- oder Deckenmosaiken. Diese erscheinen in größerem Umfang erst in spätantiken Befundzusammenhängen, wobei hier empfindlichere Materialien, vor allem farbige Glasplättchen, daneben auch Muscheln, verwendet wurden. Eine geradezu barocke Pracht müssen Schmuckflächen aus farblosen Glastesserae entfaltet haben, die Goldfolie enthielten. Diese waren an den Wänden mit vielfältigen Marmorvertäfelungen und -inkrustationen kombiniert, so dass von ihnen bei entsprechender Beleuchtung ein schimmerndes, geradezu irisierendes Lichtspiel ausging. Es muss nicht eigens betont werden, dass derlei kostbarer spätantiker Raumschmuck nur in öffentlichen Repräsentationsbauten und Wohnhäusern einer begüterten Oberschicht zu finden war. Von dieser sehr empfindlichen Raumausstattung haben sich nur selten größere Partien erhalten. In den Ausgrabungen ist sie meist nur in Form einzelner Glassteinchen und Fragmenten der Marmorvertäfelung nachweisbar.

Wie bereits eingangs gesagt, ist die Überlieferungslage für die aus dauerhaften Steinmaterialien gefertigten Tessera-Mosaikböden, die in erster Linie Gegenstand des vorliegenden Beitrags sind, ungleich günstiger: Im 3. Jahrhundert erlebte die Mosaikproduktion in vielen Gebieten des Römischen Reiches eine Blüte, eine Feststellung, die in besonderem Maße auch für Trier und sein Umland gilt. Nach den Forschungsergebnissen von K. Parlasca und K. Goethert bildeten sich in Trier nun lokale Mosaikwerkstätten heraus, deren „Handschrift" sich durch die Wahl bestimmter Motive zu erkennen gibt. Vergleicht man die Trierer Böden des 3. mit denen des 2. Jahrhunderts, so fällt vor allem der zunehmende Einsatz farbiger Steine ins Auge. Während früher schlichte Schwarz-Weiß-Mosaiken mit vorwiegend geometrischen Motiven dominierten und farbige Steine noch sehr zurückhaltend eingesetzt wurden, erweiterte sich das Farbspektrum der Böden im Verlauf des 3. Jahrhunderts. Diese wurden nun auch zunehmend mit figürlichen, in Feldern arrangierten Szenen dekoriert, die mit farbigen Flechtbändern eingefasst waren. Diesen zunächst zweisträngigen, in der Folge auch drei- und mehrsträngigen Flechtbändern kommt als gliederndes Element bei der weiteren stilistischen Entwicklung der Mosaiken eine besondere Bedeutung zu.

## VICTORINUSMOSAIK

Zu den frühesten in der Ausstellung gezeigten Mosaiken zählt das Trierer Victorinusmosaik [1]. Der bei seiner Aufdeckung im Jahre 1859 mit Ausnahme des Inschriftfeldes zerstörte Boden lag nach den Angaben des Domkapitulars J. N. von Wilmowsky in einem rund 160 m² großen, repräsentativ mit Marmor- und Porphyrplatten ausgestatteten Raum. Dieser gehörte zu einem nordwestlich des römischen Forums gelegenen Gebäudekomplex, von dem 1962 beim Bau des Stadttheaters weitere Reste erfasst wurden, ohne dass nähere Aufschlüsse über das Aussehen und die Funktion des Gebäudes gewonnen werden konnten.

⊙ I.3.15
**1 Victorinusmosaik**
Trier, Augustinerhof
Teilkolorierte Zeichnung von F. Lohmeyer

Wegen der Stiftungsinschrift [2] des späteren galli-schen Gegenkaisers Victorinus (269 – 271) wird das Mosaik häufig als historische Quelle herangezogen. Sie besagt, dass der Prätorianertribun Marcus Piavonius Victo-rinus für eine Wiederherstellung sorgte (CIL XIII 3679): *M(arcus) Pia<v>onius Victo|rinus tribunus p|ret[oria]no-rum| d[--- r]estituit.* Die nur als Abschrift erhaltene letzte Zeile war bereits bei der Auffindung teilweise zerstört, so dass aus der Inschrift nicht mehr hervorgeht, ob sich die Wiederherstellung lediglich auf das Mosaik oder aber auf das gesamte Gebäude bezog. Victorinus stand als Tribun der kaiserlichen Garde offenkundig in Diensten seines Vorgängers, des Usurpators Postumus (260 – 269), der das gallische Sonderreich begründet hatte. Dement-sprechend dürfte die Inschrift in den sechziger Jahren des 3. Jahrhunderts verlegt worden sein.

Die motivische Gestaltung und der stilistische Charak-ter des zerstörten Victorinusmosaiks lassen sich anhand der Zeichnung [1] nicht mehr in allen Einzelheiten ein-schätzen. Das Mosaik war gekennzeichnet von einer Vielfalt an geometrischen Motiven, deren optische Wir-kung in den Randbereichen vor allem auf dem Kontrast von Schwarz und Weiß beruht haben dürfte. Allein das quadratische Mittelfeld, das wie die beiden seitlichen Rechteckvorlagen von zweisträngigen Flechtbändern eingefasst war, scheint einen differenziert farblich ab-gestuften Dekor besessen zu haben: Das Gliederungs-schema des Mittelfeldes bildete ein Rautensternsystem, das um ein Achteck im Zentrum konstruiert war. Einen farblichen Akzent in dieser Komposition setzten um das Achteck gelegte „facettierte" Rauten, d. h. Rauten, die innen mit farbigen Zickzackbändern gefüllt waren. In der Forschung wurde schon mehrfach darauf hingewie-sen, dass dieses Rautenmotiv im Trierer Raum bei einer Gruppe von Mosaiken des mittleren 3. Jahrhunderts zu finden ist, zu der u. a. das bekannte Gladiatorenmosaik von Nennig (Kr. Merzig-Wadern) und das Trierer Mosaik mit der Darstellung des Wagenlenkers Polydus gehö-ren. Alle diese Böden kennzeichnet zudem eine gerade-zu überladene Fülle der Ornamentierung.

⊙ I.3.16
**2 Inschriftfeld des Victorinusmosaiks Augustinerhof**
Trier, Augustinerhof

### POLYDUSMOSAIK

Das Polydusmosaik [3] wurde 1962 bei Ausgrabungen im Bereich der Palästra der Kaiserthermen aufgedeckt. Es gehörte zu einem ansehnlichen Wohnhaus mit Portiken (Wandelhallen) der vorthermenzeitlichen Bebauung, das über zwei Jahrhunderte hinweg einer Reihe von baulichen Veränderungen unterworfen war, die sich bis in die Zeit kurz nach der Mitte des 3. Jahrhunderts verfolgen lassen. Als eine der letzten Renovierungsmaßnahmen innerhalb dieses Komplexes verlegte man in einem bereits bestehenden, an einen Innenhof grenzenden Raum diesen repräsentativen, rund 25,60 m² großen Mosaikboden, der einen siegreichen Wagenlenker mit seinem Viergespann in Vorderansicht zeigt. In den Händen hält er eine Peitsche sowie die Zeichen seines Sieges, Lorbeerkranz und Palmzweig. Durch die Namensbeischriften *Polydus Compressore* – in sinngemäßer Übersetzung: „Polydus mit (seinem Leitpferd) Compressor" – sind der Wagenlenker und sein Leitpferd kenntlich gemacht. Der Name des Tieres bezieht sich zweifelsohne auf den beim Rennen links laufenden Schimmel, der durch ein verziertes Halsband und Brustschmuck mit Glöckchen gegenüber den drei anderen Pferden hervorgehoben ist. Wie relativ häufig bei antiken Sportpferden anzutreffen, trägt es einen "sprechenden" Namen, Compressor, etwa zu übersetzen mit „Zerquetscher", eine Titulierung, die sicherlich auf die besondere Kraft und Durchsetzungsfähigkeit dieses Pferdes abzielte. Der Name des Wagenlenkers, Polydus, begegnet in diesem Zeugnis erstmalig. Möglicherweise liegt hier eine missverstandene lateinische Wiedergabe des griechischen Eigennamens Polyidos (Πολύιδος, lat. Polyidus = „Vielwissender") vor.

Die Belege dieses Namens stammen nahezu ausschließlich aus dem griechischsprachigen Osten des Römischen Reiches. Dieser Umstand deutet darauf hin, dass wir in Poly(i)dus einen Sportler mit internationaler Karriere fassen, dessen Sieg beim Wagenrennen im unweit gelegenen Trierer Circus der pferdesportbegeisterte Hausbesitzer im Mosaik festhalten ließ.

Als Trier im Zuge der diokletianischen Reichsreform mit der Berufung des Constantius I. zum Caesar im Jahre 293 zur kaiserlichen Residenz avancierte, setzte in der Stadt ein großangelegtes, sich über Jahre erstreckendes Bauprogramm ein. Um Baugrund für die neuen kaiserlichen Großbauten zu schaffen, wurden ältere Wohnquartiere abgerissen und einplanirt. Diesen Maßnahmen fiel auch das Gebäude mit dem Polydusmosaik zum Opfer, als man für die Errichtung der Kaiserthermen zwei komplette *insulae* mit Wohnbebauung niederlegte. Es ist ungewiss, ob der Bau der Thermen bereits unter Constantius, dem Vater Konstantins des Großen, oder erst unter Konstantin selbst ab 306 in Angriff genommen wurde. Für die Datierung des Polydusmosaiks ist jedenfalls von Belang, dass unmittelbar über dem Mosaik im Erbauungshorizont der Thermen eine Münze der Jahre 270/280 und Keramik der ersten Hälfte des 4. Jahrhunderts geborgen wurde.

**3 Mosaik mit Darstellung eines siegreichen Wagenlenkers (Polydusmosaik)
Trier, vorthermenzeitliche Bebauung im Palästrabereich der Kaiserthermen**
Rheinisches Landesmuseum Trier

Nº 4. TRIER WANDMOSAIK AUS DER HALBKUGEL EINER DER NISCHEN. IM TRIBUNALE DER BASILICA

⊙ I.15.47
**4 Wandmosaik in einer Nische
der Basilika-Apsis in Trier**
Zeichnung von J. N. v. Wilmowsky

Anhand dieses Befundes und stilistischer Kriterien wurde vom Ausgräber W. Reusch für das Polydusmosaik eine Datierung kurz nach 250 vorgeschlagen. Damit bildet das Mosaik eines der frühesten Beispiele für die Darstellung eines siegreichen Wagenlenkers mit Pferdegespann in Vorderansicht, eine Darstellungsform, die im 4. Jahrhundert und noch darüber hinaus zum typischen ikonographischen Schema werden wird.

### MOSAIKEN IM SPÄTANTIKEN RESIDENZVIERTEL VON TRIER

Mit dem Ausbau Triers zur Kaiserresidenz, der sich über die gesamte Regierungszeit Konstantins erstreckte und im mittleren 4. Jahrhundert noch nicht abgeschlossen war, entstand im nordöstlichen Teil der Stadt ein größerer, zusammenhängender Palastkomplex, dessen repräsentativer Kern das gewaltige Ziegelbauwerk der Basilika, die kaiserliche Audienzhalle, bildete. Dieser mächtige Bau stand also keineswegs so isoliert, wie es einem heute erscheinen mag.

Die aus der Basilika selbst oder ihrem unmittelbaren Umfeld bekannt gewordenen Mosaiken spiegeln die kaiserliche Pracht der Innendekoration dieser Bauten nur höchst unzureichend wider: Um die Mitte des 19. Jahrhunderts konnten im westlichen Teil der Basilika-Vorhalle noch geringe Reste eines Mosaikbodens zeichnerisch festgehalten werden, der einen farblich abgestuften Flechtbanddekor und Reste einer Hakenmäanderraute mit einem Kreuzstern als Füllung zeigte ⊙ **I.15.45**. Der Mittelteil der Vorhalle, der den Zugang zur Audienzhalle markierte, war mit einem bunten Marmorboden in Intarsienarbeit (*opus sectile*) ausgelegt und optisch hervorgehoben. Gelangte der Besucher nun in den eigentlichen kaiserlichen Empfangsbereich, so entfaltete sich vor seinen Augen ein schillerndes Wechselspiel verschiedener Marmorsorten, mit denen die Wände verkleidet und die Fußböden ausgelegt waren. Eine besondere Wirkung muss von den goldgrundigen Glasmosaiken ausgegangen sein, die die Nischenwölbungen im Bereich der Apsis zierten. Durch eine Zeichnung J. N. von Wilmowskys ist uns das Aussehen eines dieser Nischenmosaiken bekannt, das um die Mitte des 19. Jahrhunderts noch an der Wand anhaftete (heute verschollen) [4]. Sein Dekor bestand demnach aus grünem und blauem Rankengeflecht auf goldenem Grund. Darunter folgten schmale schwarze Streifen sowie ein rotes Band als unterer Abschluss der Nischenwölbung. Ob und inwieweit sich die Mosaikdekoration auch auf die Wände der Nische erstreckte, bleibt unklar.

Mitte der achtziger Jahre des 20. Jahrhunderts wurden im Innenhof des Kurfürstlichen Palais Ausgrabungen durchgeführt, die wichtige Erkenntnisse zu den spätantiken Palastbauten im unmittelbaren östlichen Umfeld der Basilika erbrachten: Vom Nebenhof der konstantinischen Basilika gelangte man in einen angrenzenden Peristylhof, der einen südlich gelegenen Apsidensaal erschloss. Der fast 200 m² große Saal verfügte über eine Fußbodenheizung und war mit einem repräsentativen Mosaikboden ausgestattet [5].

⊙ I.16.6
**5 Mosaikfragment und Bildszene aus dem Apsidensaal**
**östlich des Nebenhofs der Basilika**
Trier, Innenhof des Kurfürstlichen Palais
Rheinisches Landesmuseum Trier

Trotz großflächiger Zerstörungen des Mosaiks infolge mittelalterlicher Abgrabungen ist es möglich, sein Dekorationsschema annähernd zu rekonstruieren. Der Boden war durch seine Muster in drei Zonen, einen breiten Mittelteil und zwei schmalere Seitenteile, untergliedert. Die Mittelzone war mit einem illusionistischen Flächenmuster aus perspektivisch angeordneten Würfeln mit verschiedenfarbigen Seiten dekoriert [5, links]. Dieses vor allem bei Böden mit Marmoreinlagen beliebte Vexiermuster findet sich bereits seit spätrepublikanischer Zeit (z. B. Haus des Fauns in Pompeji, Villa von Rabat/ Malta). Die beiden schmaleren Seitenzonen waren mit Flechtbandteppichen verziert, die ihrerseits von einem schwarz-weißen Wellenband und einem dreisträhnigen Flechtband eingefasst waren. In den seitlichen Flechtbandteppichen saßen kleine weißgrundige Bildfelder – vermutlich jeweils fünf auf einer Seite –, die zur Raummitte orientiert waren. Nur eines dieser Felder war noch vollständig erhalten [5, rechts]. Die bislang nicht abschließend gedeutete Darstellung zeigt zwei Figuren, die jeweils eine Kithara, eine Form der Leier, in Händen halten. Eine Schilfhütte und Schilfgewächs im Hintergrund deuten den ländlichen Charakter der Szene an, die vermutlich von den seit der frühen Kaiserzeit beliebten Genrebildern mit Nillandschaften inspiriert worden ist. Man hat vorgeschlagen, die Darstellung zeige einen musikalischen Wettstreit in parodistischer Form.

Die aufwendige Ausstattung des Apsidensaals spricht dafür, dass er für festliche Anlässe genutzt wurde. Angesichts des dreigliedrigen Dekorationsschemas des Mosaiks verwies Th. Fontaine zu Recht auf die architektonische Dreiteilung frühkaiserzeitlicher Festsäle (oeci) in Haupt- und Nebenschiff und plädierte für eine Nutzung des Apsidenraums als Speisesaal.

Der Mosaikschmuck in den Wandelhallen des nördlich vorgelagerten Peristylhofs war einfacher gestaltet. Soweit die erhaltenen Fragmente eine Aussage zulassen, waren die einzelnen Peristylflügel mit unterschiedlichen geometrischen Flächenmustern ausgelegt, wobei Bereiche vor den Türschwellen optisch hervorgehoben waren. Im Westflügel des Peristyls, der sich an den Nebenhof der Basilika anschloss, konnte noch eine größere zusammenhängende Partie der Mosaikausstattung dokumentiert werden. Den Durchgangsbereich zum Basilika-Nebenhof zierte ein achteckiger, aus zwei Flechtbandquadraten gebildeter Stern, in dessen Zentrum eine stilisierte Blüte lag [6]. In beide Richtungen der Peristylhalle schloss sich ein Flächenmuster mit schwarz-weißen Schuppen an, das von einem viersträhnigen Flechtband eingefasst wurde. Dieser Mosaikboden ist insofern von besonderem Interesse, als er mehrere unsachgemäß ausgeführte Reparaturen zeigt. Sie lassen darauf schließen, dass der Trakt der spätantiken Residenz lange und intensiv genutzt wurde. Da die Art der Ausbesserungen erkennen lässt, dass die beauftragten Handwerker mit der Technik des Mosaiksetzens nicht mehr recht vertraut waren, hat man vorgeschlagen, dass die Reparaturen erst in nachrömischer Zeit durchgeführt worden seien. Dies wäre ein Hinweis für die Weiternutzung der Anlage in fränkischer Zeit.

**6 Mosaikfragment aus dem Peristyl östlich des Nebenhofs der Basilika**
Rheinisches Landesmuseum Trier

**7 Labyrinthmosaik aus der Palastanlage in Gamzigrad, Serbien**
National Museum Zaječar

## LABYRINTHMOSAIK AUS GAMZIGRAD

Mit dem Labyrinthmosaik aus dem ostserbischen Gamzigrad [7], dem antiken Romuliana, schlagen wir einen weiten geographischen Bogen von der spätantiken Residenzstadt Trier zur kaiserlichen Palastanlage des Galerius († 311), die in den ersten Jahren des 4. Jahrhunderts errichtet wurde. Ihre Entstehung fällt damit in den gleichen zeitlichen Horizont wie der Ausbau der Moselmetropole zur Kaiserresidenz.

Das quadratische Mosaik bildete das Zentralfeld eines Bodens mit verschiedenen geometrischen Motiven, der im sogenannten Vestibül A des Palastes I ausgelegt war. Dargestellt ist ein sechseckiges Labyrinth, umgeben von einer zinnenbekrönten Stadtmauer und Toren an jeder der sechs Ecken. Von drei der Tore aus führen „Wege" in das Labyrinth und teilen es in drei Segmente.

Das Exemplar aus Gamzigrad gehört zu einer Gruppe von bisher mehr als fünfzig bekannt gewordenen Labyrinthmosaiken, die sich über einen Zeitraum von ca. 100 v. – 400 n. Chr. erstrecken. Derartige Darstellungen dienten häufig dazu, die Geschichte von Theseus und dem Minotauros zu illustrieren (bekanntlich hauste der Minotauros, ein Mischwesen aus Mensch und Stier, in einem Labyrinth auf Kreta, das der kunstfertige Daidalos für den König Minos errichtet hatte). Nicht selten erscheint der Irrgarten, wie im vorliegenden Fall, als rein dekoratives Element. Die Labyrinthe weisen in der Regel eine viereckige oder (seltener) eine runde Grundform auf und sind üblicherweise in vier Segmente untergliedert. Mit seiner sechseckigen Form und Dreiteilung fällt die Darstellung aus Gamzigrad aus dem üblichen Rahmen. Mauern und Türme lassen vermuten, dass der Mosaizist dem Labyrinth den Charakter eines Militärlagers bzw. einer befestigten Stadt geben wollte. Ein relativ frühes Beispiel für eine derartige bildliche Verknüpfung von Labyrinth und Festungsarchitektur findet sich auf einer Mosaikdarstellung, die angeblich aus der Villa des Diomedes, einer Vorstadtvilla von Pompeji, stammen soll.

⊙ I.17.9
**8 Mosaikfragment mit ornamentalem Flächenmuster**
Trier, Metzelstraße
Rheinisches Landesmuseum Trier

⊙ I.16.14
**9 Abschnitte eines Mosaiks mit ornamentalen Flächenmustern
im Bereich der Südwestecke der Portikus**
Trier-Euren, spätantike Villa
Rheinisches Landesmuseum Trier

### ZUR ORNAMENTIK UND ZU DEN BILDTHEMEN AUF TRIERER MOSAIKEN DES 4. JAHRHUNDERTS

Überblickt man die Mosaiken dieser Zeit als Ganzes, so fällt ein Überwiegen kräftiger Rottöne ins Auge. Dieser Eindruck resultiert aus dem Umstand, dass man nun zunehmend dazu übergeht, rote Mosaikpartien mit Ziegelmaterial auszulegen. Roter Naturstein und Terra Sigillata, die bislang zur Angabe von Rottönen verwendet wurden, treten deutlich in den Hintergrund. Die bereits im 3. Jahrhundert zu beobachtende Tendenz zur Verbreiterung der rahmenden Flechtbänder setzt sich verstärkt fort. Daneben entstehen ganze Flechtbandteppiche, mit denen größere rechteckige Mosaikfelder gefüllt werden können. Als Beispiele dieser Dekoration sei auf zwei Mosaikböden aus dem spätantiken Residenzbereich südlich der Basilika (im heutigen Palastgarten) sowie den bereits erwähnten Boden im Apsidensaal [5, rechts] hingewiesen.

Ein Mosaikfragment aus der Metzelstraße [8] weist ein Flächenmuster aus gewundenen Flechtbandschlingen mit dazwischenliegenden Schlossbändern und Kreuzsternen auf. Im Aufbau ganz ähnlich gestaltet ist ein Mosaik in der herrschaftlichen Villa von Trier-Euren [9], das den Boden eines rund 40 m langen Flügels einer Portikus bedeckte. Statt der Flechtbänder ist der Eurener Boden mit einem netzartigen Geflecht aus mehrfarbigen (u. a. ziegelroten) Streifen konstruiert.

Beide Exemplare stehen beispielhaft für eine Stiltendenz dieser Zeit, größere Flächen mit einem durchgehenden geometrischen Muster zu überziehen – eine Erscheinung, die von K. Goethert einprägsam als „schlichter Stil" bezeichnet worden ist.

Neben diesen einheitlich gestalteten Flächenmustern existiert parallel eine zweite Stilrichtung, die sich durch einen kleinteiligen, geradezu überladen wirkenden Dekor auszeichnet. Das Kompositionsschema von Böden dieser Art ist aus kleinen Quadraten, Rauten oder Rautensternen heraus entwickelt, die mit einer bunten Vielzahl von geometrischen oder stilisierten pflanzlichen Motiven gefüllt sind. Der Umstand, dass zwischen den Ornamentfeldern keine freien Flächen ausgespart bleiben, verstärkt den Eindruck einer verwirrenden Fülle zusätzlich. Unter den Trierer Mosaiken repräsentieren diese Stilrichtung beispielsweise ein Musenmosaik aus der Johannisstraße [14–15] und ein Mosaikfeld innerhalb der Portikus der Eurener Villa [9], das unmittelbar an das bereits beschriebene Flächenmuster anschloss.

⊙ I.17.7
**10 Ornamentales Mosaik mit Rauten- und Quadratfeldern**
Trier, Johann-Philipp-Straße
Rekonstruktionszeichnung von L. Dahm

⊙ I.17.2
**11 Mosaik mit figürlichen Darstellungen**
Trier, Ecke Augustinerhof/Augustinerstraße
Rekonstruktionszeichnung von L. Dahm

⊙ I.17.2
**13 Vorteppich« mit Tierfries**
Trier, Ecke Augustinerhof/Augustinerstraße
Rheinisches Landesmuseum Trier

Im Bereich der Johann-Philipp-Straße, rund 250 m nordwestlich der Basilika, wurden zu verschiedenen Zeiten mehrere Bodenmosaiken der zweiten Hälfte des 4. Jahrhunderts aufgedeckt, zu denen auch das bekannte Ledamosaik ⊙ I.13.1 gehörte. Angesichts des wohl gleichen Zeithorizontes der Böden, spricht einiges dafür, dass sie zu einem Gebäudekomplex gehörten. Zwei der Böden wiesen ein Gliederungsschema aus Quadraten und Rauten auf [10]. Als Füllmotive begegnen u. a. stilisierte Lotusblüten, verschiedene farbig schattierte Winkel- oder perspektivische Würfelmuster. Die Wahl der Ornamentmotive war augenscheinlich darauf ausgelegt, möglichst schillernde und illusionistische Effekte zu erzielen.

⊙ I.17.2
**> 12 Mosaikausschnitt mit Darstellung eines Tritons**
Trier, Ecke Augustinerhof/Augustinerstraße
Rheinisches Landesmuseum Trier

⊙ I.17.6
**14 Musenmosaik**
Trier, Johannisstraße
Aquarellzeichnung von J. Weimer

Ganz ähnlich gestaltete Böden mit entsprechenden Motiven finden sich in weiter geographischer Streuung bis nach Syrien (z. B. Apameia, Mosaikfelder von 391/392 in der Synagoge). Ihrer Ornamentik nach zu urteilen, dürften die Mosaiken aus der Johann-Philipp-Straße zu den spätesten in Trier produzierten Böden gehören.

Hinsichtlich der Wahl der Bildthemen markiert die konstantinische Zeit verglichen mit dem 3. Jahrhundert keinen signifikanten Einschnitt, wenn auch rein ornamental gestaltete Böden im 4. Jahrhundert gegenüber figürlichen Darstellungen zahlenmäßig nun klar dominieren.

Weiterhin sehr beliebt sind Illustrationen aus dem Bereich Circus und Amphitheater. Diesem Themenkreis ist ein Mosaikfragment aus der Zuckerbergstraße zuzuordnen, das ein Paar Faustkämpfer (PUGILES) zeigt ⊙ I.17.1.

Trotz des zunehmenden christlichen Einflusses finden sich auch weiterhin Szenen aus der antiken Götterwelt. Es ist bei jeder dieser späten mythologischen Darstellungen von neuem zu untersuchen, ob sie im konkreten Fall rein dekorativ aufzufassen ist oder ob ihr womöglich noch ein religiöser Sinngehalt beizumessen ist. Diese Feststellung gilt in besonderem Maße für das vieldiskutierte Ledamosaik aus der Johann-Philipp-Straße ⊙ I.13.1, dessen bislang nicht schlüssig gedeutete Darstellung gern als Beispiel für das Weiterleben spätantik-heidnischer Kulte in der Kaiserresidenz Trier in Anspruch genommen wird.

⊙ I.17.6
**15 Erhaltene Teile aus dem Musenmosaik**
 Trier, Johannisstraße
 Rheinisches Landesmuseum Trier

In einen rein dekorativen Kontext gehörte zweifellos der Triton auf einem fragmentierten Mosaik aus einem spätantiken Gebäudekomplex (Ecke Augustinerhof/ Augustinerstraße) [11, 12], das wohl in der ersten Hälfte des 4. Jahrhunderts entstanden ist. Der Triton, ein antikes Meerwesen mit menschlichem Oberkörper und einem Unterleib in Fischgestalt, fungiert hier als Atlant für ein großes rundes Mittelfeld (bei der Aufdeckung des Bodens bereits zerstört). Derartige Stützfiguren haben eine lange bildliche Tradition in der antiken Kunst, so dass die Darstellung ein anschauliches Beispiel für den Fortbestand klassischer Bildmotive in der Spätantike bietet. Während die Figur des Tritons durch ihre farblich nuancierte, plastisch modellierte Wiedergabe besticht, zeigt der an der Nordseite vorgelagerte Tierfries [11, 13] einen ganz anderen Charakter: Die Tiere sind silhouettenhaft mit breiten, dunklen Umrisslinien abgebildet, ohne detaillierter abgestufte Binnenzeichnung. K. Parlasca und K. Goethert haben darauf hingewiesen, dass vergleichbare Tierdarstellungen auf Mosaiken des 4. Jahrhunderts anzutreffen sind (z. B. konstantinische Südkirche von Aquileia). Diese Beobachtung bildet ein Argument für die Spätdatierung des Tritonmosaiks, für das man in der Forschung allerdings auch einen zeitlichen Ansatz im 3. Jahrhundert erwogen hat.

Darstellungen von Musen, den antiken Personifikationen des Wissens und der Künste, gehören zum verbreiteten Bildrepertoire römischer Mosaiken. Allein aus Trier liegen vier Beispiele dieser Gattung vor, die vornehmlich dem 3. Jahrhundert angehören. Das deutlich späteste Zeugnis in dieser Reihe, ein Mosaikboden der zweiten Hälfte des 4. Jahrhunderts, wurde 1878 in der Johannisstraße aufgedeckt [14 – 15]. Nach einer Aquarellzeichnung [14], die wenige Jahre nach der Auffindung angefertigt wurde, bestand der beschädigte Boden aus einem Rautensternsystem, das um ein quadratisches Mittelfeld mit einer sitzenden Muse gruppiert war. Um dieses Zentralbild waren ursprünglich vier achteckige, ebenfalls mit sitzenden Musendarstellungen dekorierte Felder angeordnet (nur zwei der Achteckfelder sind noch vollständig erhalten [15]). In der römischen Kaiserzeit war es üblich, Gruppen von neun Musen abzubilden. Ihre Reduzierung auf fünf mag im vorliegenden Fall darin begründet sein, dass man die Anzahl an das gewählte Mosaikschema anzupassen suchte.

Mit der Auswahl eines Musenmosaiks für sein Wohnhaus bekundete der Besitzer noch in der zweiten Hälfte des 4. Jahrhunderts, dass er sich klassisch-antiken Bildungstraditionen verpflichtet fühlte. Dieser Umstand zeugt einmal mehr von der Lebendigkeit antiken Geisteslebens in Kreisen der Oberschicht der spätantiken Kaiserresidenz und Bischofsstadt Trier – einer Lebendigkeit, die auch aus den etwa zeitgleichen literarischen Schöpfungen des am kaiserlichen Hof in Trier tätigen Dichters Ausonius sehr anschaulich hervorgeht.

# DIE SPÄTANTIKEN SEIDENGEWEBE IN TRIER

Sabine Schrenk

Eine Seidenweberei im westlichen Römischen Reich? Es wird einer kleinen Sensation gleichkommen, wenn diese Frage, die das Fragment ⊙ II.4.34 aufwirft, positiv zu beantworten ist. Denn bisher vermutet man bei Seidengeweben bis zum ausgehenden 1. Jahrtausend, selbst wenn sie im Westen gefunden wurden, dass sie doch aus östlichen Werkstätten stammen.

Hintergrund dieser Vermutung ist der hohe Preis der Seide. Zwar waren Seidengewebe schon in der römischen Kaiserzeit bekannt und höchst begehrt. China, das Herkunftsland der Seidenfäden, hütete jedoch das Geheimnis der Seidenraupe und ihrer Zucht bis ins 6. Jahrhundert. Nur die Orte entlang der Seidenstraßen – Werkstätten in Persien, in der syrischen Wüste und am östlichen Mittelmeer – hatten einen leichteren bzw. weniger kostenintensiven Zugang zu diesem Material. In ihnen werden die spätantiken Seidengewebe, die aus technischen und stilistischen Gründen nicht in China gewebt worden sein können, mit importiertem Seidenfaden hergestellt worden sein. Von dort aus wurden sie – so die herrschende Meinung – weiterverkauft, beispielsweise nach Ägypten, dem häufigsten Fundort spätantiker Seidengewebe, aber auch in den Westen des Römischen Reiches. Hier gelangten sie in die Gräber der Reichen – oder der mit wertvollen Materialen Verehrten – und ebenso in zahlreiche europäische Kirchenschätze.

Zu Recht wird allerdings verschiedentlich gefragt, ob sich Seidenwebereien, die die Seide im Strang importierten, nicht doch auch in anderen Ländern des Römischen Reiches befunden haben können. Die entsprechenden Schriftquellen sind in dieser Frage noch nicht systematisch ausgewertet. In sorgfältigen Ausgrabungen auf dem Gebiet des westlichen Römischen Reiches häufen sich die sicher in die Spätantike zu datierenden Seidenfunde. So könnte das bisherige Urteil zu revidieren sein. Das wiederentdeckte Trierer Seidenfragment ⊙ II.4.34 enthielt ursprünglich – wie nun zu bestätigen ist – tatsächlich eine lateinischen Aufschrift, möglicherweise das Markenzeichen einer westlichen Werkstatt. Es kann so dazu anregen, die eingangs gestellte Frage intensiv zu untersuchen.

Die genannte Trierer Seide, wie auch die Fragmente eines zweiten Seidengewebes aus dem Paulinusgrab – bei diesem wurde sogar echter Purpur nachgewiesen [1] – , gehören zu einem bestimmten Typus von spätantiken Seidengeweben. Er wurde in einer der Grundbindungen, dem Köper, gewebt und zeigt das Muster nicht dank verschiedener Farben sondern in der Oberflächenstruktur, durch den in unterschiedlicher Weise verlaufenden Köpergrat. In der Forschung werden diese Gewebe als Köperdamaste bezeichnet. Da sich ihr Muster aus Rechtecken zusammensetzt, sind sie auch unter dem Namen »Blöckchendamaste« bekannt [2]. Zur einfachen Variante, dem Würfelmuster, kennen wir sogar den antiken Namen, nämlich „scutulatus".

**2 Schwarze Seide (Makro-Aufnahme)**
Bischöfliches Dom- und Diözesanmuseum
Trier

**3 Weiße Seide« (Makro-Aufnahme)**
Bischöfliches Dom- und Diözesanmuseum
Trier

⊙ II.4.34
**1 Seidenfragment mit Spuren einer Stickerei aus dem Paulinusgrab**
Bischöfliches Dom- und Diözesanmuseum Trier

Es sind nun gerade diese Köperdamaste, die nicht nur im Osten – etwa in den Gräbern Palmyras – gefunden wurden, sondern auch in Gräbern des heutigen Europa, etwa in Ungarn, der Schweiz, in Frankreich, England und in Deutschland. Wurden gerade sie auch in westlichen Werkstätten hergestellt? In diese Frage ist dann auch verwandtes, technisches aber nicht identischen Seidengewebe mit einzubeziehen, dessen Webart als »Taqueté« bezeichnet wird (vgl. das im Rahmen von [1] als „purpurähnliche Seide" bezeichnete Fragment). Es handelt sich um eine Webart, die den Glanz der Schussfäden nicht ganz so gut zur Geltung bringt wie etwa die Variationen in Köperbindung. Äußerst selten nur ist sie bei Seidengeweben anzutreffen.

Die meisten dieser Seidengewebe liegen uns heute nur noch als kleinere Fragmente oder Streifen vor. Dies muss nicht an der leichten Vergänglichkeit des Materials liegen: Für die Köperdamaste (und andere Textilien) aus den Gräbern Palmyras konnte nachgewiesen werden, dass sie als solche für das Grab hergerichtet wurden: Man schnitt oder riss nicht mehr verwendete Seidentuniken oder andere Textilien in Streifen, um mit ihnen die Toten einzuwickeln. Auch für eine Bestattung in St. Maximin in Trier konnte eine nur teilweise Umwicklung oder Bedeckung festgehalten werden.

Und auch in der Funktiionsfrage liefern die Trierer Seiden ungewöhnliche Informationen: Der genannte Seidentaqueté wurde offenbar nicht (oder nicht nur) zum Einhüllen oder Bedecken des Toten selbst verwendet, sondern zum Einschlagen des Sarges. Wir müssen uns also offenbar vorstellen, dass einige kostbare Seidengewebe außen um ein Behältnis gewickelt und so in die Erde oder einen weiteren Sarkophag gestellt wurden. Nur wenige Parallelen – etwa im schweizerischen Plan/Conthey – lassen sich bisher hierfür nennen, denn naturgemäß blieben die Gewebe in diesen Fällen noch seltener erhalten. Um so bedeutender ist die entsprechende Nachricht von der Öffnung des Paulinusgrabes im Jahre 1883. Für den Zedernsarg des Heiligen ⊙ **II.4.33**, mit den Maßen 183 x 44 x 34 cm, muss ein sehr großes Seidentuch verwendet worden sein. Es spricht damit besonderes deutlich für eine aufwendige und teure Bestattung – und in gewisser Weise auch für eine besondere Verehrung, die dem Toten durch diese kostbare Umhüllung zuteil wurde.

# CONSTANTINUS APUD POSTEROS
## TRADITION UND MYTHOS

# KONSTANTIN ALS HEILIGER DER OSTKIRCHE

Urs Peschlow und Gudrun Schmalzbauer

Die veränderte Haltung der christlichen Religion gegenüber, die zuerst toleriert und gefördert, schließlich zur allein geduldeten Religion des Reiches werden sollte, hat Konstantin dem Großen eine gloriose Bedeutung innerhalb der christlichen Kirche gebracht. Den Hauptanteil daran haben die intellektuellen, gebildeten Kreise, für die die neue Religionspolitik nicht nur mit einer neuen Freiheit, sondern auch mit neuer Aufgabe verbunden war. Dies hatte zur Folge, dass dem Kaiser schon zu Lebzeiten charismatische Erhöhung zuteil wurde. Maßgebend hierfür waren die Schriften des Kirchenhistorikers Eusebios, des Bischofs von Kaisereia in Palästina, des Zeitgenossen Konstantins, in denen die unbeschreibliche Dankbarkeit fassbar wird. In seiner Vita Constantini, der auf Griechisch geschriebenen panegyrischen Lebensbeschreibung begründet er das Idealbild eines christlichen Kaisers, das Grundlage für die Entwicklung der byzantinischen Kaiseridee wie auch seiner Stellung innerhalb des Christentums des römischen Reiches wurde. Schon bald nach dem Tode Konstantins (337) beginnt neben kritischer Auseinandersetzung die Verehrung dieses Kaisers (Philostorgios, Historia ecclesiastica II 18), der sich, wie Eusebios überliefert, inmitten der zwölf Apostel aufbahren ließ, weshalb er später als »apostelgleich« benannt wird, womit er gleichsam auch als Stellvertreter Christi galt.

Ab dem 5. Jahrhundert setzt die hagiographische Darstellung des Kaisers ein, die in panegyrischer Tendenz zahlreiche Legenden verarbeitet. Die Hauptthemen, allerdings mit verschiedener Gewichtung und Varianten – Eltern, Jugend, Bekehrung durch das Symbol des Kreuzes, Taufe vor seinem Tod, Silvesterlegende, teilweise verbunden mit Polemik gegen den Bericht des Eusebios, wonach Konstantin erst auf dem Totenbett getauft wurde, – zielen allerdings darauf ab, mittels erbaulicher Texte ein positives Bild des ersten christlichen Kaisers zu geben, ohne politische Tendenz (Winkelmann 1978), während A. Každan (Každan 1987) in ihnen ein Mittel der Propaganda sieht.

Jedenfalls bewirkte die Darstellung Konstantins in den Viten durch deren weite Verbreitung eine bestimmte Vorstellung von einem christlichen Herrscher.

So trug die literarische, hagiographische Mythenbildung dazu bei, dass aus Konstantin ein Heiliger wurde. Dabei ist zu bedenken, dass in der frühen christlichen Kirche noch kein Kanonisationsverfahren existierte, Kultbräuche irgendwann Akzeptanz gewonnen hatten und lediglich festgestellt werden kann, dass vor dem 8. Jahrhundert Konstantin wahrscheinlich nicht als Heiliger verehrt wurde. Dies gilt auch für das Datum der Einführung des Festtages am 21. Mai (gelegentlich in Synaxarien auch am 22. Mai, seinem Todestag), an dem er zusammen mit seiner Mutter verehrt wird (Luzzi 1993).

Sowohl in Konstantinopel wie auch in der Provinz wurden Kirchen auf den Namen des Heiligen Konstantin geweiht. Für das 9. Jahrhundert ist am Fuß seiner Ehrensäule auf dem Forum Constantini eine Kapelle bezeugt, die man zu seiner Verehrung errichtet hatte (Mango 1980/1981).

Gewiss hat bei der Entwicklung des Heiligenkultes die Legende um die Kreuzauffindung eine wesentliche Rolle gespielt. Gerade dies ist der Grund, dass Konstantin in der darstellenden Kunst meist zusammen mit Helena abgebildet wird.

In den Hymnen der orthodoxen Kirche wird Konstantin gepriesen als apostelgleich, als der Herrscher, der mit seiner Mutter das in der Erde verborgene Kreuz, das Symbol, die unbesiegbare Waffe, das Bollwerk des Herrschers fand, als neuer David, als Quelle der Rechtgläubigkeit. In den Hymnen des Meloden Romanos aus dem 6. Jahrhundert wird Konstantin und Helena noch nicht das Epitheton „heilig" zugelegt, Konstantin aber als in den Stufen Abrahams und Davids stehend besungen, der wie Abraham die Feinde besiegte.

ΑΓΙΟC ΚWΝCΤΑΝΤΙΝΟC

ΔΙΑΨΑΛΜΑ

⊙ III.6.1
**1 Reliquiar für den rechten Arm Konstantins**
State historical-cultural museum-preserve
„The Moscow Kremlin"

**2 Mosaik mit Konstantin als Stadtgründer in der Hagia Sophia, Istanbul**

Im Gegensatz zu anderen Heiligen ist das Privatleben Konstantins nicht der Grund für seine allmähliche Verehrung als Heiliger; kein Martyrium, keine Wunderwirkungen gaben den Anstoß zu seiner Verehrung. Die Viten liefern ein beredtes Zeugnis, wie die Probleme umschifft wurden. Es war Grund genug, seine Person durch die Großtat der Toleranz und Fürsorge für die neue Religion zu verklären. Als Heiliger wurde er am byzantinischen Kaiserhof spätestens ab dem 10. Jahrhundert verehrt, wie aus der Festordnung, die im sogenannten Zeremonienbuch beschrieben wird, hervorgeht (De caer. II 6: Reiske S. 532).

In Byzanz ist Konstantin der einzige Herrscher, der in den offiziellen Heiligenkalender aufgenommen wurde. Für diese Ausnahmestellung war schon im 4. Jahrhundert der Boden gelegt, als die kultische Verehrung, die einem römischen Kaiser zukam, jetzt, nachdem der Kaiser einer der ihren geworden war, auch von den Christen nicht mehr verweigert werden konnte, als neuer Moses, der das nun auserwählte Volk führt. So kann Konstantin als reitender Krieger mit dem Kreuz neue Sicherheit und Frieden gewährleisten.

*Gudrun Schmalzbauer*

Das sicherste und zugleich eindruckvollste Zeugnis für die Verehrung des Kaisers gibt ein heute in Moskau aufbewahrtes Armreliquiar [1]. Leider wissen wir nichts über die Vorgeschichte der Reliquie, denn das Behältnis aus feuervergoldetem Silber stammt erst aus dem Ende des 14./Anfang des 15. Jahrhunderts und wurde wahrscheinlich in Serbien gefertigt. Damit reiht sich Konstantin in die nahezu unüberschaubar große Zahl von in der Ostkirche verehrten Heiligen ein. Wie etwa bei Märtyrern und Wundertätern sichert auch in diesem Fall die Reliquie die wahre Existenz und historische Authentizität der Person.

Die Gruppe posthumer Einzelbilder des heiligen Konstantin ist nur sehr klein. Wo sie auftauchen, sind sie an seine besondere Taten, bzw. Ereignisse aus seinem Leben gebunden oder sie verweisen auf besondere Tugenden, die man ihm zuschrieb.

Im Mosaik des 10. Jahrhunderts im Bogenfeld der Südvorhalle der Hagia Sophia in Konstantinopel/Istanbul etwa erscheint „Konstantinos, der große Herrscher unter den Heiligen" als Neugründer der Stadt, der das Modell derselben – wie sein Gegenüber Justinian das Kirchenmodell – der Gottesmutter mit dem Christuskind zum Schutze anempfiehlt [2].

⊙ III.7.2
**4 Stylianos Stavrakis**
Heiliger Konstantin und die Vision des Kreuzes, 1748
Byzantine & Christian Museum, Athen

In der Randminiatur eines Psalters in Moskau hingegen ist er als kriegerischer Reiter dargestellt, der seinen Gegner mit der kreuzförmigen Lanze niedersticht **[3]**. Diese Darstellung des Glaubenssiegers ist möglicherweise dem Zyklus von Bildern aus dem Leben des Kaisers entlehnt, nämlich der Schlacht an der Milvischen Brücke, wie die bogenfeldförmige Ikone in Athen verrät **[4]**. Dieser Bezug könnte auch durch den Psalmvers 59,6 gegeben sein, den die Miniatur illustriert: „Du hast denen, die dich fürchten ein Zeichen gegeben, dass sie sich flüchten vor dem Bogen", vielleicht ein Hinweis auf die Prophezeiung seines Sieges über Maxentius (Walter 1987, 209). Gleichzeitig könnte es sich aber auch um eine Anspielung auf das Kreuz als die unbesiegbare Waffe handeln, hier – unmittelbar nach dem Ende des Ikonoklasmus (843) – gegen die bilderfeindlichen Häretiker geführt.

Von Porträthaftigkeit im modernen Sinne kann bei Herrscherbildern weder in der Spätantike noch im byzantinischen Mittelalter die Rede sein. Dennoch haben bestimmte Zeiten oder dynastische Herrschaftsperioden eine verbindliche Typik der Kaiserbilder ausgeprägt. Obwohl in Konstantinopel noch lange Konstantinstatuen auf öffentlichen Plätzen der Stadt zu finden

waren, hat sich das mittelalterliche Konstantinsbild weder daran orientiert noch für den Kaiser eine eigene, an bestimmte Merkmale gebundene Individualität ausgebildet. Daher erlaubt lediglich die Namensbeischrift die Identifizierung, der Nimbus jedenfalls nicht, denn damit wurden auch mittel- und spätbyzantinische Kaiser häufiger ausgezeichnet.

Wenn wir den engen Bezug Konstantins zur Kreuzeslegende und zur Reliquie des wahren Kreuzes (vgl. den folgenden Beitrag) und seine Rolle für das byzantinische Kaiserhaus berücksichtigen (vgl. S. 450–451), so wird deutlich, dass seine Verehrung im byzantinischen Reich viele Facetten besaß: Er war kein Heiliger wie zahllose andere der Ostkirche. Deren Verehrung gründete in der Regel auf ihrem Martyrium, ihren Tugenden und gottgefälligen Taten, die häufig erst lange nach ihrem Tod legendär ausgeschmückt wurden. Bei Konstantin hingegen war es seine Historizität, die den Byzantinern immer und überall präsent war, sowie sein Wirken für Glauben und Kirche, die ihn zu einem Heiligen ganz eigener Prägung werden ließen. Da er in dieser historischen Verhaftung nicht den Grad von gottnaher Heiligkeit besaß wie andere, taugte er nicht als Helfer und Retter weder in privater menschlicher Not noch in solcher von Stadt und Reich. Daher erlangte er nie den Rang eines der großen Heiligen der orthodoxen Kirche.

*Urs Peschlow*

⊙ III.13.1
**< 3 Chludov-Psalter**
Staatliches Historisches Museum, Moskau

CONSTANTINVS MAGNVS

○ III.13.8
**Byzantinischer Kaiser aus dem Trachtenbuch im**
**„Thesaurus Picturarum" des Markus zum Lamm**
Staatliche Museen zu Berlin,
Kunstbibliothek

# DIE KREUZESLEGENDE

Urs Peschlow und Gudrun Schmalzbauer

In religiös-liturgischem Rahmen wird Konstantin in der Regel zusammen mit seiner Mutter Helena als Paar dargestellt. Das Bindeglied zwischen beiden bildet das Kreuz, das sie mit einer Hand halten.

Das Kreuzeszeichen ist für Konstantins Lebensweg seit seinem Sieg über Maxentius an der Milvischen Brücke am 28. Oktober 312 von maßgebender Bedeutung. Diesem Ereignis ging nach dem lateinischen Schriftsteller Lactantius ein Traum voraus. Der griechische Kirchenhistoriker Eusebios erwähnt eine Vision am Tage sowie eine Erscheinung von Christus im Schlaf in der folgenden Nacht. Darin erhält Konstantin Anweisungen, unter dem Zeichen des Kreuzes als Schutz den Kampf zu führen. Hier soll es nicht um das Symbol gehen, sondern um das Kreuz als reales Objekt der Hinrichtung Jesu Christi bzw. die Reliquien.

Nach der Kreuzigung von Jesus wird in der Passionsgeschichte über das weitere Schicksal dieses Hinrichtungsinstrumentes nichts mehr berichtet. Aktuell wird die Erinnerung an das Kreuz erst durch die Suche und Auffindung. Eine erste Anspielung auf die Existenz des Kreuzes bzw. Teile davon findet sich in den Katechesen des Kyrill von Jerusalem ca. 348/350 und in dessen Brief an Constantius II., der 351/353 geschrieben wurde und wo bei der Schilderung einer Kreuzeserscheinung in Jerusalem der Fund des Kreuzes unter seinem Vater Konstantin in Zusammenhang mit der Erbauung der Grabeskirche als bekannt vorausgesetzt wird. Unabhängig davon, ob das Kreuz echt war oder nicht, ist das Problem des zeitlichen Ansatzes der Entdeckung des Kreuzes bis heute diskutiert, da die zeitgenössische Quelle, Eusebios von Kaisareia in seiner Vita Constantini, zwar auf die Reise der Mutter Konstantins, Helena, nach Palästina und ihre Tätigkeit eingeht, mit keinem Wort aber einen sensationellen Fund in diesem Zusammenhang erwähnt (zu Gründen für dieses Schweigen vgl. u. a. bei Heinen 1995 sowie Heid 2001).

Die gallische Aristokratin Egeria erwähnt in ihrem Bericht über ihre Pilgerfahrt zu den heiligen Stätten 381/384, dass das Kreuz verehrt wurde. Aus der Tatsache der Existenz des Kreuzes stellte sich eine Frage, die wohl besonders die zahlreichen Pilger beschäftigen musste, nämlich auf welche Weise das Kreuz wiedergefunden werden konnte. So entstand ein Bündel von erklärenden Berichten, die alle auf Jerusalem als Entstehungsort der Legenden hinweisen und auf einen realen Gegenstand bezogen sein müssen.

Nach jüngsten Untersuchungen zu dem Komplex der Legendenentstehung findet sich die erste Nachricht über die Ereignisse in Jerusalem in der Kirchengeschichte des Gelasius, die uns durch Rufinus von Aquileia († 410) bekannt ist. Hier wird erstmals von Helena als Pilgerin zu den heiligen Stätten berichtet, die auf der Suche nach dem Kreuz Anwohner, d. h. Heiden und Juden nach der Örtlichkeit befragt, aber nur zurückhaltende Angaben erhält. Auf Grund einer Eingebung lässt sie dann an einer Stelle, an der eine Venusstatue errichtet war (um die Christen an einer Verehrung zu hindern) Grabungen vornehmen und entdeckt so drei Kreuze sowie die Kreuzesinschrift. Die Identifizierung des wahren Kreuzes ist indes nur möglich, als durch Intervention des Bischofs Makarios und durch dessen Gebete eine totkranke Aristokratin bei der Berührung mit dem dritten, dem wahren Kreuz, gesund wird. Daraufhin lässt Helena eine Kirche an dieser Stelle erbauen, die Martyrium genannt wird. Anschließend sucht Helena noch nach den Nägeln, mit denen Christus ans Kreuz geschlagen wurde, die sie ebenfalls findet und von denen sie einen im Helm, die beiden anderen an der Trense des kaiserlichen Pferdes anbringen lässt. Dieser Bericht ist zeitlich vor die Erwähnung des Ambrosius, des Bischofs von Mailand, zu setzen, der in einer Trauerrede auf Kaiser Theodosius I. († 395) eine andere Version bietet.

Ambrosius lässt Helena das Kreuz aufgrund einer Eingebung finden, das sie auch durch den Kreuzestitel als wahres Kreuz identifizieren kann; hier findet Helena ebenfalls bald danach die Nägel, die derselben Bestimmung übergeben werden wie in dem Bericht des Gelasius/Rufinus. Auch bei Paulinus von Nola in einem Brief an Sulpicius Severus wird das wahre Kreuz unter den drei Kreuzen durch Wiedererweckung einer Toten erkannt. Zuvor hatte Helena gelehrte, ortskundige Juden gefragt, aber ebenfalls erst durch eine Eingebung das Kreuz gefunden. Der Bischof Makarios spielt dabei keine Rolle, auch werden die Nägel nicht erwähnt. Die einzelnen Details der Legenden werden bisweilen zu einer neuen Erzählung um die Wiederauffindung des Kreuzes vermischt, wobei mit der Person der Helena das Datum in die 20er Jahre des 4. Jahrhunderts fallen müsste.

Eine weitere Entwicklung des Legendenstoffes weist in das 5. Jahrhundert: Auf Grund der Angaben in der Hl. Schrift sucht Helena nach dem Kreuz. Sie versammelt Juden, die des Gesetzes kundig sind, und versucht unter Androhungen die Stelle des Kreuzes herauszufinden. Sie wird auf Judas aufmerksam gemacht, einen heimlichen Christen. Dieser hilft jedoch erst nach langem Zögern – wobei er unter Druck gesetzt und sogar für Tage ins Gefängnis geworfen wird – und Gebeten. Er findet schließlich das Kreuz und kann es als das echte identifizieren, als ein Toter auf einer Bahre mittels des Kreuzes zum Leben erweckt werden kann [1]. Helena gibt die Kreuzespartikel in ein goldenes Kästchen. Judas wird Bischof in Jerusalem unter dem Namen Kyriakos Helena begibt sich erneut auf die Suche, diesmal nach den Kreuzesnägeln. Gebete des Kyriakos bewirken einen Lichtstrahl, der auf das Grab hinweist. Die gefundenen Nägel werden in den Helm des Kaisers und in die Trensen seines Pferdes eingearbeitet. Diese Kyriakos-Legende erreichte eine weite Verbreitung durch das gesamte Mittelalter in Ost und West, im Westen in liturgischen Texten, in Byzanz hauptsächlich in der homiletischen Literatur. Auch Romanos der Melode (6. Jahrhundert) besingt diese Begebenheit in seinen 5 Hymnen auf die Kreuzeserhebung (Grosdidier de Matons IV [Paris 1967] 351).

Eine andere Ausgestaltung der Kreuzauffindungslegende ist die syrische Protonike-Erzählung. In dieser legendenhaften Fiktion reist eine Protonike, angeblich Frau des Kaisers Claudius, nach ihrer Bekehrung durch Simon Petrus mit zwei Töchtern und einem Sohn nach Jerusalem, wird von Jakobus, dem Bruder des Herrn, empfangen und bittet ihn, das Grab und Kreuz sehen zu dürfen, was nur aufgrund ihrer Autorität gelingt, da die Juden den Platz innehaben. Als sie die drei Kreuze findet, stirbt plötzlich ihre Tochter, aber dank der Be-

rührung mit dem wahren Kreuz wird sie wiederbelebt. Protonike lässt eine Kirche erbauen, das Kreuz aber bleibt in Gewahrsam von Jakobus. Zurückgekehrt nach Rom veranlasst sie Claudius, die Juden aus Italien zu vertreiben. Ursprünglich war diese Legende Teil der Doctrina Addai. Über ihre Einordnung in den Komplex der Kreuzauffindungslegende wird in der Forschung diskutiert. Von diesen Erzählungen übernahmen die Kirchenhistoriker Elemente und trugen dadurch ebenfalls zu ihrer Verbreitung bei.

Neben den Legenden um die Auffindung des Kreuzes ist das Schicksal der realen Reliquie für die weitere Geschichte des byzantinischen Reiches mehrfach, nicht nur in religiöser Hinsicht, sondern auch politisch von Bedeutung gewesen. Über die Anfänge eines Kreuzeskultes in Konstantinopel gibt es widersprüchliche Nachrichten. Die Verwendung von Kreuzesreliquien bei Prozessionen wird ab dem 6. Jahrhundert erwähnt; das Fest der Kreuzeserhöhung ist schon für 614 belegt. Am eindrucksvollsten zeigt sich der Bezug zum Kreuz Christi in der Zeit des Kaisers Herakleios (610 – 641). Das vor den Persern vergrabene Kreuz wird von diesen ausfindig gemacht und nach Ktesiphon verschleppt, in dem Jahr 614, in dem erstmals das Fest der Kreuzeserhöhung belegt ist. Nach seinem Sieg über die Perser bringt Herakleios 628 das Kreuz im Triumph nach Jerusalem wie Moses die Bundeslade und trägt es wie Christus persönlich in die Stadt. Bevor die Araber kurze Zeit später Jerusalem erobern (637), konnte das heilige Kreuz nach Konstantinopel gerettet werden, wo es ein irischer Pilger gegen 680 offensichtlich gesehen hat.

Ein wichtiges Medium für die Verbreitung des christlichen Kreuzgedankens ist in den Münzdarstellungen bezeugt.

Die wesentlichen in den Quellen beschriebenen Ereignisse, die sich unter dem Thema Kreuzeslegende fassen lassen, sollten – so würde man erwarten – vor allem ihrer eminenten Bedeutung für Glauben und Kirche wegen auch in der Bildwelt der Ostkirche einen festen Platz bekommen haben. Das ist aber merkwürdigerweise nicht der Fall. Szenenfolgen treten erst in spät- oder erst in postbyzantinischer Zeit (14./15. Jahrhundert) auf. Davor kommen solche nur sehr sporadisch vor.

*Gudrun Schmalzbauer*

⊙ III.7.1
**1 Nestorianisches Evangeliar nach der Pešitta**
Berlin, STAATSBIBLIOTHEK ZU BERLIN – Preußischer Kulturbesitz,
Orientabteilung

⊙ III.7.21
**2 Simos Rhodiakos**
Kreuzerhebung durch den Bischof Makarios in Anwesenheit
der Heiligen Konstantin und Helena, 1675
Byzantine & Christian Museum, Athen

Die früheste bekannte Darstellung ist eine Sammel-
miniatur in einer Konstantinopler Handschrift des
späten 9. Jahrhunderts mit den Homilien des Gregor von
Nazianz (Paris gr. 510 fol. 440r). Sie zeigt Szenen des
schlafenden (Traumerscheinung) und des auf die Milvische Brücke zureitenden Konstantin, sowie der Helena – thronend – bei der Befragung der Juden und bei der
Kreuzauffindung (Tsamakda 2004, 162–164).

Zwei weitere Manuskripte mit Illustrationen dieser Szenen finden sich in liturgischen Büchern (Evangeliare)
des 12./13. Jahrhunderts aus dem syrischen Raum. Das
eine in Berlin [1] illustriert die Texte zum Kirchenfest
der Kreuzerhöhung (14. September) auf zwei Blättern
mit vier Miniaturen: Traum Konstantins, Befragung
der Juden, Graben nach dem Kreuz und Identifizierung
des wahren Kreuzes (Leroy 1964, 367–371). Das zweite
in London vereint in einer Miniatur drei Szenen: die
thronende Helena bei der Judenbefragung, dem Graben
nach dem Kreuz und die Kreuzesprüfung (Leroy 1964,
350–66).

Kreuzeslegendenbilder finden sich vermehrt in der Spätzeit und zwar vor allem in der Wandmalerei des 14. und
15. Jahrhunderts auf Kreta und Zypern. Dort stehen sie
in der Regel im Zusammenhang mit einem Konstantinzyklus.

Ikonen mit Bildern der Kreuzlegende scheint es nicht
gegeben zu haben, demgegenüber aber Tafeln mit der
Darstellung von Konstantin und Helena bei der Erhebung des Kreuzes durch den Bischof von Jerusalem
[2] und ⊙ **III.7.22**.

Anknüpfend an die legendären Ereignisse, deren Kern
die Wiederauffindung des Kreuzes Christi und damit
die Gewinnung einer, wenn nicht der bedeutendsten
Herrenreliquie war, entstand ab dem 9. Jahrhundert in
Konstantinopel ein neues repräsentatives Bild: Konstantin mit seiner Mutter Helena stehen frontal in zeitgenössischem kaiserlichem Ornat zuseiten des doppelarmigen Kreuzes. Die Beischriften bezeichnen sie als
Heilige, als „Hagios Konstantinos" und „Hagia Helene".
Diese Gruppe kommt in zwei Bildformen vor: Bei der

⊙ III.7.4
**3 Sogenanntes Jerusalemer Kreuz**
Hildesheim, Hohe Domkirche

⊙ III.7.11
**4 Ikone mit Konstantin, Helena und Agathe**
1. Hälfte 16. Jh.
Ikonen-Museum Recklinghausen

einen halten sie das gleichgroße Kreuz ⊙ **III.7.14**, **III.7.12**, bei der anderen stehen sie darunter, darüber erscheinen Engel (vgl. z. B. **[5]**). Beide Darstellungen müssen auf Statuengruppen zurückgehen, die – wie eine Quelle des 8. Jahrhunderts berichtet – auf öffentlichen Plätzen in Konstantinopel aufgestellt gewesen waren (Teteriatnikov 1995, 174–176).

Die Bedeutung der Verbindung der beiden Gestalten mit dem Kreuz ist offensichtlich: Für Konstantin verweist es auf seine Kreuzesvision, die zur Christianisierung des Reiches führte, für Helena auf das – vermeintlich – historische Ereignis seiner Auffindung durch die Kaisermutter und bestätigt zudem die Wahrhaftigkeit der christlichen Glaubenslehre. Dennoch sind sie hier eher Begleitfiguren der zentralen Darstellung des wahren Kreuzes, diesem gilt die eigentliche Verehrung.

Wie verbreitet sie war, lässt die große Zahl solcher Darstellungen auf Ikonen, in der Wandmalerei, in Manuskripten und auf anderen Bildträgern, wie Münzen (Bertelè 1948) und Medaillons ⊙ **III.7.18**, **[3]**, erkennen. Gelegentlich wurden sie variiert, etwa durch das Hinzufügen weiterer heiliger Gestalten **[4]** oder Stifter.

Es war nur folgerichtig, dass das Doppelbild mit Kreuz mit der Kreuzesreliquie eine enge Verbindung eingingen und zwar in den Kreuzreliquiaren, den sogenannten Staurotheken, die im byzantinischen Mittelalter in großer Zahl gefertigt wurden (Frolow 1965; Klein 2004). Häufig ersetzte dabei die in eine miniaturisierte Kreuzform gebrachte, in der Mitte der Vorderseite des rechteckigen Behältnisses sichtbar eingelassene Reliquie das sonst nur bildlich dargestellte Kreuz **[5]**.

*Urs Peschlow*

⊙ III.7.5
**> 5 Staurothek mit eingesenkter Kreuzesreliquie**
Museo Benedettino Nonantolano e Diocesano di Arte Sacra, Nonantolano

⊙ III.7.13
**Ikone mit der Darstellung von Konstantin und Helena
mit dem Reliquienkreuz von der Insel Kij, um 1660**
Ikonenmuseum Schloss Autenried

⊙ III.7.10
**Prozessionskreuz**
München, Sammlung C. S.

⊙ III.7.6
**Staurothek**
Paris, Musée du Louvre, Département des Objets d'Art

# ZEITGENÖSSISCHES BRAUCHTUM IN GRIECHENLAND

**Gudrun Schmalzbauer**

**Fest der Anastenaria in Langadas am Tag des Hl. Konstantin. Ein Tänzer (Anastenaris) mit einer Ikone des Hl. Konstantin in der Hand barfuß auf der Glut tanzend**
Aus: Klaus Gallas, Byzantinisches Griechenland, 1993, S. 182

Am Feiertag des Heiligen Konstantin und der Heiligen Helena, am 21. Mai, finden in einigen Orten Makedoniens, besonders in Langadas bei Thessaloniki oder Hagia Heleni bei Serres, die sogenannten Anastenaria statt. Bei diesem Brauch handelt es sich um einen Tanz, barfuß auf glühenden Kohlen, der von besonderen Personen, Männern sowohl wie auch Frauen, die in sich den Drang und die Fähigkeit dazu fühlen, mit einer Ikone des Heiligen Konstantin in der Hand ausgeführt wird. Diese Anastenarides bezeichneten Tänzer stellen eine Art mystische Verbindung zu dem Heiligen her, der ihnen plötzlich den Auftrag gibt und sie führt, „der Heilige hat von ihm Besitz ergriffen", so dass sie in gleichsam ekstatischem Zustand den Tanz, den der Archianastenaris beginnt, ohne geringste Brandmale auf der Glut überstehen können. Dabei stoßen sie stöhnende Laute aus (*anastenazo* = „stöhnen"): ach, ich, uch. Dem Fest geht ein Ritual voraus, an dem die Dorfbewohner teilweise beteiligt sind (Schlachten eines Stieres oder heute meist eines Lammes, Einholung der Ikone des Heiligen Konstantin, Lieder, Instrumentalmusik).

Der Brauch ist von griechischen Flüchtlingen nach 1922 aus Bulgarien (Thrakien), wo er im Dorfe Kosti gepflegt wurde, nach Nordgriechenland transferiert worden. Er fand schon 1872/1873 Erwähnung. Damals wie auch heute werden die Anastenaria von der offiziellen Kirche verurteilt, zeitweise waren sie verboten, da man sie mit dionysischem Kult in Verbindung brachte. Doch sind die Tänzer, die von der Ekstase ergriffen werden, gläubige orthodoxe Christen und von den Einheimischen als solche geehrt.

Nur im weiteren Sinne zum Brauchtum gehörig können die große volkstümliche Verbreitung des Namens Konstantin oder auch die in jedem Ort Griechenlands zu findenden nach Konstantin dem Großen benannten Straßen gelten. Die Häufigkeit des Namens hat zur Folge, dass in fast jeder griechischen Familie am Festtag des Heiligen Konstantin (und der Helena) ein Mitglied seinen Namenstag feiert; in den Hymnen der Liturgie am Morgenoffizium an diesem Tag werden Konstantins Leben und Verdienste für den christlichen Glauben gepriesen. Schließlich spielen Konstantin und Helena auch bei der Eheschließung in der orthodoxen Kirche eine Rolle. Sie werden als Beschützer des Paares angerufen, daher auch die quasi „Krönung" des Brautpaares in Anlehnung an die „von Gott gekrönten" Heiligen (Pitsakis S. 286 f.). Im Gegensatz zum lateinisch geprägten Westeuropa ist die Kenntnis der historischen Person Konstantins einschließlich ihres symbolischen Gehaltes und die Einbettung in das alltägliche Bewusstsein in allen Schichten der griechischen Orthodoxie selbstverständlich.

# ZEITGENÖSSISCHES BRAUCHTUM AUF SARDINIEN

**Lukas Clemens**

### SARDINIEN

Eine besondere kultische Verehrung genießt Konstantin der Große auf Sardinien. Die Anfänge gehen auf byzantinische Missionstätigkeiten seit der im Jahr 534 erfolgten Rückeroberung der Insel von den Vandalen zurück. Sichere Hinweise auf einen Konstantinkult besitzen wir aber erst seit der Wende vom 10. zum 11. Jahrhundert mit dem Inschriftenfragment eines Ziboriums der Pfarrkirche von Nuraminis bei Cagliari, das den Heiligen nennt. Neben zahlreichen Kirchen, die San Costantino (sardisch: Santu Antine) geweiht sind, wird in der sardischen Volkskultur ein mächtiger vorgeschichtlicher turmartiger Rundbau, die Nuraghe von Torralba, als Palast des Konstantin angesehen, der als Kriegerheiliger auf die Insel gekommen sei, um die dortige Bevölkerung zu beschützen.

### SEDILO

Das Zentrum des Konstantinkultes ist jedoch der kleine in der Provinz Oristano auf einem Plateau gelegene Ort Sedilo. Frühe Hinweise auf eine Verehrung des ersten christlichen Kaisers in der Region stammen aus dem 13. Jahrhundert. Südöstlich von Sedilo liegt die 1789 erbaute Kirche San Costantino. Sie steht an der Stelle eines Vorgängerbaus aus der zweiten Hälfte des 16. Jahrhunderts, der erstmals für das Jahr 1584 sicher bezeugt ist. Ihre heutige innere Ausgestaltung entstand im Vorfeld der 1913 festlich begangenen 1600-Jahrfeier des Ediktes von Mailand. Am 31. August 1987 wurde die Kirche schließlich durch den Bischof von Alghero-Bosa offiziell als Diözesanheiligtum anerkannt. Der Hauptaltar von 1669 zeigt im Zentrum eine Figur des thronenden Konstantin mit Kreuz und Globus sowie Darstellungen Papst Silvesters I. und der heiligen Helena. An den Wänden werden zahlreiche Votivtafeln [1–3] aus Holz oder Leinwand sowie Stickereien aufbewahrt, die als Dank für geleistete Hilfe bzw. infolge eines Gelübdes gestiftet wurden.

### DIE ARDIA

Im Rahmen des alljährlichen Festes zu Ehren des Ortspatrones findet in Sedilo am 6. und 7. Juli die Ardia, ein großes Reiterspektakel aus Anlaß des am 28. Oktober 312 erfolgten Sieges Konstantins über Maxentius an der Milvischen Brücke statt. Dieser Veranstaltung, die auch als Fest des sardischen Volkes („La sagra del populo sardo") bezeichnet wird, wohnen Tausende von Personen, darunter mittlerweile auch viele Touristen, bei. Die Bezeichnung „Ardia" leitet sich vom sardischen Verb „bardiare" ab, was soviel wie „beschützen" bedeutet, und die sich folglich nicht auf das Ereignis, sondern vielmehr auf die teilnehmende Gruppe der Reiter bezieht. Die Entstehung des Festes ist legendär, die ältesten historischen Nachrichten bezeugen seine Existenz während der zweiten Hälfte des 17. Jahrhunderts.

Die Ardia findet immer zweimal, nämlich am 6. Juli nachmittags und am nachfolgenden Tag vormittags statt. Ausgangsort ist die Straße vor dem Pfarrhaus, wo der Anführer von mehreren Dutzend Reitern aus der Hand des Pfarrers die zuvor gesegnete Fahne des heiligen Konstantin erhält und zudem zwei weitere Standarten übergeben werden. Eine anschließende Prozession, an deren Spitze der Pfarrer mit dem Bürgermeister reiten, führt über die Hauptstraßen der Ortschaft bis zur außerhalb gelegenen Kirche San Costantino, die an einem Hang liegt, der sich – wie ein natürliches Theater – im Halbkreis um einen Platz erstreckt. Dort steigen Pfarrer und Bürgermeister langsam den Hügel und die Stufen zur Kirche hinauf und verharren vor dem Portal. Anschließend betreten die Reiter den Platz vor der Kirche und reiten um das Gotteshaus herum bis vor die Freitreppe. Vor der offenen Kirchenpforte neigen sie ihre mitgeführten Standarten und grüßen so den heiligen Konstantin.

○ III.8.5
**Votivtafel aus der Kirche S. Costantino**
Parrocchia San Giovanni Batista,
San Costantino, Sedilo

○ III.8.3
**Votivtafel aus der Kirche S. Costantino**
Parrocchia San Giovanni Batista,
San Costantino, Sedilo

○ III.8.8
**Votivtafel aus der Kirche S. Costantino**
Parrocchia San Giovanni Batista,
San Costantino, Sedilo

Insgesamt umreiten die Reiter die Kirche sieben Mal. Dann beginnt der zweite Teil der Ardia, der sehr kurz, aber auch sehr gefährlich ist. Die Reiter preschen plötzlich in vollem Galopp von der Kirche auf den davor gelegenen Platz zwischen einem Spalier von Pilgern und Händlern herunter und umreiten ein dortiges Kreuz insgesamt fünf Mal, um anschließend noch einmal zur Kirche hinaufzugaloppieren. Immer wieder kommt es hierbei zu Stürzen und schweren Verletzungen, ja Todesfällen von Reitern und Pferden. Die Ardia dauert jeweils etwa 30 Minuten. Danach findet gemeinsam mit den Reitern eine Messe statt. Am zweiten Sonntag nach dem 7. Juli wird die Oktav des Festes noch einmal mit einer Ardia im Laufschritt zu Fuß begangen, die den gleichen Wegverlauf wie die Umritte am 6./7. Juli nimmt.

Eine vergleichbare Ardia findet am 7. Juli auch in Pozzomaggiore nach einer Prozession um die dortige Kirche San Costantino statt, die 1923 eingeweiht wurde. Ihre Errichtung geht auf die Initiative heimkehrender Soldaten und Emigranten nach Argentinien zurück.

# SILVESTERLEGENDE UND KONSTANTINISCHE SCHENKUNG

Rolf Quednau

„Ich will den kaiserlichen Staub, der seit Konstantin auf dem Thron des Hl. Petrus liegt, abschütteln." Dieses Wort, mit dem Johannes XXIII. (1958–1963) im März 1963 seinen Reformwillen während des 2. Vatikanischen Konzils bekundete, basiert nicht auf einem durch Quellen als faktisch wahrhaftig abgesicherten Konstantinsbild, sondern auf einem bis weit in die Neuzeit wirksamen legendären, das im päpstlichen Rom tendenziös erdacht und ausgebaut wurde mit dem Ziel, den ersten christlichen Kaiser als Legitimierungsinstrument päpstlicher Machtansprüche und Muster für das aus päpstlicher Sicht richtige Verhältnis von untergeordneter weltlicher und ranghöherer geistlicher Macht zu nutzen.

### SILVESTERLEGENDE

Eine um 400 entstandene Legende über Papst Silvester I. (314–335), dessen Pontifikat in die Kaiserherrschaft Konstantins des Großen (306–337) fiel, schildert u. a. wie sich Konstantin durch die Vermittlung Gottes und des Papstes vom heidnischen Verfolger der Christen zu deren Verteidiger und Förderer wandelte und zielte darauf ab, die in der Vita Constantini des Eusebius von Caesarea (um 260/264–339/340) glaubwürdig überlieferte Taufe des Kaisers am Lebensende in Nikomedien durch den arianischen Bischof Eusebius zu verdrängen. Von Gott für seine Christenverfolgungen mit Lepra gestraft, entsagt er aus Güte (*pietas*) des ihm von heidnischen Priestern als Heilmittel empfohlenen Bades im Blut unschuldiger Kinder. Daraufhin lässt Gott ihm im Traum die Apostelfürsten Petrus und Paulus erscheinen, die ihn auffordern, den vor den Verfolgungen auf den Berg Soracte geflohenen Papst Silvester nach Rom zurückzuholen und sich von ihm durch die Taufe heilen zu lassen. Als Konstantin dem Papst seinen Traum erzählt, zeigt dieser ihm zur Identifizierung des ihm im Traum erschienenen Paares die Bildnisse der Apostelfürsten.

So von der Botschaft Gottes überzeugt, lässt sich Konstantin von Silvester taufen, wird von der Lepra geheilt und errichtet zum Dank auf päpstliche Weisung die ersten christlichen Basiliken Roms. Diese Legende fand im Mittelalter in Hunderten von Handschriften, zahlreichen Versionen, volkssprachlichen Bearbeitungen ⊙ III.1.2, ⊙III.1.3 und auch über die Legenda Aurea europaweite Verbreitung.

### KONSTANTINISCHE SCHENKUNG

Eine Fortschreibung erfuhr die Silvesterlegende in der sogenannten Konstantinischen Schenkung (Constitutum Constantini), einer der berühmtesten Fälschungen des Mittelalters, die zwischen der Mitte des 8. und der Mitte des 9. Jahrhunderts vielleicht in der päpstlichen Kanzlei entstand und Konstantin als Aussteller sowie Silvester I. als Empfänger der Urkunde nennt. In ihr werden als Dank für die zu Beginn in einem Glaubensbekenntnis referierte Heilung, Bekehrung und Taufe Konstantins durch Silvester, diesem und allen seinen Nachfolgern Rechte und Geschenke gewährt: Vorrang des Bischofs von Rom vor allen christlichen Kirchen, Verleihung kaiserlicher Ehrenzeichen und -rechte (Diadem, Phrygium, Purpurmantel und -tunika, Zepter, Prozessionsrecht, Hofämter), Herrschaft über Rom, Italien und die gesamte Westhälfte des Römischen Reiches bis ans Ende der Zeiten, wofür Konstantin aus Achtung vor den Apostelfürsten seine Herrschaft nach Osten verlegt, in der Absicht, dort das nach ihm benannte Konstantinopel zu gründen.

Dieses apokryphe Kaiserdiplom fand über die Aufnahme in die pseudoisidorischen Dekretalen (um 850) und als Ergänzung im zum kanonischen Recht erhobenen Dekret des Gratian (Dist. 96,14; 12. Jahrhundert) weite Verbreitung und spielte in den politischen Auseinandersetzungen zwischen Kaiser und Papst jahrhundertelang eine wichtige Rolle zur Legitimation päpstlicher Macht und Territorialherrschaft. Ein in Rom zu Beginn des 16. Jahrhunderts angefertigtes Prachtexemplar (Rom, ASV, AA. Arm I–XVIII.2; ⊙ III.2.4) war vielleicht dazu bestimmt, dass Karl V. bei seiner Kaiserkrönung 1530 das Constitutum ususgemäß bestätige.

### VERBILDLICHUNGEN

Die Silvesterlegende hat sich mit je nach Ort, Funktion, liturgischem oder zeitgeschichtlichem Kontext unterschiedlichen Gewichtungen europaweit bildlich niedergeschlagen, von Skandinavien (Vortragekreuz aus Schonen, ⊙ III.1.8) bis Italien (Türsturz aus S. Silvestro, Pisa, ⊙ III.1.1). Unter dem Aspekt der Instrumentalisierung des legendären Konstantin zu einem Garanten päpstlicher Macht ist hier jedoch der Blick naheliegenderweise auf Rom zu richten und zunächst auf drei Meilensteine päpstlicher Selbstdarstellung und Beanspruchung imperialer Rechte.

### S. GIOVANNI IN LATERANO

Die älteste überlieferte Darstellung der Konstantinischen Schenkung in einem Mosaikbild an der Fassadenvorhalle der von Konstantin gegründeten und reich beschenkten römischen Bischofskirche S. Giovanni in Laterano entstand um 1190 ⊙ III.2.2, als das apokryphe Kaiserdiplom immer häufiger zur Stützung päpstlicher Primatsforderungen herangezogen wurde. Der Taufe Konstantins durch Silvester benachbart, trug es die Beischrift „Der König gibt seine Rechte Silvester". Die Übergabe des Dokuments an den bekrönt thronenden Silvester durch einen ohne Amtsinsignien stehenden Konstantin signalisiert das päpstliche Wunschbild eines sich dem Stellvertreter Christi unterordnenden höchsten Repräsentanten weltlicher Macht. Als das Mosaikbild 1731 dem Fassadenneubau weichen musste, bewahrte man die große Architravinschrift mit ihren zitathaften Anklängen an das Constitutum und übertrug sie an die neue Fassade, wo sie noch heute den durch Papst und Kaiser gemeinsam verfügten Vorranganspruch der Lateranbasilika proklamiert: „Im Beschluss von Kaiser und Papst ist es bestimmt, dass ich die Mutter und das Haupt aller Kirchen sei".

### SILVESTERKAPELLE AN SS. QUATTRO CORONATI

Vor dem Hintergrund dramatischer Konflikte zwischen Kaiser und Papst – Friedrich II. (1220–1250), seit 1239 erneut unter päpstlichem Bann, bedrohte Rom militärisch, Innozenz IV. (1243–1254) floh 1244 mit der Kurie nach Lyon und setzte dort 1245 auf einem Konzil den Kaiser ab – entstand in der 1247 geweihten Silvesterkapelle an SS. Quattro Coronati in Rom eine in Umfang und Akzentuierung kraftvolle Verbildlichung päpstlicher Vorstellungen von der Gehorsams- und Unterordnungspflicht des Kaisers unter den irdischen „Stellvertreter Christi". Im Anschluss an seine Reinigungstaufe sind in zwei benachbarten Szenen viele Details der Konstantinischen Schenkung wortgetreu veranschaulicht [1]: Segnend empfängt der heilige Papst vom kniefälligen Kaiser Phrygium und Kaiserpalast auf dem Lateran, außerdem von den pauschal genannten „verschiedenen kaiserlichen Würdezeichen" Schirm und geschmückten Schimmel. Die Männer auf den Zinnen des Kaiserpalastes, von denen einer die vom Papst als Geschenk zurückgewiesene Kaiserkrone hält, verkörpern die verschiedenen zum Schmuck der kaiserlichen Macht bestimmten Ämter der Kammerdiener, Türhüter und aller Wächter, mit denen der Kaiser nun die Heilige Römische Kirche schmücken will, »damit die päpstliche Würde auf das glänzendste erstrahle«. Im Nachbarfeld trägt Silvester nun das kaiserliche Phrygium „in Nachahmung der Kaiserherrschaft" und segnet abermals Konstantin für den ihm „als Ehrerbietung vor dem Hl. Petrus" geleisteten Zügeldienst, für den es eine von König Pippin 754 bis zu Karl V. 1530 reichende zeremonielle Praxis auch im Kaiserkrönungsordo gab. Die singuläre, den kaiserlichen Beschwörungsformeln des Schenkungstextes verpflichtete Anbindung dieses Silvesterzyklus an eine Darstellung des Jüngstes Gerichts gab dem Kaiserdiplom eine heilsgeschichtliche Unabdingbarkeit, entsprechend dem wachsenden Nachdruck, mit dem die Päpste des 13. Jahrhunderts, darunter auch Innozenz IV. in seiner Bulle „Eger cui venia" von 1246, dessen Einhaltung einforderten.

## SALA DI COSTANTINO IM VATIKANISCHEN PALAST

Als Leo X. (1513–1521) um 1519 Raphael (1583–1520) den Auftrag erteilte, die große Sala seines Appartements im Vatikanischen Palast mit einem Konstantinszyklus auszumalen, entstand bis 1524 durch die Raphael-Schüler nicht nur der mit vier Haupt- und 18 Nebenszenen umfangreichste Bildzyklus zum Wirken des ersten christlichen Kaisers sondern auch eine neuartige Verschmelzung zweier Konstantinstraditionen. Die eine orientierte sich im Wettstreit mit der Kunst der Antike an antiken Historienreliefs und feierte den historisch bezeugten Sieger der Schlacht an der Milvischen Brücke des Jahres 312 und die vorgeschaltete legendäre Kreuzvision in den drei ersten Hauptfresken (Kreuzvision, ☉ III.9.3; Schlacht an der Milvischen Brücke, ☉ III.10.2; Gefangenenvorführung); die andere fußte auf der päpstlichem Wunschdenken entsprungenen Silvesterlegende, deren Initialepisode der Weigerung Konstantins, das von heidnischen Priestern ihm angeratene Heilungsbad im Blut unschuldiger Kinder zu nehmen, das letzte der Hauptfresken bilden sollte. Leitgedanken waren hier die päpstlichen Bemühungen um einen wie Konstantin unter dem Zeichen des Kreuzes siegreichen Kreuzzug gegen die Türken und Erwartungen an den nach dem Tod Maximilians I. zu wählenden neuen Kaiser.

Erst unter Clemens VII. (1523–1534) konzipierten Raphaels Schüler zwei Episoden mit Konstantins kniender Unterordnung unter Papst Silvester als Hauptbilder, die sich nun mit den beiden Anfangsepisoden des eusebianischen Konstantin gottgelenkter Sieghaftigkeit die Waage halten, und gaben ihnen Inschriften bei, die die historische Tragweite des Dargestellten unterstreichen. In der Taufe Konstantins durch Silvester (mit den Gesichtszügen Clemens’ VII.) im als „konstantinisch“ angesehenen Lateranbaptisterium lesen wir: Heute sei Rom und dem ganzen Imperium Wohl widerfahren ☉ III.1.5; in der ins Langhaus der akribisch wiedergegeben „konstantinischen“ Basilika von Alt-St. Peter verlegten Konstantinischen Schenkung mit der Übergabe einer Herrschaftsrechte symbolisierenden Roma-Statuette und den hinter Konstantin knienden Repräsentanten kaiserlicher, dem Papst vermachter Ämter: Jetzt könne man Christus frei bekennen ☉ III.2.3. In beiden Szenen umhüllen die Raphaels Prinzipien verpflichteten historisierenden, antiquarisch treuen Rekonstruktionen antiker „konstantinischer“ Schauplätze, wie bereits in den beiden noch von Raphael entworfenen militärischen Auftaktbildern von Kreuzvision und Schlacht, das Geschehen mit der Aura des Authentischen. Solches Argumentieren mit dem Zeugniswert von Schauplätzen als altehrwürdige, dank ihrer Dauerhaftigkeit unbestreitbare und unumstößliche Baumonumente und -dokumente, wird in der Folgezeit an Bedeutung gewinnen.

## STREIT UM DIE ECHTHEIT DER KONSTANTINISCHEN SCHENKUNG: LORENZO VALLA UND DIE FOLGEN

Mit der Programmänderung in der Sala di Costantino reagierte Clemens VII. auf den gegen 1520 neu entfachten Streit um die Echtheit des Constitutum Constantini, die im 15. Jahrhundert zunächst 1433 Nikolaus von Kues (1401–1464; ⊙ III.3.1), dann um 1440 mit nachhaltigster Wirkung Lorenzo Valla (1405/07–1457; ⊙ III.3.2) bestritten hatten. Im Zuge der sich anbahnenden Konfessionsspaltung lag hier für die protestantische Papstkritik eine scharfe Waffe bereit. Im Dialog „Julius vor der verschlossenen Himmelstür" des Erasmus von Rotterdam (1466/69–1536; 21 Ausgaben zwischen 1517–1521) muss der um Einlass ins Paradies bittende, 1513 verstorbene Julius II. sich vom Himmelspförtner Petrus sagen lassen, dass die Konstantinische Schenkung „wohl eine Fabel" sei. Und als Martin Luther (1483–1546) Anfang 1520 einen Leo X. gewidmeten Sammelband des kämpferischen Ulrich von Hutten (1488–1523) zu Gesicht bekam, der Vallas Fälschungsnachweis und weitere Schriften gegen die Echtheit des Constitutum Constantini enthielt, lautete im Dezember 1520 seine 20. Begründung „Warumb des Bapsts und seyner Jungernn bucher von Doct. Martino vorbrant seynn": „Das er die grosse unchristlich lugen, das Keyser Constantinus yhm Rhom, land, reych und gewalt geben hab auff erden, fur war helt und foddert, ...". In den seit Frühjahr 1521 vielfach aufgelegten, von Luther brieflich gelobten antithetischen Holzschnittpaaren des Passional Christi und Antichristi von Lucas Cranach dem Älteren (1472–1553; ⊙ III.3.3) ist dem demütigen, entblößten Christus der Dornenkrönung ein hochmütiger, erhöht thronender Papst im Ornat mit seiner Tiara als Antichrist gegenübergestellt, über einer Beischrift, die auf den Auszug der Konstantinischen Schenkung im Dekret des Gratian (Dist. 96,14) anspielt: „Antichristus. / Der Keyser Constantinus hat uns die keyserlich Krone, getzirde, allen andern geschmuck in massen, wie yhn der Keyser tregt, purpur cleyt, alle andere cleyder und scepter zutragen und tzubrauchen geben. c. Constantinus xcvi, dis. Solche luegen haben sie yre tyranney tsu erhalten erticht wynder alle historien und kuntschafft, dan es ist nit brauchlich geweßen den Romischen Keysern ein solche Krone tzutragen."

## RENAISSANCE KONSTANTINS DURCH DIE REFORMPÄPSTE NACH DEM KONZIL VON TRIENT

Als die im Konfessionsstreit eskalierende, protestantische Papstkritik die Rolle Konstantins als Garant päpstlicher Macht immer mehr bedrohte, war die Antwort der Päpste prompt, vielseitig und bilderreich, letztlich aber doch ohnmächtig: Sie machten seit dem letzten Viertel des 16. Jahrhunderts ihre Residenzen am Vatikan und Lateran mit den zugehörigen Kirchen und Kapellen zu Kristallisationspunkten einer wahren Renaissance Konstantins.

In der vatikanischen Sala di Costantino ließ Gregor XIII. (1572–1585) die Flachdecke 1581–1585 durch ein von Tommaso Laureti (um 1530–1602) ausgemaltes Gewölbe ersetzen. Es erweiterte nach 60 Jahren die Wandfresken der Raphael-Schüler und geriet rund 140 Jahre nach Lorenzo Valla zur letzten und umfangreichsten Illustrierung des Constitutum Constantini. Personifikationen der zehn italienischen Provinzen sowie der Erdteile Europa, Asien und Afrika verweisen ebenso auf das Constitutum und die darin verfügte Abtretung der Herrschaft über Rom und ganz Italien nebst Besitzungen in allen drei Erdteilen an Papst Silvester und seine Nachfolger, wie die dem Papst vermachten, von Putten gehaltenen kaiserlichen Herrscherinsignien: roter Mantel, Szepter, Krone, Tiara, goldene Sporen usw. Die drei Erdteile und acht Tugenden preisen in begleitenden Inschriften die weltweiten Leistungen Konstantins und seiner Mutter Helena: Errichtung und Ausstattung von Kirchen, Unterstützung der Armen, Bekehrung von Heiden zum Gehorsam gegenüber der Heiligen Kirche, Bestrafung von Christenverfolgern, Kreuzauffindung und Verdammung der arianischen Häresie. Das Zentralrechteck illustriert die Weisung Konstantins, reichsweit Götzenbilder zugunsten der Anbetung des Erlösers Christus zu zerstören, als welthistorische Wende: das Kreuz Christi auf dem Altar und ein herabgestürztes, zerbrochenes heidnisches Götterbild des Merkur.

1 **Taufe Konstantins durch Silvester,**
   **Konstantinische Schenkung, Zügeldienst**
   **Wandmalerei, 1247**
   Rom, SS. Quattro Coronati, Silvesterkapelle

Der im Constitutum Constantini beschriebene zeremonielle Ehrendienst, bei dem Konstantin zum Zeichen seiner Unterordnung unter den Stellvertreter Christi Silvester I. das Pferd des reitenden Papstes am Zügel führt, aus SS. Quattro Coronati bereits vertraut [1], zuletzt von Karl V. bei seiner Kaiserkrönung in Bologna 1530 gegenüber Clemens VII. geleistet und bereits um 1550 in einem Programmentwurf als Szene für die Ausmalung der Sala Regia im Vatikan vorgeschlagen, begegnet in szenischer Darstellung in der Galleria delle carte geografiche des Vatikanischen Palastes, gegen 1580–1581 [2] und mehrfach im unter Sixtus V. (1585–1589) neuerbauten und -dekorierten Lateranpalast (Salone di Costantino, Benediktionsloggia) sowie am Konstantin im dortigen Salone degli Imperatori, wo er als Einzelfigur Zaum und Zügel ostentativ vorweist.

Es fällt auf, dass die Konstantinszyklen, die die zuletzt erwähnten drei szenischen Verbildlichungen des Zügeldienstes enthalten, auf eine Darstellung der eigentlichen Konstantinischen Schenkung, wie zuletzt in der vatikanischen Sala di Costantino, verzichten. Wenn im Lateranpalast im Salone di Costantino und in der Benediktionsloggia Konstantin in Schenkungszusammenhängen dargestellt wurde, dann betrafen diese nicht mehr das strittige Kaiserdiplom, sondern die konstantinischen Geschenke an die Laterankirche, die durch den Liber Pontificalis als zweifelsfrei verbürgt galten.

Dies trifft auch auf die Ausmalung im Querhaus der römischen Bischofskirche zu, das Clemens VIII. (1592–1605) zum Hl. Jahr 1600 erneuerte und dabei mit acht großen Konstantinsfresken einen Triumph der Kirche unter Konstantin inszenierte. Auch hier, wo ortsbedingt der Akzent auf den die Apsis mit dem Papstthron flankierenden letzten vier Episoden zur Geschichte der Lateranbasilika, des ersten von Konstantin gestifteten christlichen Kirchenbaus, liegt, fehlt eine Darstellung des Constitutum Constantini. Den Schlusspunkt setzt eine bereits aus den sixtinischen Fresken des Lateranpalastes vertraute Wiedergabe der Geschenke Konstantins an die Laterankirche (vgl. im nachfolgenden Kapitel Abb. [2]).

In einem vertraulichen Brief an einen Mitbruder und langjährigen Freund bekannte der Oratorianer Cesare Baronio (1538–1607) 1590 seine Zweifel an der Echtheit der Konstantinischen Schenkung: über solche Gott verhassten Lügen wolle er weder schreiben noch sie verteidigen; alles, was er zu deren Verteidigung von anderen gelesen habe, halte er für possenhaftes, ausgedroschenes Stroh (*pagliaccia*). Er werde das unangenehme Thema (in seinen ab 1588 gedruckten Kirchenannalen) so abhandeln, dass man ihm weder Negierung noch Bestätigung vorwerfen könne.

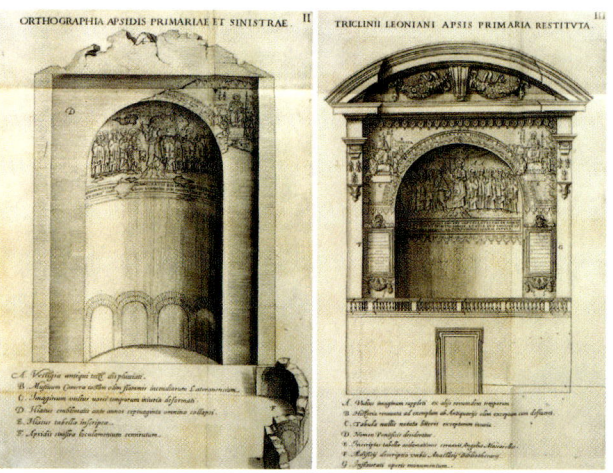

3 Rom, Lateran, Aula Leonina, Tricliniums-
mosaik, vor und nach der Restaurierung
Kupferstiche in N. Alemanni, De lateranen-
sibus parietinis ab Illustriss. et Reverendiss.
Domino Francisci Card. Barberino restitutis,
dissertatio historica, Rom 1625, Taf. II u. III

⊙ III.2.1
2 Cesare Nebbia
Konstantin d. Gr. leistet Silvester I. den Zügeldienst
Zeichnung, gegen 1580 – 81
Paris, Musée du Louvre, Département des Arts Graphiques

Doch als zwei Jahre später der betreffende dritte Band seiner gegen die sogenannten „Magdeburger Zenturien" der Protestanten gerichteten Kirchengeschichte erschien, propagierte der papstfreundliche Baronio überraschenderweise weiterhin vehement die Gültigkeit der Konstantinischen Schenkung ohne Referierung oder Widerlegung der Argumente, die seit Lorenzo Valla gegen die Echtheit des Kaiserdekrets vorgebracht worden waren. Baronios Sinneswandel wird nicht ohne Druck von außen geschehen sein; folgten doch päpstliche Gunsterweise und die Ernennung zum Kardinal. Trotz des wider besseres Wissen argumentierenden Baronio und der aus einem Konsistorium 1607 überlieferten Direktive Pauls V. (1605–1621), er wünsche keine Bezweiflung des von alle Experten kanonischen Rechts als gültig anerkannten Constitutum Constantini, wurde seine Verbildlichung auch fortan vermieden.

Stattdessen rückten andere, die visuelle Zeugenschaft erhaltener Geschichtsdenkmäler nutzende Argumentationsstrategien in den Vordergrund, als es immer schwieriger wurde, sich auf Konstantin als Garant päpstlicher Macht zu berufen. Dabei schreckte man in Rom auch nicht davor zurück, ein „altes Denkmal" bei seiner Restaurierung nach den eigenen Bedürfnissen teilweise neu zu erfinden. Zum Heiligen Jahr 1625 wurde die wegen ihrer Mosaiken als ehrwürdiges Fragment bewahrte Apsis der unter Sixtus V. abgerissenen karolingischen

Tricliniumsaula Leos III. (795 – 816) zu einer giebelbekrönten Schauwand restauriert und in einer von Kardinal Francesco Barberini finanzierten Publikation des vatikanischen Bibliothekspräfekten Nicolò Alemanni (1583 – 1626) in der Widmung als „altes und berühmtes Denkmal der päpstlichen Autorität" propagiert. Dabei entstand zuseiten des Apsismosaiks des seinen Jüngern den Missionsauftrag erteilenden Christus als Gegenstück zur überlieferten karolingischen rechten Zwickeldarstellung mit Petri Machtübertragung an Leo III. und Karl den Großen auf dem linken Zwickel eine analoge, aber aus dem Nichts neuerschaffene Investitur-Szene mit Christus über Petrus (oder Silvester) und Konstantin, die man als Kopie des karolingischen Originals ausgab, das aber an dieser Stelle mindestens seit der Mitte des 16. Jahrhunderts verloren war [3], dessen Nachzeichnung jedoch Kardinal Francesco Barberini in nächtlicher Suche „mit göttlicher Hilfe" gefunden habe, für die es jedoch keine Belege gibt. Offenbar schuf man sich ein durch Ergänzung verbessertes „altes und berühmtes Denkmal der päpstlichen Autorität" mit der Gestalt Konstantins, das dank einer erneuten Kopie von 1743 bis heute im öffentlichen Raum Roms überdauert.

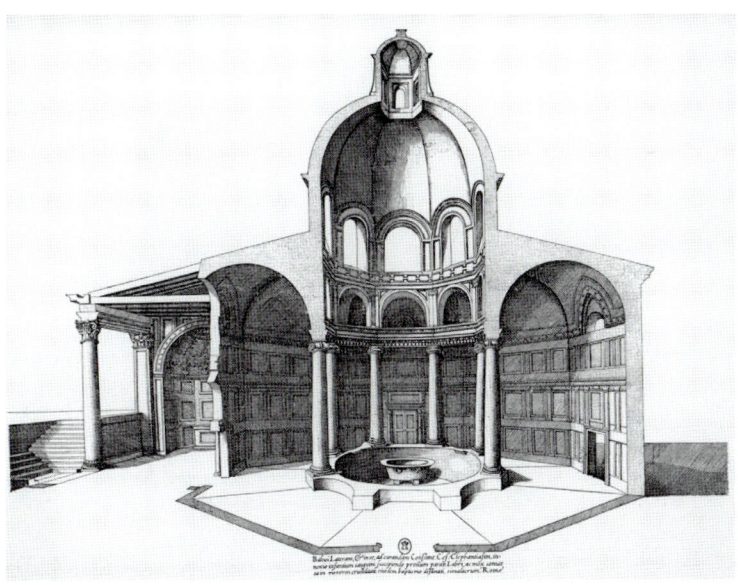

vgl. ⊙ III.1.4

**4 Antonio Lafreri (Hg.)**
**Lateranbaptisterium S. Giovanni in Fonte, rekonstruierende Schnittansicht**
Kupferstich, vor 1570

### DIE TAUFE KONSTANTINS IN ROM

Als mit dem 1544 erfolgten Erstdruck der Vita Constantini des Konstantin-Zeitgenossen Eusebius das historisch glaubwürdigere Zeugnis von Konstantins Taufe erst kurz vor seinem Tod in Nikomedien durch den arianischen Bischof Eusebius vorlag, zog eine aus der Papstkritik hervorgegangene, durch ihre Quellenorientierung zukunftsweisende protestantische Geschichtsschreibung in den sogenannten „Magdeburger Zenturien" (Bd. 4, 1560) nach dem Constitutum Constantini auch die Silvesterlegende mit Konstantins Leprakrankheit und Taufe durch Papst Silvester I. in Rom als „Lüge" und „erdichtet" in Zweifel. Dies löste in Rom eine Vielzahl von Maßnahmen und Verbildlichungen aus, die darauf abzielten, Konstantins Taufe in Rom und das Lateranbaptisterium als dessen sakralen Taufort zu betonen und zu aktualisieren.

Eine undatierte, von Antonio Lafreri (1512–1577) in Rom vor 1570 verlegte rekonstruierende Schnittansicht des Lateranbaptisteriums [4] zeigt anscheinend bereits jene antike, grüne Basaltwanne, die Gregor XIII. zum Hl. Jahr 1575 im Zuge weiterer Maßnahmen wirkungssteigernd ins Oktogonzentrum hatte versetzen lassen, wo sie noch heute die Blicke auf sich zieht. Die Bildunterschrift betont das reinigende Taufbad des leprakranken Konstantin im Lateran, nachdem er auf die Tötung unschuldiger Kinder verzichtet hatte: „Abbild des Lateranbades in Rom mit der Wanne, die zunächst das zur Heilung von Kaiser Konstantins Aussatz bestimmte Blut unschuldiger Kinder aufnehmen sollte, doch nachdem sich die Grausamkeit in Güte verkehrt hatte, für dessen Taufe bestimmt war." Dies zielte auf eine mit dem römischen Bau- und Ausstattungsdenkmal argumentierende Widerlegung der jüngsten protestantischen Kirchengeschichtsschreibung.

**5** Alò Giovannoli
**Die Apostelfürsten Petrus und Paulus erscheinen dem leprakranken Konstantin d. Gr. im Traum auf dem Lateran**
Radierung in: ders., Roma Antica. Buch 2, Rom 1615, fol. 26

**6** Alò Giovannoli
**Taufe Konstantins d. Gr. durch Silvester I. vor dem Lateranbaptisterium**
Radierung in: ders., Roma Antica. Buch 2, Rom 1615, fol. 24

Seit dem 12. Jahrhundert sind in Rom immer wieder Realien als Beweisstücke für die Glaubwürdigkeit von Legenden um Konstantin angeführt und deren Betrachtung bisweilen sogar bis ins 18. Jahrhundert mit einem Ablassversprechen verbunden worden. So propagierte man in der römischen Bischofskirche nicht nur eine Tiara, die Silvester von Konstantin empfangen habe, sondern bewahrte und verehrte auch – wie auch in St. Peter – eine Doppelikone der Apostelfürsten Petrus und Paulus als jene, die Silvester dem leprakranken Konstantin gezeigt habe, der daraufhin die ihm im Traum erschienenen Männer wiedererkannt habe, die ihm den Weg zur Taufe durch den Papst gewiesen hätten.

In Fortführung solcher Traditionen traten in nachtridentinischer Zeit an die Stelle von nicht länger haltbaren Textzeugen verstärkt Bilder und Monumente als visuelle Propaganda und suggestive „Belege", um im Konfessionsstreit angezweifelte Legenden weiterhin als unumstößlich gültige Wahrheiten und historische Ereignisse zu beschwören, so auch in den an Konstantins Taufe durch Silvester festhaltenden Kirchenannalen des Baronio.

1588 ließ Sixtus V. vor der Benediktionsloggia des Lateran den größten Obelisken Roms aufstellen, mit Christi Kreuz über seinem Familienwappen bekrönen und weihen ☉ **III.4.3**. Ihn hatte Konstantin, „Größter Augustus, des christlichen Glaubens Beschützer und Beschirmer", über den Nil nach Alexandria gebracht in der Absicht, mit ihm das von ihm gegründete Neue Rom zu schmücken, sein Sohn Constantius dann nach Rom überführt, im Circus Maximus aufgestellt und dem Senat und Volk von Rom geschenkt. Dies berichten die in den Sockel eingemeißelten Inschriften, die auf der christlichen, der Benediktionsloggia und dem Lateranbaptisterium zugewandten Südseite in den Worten gipfeln: „Konstantin / durch das Kreuz / Sieger / hat, vom heiligen Silvester hier / getauft / des Kreuzes Ruhm / verbreitet". Mit diesen Hinweisen auf Sieg unter dem Zeichen des Kreuzes, Silvestertaufe und Verbreitung des Christentums wurde die Aufstellung des konstantinischen Obelisken im öffentlichen Raum und für jedermann sichtbar vor dem erneuerten Kaiserpalast Konstantins, der zu den im Constitutum Constantini an den Papst abgetretenen kaiserlichen Besitztümern zählte, Teil einer die römische Taufe Konstantins bekräftigenden päpstlichen Legitimationsstärkung. Den Zusammenhang dieses an Konstantin den Großen erinnernden lateranischen Monumentenquartetts aus Palast, Kirche, Baptisterium und Obelisk führte Sixtus V. 1589 auch in einer Medaille propagandistisch vor Augen.

Wie lebendig damals die Silvesterlegende im lokalen Bewusstsein war und in Bindung an Roms Örtlichkeiten und Monumente memoriert wurde, zeigen zwei Lateran-Ansichten in der religiösen Vedutenanthologie Roma Antica (Bd. 2, 1615) des Alò Giovannoli (um 1550–1618), in der im Zuge sich entfaltender topographisch-antiquarischer und frühchristlicher Rom-Forschungen getreue Ansichten Roms, vornehmlich des antiken, mit frühchristlichen Märtyrern, Heiligenlegenden und kirchlichen Zeremonien bevölkert sind. Wie die Apostelfürsten Petrus und Paulus dem leprakranken Kaiser erscheinen, spielt sich hier vor dem konstantinischen Memorialquartett aus Palast, Kirche, Obelisk und Baptisterium ab [5], die Taufe Konstantins durch Silvester vor dem Oktogon von S. Giovanni in Fonte [6].

Seit Urban VIII. (1623–1644) und dem bevorstehenden Hl. Jahr 1625 wurden die Bemühungen um das Lateranbaptisterium intensiviert, mit dem Ziel, es wie in den Bauakten und in einer Gedächtnismedaille von 1636/1637 als Taufort Konstantins auszuweisen und die in Rom seit langem gehegte Vorstellung visuell zu untermauern, Konstantin sei hier in einem Zimmer seines Kaiserpalastes von Silvester getauft worden und habe anschließend diese Örtlichkeit zu Ehren Johannis des Täufers in eine Kirche umgewandelt. Es kam zu umfangreichen Sanierungs- und Verschönerungsmaßnahmen mit Hinzufügung des auf Konstantins Bekehrung verweisenden Chi-Rho als konstantinisierendem Baudekor (1624–1635), Ausmalung der Umgangswände mit fünf unstrittigen, „historisch korrekten" Konstantinsepisoden und Konstantins römischen Kirchengründungen unter der Leitung von Andrea Sacchi (1636–1649); im Zentrum aber befand sich eine Darstellung der Taufe Konstantins durch Silvester, zunächst als kleinfigurige vollplastische Gruppe auf dem Deckel der sogenannten Taufwanne Konstantins (nach 1624), dann, als dieser Deckel durch einen neuen bronzenen, teilvergoldeten nach Entwürfen von Ciro Ferri (wohl 1634–1689) ersetzt wurde, als Relief gepaart mit einer Taufe Christi (um 1678), die in der Form von zwei massiven Silberstatuen schon der Liber Pontificalis als Geschenke Konstantins im Zentrum des Lateranbaptisteriums verzeichnet, die aber auch den Wunsch des eusebianischen Konstantin anklingen lässt, wie Christus im Jordan getauft zu werden (Eusebius, Vita Constantini IV,62,1–2).

## SCHLUSS

Die Gestalt Konstantins des Großen, vor allem des legendären der Silvesterlegende und der Konstantinischen Schenkung, hat über Jahrhunderte das an vielen Kunstwerken ablesbare Selbstverständnis des Papsttums mit seinen politischen Ansprüchen geprägt und auratischen Glanz verliehen, in der Folge von Aufklärung und Entmythisierung seit dem 18. Jahrhundert aber zunehmend an Strahlkraft und Bedeutung verloren. Nach der politischen Entmachung der Päpste konnte der erste christliche Kaiser sogar als eine Belastung empfunden werden, wie das Eingangszitat von Johannes XXIII. offenbart. Dass seit dessen Nachfolger Paul VI. die Päpste auf das Tragen und neuerdings auch auf jede Nutzung in Liturgie und Papstwappen der ihnen von Konstantin in seiner apokryphen Schenkung als imperiales Würdezeichen vermachten Tiara verzichten, erscheint als logische Konsequenz dieser Haltung.

⊙ III.1.1
**Episoden der Silvesterlegende**
Zweizoniger Relieffries aus San Silvestro, Pisa
Ende 12. Jh.
Pisa, Museo Nazionale di San Matteo

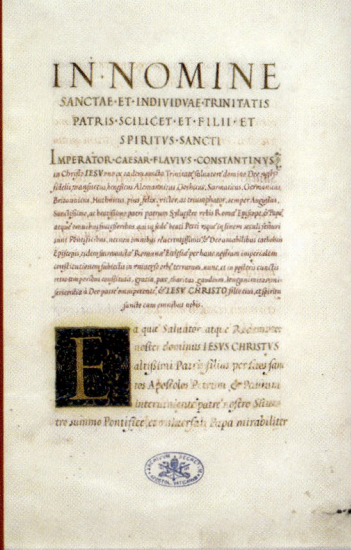

⊙ III.1.8
**Bronzenes Vortragekreuz aus Schonen,**
**12. Jh., Rückseite**
Konstantin der Große und Episoden
der Silvesterlegende
Lund University Historical Museum

⊙ III.2.4
**Prachtexemplar des**
**Constitutum Constantini**
Anf. 16. Jh.
Archivio Segreto Vaticano

⊙ III.3.3
**Lucas Cranach d.Ä.**
**Dornenkrönung Christ und Papstkrönung**
Aus: Passional Christi und Antichristi,
Wittenberg 1521
Landesbibliothek Coburg

⊙ III.2.3
Francesco Aquila
**Schenkung Konstantins des Großen an Silvester, 1722**
nach einem Fresko der Raffael-Schüler von 1524 im Vatikanischen Palast
Rom, Istituto Nazionale per la Grafica

⊙ III.4.3
Willem II van Nieulandt
**Ansicht der Piazza di San Giovanni in Laterano, 1614**
Rom, Museo di Roma

⊙ III.4.11
**Peter Paul Rubens**
Die Gründung von Konstantinopel, 1622
Staatliche Kunsthalle Karlsruhe

# KONSTANTIN ALS BAUHERR UND STIFTER

Rolf Quednau

Die Erinnerung an die Bau- und Stiftertätigkeit Konstantins des Großen, besonders die Errichtung von Kirchen und Gründung der nach ihm benannten Stadt Konstantinopel, von denen die frühesten Historiographen und dann auch die Silvesterlegende berichten, ist früh auch im Bild festgehalten worden.

In der Basilika Alt-St. Peter in Rom, über dem Petrusgrab errichtet laut Liber Pontificalis von Konstantin dem Großen, nach neuen Forschungen möglicherweise erst unter seinem Sohn Constans (337–350), konnte man am Vierungsbogen vermutlich von Anbeginn bis zum Abbruch für den Neubau ab 1506 ein Mosaikbild sehen mit Konstantin als Kirchenstifter vor Christus und Petrus, dazu die Inschrift „Weil unter Deiner Führung die Welt sich triumphierend dem Himmel zugewendet, hat Konstantin, der Sieger, diese Aula Dir gestiftet". Im einstigen Konstantinopel (heute Istanbul) zeigt ein Mosaik des 10. Jahrhunderts über dem Südeingang zur Vorhalle der Hagia Sophia Konstantin als Gründer der nach ihm benannten Stadt, deren Modell er Maria und dem Christuskind darbringt. Im Westen ist diese Stadtgründung nur vereinzelt illustriert, wie in einem der primär nicht Rom sondern dynastisch orientierten Konstantinsteppiche, die Peter Paul Rubens 1622 im Hinblick auf Ludwig XIII. konzipierte ⊙ **III.4.11**.

Konstantins römische Kirchenbautätigkeiten finden sich um 1300 in Rom ins Bild gesetzt in einer Miniatur des Liber Ystoriarum Romanorum mit der Beischrift „Wie Constantinus die Kirche des heiligen Petrus und des heiligen Paulus erbaute" (Hamburg, SUB, Cod. 151 in scrin, fol. 121r; ⊙ **III.10.1**; und in der nur literarisch bezeugten Wandmalerei, mit der Bonifaz VIII. die von ihm zum ersten Hl. Jahr 1300 erbaute sog. Benediktionsloggia der Lateranbasilika schmücken ließ, und der möglicherweise der Konstantin mit Spitzhacke und geschultertem Korb vor Silvester I. auf einem Frontispiz-Holzschnitt verpflichtet ist, der zum Hl. Jahr 1500 erschien (Comincia el tractato di santo Ioanni Later-

ano composto per misser Giuliano Dati doctore fiorentino penitentiere in Laterano …, o. O. u. J. [Rom, um 1499?]).

Besonders wirkmächtig wurde eine Episode in der Silvesterlegende, die über die Legenda Aurea des Jacobus de Voragine bis ins späte 17. Jahrhundert weite Verbreitung fand: Konstantin habe den ersten Spatenstich für St. Peter getan und zu Ehren der 12 Apostel 12 Körbe Erdreich eigenhändig ausgehoben. Chronisten des 12. Jahrhunderts berichten von Grundsteinlegungen des späteren 11. Jahrhunderts (Kloster Pegau bei Leipzig; Stift Wyschehrad, Prag), in denen dieselbe Zeremonie mit den 12 Körben praktiziert wurde in ausdrücklicher Nachahmung Konstantins. Und eine ähnliche Anspielung wiederholte sich 1506 in Rom bei der Grundsteinlegung zum Neubau von St. Peter. Verbildlicht findet sich diese Episode nicht nur 1618/1619 an programmatischer Stelle in einem Gewölberelief der Vorhalle von Neu-St. Peter, sondern am ausführlichsten und mit unübertroffener antiquarischer Detailgenauigkeit bereits 1524 durch Raphaels Schüler in einer Sockelgrisaille unterhalb der Taufe Konstantins in der vatikanischen Sala di Costantino: der Bauplan und die mehrfach anachronistischen Rollenporträts der 1506 (Bramante) bzw. 1524 (Clemens VII.) Beteiligten unterstreichen die Kontinuität zwischen konstantinischem Alt- und modernem Neu-St. Peter [1].

Im Einklang mit der durch das Konzil von Trient beförderten Hinwendung zu den frühchristlichen, märtyrerreichen Anfängen des Christentums wurde in den Romführern sowie Kupferstichen mit Stadtplänen und Ansichten der Kirchen Roms (Giovanni Maggi, 1600), die großen Absatz fanden bei den Pilgern, die anlässlich der Hl.-Jahr-Feiern zur Erlangung von Ablass in Scharen nach Rom strömten, bei vielen Kirchen deren Erbauung durch Konstantin herausgestrichen.

⊙ III.4.6.

**1 Grundsteinlegung von Alt-St. Peter**
seitenverkehrte Radierung von Pietro Santi Bartoli
(1635 – 1700) nach Sockelfresko der Raphaelschule in der
Sala di Costantino des Vatikanischen Palastes von 1524
Rom, Istituto Nazionale per la Grafica

**2 Giovanni Baglione**
Konstantins Geschenke an die Laterankirche
Fresko, 1599–1600, Rom, S. Giovanni
in Laterano, Südquerhaus.

Dem entspricht im Anfangsjoch der unter dem Reformpapst Gregor XIII. 1578–1581 errichteten Galleria delle carte geografiche des Vatikanischen Palastes die Flankierung der Taufe Konstantins durch das Bilderpaar der Errichtung der Basiliken des Petrus und Paulus durch Konstantin ⊙ **III.4.5**. Und als sich die Konstantinische Schenkung in der Folge von Lorenzo Vallas Fälschungsnachweis und der eskalierenden Polemik der Konfessionsspaltung als unhaltbar und nicht länger darstellungswürdig erwies, kamen unter Sixtus V. (1585–1590) im neuerbauten Lateranpalast (Salone di Costantino, Benediktionsloggia) sowie im zum Hl. Jahr 1600 fertiggestellten Konstantinszyklus des Querhauses der Laterankirche die von ihrem kaiserlichen Erbauer dieser Kirche gemachten Stiftungen und kostbaren Geschenke (liturgische Gefäße, silberne Salvator-Statue des sogenannten „fastigium") , von denen der Liber Pontificalis berichtet, mehrfach zur Darstellung **[2]**.

Die Rolle Konstantins des Großen als Kirchenerbauer veranschaulicht auch Carlo Marattis Titelillustration zu einer Beschreibung von Alt- und Neu-St. Peter durch Carlo Padredio 1673, auf der Konstantin und Julius II. als Bauinitiatoren den Grundriss von Alt- und Neu-St. Peter flankieren. Und 1693 veröffentlichte der römische Prälat, Historiker und Archäologe Giovanni Giustino Ciampini eine umfangreiche illustrierte „historische Synopsis" über Konstantins Kirchenbauten.

Gianlorenzo Berninis am Nordende der Vorhalle von St. Peter und Aufgang der Scala Regia 1670 aufgestelltes, von Gewölbetondi mit Konstantins Taufe und Erbauung von St. Peter begleitetes Reiterdenkmal verherrlicht den durch die Kreuzvision zum Christentum bekehrten ersten christlichen Kaiser gleichermaßen als Bauherrn der Peterskirche und Vorbild für die zu den päpstlichen Audienzsälen die Prunktreppe hinaufsteigenden weltlichen Herrscher ⊙ **III.4.7**, ⊙ **III.4.8**, ⊙ **III.4.10**.

Als Clemens XII. nach Vollendung der neuen Hauptfassade der Laterankirche als deren Bauherr in der Vorhalle durch eine Statue geehrt werden sollte, änderte er diesen Beschluss zugunsten einer Denkmalsetzung zu Ehren des Kirchenbegründers Konstantin und überführte – so die erläuternde Sockelinschrift – „das alte Standbild Konstantins des Großen, der eher wegen seiner Übernahme der christlichen Religion als durch seine Siege berühmt ist, aus dem Kapitolinischen Palast und stellte es [in Anlehnung an Berninis Konstantindenkmal bei St. Peter, Anm. d. Verf.] in dieser neuen Vorhalle der Lateranensischen Basilika, die von ebendiesem Kaiser gegründet worden ist, verdientermaßen auf im Jahre des Heils 1737".

Zeugnisse der Erinnerung an Konstantins Bautätigkeit sind schließlich auch die beiden konstantinisch anmutenden Kirchenneubauten, mit denen als Memorialstiftungen Pius X. im Hl. Konstantinsjahr, das 1913 in Erinnerung an die Mailänder Religionsvereinbarungen von 313 ausgerufen wurde, absichtsvoll eine Nachahmung Konstantins betrieb: S. Croce al Flaminio nahe der Milvischen Brücke und die Konstantins Mutter geweihte, unweit ihres Mausoleums gelegene S. Elena fuori Porta Maggiore an der Via Casilina.

# KONSTANTIN ALS KONZILSBEGRÜNDER IN DER KUNST

Rolf Quednau

⊙ III.5.6
**1 Konzil von Nicaea mit Konstantin d. Gr. (325)**
Canones Conciliorum,
1.Hälfte 9. Jh.
Fondazione Museo del
Tesoro del Duomo e
Archivio Capitolare, Vercelli

Das erste und berühmteste aller ökumenischen Konzilien der Geschichte, das 1. Konzil von Nicaea, von dessen Beschlüssen noch heute u. a. die Glaubensbekenntnisse der verschiedenen christlichen Kirchen und die Festlegung des Ostertermins geprägt sind, wurde 325 durch Konstantin einberufen und geleitet mit dem Ziel, die durch widerstreitende Glaubenslehren bedrohte Stabilität und Einheit des Reiches zu festigen.

Die älteste erhaltene Verbildlichung dieses Ereignisses findet sich in einer Handschrift mit Konzilsbeschlüssen in Vercelli (erste Hälfte 9. Jahrhundert; [1]. Mit formelhafter Eindringlichkeit ist das Zusammenwirken von Kaiser und Kirche veranschaulicht. Im Bedeutungsmaßstab betont thront links, d. h. heraldisch rechts hervorgehoben, Konstantin, gekrönt und nimbiert, machtvoll durch sein Heer im Rücken bestärkt und mit der Schriftrolle des *Gesetzgebers* in seiner Linken. Rechts, d. h. rangniederer, aber durch eine deutlich höhere Fußstufe privilegiert, zahlreiche der insgesamt 318 in Nicaea versammelten Bischöfe, die laut Beischrift alle die Beschlüsse unterschrieben, was deren vorderster durch Kodex und Schreibfeder zu erkennen gibt. Zu Füßen von Kaiser und Bischöfen, die durch Blickkontakte aufeinander bezogen ihr Zusammenwirken zum Ausdruck bringen, werden die Schriften der „verdammten arianischen Häretiker" verbrannt, die die Wesenseinheit des Sohnes mit dem Vater bestritten hatten. Dabei ist ohne Belang, dass Arius bereits wenige Jahre später durch Konstantin rehabilitiert wurde.

Anders als in der von Byzanz geprägten Kunst des Ostens, wo dieses Ereignis eine jahrhundertelange, bis in die Neuzeit reichende Darstellungstradition in Miniaturen, Monumentalmalereien und Ikonen ausgelöst hat, sind Verbildlichungen des 1. Konzils von Nicaea (wie von Konzilien generell) und der Rolle Konstantins als Konzilsherr in der Kunst des Westens eher selten, kollidierte doch die historische Tatsache, dass der Papst in Nicaea nicht persönlich anwesend, sondern nur durch zwei entsandte Presbyter vertreten war, mit einem papalistischen Kirchenverständnis, das für den Papst Allgewalt und höchste Entscheidungsinstanz, folglich auch die Leitung von ökumenischen Konzilien beanspruchte. So bestritt im päpstlichen Rom bereits der Liber pontificalis den Konzilsvorsitz durch Konstantin, und die Silvesterlegende erfand ein römisches Konzil, in dem die Beschlüsse von Nicaea Papst Silvester eigens zur Bestätigung vorgelegt wurden.

Als das Papsttum im 16. Jahrhundert aus dem Konzil von Trient gestärkt hervor ging, ließ Sixtus V. im prunkvollen Salone der Vatikanischen Bibliothek 1587–1589 einen Zyklus ökumenischer Konzilien malen (der in Rom möglicherweise schon im 8. Jahrhundert in der Vorhalle von Alt-St. Peter einen Vorläufer hatte) und dabei unter das Anfangsbild mit dem 1. Konzil von Nicaea [2] eine Bildunterschrift setzen, die die Deklarierung der (links in den Wolken angedeuteten) Wesensgleichheit von Gottvater und Sohn und die Verurteilung der diese Wesensgleichheit bestreitenden arianischen Häresie als einträchtigen Beschluss von Silvester I. und Konstantin behauptet.

**2** Hendrik Van den Broeck
**21. Konzil von Nicaea mit Konstantin d. Gr. (325)**
Fresko, 1588 – 89, Rom, Vatikanischer Palast, Salone Sistino

**3** Pietro da Cortona
**Konstantin d. Gr. verbrennt die Anklageschriften wider-
streitender Bischöfe auf dem Konzil von Nicaea (325)**
Bildteppich, 1634
Philadelphia Museum of Art

Der gegenüber der karolingischen Miniatur größere De-
tailreichtum dient der Verdeutlichung des verhandelten
Glaubensinhaltes. Die Betonung des im Zentrum inthro-
nisierten Johannes-Evangeliums, dem der im Vordergrund sitzende, mit einem Weisegestus die für das Konzil zentrale Bedeutung der Hl. Schrift unterstreichende
Imperator und die nach zeitgenössischem Zeremonie-
muster postierte Bischofsversammlung mit den beiden
deutlich erkennbaren päpstlichen Legaten zugeordnet
sind, trägt dem Konfessionsstreit des 16. Jahrhunderts
über die Rechtsverbindlichkeit von Bibelwort und Konzilsbeschlüssen Rechnung. Nur diesem ersten ökumenischen Konzil ist im Salone Sistino noch eine angren-
zende zweite Szene gewidmet, auf der der Kaiser mit
frömmelndem Himmelsblick und gebieterischem Zepter
die vom Konzil beschlossene Verbrennung aller häre-
tischer Schriften der Arianer anordnet.

Nach einer seit Rufinus (um 435–510) verbreiteten
Legende wurden Konstantin auf dem Konzil von Nicaea
die Anklageschriften widerstreitender Bischöfe vorgelegt, damit er ein schlichtendes Urteil spreche; dieses
habe er jedoch verweigert und die Anklageschriften
ungelesen verbrennen lassen mit der Begründung, dass
Priester von Gott eingesetzt seien und daher Vollmacht
auch über den Kaiser hätten, so dass keinem Menschen,
sondern nur Gott allein erlaubt sei, über sie zu urteilen.
Konstantins legendärer Richterspruch war den Päpsten
so wichtig, dass sie mit ihm den Suprematieanspruch des
Klerus und die päpstliche Nichtjudizierbarkeit recht-
fertigten und ihn mehrfach illustrierten: andeutungs-
weise an der das Richterwort zitierenden Konstantins-
figur in der Sockelzone der Stanza dell'Incendio im Vatikanischen Palast (Raphael-Werkstatt, 1517), szenisch detailliert auf einem Bildteppich des Pietro da Cortona
(1634, Philadelphia Museum of Art; **[3]** und in einem
Fresko von Carlo Magnone im Lateranbaptisterium
(1646/47).

○ III.4.7
Gianlorenzo Bernini
**Reiterstandbild Konstantins
des Großen**, 1668/69
Museum der bildenden
Künste Leipzig

# KONSTANTIN ALS VORBILD WELTLICHER HERRSCHAFT IN BYZANZ

Urs Peschlow und Gudrun Schmalzbauer

Die Bedeutung Konstantins für die Herrschafts-, bzw. Herrscheridee beweist wie sehr im Mittelalter religiöse und – im heutigen Sinne – politische Gedanken eine untrennbare Einheit bildeten. Denn Konstantin wäre wohl nicht der Erneuerer der römischen und damit Begründer des (später so genannten) byzantinischen Staates geworden ohne seine Entscheidung, die bisher verfolgte Religion zu tolerieren, ja zu fördern. Dadurch, dass er das spätantike Hofzeremoniell weiterführte, zunächst heidnische Bräuche noch duldete und christliche Symbole sich in eine gewisse Tradition integrieren ließen, bzw. diese fortsetzten (Nimbus, Reiter-, Triumphbilder), konnte er, zwar nicht ohne Kritik, die Gesellschaft einigen, so dass auch die Christen die Person des Kaisers verehren konnten, einen Kaiser, der sie nicht nur beschützte nach innen, sondern auch gegen äußere Feinde. Symbol des Schutzes und Zeichen des Sieges aber wurde das unter Konstantin, wahrscheinlich von seiner Mutter Helena aufgefundene Kreuz in Jerusalem, das immer mehr zum Herrschaftssymbol wurde. Es erscheint im Diadem der Kaiser, wird verwendet bei Prozessionen oder dem Adventus des Kaisers, es gilt als die Verbindung zwischen Volk und Herrscher, wird allmählich Kriegsbanner, zumal die Feinde, Perser, Araber u. a., Heiden waren.

Den Missbrauch des Kreuzes durch die Kreuzfahrer, die das Kreuz auch gegen die Christen ins Feld führten, geißelt Niketas Choniates in seinem Bericht über die Eroberung Konstantinopels durch die Kreuzfahrer.

Das Zeremonienbuch des Kaisers Konstantin VII. Porphyrogennetos aus dem 10. Jahrhundert hat die Vergegenwärtigung des Kreuzes, die Erinnerungsfeste an Konstantin, als Teil des byzantinischen Herrscherverständnisses beschrieben: Ablauf der Feier der Darstellung des hl. Kreuzes, Segnung von Palast, Stadt, Häusern, Mauern; Gedenktag an Konstantin am 21./22. Mai.

Die verpflichtende Schutzfunktion des Kaisers mit Hilfe des Kreuzes und das Bewusstsein, dass sie auf Konstantin den Großen zurückgeht, bestimmt die gesamte griechisch-orthodoxe Liturgie zum 21. Mai (Römische Menäen Bd. V). Immer dann, wenn das Reich von außen in Gefahr ist oder durch religiöse Probleme zerstritten, wird an Konstantin als Schützer, bzw. Schlichter erinnert und das Kreuz in seiner Bedeutung erneut in den Mittelpunkt gerückt (Herakleios, Ikonoklasmus, Bezug auf die Überführung des heiligen Mandylion von Edessa nach Konstantinopel 944 auf die Kreuzesauffindung durch Helena, deren Namen auch die damalige Kaiserin, die Frau Konstantins VII., trug).

Die Rolle des Kaisers auch als Garant der kirchlichen Einheit und seine Initiative zum ersten ökumenischen Konzil der Christenheit 325 in Nikaia, bewirkte, dass Konstantin zum Maßstab späterer Kaiser wurde, hat schließlich aber auch zum Problem von Staat und Kirche geführt. In zahlreichen Fresken werden Konstantin oder nachfolgende Kaiser als Vorsitzende von Konzilien dargestellt.

**2 Mosaikkopf**
Hagia Sophia, Istanbul

1 Konstantin I. der Große und seine Mutter Helena beidseitig des
  sie überragenden Kreuzes, das sie mit der Hand halten; daneben
  Konstantin XI., der letzte byznatinische Kaiser, mit seiner Mutter
  Helena (Ms.v.G. Klontzas 1590)
  Biblioteca Nazionale Marciana Venezia

3 Mosaik mit der Darstellung
  Kaiser Alexanders
  Hagia Sophia, Istanbul

Byzantinische Kaiser werden häufig in der Literatur an bedeutenden Vorgängern gemessen. Dies gilt im Besonderen für die Gestalt Konstantins, auf den man sich gerne und oft beruft, so dass, wenn dies einmal nicht der Fall ist, es ausdrücklich betont wird. Die Nachahmung des ersten christlichen Kaisers ist Legitimation der eigenen Herrschaft, was sogar dazu führte, dass eine genealogische Herkunft angedeutet wird (Konstantin VII., Nikephoros II. Phokas).

Konstantin als Vorbild eines Herrschers sowohl hinsichtlich seiner Staatsführung und Feldherrntätigkeit wie seiner Stellung innerhalb der christlichen Religion wird auch in den erzieherischen Traktaten für angehende Herrscher deutlich, so z. B. in einem fürstenspiegelartigen Brief des Patriarchen Photios (9. Jahrhundert) an den neugetauften bulgarischen Herrscher Boris/Michael, worin auch Konstantins Leistung als Ordner der Christenheit auf einem Konzil hervorgehoben wird.

Am augenfälligsten schlug sich die Bedeutung Konstantins in der Bezeichnung „Neuer Konstantin" nieder, die schon im 5. Jahrhundert in Akklamationen für Kaiser verwendet und später zahlreichen byzantinischen Herrschern als Epitheton beigegeben wird. Im Grunde kann jeder byzantinische Kaiser ein „neuer Konstantin" sein. Jedoch wurde aus diesem Beinamen nie ein Titel wie etwa Caesar oder Karl (Bezeichnung des serbischen Herrschers als „Kral"). Der Beiname wird gleichsam programmatisch begründet „weil in dir das Reich Konstantins des Großen sich erneuern soll" (Johannes von Ephesos, 6. Jahrhundert, bezogen auf Tiberios Konstantinos). Den gleichen Vornamen allerdings „wie der kaiserliche Ahnherr des Glaubens" (Niketas Choniates, 12./13. Jahrhundert) trug der letzte byzantinische Kaiser, der ebenfalls der Sohn einer Helena war [1].

⊙ III.13.2
**4 Solidus**
Kultur- und Stadthistorisches Museum
Duisburg, Sammlung Köhler-Osbahr

⊙ III.13.4
**5 Elektron Aspron Trachy**
Kultur- und Stadthistorisches Museum
Duisburg, Sammlung Köhler-Osbahr

⊙ III.13.6
**6 Billon Trachy**
Kultur- und Stadthistorisches Museum
Duisburg, Sammlung Köhler-Osbahr

Die Koinzidenz des Namens des ersten und dieses letzten byzantinischen Kaisers, von Zeitgenossen schon erkannt und gedeutet, ist auch Thema der Klagelieder auf die Eroberung der Stadt Konstantinopel durch die moslemischen Osmanen. Der Appell des Johannes Eugenikos, Konstantin (gemeint ist Konstantin XI.) möge wie Konstantin der Große für das Christentum kämpfen, hatte allerdings keinen triumphalen Sieg des Kreuzes zur Folge: Der letzte byzantinische Kaiser, Konstantin XI. Palaiologos, Sohn der serbischen Fürstentochter Helene Dragaš, fiel im Kampf um die von Konstantin dem Großen gegründete, neue christliche Mitte des römischen Reiches, Konstantinopel.

*Gudrun Schmalzbauer*

Wie bereits erwähnt, war der byzantinische Kaiser in der Regel der Vorsitzende der großen ökumenischen Konzilien. Bilder dieser Ereignisse finden sich vor allem in spätbyzantinischer Zeit in der Wandmalerei von Kirchen. Die Darstellung Konstantins als Leiter des ersten Konzils im Jahre 325 in Nikaia hat sich jedoch nur in wenigen der Zyklen und auch nur auf wenigen späten Ikonen erhalten (Walter 1970, 78 ff.). Dieses Bild des Kaisers im Kreise der Bischofsversammlung will nicht nur ein historisches Ereignis wiedergeben, sondern auch Konstantin in der Rolle des Garanten der Rechtgläubigkeit gegenüber der Häresie des Arianismus zeigen, als den Prototyp des frommen Kaisers. Das ist ein Thema, das noch in anderer Form ins Bild umgesetzt wurde.

Es ist zu beobachten, dass Konstantin nach dem Bilderstreit, ab der zweiten Hälfte des 9. Jahrhunderts fast durchgängig bärtig und im Ornat der zeitgenössischen Kaiser dargestellt wird. Das wohl früheste und prominenteste Zeugnis dieser mittelbyzantinischen Bilder befindet sich in einem Raum über dem SW-Vestibül der Hagia Sophia in Istanbul. Die Gewölbe waren in den 70er Jahren des 9. Jahrhunderts mit Heiligen-Mosaiken ausgeschmückt worden, von denen sich jedoch nur noch Reste erhalten haben, darunter der Kopf Konstantins [2]. Der Vergleich mit dem Mosaik des Kaisers Alexander (912/913) in der Nord-Empore derselben Kirche [3] lässt eine frappante Übereinstimmung beider Köpfe erkennen. Die Gestalt Alexanders kann daher auch eine Vorstellung davon vermitteln, wie Konstantin dort ursprünglich dargestellt gewesen war.

Die Übereinstimmung ist zweifellos nicht zufällig, sondern bewusst erfolgt: Das Alexanderbild zeigt den Bildnistypus der Kaiser des 9./10. Jahrhunderts. Mit der Porträtähnlichkeit wird die Botschaft verbunden, dass sie sich mit ihren Taten, Tugenden und ihrer Frömmigkeit in die Tradition des ersten christlichen Kaisers stellten (Cormack/Hawkins 1977, 240 f.).

Diese Ideologie, nämlich mit ihrer eigenen Herrschaft unmittelbar an die des glorreichen Konstantin anzuknüpfen, wurde von einigen Kaisern noch durch ein anderes Medium in die Öffentlichkeit transportiert, nämlich durch die Münzbilder.

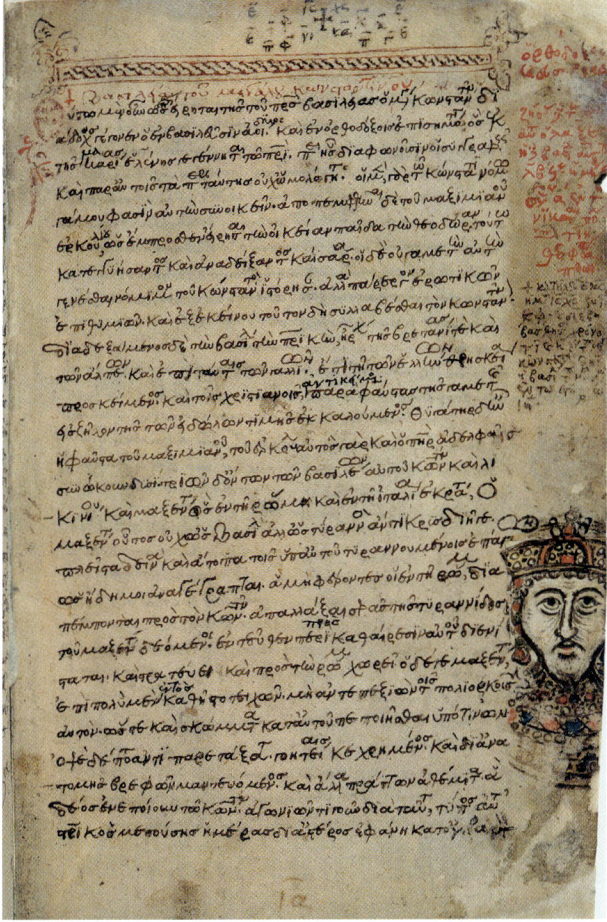

⊙ III.13.7

**7 Chronik des Johannes Zonaras**
 Handschrift, nach Mitte des 15. Jh.
 Biblioteca Estense Universitaria, Modena

⊙ III.13.9

**8 Byzantinischer Kaiser aus der**
 **Kosmographie des Sebastian Münster**
 Stadtmuseum Simeonstift Trier

Auf einem Solidus aus den Jahren 778–780 von Leon IV. und seinem Sohn Konstantin VI. [4] wird letzterer als „Konstantinos neos" bezeichnet, was als Junior, aber auch als „Neuer Konstantin" gedeutet wird. Alexios III. (1195–1203) und Johannes III. (1222–1254) hingegen wählten eine anschaulichere Form, ihren Bezug zu Konstantin zu verdeutlichen: Sie ließen sich mit diesem jeweils auf den Rückseiten ihrer Münzemissionen darstellen, wobei auch Konstantin im zeitgenössischen Ornat erscheint. Im ersten Fall stehen sie zu Seiten des Labarum, des siegreichen Feldzeichens Konstantins [5], im zweiten seitlich des doppelarmigen Patriarchenkreuzes [6], eine Variation des weitverbreiteten Bildschemas, bei der hier der regierende Kaiser die Stelle Helenas einnimmt.

Mit dem Ende des byzantinischen Reiches gibt es nur noch Bilder, die die Kaiser aus retrospektiver Sicht zeigen: So erscheinen sie in den Randzeichnungen der Historien des Johannes Zonaras in vollkommen schematischer, alles Individuelle aussparender Form [7]. Als diese Epoche schon länger der Vergangenheit angehörte, war es für die Illustration frühneuzeitlicher Weltbeschreibungen und Kompendien schwierig, auch ein Bild Konstantins zu finden. Man verwendet dazu Handschriftenillustrationen nach Grabbildern spätbyzantinischer Kaiser in Konstantinopel als Vorlage: Konstantin – nun endgültig jeder Individualität beraubt – war damit gleichsam zum Synonym für den byzantinischen Kaiser geworden [8].

*Urs Peschlow*

# KONSTANTIN ALS VORBILD WELTLICHER HERRSCHAFT IM WESTEN

Rolf Quednau

Konstantin der Große gehört, ähnlich wie der biblische Volksführer und Gesetzgeber Moses, der makedonische Welteroberer Alexander der Große oder der für seine Friedensherrschaft berühmte römische Kaiser Augustus, zum Kreis jener Leitfiguren, die im Selbstverständnis von Potentaten sowie in der Topik des Herrscherlobes eine herausragende Rolle spielten. Was Konstantin hierzu qualifizierte, waren sein epochaler Sieg an der Milvischen Brücke am 28. Oktober 312, der ihm bereits am drei Jahre später in Rom ihm zu Ehren errichteten Triumphbogen die über den Durchgangsreliefs eingemeißelten, noch heute lesbaren Ruhmestitel „Befreier Roms" und „Begründer des Friedens" eintrug, und seine mit diesem unter dem Zeichen des Kreuzes Christi oder Christogramms errungenen Sieg ursächlich verbundene Bekehrung zum christlichen Glauben, den er nach Jahrhunderten der Christenverfolgung als Religion erlaubte und in vielfältiger Weise durch Gesetze, Bauwerke und Schenkungen förderte. Nach den Berichten der zeitgenössischen christlichen Kirchenhistoriker Eusebius von Caesarea und Lactantius hatte Konstantin die ihm in einer Vision ergangene göttliche Weisung befolgt, sich und seine Truppen unter den Schutz des christlichen Gottes zu stellen (Kreuzvision mit der Aufforderung „In diesem Zeichen siege!").

Wie in Byzanz und seinem Einflussbereich so wurde es auch im Westen üblich und durch viele Jahrhunderte zu einem Topos des Herrscherlobes, einen Herrscher als „neuen" oder „zweiten Konstantin" zu rühmen.

Frühe Beispiele sind im Osten die Kaiserakklamationen seit dem Konzil von Chalcedon 451, die seit dem 6. Jahrhundert bezeugte und bis ins 20. nachwirkende Nutzung des Namens Konstantin für Herrscher bzw. Thronfolger oder das Gedicht des Georgios Pisides von 631 auf den byzantinischen Kaiser und Rückeroberer des Hl. Kreuzes Herakleios (575–641, seit 610 Kaiser); im Westen die Rühmung des mit seiner Taufe zum Christentum übergetretenen Merowingerkönigs und Begründers des Frankenreiches Chlodwig I. (466–511) in der Geschichte der Franken des Gregor von Tours (538/539–594) oder Karls des Großen (742–814, seit 768 König der Franken) 778 in einem an ihn gerichteten Brief Papst Hadrians I.

Die Vorbildlichkeit Konstantins für den Herrscher konnte dabei nicht nur durch das rühmende, behauptende oder anspornende Wort zum Ausdruck kommen, sondern auch durch Evokationen im Medium der bildenden Kunst oder durch sinnstiftendes Handeln.

### KONSTANTIN ALS GARANT DES RECHTS

Im Sachsenspiegel des Eike von Repgow (um 1220/1235), dem berühmtesten und wirkungsvollsten deutschen Rechtsbuch des Mittelalters, das als Rechtsgrundlage manchenorts erst 1900 durch das Bundesgesetzbuch (BGB) abgelöst wurde, kniet in der Titelminiatur zum Prolog des Landrechts der Wolfenbütteler Bilderhandschrift (drittes Viertel 14. Jahrhundert, der vom Hl. Geist inspirierte Autor vor den nebeneinander thronenden Kaisern Konstantin und Karl dem Großen. Deren Funktion als Leitfiguren und Garanten des von Gott gesetzten Rechts, platziert über drei Bildern, die den biblischen Schöpfungsmythos und Sündenfall sowie die Einsetzung eines knienden Königs zum höchsten weltlichen Gerichtsherrn durch Gott illustrieren, macht der Prologtext deutlich: „Gott ... schuf zuerst Himmel und Erde und den Menschen im Erdreich und versetzte ihn in das Paradies. Der brach den Gehorsam, uns allen zum Verderben. Deshalb sind wir in die Irre gegangen wie die Schafe ohne Hirt, bis zu der Zeit, als er uns erlöste

⊙ III.4.1
**1 Reiterstatuette des Marc Aurel**
Museum für Kunst und Gewerbe Hamburg

**2** Maarten von Heemskerck
**Ansicht des Lateran mit Basilika, sog. Caballus Constantini
und Baptisterium, zw. 1532/1536**
Heemskerck-Skizzenbuch I, Berlin, SMPK, Kupferstichkabinett
(Fotomontage nach Hermann Egger: Römische Veduten.
Wien u. Leipzig 1911)

**3 Bildnis des Cola di Rienzo**
Radierung in: Francesco Raimondi:
Vita di Cola di Rienzo Tribuno
del Popolo Romano, Bracciano 1631

RITRATTO DI COLA DI RIENZO
Tribuno del Popolo Romano.

durch sein Martyrium. Jetzt aber, wo wir bekehrt sind und Gott uns wieder gerufen hat, nun halten wir sein Gesetz und sein Gebot, das uns seine Propheten gelehrt haben und fromme geistliche Leute und das auch die christlichen Könige gesetzt haben, Konstantin und Karl, im Lande Sachsen zum Nutzen seines Rechtes."

Eine analoge Berufung auf den ersten christlichen Kaiser als Garanten des Rechts in der Rechtsprechung ist auch für Rom mehrfach erschließbar: Das antike Reiterstandbild des Marc Aurel auf dem Campus Lateranensis (heute auf dem Kapitol), das dort mindestens seit dem späten 10. Jahrhundert, wenn auch nicht unwidersprochen, so doch im Volksmund sogar bis um 1500 – als das Pferd des Konstantin („Caballus Constantini") galt [1 – 2], fungierte als Rechtsort. Gleiches spricht aus der im 15. und frühen 16. Jahrhundert nachweisbaren Aufstellung von vier antiken überlebensgroßen „Konstantinsstatuen" auf dem Quirinal an einer Gerichtslaube, wo sie als imperiale Hoheitssymbole der Rechtsprechung Autorität verliehen. Als eine von ihnen vor 1548 ihren Platz am Anstieg zum Tarpeischen Felsen des Kapitolshügels fand, wird sie auch hier als Rechtswahrzeichen am Wege zur dortigen Richtstätte fungiert haben.

## COLA DI RIENZO: HERRSCHAFTSLEGITIMATION DURCH KONSTANTINSNACHAHMUNG

Als der römische Humanist und Volkstribun Cola di Rienzo (1313–1354) [3] im von den Päpsten verlassenen Rom in einem gegen die sich befehdenden römischen Adelsfamilien gerichteten Staatsstreich 1347 die Macht an sich riss und die Souveränität des römischen Volkes gegenüber Papst- und Kaisertum sowie die Einigung Italiens forderte, bediente er sich einer einzigartigen, virtuos auf die Aura Konstantins zentrierten Legitimationsstrategie. Im Zusammenhang mit seiner feierlichen Ritterweihe in der Lateranskirche nahm er ein nach seinen eigenen Worte „von großen Wundern und Vorzeichen" begleitetes Reinigungsbad im sogenannten „Taufbecken Konstantins" des Lateranbaptisteriums ⊙ III.1.4., was Papst Clemens VI. von Avignon aus umgehend als kriminelles Sakrileg an einer als heilig verehrten Reliquie scharf verurteilte, nächtigte sogar im symbolträchtigen legendären Taufort Konstantins, bediente sich mit Kleidung, Zepter und weißem Pferd der im Constitutum Constantini dem Papst konzedierten kaiserlichen Insignien und bekränzte sich mit Laubkronen, deren Pflanzen bei jenem Konstantinsbogen [4] gepflückt waren, von dem er auch seinen Titel eines Befreiers Roms („Liberator Urbis") usurpierte.

Von der jüngst durch Bonifaz VIII. errichteten und mit den Szenen von Konstantins Taufe durch Silvester I. und Erbauung der Basilika ausgemalten sog. Benediktionsloggia der Lateransbasilika verkündete er, durch die genannten Konstantinsszenen im Rücken bekräftigt und legitimiert, sein revolutionäres Edikt, mit dem er Papst und Kurfürsten nach Rom zitierte. Zur Volksbelustigung ließ er schließlich Rotwein und Wasser aus den Nüstern des bereits erwähnten „Caballus Constantini" [1] strömen.

### PÄPSTE BERUFEN SICH AUF KONSTANTIN ALS EXEMPLUM FÜR KREUZZUG UND BEKEHRUNG

Als 1453 das vom ersten christlichen Kaiser gegründete Konstantinopel durch die Osmanen erobert wurde, mahnte Pius II. (1405–1464, seit 1458 Papst) zunächst 1459 auf dem Fürstenkongress in Mantua die christlichen Herrscher Europas, dem Beispiel des siegreichen Konstantin zu folgen und wie einst er unter dem Zeichen des Kreuzes den Glaubensfeind zu besiegen, dann 1461 Mehmet II. Fatih (1432–1481, seit 1481 Sultan) in einem brillanten, wohl nie abgesandten, aber rasch weit verbreiteten Bekehrungsschreiben, er möge den größten aller bekehrten Herrscher, Konstantin, nachahmen, sich wie einst jener unter der Anleitung Papst Silvesters I. zum christlichen Glauben bekennen und mit seinen Untertanen taufen lassen; dann seien ihm das größte Reich auf Erden, Macht und die Anerkennung als oströmischer Kaiser, ewiges Leben und unübertreffbarer Ruhm gewiss.

Bei der Zusammenkunft von Clemens VII. (1478–1534, seit 1523 Papst) und Karl V. (1500–1558, Kaiser 1519–56) 1529/30 in Bologna zur Kaiserkrönung ließ der Papst dem Kaiser einen Triumphbogen errichten, dessen Figurenschmuck (Statuen Konstantins und Karls des Großen sowie drei gemalte Konstantinsszenen) in der begleitenden Inschrift als Tugendvorbild und Ansporn zukünftigen Handelns fungierte: Konstantin der Große kniet vor dem christlichen Himmelszeichen, führt mit dem Labarum sein Heer an, wird von Silvester I. getauft und überreicht ihm dafür zum Dank seine Reichsinsignien.

Gianlorenzo Berninis Reiterdenkmal Konstantins, das den Kaiser im Augenblick seiner von der Aufforderung „In diesem Zeichen siege!" begleiteten, zu Sieg und Bekehrung führenden Kreuzvision zeigt, dazu in zwei Gewölbetondi Konstantins römische Taufe und Erbauung der Basilika über dem Petrusgrab, ist seit 1670 allen gekrönten Herrschern und deren Gesandten, die über die Scala Regia zu den päpstlichen Audienzhallen des Vatikanischen Palastes emporstiegen, propagandawirksam am Fuße der Prunktreppe zum Vorbild aufgestellt [5].

### SIEGEN IM ZEICHEN DES KREUZES UND DIE NUTZUNG DES KONSTANTINSBOGENS

1536, neun Jahre nach den traumatischen und demütigenden Erlebnissen des Sacco di Roma, gewährte Paul III. (1468–1549, seit 1534 Papst) Karl V. als Türkenbesieger von Tunis das ebenso schmeichelnde wie verpflichtende Privileg, auf einer eigens dafür hergerichteten Route durch den Triumphbogen des im Zeichen des Kreuzes sieghaften christlichen Papsttumförderers Konstantin [4] hindurch in Rom Einzug zu halten. Ein Augenzeuge überliefert des Kaisers „staunende Freude beim Anblick das frohstimmenden und ruhmvollen Denkmals seines Vorgängers", dessen Gestalt, gepaart mit der des Friedensimperators Augustus, auch auf dem Petersplatz in einem Festapparat vor dem Portal zum Vatikanischen Palast zur Begrüßung aufgeboten war.

Dieselbe Ehre eines Triumphzuges durch den Konstantinsbogen [4] gewährte 1571 auch Pius V. (1499–1572, seit 1566 Papst) gewissermaßen in eigener Sache seinem bei Lepanto gegen die Osmanen siegreichen Oberbefehlshaber der päpstlichen Flotte Marcantonio Colonna (1535–1584), dem er 1570 bei der Ernennung vor Aufbruch in die Schlacht eine mit dem konstantinischen „In diesem Zeichen wirst du siegen" versehene Kreuzzugs- und Ligafahne (heute in Gaeta) übergeben hatte. Inschriften am Konstantinsbogen rühmten nun in päpstlichem Eigenlob die Parallelität zwischen Konstantin und Pius als jeweils erstem Kaiser bzw. Papst, die mit Hilfe des Kreuzes auf der Kriegsfahne siegten. Auch die Rückseite einer Medaille des Kardinal Antoine Perrenot de Granvelle überschreibt dessen Übergabe einer zweiten von Pius V. gesegneten Kreuzzugsfahne mit Kruzifix an Don Juan de Austria (1547–1578), den illegitimen Sohn Karls V. und Oberbefehlshaber der in der

⊙ III.14.3
**4** Antonio Chichi
**Korkmodell des Konstantinsbogens, um 1780**
Museumslandschaft Hessen Kassel, Antikensammlung

Seeschlacht bei Lepanto siegreichen Flotte der Heiligen Liga, mit dem konstantinischen „In diesem Zeichen wirst du siegen".

### BEZUGNAHME AUF KONSTANTIN BEI WELTLICHEN POTENTATEN

Sich der Konstantinstradition zu bedienen, verstand man jedoch nicht nur im päpstlichen Rom, wo die Erinnerung an den Sieger der Schlacht an der Milvischen Brücke und ersten christlichen Kaiser durch zahlreiche monumentale Zeugen wachgehalten wurde, sondern auch in vielen europäischen Reichen, kleineren wie großen.

### DÄNEMARK

Bereits in einem Kampflied aus dem Jahre 1500, wie dann später (1590er Jahre) auch in der dänischen Reichschronik des Arild Huitfeldt (1546–1609) wurde die legendäre Entstehung des Dannebrog, eines seit dem 14. Jahrhundert als dänisches Nationalsymbol verehrten roten Tuches mit weißem Kreuz, von dem es heißt, es sei 1219, als die Schlacht von Lydanisse fast schon verloren war, vom Himmel gefallen und habe den Dänen unter Waldemar II. (1170–1241, seit 1202 König) doch noch einen Sieg über die heidnischen Esten beschert, mit der Vision Konstantins in Beziehung gesetzt.

Jüngst gelang der Nachweis, dass der in der Reformation gescheiterte Schwager Karls V. Christian II. (1481–1559, König 1513–23 von Dänemark, 1520–23 von Schweden) auf einem 1522 abgelieferten Gemälde des Barent von Orley in Brüssel als skandinavischer Konstantin dargestellt wurde: Die vor dem Hintergrundsgeschehen der Schlacht von Lydanisse wiedergegebenen Hauptakteure Konstantin, seine Mutter Helena und Papst Silvester I. tragen die Gesichtszüge Christians II., seiner Ehefrau Isabella von Österreich (1501–1526, seit 1515 Ehefrau Christians II.) und Papst Hadrians VI. (1459–1523, seit 1522 Papst). Ein ähnliches, noch unerklärtes posthumes Rollenporträt ist für den großen Reichs- und Kirchenreformer Sigismund (1368–1437, seit 1433 Kaiser), dem auf dem Konzil von Konstanz die Wiederherstellung der Einheit der römischen Kirche gelang, in einer Konstantinsdarstellung des Cornelis Engebrechtsz vermutet worden (nach 1517, München).

Ab 1591 von Christian IV. (1577–1648, seit 1588 dänischer König) geprägte Münzen mit einem Kreuz erhielten ab 1603 den auf Konstantins Kreuzvision verweisenden Zusatz: IN HOC SIGNO VINCES („In diesem Zeichen wirst du siegen").

⊙ III.4.10
**5** Vincenzo Marchi
   **Ansicht der Scala Regia mit Berninis Reiterdenkmal
   Konstantins des Großen und Fronleichnamsprozession
   Pius' IX., Mitte 19. Jh.**
   Rom, Museo di Roma

### ENGLAND

Auch in England, wo Konstantins Vater starb und er zum
Kaiser proklamiert wurde und folglich seit dem Frühmittelalter der Konstantinsmythos samt der Legende
einer englischen Abstammung seiner Mutter Helena
florierten und Konstantin bereits unter den Tudor-
Königen zum Machtkalkül gehörte, wurde Jakob I.
(1566–1625, seit 1603 König von England und Irland)
1621 die Rühmung als „Großer Konstantin der jüngsten Zeit" durch seinen Kaplan Richard Crakanthorpe
im Widmungsvorwort seiner Schrift „The Defence of
Constantine" zuteil.

Besonders lange und dichte Kontinuitäten der Bezugnahme auf Konstantin begegnen im Umkreis der um die
Vorherrschaft in Europa miteinander konkurrierenden
Herrscherhäuser der französischen Könige, die seit dem
15. Jahrhundert den exklusiven Ehrentitel eines „aller-
christlichsten Königs" beanspruchten, und der Habsburger.

### FRANKREICH

Bei den Einzügen Karls VIII. von Frankreich (1470–1498,
seit 1483 König) brachten Festapparate mit lebenden Bildern des ersten christlichen Kaisers die an den jungen
Herrscher geknüpften Hoffnungen auf den Kaisertitel
und einen sieghaften Kreuzzug zum Ausdruck: in
Rouen 1485 besiegte ein wie der König jugendlicher, von
dem Wappen Frankreichs und imperialen Adlern be-
gleiteter Konstantin einen sarazenischen Maxentius in
der Schlacht an der Milvischen Brücke, in Troyes 1486
reichte ein Engel dem jungen König ein Kreuz und verglich ihn mit Konstantin.

Auf einer Titelminiatur zur Chronik des Enguerrand de
Monstrelet ist sein thronender Nachfolger Ludwig XII.
(1462–1515, seit 1498 König) umgeben von neun Münzbildern römischer Kaiser von Caesar bis zu den beiden Christen Konstantin und Justinian (Paris, BN, ms. fr. 20360,
fol. Iv, 1510).

Dessen ihm nachfolgender Schwiegersohn Franz I.
(1494–1547, seit 1515 König) empfahl sich den zur Kaiser-
wahl in Frankfurt versammelten Kurfürsten im Juni 1519
in seiner Wahlwerbung durch das Versprechen, sich der
Tugenden von sieben Kaisern von Augustus bis zu Karl
dem Großen zu befleißigen, darunter auch „Constantinj
gaystlichait".

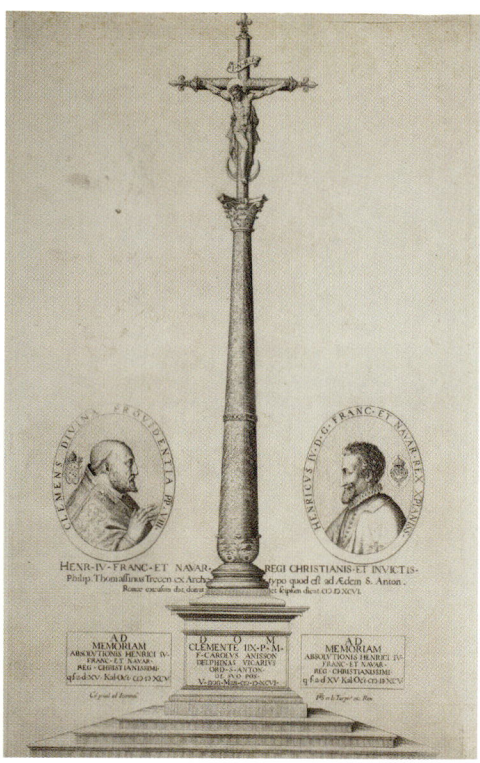

⊙ III.14.7

**6** Philippe Thomassin und Jean Turpin
**Flugblatt anlässlich der Absolution des französischen**
**Königs Heinrich IV. durch Papst Clemens VIII.**
**am 15. Oktober 1595, 1596**
LWL – Landesmuseum für Kunst und Kulturgeschichte
(Westfälisches Landesmuseum), Porträtarchiv Diepenbroick

Als der Calvinist und siegreiche Hugenottenführer Heinrich IV. (1553–1610, seit 1589 König von Frankreich) zum Katholizismus konvertierte und die Absolution von päpstlichen Exkommunizierungen erhielt, errichtete ihm der französische Antoniterabt Charles Anisson 1595 in Rom eine einer Kanone nachgebildete Gedenksäule aus rotem Granit (heute neben S. Maria Maggiore), die von einem mit den bronzenen Wappenlilien der Bourbonen geschmückten Kreuz aus grauem Marmor bekrönt und auf deren Schaftring das konstantinische „In diesem Zeichen siege" zu lesen ist [6]. Dem Bekehrten wurde obendrein noch das durch Schenkungen an das Laterankapitel beförderte, von Paul V. anfänglich bestrittene Privileg eingeräumt, eine bronzene Ehrenstatue (Nicolas Cordier, 1606–1609) bei der Vorhalle unter der päpstlichen Benediktionsloggia der von Konstantin erbauten und beschenkten (!) römischen Bischofskirche S. Giovanni in Laterano aufzustellen. Und posthum verglichen ihn viele Leichenredner mit dem zum Christentum bekehrten Konstantin.

Für Heinrichs Sohn Ludwig XIII. (1601–1643, seit 1610 König) entstand seit 1622 sogar eine Konstantinsfolge aus 12 kostbaren Bildteppichen nach Entwürfen von Peter Paul Rubens. In monarchischem Sinne betont sind Konstantins militärisches Wirken (in sieben Szenen) und dynastisches Handeln (Doppelhochzeit und Herrschaftstradierung) sowie die visuelle Botschaft einer

Analogie zwischen Konstantin und dem bereits zu Lebzeiten als neuer Konstantin gepriesenen Ludwig XIII., die in der wichtigen frühen Serie im Philadelphia Museum of Art auch der Bordürenschmuck unterstreicht: konstantinisches Christusmonogramm nebst Krone, Wappen und Orden des französischen Königs. Da Ludwig 1612–1615 im Rahmen einer französisch-spanischen Doppelhochzeit vermählt worden war, verbindet der Eingangsteppich Konstantins Vermählung mit Fausta, die vor nunmehr 1700 Jahren 307 in Trier erfolgte, in wirklichkeitswidriger Gleichzeitigkeit mit der erst sechs Jahre später vollzogenen Eheschließung zwischen Konstantins Halbschwester Constantia und dem Mit-Kaiser Licinius ⊙ III.23.1.

Nach viermonatigen diplomatischen Verhandlungen, in denen er zu keinen Konzessionen bereit war, schenkte der französische König 1625 dem frustrierten Kardinallegaten und Papstneffen Urbans VIII. Francesco Barberini sieben dieser Konstantinsteppiche und lenkte bei der kalkulierten Geschenkübergabe dessen Aufmerksamkeit auf jenen Bildteppich, in dem der französische „allerchristlichste König" der Taufe des ersten christlichen Kaisers als anachronistischer, aber bekenntnishafter Augenzeuge beiwohnt.

Unter dem nachfolgenden Sohn Ludwig XIV. (1638–1715, seit 1643/1661 König) wiederholten sich die Preisung als neuer Konstantin, Anfertigung von Konstantinsteppichen (nach den Fresken der Raphael-Werkstatt in der vatikanischen Sala di Costantino und ergänzenden Entwürfen von Charles Le Brun) und deren Schenkung an einen Diplomaten (1668 an Peter Potemkin, Gesandter des Zaren Aleksej Michajlowitsch Romanow).

Und ein Festapparat, der 1686 in Rom anlässlich der als „Auslöschung der (protestantischen) Häresie" gefeierten Widerrufung des die Hugenotten begünstigenden Edikts von Nantes die Fassade von SS. Trinità dei Monti verkleidete, enthielt die Bildnisse der beiden für ihr Vorgehen gegen Häretiker berühmten frühchristlichen Kaiser Konstantin und Theodosius des Großen, in deren Nachfolge der Sonnenkönig als großer Glaubensheld gestellt wurde.

### DIE HABSBURGER

Als Maximilian I. (1459–1519), seit 1486 Römischer Kaiser, um 1507/1508 nach der Kaiserkrone strebte, malte ihn Bernhard Strigel auf einer für Rom bestimmten Altartafel neben Konstantin als dessen anachronistischer Begleiter. Als der Sohn Karls V. Philipp II. (1527–1598, seit 1556 König von Spanien) 1549 im Beisein seines Vaters in die Niederlande eingeführt wurde, stellten Festapparate die Habsburger in die Tradition Konstantins. In Lille zeigten Konstantinsbilder die Machttradierung von Kaiser Constantius an seinen Sohn Konstantin als Vorgriff auf Karls Abdankung, und als Muster für Philipps Kampf gegen Türken und andere Glaubensfeinde den Sieg über Maxentius und wie der von Silvester und Helena im christlichen Glauben unterwiesene „katholische Konstantin" heidnische Götzenbilder beseitigen und durch das Kreuz ersetzt. In Antwerpen brachten englische Kaufleute an ihrem Bogen mit den Statuen Konstantins und Helenas die Hoffnung auf eine Allianz zwischen den Habsburgern und dem englischen König zum Ausdruck, und in der Schlacht an der Milvischen Brücke die Erwartung an Philipp, einen Kreuzzug gegen die Türken zu führen.

Als der von den Jesuiten in seiner Jugend zum erbitterten Protestantenhasser erzogene Ferdinand II. (1578–1637, seit 1619 Kaiser), der in Loreto der Mutter Gottes gelobt hatte, den Katholizismus in seinen Staaten zur alleinigen Religion zu machen, 1617 in Prag zunächst als König von Böhmen inthronisiert wurde, kam beziehungsreich das jesuitische Schauspiel „Constantinus Magnus" zur Aufführung (Wien, ÖNB, Cod. Pal. Vind. 13362). Und drei Jahre später (1620) feierte ein den Prager Fenstersturz von 1618 und weitere Ereignisse des Böhmischen Aufstandes aus katholischer Sicht kommen-

tierendes Flugblatt den mittlerweile zum Kaiser aufgestiegenen kriegerisch gerüsteten Ferdinand II. als neuen Konstantin, der nicht nur, wie sein antikes Vorbild, eine Traumvision hat, sondern neben sich auch noch ein Banner mit einem Kreuz, dem die aus Konstantins Kreuzvision vertraute himmlische Siegverheißung „IN HOC SIGNO VINCES" eingeschrieben ist [7].

Unter seinem Sohn Ferdinand III. (1608–1657, seit 1637 Kaiser) heißt es 1640 in der Historia Austriaca des Lipsius-Schülers Nicolas de Vernulz, den Habsburgern sei gleichsam wie einst Konstantin verheißen und dann auch Wirklichkeit worden, im Zeichen des Kreuzes zu siegen. Und auf einem noch von Peter Paul Rubens entworfenen Titelkupferstich für die vom kaiserlichen Historiographen Jan Caspar Gevaerts bearbeitete, 1645 erschienene Neuauflage der mit dem ersten römischen Kaiser Julius Caesar einsetzenden und nun bis zu Ferdinand III. fortgeführten Folge der „Icones Imperatorum Romanorum" des Hubert Goltzius bilden Konstantin der Große (mit dem Labarum im Arm und in Anlehnung an die antike Panzerstatue des Constantinus Augustus auf dem Kapitol) und der nie zum Kaiser gekrönte Stammvater der Habsburgerdynastie, Rudolf I. (1218–1291, seit 1273 König) ein Caesar flankierendes Paar, das die Habsburger in die Tradition des ersten christlichen Kaisers stellt [8].

Ferdinands III. Sohn und Nachfolger Leopold I. (1640–1705, seit 1658 Kaiser) erhielt 1671 von seinem langjährigen Gesandten in Rom Kardinal Friedrich Landgraf von Hessen einen einzigartigen „Konstantinsschrank" zum Geschenk, einen innerhalb der europäischen Möbelgeschichte herausragenden und wahrlich eines Kaisers würdigen Prunkschrank, der um 1663–1668 in Rom aus der Zusammenarbeit zwischen einem Tischler, einem Uhrenmacher und vier Malern entstand (Wien, Kunsthistorisches Museum) [9]. In seinem Bildprogramm mit zahlreichen Konstantinsdarstellungen dominiert in der Zentralachse die Herrscherverherrlichung: Konstantin, auf dem Zifferblatt einer Uhr wohl als Begründer einer neuen Zeit, darüber und darunter als hervorgehobene Einzelfigur zu Pferde, oben vollplastisch als bekrönende vergoldete Bronzestatuette, unten im Mittelbild gemalt vor einer Schlacht im Hintergrund, dazu flankierend die Kreuzvision und Taufe durch Silvester I. sowie zwei Schlachtenbilder, darunter auch jene an der Milvischen Brücke sowie u. a. auch das Konzil von Nicaea. Schließlich, verborgen im Inneren, Darstellungen der sieben Hauptkirchen Roms, deren Mehrzahl als von Konstantin begründet galt.

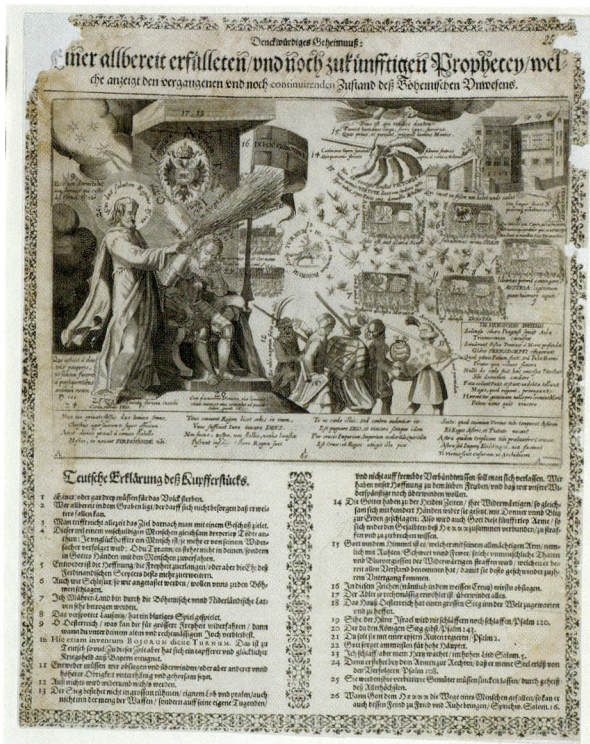

⊙ III.14.8
**7 Flug- und Spottblatt mit Traumvision
Kaiser Ferdinands II., 1620**
Germanisches Nationalmuseum, Nürnberg

⊙ III.14.9
8 Peter Paul Rubens
**Titelkupfer zu Hubertus Goltzius'
„Icones Imperatorum Romanorum"**
Antwerpen, 1645
Landesbibliothekszentrum Rheinland-Pfalz /
Pfälzische Landesbibliothek, Speyer

Als Leopolds Sohn Karl VI. (1685–740, seit 1711 Kaiser) 1718 im Frieden von Passarowitz mit der Zurückdrängung der Osmanen die größte Ausdehnung des Habsburger Reiches gelang, feierte dies der Herzog von Braunschweig-Lüneburg August Wilhelm noch im gleichen Jahr in seinem großen Braunschweiger Theater durch die Aufführung einer von Antonio Lotti vertonten, „Costantino" betitelten Oper.

Konstantins Leitbildfunktion für die Habsburger brachte man noch im 18. Jahrhundert in Schwäbisch Hall, in stolzer Erinnerung an den wiederholten Besuch Karls V., in den vier an einer Häuserfassade (Am Markt 10) aufgereihten Kaiserbüsten von Augustus, Konstantin, Karl dem Großen und Karl V. zur Anschauung.

### BAYERN

Gleich den Kaisern stellte auch der siegreiche Wittelsbacher Maximilian II. Emanuel (1662–1726, 1679–1706 Kurfürst von Bayern) seine Einnahme von Ulm und Augsburg unter das konstantinische Visionsmotto, als er sich um 1703/1704 auf dem Avers einer Medaille gerüstet mit einem Ovalschild darstellen ließ, auf dem das Marienmonogramm mit den Worten „IN HOC SIGNO VINCO" („In diesem Zeichen siege ich") umschrieben ist.

> 9 Prunkschrank mit Darstellungen
Konstantins d. Gr.
Rom, um 1663–68
Kunsthistorisches Museum Wien,
Kunstkammer

## Preussen bzw. Deutschland

Als die protestantischen Hohenzollern zu preußischen Königen und schließlich deutschen Kaisern aufgestiegen waren, suchten auch sie im Geiste zunächst der Romantik, dann eines imperialen Großmachtstrebens die Nähe zum Ruhm und Glanz Konstantins. Eine 1845–1847 in Plänen von Sulpiz Boisserée und Domkapitular Broix entwickelte und bereits vom Domkapitel gebilligte Idee, Friedrich Wilhelm IV. (1795–1861, seit 1840 König) als Grundsteinleger und finanziellen Förderer des Weiterbaus des katholischen Kölner Doms in ein von Konstantin dem Großen angeführtes Skulpturen-Quartett von „Beschützern der Kirche" an der Westfassade zuseiten des Hauptportals einzureihen ⊙ III.2.1, wurde dann jedoch ebenso wenig verwirklicht wie die von Christian Wilhelm Schmidt nach 1844 in Trier für das Fassadenfenster und die Orgelempore der konstantinischen, zur Ev. Kirche zum Erlöser sanierten sogenannten Basilika vorgesehenen Statuenpaare Konstantins und Friedrich Wilhelms IV.

Dessen Großneffe Wilhelm II. (1859–1941, 1888–1918 Kaiser) versuchte, sich in seiner Eigenschaft als deutscher Kaiser dem Papst Pius X. als ein Erbe Konstantins zu empfehlen und ins Licht seiner kaiserlichen Würde zu rücken, als dieser für 1913 anlässlich der 1600. Wiederkehr der im Jahre 313 in Mailand zwischen Konstantin und Licinius zugunsten der Christen getroffenen Religionsvereinbarungen (sogenanntes Edikt von Mailand) ein „Konstantinisches Jahr" als zusätzliches Hl. Jahr ausgerufen hatte. Wilhelm II. ließ vom Apostolischen Protonotar und bis heute berühmten frühchristlichen Archäologen Mons. Joseph Wilpert eine auf zeitgenössischen Beschreibungen und Bildquellen beruhende akribische, noch heutigen wissenschaftlichen Kriterien genügende Rekonstruktion von Konstantins Labarum anfertigen und dieses im Anschluss an den Sieg an der Milvischen Brücke entstandene, u. a. mit Christogramm, Kaiserbildnissen und Edelsteinen verzierte militärische Feldzeichen durch den preußischen Gesandten und einen kaiserlichen Flügeladjutanten dem Papst 1914 in besonderer Audienz überreichen als „Symbol für den Sieg des Christentums" und als Geschenk für dessen zur Erinnerung an die Schlacht an der Milvischen Brücke unweit von dort aus Papstmitteln gerade im Entstehen begriffenen neokonstantinischen Gedächtnisbau von S. Croce al Flaminio, wo es noch heute in der Obhut des hier ansässigen altehrwürdigen, hochadligen Konstantinsordens aufbewahrt wird und bei Festmessen zu Ehren kommt ⊙ III.12.1.

In seiner Dankesrede lobte der Papst „den Wert dieser Kaiserlichen Gabe, das Sinnige, das in dieser Aufmerksamkeit liege" und Wilhelm II. als „offenen und stets bereiten Bekenner und Verfechter des Christentums." Wenige Tage später betonte er gegenüber Wilpert „bezügl. des Ksl. Labarum-Geschenks ...›es sei un atto degno di Carlo Magno‹ (eine Karls des Großen würdige Handlung)". Zuvor hatte der Kaiser aus Rom Exemplare zweier auf Geheiß Pius X. geprägter Gedenkmedaillen erhalten, in denen Konstantins 1600 Jahre zurückliegende vorbildliche Herrscherleistung, die Sicherung von Friede und Freiheit für die Christen, propagiert wurde ⊙ III.5.1.

## Konstantin im italienischen Faschismus

Auch die italienischen Faschisten erwählten sich Konstantin den Großen zu einer wichtigen propagandistischen Leitfigur. Als Rom nicht mehr die Stadt des Papstes war, wurde der Konstantins Sieg an der Milvischen Brücke feiernde Triumphbogen zur Kulisse pompöser, faschistischer Inszenierungen – den beklemmenden Vorboten des Zweiten Weltkrieges – und dabei auf suggestive Weise in den Dienst einer Geschichtsfälschung gestellt. Nachdem Benito Mussolini (1883–1945, seit 1922 Capo del Governo) 1933 mittels barbarischer Abrisszerstörungen aus faschistischer Sicht „der antiken Via Triumphalis ihren alten Namen und ihre einstige Funktion zurückgegeben hatte", konnte die militärische Eröffnungsparade der Faschisten 1934 ungestört durch den Konstantinsbogen hindurchziehen, und zwar am 28. 10., dem Jahrestag von Konstantins Sieg an der Milvischen Brücke im Jahre 312. Doch damit nicht genug: Um die faschistische Usurpation in einer welthistorischen Dimension noch enger mit Konstantins epochenwendender Sieghaftigkeit und in seinem Bogen verewigter triumphaler Größe zu verknüpfen, erfand man einen wahrheitswidrigen Machtergreifungsmythos, den sogenannten „Marsch auf Rom" und datierte ihn auf den 28.10. 1922. Faktum (Marsch auf Rom) und Datum (28. 10.) sind erwiesenermaßen eine mit falschen Berichten sowie gefälschten Fotos und Fotodatierungen operierende Propagandalüge, was selbst in vielen jüngsten Veröffentlichungen nicht zur Kenntnis genommen wird.

☉ III.10.8

**10** Johannes Lingelbach
  **Schlacht zwischen Konstantin und Maxentius, Mitte 17. Jh.**
  Rom, Galleria Nazionale d'Arte Antica, Palazzo Barberini

Die in der inszenierten Datumskongruenz manifeste Vorbildlichkeit Konstantins, die in den alljährlichen Jubiläumsfeiern zur Machtergreifung am 28. 10. auf der imposanten Via Triumphalis erneut suggeriert wurde, spricht auch aus dem faschistischen Geschichtsbild, das 1937–1938 anlässlich des 2000. Geburtstags des römischen Kaisers Augustus in der von Mussolini gewünschten großen, ein ganzes Jahr dauernden Ausstellung „Mostra Augustea della Romanità" im Rundgang der ersten 26 Säle von Romulus bis zu Konstantin entfaltet wurde.

Am 3. 5. 1938 gewährte Mussolini dem offiziellen Staatsgast Hitler am Ankunftsabend das Privileg – wie einst Karl V. – durch den eigens für den Empfang restaurierten Konstantinsbogen hindurch in Rom „auf heiligem Boden" Einzug zu halten. Wohl in Erinnerung an sein Romerlebnis wird Hitler fünf Jahre später Konstantin den Großen für einen Aktionsplan zur Übernahme italienischer Positionen auf dem Balkan als Decknamen missbrauchen.

Die Vorbildlichkeit Konstantins in Sieghaftigkeit und triumphaler Größe spricht schließlich auch aus der Nutzung eines von Johannes Lingelbach (1622–1674) signierten Leinwandbildes, das Konstantins Sieg an der Milvischen Brücke darstellt und eine denkwürdige, wechselvolle Geschichte aufweist [10]. Ehe das Bild nach Irrwegen und über vier Jahrzehnte währender Zwischendeponierung auf Schloss Gifhorn 1999 an seinen rechtmäßigen Besitzer, die Galleria Nazionale d'Arte Antica im Palazzo Barberini in Rom, zurückerstattet wurde, hing es bis 1943/1945 als Leihgabe des römischen Museums im Amtszimmer des Ersten Botschaftsrates in der Italienischen Botschaft in Berlin und diente dort als großformatiges Aushängeschild nationalen Selbstverständnisses.

○ III.14.6
**Die römischen und deutschen Kaiser von Julius Caesar bis Maximilian II.,**
abgebildet durch Georg (Jörg) Sorg mit den Reimsprüchen des Sebastian Wild
Bayerische Staatsbibliothek München

○ III.11.2
Antonio Tempesta
**Ovalporträts von Konstantin dem Großen und Constantius II., um 1600**
Rijksmuseum, Amsterdam

# KONSTANTIN IN DER TRADITION DER HOHENZOLLERN

Jan Werquet

Wie in anderen europäischen Staaten der frühen Neuzeit nahm auch in Brandenburg-Preußen der Konstantinmythos einen zentralen Stellenwert im Kontext der monarchischen Herrschaftsrepräsentation ein. Die idealisierte Gestalt des Kaisers war hier spätestens seit dem 17. Jahrhundert mit dem Statuenprogramm des Alabastersaals im Berliner Schloss als exemplarische Verkörperung des christlich-abendländischen Imperiums präsent. Neben Cäsar und Karl dem Großen stand Konstantin für die Kontinuität des Reichsgedankens, der für das Selbstverständnis der Hohenzollern als brandenburgische Kurfürsten – und somit als Träger höchster Reichsämter - von wesentlicher Bedeutung war.

Dieser politische Bezugsrahmen ging 1806 mit der Auflösung des Heiligen Römischen Reiches verloren und wurde auch nach den für Preußen siegreichen „Befreiungskriegen" gegen Napoleon nicht wieder hergestellt. Infolgedessen trat zwar die Erinnerung an Konstantin zunächst in den Hintergrund, wirkte jedoch mit anderer inhaltlicher Bedeutung weiter. Wie Karl Friedrich Schinkels Gemälde „Triumphbogen" [1] von 1817 belegt, war der Kaiser Teil eines Kanons von Herrschergestalten geworden, der – zumindest nach Auffassung des Künstlers – für das Haus Hohenzollern als ideelles Leitbild verbindlich sein sollte. Ein von einer Blattranke umschlungenes Porträtmedaillon Konstantins ziert gemeinsam mit entsprechenden Darstellungen anderer Persönlichkeiten aus Antike und Mittelalter (neben Monarchen Staatsmänner wie Solon und Perikles) die Archivolte eines monumentalen Triumphbogens. Dieser überfängt die Reiterstandbilder des Großen Kurfürsten und Friedrichs II., welche als dynastische Denkmäler die Szenerie beherrschen, während ein Festzug sowie ein in die Ferne entrückter gotischer Denkmaldom die nationale Hochstimmung nach dem Sieg über Frankreich beschwören.

Fungierte während der Regierung Friedrich Wilhelms III. (1797–1840) die Gestalt Konstantins als Projektionsfigur des „guten Regimentes" und somit als Verkörperung eines eher allgemein formulierten Herrscherideals, so erlangte unter dessen Nachfolger, Friedrich Wilhelm IV., der Mythos um den ersten christlichen Kaiser eine klar umrissene sinnstiftende Bedeutung. Richtungsweisend waren in diesem Zusammenhang die weitreichenden Kirchenreformpläne, die der preußische Monarch bereits in seiner Kronprinzenzeit entwickelt hatte. Um die verschiedenen protestantischen Glaubensrichtungen in Preußen zu einen, sollte eine neue Kirchenverfassung verabschiedet werden. Durch einen Rückgriff auf die gemeinsamen frühchristlichen Wurzeln wollte Friedrich Wilhelm IV. die Kontinuitätsbrüche der Reformationszeit, aber auch die aktuelle Konfrontation mit dem Katholizismus überwinden. Als historisches Vorbild schwebte ihm dabei die „apostolische" Urkirche vor, deren Organisationsstruktur er aus antiken Quellen herleiten zu können glaubte. Unter der maßgeblichen Mitwirkung von Altertumswissenschaftlern und Theologen wie Christian Carl Josias von Bunsen wurden solche Zeugnisse systematisch erschlossen und ausgewertet. Die kirchenpolitischen Ambitionen des Königs hatten aufgrund starker Widerstände von Seiten der Amtskirchen jedoch keine Aussicht auf Erfolg. Um ihnen zumindest symbolischen Ausdruck zu verleihen, brachte Friedrich Wilhelm nach seinem Regierungsantritt ein umfangreiches Kirchenbauprogramm auf den Weg, das sich in seinen architektonischen Leitlinien eng an den von Bunsen erforschten frühchristlichen Sakralbau der Spätantike anlehnte.

Die Kirchenstiftungen Friedrich Wilhelms IV. in Berlin standen in einer impliziten Analogie zu den entsprechenden Aktivitäten Konstantins in Rom. Dagegen erfolgte in der preußischen Rheinprovinz die Konstruktion historischer Bezüge zwischen dem regierenden Monarchen und dem spätantiken Kaiser auf eine sehr viel konkretere und ausdrücklichere Weise.

1 **Karl Friedrich Schinkel**
Ruhmeshalle (Triumphbogen), um 1817
Stiftung Preussische Schlösser und Gärten
Berlin-Brandenburg

2 Innenansicht der Trierer Basilika vor 1945

3 **Carl W. Schmidt**
Entwurf für die Orgelempore
der Trierer Basilika, 1854

Eine wesentliche Rolle kam in diesem Zusammenhang der Trierer Basilika zu, die nach einer Initiative des Architekten und Bauforschers Christian Wilhelm Schmidt als Gottesdienstraum für die lokale evangelische Gemeinde wiederhergestellt wurde. Nachdem sich auch das Trierer Presbyterium für dieses Projekt ausgesprochen hatte, unterstützte Friedrich Wilhelm die ambitionierte Bauunternehmung maßgeblich. So entstand in den Jahren 1846–1856 ein Bauwerk, das die antike Palastaula Konstantins wieder in ihren ursprünglichen Dimensionen und wesentlichen architektonischen Charakteristika erfahrbar machte, zugleich aber auch zeitgenössische Kirchenbauvorstellungen des 19. Jahrhunderts zum Ausdruck brachte.

Für das politische Selbstverständnis des königlichen Bauherrn war die im Zweiten Weltkrieg zerstörte Innenausstattung der Basilika [2] besonders aussagekräftig. Anfangs hatte Schmidt vorgesehen, Friedrich Wilhelm und Konstantin in lebensgroßen Darstellungen an der Orgelempore einander gegenüberzustellen [3]. Dagegen setzte sich bald ein Ausstattungsprogramm durch, das weitaus subtilere und vielschichtigere Sinnbezüge eröffnete. So standen die antikisierend gestalteten Thronsessel, auf denen der König und sein Gefolge während der Einweihungsfeier Platz nahmen, im Altarbereich des neuen Kirchenraums, und architektonische Bezüge verwiesen auf die Aachener Pfalzkapelle Karls des Großen.

Gemeinsam mit dem römischen Ursprungsbau brachten sie die ungebrochene Tradition der christlichen Monarchie – von ihren spätantiken Wurzeln über das Mittelalter bis zur Gegenwart – zum Ausdruck. Ein Vers und Symbole aus der Apokalypse, die den Triumphbogen schmückten, rückten diesen hergebrachten Kontinuitätsgedanken in einen erweiterten – heilsgeschichtlichen – Kontext: Sie reflektierten die Selbstdefinition Friedrich Wilhelms IV. als Monarch von Gottes Gnaden, Beschützer der „Streitenden Kirche" Christi und somit legitimer Vollstrecker eines göttlichen Heilsplanes. Dieses Herrschaftsverständnis war in der persönlichen Religiosität des Königs begründet und trug entscheidend dazu bei, dem Konstantinmythos in Preußen einen zumindest im westlichen Europa des 19. Jahrhunderts einzigartigen aktuellen Aussagegehalt zu verleihen.

Die Bedeutung dieses Mythos als Chiffre für eine überzeitlich wie überkonfessionell verstandene „christliche Monarchie" schlug sich auch in anderen Bauprojekten nieder, die unter Friedrich Wilhelm IV. in Angriff genommen und von diesem gefördert wurden. So regte der Mitinitiator der Kölner Domvollendung, Sulpitz Boisserée, im Frühjahr 1845 an, die Westfassade der katholischen Metropolitankirche mit Standbildern von Monarchen zu schmücken, die in der Geschichte als Beschützer der Kirche hervorgetreten waren.

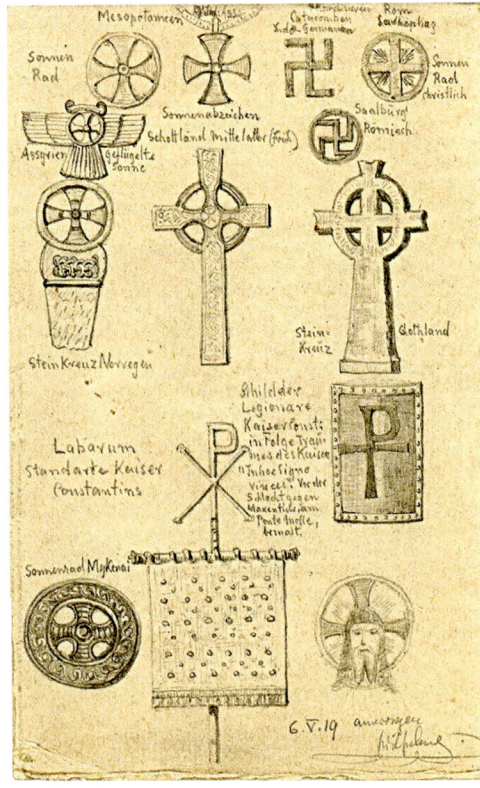

⊙ III.12.2
**4 Handzeichnung Kaiser Wilhelms II. (1859 – 1941)
mit verschiedenen Kreuzzeichen, 1919**
SKH Georg Friedrich Prinz von Preussen,
Hausarchiv Burg Hohenzollern

⊙ III.12.1
**5 Rekonstruktion des Labarum**
Parrochia Santa Croce a Via Flaminia, Rom

Nach langwierigen Beratungen mit dem Kölner Domkapitel fiel dabei die Wahl auf Konstantin ⊙ **III.15.7** und Karl den Großen. Diesen sollte neben Friedrich Barbarossa auch der regierende preußische König an die Seite gestellt werden. Stand das Statuenprogramm auch in offensichtlicher Übereinstimmung mit dem monarchischen Selbstverständnis Friedrich Wilhelms IV., so traf die geplante Hommage an den protestantischen Landesherrn dennoch auf wenig Gegenliebe und der König lehnte seine Widergabe als Statue ab. Die anfänglich als Symbol nationaler Einheit gedachte Kölner Domvollendung war am Vorabend der Revolution von 1848 zunehmend zu einem Kristallisationspunkt konfessioneller Auseinandersetzungen geworden und so schien Friedrich Wilhelm eine solche inszenierte Übereinkunft zwischen Kirche und Staat, die ihn für ein verstärktes Engagement für die Dombaustelle verpflichtet hätte, wenig opportun.

Auch nach dem Ende der Regierung Friedrich Wilhelms IV. im Jahr 1858 riss die Erinnerung an Konstantin als monarchische Idealgestalt und zugleich gesamtchristliche Integrationsfigur nicht ab. Eine letzte Renaissance erfuhr der Konstantinmythos unter Wilhelm II., der sich nicht nur durch bedeutende Kirchenstiftungen im Heiligen Land in die Tradition des römischen Monarchen stellte. Nachdem sich im Jahr 1912 die Schlacht an der Milvischen Brücke zum 1600. Mal gejährt und die Altertumswissenschaften sich verstärkt den noch offenen Fragen um dieses weltgeschichtliche Ereignis zugewandt hatten, setzte der deutsche Kaiser ein besonders öffentlichkeitswirksames Zeichen: Mit der Unterstützung katholischer Geistlicher und Gelehrter ließ er zwei Rekonstruktionen des Labarum Konstantins anfertigen, von denen er eine dem Papst als Geschenk übereignete **[4 – 5]**. Kurz vor dem Ausbruch des Ersten Weltkrieges und dem Ende der Hohenzollernmonarchie wurde auf diese Weise erneut eine Brücke zwischen monarchischer Herrschaftsrepräsentation und wissenschaftlicher Erforschung der Antike geschlagen und beides unter das Vorzeichen einer überkonfessionellen Verständigung gestellt.

# IN DIESEM ZEICHEN SIEGE! – DIE KREUZESVISION KONSTANTINS UND IHRE KÜNSTLERISCHE UMSETZUNG SEIT RAFFAEL

**Birgit Ulrike Münch und Andreas Tacke**

Im Herzen des vatikanischen Palastes freskierte kein geringerer als Raffael mit seinen Schülern einen Festsaal, der nach seinem Bildprogramm „Sala di Costantino" benannt wurde und heute im Anschluss an die „Stanzen Raffaels" besichtigt wird. Die dortige Konstantinfolge beinhaltet insgesamt vier Hauptszenen, die alle vier Wände des Raumes schmücken: Die „Kreuzesvision Konstantins des Großen" [1], die „Schlacht an der Milvischen Brücke", die „Taufe Konstantins durch Papst Silvester I." sowie die „Konstantinische Schenkung". Als inhaltliche Ergänzung sind die Sockelfresken sowie die monumentalen Papst- und Tugenddarstellungen mit heranzuziehen.

Die Arbeiten standen wohl unter keinem guten Stern, denn Auftraggeber wie Künstler verstarben darüber: Der von Papst Leo X. († 1523) bei Raffael († 1520) im Jahre 1519 in Auftrag gegebene vatikanische Festsaal zog sich mit seiner Vollendung unter der ausschlaggebenden Mitwirkung der Raffael-Schüler Giulio Romano und Gianfrancesco Penni bis in das Pontifikat (1523–1534) Papst Clemens VII. hin.

Das komplexe und während der längeren Realisierungszeit mehrmals modifizierte Bildprogramm wurde 1979 von dem Kunsthistoriker R. Quednau mustergültig in seiner Genese erforscht und interpretiert; vor allem ihm verdankt der Zyklus seine Würdigung in der Kunstwissenschaft.

Schon früh war den Fresken jedoch der künstlerische Nachruhm gesichert, denn bereits Giorgio Vasari bezeichnete sie in seinen „Viten" als „gran lume", als wegweisendes Licht für spätere Künstlergenerationen. Und in der Tat wurde der vatikanische Konstantinzyklus von diesen als Ausgangspunkt für eigene Bildlösungen angesehen, von denen einige in unserem Beitrag vorgestellt werden sollen.

Eingehend berichtet Vasari über das Erscheinungsbild der Kreuzesvision: Er beschreibt das Kreuz in einer Gloriole („in uno splendore") und umgeben von mehreren Putti, das Konstantin und seinen Soldaten erscheint, und zitiert darüber hinaus in lateinischer Übersetzung (in hoc signo vinces) die berühmte griechische Prophezeiung (ΕΝ ΤΟΥΤΩ Ι ΝΙΚΑ) „in diesem Zeichen siege", die sich ebenfalls auf den gemalten, fiktiven Teppichen des Festsaales wiederfinden.

Die mittelalterliche und frühneuzeitliche Illustrierung des Leben Konstantins ist ebenso wie die Bilderfolge selbst in der Regel Gesetzmäßigkeiten bildkünstlerischer Zyklen unterworfen: Im 8. sowie im 12. und 13. Jahrhundert finden sich gehäuft Illustrationen des Themas, während zweifelsohne die aus den ersten Jahrzehnten des 16. Jahrhunderts stammenden Fresken der Sala di Costantino einen wichtigen Schritt in der künstlerischen Umsetzung des Sujets darstellen; sie bilden den Auftakt zu den monumentalen Zyklen der Konstantingeschichte der Renaissance und des Barock.

Sowohl Raffaels Fresko der Schlacht an der Milvischen Brücke als auch die zeitlich vorausgehende Kreuzesvision Konstantins – somit jene Fresken, die im Folgenden im Zentrum der Überlegungen stehen – waren bereits im September 1520 konzipiert und werden daher als die „Leoninischen Fresken" des Zyklus' bezeichnet, da sie beim Tod des Medicipapstes Leo X. bereits vollendet waren. Interessanterweise findet das Thema hiernach erst wieder gegen Ende des 16. und zu Beginn des 17. Jahrhunderts Beachtung, dann aber auffallend häufig: Allein in Rom entstehen zu diesem Zeitpunkt fünf monumentale Konstantinzyklen, etwa der zehnteilige, nicht mehr erhaltene Deckenfries in der Villa Montalto-Peretti; des weiteren ein Zyklus im Lateranspalast von Cesare Nebbia mit vier gerahmten Szenen und auch eine fünfszenige Schilderung der Konstantinsgeschichte in der Benediktionsloggia am Nordeingang von S. Giovanni in Laterano.

## DIE SCHRIFTQUELLEN ZUR KREUZESVISION

„In diesem Zeichen siege" (in hoc signo vinces, ΕΝ ΤΟΥΤΩ Ι ΝΙΚΑ), mit diesen Worten verbindet sich bis heute das Damaskuserlebnis Konstantins. Die ersten Erwähnungen des Ereignisses finden sich beim frühchristlichen Schriftsteller und Rhetor Lactantius, dem Konstantin die Erziehung seines Sohnes Crispus übertrug, in seiner möglicherweise in Trier verfassten Abhandlung „De mortibus persecutorum" („Über den Tod der Verfolger") aus dem Jahr 318 sowie in zwei Schriften des griechischen Kirchenvaters Eusebius von Caesarea, zum einen in der „Vita Constantini" von 343, zum anderen in der „Historia ecclesiastica", die zwischen 303 und 325 niedergeschrieben und redigiert wurde.

Alle drei Quellen setzen in ihrer Darstellung des Geschehens unterschiedliche Schwerpunkte. Während bei Lactantius die Aufforderung, das Monogramm Christi als Heereszeichen zu tragen, in einem nächtlichen Traum an Konstantin ergeht, er somit alleiniger Zeuge des Geschehens ist, berichtet Eusebius in seiner „Vita Costantini" von einer Vision, die dem Kaiser inmitten seines Heeres tagsüber am Himmel erschienen sei, so dass die Augenzeugenschaft zahlreicher Mitstreiter betont wird: Ein aus Licht gebildetes Kreuz sei um die Stunde der Mittagszeit am Himmel erschienen, gefolgt von den eingangs zitierten griechischen Worten. Der Hinweis zum genauen Aussehen der siegbringenden Standarte mit dem Christus-Monogramm IHS – dem neuen Feldzeichen des Kaisers – sei Konstantin jedoch in einem Traum in der folgenden Nacht gegeben worden. Die Version des Eusebius wählt somit im Gegensatz zur Schilderung des Lactantius eine erkennbar an biblischen Erzählmustern orientierte Darstellungsweise, indem der Vision die erläuternde Deutung durch den nachfolgenden – und mithin individuell erfahrenen – Traum Konstantins angefügt und diese dadurch dechiffriert wird. In der wohl vor der Vita verfassten Kirchengeschichte des Eusebius findet sich hingegen keine Schilderung der Vision. Die historisch korrekte Wiedergabe der Geschehnisse ist hier sekundär, vielmehr wird Konstantin mit Moses verglichen, der die Israeliten vor den Verfolgungen des Pharaos rettete.

Demgegenüber erwähnen Werke der mittelalterlichen Hagiographie, so die „Legenda aurea" des Jacobus de Voragine oder die „Historia naturale" des Vinzenz von Beauvais die Kreuzesvision, letztere schildert zu Beginn der Konstantins- wie auch der Silvesterlegende die Vision, um daran anschließend der Fassung der „Vita Constantini" des Eusebius zu folgen, allerdings mit dem Zusatz, dass die Traumdeutung des Geschauten durch den im Traum auftretenden Christus selbst oder einen Engel vorgenommen wird, die Konstantin befehlen, das Kreuz als Siegeszeichen für die Schlacht nachbilden zu lassen.

Bemerkenswert ist, dass der genaue geographische Ort der Kreuzesvision in keiner einzigen erhaltenen Texttradition auch nur annähernd spezifiziert wird. Eusebius bemerkt, er wisse nicht, in welche Gegend Konstantin der Große und sein Heer gezogen seien. Dieses sich dem Künstler zunächst stellende, textuelle Problem wird in der bildlichen Umsetzung des Stoffes dergestalt gelöst, dass die Kreuzesvision als unmittelbare Vorstufe zur Schlacht an der Milvischen Brücke angesehen wird und aus diesem Grund die Kreuzesvision in der Nähe Roms topographisch festzumachen sein müsste.

### Die künstlerische Umsetzung

Generell ist – was die illustratorische Adaptation des Themas der bei Tag erlebten Kreuzesvision betrifft – ein auffälliges Ausbleiben der Rezeption in mittelalterlichen Zyklen zum Leben des Kaisers zu konstatieren. Im Gegensatz zum Gemäldezyklus der vatikanischen Sala di Costantino, die von der Kreuzesvision eröffnet wird, ist sie in keiner mittelalterlichen Bildfolge zu finden. Bereits bei den lateinischen Kirchenvätern ist ein merkliches Abklingen am Interesse, diese Episode als bloß ausschmückendes Element in die Gesamterzählung zu integrieren, zu beobachten. Die von Raffael gewählte Bildform betont entgegen dieser Tendenz die besondere Bedeutung des unter göttlicher Providenz stehenden Ereignisses.

Die mittelalterlichen Kunstwerke wählen statt der Kreuzesvision in einigen wenigen Fällen die oben skizzierte subjektive und allein erfahrene Traumvision, wie etwa Piero della Francesca. Innerhalb seines um 1450 begonnenen Freskenzyklus in der Kirche San Francesco in Arezzo illustrierte er in zwölf Bildfeldern die Legende des Wahren Kreuzes Christi [2]. Der Beginn liegt in der Schilderung des Todes Adams, man sieht die Auffindung und das Prüfen des Heiligen Kreuzes durch Helena, und der Bilderabschluss ist mit dem Sieg Konstantins über Maxentius gegeben. Die elfte Szene der Kapelle – die Historie wird im Uhrzeigersinn von oben nach unten in drei Registern erzählt – zeigt auch den „Traum Konstantins": Das kegelförmige Zelt gibt durch das Zurückschlagen der Stoffbahnen den Blick frei auf den schlafenden Kaiser. Die Wächter bemerken nicht den durch einen Engel am oberen Bildrand gesendeten Gnadenstrahl, der die gesamte Szene in warmes Licht taucht. Mit Zeigegestus weist der Engel auf den Träumenden, während oberhalb der Engelshand ein fast verschwindend kleines Kreuz sichtbar wird. Die Unkenntnis der Wächter und auch das bloße Andeuten des Kreuzeszeichens heben hervor, dass der Traum eine individuell erlebte Vision Konstantins ist. Wohl auch in Ermangelung mittelalterlicher Vorbilder zur bei Tag und coram publico geschehenen Kreuzesvision bediente sich Raffael fast ausschließlich der antiken Darstellungen, wie sie beispielsweise an der Trajanssäule und am Konstantinbogen als Reliefs zu sehen sind. Für die Visionsschilderung gibt es keine detaillierte textliche Vorlage bei Eusebius; in welcher Situation Heer und Heeresführer die göttliche Vision erfahren, ist aus den Schriften nur vage zu erahnen.

⊙ III.10.11
**2  Johann Anton Ramboux**
**Der Sieg Kaiser Konstantins im Zeichen des Kreuzes,**
**zwischen 1834 und 1841 nach Piero della Francesca**
Düsseldorf, museum kunst palast,
Graphische Sammlung

⊙ III.9.3
**1  Francesco Aquila**
**Kreuzesvision Konstantin des Großen**
Stich nach den Stanzen Raffaels, 1722
Roma, Istituto Nazionale per la Grafica

Raffael, dem die Entwurfsidee der Fresken zuzuschreiben ist, wählte daher den Darstellungstyp der adlocutio, der in der gesamten Antike verbreiteten Ansprache des Heerführers an sein Heer vor Beginn einer Schlacht. In der Sala di Costantino erscheint auf dem ersten Fresko des Zyklus links Konstantin der Große in Begleitung des Befehlshabers der Prätorianergarde erhöht auf einem Suggestum stehend. Er ist im Redegestus wiedergegeben und hält eine Ansprache für seine von rechts herbeieilenden Legionäre, die verschiedene römische Feldzeichen mit sich führen. Im selben Moment erscheint ein in einen Strahlenkranz eingebettetes Kreuz am Himmel, das von drei Putti getragen wird, begleitet von einem Schriftband, das die Inschrift EN TOYTΩ I NIKA ziert. Mit der Wahl der Adlocutio-Situation kann Raffael die Szene der Kreuzesvision in den Kontext des Kriegszuges einbetten, da hiermit deutlich wird, dass die Begebenheit unmittelbar der Schlachtenszene vorausgehen muss.

Neben der zeitlichen findet zudem noch eine genaue topographische Einordnung statt: Im rechten Bildhintergrund ist das antike Rom mit verschiedenen charakteristischen Bauten – der Meta Romuli, dem Hadriansmausoleum, der Pons Aelius sowie dem Augustusmausoleum – erkennbar. Damit lokalisiert Raffael das Geschehen entgegen der bereits erwähnten uneindeutigen Aussage der eusebischen „Vita Constantini" in archäologisch korrekter Ausstaffierung vor den nördlichen Toren Roms und somit, als direktes Vorspiel auf die Schlacht, an der Milvischen Brücke. Dass die Rekonstruktion der antiken Stadttopographie für Raffael ein wichtiges Anliegen war, verdeutlicht sein Memorandum zur Rekonstruktion der Roma antiqua aus dem Jahr 1519 an Papst Leo X. Somit findet sich in seiner Ausgestaltung der konstantinischen Kreuzesvision auch ein Verweis auf eine von ihm gehegte Vorstellung einer continuatio imperii unter spezifisch christlichen Vorzeichen, die im Kreuzeszeichen der Vision ihren Anfang und Endpunkt zugleich hat.

# DIE SCHLACHT AN DER MILVISCHEN BRÜCKE – DER MILES CHRISTIANUS ALS IDEAL KONFESSIONELLEN SELBSTVERSTÄNDNISSES?

**Birgit Ulrike Münch und Andreas Tacke**

⊙ III.10.9

**1 Johannes Lingelbach**
**Die Schlacht an der Milvischen Brücke, 1673**
Bayerische Staatsgemäldesammlungen, München

**2** Ludwig Refinger
**Horatius Cocles verteidigt
die Tiber-Brücke, 1537**
Nationalmuseum, Stockholm

Im Gegensatz zum Thema der konstantinischen Kreuzesvision, das, nicht zuletzt aufgrund seiner problematischen Textgrundlage, eine erstaunlich geringe bildkünstlerische Umsetzung erfuhr, stellte das Motiv der „Schlacht an der Milvischen Brücke" den Künstlern geradezu ein Kaleidoskop von Übertragungsmöglichkeiten in das Medium der bildenden Kunst bereit. Seit der Antike bedeutete es für den Künstler eine große Herausforderung, da es von ihm die Beschäftigung mit einem Sujet verlangte, das alle Schwierigkeiten illustrativen Schaffens umfasste: In einer Schlachtendarstellung musste eine große Anzahl an Akteuren in jeweils unterschiedlichen und doch aufeinander bezogenen Körperhaltungen gezeigt werden, die als Gruppe wiederum dem eigentlichen Geschehen – dem Kampf – Ausdruck verlieh. Extreme Emotionen mussten geschildert und die menschliche Anatomie, gekleidet in historisch korrekte Rüstungen und Waffen, in einer Situation höchster Anspannung dargestellt werden. Die Schwierigkeiten des Einfangens komplexer Bewegungsabläufe beschränkte sich jedoch nicht allein auf die Kämpfenden, vielmehr konnten auch Tiere – zumeist Pferde – dargestellt sein.

Und schließlich musste die Landschaft, in der sich das Geschehen entwickelte und abspielte, dem Thema angemessen ins Bild gesetzt werden. Es verwundert kaum, wenn ebendiese Gattung der Historienmalerei schon früh als höchste und zugleich schwierigste Ausdrucksform narrativer Bildkunst verstanden wurde.

In der kunsttheoretischen Diskussion besaß die Frage der Narration eine zentrale Bedeutung, an ihr wurde im besonderen Masse der künstlerische Wert einer Bildkomposition festgemacht. Grundsätzlich unterschieden werden hierbei historische von literarischen Sujets. Die Wiedergabe von Schlachtenszenen erfuhr nicht allein inhaltlich – im Sinne politisch-ikonographischer Propaganda – eine hohe Wertschätzung, sondern sie diente der Kunsttheorie auch als Exempel, da an ihr die Möglichkeiten narrativer Historienmalerei zu exemplifizieren waren.

Bereits aus der Antike sind Hinweise der ästhetisch-gesellschaftlichen Hochachtung, die der Schlachtenmalerei entgegengebracht wurde, überliefert. So berichtet unter anderen der ältere Plinius, daß Aristeides eine Schlacht Alexanders gegen die Perser mit 100 Akteuren gemalt habe und hebt dabei insbesondere den hohen Preis hervor, denn für jede Figur seien dem Maler 10 Minen Goldes gezahlt worden. Und in der Frühen Neuzeit spricht sich Giorgio Vasari für die Überlegenheit der Malerei gegenüber der Skulptur aus, die sich gerade an dieser Gattung beweise. Leonardo da Vinci sieht in der Schlachtenmalerei sogar ein Medium, durch das die Malerei selbst die Literatur überflügele, denn die Malerei könne Gegenstände und Ereignisse, die in Wirklichkeit abstoßend seien, in einer Form darstellen, die dem Betrachter ästhetischen Genuss bereite – ein Genuss, der nicht zuletzt aus der Prädestination der Schlachtenmalerei für komplexe Erzählstrukturen resultiere.

Selbst Theoretiker des 17. Jahrhunderts wie Roger de Piles, die in der Regel eine Konzentration auf wenige Bildakteure und einen Handlungsmoment forderten, akzeptierten für die Wiedergabe kriegerischer Ereignisse eine große Anzahl von Figuren und eine Vielschichtigkeit des Handlungsgeschehens.

Visualisierte ein Künstler eine Schlacht, so hatte er sich sowohl dem historischen Stoff wie den kunsttheoretischen Anforderungen zu stellen; beides galt gleichermaßen für die Darstellung der Schlacht an der Milvischen Brücke [1]. Sie war die wichtigste Schlacht im Leben Konstantins des Großen, die er im Jahre 312 vor den Toren Roms gegen seinen heidnischen Widersacher Maxentius (280–312) austragen musste: Er ging – so weiß es die Legende – dank seines neugefundenen Glaubens als Sieger aus ihr hervor.

### SCHRIFTQUELLEN ZUR SCHLACHT AN DER MILVISCHEN BRÜCKE

Die spätantike textliche Grundlage der Schlachtenschilderung entspricht jener der Kreuzesvision: Die ersten Erwähnungen des Ereignisses finden sich wiederum bei Lactantius in seiner Schrift „De mortibus persecutorum" aus dem Jahr 318 sowie in den beiden bereits genannten Werken des Eusebius von Caesarea, also in der „Vita Constantini" von 343 sowie in der zwischen 303 und 325 niedergeschriebenen und redigierten „Historia ecclesiastica".

Die Schilderung des Schlachtenverlaufs ist in allen drei genannten Quellen identisch: Am 28. Oktober 312 stellt sich Konstantin mit seinem Heer, nachdem er erfolgreich Norditalien durchquert hatte, in der nördlich von Rom gelegenen Tiberebene dem in der Hauptstadt residierenden Usurpator Maxentius zur Schlacht. Nachdem Konstantin schließlich die Oberhand gewonnen hatte, wendete sich sein Gegner zur Flucht über den in seinem Rücken liegenden Fluss, zu dessen Überquerung er eigens eine Schiffsbrücke in der Nähe der Milvischen Brücke hatte errichten lassen. Diese wird jedoch, auch aufgrund der starken Tiberströmung, dem heidnischen Heerführer zum Verhängnis: Maxentius stürzt – wie der Großteil seines Heeres – von der auseinanderbrechenden Konstruktion in den Fluss, ertrinkt und fällt somit seiner eigens errichteten Falle selbst zum Opfer, hatte sein Schlachtplan doch vorgesehen, das konstantinische Heer auf die Schiffsbrücke zu locken und diese dann einstürzen zu lassen.

### „WEGWEISENDE" SCHLACHTENBILDER

Bei der künstlerischen Umsetzung der „Schlacht an der Milvischen Brücke" konnte der Künstler auf eine große Anzahl von Schlachtendarstellungen in Malerei oder Skulptur zurückblicken. Grundsätzlich lassen sich Schlachtenbilder in zwei große Gruppen einteilen: zum einen in die glorifizierende Darstellung der Schlacht, innerhalb derer der siegreiche Held im Mittelpunkt steht, und zum anderen in die primär narrative Schlachtendarstellung.

Neben den römischen Vorbildern, die zahlreiche Sarkophage, der Konstantinsbogen oder auch die Trajanssäule lieferten, zeigt auch das um 100 entstandene Mosaik zur Alexanderschlacht, das im 19. Jahrhundert wiederentdeckt wurde und heute im Museo Nazionale in Neapel gezeigt wird, die oben im Abschnitt zur Kunsttheorie skizzierte Bedeutung dieser Gattung der Historienmalerei. Der prominenteste Künstlerwettstreit der Renaissance fand im Bereich der Schlachtenmalerei statt. Für die Florentiner Sala del Gran Consiglio sollten im Auftrag der Republik Florenz zwei Schlachten gemalt werden: Zum einen die von Michelangelo entworfene Cascina-Schlacht, die sich 1364 ereignet hatte, und für die Florentiner siegreich über Pisa endete, zum anderen die Anghiari-Schlacht von 1440. Mit der Darstellung dieser Schlacht – des Sieges über Mailand – war Leonardo betraut worden. Der Auftrag war zweifelsohne politisch motiviert, da die Medici 1494 aus der Stadt vertrieben worden waren und die neue Republik kurze Zeit später den sogenannten „Großen Rat" installierte, dem alle männlichen stimmberechtigten und steuerzahlenden Bürger angehörten. Für den Versammlungssaal dieses Großen Rates waren die beiden Schlachtenbilder bestimmt worden. Nach der

⊙ III.10.2
**3 Pietro Aquila**
**Sieg Konstantins über Maxentius, 1683**
Museum der bildenden Künste Leipzig
[Die Abbildung zeigt den unrestaurierten Zustand der Grafik.]

Rückkehr der Medici im Jahr 1512 verlor die Sala an Bedeutung, Leonardos und Michelangelos Entwürfe waren jedoch bereits vorher – aus ungeklärten Gründen –
verworfen worden und nicht zur Ausführung gelangt.
Nichtsdestotrotz war die Wirkung der Zeichnungen als
Vorlage für viele spätere Künstler maßgeblich, möglicherweise auch, weil Vasari sie eingehend studierte und
in seinen „Viten" umfassend beschrieb.

Eine weitere Schlacht, die ebenfalls nicht die konstantinische Entscheidungsschlacht illustriert, aber mit dieser eng verwandt ist, ist die von Tizian im Entwurf ausgeführte „Battaglia di Spoleto". Tizians Schlachtenbild
war ursprünglich für den venezianischen Dogenpalast
bestimmt gewesen und sollte dort im Großen Saal den
Sieg Venedigs verherrlichen. 1577 zerstörte ein Feuer
das Kunstwerk, so dass heute nur eine Vorzeichnung im
Louvre erhalten ist sowie eine 1569 von Giulio Fontana
ausgeführte Graphik. Dargestellt ist der Kampf zwischen Papst Alexander III. und Friedrich Barbarossa.
Die Schlacht entschied sich – und hier wird die Parallele zur Konstantinschlacht deutlich – auf einer Brücke,
über welche die besiegten Truppen Barbarossas flohen.

Eine weitere „Brückenschlacht" ist mehrfach bildlich
dargestellt worden: Die Verteidigung der Tiberbrücke
durch Horatius Cocles. Der Kampf ereignete sich zur
Zeit des Etrusker-Königs Porsenna während dessen Belagerung Roms. Horatius Cocles, der Einäugige, verteidigt die Stadt im Alleinkampf auf einer Tiberbrücke, der
Pons Sublicius. Eine weitere Parallele wird hierbei zur
Milvischen Brücke deutlich: Um das Vorwärtskommen
der Etrusker zu unterbinden wurde die Pons Sublicius
– wie auch die Schiffsbrücke des Maxentius – hinter Horatius zerstört. Wie von Livius geschildert, konnte sich
der Held jedoch durch einen Sprung in den Tiber retten.
Das Thema wurde beispielsweise von Ludwig Refinger
1537 für Herzog Wilhelm IV. von Bayern illustriert [2].

### BILDMOTIV UND KONFESSIONELLES
### NUTZEN DER SZENE

Tritt ein durch die Jahrhunderte nicht häufig darge-
stelltes Bildthema zum Ende des 16. Jahrhunderts vermehrt ans Licht, ist nach Gründen dafür zu suchen.
Person und Leben Konstantins konnten beim frühneu-
zeitlichen Rezipienten, der in einer kirchengeschicht-
lich krisengeschüttelten Zeit lebte, die Rückbesinnung
auf die Ursprünge des Christentums evozieren. Diese
Form der Traditionsbesinnung und -erfindung lässt sich
insbesondere an den künstlerisch hochwertigen Umsetzungen durch Raffael, Peter Paul Rubens sowie Pieter
Lastman exemplarisch illustrieren. Das früheste der drei

⊙ III.10.3
**4 Konstantinschlacht an der Milvischen Brücke Anno 312**
(nach Raffael)
Elfenbeinmuseum Walldürn

Beispiele ist Raffaels Fresko aus der Sala di Costantino **[3–4]**, das vor 1523 vollendet war. In der genannten Trias steht dabei Raffaels Werk an der Epochenschwelle zum Konfessionellen Zeitalter, während Rubens' und Lastmans Arbeiten das mittlerweile konfessionell getrennte Kunstverständnis widerspiegeln: Auf der einen Seite wies sich Peter Paul Rubens in den südlichen Niederlanden – unter anderem durch seine Tätigkeit für die Jesuiten, die spanischen Statthalter und die Kurie selbst – als derjenige Künstler aus, der nachhaltig das bildkünstlerische Programm des Katholizismus und der Katholischen Reform prägte, auf der anderen Seite steht Lastman mit seinen Arbeiten im Dienst der calvinistisch geprägten nördlichen Niederlande.

Die Frage nach derartigen konfessionellen Implikationen lässt sich bei allen drei Künstlern am Beispiel der von ihnen gemalten „Schlacht an der Milvischen Brücke" stellen. Es ist zu untersuchen, ob sich auch dieses Bildsujet jenen Auftraggebern anbot, die ihr konfessionelles Selbstverständnis mittels der bildenden Kunst zum Ausdruck bringen wollten. Dies beinhaltet zum einen eine Identifizierung oder Gleichsetzung der eigenen Person mit Konstantin dem Großen, zum anderen war die Darstellung der Konstantinschlacht dazu geeignet, den Kampf um den wahren Glauben zu verdeutlichen. Um auf die aufgeworfene Frage eine Antwort zu finden ist es vonnöten, verschiedene bildliche Umsetzungen

dieses Themas im Konfessionellen Zeitalter einander gegenüberzustellen und dem Wandel bzw. der Beständigkeit nachzugehen.

Im Mittelpunkt der horizontal angelegten Komposition Raffaels bzw. Romanos ist jener Moment wiedergegeben, in dem der im Kaiserornat gewandte Konstantin mit erhobener Lanze zum tödlichen Stoss gegen den durch Krone und Bart gekennzeichneten Maxentius ansetzt. Dieser ist im Begriff, in den Tiberfluten zu versinken, während sich sein Pferd nochmals aufzubäumen scheint. Die Victorien bzw. Engel über dem Kaiser demonstrieren durch ihre Gestik, dass die Wendung des Kampfes zugunsten Konstantins nur durch göttlichen Beistand zustande kam. Der Kampf zwischen Heiden und Christen ist – dies spiegelt auch die dominierende und eindeutige Bewegungsrichtung von links nach rechts wieder – bereits Dank der neuen Kreuz-Feldzeichen eindeutig zugunsten Konstantins entschieden. Die Milvische Brücke ist im rechten hinteren Bildfeld wiedergegeben.

**5 Darstellung des ertrinkenden Maxentius auf dem Konstantinsbogen in Rom**

Neben Anleihen aus Michelangelos Schlachtenkarton verarbeiteten Giulio Romano respektive Raffael eine Reihe von Antikenzitaten. So entstammt der ertrinkende Maxentius vermutlich der entsprechenden Darstellung auf dem Konstantinsbogen [5]. Das berühmte Detail jener Barbaren, die den Römern die Köpfe der besiegten Krieger in den Händen präsentieren, ist hingegen aus einer Szene der Trajanssäule entnommen.

Pieter Lastmans Werk hat mit seinen Maßen von 161,5 cm auf 170 cm ein fast quadratisches Format; es ist mit „P. Lastman fecit 1613" eigenhändig signiert und datiert. Sein Gemälde zeigt ebenfalls den Höhepunkt der Schlacht [6], von links oben prescht Konstantin auf seinem Pferd – auch er hat seinen Speer siegessicher erhoben – mit dramatisch wehendem Umhang auf den im Tiber sich zu retten suchenden Maxentius zu. Dessen Gestik und Mimik sprechen dafür, dass ihm die bevorstehende Kampfesniederlage nur allzu bewusst ist. Mit aufgerissenen Augen und angstvoll geöffnetem Mund blickt er auf den Sieger. Konstantins Soldaten führen neben dem Adler auch das Kreuz als Feldzeichen mit sich. Über den Kämpfenden erhebt sich die zerborstene Brücke, auf der das fliehende heidnische Heer wiedergegeben ist; ihr Sturz in die Fluten ist nicht mehr aufzuhalten. Der Handlungs- und Bewegungsablauf umschreibt eine kreisförmige Komposition. Auch der Farbe fällt eine wichtige Rolle zu: Während das Hauptgeschehen in bunten Farben geschildert wird, ist das Kampfesgeschehen auf der Brücke in Grautönen gehalten.

Neben Raffaels Schlacht war sicherlich auch die bis 1577 im venezianischen Dogenpalast befindliche Cadorschlacht Tizians ein Vorbild für Lastman gewesen, denn hier spielt ebenso – im Gegensatz zur Sala di Costantino – das Geschehen vor und auf einer Brücke. Neben einer Zeichnung ist Tizians Werk in den Stichen Giulio Fontanas aus den 1560er Jahren überliefert. Die Drucke waren – ebenso wie ausgewählte graphische Kampfesszenen des Antonio Tempesta – Lastman sicher bekannt. Vielleicht kannte er zudem noch das 1597 von Cavalier Giuseppe Cesare d'Arpino begonnene Fresko im römischen Palazzo di Conservatori, welches die Schlacht Tullo Ostilios gegen die Veienter und Fidenater zeigt.

Das Thema der „Schlacht an der Milvischen Brücke" wurde in den Niederlanden sehr selten dargestellt. Auch aufgrund dieser Tatsache kann Lastmans Gemälde als Auftragsarbeit gedeutet werden. Hierfür spricht auch die ungewöhnliche Bildgröße. Dessen Maße und das quadratische Format könnten zudem für eine ursprüngliche Verwendung als Kaminbild sprechen, vergleichbar ist jenes von Rubens für den Bürgermeister Rockox geschaffene Ölgemälde, das „Samson und Delila" zeigt.

**6** Pieter Lastmann
**Schlacht zwischen Konstantin und Maxentius, 1613**
Kunsthalle Bremen

○ III.21.1
7 **Bildteppich nach Rubens, Doppelhochzeit Konstantins d. Gr. und
seiner Schwester Konstantia mit Fausta und Licinius, vor 1627**
Mobilier national, Paris

Auch Peter Paul Rubens wandte sich dem Thema der „Schlacht an der Milvischen Brücke" zu. Die entsprechende Darstellung entstand in seiner Werkstatt um 1622 als Ölskizze. Insgesamt umfasste sein als Tapisseriefolge geplanter Zyklus zum Leben Konstantins dreizehn Szenen, von denen zwölf in Paris gewebt wurden [7]. Sie waren als Abschiedsgeschenk des französischen Königs Ludwigs XIII. an Kardinal Francesco Barberini vorgesehen, der Paris 1625 als Nuntius seines Onkels, Papst Urban VIII., besucht hatte.

Die Komposition der Schlacht ist bei Rubens im Gegensatz zu den zuvor besprochenen Werken – bedingt durch eine vertikale Trennung des Bildfeldes – in zwei sich stark voneinander absetzende Bildhälften geteilt. Dieser Eindruck wird vor allem durch den Umstand hervorgerufen, dass die linke Bildhälfte von den noch intakten Resten der halbzerstörten Brücke eingenommen wird, während auf der sehr bewegten rechten Seite ein aus Menschen- und Pferdeleibern bestehendes Knäuel in die Fluten des Tibers stürzt. Einige Figuren, so die an

**8 Peter Paul Rubens**
Die Amazonenschlacht
Bayerische Staatsgemäldesammlungen
München

der Brücke hängenden Krieger, übernahm Rubens dem Fresko des Vatikanischen Borgo-Brand Raffaels.

Am unteren Bildrand ist möglicherweise der auf dem Rücken liegende, seinen Blick zum Geschehen auf der Brücke wendende Maxentius wiedergegeben, sein linker Arm sucht nochmals das Schwert gegen die Angreifer zu erheben. Er hat jedoch keine Lebenskraft mehr, seine Rechte ist im Begriff, das Zaumzeug des Pferdes, unter dem Maxentius bereits halb begraben ist, entgleiten zu lassen.

Die bewusste Zweiteilung der Komposition wird vor allem durch die Farbigkeit verstärkt, die den Sterbenden und die auf ihn von der Brücke niederfallenden Krieger in hellem Licht zeigt, während in der Bildmitte ein dunkler vertikaler Streifen, bestehend aus fliehenden und herabstürzenden heidnischen Kriegern quasi den Wendepunkt der Schlacht augenfällig markiert.

Den rechten Bildhintergrund dominiert eine Hebekonstruktion aus Holz, die als Reste der hölzernen Brückenkonstruktion, die Maxentius als Falle für das konstantinische Heer hatte errichten lassen, gedeutet werden kann. Eine Schiffsbrücke – wie es die Textquelle schildert – ist jedoch auch auf diesem Bild nicht zu sehen.

◉ III.10.7
**9 Charles Le Brun**
**Der Kampf Konstantins gegen Maxentius**
Paris, Musée du Louvre,
Département des Arts Graphiques

Wie die Forschung einstimmig interpretiert, ist in der Bildmitte über dem sterbenden Maxentius Konstantin auf dem sich aufbäumenden Pferd in der Manier eines herrscherlichen Reiterstandbildes wiedergegeben. Der Kopf des Kaisers und seines Pferdes würden demnach den höchsten Punkt der Komposition bilden. Beide – Konstantin wie Maxentius – würden der Interpretation zufolge den Betrachter direkt anblicken. Auch wenn diese Deutung auf den ersten Blick plausibel erscheint, so wurde bislang nicht bemerkt, dass diese Darstellung zumindest sehr erstaunlich wäre und eine genaue Identifizierung des Reiters mit Konstantin sowie des im Fluss liegenden Kriegers als Maxentius nicht unproblematisch erscheint: hätte man den nächsten Augenblick des erbitterten Kampfes zu illustrieren, so würde Konstantin, der christliche Sieger, wohl ebenso wie seine Gegner in die Tiefe stürzen, denn wie sollte er sich auf dem sich aufbäumenden, den Kopf nach hinten reißenden Pferd, noch dazu auf einer zusammenbrechenden Brücke, halten können? Weiteres wäre ungewöhnlich: Konstantin stünde innerhalb des Bildes von seinem Heer isoliert – getrennt von seinen Männern, die ihn beschützen und in deren Mitte er kämpft; der Miles christianus wäre – folgte man der gängigen Interpretation – vielmehr inmitten der Feinde wiedergegeben.

Letztendlich widerspräche die bisherige Zuordnung auch der Textquelle, nach der Maxentius, bildlich gesprochen, in seine eigene Grube fällt – in diesem Fall würde dies Konstantin geschehen.

Auch wenn Lösungsansätze zu diesem Problem nur Vermutungen bleiben, so kann doch festgehalten werden, dass der Reiter in der oberen Bildmitte möglicherweise nicht Konstantin – wie man bisher immer angenommen hat –, sondern Maxentius ist und zwar dargestellt in jenem Moment, bevor er durch den Fall von der Brücke in den Tod stürzen wird.

Mit Sicherheit lässt sich sagen, dass bei Rubens' Schlachtengemälde der Focus auf dem Tod des Feindes und nicht auf dem Triumph Konstantins liegt, da dessen siegreiches Heer lediglich durch drei berittene Krieger am oberen linken Bildrand auf der Brücke vertreten ist und ebenso gänzlich auf die Darstellung der christlichen Siegeszeichen verzichtet wurde.

Allen drei Darstellungen von Raffael, Lastman und Rubens gemein ist die deutliche Abweichung von der literarischen Vorlage des Eusebius; dies ist gerade für Rubens ungewöhnlich. Die oben erwähnte Schrift des Lactantius spielte als Quelle wohl für keinen der drei Bildkünstler eine Rolle, da sie 1678 zum ersten Mal ediert wurde. Vergleiche zwischen Lastman und Rubens zeigen darüber hinaus, dass ein weiteres Werk des Flamen mit Lastmans Komposition verwandt ist: Rubens berühmte Amazonenschlacht aus der Alten Pinakothek in München [8]. Auch entstehungsgeschichtlich liegen die Amazonen-Schlacht und Lastmans Schlacht an der Milvischen Brücke nahe beieinander, so dass immer wieder darüber diskutiert wurde, welches der beiden Gemälde zeitlich vorausging. Naheliegender ist eine Beeinflussung des Niederländers auf den Flamen, somit malte zunächst Lastman sein (Kamin-)Gemälde und hiernach schuf Rubens die Amazonenschlacht. Rubens hatte zu diesem Zeitpunkt eine Reise in die nördlichen Provinzen, die heutigen Niederlande, angetreten und es ist nicht unwahrscheinlich, dass er auf dieser Reise Lastmans Werk studierte.

Rubens benutzt die in der Ilias nicht erwähnte Brückenarchitektur als gestalterisches Mittel, auf dem sich die Niederlage der Amazonenanführerin Penthesilea im Kampf gegen Achilles – und damit die Niederlage des gesamten Amazonenstammes – abspielt. Die bewusste Einbeziehung der Brücke untermauert darüber hinaus die These, dass Rubens sich an Lastman orientierte und nicht umgekehrt, denn Letztgenannter hätte schwer auf die (Milvische) Brücke verzichten können. Auch in diesem Schlachtenbild – und dies ist möglicherweise wichtig für die Deutung der Konstantinschlacht von Rubens – gibt es keinen triumphierenden Helden. Der dramatische Kampf und die vielen im Fluss unterhalb der Brücke treibenden entblößten Leiber der toten Amazonen entwerfen vielmehr ein Bild der Schrecken des Krieges.

Wie ist der aktuelle politische Bezug innerhalb des Rubensschen Konstantinzyklus' und hier vor allem innerhalb der Schlacht an der Milvischen Brücke zu werten? Wie oben skizziert fällt die direkte Charakterisierung der historischen Personen schwer und hiermit verbunden auch die Identifikation mit dem Sieger oder dem Unterlegenen. Anhand zeitgenössischer Panegyriken konnte von der Forschung aufgezeigt werden, dass Rubens innerhalb der Teppich-Folge zum Konstantinzyklus eine Gegenüberstellung zwischen der katholischen Restauration in Frankreich und des zum katholischen Glauben bekehrten Imperatoren anstrebte: Die Rolle Konstantins wäre in diesem Denkmuster mit der Person Heinrichs IV. besetzt, jene des Crispus, des Sohnes Konstantins, mit Ludwig XIII., dem Auftraggeber der Tapisserien.

Auch der vehemente Einsatz der Wirkungsmittel der Schlacht an der Milvischen Brücke scheint Rubens' Zuspruch zu den Vorgängen in Frankreich zu bezeugen, zu der Konvertierung Heinrichs IV. aus Gründen der Staatsräson und der Inthronisierung seines Sohnes, die das Land vor einem weiteren Glaubenskrieg bewahrten. Heinrich IV. „le Grand", ab 1589 bis zu seiner Ermordung (1610) französischer König, ermöglichte im Edikt von Nantes den protestantischen Franzosen die freie Ausübung ihrer Religion. Nachdem Heinrich 1593 wieder zum katholischen Glauben konvertierte und dies angeblich mit dem berühmten Ausspruch „Paris ist eine Messe wert" begründete, stand 1594 seinem Thronanspruch und jenem seiner Nachkommen – nichts mehr im Wege.

Die Identifizierung oder Gleichsetzung eines französischen Herrschers mit dem Sieger der Schlacht an der Milvischen Brücke wurde Mitte des 17. Jahrhunderts interessanterweise erneut aufgegriffen: Nicolas Fouquet, dem unter Ludwig XIV. die königlichen Finanzen unterstanden, beauftragte Le Brun mit Entwürfen zu einer Tapisseriefolge des Konstantinzyklus [9], dies musste einen Vergleich mit Heinrich IV. und Ludwig XIII. evozieren, was sicherlich von Fouquet auch so beabsichtigt gewesen war. Le Brun orientierte sich vornehmlich an Raffael, aber auch einzelne Motive wie die zerberstende Brücke von Rubens wurden von ihm aufgegriffen.

Die künstlerische Umsetzung der „Schlacht an der Milvischen Brücke" zeigt, dass Künstler wie Raffael das Brückenmotiv nur am Rande darstellten, wie es die schriftliche Grundlage (die Schlacht *an* der Milvischen Brücke) eigentlich auch vorgibt. Möglicherweise beeinflusst durch Tizians dynamische Spoleto-Schlacht wählten Rubens und Lastman hingegen eine Lösung, die die Brücke ins Bildzentrum stellte; wobei beide auf Texttreue verzichten, indem sie es unterließen eine Schiffsbrücke darzustellen.

Die Frage, warum die Künstler nicht die zusätzliche Herausforderung – die Darstellung einer Schiffsbrücke – annahmen, ist nicht einfach zu beantworten. Gerade Rubens ist ansonsten bekannt für seine korrekte Wiedergabe der historischen Textquellen. Und wie sich zeigte, legte Raffael zumindest bezüglich der antiken Topographie Roms, der Waffen und Rüstungen größten Wert auf Evidenz. Möglicherweise wollte Rubens bewusst das Vorbild Tizian zitieren.

Was die Konfessionalität der „Schlacht an der Milvischen Brücke" betrifft, so beweisen die genannten Beispiele, dass gerade die zeitgenössische Kunst des 16. und 17. Jahrhunderts oft konfessionalpolitisch motiviert war. Die Häufung der Konstantinzyklen im Konfessionellen Zeitalter scheinen ein Beweis dafür zu sein, dass gerade mit diesem Bildthema das konfessionelle Selbstverständnis legitimiert werden sollte.

Wie sich zeigte, läst sich gerade das Bildsujet des endgültigen Sieges Konstantins über Maxentius von beiden Konfessionen einsetzen: Auf katholischer Seite bot sich das Thema bezüglich der Auseinandersetzungen mit der Reformation insofern an, als dass es auf den ersten Kampf verwies, den die katholische Kirche gegen ihre Feinde gewonnen hatte. Aber auch für die protestantische Seite erschien eine Umsetzung der Ikonographie durchaus plausibel: diese konnte den Rückbezug auf ein siegreiches, noch nicht von der katholischen Amtskirche dominiertes Christentum in den Vordergrund stellen, ebenso wie auch der Sieg des sich politisch und militärisch in der Defensive befindlichen Konstantin eine ideale Folie lieferte.

○ III.10.1
**Historiae Romanorum, um 1290**
fol. 117r: Maxentius wird von der
Milvischen Brücke herabgestürzt
Staats- und Universitätsbibliothek Hamburg
Carl von Ossietzky

⊙ III.9.2
**Meister von Liesborn, Werkstatt**
**Altartafel mit der Kreuzlegende, um 1470**
LWL-Landesmuseum für Kunst und Kulturgeschichte
Westfälisches Landesmuseum Münster

# TRADITIONEN DER KONSTANTINISCHEN FAMILIE IN TRIER

Lukas Clemens und Wolfgang Schmid

1 Antiker Quadratbau des Trierer Domes

Die unter Augustus an der Mosel gegründete Stadt Trier war in der Spätantike nicht nur Vorort der *civitas Treverorum*, sondern auch Metropole der neugeschaffenen Provinz *Belgica I* und schließlich Sitz der Prätorianerpräfektur Galliens, somit also Zentrale eines von Britannien bis Nordafrika reichenden Verwaltungsbezirkes und damit die politisch bedeutendste Stadt im Westen des Reiches außerhalb von Italien. Darüber hinaus erhielt Trier im Rahmen der unter Diokletian durchgeführten administrativen Neuordnung des Reiches den Rang einer kaiserlichen Hauptresidenz, die zuerst von Maximian und dann seit 293 bis 306 von dem ihm zugeordneten Caesar Constantius Chlorus genutzt wurde. Nach dessen Tod wählte sein Sohn Konstantin die Stadt zu seinem vorrangigen Aufenthaltsort, die er zehn Jahre später, im Frühjahr 316, dauerhaft in Richtung Osten verließ. Anschließend übernahmen seine Söhne Crispus und dann Constantin II. die Residenz, aber auch Constans und Constantius II., zwei weitere Söhne Konstantins, weilten des öfteren in der Moselmetropole. Obwohl Trier seine größte Bedeutung in der zweiten Hälfte des 4. Jahrhunderts unter den Herrschern der valentinianischen Dynastie erlangte – erst in dieser Zeit wurde das unter Constantius Chlorus und Konstantin initiierte imperiale Bauprogramm vollendet – hat sich in Trier ein besonders nachhaltiges Andenken gerade an die konstantinische Familie bewahrt, natürlich nicht zuletzt aufgrund der Tatsache, dass Konstantin als erster christlicher Kaiser des Abendlandes und seine Mutter Helena als Auffinderin des Kreuzes Christi allgemeine Verehrung erfuhren.

### HELENA UND DER TRIERER DOM

Frühe Hinweise lassen eine mit der Domkirche verbundene Helena-Tradition erkennen, deren erste Spuren in das 8. Jahrhundert zurückreichen. Detaillierte Kenntnis erhalten wir aus einer auswärtigen Quelle, der um die Mitte des 9. Jahrhunderts verfassten *Vita Helenae* des Reimser Klerikers Almannus von Hautvillers. Dort verwendete Almannus neben anderen Quellen auch in Trier umlaufende Traditionen. Dieser Überlieferung zufolge entstammte die Mutter Konstantins einem vornehmen Trierer Geschlecht, und ihr habe einst fast die ganze Stadt gehört. Außer ihrem in die Domkirche umgewandelten Palast – ihrer *domus* – habe sie auch ein weiteres, als *cubile*, also Schlafgemach oder Privatoratorium bezeichnetes Gebäude in eine christliche Kultstätte umbauen lassen. Auf diese Tatsache sei auch der Primat der Trierer Kirche begründet.

Die Tradition der Domkirche geht offensichtlich auf einen wahren Kern zurück, denn seit den Nachkriegsgrabungen im Kathedralbereich verfügen wir über eindeutige Hinweise auf einen kaiserlichen Wohnpalast unter dem Dom, die folglich die mittelalterliche Legende vom Haus der Hl. Helena zu bestätigen scheinen. Geborgen wurden damals auch die berühmten Deckengemälde mit dem Porträt einer Kaiserin, das womöglich die im Jahr 326 hingerichtete Gemahlin des Konstantin, Fausta, darstellt. Kurz nach dem Bau des Palastes mit seinem Deckengemälde entstand an seiner Stelle eine der monumentalsten Kirchenanlagen des Abendlandes: Wohl am Ende der Regierungszeit Konstantins († 337) bzw. nach dem Tod Helenas († 328/29), die ja auch in Rom, Konstantinopel und Jerusalem prachtvolle Kirchenbauten errichteten, setzte in Trier eine intensive Bautätigkeit ein. Im Bereich von Dom und Liebfrauen wurde ein außergewöhnlicher, aus insgesamt vier frühchristlichen Basiliken bestehender Großkirchenkomplex errichtet.

Von Almannus ausgehend entwickelte sich über Jahrhunderte hinweg eine literarische Tradition, welche die prominente Kaisermutter zur Gründerin der Kathedrale machte und deren augenfälliger Beweis die sichtbaren römischen Bauteile waren [1]. Der Dom bzw. das Domkapitel verfügte somit ebenso über eine Gründungslegende wie die Stadt, die sich auf den assyrischen Königssohn Trebeta zurückführte, oder die Erzbischöfe, die auf die Bistumsgründung durch die Petrusschüler Eucharius, Valerius und Maternus verwiesen.

Schwieriger gestaltet sich die Lokalisierung des zweiten von Almannus erwähnten Gebäudes, dessen Überreste er als ungeheuer prachtvoll beschreibt. Dieses ist offenbar mit einem antiken Stadttor zu identifizieren, das auf einer südöstlichen Anhöhe gelegen, im Hochmittelalter außerhalb der neuen Ummauerung vor der Stadt zu liegen kam. In der als *Porta Alba* bezeichneten Anlage befand sich bereits im 7. Jahrhundert eine Heiligkreuzkapelle, die offenbar auf Helena zurückgeführt wurde. Das römische Tor fungierte im Hochmittelalter als Kastell und wird in der Bistumschronistik als „Burg, die einst in Trier zu Ehren des heiligen Kreuzes erbaut worden war" (*castellum Treberis quondam in honore sanctae crucis constructum*) bezeichnet. Wohl diesen Komplex meint der Dominikaner Thomas von Cantimpré, als er anlässlich eines Trier-Besuches um das Jahr 1240 von einem wunderbaren Bau berichtet, der dort als Palast der Helena, der Mutter Konstantins, bezeichnet würde. Er lag anscheinend außerhalb der mittelalterlichen Befestigungen, denn – so der Bettelmönch – er sei von den Trierer Bürgern, damit er nicht zur Gefahr für die Stadt vom Feind besetzt würde, zerstört worden. Nur wenige Meter östlich der *Porta Alba* war in der zweiten Hälfte des 11. Jahrhunderts die noch heute erhaltene Heiligkreuzkapelle errichtet worden, welche die jüngere Überlieferung dann später auf Helena zurückführen sollte.

### HELENA UND DER DOMSCHATZ

Almannus von Hautvillers berichtet außerdem, die Hl. Helena habe eine Truhe mit bedeutenden Reliquien nach Trier gebracht. Auch das in die Lebensbeschreibung des Trierer Bischofs Agritius übernommene Silvesterdiplom spricht davon, dass Helena mit zahlreichen Reliquien von einer Pilgerfahrt ins Hl. Land zurückgekehrt sei. Das nach dem zur Regierungszeit Kaiser Konstantins amtierenden Papst Silvester (314–335) benannte Diplom ist eine in mehreren Fassungen überlieferte Fälschung des 10./11. Jahrhunderts, die auch Eingang in die Bistumschronistik (*Gesta Treverorum*) gefunden hat. Sie schrieb der Trierer Kirche den Primat, eine führende Position unter allen Bischofssitzen nördlich der Alpen, zu.

Begründet wurde diese Stellung mit Helenas Bedeutung als Mutter des ersten christlichen Kaisers, die die Trierer Kirche nachdrücklich gefördert habe, indem sie ihr bedeutende Reliquien übertrug: Genannt werden der Hl. Rock, das ungeteilte Gewand Christi – das später zur bedeutendsten Reliquie der Trierer Kirche werden sollte – und der Hl. Nagel, der Zahn des Apostels Petrus, die Sandale des Apostels Andreas, das Haupt des Papstes Kornelius und andere Heiltümer.

1512 ließen Kaiser Maximilian und Erzbischof Richard von Greiffenklau den Hl. Rock, der 1196 unter dem Hochaltar im Domchor eingemauert worden war, erheben. Im Rahmen der öffentlichen Zeigung wurde den zahlreichen Gläubigen der Arm der Hl. Anna, der Petrusstab, den der Apostelfürst der Legende nach den Bistumsgründern Eucharius, Valerius und Maternus nach Trier mitgegeben hatte, das von der Hl. Helena nach Trier gebrachte Haupt des Apostels Matthias, das Haupt der Kaiserin selbst, Reliquien der Hl. Barbara und das Haupt des Hl. Papstes Kornelius, das ebenfalls Helena nach Trier gebracht haben soll, und schließlich Reliquien des Hl. Maternus gezeigt. Besondere Verehrung genossen im Mittelalter der Hl. Nagel und die Sandale des Hl. Andreas. Sie wurden unter Erzbischof Egbert († 993) in kostbare Reliquiare geborgen, die zu den Meisterwerken der ottonischen Schatzkunst zählen.

Die Hl. Helena und die mit ihrer Person verbundenen Reliquien wurden bereits im hohen Mittelalter bei der Hervorhebung Triers als heilige Stadt (*civitas sancta*) instrumentalisiert. Apostolische Nachfolge, hohes Alter, bedeutende Reliquien und Förderung durch die Kaisermutter waren Argumente im Wettstreit um eine führende Position unter den Bistümern nördlich der Alpen. Diese Muster und Modelle der Identitätsstiftung wurden über Jahrhunderte hinweg fortgeschrieben. Sie finden sich auch in den ab 1512 in großer Zahl veröffentlichten Heiltumsschriften zur Hl. Rock-Wallfahrt und in einer Ablassbulle Papst Leos X. aus dem Jahr 1515.

Im übrigen knüpften auch andere Trierer Kirchen an die Helenatradition an. St. Matthias z. B. führte die Überführung des Losapostels nach Trier auf Helena zurück, und in St. Maximin, wurden das von der Kaiserin geschenkte Abendmahlsmesser und ein Marienkleid verehrt [2]. Die Mutter Kaiser Konstantins erwies sich so nicht nur als identitätsstiftende Bistumspatronin, sondern auch als Integrationsfigur, die konkurrierende geistliche Institutionen unter dem Dach der *Sancta Treviris* miteinander vereinigte.

### HELENARELIQUIEN IM TRIERER DOMSCHATZ

Trier besaß bereits im hohen Mittelalter Helenareliquien, über die wir freilich nichts genaues wissen. 952 ist in St. Maximin ein Altar mit Partikeln *de corpore S. Helenae* belegt, um 1000 gab es in St. Eucharius eine Helenakapelle mit einem Altar, 1075 schenkte der Trierer Erzbischof Udo von Nellenburg der Helenakirche in Euren Reliquien, und im 12. Jahrhundert gelangten Trierer Helenareliquien in das Prämonstratenserkloster Windberg bei Straubing. Am 1. Mai 1196 weihte Erzbischof Johann I. den neu erbauten Ostchor des Trierer Domes und barg den Hl. Rock in einer Kammer unter dem Hochaltar. Am 6. Dezember 1196 wurde zudem die Ostkrypta des Domes mit ihrem Maria- und Helenaaltar konsekriert. Der topographisch-liturgische bzw. chronologische Zusammenhang zwischen der Bergung der von Helena angeblich nach Trier gebrachten Herrenreliquie und der Weihe eines Helenaaltars dürfte kein Zufall gewesen sein. Jedenfalls spielt der Helenatag seit 1196 in der Domliturgie eine bedeutende Rolle: Vor der Messe am Altar in der Ostkrypta fand eine Prozession der Domherren statt, bei der der Petrusstab und der Hl. Nagel mitgeführt und auf den Altar gelegt wurden.

Festeren Boden gewinnen wir durch das Domschatzinventar von 1238, das ein heute verlorenes Halsband bzw. eine Reliquienbrosche der Kaisermutter nennt (*Monile b. Helenae*). Das Domschatzinventar von 1429 enthält hierzu folgenden Eintrag: „der heiliger keyserinnen sent Helenen coistlich gulden hafft ader broege, daz man nennet zu latine monile sancte Helene, da inne ist groiss wirdiges heyltum von vil aposteln und ist in eyme schoenen syden büdel, daz selbe sant Helene by ir plag zu dragen".

2 **Heiltumsdruck von St. Maximin von 1514**
Bibliothek des Bischöflichen
Priesterseminars, Trier

3 **Büstenreliquiar der heiligen Helena
aus dem Trierer Domschatz**
Heiltumsdruck von 1655

1354, kurz nach dem Tod Erzbischof Balduins von Luxemburg, besuchte sein Großneffe König Karl IV. Trier und ließ sich im Trierer Domschatz eine Reihe von Reliquien aushändigen, die er dem Prager Domkapitel schickte. Von dem großen Stück Kreuzholz, das, worauf er in seinem Schreiben besonders hinweist, die Hl. Helena der Trierer Kirche vermacht hatte, nahm er ein Drittel an sich, weiter eines von fünf Stücken Manna, auch ein Geschenk der Kaisermutter, ein Glied der Kette des Hl. Petrus und ein Stück von der Sandale des Hl. Andreas. Karls nächste Station war die Abtei St. Maximin, die, so berichtet er, von Konstantin und seiner Mutter Helena gegründet worden war. Hier ließ er sich von dem Marienschleier, den das Kloster von seiner Gründerin erhalten hatte, das mittlere Drittel aushändigen. In der Abtei St. Matthias wurde das Apostelgrab geöffnet und ein Fingerglied entnommen. Weiter erhielt Karl IV. einen Teil des Apostels Philippus, der ebenfalls auf eine Schenkung Helenas zurückgeführt wurde.

1367 beurkundete Erzbischof Kuno von Falkenstein, dass ihm Kaiser Karl IV. das Haupt der Hl. Helena übergeben habe. Es sollte dem ewigen Schmuck der Trierer Kirche und der Memoria der Luxemburger dienen. Die Bedeutung der Kaisermutter sei in Werken der Geschichtsschreibung, in alten Schriften wie auch in der mündlichen Überlieferung zweifelsfrei überliefert. Erzbischof Kuno übergab die Reliquie dem Dompropst und verlieh bei dieser Gelegenheit allen Gläubigen, die das Haupt und die anderen Reliquien, die auf dem Hochaltar der Domkirche ausgestellt waren, verehrten, einen Ablass von 40 Tagen. Kaiser Karl IV. hat Reliquien aus ganz Europa im Prager Veitsdom und auf Burg Karlstein zusammengetragen. Das Haupt der Mutter des ersten christlichen Kaisers hatte er 1360 als Geschenk des byzantinischen Kaisers Johannes V. Palaiologos erhalten und 1367 aus politischen Erwägungen der Trierer Kirche geschenkt.

Das Aussehen des 1792 eingeschmolzenen Reliquiars lässt sich nach einem Kupferstich zur Hl. Rock-Wallfahrt von 1655 erschließen. Es handelt sich um ein spätgotisches Büstenreliquiar, das die Kaiserin mit einer Krone, drei Nägeln und einem Reliquienkreuz zeigt. Helena ist also nicht als Stifterin des Domes, sondern als Auffinderin des Hl. Kreuzes und der Hl. Nägel dargestellt [3]. Das Reliquiar ist eine Stiftung des Trierer Domherrn Arnold von Saarbücken, der in seinem Testament von

⊙ III.16.2
**4 Trinkschale der heiligen Helena aus dem Trierer Domschatz**
Domschatz Trier

1380 *„zu Ehre und Lob der Heiligen sowie zu seinem ewigen Gedächtnis"* sein Tafelsilber und Schmuck zur Herstellung eines Schaugefäßes zur Verfügung stellte. Neben der Quittung der Domherren hielten ein Stifterbild und eine Inschrift seine Schenkung fest. Bis zur Erhebung des Hl. Rocks 1512 hat sich der Bestand der Helenareliquien im Domschatz dann nochmals vergrößert. Der bekannteste Trierer Heiltumsdruck, die *Medulla Gestorum Treverensium* von 1514, enthält eine Liste der Reliquien, die man bei der Heiltumsweisung nicht zeigte. Darunter befanden sich ihr Kamm (*„Ein helffen beynnen kam oder strele sant Helenen"*), er dürfte im 6./7. Jahrhundert im östlichen Mittelmeerraum entstanden sein und befindet sich heute in der Pfarrkirche in Piesport, sowie ihre Achat-Trinkschale (*„Ein schale oder trinckvas gegraben jn einen Jaspis do sant Helena pflag dar innen zutrincken"*) [4].

Im 17. Jahrhundert taucht dann außerdem noch eine Krone der Hl. Helena auf. Sie wird 1655 und 1776 genannt, dann noch einmal im Domschatzinventar von 1839; seitdem ist sie verschollen.

Zwischen 1238 und 1514 ist also ein erheblicher Zuwachs an Helenareliquien zu beobachten, wobei sich die Domherren offensichtlich darum bemühten, prominente Stücke des Domschatzes wie den Tragaltar oder altehrwürdige Gegenstände wie die Trinkschale und den Kamm mit der Person der Kaisermutter in Zusammenhang zu bringen. Gleichzeitig lässt sich nachweisen, wie sich die Legende weiterentwickelte. Schließlich sei darauf hingewiesen, dass sich die Legende von der Domgründung durch Helena und die Tradition der Schenkung des Hl. Rocks gegenseitig stützten.

## MONUMENTALE HELENAZEUGNISSE IM DOM

Neben dem Helenaaltar des 12. und dem Büstenreliquiar des 14. Jahrhunderts besitzen wir erst relativ spät bildliche Zeugnisse der Helenaverehrung in Trier, die sich vor allem auf den Dom konzentrieren. Zwischen 1470 und 1510 entstand eine ganze Reihe von Darstellungen der Heiligen. Ein Schlussstein im Vikarsparadies, ein Flügelaltar in der Kapelle des Domkantors Philipp von Savigny, eine Darstellung an der Totenleuchte des Domdekans Edmund von Malberg im Domkreuzgang, als Stiftung eines unbekannten Domherren ein Glasfenster mit der Kaiserin und ihrem Sohn Konstantin und schließlich der spätgotischen Hochaltar, der zwar verloren ist, dessen Aussehen aber eine Federzeichnung überliefert. Auf die Helenaverehrung im Dom ant-

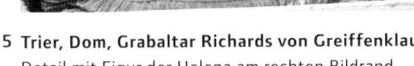

5 Trier, Dom, Grabaltar Richards von Greiffenklau
Detail mit Figur der Helena am rechten Bildrand

6 Trier, Dom, Ostchor mit Pilgertreppen

wortete das stadttrierische Programm der vier Stadt-patrone an der Steipe von 1481/1483; es zeigt die Apos-tel Petrus, Paulus und Jakobus sowie die Hl. Helena, die das Gemeinwesen lenken und es – auch vor dem erzbi-schöflichen Stadtherrn – beschützen.

Die erhaltenen Bildzeugnisse deuten auf eine zuneh-mende Helenaverehrung am Vorabend der Reformation hin, die ihren Höhepunkt im Zusammenhang mit der Hl. Rock-Wallfahrt ab 1512 fand. Womöglich wurde in diesem Kontext nach weiteren Helenareliquien im Dom und im Domschatz gesucht; die Person der prominenten Stifterin wurde mit einem Kamm des 7./8. Jahrhunderts und einer wertvollen Amethystschale des 14. Jahrhun-derts verbunden.

Weitere Zeugnisse entstammen der Frühen Neuzeit: So finden wir Erzbischof Richard von Greiffenklau, der maßgeblich an der Erhebung des Hl. Rocks betei-ligt war, an seinem Grabaltar von 1525/1527 in ewiger Anbetung vor einem Kreuz knien, begleitet von seinen persönlichen Fürbittern, dem Dompatron Petrus und der Hl. Helena [5]. Am Johannesaltar, um 1595 von Erzbi-schof Johann von Schönenburg als Ausdruck gegen-reformatorischer Kunstpolitik gestiftet, finden sich an zentraler Stelle Statuen der Kaisermutter und des Dom-patrons, ebenso an dem manieristischen Allerheiligen-altar von 1614, dem Grabaltar des Erzbischofs Johann von Metternich, und nicht zuletzt auch an dem leider nicht mehr erhaltenen Grabaltar des Carl Caspar von der Leyen von 1666.

Hinzuweisen bleibt noch auf die überlebensgroßen Darstellungen von Helena und Konstantin am Aufgang der um 1700 entstandenen Fassade der Hl. Rock Kapelle [6] sowie an dem 1731 vollendeten, leider verlorenen Hl. Rock-Reliquiar.

## DIE IGELER SÄULE

Die Verehrung Helenas weist durch die fortlebende Er- innerung an die Eltern Kaiser Konstantins in Trier eine weitere lokale Variante auf. Besonders anschaulich kommt diese Tradition in der nachantiken Deutung eines rund acht Kilometer südwestlich von Trier auf dem ge- genüberliegenden Moselufer noch heute erhaltenen an- tiken Grabmonumentes zum Ausdruck, der sogenannten Igeler Säule. Dieser etwa 23 m hohe Grabpfeiler datiert in die erste Hälfte des 3. Jahrhunderts. Inschrift und Reliefszenen weisen ihn als Denkmal der Secundinier, einer in Tuchproduktion und Textilhandel reich gewor- denen treverischen Familie aus [7].

Das Monument hat als einziges seiner Art in der nä- heren Umgebung von Trier wohl nicht zuletzt deshalb überdauert, weil es während des Mittelalters mit der konstantinischen Familie in Verbindung gebracht wurde und somit gleichsam eine christliche Umdeutung er- fuhr. Diese Tradition lässt sich bis in das 13. Jahrhun- dert zurückverfolgen. Ausführlich wird sie in einer jün- geren, zu Anfang des 15. Jahrhunderts verfassten Quelle geschildert. Enthalten ist sie in einer historischen Ab- handlung des Friedrich Schavard, einem Propst des nördlich vor Trier gelegenen Stiftes St. Paulin. Der Au- tor hat vor allem die Bedeutung von St. Paulin in der christlichen Frühgeschichte der Stadt dargestellt und dabei verschiedene ältere Quellen kompiliert, aber auch eigene Beobachtungen eingearbeitet. Diese sogenannte *Collatio* ist in zwei Handschriften überliefert, von denen die erste, die Reinschrift des Autors, heute in der Bibli- othèque Nationale zu Paris aufbewahrt wird, während eine gleichzeitige Abschrift in eine Sammelhandschrift eingebunden wurde, die sich in der Trierer Stadtbiblio- thek befindet.

Im 4. Kapitel findet sich folgender Hinweis auf das Igeler Monument: „Hier hat der selige Agritius auf Wunsch Kaiserin Helenas, die mit dem Augustus Constantius den Kaiser Konstantin den Großen als Sohn hatte, ein Denk- mal veranlasst. Constantius wird in der Kirche St. Pau- lin mit einem einzigartigen in die Wand eingelassenen und so bewahrten Epitaph geehrt. Die für den Staat im- mer erinnernswerte Hochzeit der beiden bildet, wie ihr selbst sehen könnt, das hervorragende, eine halbe Meile von der Stadt gelegene Denkmal in Igel nach dem da- maligen volkstümlichen Ritus ab. Auf dieser Ansicht ist die hochedle Kaiserin zur Stadt und Constantius Chlorus gegen Britannien hingewandt eingehauen. So verspre- chen sie sich, jeder unter Berufung auf seine Herkunft,

mit entgegen gestreckten Händen wechselseitig Treue. Die übrigen Seiten (des Denkmals) zeigen verschiedene Bilder von Zeremonien mit Pferden und Wagen, die Fest- lichkeit preisend. So wie das Monument an seiner Spitze einen Adler hat, der auf die römischen Regionen blickt, so leuchtet in den beiden Eltern treffend dargestellt die kaiserliche Krone. In dieser Weise beruft sich ebenso die heilige Mutter Kirche auf Konstantin den Großen, den Sohn dieser beiden."

Folglich bestand die Auffassung, dass der Trierer Orts- bischof Agritius die Errichtung des Monumentes ver- anlasst hatte. Das Richtung Mosel weisende südliche Hauptbild des Pfeilers zeigt heute noch zwei männliche Personen und einen Jungen in der Mitte, darüber in drei Medaillons zwei Männer- oder Jungenbüsten rechts und links sowie in der Mitte ein Frauenporträt; alles Per- sonen aus der Familie der Secundinier, wie der darunter angebrachten Inschrift zu entnehmen ist. Dargestellt ist offenbar der Abschied des verstorbenen zweiten Sohnes von seinem Vater und dessen Bruder, wobei sich Vater und Sohn die Hand reichen.

Liest man die Ausführungen des Friedrich Schavard, dann scheint es so, als haben womöglich bereits damals vorhandene Verwitterungsschäden zu der Annahme geführt, das Relief zeige nur zwei Personen, und die beiden außen stehenden Personen, links als Constan- tius und rechts als Helena identifiziert, würden sich die Hände reichen und nicht – wie tatsächlich abgebildet – die mittlere und die rechte Figur. Für Constantius nahm man in Trier offenbar eine Herkunft aus Britannien an, für Helena hingegen aus der Moselstadt selbst. Die auf den übrigen Reliefs der Pfeilerseiten skulptierten Darstellungen religiöser Themen sowie von Warentrans- porten beziehungsweise Textilprobe und -verkauf wur- den als Szenen der Hochzeitsfeierlichkeiten angesehen. Schließlich hat Schavard auf die Bedeutung des aus der Ehe hervorgegangenen Sohnes Konstantin für den Siegeszug der katholischen Kirche verwiesen. Diese In- terpretation des Denkmals wurde erst ausgangs des 16. Jahrhunderts durch die ersten Humanisten, die sich mit der Igeler Säule auseinandersetzten, die Inschrift verstanden und die ursprüngliche Zweckbestimmung des Bildprogrammes erkannten, korrigiert.

⊙ III.18.3

**7 Stich von William Pars mit Darstellung
der Igeler Säule, 1771**
Rheinisches Landesmuseum Trier

⊙ III.17.1

**8 Epitaph für Constantius Chlorus**
Rheinisches Landesmuseum Trier

### DIE HELENA-TRADITIONEN IN EUREN

Nicht nur aufgrund dieses Pfeilermonumentes hat sich die Trier gegenüber gelegene Seite der Moseltalweite während des Mittelalters zu einem Zentrum des Gedenkens an die konstantinische Familie entwickelt. Eine intensive Helenaverehrung lässt sich schon früher in dem Dorf Euren ausmachen, das – zwischen Trier und Igel gelegen – nur fünf Kilometer von dem angeblichen Hochzeitsdenkmal entfernt liegt. In Euren weihte Erzbischof Udo im Jahr 1075 die Pfarrkirche des Ortes der Hl. Helena. Diese Kirche stand nachweislich in den damals noch in Teilen aufrecht stehenden Ruinen einer prachtvoll ausgestatteten, ausgedehnten Palastvilla des 4. Jahrhunderts, die vermutlich mit einem weiteren Wohnsitz der Kaiserin in Verbindung gebracht worden waren. Sie hatte wohl bereits einen frühmittelalterlichen Vorgängerbau. Nur einige hundert Meter entfernt entspringt eine in der Spätantike eingefasste Quelle, die seit dem 13. Jahrhundert als Helenenbrunnen (*fons beate Helene*) in der schriftlichen Überlieferung begegnet.

### DAS GRABMAL DES CONSTANTIUS CHLORUS

Kommen wir noch einmal auf die *Collatio* des Friedrich Schavard zurück, denn der von uns zitierte Passus erwähnt neben der Igeler Säule auch noch ein weiteres Steindenkmal, nämlich das zu seiner Zeit in der Stiftskirche von St. Paulin aufbewahrte Epitaph des Constantius Chlorus.

Bereits die Trierer Bistumschronik, die an der Wende zum 12. Jahrhundert verfassten „Taten der Trierer" (*Gesta Treverorum*) berichten, dass „Constantius im 16. Jahre seines Imperiums zu York in Britannien starb und von dort nach Trier überführt, auf dem Marsfeld"

– so nannte man im Mittelalter das ehemalige nördliche Gräberfeld der antiken Stadt – „mit folgendem Epitaph ehrenvoll begraben wurde." Die anschließend in den *Gesta* im Wortlaut mitgeteilte Grabinschrift ist heute noch erhalten [8]. Sie befand sich bis zum Jahre 1674 in der Stiftskirche St. Paulin; heute wird sie im Rheinischen Landesmuseum aufbewahrt. Die Inschrift ist – epigraphischen und inhaltlichen Kriterien zufolge – allerdings erst gegen Ende des 11. Jahrhunderts entstanden. Die eigentliche Grabinschrift, die sich trotz heutiger Beschädigung aufgrund des Textes in den *Gesta Treverorum* ergänzen lässt, lautet:

Hic iacet Elius Constantius, vir consularis, comes et magister utriusque miliciae atque patricius, et secundo consul ordinarius.

„Hier liegt Elius Constantius, ehemaliger Consul, Comes und Feldherr zweier Waffengattungen, Patricius und zum zweiten Mal ordentlicher Konsul".

Einer überzeugenden Überlegung zufolge liegt der mittelalterlichen Gedenktafel ein kostbares Schreibtäfelchen für das zweite Konsulat des späteren Kaisers Constantius III. im Jahr 417 zugrunde, von dem ein Fragment 1875 in einem Sarkophag zu St. Paulin gefunden wurde; später gelangte es in das Berliner Antiquarium. Die Inschrift ist in Teilen missverstanden worden. So dürfte Elius auf Grund einer möglicherweise beschädigten Buchstabenkombination FL (für Flavius) gelesen worden sein, zudem hat der hochmittelalterliche Kopist offenkundig die in der Spätantike gebräuchliche Abkürzung VC für *vir clarissimus* in *vir consularis* aufgelöst.

Die Diskussion um einen echten Kern dieser Tradition ist in jüngster Zeit noch einmal aufgegriffen worden. Dabei wurde neben der Wahrscheinlichkeit, dass Konstantin den nachweislich nach seinem Tod in York eingeäscherten Vater wohl nicht an der Peripherie des Reiches, sondern eher in seiner Residenzstadt beisetzen ließ, eine Äußerung des zum Heidentum übergetretenen Julian, eines Neffen Konstantins aus dem Jahr 361 angeführt, derzufolge sein Vetter und Sohn Konstantins, Constantius II. im Lande der Kelten „die Gräber seiner Vorfahren nicht geschont habe", hingegen die von Wildfremden – also wohl die von christlichen Heiligen – verehre. Diese Äußerung legt Grablegen der Familie in Gallien nahe und dann natürlich am ehesten in einer Residenz und Metropole wie Trier. Hier wiederum wäre das nördliche Gräberfeld, auf dem später auch das Stift Paulin entstand, als Ort des Mausoleums anderen möglichen Standorten vorzuziehen, denn hier lassen sich die Grablegen wichtiger Personen aus dem unmittelbaren Umfeld der konstantinischen Herrscher nachweisen, hier sind auch die bedeutenden Bischöfe des 4. Jahrhunderts bestattet und hier befand sich der großräumige spätantike Coemeterialbau der Trierer Christengemeinde, aus dem die Abtei St. Maximin hervorgehen sollte.

## DIE ST. MAXIMINER GRÜNDUNGSTRADITION

Auch für St. Maximin gibt es eine im fortgeschrittenen 10. Jahrhundert einsetzende Tradition, die Mitglieder der konstantinischen Familie einbezieht, indem sie die Gründung der Abtei auf Konstantin und seine Mutter Helena zurückführt. Wohl nicht zuletzt als Reaktion auf die schriftliche Fixierung der Domtradition in der Helena-Agritius-Vita wird in dem nördlich vor Trier gelegenen Kloster St. Maximin, das sich aufgrund seiner rechtlichen Sonderstellung als Reichsabtei in einer permanenten Konkurrenzsituation gegenüber den Trierer Erzbischöfen befand, eine eigene auf das konstantinische Herrscherhaus zurückreichende Tradition konzipiert. Neben einer bereits seit der Mitte des 10. Jahrhunderts fassbaren Tradition, derzufolge Helena die Abtei unter Einsetzung eines Abtes Johannes mit Zustimmung ihres kaiserlichen Sohnes durch Bischof Agritius habe weihen lassen, werden im 11. Jahrhundert die Rollen Konstantins und seiner Mutter bei der Gründung getauscht.

Nach Auskunft eines in der zweiten Hälfte des 11. Jahrhunderts gefälschten Diploms des Merowingerkönigs Dagobert (vor 1084) hat nun Konstantin das Kloster in einem vormaligen königlichen Tempel gründen und durch Agritius weihen lassen sowie auf Bitten Helenas die Mönche samt Abt Johannes berufen, ferner die Abtei dem kaiserlichen Schutz unterstellt. Historischer Kern dieser Tradition – das haben die jüngsten umfassenden Ausgrabungen in der Abteikirche von St. Maximin ergeben – ist eine in der ersten Hälfte des 4. Jahrhunderts wohl unter Agritius errichtete Begräbnishalle der Trierer Christengemeinde gewesen, dessen Patrozinium Johannes Evangelist gewesen sein mag. Dieser im Verlauf des 4. Jahrhunderts erweiterte Grabkomplex hat im Frühmittelalter dann bis zu seiner Zerstörung im Jahr 882 durch die Normannen als Klosterkirche gedient.

Die Gründungstradition kommt auch in einer späteren Darstellung auf dem Prachteinband eines „Goldenen Buches" (*Liber aureus*) der Abtei aus der ersten Hälfte des 13. Jahrhunderts zum Ausdruck, die uns nur in einem Aquarell aus dem 18. Jahrhundert zugänglich ist, da der Band heute verschollen ist [9]. Demnach zeigte eine Figurenplatte über dem zentralen Elfenbein einer Darstellung Christi Himmelfahrt den Apostelpatron der Abtei, Johannes Evangelist, und ferner die mit Kirchenmodellen als kaiserliche Stifter gekennzeichneten Konstantin und Helena. Die Bezugnahme auf den ersten christlichen Kaiser findet sich auch immer wieder in der frühen Neuzeit, so etwa auf einem Heiltumsdruck von 1514 [2] bzw. einem Äbtebild dargestellt, das der Maler Louis Counet 1699 im Auftrag des Klosters anfertigte, wobei die Inschrift sogar das Jahr 333 der angeblichen Gründung nennt ⊙ III.19.3 ⊙ III.19.1.

Schließlich ist in diesem Zusammenhang auf den berühmten antiken Kameo auf dem Buchdeckel des sogenannten Ada-Evangeliars von St. Maximin zu verweisen (s. Kapitel 9, Beitrag von Nolden), das heute in der Trierer Stadtbibliothek aufbewahrt wird. In der Forschung besteht mittlerweile Einigkeit, dass auf dem Kameo die konstantinische Familie dargestellt ist, und zwar von links Helena, Constantin der Große, sein Sohn Constantin II., Fausta, die Gattin des Konstantin, sowie Crispus, ein weiterer Sohn Konstantins mit seiner vormaligen Konkubine Minervina. Das Evangeliar wurde um 800 in der berühmten Hofschule Karls des Großen fertiggestellt. Über eine Adelige Ada gelangte das Evangeliar an die Abtei St. Maximin. Sein heutiger Einband stammt aus dem Jahr 1499. Ob der sicherlich bereits in einem älteren Einband verwendete Kameo noch aus dem Umfeld der karolingischen Hofschule stammt, oder später eingepasst wurde, lässt sich nicht mehr entscheiden. Doch ist nicht auszuschließen, dass dieser Stein bewusst

**9 Liber Aureus von St. Maximin**
Aquarell des Einbandes

mit dem Wissen um die dort dargestellte Familie ausgewählt wurde, denn außer den vier Evangelisten sind auch die anderen, auf dem spätgotischen Deckel dargestellten Personen engstens mit der Geschichte der Abtei verbunden und mit dem Apostelpatron Johannes Evangelist sowie den in der Abtei als heilig verehrten, und dort auch bestatteten Bischöfen Agritius, Maximin und Nicetius zu identifizieren.

### RESÜMEE

Zusammenfassend lässt sich festhalten, dass in Trier mehrere Gründungstraditionen zirkulierten, die auf unterschiedliche Mitglieder der konstantischen Familie zurückgeführt wurden und sicherlich in wechselseitigem Zusammenspiel zueinander entstanden sind. Die älteste Überlieferung haftet zweifellos an der Domkirche und führt die Gründung auf die Kaisermutter zurück. Hier scheint ein offenbar durchgängig tradierter historischer Kern zugrunde zu liegen.

Auch in St. Eucharius/St. Matthias ist seit dem Hochmittelalter eine intensive Helenaverehrung nachzuweisen, wurde die Kaiserin hier doch u. a. mit der Überführung des Apostels Matthias in Verbindung gebracht.

Ihr Angedenken hat sich außerdem in Euren und Heiligkreuz bewahrt. In St. Paulin wähnte man sich am Ort des Grabmales von Constantius Chlorus, und auf Konstantin selbst, dessen Namen übrigens bis in das 12. Jahrhundert hinein Mitglieder der städtischen Führungsschicht trugen, führte die Abtei St. Maximin seit dem 11. Jahrhundert ihre Entstehung und reichsunmittelbare Rechtsstellung zurück.

Besonders eindrucksvoll kommt die imperiale Tradition schließlich in der Ansprache der Igeler Säule als Denkmal der Kaisereltern zum Ausdruck. Wir können folglich in der ehemaligen spätantiken Residenz Trier ein vielschichtiges, an zahlreichen Plätzen verortetes Gedenken der konstantinischen Familie während des Mittelalters und der frühen Neuzeit fassen, wie wir es für keine andere Stadt nördlich der Alpen finden.

# DAS ADA-EVANGELIAR

**Reiner Nolden**

Der älteste Bibliothekskatalog der Benediktinerabtei St. Maximin vor Trier findet sich als Eintrag in einer Handschrift der „Moralia in Job" Papst Gregors des Großen (590–604), die aus der zweiten Hälfte des 10. Jahrhunderts stammt und ein herausragendes Produkt des Maximiner Skriptoriums aus dieser Zeit darstellt. Den Katalog datiert man um das Jahr 1125, er stammt von der Hand des berühmt-berüchtigten Maximiner Fälscherabts Berengoz. Als vierter Titel in diesem Katalog wird ein textus evangelii unus auro scriptus genannt; bei diesem textus dürfte es sich um das Ada-Evangeliar handeln. Dies ist ein Evangeliar mit den vollständigen Evangelien nach Matthäus, Markus, Lukas und Johannes, das zusammen mit acht weiteren Werken (darunter das Lorscher Evangeliar) aus der Hofschule Karls des Großen stammt.

Sein Name geht auf eine angebliche Schwester Karls namens Ada zurück – wie die Maximiner Mönche es offensichtlich geglaubt und auf der letzten Seite des Evangeliars eingetragen haben. Demzufolge habe Ada das Buch auch mit schönen Metallen schmücken lassen.

So dürfte das kostbare, ganz in goldener Tinte geschriebene, mit vier Evangelistenbildern und prachtvollen Kanontafeln versehene Werk bereits im Mittelalter einen goldenen Deckel besessen haben. Als man nach der Erfindung des Buchdrucks daranging, das Pergament von als entbehrlich angesehenen älteren Bibeln zum Binden der neuen Bücher zu verwenden, makulierte man auch in Maximin zwei große Pandekten, das sind Vollbibeln mit sämtlichen Texten des Alten und Neuen Testaments, aus der Karolingerzeit. Das Ada-Evangeliar entging diesem Schicksal; es erhielt sogar im Jahr 1499 einen neuen Deckel.

Die Grundform des Deckels wird von einem Kreuz und Randleisten gebildet. Sie folgt damit älteren Vorbildern oder übernimmt vielleicht noch Elemente des mittelalterlichen Einbandes (das Folgende nach Weber/Jopek 1984). Im Zentrum des Kreuzes ist ein aus der Römerzeit stammender dreischichtiger Sardonyx eingearbeitet, auf dem wohl die Familie Kaiser Konstantins (Helena, Konstantin I., Constantinus II., Fausta, Crispus) dargestellt ist. „Um den Kameo gruppiert sind die anthropomorph dargestellten Evangelisten: vier geflügelte Wesen, Schriftbänder haltend, die ihre Namen nennen. In den vier zwischen den Kreuzbalken und den Rahmen entstandenen Feldern befinden sich die Statuetten der Hl. Johannes, Maximin, Agritius und Nicetius [....] Neben dem Hl. Maximin kniet die Stifterfigur des Abtes Otto von Elten, sein Abtswappen ist auf den Grund montiert." Die Rahmenleisten sind mit Glasflüssen und Steinen besetzt. Die unter dem Kreuz befindliche Stifterinschrift lautet übersetzt: „Diese Tafel ließ Abt Otto von Elten 1499 anfertigen".

Ada-Evangeliar und Deckel sind bis zur französischen Revolution in St. Maximin geblieben. Der Kameo ist bereits in Alexander Wiltheims „Origines et annales coenobii sancti Maximini" (Stadtbibliothek Trier, Hs 1621/99 4° S. 669) abgebildet. Vor den Franzosen nach Mainz gerettet, wurden der Codex und etliche andere Maximiner Archivalien und Litteralien schließlich von den französischen Truppen konfisziert und nach Paris verbracht. Von dort wurden das Ada-Evangeliar und sein Deckel 1815 durch preußische Truppen ins Rheinland zurückgeholt und 1818 durch königliche Ordre der Stadtbibliothek Trier überwiesen.

Der Deckel wurde 2005 anlässlich der Magdeburger Ausstellung „Heiliges Römisches Reich Deutscher Nation" durch den Restaurator Sebastian Anastasow und den Trierer Goldschmied Franz Alof gereinigt, die Glasflüsse, Steine und sonstigen Teile wurden gefestigt.

⊙ III.19.1
< 1 **Vorderer Buchdeckel des Ada-Evangeliars**
**mit dem Konstantinkameo**
Sog. Ada-Kameo
Stadtbibliothek Trier

# KONSTANTIN IN DER LITERATUR DES MITTELALTERS

Michael Embach

### KONSTANTIN IN DER INTERNATIONALEN LITERATUR

Die Darstellung Kaiser Konstantins in der Literatur des Mittelalters umfasst ein weit verzweigtes System von Texten aus den Bereichen Legendarik, Hagiographie, Historie, Moraldidaxe und Epik, dessen Wirkungsgeschichte von großer Dynamik und lang anhaltender Dauer gewesen ist. Ausführliche Belegstellen liefern die Artikel von Wolfgang Maaz in der ‚Enzyklopädie des Märchens' (1996) sowie Manfred Kern und Silvia Krämer-Seifert im ‚Lexikon der antiken Gestalten in den deutschen Texten des Mittelalters' (2003). Diese beiden Artikel bilden die maßgebliche Materialbasis für den vorliegenden Beitrag.

Trotz des positiven Gesamtbefundes besitzt das literarische Bild Konstantins, soweit es auch ausgreifen mag, deutliche Grenzen. Sie liegen im Fehlen breit angelegter Texte, die Konstantin als eine Gestalt der mittelalterlichen Großepik vor Augen stellen könnten. Zwar finden sich unzählige Formen einer klein- und mittelteiligen Behandlung der Thematik, einen regulären Konstantinroman jedoch hat das Mittelalter – aus welchen Gründen auch immer – nicht geschaffen, und zwar weder in Latein noch in der Volkssprache. Eher tendenziell in diese Richtung weist ein wohl im 12./14. Jahrhundert entstandenes Werk, das eine lateinische Jugendgeschichte Konstantins zum Thema hat, die ‚Incerti auctoris Historia de ortu atque iuventute Constantini Magni et eiusque matre Helenae'. Es liegt noch in einer zweiten Redaktion vor, der Schrift ‚De nativitate Constantini Imperatoris'. Geschichten über die Jugend Konstantins sind zudem nicht primär dem westlichen Literaturkreis zuzuordnen, sie gehen häufig auf byzantinische oder orientalische Vorbilder zurück. Dies gilt auch für zwei aus dem 13./14. Jahrhundert stammende französische Konstantintexte, das in Versform gekleidete ‚Dit de l'empereur Constant' und die in Prosa geschriebene ‚Conte de l'empereur Constant'. Sie erzählen, angewandt auf Konstantin, die Sage vom neugeborenen Knaben, dem prophezeit wird, einst Erbe eines großen Weltreiches zu werden.

Das Phänomen einer weitgehenden Abwesenheit Konstantins in der mittelalterlichen Großepik ist umso erstaunlicher, als verschiedene andere Herrscher der Antike und des Mittelalters zu Kristallisationspunkten von kunstvoll angelegten Dichtungen aufstiegen, die teilweise komplexe narrative Zyklen entwickelten. Genannt seien die Alexander-, die Artus- oder die Karlsepik. Von einer hiermit vergleichbaren Konstantinepik kann für das Mittelalter nicht gesprochen werden, ebenso wenig wie von einem einheitlichen Konstantinbild. Während beispielsweise Alexander als eschatologische Gestalt auftritt, die die Völker Gog und Magog im Kaukasus zusammenschließt, oder als Vanitas-Exempel für die Hybris menschlichen Tuns herhält, bleibt die Rolle Konstantins in der Literatur des Mittelalters merkwürdig unbestimmt. Dass die deutsche Rezeption hierbei keinen minderwertigen Eigenweg bildet, beweist ein Blick auf die französischen, byzantinischen und serbischen Stofftraditionen. Auch in ihnen lässt sich ein recht einseitiges Interesse an der Gestalt Konstantins belegen. Dieses Interesse kommt weniger von der Geschichtsschreibung und der (höfischen) Epik her als von der Legendarik und der Sagenliteratur. Es ist formal und inhaltlich geprägt von der geistlichen Dichtung. Für den italienischen Bereich sei auf die in Latein abgefasste ‚Chronik' des Jacobus Aquensis (13. Jahrhundert), auf die ‚Historia imperialis' des Giovanni de Matociis (1313) oder auf die Konstantin-Legende des Fazio degli Uberti (1359/1360) hingewiesen.

Ebenfalls im 14. Jahrhundert nahmen die ‚Novella di Manfredo', ferner l'Urbano sowie der ‚Libro imperiale' des Giovanni di Buonsignori die Konstantin-Thematik auf. Romanhafte Züge trägt die Erzählung von der Bekehrung Konstantins und seines Sohnes Fiovio durch Papst Silvester in den ‚Reali di Francia'. Sie schafft eine pseudohistorische, ‚genealogische' Verbindung zu Karl dem Großen. In der gleichen Tradition steht der ‚Sachsenspiegel' (III 63.1) des Eike von Repgow (ca. 1180 – nach 1233), in dem Konstantin als Bekehrer der Sachsen und eigentlicher Schöpfer dieser Rechtssammlung auftritt. Auch das ‚Decretum Gratiani' (XCVI, 13.14), die wichtigste Rechtssammlung der mittelalterlichen Kirche, nimmt auf Konstantin bzw. die Konstantinische Schenkung Bezug. Eine völlig andere Schwerpunktsetzung findet sich in der ‚Göttlichen Komödie' Dantes. Ausgehend vom Gedanken der Kontinuität zwischen antiker und mittelalterlicher Weltherrschaft, lässt Dante den Niedergang des römischen Reiches mit Konstantin beginnen. Doch wird ihm am Ende ein Platz im Paradiese zugewiesen, da er aus Respekt vor dem Papst in den Osten ausgewichen sei (Paradiso 20,55–60). Eine serbische Konstantin-Sage berichtet von der wunderbaren Gründung Konstantinopels durch einen Knaben, der später zum Kaiser aufsteigt. Motive aus ihr fanden Eingang in das türkische ‚Tutinameh' und in Märchen der türkischen Stämme Südsibiriens. Für den byzantinischen Raum ist auf die aus dem 10. Jahrhundert stammende, mit späteren Zusätzen versehene ‚Patria Konstantinupoleos' zu verweisen. Sie bietet zahlreiche Motive aus dem Konstantinkreis. In der altenglischen Literatur begegnet eine legendarisch gefärbte Konstantin-Tradition früh in Cynewulfs ‚Elene' (8./9. Jahrhundert) sowie in der sehr viel später entstandenen ‚Confessio amantis' (1393) John Gowers.

Die chronikalische Literatur weist Rekurse auf Konstantin in fast beliebiger Menge auf. Als Beispiele aus der internationalen Geschichtsliteratur seien genannt: die ‚Chronik' Fredegars (7. Jahrhundert), die ‚Chronica' Ottos von Freising (ca. 1111–1158), die ‚Historia regum Britanniae' (5,6–9) Geoffreys von Monmouth (ca. 1100–1154) oder das ‚Speculum Historiale' (13,43–102) des Vinzenz von Beauvais (ca. 1184–1264). Während Vinzenz von Beauvais den Stoff deskriptiv entfaltet, liefert Geoffrey von Monmouth eine sagenmäßige Ausgestaltung der Thematik, in der Konstantin als Sohn der englischen Fürstentochter Helena auftritt. Der Text fährt fort, Konstantin habe zunächst als gerechter Herrscher in England regiert, dann sei er von römischen Adligen gegen den Tyrannen Maxentius zu Hilfe gerufen worden. Auf diese Weise habe Konstantin die Herrschaft über das römische Reich erlangt.

Im Bereich der Exempelliteratur sind Aldhelm von Malmesbury (ca. 639–709), Robert Holkot († 1349) oder der alemannische Zisterzienser Gunther von Pairis († ca. 1220) zu nennen. Letzterer schrieb eine auf Augenzeugenberichten beruhende ‚Historia Constantinopolitana'. Sie beinhaltet eine Exempelerzählung, derzufolge Konstantin in einer Vision zunächst eine alte und dann eine junge Frau geschaut habe. Papst Silvester habe dieses Bild auf Rom und Konstantinopel gedeutet.

## DIE QUELLEN DER KONSTANTINLITERATUR

Wirft man einen Blick auf die Quellen der mittelalterlichen Konstantinliteratur, so zeigt sich, dass immer wieder die gleichen Basistexte herangezogen wurden. Es sind dies die ‚Historia ecclesiastica‘ (9–10) und die ‚Vita Constantini‘ des Eusebius von Caesarea (ca. 265–339), die ‚Historia tripartita‘ Cassiodors (ca. 485–nach 580) mit den eingearbeiteten Kirchengeschichten des Sokrates, Sozomenos und Theodoret, die ‚Historia nea‘ des byzantinischen Geschichtsschreibers Zosimos (nach 498), die Schrift ‚De mortibus persecutorum‘ des Lactantius (ca. 250–nach 317) sowie die ins 5. Jahrhundert zurückgehenden ‚Actus Silvestri‘. Letztere berichten, Konstantin sei zur Strafe für seine Grausamkeiten gegenüber den Christen mit Aussatz geschlagen worden. Die kapitolinischen Priester in Rom teilen ihm mit, nur ein Bad im Blute getöteter Kinder könne die Krankheit heilen. Zwar will Konstantin dem Rat Folge leisten, doch hält ihn der Anblick der wehklagenden Mütter zurück. In der Nacht darauf erscheinen ihm Petrus und Paulus. Sie verheißen ihm die Heilung im Bad der Taufe. Konstantin empfängt von Papst Silvester die Taufe, wodurch das Heidentum vom Christentum überwunden wird. Daneben enthalten die ‚Silvesterakten‘ eine Disputation Papst Silvesters mit zwölf jüdischen Meistern sowie eine Erzählung vom Kampf Silvesters gegen einen pestatmenden Drachen. Wie zentral gerade die Silvesterlegende für das Konstantin-Bild des Mittelalters gewesen ist, beweist die Tatsache, dass der Stoff Eingang gefunden hat in die literarische Fiktion der ‚Konstantinischen Schenkung‘.

## HAUPTMOTIVE

An einzelnen Motiven, die aus den genannten Quellen in die Konstantinliteratur des Mittelalters eingegangen sind, lassen sich vor allem drei Komplexe benennen: Das Motiv von der Kreuzesvision Konstantins, das Motiv von der wunderbaren Heilung, Bekehrung und Taufe Konstantins sowie das Motiv vom Bau der Stadt Konstantinopel als dem neuen Herrschaftszentrum im Osten. Über ihre narrative Bedeutung hinaus tragen diese Motive weitreichende politische und kirchenpolitische Implikationen in sich. So entwickelte sich, wie Wolfgang Maaz betont, das christliche Kreuz durch die Kreuzesvision Konstantins zu einem konstitutiven Bestandteil der Kaiserideologie und der reichskirchlichen Orthodoxie des Mittelalters. Demgegenüber greift das Bekehrungs- und Heilungsmotiv ein grundlegendes Paradigma der Politik des Mittelalters auf, die Frage nach der Priorität bzw. dem Zusammenspiel von Kaisertum und Papsttum. Die Gründungsgeschichte Konstantinopels wiederum trägt Rückfragen nach der weltpolitischen Stellung Roms und der Bedeutung der Kirche als weltlicher Herrschaftsträgerin in sich. Abseits von diesen Hauptaspekten finden sich motivische Sonderwege wie die Sage von Konstantin als betrogenem Ehemann oder Episoden aus der städtischen Geschichte Roms – etwa, wenn Konstantin als Stifter und Förderer römischer Kirchen dargestellt wird. Gerne aufgegriffen werden auch die zum Helenakreis gehörenden Kreuzholz- bzw. Kreuzfindungslegenden. Sie akzentuieren den Beitrag Konstantins zur Heiliglandreise Helenas und damit zur Wiederauffindung des Kreuzes Christi. Letztendlich kam es zum Eindringen mythologisch-fiktionaler Elemente, die einerseits der weiteren Stilisierung Konstantins dienten, andererseits den Keim zur Herausbildung autochthoner Erzähleinheiten in sich trugen. Verwiesen sei auf die Überlieferung, Konstantin sei wie Alexander der Große in biblischer und griechischer Weisheit erzogen worden oder die Stadt Konstantinopel habe zunächst in Troja gebaut werden sollen. Durch typologische Verschränkungen dieser Art avancierten Konstantin zu einem neuen Alexander und Konstantinopel zu einem neuen Troja. Möglicherweise leuchtet hinter diesen mythologenen Konstrukten auch der Versuch auf, eine quasi heilsgeschichtliche Dynamisierung der Weltgeschichte nach Art des Sechs-Weltalter-Schemas oder der Vier-Reiche-Lehre mit Konstantin im Mittelpunkt vorzunehmen.

## KONSTANTIN IN DER DEUTSCHEN LITERATUR DES MITTELALTERS

Innerhalb der deutschen Literatur des Mittelalters taucht Konstantin in den Bereichen von Antikenroman, höfischer Epik, Sangspruchdichtung, Moraldidaxe, geistlicher Dichtung, historiographisch-chronologischem Schrifttum und Legendarik auf.

### ANTIKENROMANE UND HÖFISCHE EPIK

Im Bereich der mittelhochdeutschen Antikenromane ist Konstantin zwar eher eine Rand- oder Nebenfigur, doch wird er verschiedentlich herbeizitiert. So rekurriert der zwischen 1190 und 1230 auf einer französischen Vorlage entstandene ‚Eraclius' des Dichters Otte auf das gängige Konstantinbild der Epoche. Otte berichtet, seit dem Sieg Konstantins über die Griechen hätten die römischen Kaiser meistens im Osten residiert. Konstantin habe zahlreiche Städte erobert und seinen Herrschaftssitz Konstantinopel gegründet. Hierzu habe er Erde aus Rom herbeigeschafft und auf ihr vornehme Römer angesiedelt. Aus diesem Grunde heiße das Land „Romania". Nach Konstantin hätten für die Dauer von mehr als 500 Jahren byzantinische Griechen das römische Reich beherrscht (V. 4598). Der Berichtston des ‚Eraclius' ist weniger legendarisch als historiographisch geprägt. Konstantin erscheint als der große Herrscher, der jedoch mehr zu Ostrom als zu Westrom gezählt wird. Diese Akzentuierung blieb nicht ohne Wirkung, wie ein Reflex in der gereimten Weltchronik des Heinrich von München beweist (s. u.). Einige marginale Informationen zu Konstantin enthält auch der Alexander-Roman des vorarlbergischen Dichters Rudolf von Ems (Schaffenszeit 1220–1250). Rudolf teilt mit, Konstantin habe der Stadt Konstantinopel seinen Namen gegeben. Er habe seinen Herrschaftssitz dorthin verlegt und Johannes und Marinus als Statthalter in Rom zurückgelassen. Ein dritter Antikenroman, der um 1270/1300 anonym entstandene ‚Göttweiger Trojanerkrieg' verwendet die Ereignisse um Troja als Rahmen für einen Roman im Stil der späten Artus-Epik. Kolportiert wird die Nachricht, Konstantin habe auf dem Feld Estrelo, auf dem der Kampf zwischen Bevar und Agamemnon stattgefunden, die Stadt Konstantinopel gegründet (V. 23,755).

Auch im Umfeld des höfischen Romans fällt die Rezeption Konstantins nicht sehr üppig aus. Hier ist der zu den so genannten Spielmannsepen gerechnete ‚König Rother' zu nennen, ein Werk, das noch in vorhöfische Zeit fällt. Basierend auf den beliebten Motiven der Brautwerbung und der Orient- bzw. Heimkehrererzählung wird geschildert, wie der fiktive König Rother um die Hand einer byzantinischen Prinzessin wirbt. Deren Vater, König Konstantin von Konstantinopel, versucht die Heirat zu verhindern, doch gelingt es Rother mit List und Mut, die Braut zu gewinnen und nach Bari heimzuführen. Am Tag ihrer Ankunft wird Pippin, der Vater der hl. Gertrud von Nivelles und Karls des Großen, geboren. Es ist leicht zu erkennen, dass hinter dem Konstantin des König Rother nicht die historische Gestalt der Spätantike steht. Vielmehr werden die mittelalterlichen Standardmotive der Wahl einer standesgemäßen Frau und der Entführung der Braut in das fiktive Umfeld Konstantins transponiert. Auch der um 1260/1275 entstandene ‚Jüngere Titurel', der Motive aus Wolfram von Eschenbachs ‚Parzival' aufgreift, kennt Konstantin. Der Kaiser erscheint hier als Vorbild eines idealen Ritters, der auf Erden und im Himmel Glück erlangt (V. 1892,3).

Der ‚Reinfried von Braunschweig', ein nach 1291 entstandener Minne- und Abenteuerroman, enthält einen Exkurs über die Reise Reinfrieds ins Heilige Land. Darin findet sich die Bemerkung, zur Zeit Helenas sei die Stadt Jerusalem wieder aufgebaut und das Grab Christi in eine Kirche verlegt worden (V. 18,149). Helena habe die Grabeskirche im Auftrag Konstantins errichtet.

## SANGSPRUCHDICHTUNG, MORALDIDAXE UND GEISTLICHE DICHTUNG

Die Bezugnahme auf Konstantin innerhalb der mittelalterlichen Sangspruchdichtung und Moraldidaxe besitzt einen beachtlichen Umfang. Vertreten sind so bekannte Autoren wie Walther von der Vogelweide (ca. 1170–1230), Heinrich Frauenlob († 1318) oder Thomasin von Zerklaere (Anfang 13. Jahrhundert). Von der Menge der überlieferten Befunde her fällt das Schwergewicht allerdings nicht in die höfische, sondern in die nachhumanistische Zeit. Auffällig ist, dass sowohl Walther von der Vogelweide als auch Frauenlob die Konstantin-Thematik mit einer kleruskritischen Spitze versehen. Walther moniert, dass Konstantin den Klerus nicht am Reichtum hätte teilnehmen lassen, wenn er die schlimmen Folgen dieses Missstandes abgesehen hätte. Und Frauenlob kritisiert, der Klerus habe sich bei dem Kaiser in Rom eingeschmeichelt, eine Anspielung auf die ‚Konstantinische Schenkung‘. Jetzt benehme er sich gieriger als jeder Laie. Weitere Sangspruchdichter, die Konstantin thematisieren, sind u. a. der Weber und spätere Berufsdichter Michael Beheim (1420–ca. 1475), der Augsburger Lodenweber Abraham Dambeck (bezeugt 1583–1611), der Nürnberger Meistersinger Hans Sachs (1494–1576) oder der Straßburger Schreiner Joseph Schmirer (bezeugt 1609–1634).

Aus dem Bereich der moraldidaktisch akzentuierten Literatur ist der am Hofe des Patriarchen von Aquilea tätige Kleriker Thomasin von Zerklaere zu nennen. In seinem um 1215 entstandenen ‚Welschen Gast‘ legt Thomasin dar (V. 6223), Konstantin sei zwar mächtig und reich gewesen, Rettung gefunden aber habe er durch seine Tugend. Hinter dieser Akzentuierung leuchtet das literarische Modell des Herrscherlobes auf. In ähnliche Richtung weisen verschiedene Konstantin-Passagen des Magdeburger Dichters Brun von Schönebeck (Mitte 13. Jahrhundert). In seinem ‚Hohen Lied‘ legt Brun dar, mit Konstantin sei das Christentum zur Staatsreligion aufgestiegen. Auch der Prediger Konrad, Kaplan des Bischofs von Brixen, geht in seinem aus dem späten 12. Jahrhundert stammenden ‚Predigtbuch‘ auf Konstantin ein. In Predigt 92,4 erscheinen die Motive von der Kreuzesvision und der Heilung Konstantins durch Papst Silvester.

## HISTORIOGRAPHISCHE UND CHRONIKALISCHE WERKE

Sowohl in den gereimten Chroniken als auch in den Prosachroniken des Mittelalters hat Konstantin vielfältig Beachtung gefunden. Seine Berücksichtigung in den historischen Werken betrifft die Universal-, die Regional- und die Stadtchroniken. Auch der Medienwechsel von der Handschrift zum gedruckten Buch hat der Thematik keinen Abbruch getan. Dies beweist ein entsprechendes Kapitel in der 1493 gedruckten, lateinisch und deutsch erschienenen ‚Schedelschen Weltchronik‘. Letztendlich gilt, dass verschiedene Handschriften historiographischer Werke Miniaturen zur Konstantinthematik aufweisen. Es sind dies die ‚Weltchronik‘ des Jans Enikel, teilweise vermischt mit der ‚Christherre-Chronik‘, die ‚Schwäbische Chronik‘ Thomas Lirers, die ‚Chronik der römischen und deutschen Kaiser‘ Jörg Sorgs sowie – aus dem Bereich der Legendarik – eine Wessobrunner Handschrift mit der Kreuzholzlegende. An Motiven erscheinen u. a. ‚Konstantin auf dem Thron‘, ‚Konstantin ersticht seine Gemahlin‘, ‚Konstantin in einem Turm, vor ihm wehklagende Mütter‘, ‚In diesem Zeichen siege‘ sowie ‚Konstantins Taufe‘. Einige Belegstellen liefert Jörn-Uwe Günther in seinem Katalog illustrierter Weltchronikhandschriften des Mittelalters (Günther 1998).

Schon die erste groß angelegte Weltchronik in deutscher Sprache, die ‚Kaiserchronik‘, geht auf Konstantin ein. Das um 1150 abgeschlossene Werk schildert die Weltgeschichte, angeordnet nach weltlichen und geistlichen Herrschern. Den Kaisern und Königen werden die Päpste gegenübergestellt. Aus beiden Gruppen ergibt sich die Abfolge der Weltgeschichte, angefangen bei Caesar und sich fortentwickelnd über Konstantin und Karl den Großen bis hin zu Konrad III. (1138–1152).

Intention des Autors war es, in einer reichsorientierten Weise das fruchtbare Zusammenwirken von Kaisertum und Papsttum darzustellen. Hierzu bediente er sich ›idealer‹ Herrschaftspaare wie Konstantin und Silvester oder Karl der Große und Leo III. Die Partien über Konstantin basieren maßgeblich auf Motiven aus den ‚Actus Silvestri‘. Genannt seien die Erkrankung und Heilung Konstantins durch Silvester oder die Disputation Silvesters mit den zwölf jüdischen Gelehrten. Daneben kommt es zu neuartigen Akzentsetzungen, etwa wenn behauptet wird, Konstantin sei in Trier geboren, einer Stadt, die später zum fränkischen Reich gehören sollte. Hierdurch wird die Vorstellung von der ‚Translatio imperii‘, dem Übergang der Weltherrschaft von den Römern auf die Franken, betont. Im Ganzen gelten in der ‚Kaiserchronik' Papst und Kaiser als gleichberechtigte Garanten der zeitlichen Ordnung. Konstantin wird zum Träger einer Reichsidee, die das politische Ideal des 12. Jahrhunderts im Gewande einer ‚historischen' Rückprojektion vor Augen führt.

Die ‚Weltchronik' des Jans Enikel (ca. 1230/40–1290) rekurriert in ihren Konstantinpartien nahezu ausschließlich auf legendarisches und novellistisches Material. Dieses entstammt nicht den ‚Silvesterakten', sondern schöpft aus internationalem Erzählgut. Hervorzuheben ist die Erzählung von Konstantin, dem betrogenen Ehemann: Konstantins Frau entbrennt in Liebe zu einem Krüppel. Als der (noch heidnische) Kaiser davon erfährt, tötet er seine Frau und trampelt den Krüppel mit dem Pferd nieder. Konstantin, der eine neue Weltepoche heraufführt, wird dadurch zu einem „Herrn Jedermann" (Maaz 1995), dem das banale Missgeschick des Ehebruchs passiert. Die in der ‚Kaiserchronik' vertretene politische Aussage einer ‚Entente cordiale' zwischen Kaisertum und Papsttum erfährt bei Enikel dagegen eine deutliche Abschwächung. Stattdessen wird der Stoff narrativ entfaltet, ohne dass eine politische Nebenabsicht erkennbar würde.

Eine weitere deutschsprachige Weltchronik, die um 1380 entstandene ‚Neue Ee' des Heinrich von München, thematisiert Konstantin. In den Kapiteln 65, 67, 68 und 69 finden sich Ausführungen über Konstantin und Maxentius, Papst Silvester, die Gründung Konstantinopels und den Kampf Silvesters gegen den Drachen. Auch Heinrich von München greift in großem Umfang auf legendarisches Material zurück, auch er hält sich von politischen Gewichtungen fern. Die in der ‚Kaiserchronik' gestellte Frage nach der Verhältnisbestimmung von papaler und imperialer Macht interessiert ihn nicht. Der Text möchte weder agitieren noch für ein politisches Herrschaftsmodell werben. Das Persönlichkeitsbild Konstantins erscheint mit allen positiven und negativen Schattierungen, doch fällt das Gesamturteil günstig aus. Heinrich von München bescheinigt dem Kaiser, er habe die ewige Seligkeit erreicht: „sein sel do erwarb gotes genad, do er starb".

Im Bereich der Regional- und Stadtchroniken sei auf die aus der zweiten Hälfte des 15. Jahrhunderts stammende ‚Schwäbische Chronik' des Thomas Lirer verwiesen. Der erste Teil des Textes schildert den Kampf Konstantins gegen die Ungarn. Zweimal erhält Konstantin die Vision, er solle ein weißes Banner mit einem roten Kreuz bemalen, dann werde er siegen. Hier ist das bekannte Visionsmotiv von der Schlacht an der Milvischen Brücke in einen mittelalterlichen Kontext, die Ungarnproblematik, übertragen. Als weiteres Motiv taucht die Heiliglandreise Helenas auf, die von Konstantin angestoßen wird. Nicht berichtet wird die Konversion Konstantins. Der Kaiser bleibt ein Kryptochrist, der die Rettung des Reiches in politischer und militärischer, nicht jedoch in religiöser Hinsicht zustandebringt.

Ein Beispiel für eine Stadt- und Bistumschronik, die auf Konstantin eingeht, bietet die ‚Medulla gestorum Treverensium' des Trierer Weihbischofs Johann Enen (ca. 1480–1519). Die ‚Medulla' erschien 1514 in einer deutschen und 1517 in einer lateinischen, von dem Benediktiner Johannes Scheckmann angefertigten Ausgabe. Sie repräsentiert die erste im Druck erschienene Stadtgeschichte Triers. Der Bericht über Konstantin findet sich in dem Kapitel über die Reliquiensendung Helenas nach Trier. In kritischer Akzentsetzung greift der Text die Nachrichten der um 1072/1101 entstandenen ‚Gesta Treverorum' auf, wonach Konstantin das römische Reich mit Krieg überzogen und mit Gewalt unter seine Herrschaft gebracht habe. Von Interesse ist, dass die schmalen Passagen der deutschen Ausgabe in der lateinischen Fassung Erweiterungen erfahren. Hierin zeigt sich das Walten einer humanistischen Gelehrsamkeit, die das Gesagte durch zahlreiche Verweise auf antike und mittelalterliche Autoritäten abstützen möchte. Es finden sich Bezüge auf Homer, Demetrius, Rufinus, Eusebius, Orosius, Valerius Maximus, Boethius, Beda Venerabilis, Jacobus de Columna, Thomas von Aquin und Nikolaus von Lyra. Das Bild Konstantins gewinnt dadurch eine positivere Nuancierung als in der deutschen Ausgabe. Offenbar ist die neuzeitliche Lokalgeschichtsschreibung Triers gnädiger mit Konstantin umgegangen als die mittelalterliche. Auffällig ist jedenfalls ein deutlicher Unterschied zwischen volkstümlich-deutschsprachiger und gelehrt-lateinischer Bewertung seiner Person.

○ III.1.2
**1 Sog. Trierer Silvester**
Pergamenthandschrift, 2. Hälfte 12. Jh.
Stadtbibliothek Trier

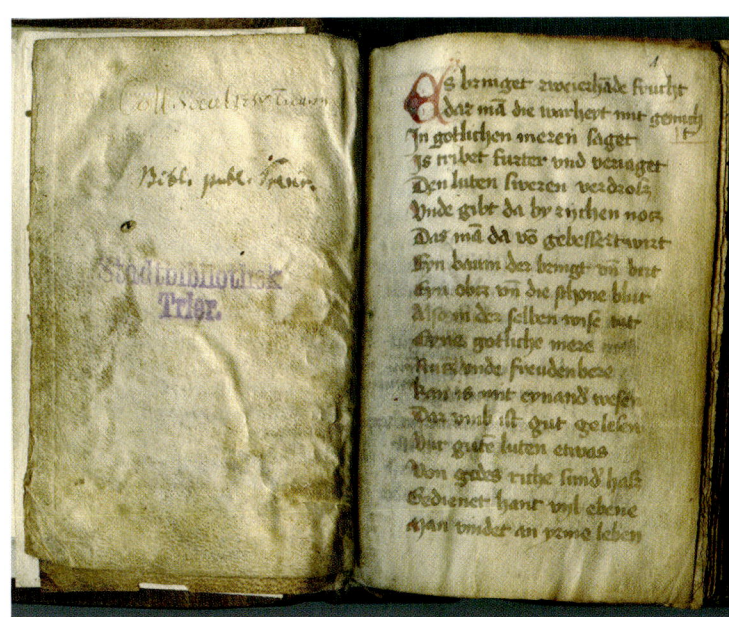

○ III.1.3
**2 Konrad von Würzburg, Silvester**
Pergamenthandschrift, letztes Viertel des 13. Jh.
Stadtbibliothek Trier

Auf die Konstantin-Passagen der im 12. Jahrhundert verfassten ‚Magdeburger Annalen', der um 1400 entstandenen ‚Thüringischen Landeschronik' des Johannes Rothe (1360–1434) und der aus dem 15./16. Jahrhundert stammenden ‚Straßburger Chronik' kann hier nur noch summarisch hingewiesen werden.

### DIE LEGENDARIK

Einen bedeutenden Beitrag der deutschen Literatur des Mittelalters zum Thema Konstantin liefert die Legendarik. Hier ist zunächst der ‚Trierer Silvester' zu nennen (StB Trier, Handschriftenmappe X, Fragment Nr. 14, fol. 5vb-8vb; [1]. Dabei handelt es sich um eine in der zweiten Hälfte des 12. Jahrhunderts entstandene, fragmentarisch erhaltene Verslegende. Das Fragment überliefert die Episoden von der Heilung Konstantins durch Papst Silvester, der Ordnung des christlichen Reiches durch Konstantin, der Krönung Konstantins durch Silvester und der ersten Disputation Silvesters mit den jüdischen Gelehrten. Im Vergleich zur ‚Kaiserchronik', der maßgeblichen Textbasis des ‚Trierer Silvester', überwiegt nun die päpstliche Perspektive. Der Papst soll, so heißt es in Vers 356, auf „immer meister ... ubir alle irdische richtere" sein. An die Stelle einer gemeinsamen Weltherrschaft von Kaiser und Papst tritt die Alleinherrschaft des Papstes. Gegen die ‚Kaiserchronik' führt der Text aus, Konstantin habe nach seiner wunderbaren Heilung dem Papst Krone und Herrschaft übereignet.

Nur aus dessen Händen habe er sie, gewissermaßen als Lehen, wiedererlangt, ein Vorgang, den auch die ‚Konstantinische Schenkung' umschreibt. Auch dass Helena als Jüdin bezeichnet wird, unterscheidet den ‚Trierer Silvester' von der ‚Kaiserchronik'. Im Ganzen bildet der Trierer Silvester den Versuch, einige aus Sicht der kirchlichen Fraktion utopisch erscheinende Herrschaftsvorstellungen der ‚Kaiserchronik' zu revidieren. Hier war vermutlich ein ‚ultramontaner' Kleriker am Werk, dessen Ziel es war, die Autonomie der Kirche gegenüber einem als präpotent betrachteten Kaisertum zu stärken.

Um 1273 schuf Konrad von Würzburg seinen ‚Silvester', die mit 5222 Versen längste Silvesterlegende der mittelhochdeutschen Literatur [2]. Der älteste Überlieferungsträger des Textes liegt in der Stadtbibliothek Trier (Hs 1990/17 8°, fol. 1r–146r). Er ist mittelfränkischen Ursprungs, gibt die originale Sprachsituation seiner oberdeutschen Vorlage aber noch gut zu erkennen. Der Text basiert auf den ‚Silvesterakten', die Konrad von Würzburg vermutlich in einer lateinischen Vorlage benutzt hat. Doch geht sein Werk über eine bloße Übersetzung weit hinaus. Konrads Silvesterlegende bildet den narrativen Höhepunkt des Konstantinstoffs in der Literatur des deutschen Mittelalters.

Die Komplexität der Erzählung, die zahlreichen Bezüge auf die spätantike Legendarik, die Verknüpfung mit der Helenatradition und den zeitgenössischen Judendialogen, letztendlich die breite Darstellung der Machtbefugnisse des Kaisers und des Papstes, all dies erzeugt eine ausgreifende Umschreibung der Rolle Konstantins. Dabei wird das Verhältnis des Kaisers zum Papst aus einer politisch neutralen Position beschrieben, die keiner der beiden Parteien einen Vorrang vor der anderen einräumt.

Auch die in vielfachen deutschen Übersetzungen vorliegende – ‚Legenda aurea' des Jacobus de Voragine (1228/30 – 1298) und das auf ihr basierende ‚Passional' entfalten, eingebettet in die Helena- und die Silvesterthematik, Aspekte des Konstantinstoffs. Die an ein theologisches Laienpublikum gerichteten Texte verzichten auf politische Botschaften und stellen Konstantin ausschließlich als eine Gestalt der christlichen Hagiographie oder Legendarik dar. In ähnlicher Weise rezipieren das aus dem 13. Jahrhundert stammende ‚Märterbuch', die in Prosa abgefasste ‚Elsässische Legenda aurea', die um 1400 entstandene Sammlung ‚Der Heiligen Leben' sowie eine zwischen 1343 und 1349 von dem Laien Hermann von Fritzlar verfasste Bearbeitung des letztgenannten Textes die Konstantinthematik.

An der Wende vom Mittelalter zur Frühen Neuzeit sind es die Fastnachtsspiele, die konfessionelle Polemik und das Jesuitentheater, die das Thema weitertragen. Genannt seien ein Fastnachtsspiel von Hans Folz (ca. 1435–1513) mit dem Titel ‚Kaiser Constantinus', ein Briefgedicht des Eobanus Hessus (1488–1540), in dem Helena als heilige Frau einen Brief an Konstantin als heiligen Mann schreibt, oder das von dem österreichischen Jesuiten Nikolaus Avancinus (1611–1686) stammende Drama, ‚Pietas victrix'. In all diesen Texten gewinnt die Konstantinthematik eine forensische, auf rhetorische oder bühnen-mäßige Inszenierung ausgerichtete Dynamik, ohne dass die legendarische Basis des Stoffes verlorenginge. So zeigen sich auch hier wieder zugleich die Möglichkeiten wie die Grenzen der Gestaltung der Konstantinthematik im Mittelalter.

# FORSCHUNG ZU KONSTANTIN SEIT DEM 18. JAHRHUNDERT

Heinrich Schlange-Schöningen

Die Bewertung des römischen Kaisers Konstantins, der vor 1700 Jahren seine Herrschaft antrat, der dann im Verlauf seiner Herrschaft die Konfrontation zwischen dem römischen Staat und dem Christentum beendete und mit seiner persönlichen Hinwendung zum christlichen Glauben das christliche Kaisertum vorbereitete, schwankt seit der Antike zwischen positiven und negativen Extremen. Bis weit in die moderne Zeit hinein hängt das Urteil über ihn ganz wesentlich vom religiösen Standpunkt des Betrachters ab, wobei Konstantin von den einen als Vorbild eines christlichen Herrschers betrachtet, von anderen dagegen beschuldigt wurde, das Römische Reich durch die Begünstigung des Christentums zerstört oder auch das Christentum durch die Übertragung weltlicher Macht korrumpiert zu haben. Während Eusebius von Caesarea unmittelbar nach dem Tod Konstantins eine panegyrische Lebensdarstellung verfasste, in der Konstantin zum idealen christlichen Herrscher verklärt wurde, behauptete der heidnische Historiker Zosimos am Ende des 5. Jahrhunderts, Konstantin habe seinen Glauben nur deshalb gewechselt, weil er von den heidnischen Priestern keine Absolution für seine Familienmorde erhalten habe. Auch der Kirchenvater Hieronymus kritisierte die Hinrichtungen von Licinius, Crispus und Fausta als grausame Gewalttaten. Während des Mittelalters wurde dann zwar Konstantins Gläubigkeit nicht in Frage gestellt, es wurden aber doch die Auswirkungen seiner Religionspolitik auf die Kirche beklagt, wie sich bei Bernhard von Clairvaux im 12. und Dante im 14. Jahrhundert zeigt, die Konstantin vorhielten, er habe, wenngleich unbeabsichtigt, durch die Privilegierung der Kirche deren Verweltlichung hervorgerufen.

Auch die wissenschaftliche Auseinandersetzung mit Konstantin setzte im Zusammenhang mit seiner Religionspolitik ein; sie bezog sich zunächst auf die sogenannte „Konstantinische Schenkung", die in Rom während des 8. Jahrhunderts gefälscht worden war. Im Anschluss an die Legende von der Taufe Konstantins durch Papst Silvester behauptete dieses Dokument, der Kaiser habe aus Dank für seine mit göttlicher Hilfe erlangte Genesung von der Lepra Rom und den Westen des Römischen Reiches dem Papst überlassen und zum Ersatz für die alte Hauptstadt Konstantinopel gegründet. Im Verlauf des 15. Jahrhunderts wurde die „Konstantinische Schenkung" gleich zweimal, durch Nikolaus von Kues (1401–1464) und Lorenzo Valla (1405–1467), mit historischen und philologischen Argumenten als Fälschung erwiesen.

Stand dabei nicht Konstantin selbst, sondern der päpstliche Missbrauch seines Namens im Vordergrund der Kritik, so wurde dem Kaiser von Staatsdenkern der frühen Neuzeit wie z. B. Jean Bodin (1529–1596) vorgeworfen, als Usurpator an die Herrschaft gelangt zu sein und mit Maxentius den angeblich rechtmäßigen, weil von Senat und Volk von Rom unterstützten Kaiser beseitigt zu haben. Hinzu kam der Vorwurf, Konstantin habe durch die Gründung von Konstantinopel die Ressourcen des Reiches vergeudet und so dessen Untergang herbeigeführt. Solche Argumente spielten noch im 18. Jahrhundert eine gewichtige Rolle, wenngleich nun im Rahmen der Aufklärung erneut die Religionspolitik Konstantins in den Vordergrund der Betrachtung trat.

Hatten die Historiker des 17. Jahrhunderts – zu nennen ist vor allem der Jansenist Sebastien Le Nain de Tillemont (1637–1698), der seit 1680 eine große Darstellung der Geschichte des Römischen Kaiserreiches veröffentlichte – die Rechtgläubigkeit Konstantins, der immer wieder als Vorbild für die christlichen Monarchen der Moderne angeführt wurde, betont, so konnten die Aufklärer des 18. Jahrhunderts in dem nun in ganzer Breite zur Verfügung stehenden historischen Quellenmaterial zahlreiche Aspekte auffinden, die Zweifel sowohl an der moralischen Integrität Konstantins als auch an seiner religiösen Überzeugung als des Grundmotivs seines politischen Handelns erlaubten. Hier, im Streit zwischen Kirchenkritikern wie Voltaire (1694–1776) und Vertretern einer traditionellen christlichen Geschichtsdeutung, wie sie z. B. im 17. Jahrhundert von dem französischen Bischof Jacques Bénigne Bossuet (1627–1704) formuliert worden war, der wie viele seiner Vorgänger und Nachfolger Konstantin als göttliches Werkzeug zur Befreiung der noch unter Diokletian verfolgten Christen betrachtete, ist die „Konstantinische Wende" zu einem der zentralen Probleme der Erforschung der Spätantike geworden. Keine historische Betrachtung Konstantins, die über die Behandlung von Detailfragen hinausgehen will, kommt seitdem um eine Stellungnahme zu der für die Konstantin-Forschung grundlegenden Frage herum, ob und inwieweit Konstantins Hinwendung zum Christentum in politischen Überlegungen begründet gewesen ist. Dass bei der Beantwortung dieser Frage der jeweilige ‚Zeitgeist' eine gewichtige Rolle gespielt hat, zeigt sich beispielhaft an den mitunter recht boshaften Äußerungen Voltaires, der Konstantin als Tyrannen bezeichnete und sich über die Vision an der Milvischen Brücke lustig machte, bei der Gott den lateinisch sprechenden Soldaten seine Botschaft unverständlicherweise in griechischer Sprache verkündet habe. Auch nahm Voltaire die spätere Deutung von Jacob Burckhardt voraus, indem er meinte, Konstantin habe die religiöse Frage in erster Linie politisch gehandhabt; als „kluger Staatsmann" habe er sich damit begnügt, „allen Menschen Glaubens- und Gewissensfreiheit zu gewähren", wobei sein eigentliches Interesse nicht in Glaubensfragen, sondern im Erhalt seiner absoluten Macht gelegen habe. Mittelbar richtete sich diese Kritik an Konstantin gegen die zeitgenössische französische Monarchie und Kirche, deren Intoleranz gegenüber Andersgläubigen Voltaire als Folge der von Konstantin eingeleiteten Religionspolitik betrachtete.

Während Voltaires Ausführungen zu Konstantin zwar quellennah geschrieben sind, ihren politischen und polemischen Charakter indes kaum verbergen und insgesamt mehr der Geschichtsphilosophie als der Geschichtsschreibung zuzuordnen sind, stellt die noch zu Lebzeiten Voltaires enstandene „History of the Decline and Fall of the Roman Empire" des der französischen Aufklärung nahestehenden Engländers Edward Gibbon (1737–1794) eine eindrucksvolle historiographische Leistung des späten 18. Jahrhunderts dar. Mit Gibbons Werk erhielt die Interpretation der Geschichte der Spätantike als einer Epoche der Dekadenz eine eindringliche und wirkungsvolle Ausgestaltung; dabei machte Gibbon, unter Verwendung älterer Argumente, wie sie auch bei Voltaire zu finden waren, Konstantin für die Schwächung des Römischen Reiches verantwortlich. Neben etlichen politischen Maßnahmen Konstantins, die Gibbon für falsch hielt, beklagte er vor allem, dass der Kaiser mit der Begünstigung der Christen den römischen Staat religiösen Fanatikern ausgeliefert habe. Mit Gibbon mussten sich nachfolgende Historiker der Spätantike ebenso auseinandersetzen, wie dies für die Konstantin-Forschung seit der Mitte des 19. Jahrhunderts auch für Jacob Burckhardt (1818–1897) gilt, dessen 1853 erschienenes Buch über „Die Zeit Constantins des Großen" die bis heute zur Diskussion herausfordernde These formulierte, in Konstantin dürfe nur ein Machtpolitiker gesehen werden, dessen einziges Interesse in der Durchsetzung und Aufrechterhaltung der eigenen absoluten Herrscherstellung bestanden habe. Religiöse Fragen seien für Konstantin, den Burckhardt als „Egoisten im Purpurgewand" bezeichnete, ohne Bedeutung; ein „genialer Mensch" wie Konstantin sei „ganz wesentlich unreligiös [...], selbst wenn er sich einbilden sollte mitten in einer kirchlichen Gemeinschaft zu stehen." Da Konstantin allein auf den Erwerb und Erhalt seiner Macht ausgewesen sei, könne bei ihm von „bewusster Religiosität und Irreligiosität gar nicht die Rede sein kann", weshalb es auch „eine ganz überflüssige Mühe [sei], in das religiöse Bewusstsein Constantins einzudringen".

Es ist interessant festzustellen, dass das Gegenargument gegen Burckhardts faszinierende, aber überspitzte Deutung, das seit der Mitte des 19. Jahrhunderts immer wieder gegen Burckhardt angeführt worden ist, bereits von Gibbon ausgesprochen wurde: Gegen Voltaire und andere Aufklärer gerichtet stellte Gibbon fest, dass Konstantins Religionspolitik die persönliche Nähe des Herrschers zum christlichen Glauben voraussetzte; es sei, so Gibbon, ganz unzureichend, Konstantins Hinwendung zum Christentum allein politisch zu interpretieren und in ihr allein seine Absicht erkennen zu wollen, „sich des Altars der Kirche als einer bequemen Fußbank zum Thron des römischen Reiches zu bedienen." Vielmehr sei es notwendig, sich der Bedeutung der Religion für den spätantiken Menschen klar zu werden, da auch Konstantin kein Atheist habe sein können: „In an age of religious fervor the most artful statesmen are observed to feel some part of the enthusiasm which they inspire." Gibbon hat auch insofern der weiteren Forschung den Weg bereitet, als er dem Kaiser ein Schwanken zwischen der heidnischen und der christlichen Religion zugestand; er postulierte eine schrittweise Annäherung Konstantins an den christlichen Gott, nachdem sich dieser als ein verlässlicher Schlachtenhelfer erwiesen hatte. Diese Interpretation der religiösen Entwicklung Konstantins ist bei vielen späteren Gelehrten wiederzufinden.

Lässt man die welthistorische Frage nach den über das Zeitalter Konstantins hinausreichenden Folgen der „Konstantinischen Wende" beiseite, so kann für die jüngere Forschungsgeschichte zu Konstantin zwischen Abhandlungen, die sich mit speziellen Aspekten der Politik Konstantins auseinandersetzen, und solchen Arbeiten unterschieden werden, die – oftmals im Rahmen einer Gesamtdarstellung des Konstantinischen Zeitalters – eine Antwort auf die zentrale Frage nach den Motiven für Konstantins Religionspolitik zu geben versuchen. Als Beispiele für die erste Gruppe sollen hier nur die in den bibliographischen Angaben (s. beiliegende CD-Rom) genauer aufgeführten Studien von Pedro A. Barceló (zur römischen Außenpolitik unter Konstantin und seinen Nachfolgern), Gilbert Dagron (zur Gründung von Konstantinopel) und Rudolf Leeb (zur Aufnahme christlicher Elemente in die kaiserliche Selbstdarstellung Konstantins) genannt werden.

Die Arbeiten der zweiten Gruppe lassen sich in der Bewertung der oben skizzierten Grundfrage nach der Religionspolitik Konstantins entweder der Position Burckhardts oder aber der gegen Burckhardt gerichteten Auffassung zuordnen, derzufolge Konstantins Religionspolitik aus einer persönlichen Glaubenserfahrung resultierte. Im Anschluss an Burckhardt haben z. B. Eduard Schwartz, Henri Grégoire und Jochen Bleicken Konstantins Hinwendung zum Christentum als politische Entscheidung gedeutet. Soweit die Forschung nach und gegen Burckhardt darauf beharrt hat, dass Konstantins Maßnahmen mit seiner persönlichen Gläubigkeit erklärt werden müsse, bietet sie unterschiedliche Antworten in der untergeordneten, gleichwohl aber wichtigen Frage nach dem zeitlichen Ablauf: Hat Konstantin, wie es die christliche Überlieferung der Spätantike will, im Oktober 312, veranlasst durch eine im Vorfeld der Schlacht an der Milvischen Brücke erlebte Vision, einen Glaubenswechsel vollzogen, der ihn zu diesem Zeitpunkt sowohl in seinem Selbstverständnis als auch in seinem öffentlichen Auftreten eindeutig zum Christen machte, oder handelte es sich um eine schrittweise Annäherung an den neuen Glauben, die erst zur Zeit des Konzils von Nicaea oder sogar erst kurz vor dem Tod Konstantins mit seiner Taufe abgeschlossen war? Hier haben etwa Andreas Alföldi, Joseph Vogt, Hermann Dörries, Konrad Kraft, Johannes Straub, Paul Keresztes, Klaus Bringmann, Klaus M. Girardet und zuletzt, in Anlehnung an Girardet, auch Hartwin Brandt für eine einschneidende Wende im Jahre 312 votiert, die sich z. B. gleich nach dem Sieg über Maxentius in Konstantins Verzicht auf ein Dankesopfer an Iuppiter manifestiert haben könnte, während Forscher wie André Piganiol, Ramsay MacMullen, Thomas Grünewald, Bruno Bleckmann, Manfred Clauss oder Klaus Rosen eine allmähliche, um 312 einsetzende religiöse Entwicklung des Kaisers zum Christen für wahrscheinlich halten. Andere wieder, darunter Heinrich Kraft, Pedro A. Barceló, Joachim Szidat oder Timothy Barnes, haben bereits für die Jahre vor 312 eine Förderung der Christen durch Konstantin oder eine persönliche Nähe des Herrschers zum neuen Glauben erkennen wollen. Da die Bewertung nicht nur der Visions- und Bekehrungsberichte, sondern auch zahlreicher anderer Quellen zur Religionspolitik Konstantins weiterhin strittig bleiben wird, darf man auch für die Zukunft keine allseits akzeptierte Deutung Konstantins erwarten; der erste christliche Kaiser wird die „Sphinx an der Schwelle der byzantinischen Geschichte" (Ernst Gerland) bleiben, als die er der Forschung seit langem erscheint.

# GLOSSAR

**Ädikula**
Tempelchen, meist als Vorbau oder Nischenrahmung,
oft für Statuen

**Adoratio**
fußfällige Begrüßung des Kaisers
(Proskynese)

**Akrolith**
Statue aus verschiedenen Materialien für
unbekleidete Körperteile und Gewand

**Apologet**
Verfasser einer Verteidigungsschrift des
Christentums, Kirchenvater

**Apsis**
halbkreisförmiger Bauteil, oft Zielpunkt in Tempeln,
Basiliken und Kirchen

**Attasche**
Anfügung an einem Metallgefäß oder -gerät, oft zur
Anbringung einer Öse zur Aufhängung und figürlich
verziert

**Augustus (pl. Augusti)**
Titel des römischen (obersten) Kaisers der Spätantike

**Aula**
Hof, Palast, Kaiserhalle

**Ballisten**
Wurfgeschütze für Belagerungen

**Basilika (lat. basilica)**
Königshalle, langrechteckiger, mehrschiffiger Raum
oder Kirchenraum

**Bukolik**
Hirtendichtung, ländliche Idylle

**Caesar (pl. Caesares)**
Titel des römischen, dem Augustus untergeordneten
Kaisers der Spätantike

**Cella**
Raum des Kultbildes im Tempel

**Chlamys**
griechischer Manteltyp, auch von Kaisern getragen,
wird mit einer Fibel auf der rechten Schulter geschlossen

**Christusmonogramm / Christogramm**
die griechischen Buchstaben X und P übereinander
geschrieben als Anfangsbuchstaben des Namens
Christi

**Codex (pl. Codices)**
Buch, bestehend aus einzelnen Seiten, im Unterschied zur Buchrolle

**Codex Theodosianus**
Gesetzessammlung von 438 n. Chr.

**Coemeterialbau**
größere architektonische Anlage zum Totengedächtnis

**Coemeterium**
Grabanlage, auch unterirdisch

**Damnatio ad bestias**
Hinrichtung durch wilde Tiere im Amphitheater

**Damnatio memoriae**
Beseitigung der Erinnerung an gestürzte Hochverräter, z. B. durch die Tilgung der Namen aus Inschriften

**Decennalien (lat. decennalia)**
Zehnjahresfeier / -jubiläum des regierenden Kaisers

**Diaspora**
verstreute Gemeinde außerhalb des eigentlichen
Kerngebiets

**Dictator**
Republikanischer Oberbeamter mit
außerordentlichen Vollmachten

**Digesten**
Juristenschriften im Corpus Iuris Civilis, Pandekten

**Diptychon**
zweiteilige, aufklappbare Schreibtafel aus Holz,
Bein oder Elfenbein, innen zur Beschriftung mit
Wachs beschichtet und außen oft reich verziert

**Donatio (pl. Donationes)**
Schenkung

**Donativum (pl. Donativa)**
Sonderzahlungen des Kaisers an das Heer
bei Festen und Siegen

**Dyarchie**
Zweikaisersystem in der Spätantike (vgl. Tetrarchie)

**Edikt**
kaiserliche Verfügung

**Epiphanie**
Erscheinung einer Gottheit

**Evangeliar**
ein Buch mit den vier Evangelien

**Fibel**
Gewandschließe, -nadel (technisch ähnlich
der heutigen Sicherheitsnadel)

**Gemme**
geschnittener Edelstein (vgl. Intaglio und Kameo)

**Genius**
personifizierter Schutzgeist, z. B. des Kaisers

**Glossator**
Kommentator, z. B. von Gesetzen

**Hagiographie**
Literatur zu Heiligenleben

**Häretiker**
Ketzer, Angehöriger eines nichtorthodoxen Glaubens

**Henotheismus**
Glaube an einen höchsten Gott unter mehreren

**Heros**
Übermensch, z. B. Herakles

Hippodrom
Zirkus, Arena für Wagenrennen

Historiographie
Geschichtsschreibung

Iden
Monatsmitte im römischen Kalender

Ikonographie
Darstellungsweise und Inhalte bildlicher
Darstellungen

Intaglio (pl. Intagli)
Gemme mit eingeschnittener Darstellung
oder Schrift (Siegelstein)

Itinerar
Reisetagebuch, Abfolge der Aufenthalte auf Reisen,
z. B. des Kaisers

Kalotte / Helmkalotte
obere Wölbung des Schädels / dem oberen Schädel
anliegender Teil des Helms

Kameo (pl. Kameen)
reliefartig geschnittener Edelstein (Gemme)

Katakombe
unterirdische Grabanlage, auch nichtchristlich

Klerus
Geistlichkeit

Konsekration / konsekriert
Erhebung des verstorbenen Kaisers unter die Götter

Konzil
Versammlung von Kirchenmännern, auf der oftmals
verbindliche Beschlüsse gefasst werden

Kosmokrator
Gott als Weltenherrscher

Krater
Mischkrug, in dem in der Antike Wein mit Wasser
vermengt wurde

Labarum
kaiserliche Standarte Konstantins

Lararium
Standort der Schutzgeister des Hauses (lares), oft in
Form einer Wandnische oder eines kleinen Schranks,
in der bzw. dem Statuetten der Laren stehen

Largitio (pl. Largitiones)
Spende des Kaisers an Heer oder Volk, oft in
kostbaren (Largitions-) Schalen verteilt

Mausoleum
aufwendiges Grabgebäude, benannt nach dem
Grabmal des karischen Fürsten Maussollos in
Halikarnassos (heute Türkei)

Memoria
Gedenkstein oder -ort

Menora
siebenarmiger Leuchter des jüdischen Kultes

Mithräum
Kultbau der Mithras-Mysterien, oft als Grotte ausgestaltet

Monotheismus
Glaube an einen (einzigen) Gott

Multiplum (pl. Multipla)
Medaille von mehrfachem Normwert der Münzen

Mysterien
Geheimkult für Eingeweihte (Mysten)

Niello
kontrastierende schwarze Dekoration auf Silber-
und Bronzegeräten und -gefäßen, bestehend aus
einer Paste mit bedeutendem Schwefelanteil

Nimbus
später Heiligenschein genannt, Auszeichnung
für Götter, Kaiser, Christus und Heilige

Notitia Dignitatum
spätantikes Staatshandbuch

Odeion
kleines halbkreisförmiges überdachtes Theater

Onager
Belagerungsmaschine, benannt nach den
gleichnamigen Wildeseln

Optimat
Angehörige der Senatspartei

Opus interrasile
ornamentale, netzförmig durchbrochene Metall-
arbeit, auch bei Goldschmuck

Opus sectile
dekoratives Mosaik aus farbigen,
zurechtgeschnittenen Steinen

pagan
heidnisch

Paläographie
Wissenschaft zur Erforschung alter Schriften

Pandekten
s. Digesten

Panegyrik
Reden zum Kaiserlob, es gab spezielle Lobredner
(Panegyriker)

Pantheon
runder überkuppelter Tempel in Rom für alle Götter

Penaten
Schutzgötter der Bewohner des von Laren
beschützten Hauses (vgl. Lararium)

Peristyl
von Säulenhallen umgebener Hof im Innern
eines Hauses

Pessach
jüdisches Osterfest (Passah)

Pilaster
ein in die Wand integrierter, nicht freistehender
Pfeiler zur Wandgliederung

Plinthe
Fußplatte der Basis von Säulen, Pfeilern und
von Statuen

Polytheismus
Glaube an eine Vielzahl von Göttern

Porphyr
rötlicher, purpurfarbener Granit

Prätorianer
kaiserliche Garde

Princeps
inoffizieller Kaisertitel, wörtlich „der Erste" (lat.)

Principat
vom Titel des Princeps abgeleitete Bezeichnung
des Kaisertums seit Augustus

Proskynese
s. Adoratio

Quadriga
Viergespann

Reskript
kaiserliches Antwortschreiben

Sarkophag
Sarg aus Holz, Keramik, Metall und vor allem
aus Stein

Schisma
Trennung verschiedener kirchlicher Glaubensrichtungen voneinander oder von Sekten

Sistrum
Klapper als Musikinstrument, häufig bei ägyptischen
Göttinnen, z. B. Isis

Skorpion
Belagerungsgerät, benannt nach dem gleichnamigen
Tier

Spolie (pl. Spolien)
bearbeiteter Stein, auch mit figürlichen Reliefs
oder Porträts, in Zweitverwendung

Stadion
Kampfbahn für Wettläufe

Subsidien
Soldzahlungen (Stillhaltegelder)
an barbarische Hilfstruppen

Synkretismus
Mischreligion, Verehrung von Göttern
unterschiedlicher kultureller Provenienz

Synode
Versammlung von Bischöfen einer Provinz

Tetrapylon
vierseitiger Torbau mit vier Bogenöffnungen

Tetrarchie
Vierkaisersystem Diokletians

Theka (pl. Thekai)
Hülle oder Kästchen für Schreibgeräte,
später für Reliquien

Theomachie
Götterkampf

Thora
Buchrolle mit den fünf Büchern Moses im Judentum

Topos (pl. Topoi)
vorgeprägtes Motiv (Begriff, Ausdruck, Detail)
in Literatur und Kunst

Transzendenz
Reich des Übersinnlichen

Tribun
Offizier (tribunus militum), Volksvertreter
(tribunus plebis)

Tropaion (pl. Tropaia)
Siegesdenkmal,
auch tragbares Siegeszeichen

Tyche
Fortuna, Glücksgöttin, z. B. einer Stadt

Usurpator
Gegenkaiser

Vexillum
Feldzeichen, besonders der Reiterei

Vicennalien (lat. vicennalia)
Zwanzigjahresfeier / -jubiläum des regierenden
Kaisers

Votum (pl. Vota)
Gelübde

Vulgarrecht
vereinfachtes und vergröbertes Recht der Spätantike

Zodiacus / Zodiacalzeichen
Tierkreis / Tierkreiszeichen

# LITERATURAUSWAHL

Einzelne Artikel aus den unten angeführten Sammelwerken werden nicht separat zitiert.
Eine ausführliche Literaturliste, die alle im Begleitband zitierten Schriften enthält, befindet
sich auf der beiliegenden CD.

T. D. Barnes
The New Empire of Diocletian and Constantine
(Cambridge/Mass., London 1982)

T. D. Barnes
Constantine and Christianity. Ancient Evidence and
Modern Interpretations. Zeitschrift für Antike und
Christentum 2, 1998, 274 ff.

F. A. Bauer
Stadt, Platz und Denkmal in der Spätantike
(Mainz 1996)

M. Bergmann
Der römische Sonnenkoloss, der Konstantinsbogen
und die Ktistes-Statue von Konstantinopel.
In: Braunschweigische Wissenschaftliche Gesellschaft, Jahrbuch 1997 (Göttingen 1998) 111 – 130.

M. Bergmann
Die Strahlen der Herrscher (Mainz 1998)

S. Berrens
Sonnenkult und Kaisertum von den Severern bis zu
Constantin I. (193 – 337 n. Chr.) (Stuttgart 2004)

B. Bleckmann
Konstantin der Große (Reinbeck bei Hamburg 1996,
2003²)

G. Bonamente/F. Fusco (Hrsg.)
Costantino il Grande: dall'Antichità al umanesimo.
Colloquio sul cristianesimo nel mondo antico,
Macerata 1990, I – II (Macerata 1992 – 1993)

H. Brandt
Konstantin der Große. Der erste christliche Kaiser.
Eine Biographie (München 2006)

M. Clauss
Kaiser und Gott. Herrscherkult im römischen Reich
(Stuttgart 1999)

L. De Giovanni
L'imperatore Costantino e il mondo pagano
(Napoli 1982, 2003²)

A. Demandt
Die Spätantike. Römische Geschichte von Diocletian
bis Justinian (284 – I565) (München 1989, 2007²)

A. Demandt/J. Engemann (Hrsg.)
Konstantin der Große. Geschichte – Archäologie –
Rezeption. Internationales Kolloquium vom 10. –
15. Oktober 2005 an der Universität Trier zur Landesausstellung Rheinland-Pfalz 2007 „Konstantin
der Große". Schriftenreihe des Rheinischen Landesmuseums Trier 32 (Trier 2006)

A. Donati/G. Gentili (Hrsg.)
Costantino il Grande. La civiltà antica al bivio tra
Occidente e Oriente. Ausstellungskatalog Rimini
2005 (Milano 2005)

M. Fiedrowicz/G. Krieger/W. Weber (Hrsg.)
Konstantin der Große. Der Kaiser und die Christen,
die Christen und der Kaiser (Trier 2006)

J. Garbsch/B. Overbeck (Hrsg.)
Spätantike zwischen Heidentum und Christentum.
Ausstellungskatalog (München 1989)

K. M. Girardet
Die Konstantinische Wende. Voraussetzungen und
geistige Grundlagen der Religionspolitik Konstantins
des Großen (Darmstadt 2006)

Th. Grünewald
Constantinus Maximus Augustus. Herrschafts-
propaganda in der zeitgenössischen Überlieferung
(Stuttgart 1990)

N. Hannestad
Tradition in late antique sculpture (Aarhus 1994)

E. Hartley/J. Hawkes/M. Henig (Hrsg.)
Constantine the Great – York's Roman Emperor.
Ausstellungskatalog (York 2006)

H. Heinen
Konstantins Mutter Helena: de stercore ad regnum.
Trierer Zeitschrift 61, 1998, 227 ff.

E. Herrmann-Otto
Konstantin der Große (Darmstadt 2007)

G. Koch
Frühchristliche Sarkophage (München 2000)

I. Di Stefano Manzella (Hrsg.)
Le iscrizioni dei cristiani in Vaticano. Materiali e
contributi scientifici per una mostra epigrafica.
Inscriptiones Sanctae Sedis 2 (Città del Vaticano
1997)

E. Mayer
Rom ist dort, wo der Kaiser ist (Bonn 2002)

E. Mühlenberg (Hrsg.)
Die Konstantinische Wende (Gütersloh 1998)

C. E. V. Nixon/B. S. Rodgers
In Praise of Later Roman Emperors. The Panegyrici
Latini. Introduction, Translation and Historical
commentary with the Latin Text of R. A. B. Mynors
(Berkeley 1994)

K. Piepenbrink
Konstantin der Große und seine Zeit
(Darmstadt 2002)

H. A. Pohlsander
Helena. Empress and Saint (Chicago 1995)

H. A. Pohlsander
The Emperor Constantine (London, New York 1996)

M. Radnoti-Alföldi
Gloria Romanorum. Schriften zur Spätantike zum
75. Geburtstag der Verfasserin am 6. Juni 2001,
hrsg. von H. Bellen und H.-M. von Kaenel. Historia
Einzelschriften 153 (Stuttgart 2001)

K. Rosen
Qui nigrum in candida vertunt. Die zeitgenössische
Auseinandersetzung um Constantins Familientragö-
die und Bekehrung. In: Bizantinistica, Ser. 2/5, 2003,
113 – 140.

J. Spielvogel
Die Gotenpolitik Constantins I. In: Althistorisches
Kolloquium aus Anlaß des 70. Geburtstags von
Jochen Bleicken 1996, hrsg. von Th. Hantos und
G. A. Lehmann (Stuttgart 1998) 225 ff.

M. T. Vögen
Die Enteignung der Wahrsager
(Frankfurt/Main 1993)

M. Wallraff
Christus verus Sol. Sonnenverehrung und Chris-
tentum in der Spätantike. Jahrbuch für Antike und
Christentum, Erg.-Bd. 32 (Münster 2001)

L. Wamser (Hrsg.)
Die Welt von Byzanz – Europas östliches Erbe.
Glanz, Krisen und Fortleben einer tausendjährigen
Kultur. Ausstellungskatalog München 2004 – 2005
(München 2004)

G. Weber
Kaiser, Träume und Visionen in Prinzipat und Spätantike (Stuttgart 2000)

W. Weber
Archäologische Zeugnisse aus der Spätantike und
dem frühen Mittelalter zur Geschichte der Kirche
im Bistum Trier (3. – 10. Jh. n. Chr.). In: H. Heinen/
H. H. Anton/W. Weber (Hrsg.), Im Umbruch der
Kulturen: Spätantike und Frühmittelalter. Geschichte
des Bistums Trier 1. Veröffentlichungen des Bistums-
archivs Trier 38 (Trier 2003) 407 – 541, 544 – 594.

# BILDNACHWEIS

Die nach fortlaufenden Kapiteln und Beiträgen des Katalogs geordneten Zahlennachweise und Katalognummern entsprechen der Abfolge und Zahlenbenennung der Abbildungen in den einzelnen Textbeiträgen und auf den reinen Abbildungsseiten.

Römerstadt Augusta Raurica, Foto: Yvo Kuthan, [6a – c]: Museum of Vojvodina, Novi Sad, Autonomous Province of Vojvodina / I.12.20: Germanisches Nationalmuseum, Nürnberg, I.12.21: Römisches Museum Augsburg, I.12.27: Regionales Historisches Museum Silistra, I.13.124: Foto: Herman Reichenwallner, München / J. Engemann, [1]: Landschaftsverband Rheinland / Rheinisches Landesmuseum Bonn, [2]: Kath. Kirchengemeinde St. Matthias, Trier (Foto: Th. Zühmer, Rheinisches Landesmuseum Trier), [3]: Münzkabinett, Staatliche Museen zu Berlin, Foto: Lutz-Jürgen Lübke, [4]: Hirmer Fotoarchiv, Hirmer-Verlag München, [5]: Bibliothèque nationale de France, [6]: nach Andreas Alföldi, Zeitschrift für Numismatik XXXVI, 1926, Tafel XI, [7]: Rheinisches Landesmuseum Trier, Foto: Th. Zühmer, [8]: © Copyright the Trustees of The British Museum

5. Verwaltung und Repräsentation
Kapiteltrennseite, I.4.21: © Dumbarton Oaks, Byzantine Collection, Washington, DC / H. Brandt, [1]: Accademia Romanistica Costantiniana, Perugia / F. A. Bauer, [1]: The National Museum of Denmark, Foto: Lennart Larsen, [2]: nach C. Mango: The Shoreline (2001), S. 21, Abb. 1, [3], [7], [9]: Verfasser, [4]: The Masters and Fellows, Trinity College Cambridge, [5]: Berlin, STAATSBIBLIOTHEK ZU BERLIN – Kartenabteilung, [6]: Deutsches Archäologisches Institut, Abteilung Istanbul, D-DAI-IST-3930; 13. 2. 1918, [8]: Verfasser auf der Grundlage von A. K. Frazer: The Iconography of the Emperor Maxentius' Buildings in Via Appia, Art Billetin 48, 1966, S. 385–392, Abb. 4–8 / I.15.21: Statens Museum for Kunst, Kopenhagen, SMK Foto, I.15.14: © Copyright the Trustees of The British Museum, I.15.3: Hungarian National Museum, Budapest; I.15.15: The Metropolitan Museum of Art, Fletcher Fund, 1947 (47.100.40) Photograph by Schechter Lee, Photograph © 1986 The Metropolitan Museum of Art / F. Kolb, [1–4]: nach P. Bastien, Le buste monetaire des empereurs romains, Wetteren, Bd. III, 1994, [5]: © Copyright the Trustees of The British Museum, [6]: Nationalmuseum in Belgrad, [7]: Hungarian National Museum, Budapest, [8]: Rom, Musei Capitolini / St. Rebenich, Foto: Deutsches Archäologisches Institut, Abteilung Rom, Sichtermann, Neg. D-DAI-Rom 1974.2900, I.15.23: Bayerische Staatsbibliothek München (Signatur: Cod. Clm. 10291) / E. Herrmann-Otto, [1]: Verfasserin, [2–3], [6–7], [10–11], [13], [15–16], [19–20]: Rheinisches Landesmuseum Trier, Foto: Th. Zühmer, [4]: Papyrussammlung, Institut für Altertumskunde, Universität zu Köln, [5]: Institut für Papyrologie der Universität Heidelberg, [8]: Bischöfliches Dom- und Diözesanmuseum Trier [9], [12], [17]: Foto Musei Vaticani, Foto: L. Giordano, [14]: Foto: Castellani, Per gentile concessione die Musei Vaticani [18]: Museo Nazionale Romano delle Terme di Diocleziano

AFSAR (su concessione del Ministero per i Beni e le Attività Culturali – Soprintendenza Archeologica di Roma) / D. Liebs, [1]: © Biblioteca Apostolica Vaticana (Vatican), [2–3]: Staats- und Universitätsbibliothek Hamburg Carl von Ossietzky, Foto: Peter Voigt / K.-J. Gilles, [1–6]: Rheinisches Landesmuseum Trier, Foto: Th. Zühmer / J. Engemann: [1–4], [6–7], [11–12]: Hirmer Fotoarchiv, Hirmer-Verlag München, [5]: Kunsthistorisches Museum, Wien, [8–10], [13]: Rheinisches Landesmuseum Trier, Foto: Th. Zühmer, [14]: Bibliothèque nationale de France, [15]: Staatliche Münzsammlung München, Foto: H. Hotter, [16]: © Copyright the Trustees of The British Museum, [17]: Kunsthistorisches Museum, Wien, [18]: Bibliothèque nationale de France

6. Die Religionen
Kapiteltrennseite, I.17.74: Rom, Museo Nazionale Romano di Palazzo Massimo AFSAR / M. Clauss, [1]: © Bildarchiv Preußischer Kulturbesitz, Berlin, 2006, Antikensammlung, Staatliche Museen zu Berlin, [2], [5], [14]: Rheinisches Landesmuseum Trier, Foto: Th. Zühmer, [3]: Hessisches Landesmuseum Darmstadt, Foto: W. Fuhrmannek, [4]: Landesmuseum Württemberg, Stuttgart; P. Frankenstein, H. Zwietasch, [6]: Archäologisches Museum Frankfurt am Main, [7]: Hessisches Landesmuseum Darmstadt, Foto: W. Fuhrmannek, [8]: Köln, Römisch-Germanisches Museum, Rheinisches Bildarchiv, M. Mennicken, [9]: Museum Wiesbaden, Sammlung Nass. Altertümer, [10]: Kunsthistorisches Museum, Wien, [11–13]: © Bildarchiv Preußischer Kulturbesitz, Berlin, 2006, Antikensammlung, Staatliche Museen zu Berlin / I.13.46: Köln, Römisch-Germanisches Museum / Rheinisches Bildarchiv, I.13.38: © Landesmuseum Mainz (Ursula Rudischer), I.13.78: Staatliche Antikensammlungen und Glyptothek München, Aufnahme: R. Kühling, I.3.4: Historisches Museum der Pfalz Speyer, Foto: Peter Haag-Kirchner, I.13.28: Soprintendenza per i Beni Archeologici della Lombardia, Milano (su concessione del Ministero per i Beni e le Attività Culturali), I.13.15: Photo Musée romain d'Avenches, Jürg Zbinden, Berne / M. Ghetta, [1]: nach Hettner, Drei Tempelbezirke, Taf. 1, Fig. 1, [2]: nach Metzler, Tempelbezirk von Steinsel, Taf. 2, [3]: nach Dirk Krauße, Boguslaw Duchniewski und Nicola Geldmacher: Zur Entwicklung eines regionalen Siedlungszentrums von der Frühlatènezeit bis in spätrömische Zeit im nördlichen Treverergebiet. Ausgrabungsergebnisse in Wallendorf, Kr. Bitburg-Prüm, in: Alfred Haffner und Siegmar von Schnurbein (Hgg.): Kelten, Germanen, Römer im Mittelgebirgsraum zwischen Luxemburg und Thüringen: Akten des Internationalen Kolloquiums zum DFG-Schwerpunktprogramm „Romanisierung" in Trier vom 28. bis 30. Sept. 1998. Bonn (Kolloquien zur Vor- und Frühgeschichte; 5), 2000, S. 12, Abb. 6, [4]: nach Gilles,

Römisches Bergheiligtum Fell, Abb. 1 und 2 (bearbeitet von Th. Zühmer), [5–7]: Rheinisches Landesmuseum Trier, Foto: Th. Zühmer / K. L. Noethlichs, [1]: Museo Nazionale Romano delle Terme di Diocleziano AFSAR (su concessione del Ministero per i Beni e le Attività Culturali - Soprintendenza Archeologica di Roma) / II.2.7: Foto: Christian Tepper, © Kestner-Museum Hannover, II.1.128: Foto: Musei Vaticani, Foto: A. Bracchetti, II.2.2: Foto: Musei Vaticani, Foto: A. Bracchetti, II.2.4: Römerstadt Augusta Raurica, Foto: Ursi Schild, Römerstadt Augusta Raurica, II.2.5: Privatbesitz Schweiz / K. M. Girardet, [1]: nach Kevin Butcher, Roman Syria and the Near East, London 2003, S. 400, Abb. 189, [2]: nach Wolfgang Fritz Volbach, Frühchristliche Kunst. Die Kunst der Spätantike in West- und Ostrom, München 1958, Abb. 75, [3]: nach Hiltrud Merten, Katalog der frühchristlichen Inschriften des Bischöflichen Dom- und Diözesanmuseums Trier, Trier 1990, S. 50, [4]: nach Fritz Toebelmann, Der Bogen von Malborghetto, Heidelberg 1915, S. 21ff, [5]: Staatliche Münzsammlung München, Foto: H. Hotter, [6]: Copyright Gemeente Maastricht, [7]: Staatliche Münzsammlung München, Foto: H. Hotter, [8]: © Copyright the Trustees of The British Museum, [9]: nach Angela Donati, Giovanni Gentili (Hg.), Costantino il Grande. La civiltà antica al bivio tra Occidente e Oriente, Milano 2005, S. 237, Abb. 53 / II.1.10: Arciconfraternità Santa Maria della Pietà (Campo Santo Teutonico, Rom), I.13.122: Hungarian National Museum, Budapest / B. Weber-Dellacroce – W. Weber, [1–3], [5–7], [9], [11–12]: Bischöfliches Dom- und Diözesanmuseum, Trier, Modellbau Lilli Steier, [8]: © photo Musées de Narbonne, cliché Jean LEPAGE, [10]: Bischöfliches Dom- und Diözesanmuseum, Trier, Zeichnung: R. Schneider / II.2.18: Franz Josef Dölger-Institut zur Erforschung der Spätantike, Bonn, II.5.3: Städtische Galerie Liebieghaus, Museum alter Plastik, Frankfurt am Main, II.2.24: Foto: M. Eberlein, Archäologische Staatssammlung München, II.2.11: Musée de l'Arles et de la Provence Antiques – Michel LACANAUD, II.2.19: Museo e Tesoro del Duomo di Monza, II.2.27: Foto: Musei Vaticani, Foto: P. Zigrossi / M. Fiedrowicz, [1]: © Copyright the Trustees of The British Museum, [2]: foto Pontificia Commissione di Archeologia Sacra, [3–4]: Rheinisches Landesmuseum Trier/ L. Schwinden, [1–2]: Rheinisches Landesmuseum Trier, Foto: Th. Zühmer, [3]: nach: Trier – Kaiserresidenz und Bischofssitz 1984, 46, Abb. 5.241, [4–6], [8]: Rheinisches Landesmuseum Trier, [7]: Musée de l'Arles et de la Provence antiques (Cl. M. Lacanaud) / II.16.61: METZ – Musées La Cour d'Or – Clichés Jean Munin – tous droits réservés, II.3.18, II.3.19: Museo Nazionale Romano delle Terme di Diocleziano AFSAR (su concessione del Ministero per i Beni e le Attività Culturali – Soprintendenza Archeologica di Roma), II.3.21:

520 Seiten mit 476 Farb- und
160 Schwarzweißabbildungen


Bibliografische Information
der Deutschen Nationalbibliothek

Die Deutsche Nationalbibliothek verzeichnet diese
Publikation in der Deutschen Nationalbibliografie;
detaillierte bibliografische Daten sind im Internet über
<http://dnb.d-nb.de> abrufbar.


© 2007  Konstantin-Ausstellungsgesellschaft Trier
        und Verlag Philipp von Zabern, Mainz

ISBN: 978-3-8053-3688-8 (Buchhandelsausgabe)
ISBN: 978-3-8053-3689-5 (Museumsausgabe)


Gestaltung: TypoGraphik Anette Klinge, Gelnhausen

VERLAG PHILIPP VON ZABERN · MAINZ AM RHEIN